素质教育新视野

A New Horizon For Quality Education

策　划：黄金东　　李安容
顾　问：李柏武　　王清卫
主　编：李　伟
副主编：郭志涓　　杨国福　　余寿军　　刘成福
编　委：李义珍　　李　丽　　杨柳柳　　罗　花
　　　　鲍艳玲　　叶俊琦　　吕美仙　　邹艳萍
　　　　郭艳丽　　鲁　维　　崔　菊　　廖小丽
　　　　张强华　　黄木子

华中科技大学出版社
http://www.hustp.com
中国·武汉

图书在版编目（CIP）数据

素质教育新视野/李伟主编. -- 武汉：华中科技大学出版社，2019.8
ISBN 978-7-5680-5649-6

Ⅰ.①素… Ⅱ.①李… Ⅲ.①素质教育－教学研究－中小学 Ⅳ.①G632.0

中国版本图书馆CIP数据核字(2019)第189415号

素质教育新视野　　　　　　　　　　　　　　　　　　　李伟　主编
Suzhi Jiaoyu Xin Shiye

策划编辑：李娟娟
责任编辑：孔凤姣
美术编辑：郭志涓
封面设计：唐　琴
责任校对：刘　竣
出版发行：华中科技大学出版社（中国.武汉）　　　电话：（027）81321913
　　　　　武汉市东湖新技术开发区华工科技园　　　邮编：430223
印　　刷：荆州市今印印务有限公司
开　　本：710mm×1000mm　1/16
印　　张：35
字　　数：606千字
印　　次：2019年8月第1版第1次印刷
定　　价：68.00元

本书若有印装质量问题，请向出版社营销中心调换
全国免费服务热线：400-6679-118 竭诚为您服务
版权所有　侵权必究

前　言

"一花独放不是春，万紫千红春满园。"一直以来，荆门市的教育研究，深植于荆楚这片沃土，催开了无数蓓蕾。广大教师以科研为先导，以课题为抓手，积极开展大、小课题研究，他们以全新的视野探索素质教育的理论和实践，收获了诸多成果。为了促进科研成果的及时转化，荆门市素质教育学会从中遴选出部分优秀成果结集出版，这是一件很有意义的事。

素质教育指明了培养社会主义建设者和接班人的方向。素质教育理念要求教师应该给学生三个层次的教育：知识、方法和视野。其中，视野处于最高层次。由此可见，视野不可小觑。有视野的人，可以从石头上看到风景、从沙砾里透视天堂。"登东山而小鲁，登泰山而小天下，故观于海者难为水，游于圣人之门者难为言"，高度决定视野，视野影响创新，素质教育的核心是创新教育。在这个千帆竞发、百舸争流的时代，教育者必须培养学生的创新精神，提高学生的创新兴趣。对于学生来说，知识可能会过时，但感悟到的思维方式及探索精神，会融入他们的血液中，伴随他们一生。结集中的很多论文，始于教师们的教学困惑，折射出教师们的教育视野，沉淀着教师们的教育思考。在科研道路上,他们心无旁骛,从小处着眼,本着"发现就是进步,总结就是提高"的精神,一路探索一路前行,最终在自己的科研之树上结出了累累硕果。

"泰山不让土壤,故能成其大;河海不择细流,故能就其深"。这些教师都是站在高处的思想者。洋洋洒洒的数百篇论文,既有理论层面的思索,又有现实个案的探讨;既有成功的火花,也有失败的遗憾。阅读着这些朴实无华、有理有据的文字,仿佛触摸到一颗颗跳跃的、滚烫的心;倾听着这些来自教学一线的声音,仿佛看到了燎原的星火、漫天的繁星……

愿如切如磋成为我们共同的精神,对素质教育的探索犹如强劲的春雷响彻荆楚大地!

愿鹰击长空成为我们共同的理想,素质教育的雨露滋润万千桃李!

编 者

2019 年 8 月

目 录

第一篇 课程改革

谈时事政治资料在助学环节中的作用…………………………丁立丽(1)
幼儿园小班绘画活动有效性策略研究…………………………陈　婧(3)
浅谈提升低年级学生看图写话能力的措施与方法………………敖小邯(5)
巧辟蹊径,提高三年级学生的计算能力……………………………曾德艳(8)
初探如何实施初中英语课堂有效评价……………………………卞小璐(10)
浅谈听障生英语生词记忆的教学方法……………………………蔡崇玲(12)
帮助"问题学生"家庭树立正确的教育观念………………………陈中立(14)
浅谈小学低年级的语文识字教学…………………………………包泉泉(16)
浅谈班主任的管理与教学…………………………………………李本俊(18)
如何培养小学生对音乐课的兴趣…………………………………陈亢亢(20)
浅析班主任工作中的情绪问题……………………………………方小玲(22)
触摸文字的温度……………………………………………………冯美芹(25)
坚守一方净土　用心关爱学生……………………………………蔡　丽(27)
数学在生活中"high"起来…………………………………………董　欢(29)
谈初中英语教学中的激励策略……………………………………高祚会(31)

如何用素质教育激活政治课堂	何兴华(33)
语文文本细节性研读的有效策略	龚金喜(35)
初探高中生英语学习习惯养成的方法	陈东海(38)
巧"设问"	董 婷(40)
论对贫困学生品德素质的培养	黄克祥(42)
对"4P+A"课堂教学模式的初步探索	何雅岚(44)
浅谈小学语文"书香教室"活动的开展	扈 杨(47)
中小学美术教学初探	程 君(49)
浅谈小学数学"空间与图形"的教学方法	高君秀(52)
着墨练笔,让文本鲜活再现	李义珍(54)
《项脊轩志》赏析	姜莉丽(57)
初探小学心理班会课教学	刘玉霞(59)
浅谈幼儿园户外活动的开展与实施	范德千(62)
如何让课外阅读浸润学生们的心灵	黄伦梅(64)
小学语文课堂小练笔要顺势而为	刘春玲(66)
"五步六学"能真正提高课堂效率	林金菊(68)
关于"即席讲话"的教学思考	刘云锋(70)
浅谈如何写好作文	冯芸芸(72)
诗眼诗情无言语 诗境诗趣满杏园	王东波(74)
小学语文课堂教学中朗读能力的培养	聂玉红(76)
提高听障生解决几何问题的能力	刘海亭(78)
关爱留守润无声 德育花开春满园	唐士军(80)
浅谈农村中学的英语写作教学	高 洁(83)
让孩子在阳光下成长	张 洁(85)
浅谈小学生计算出错的原因与对策	却 华(87)
首创"五免"托起希望	杨志辉(90)
教师"三问"促进学生深度阅读	田从霞(92)
如何帮助农村幼儿养成良好的行为习惯	胡雪君(94)
别让多媒体技术设备成摆设	张良生(96)
浅谈利用信息技术优化生物实验教学	苏海璐(99)

"拓展空间"在固学环节中的运用……………………田　秀(101)
亦师亦友的班主任………………………………………文加丽(104)
谈学校体育场馆社会化研究……………………………黄　俊(106)
让语文课堂充溢"生态美"………………………………张琼芳(108)
如何在小学数学教学中有效渗透德育教育……………王　芳(110)
谈培养学生良好的思维品质的方法……………………魏胜华(112)
略谈初中语文深度阅读教学……………………………文黎明(114)
浅谈班主任如何接手新班级……………………………惠文文(116)
信息化手段助力音乐课堂………………………………张　英(118)

第二篇　教师话题

浅析如何从文言虚词中抓住人物的情感………………薛　梅(120)
谈生成性资源在"道德与法治"课中的运用……………吴　艳(122)
谈隔代家庭教育学生的心理健康问题…………………许晓敏(124)
家校合作　共促成长……………………………………贾　成(126)
"和美"文化环境下和谐师生关系的建立………………赵丽琼(128)
浅谈一年级学生快速记忆生字的方法…………………张　莉(130)
浅谈智障学生问题行为矫正方法………………………许　霞(132)
以爱和奉献当好引路人…………………………………姚艳妮(134)
关注学生心理变化　做好与学生的沟通………………贾红建(136)
浅析词语教学的方法……………………………………郑俊霞(138)
如何激发小学低年级学生的识字兴趣…………………张晓芸(140)
谈特殊学校残疾学生家庭教育问题……………………严妮伦(142)
习端正中国字　扬传统文化魂…………………………张　敏(145)
加强初中语文德育教学的几个方法……………………江海潮(148)
贴近童心　快乐写话……………………………………朱　艳(150)
还留守学生一片心灵的蓝天……………………………赵　敏(152)
智障生实施国学经典诵读的策略………………………周　焰(154)
名著导读,始于悦读,走向越读…………………………周　丹(156)

浅析如何实施农村小学生素质教育	金天云(158)
浅谈低年级学生倾听习惯的培养	黎　丽(160)
小学数学课堂练习设计的有效性	周　春(162)
如何在会计课程中充分运用信息化教学	邓艾青(164)
班主任之歌	朱银梅(166)
给青春一个美丽的承诺	李娟娟(168)
创设学习环境与激发学生探究	黎晓霞(170)
谈减少低年级学生写错别字策略	周德芳(172)
关于中职学前教育艺术技能培育的调查	陈志玲(174)
谈语文课堂教学的感染艺术	李晓霞(176)
初探小学一年级计算教学	黎祉君(178)
如何提高学生的写字能力	朱运琴(181)
汉语拼音、识字与语言训练整合的策略	鲍艳玲(183)
如何改变学生的厌学心理	刘定义(185)
浅谈应试教育与素质教育的关系	李常波(187)
在实践活动中实现生活化语文	邹艳萍(189)
运用多媒体发现古诗之美	方　蓉(192)
让小学低年级口语交际教学"活"起来	成桂花(195)
浅谈如何抓好教育科研管理工作	程　莉(197)
如何把握课堂教学的"生态平衡"	李　丹(199)
培智学校信息课教学方法探究	刘　虹(202)
愿我走出半生 归来仍是少年	黄木子(204)
信息技术与初中生物教学之我见	戴　淼(207)
高中生心理健康教育的现状与对策	樊　倩(209)
选择最适合的教育方法	李燕玲(211)
浅谈提升农村教师信息素养的策略	刘升宏(214)
小学素质教育中感恩教育的实施	孔　杨(217)
故事导入与小学低年级音乐教学	邓小霞(219)
高中数学教学如何实施分层教学	方云妹(221)
浅谈初中生物教学中如何渗透素质教育	李亦男(223)

教师如何练"内功"、接"地气" …………………………… 罗　义(225)
浅谈一年级学生数学读题能力的培养 ………………… 雷清惠(227)
纠正学生坏习惯有妙招 …………………………………… 董志慧(229)
浅谈班级管理艺术 ………………………………………… 何文荣(232)
浅谈小学数学作业设计的有效性 ………………………… 龙　梅(234)
浅谈如何提高学生管理班级的水平 ……………………… 罗　颖(236)
浅析如何在英语课堂上让学生沐浴阳光 ………………… 李付华(238)
信息技术促进教育公平的探讨 …………………………… 杜亚莉(241)
浅谈语文作业的有效性 …………………………………… 胡　莎(243)
转化思想在小学数学教学中的应用 ……………………… 鲁文歆(245)
信息技术与聋生数学教学整合 …………………………… 吕品品(247)
共谱班级协奏曲 …………………………………………… 李红丽(249)
"和乐"环境培养好习惯的几点思考 ……………………… 方　静(252)
初中生行为规范养成教育策略研究 ……………………… 胡毅琼(254)

第三篇　科研平台

浅谈小学生写字教学 ……………………………………… 邱艳华(257)
小学生足球训练中的素质教育 …………………………… 马先知(259)
浅谈多媒体给语文教学带来的美感 ……………………… 李　倩(261)
我和"熊孩子们"的故事 …………………………………… 方晓丽(263)
谈小学语文作业的有效性 ………………………………… 华　双(265)
浅谈数学教学中的方法和措施 ……………… 罗艾军　高　凤(267)
小学语文课内外阅读衔接的教学研究 …………………… 马玉琴(269)
如何培养低年级学生的数学提问能力 …………………… 李素琴(272)
浅谈小学英语词汇教学策略 ……………………………… 付扬帆(274)
农村小学校园文化建设的组织与实施 …………………… 李志英(277)
浅谈如何做好班主任工作 ………………………………… 罗翠萍(279)
高效课堂下的课堂巩固之我见 …………………………… 匡　艳(282)
体验式学习在小学数学教学中的应用 …………………… 李雅鑫(284)

浅谈有效的数学课堂 …………………………………… 郭　锐(286)
浅谈初中英语课堂导入 ………………………………… 罗红燕(288)
浅谈在语文教育中如何渗透德育教育 …………………… 毛红斌(290)
浅析初中语文"大阅读"模式教学 ………………………… 全凌飞(293)
浅谈小学素质教育的研究和实践 ………………………… 李章丽(295)
初探营造魅力语文课堂 …………………………………… 胡小荣(298)
浅谈作文教学策略 ………………………………………… 罗　静(300)
试论陶渊明田园诗的思想内容 …………………………… 聂彩霞(302)
浅谈有效课堂教学之策略 ………………………………… 石玉荣(305)
思维导图在小学数学教学中的应用 ……………………… 林文敏(308)
谈班级文化对提升学生能力的作用 ……………………… 扈小琴(310)
谈小学英语绘本教学实践 ………………………………… 马　丽(313)
浅谈多媒体辅助教学的利与弊 …………………………… 聂义斌(315)
谈隐性备课的重要性 ……………………………………… 孙金保(317)
如何提高农村初中生英语写作能力 ……………………… 刘春燕(319)
浅谈教师在创造性思维教学中的主导作用 ……………… 冀慎祥(322)
浅谈如何培养学生吟诵经典的兴趣 ……………………… 聂　青(324)
浅谈小学德育的重要性 …………………………………… 潘　丹(327)
用"趣味"做调料，让美术课更有味道 …………………… 孙叶琴(329)
用真情教书　用真心育人 ………………………………… 刘　红(332)
引导学生阅读，我这样做 ………………………………… 姜永菊(334)
如何培养小学生口语交际能力 …………………………… 欧阳凤云(336)
如何培养小学生正确的握笔姿势 ………………………… 何泽霞(338)

第四篇　学　科　教　学

关于高中美术欣赏教学的思考 …………………………… 唐万红(340)
论如何通过表扬来增强学生集体荣誉感 ………… 刘晓琴　徐生华(342)
浅谈小学心理健康教育活动课主题的设定 ……………… 李红玲(344)
浅谈初中数学教学中的素质教育 ………………………… 潘丽萍(346)

书香盈满校园 阅读照亮童年	祁忠平(348)
谈如何提高农村中学生学数学的兴趣	陶 翠(350)
小学语文作文教学中的生本教育	钱 珂(352)
激发小学生音乐学习兴趣的策略	刘恒捷(354)
如何以健康心态善待学生	秦 涛(356)
初中生厌学心理的原因及对策	秦瑞毅(359)
走进作文评改的"春天里"	王安红(361)
谈低年级学生数学语言表达能力的培养	钱 江(363)
浅谈小组合作学习的实效性	罗梦丽(366)
优化课堂教学模式,打造高效数学课堂	吴 铭(368)
合作学习模式在初中数学教学中的运用	秦兆英(370)
如何让"问题学生"学会与人交往	王光秀(372)
让农村小学数学课堂充满智慧和活力	唐艳丽(374)
运用点拨艺术,打造魅力课堂	乔爱华(376)
农村小学英语"学困生"成因与对策	闫 琪(379)
小学阅读教学中的朗读指导	邱小艳(381)
让低年级语文课堂"热"起来	吴中华(383)
分层教学在中职计算机教学的应用	万 乐(385)
浅谈小学阅读教学的有效性	饶洪莲(387)
渗透礼仪教育,培养学生良好道德品质	杨 雪(389)
"创设游戏,快乐作文"的策略探究	申琼华(391)
浅谈类比法在初中数学教学中的应用	熊 英(393)
浅谈"小介入"课堂教学模式探究	丁开权(395)
激发兴趣 培养策略 内生创新	王 艳(398)
提高九年级学生英语阅读能力的实践	俞达丽(400)
计算机技术在微课程开发中的实践	史贤利(402)
谈如何在小学课堂中激发学生的听课兴趣	杨华梅(404)
提高二年级学生口算能力方法例举	肖荆晶(406)
用好"组合拳",打造高新德育新样态	吴国强(408)
让学生由"学会"走向"会学"	张 辉(410)

教学中如何进行针对性的辅导 …………………………… 宋明军(412)
培养注意力 任鸟高飞 …………………………………… 姚　华(414)
基于微课的"翻转课堂"教学初探 ………………………… 赵文丽(417)
农村小学班级文化创建的初探 …………………………… 吴舒婕(419)
浅谈幼儿园户外游戏活动 ………………………………… 郑春艳(421)
一节音乐公开课应该做的工作 …………………………… 唐　会(424)
谈谈中考作文的创新 ……………………………………… 余俊荣(427)
学生创新思维的培养 ……………………………………… 向　娟(429)
让学生在操作中学习数学 ………………………………… 左卫东(431)
乡贤文化传承推广问题及策略 …………………………… 陶　军(433)
小学生语文自主学习能力培养新谈 ……………………… 袁　勤(435)
素质教育在小学数学教学中的实施策略 ………………… 熊文定(438)

第五篇　教 海 扬 帆

浅谈素质教育研究与实践 ………………………………… 万　莹(440)
培智学生教育管理之我见 ………………………………… 袁友梅(443)
小组合作学习在小学数学课堂中的运用 ………………… 徐　璇(445)
浅谈小学语文阅读教学 …………………………………… 汪丰利(447)
语文课堂中的"先学后教" ………………………………… 周凤珍(449)
农村小学英语词汇教学的研究 …………………………… 云　贵(451)
让学生在课堂上学会倾听 ………………………………… 王　碧(453)
信息技术与智障儿童语言发展 …………………………… 周　龙(455)
如何培养学生评改作文的能力 …………………………… 詹德玉(457)
谈如何创新音乐课堂教学 ………………………………… 王彩蓉(459)
用"三心"创建和谐班级 …………………………………… 周　敏(461)
让"说之花"在每个孩子口中绽开 ………………………… 张　俐(463)
多媒体在数学教育教学中的应用 ………………………… 王国旭(466)
让语文课堂充满活力 ……………………………………… 刘　莉(469)
探索家校合作新模式 ……………………………………… 张晓龙(472)

谈小学高年级语文课前预习能力培养	王华雄(474)
电子白板在高中数学教学中的应用	朱　明(477)
浅析如何培养英语"学困生"的学习兴趣	赵莉莉(479)
如何提高小学识字教学的有效性	王莉娜(481)
浅谈班主任工作的体会	朱小芳(484)
将《弟子规》运用于学生德育教育工作	郑　成(486)
农村初中生消费心理误区及教育对策	王秀海(488)
关于幼儿园素质教育的研究与实践	邹　扬(491)
眼中有光　心中有爱	郑心怡(493)
怎样为一年级学生讲解解决问题的方法	夏　容(495)
低段小学生数学审题能力的培养	周华玲(497)
浅析小学生数学计算能力的培养	许　荣(500)
浅谈小学生计算能力的培养	闫文杰(502)
倡导"六大解放"提升语文素养	杨　昶(505)
小学数学"学困生"的转化策略	杨思敏(508)
素质教育在小学数学教学中的体现	喻　梅(510)
小学数学情感教学的探索	张丽丽(513)
如何开展小学语文作文教学	张玲玲(515)
设计好音乐课的"开场白"	张　玥(517)
运用信息技术，提高课堂效率	张运红(519)
浅论初中生厌学心理及矫正对策	赵　静(521)
浅谈指导幼儿起点阅读的策略	赵利亚(523)
浅谈小学语文课堂教学中的素质教育	郑千刚(525)
小学作文教学中课外阅读的作用分析	周贤举(528)
浅谈小学语文素质教育与实践	朱梦瑶(530)
幼儿早期阅读习惯培养的研究	祝　蓉(532)
在活动中增趣　在增趣中长智	王　坤(534)
素质教育之我见	张云涛(537)
"自然笔记伴我成长"校本课程研究报告	周　吉(539)
在体验中感悟数学	郑秀芳(542)

第一篇　课程改革

谈时事政治资料在助学环节中的作用

荆门市龙泉中学北校　丁立丽

《思想品德课程标准》指出:时事政治是"初中思想政治课教学内容的重要补充""思想政治课要紧密结合时事内容进行教学"。引导学生关心时事,增强时事政治与课堂教学相结合的实效性,是思想品德课本身的要求。而一堂课能否引起学生的兴趣,调动起学生的积极性,课堂导入的作用也是不可低估的。因此,探讨和发挥时事政治资料在思想品德课导学过程中的作用就显得尤为重要。

一、开展初中时事教育的必要性

在初中思想品德课堂中融入时事教育的目的在于激发中学生关注时事、了解国情的兴趣,培养公民意识,提高中学生的社会参与度,增强他们的社会责任感。同时,可以让中学生通过时事学习和评论,培养他们分析和解决社会问题的能力,提升中学生政治学习的水平。新鲜真实的时事热点,拉近了学生与政治这一严肃话题的心理距离和感知距离。思想品德课本身有明显的德育倾向,而时事热点能让学生关心国家大事,帮助他们从小树立起责任意识。另外,时事教学符合学生的好奇、求新的心理,对学生更加具有吸引力。因此,时事教育与思想品德课相结合,能激发学生学习政治的兴趣和热情,更好地发挥思想品德教育的功能。时事教育恰当地融入课堂教学,符合新课程改革的教学要求。它能激活课堂,提高教学质量,增强教育效果,达到教学目的;同时还能帮助学生提高分析、判断能力和思想认识水平。因此我们必须重视时事教育。

二、课堂导入的必要性

俗语说得好:"良好的开始是成功的一半。"一堂成功的思想品德课往往都有一个好的开头,即精彩的课前导入。课前导入是教师在课堂教学起始环节中采用各种教学媒体和教学方式,引入新知识,使学生迅速进入新课学习的活动方式。明代文学家谢榛谈及文章的开头时说:"起句当如爆竹,骤响易彻。"那么一堂课的开始,也应该如此。成功的导入既能激发学生的兴趣,又能引发学生思考,引起学生的期待心理和求知欲望,把学生的注意力迅速从课外转移到课内,使学生很快地进入课堂角色,为整堂课的教学奠定良好的心理氛围。所以,我认为要让学生对思想品德课感兴趣,教师的课堂导入起着决定性的作用。

三、如何发挥时事政治在课前导入的作用

为使时事政治资料在课前导入过程中发挥应有的作用,为使课堂导入过程激情有趣,我主要对以下几个问题进行了把握。

(1)导入材料的选用应注意典型性和真实性,要取材于上至国家领导人,下至平民百姓都非常关注的社会热点问题。时事具有很强的新闻特点,即时效性。在教学中要及时选取相关的时事热点进行教学,使学生具有新鲜感,弥补教材的滞后性,使教材知识更具有现实性。

(2)导入的信息材料与教学内容必须有内在联系,能自然而然地过渡到教学内容上。通过时事教育培养学生的政治敏锐性,使他们在重大政治问题上能明辨是非,能正确运用中国特色社会主义理论来分析国内外政治事件,坚决拥护党的路线方针政策。

(3)导入的问题设计应在学生的生活体验范围内或学生现有的知识储备和思维能力所能达到的程度,不能太难、太抽象。时事教育还要与学生的现实生活结合,不仅要让学生掌握国内外时事,也要了解发生在自己身边的时事,使时事教育更直观。如讲到"精神文明创建活动"时,可以与荆门市2019年在全市范围内展开的"创卫"工作谈起,引导学生去关心城市环境,学会保护家乡的山山水水,明白开展"精神文明创建活动"的意义。

幼儿园小班绘画活动有效性策略研究

沙洋县马良镇中心幼儿园　陈　婧

绘画是幼儿园小班艺术教育的重要活动之一，可以培养小班幼儿的艺术素养和审美能力。从教育现状来看，幼儿园小班绘画活动并没有达到预期目标，许多小班幼儿缺乏绘画的兴趣和技能，根本原因在于小班幼儿绘画活动的有效性低。

一、幼儿园小班绘画活动现状分析

1. 定位不准确

小班幼儿绘画活动重在"感受和体验"美，目的是"表现和创造"美。许多幼儿园教师在指导小班幼儿绘画时，定位不准确。有些教师注重让幼儿去欣赏各种绘画作品，而不对幼儿的绘画技能进行指导，导致幼儿不懂得如何去表现美；有些教师一味强调绘画的技巧，而不重视幼儿的体验，致使幼儿对绘画失去兴趣。定位不准确使小班幼儿绘画活动走向两个极端，是不利于幼儿美育发展的。

2. 组织效率低

小班幼儿年龄比较小，常常会出现注意力分散的现象。许多教师在组织小班幼儿的绘画活动时，缺乏有针对性的教学设计，活动过程拖拉松散，导致幼儿很快将注意力转移到其他事情上去，教学的有效性低。鉴于小班幼儿独特的心理特点，教师需要设计出更加严密的教学过程以保证小班幼儿在绘画活动中集中注意力。

二、提升幼儿园小班绘画活动有效性的策略

根据上述的分析可知，幼儿园小班绘画活动的有效性有待提升。提升幼儿园小班绘画活动的有效性要依据小班幼儿的心理和生理特点。下面从三个方面探讨提升幼儿园小班绘画活动有效性的策略。

1. 激发绘画兴趣

兴趣是最好的老师，提升幼儿园小班绘画活动有效性的最基本方法是激发幼儿对绘画的兴趣。教师可以在绘画活动的起始阶段，利用多媒体展示相关的色彩、声音、故事来激发幼儿的兴趣。比如，进行《小鸡小鸭好朋友》教学时，教师可以用故事来激发幼儿对绘画的兴趣。教师拿出硬纸片制成的小鸡和小鸭卡片,开始讲故事:"小鸡和小鸭是好朋友。有一天,它们去照相馆拍照片。可是拍出来的照片颜色太暗淡了,它们非常不满意。小朋友们,你们能不能用手中的彩笔帮它们的照片增加些颜色呢?"教师一边讲故事,一边用手中的小鸡和小鸭卡片来模拟故事情景,以增加故事的感染力,小班幼儿的注意力很快被吸引了,他们对绘画产生了浓厚兴趣。教师讲完故事后,幼儿立刻拿起彩笔开始在小鸡和小鸭卡片上涂抹起各种颜色。

2. 增加感性认识

小班幼儿的生活经验比较少,对许多事物并不了解。在绘画活动中,如果要求他们画缺乏足够感性认识的事物,他们是无法完成任务的。因而,在进行绘画活动之前,教师需要帮助幼儿增加对事物的感性认识。比如,进行《汽车真多》教学时,许多幼儿无法画出美丽的汽车来。小班幼儿虽然都见过真实的汽车,但是对汽车的形状还没有形成有效的表象,教师需要展示汽车的形状来帮助幼儿增加对汽车的感性认识。此时,教师可以利用汽车玩具来引导幼儿进行分析观察,以形成必要的表象。教师将各种玩具汽车拿出来,问幼儿:"这里的汽车真多啊!你们最喜欢什么汽车呢?"有的幼儿说:"我喜欢公交车。"教师追问:"那你能说一说公交车是什么样子的吗?"幼儿回答:"公交车像个长方形的盒子,前面有两个大灯,四周有许多窗子。"教师鼓励道:"说得非常棒,那就请你画公交车吧。"通过此类互动,教师可以引导幼儿观察小轿车、消防车、救护车、吉普车、大卡车等,来增加幼儿对各种汽车的感性认识,帮助他们更好地完成绘画汽车的活动。

3. 渗入绘画技巧

幼儿园的绘画活动对绘画技巧并没有太多的要求,但是让幼儿掌握一些简单的绘画技巧可以帮助他们更好地表现美。所以,在小班幼儿的绘画活动中,教师可以渗入一些基本的绘画技巧。渗入绘画技巧的过程要巧妙,尽量让幼儿自己去体会。比如,进行《叶子画》的教学时,教师可以渗入一些绘画树叶的技巧。教师将树叶发给每一名幼儿,告诉幼儿:"今天我们画树叶,请你们先观察树叶的形状,然后在自己的绘图本上画出树叶。"许多小班幼儿在观察过树叶后,仍然不能够画出漂亮的树叶来。这时,教师需要渗入绘画技巧:"我看到有小朋友将树叶放在纸上,然后沿着树叶的边缘描绘,就画出了树叶的外形,再用彩笔添上各种颜色,就画出了漂亮的树叶。"

浅谈提升低年级学生看图写话能力的措施与方法

钟祥市胡集镇平堰小学　敖小邯

一、重视看图写话教学，提高教学的有效性

看图写话是低年级学生的一项重要的训练项目，也是低年级学生进行写作训练的重要途径。《语文课程标准》在"课程目标"中把1～2年级学生的看图写话目标定为：①写下你想说的话，写下想象中的事情，写下你对周围事物的理解和感受；②写作中乐于使用在阅读中学到的词语；③根据行文的需要，学会使用逗号、句号、问号、感叹号。而低年级的学生，语言组织能力较差，字词的积累才刚刚开始，拼音课程虽已结束，但还不能熟练运用，他们对看图写话的兴趣不浓厚，视看图写话为难题，这也增加了教师在看图写话教学中的难度。低年级学生的看图写话是作文训练的重要形式，也是培养低年级学生认知能力、形象思维能力、想象力和表达能力的好方法。因此，教师要重视看图写话教学，提高教学的有效性。

二、低年级学生看图写话能力的现状分析

为了研究提高低年级学生看图写话能力的方法，我们设计了相关的调查实验。根据实验结果进行分析，我们对低年级学生的看图写话能力有了大致的了解，主要问题集中在以下几个方面。

(1)学生在看图时注意不到重点，往往是眼睛看到显眼的地方，嘴巴说的时候眼睛又看到另一处地方。

(2)学生在进行口头表达时，语句不通顺，没有逻辑。

(3)学生在进行图画联想时，天马行空，超出了图画本身的含义，或者只局限于看到的内容，不会进行拓展。

(4)学生在写话时，拼音汉字运用不准确，写话兴趣不足。

(5)学生在写话时出现书写格式错误，主要包括段落格式错误、换行错误、标点符号运用错误等。

三、提高低年级学生看图写话能力的措施与方法

针对上述问题，建议教师在课堂教学中，有意识地培养学生的观察力、方位感,使学生初步了解上、下、左、右、前、后、远、近等空间概念。在指导看图观察时,要求学生按照一定的方位顺序进行说话写话,可以使表达的内容不至于杂乱无章。在语文教学中应加强段落、句式及标点符号的讲解,使学生了解它们各自的作用及用法。在实际教学中,提升低年级学生看图写话能力的方法主要有以下几点。

1. 语文基本句式训练法

训练的基本句式包括:谁(什么)是什么;谁(什么)有什么;谁(什么)干什么;谁(什么)怎么样。通过固定句式的训练使学生掌握基本句式,并能用基本句式说出所看、所听、所想的内容。

2. 问题提纲法

在看图写话前,要培养学生拓展话题内容的能力。下面以人、事、物三类短文为例,设计问题提纲。

例一,写人类:《我的爸爸》。

(1)他是谁?

(2)他长得怎样?

(3)他干什么工作?

(4)他最关心的是谁?

例二,写事类:《课间十分钟》。

(1)现在是什么时间?

(2)在什么地方?

(3)有些什么人?

(4)他们在干什么?

例三,写物类:《爱吃的蔬菜》。

(1)它是什么样的?

(2)它的味道怎么样?

(3)它对人们有什么作用?

像这样引导学生发现事物的更多特点,让学生能看到更丰富的世界,才能使写话的内容丰富起来。

3. 词句连接训练法

为把句子写通顺,设计多种练习,引导学生做大量的训练。

(1)扩词成句。

例：树→杨树→一棵杨树→栽了一棵杨树→屋后栽了一棵杨树→我在屋后栽了一棵杨树。

(2)整理词序。

例：好孩子／是个／小明／爱思考的

小明是个爱思考的好孩子。

4. 语句扩充法

使用语句扩充法可以让学生在分析和思考中更完整地写出句子。

例如：学生写《小闹钟》的作用时，只写了一句话："它每天七点钟叫我起床。"针对这句话，教师可以向学生提出如下问题。

(1)七点是清早还是傍晚？

(2)它用怎样的声音叫你？

(3)它为什么在这个时间叫你起床？

学生眼前一亮，加加改改写成一段话：每天清早，一到七点钟，"丁零，丁零——"小闹钟就发出清脆、响亮的声音，好像在说："喂，快起来，早起身体好，上学不迟到。"

5. 积累练习法

词句的积累在学习和日常交流的基础上就能达到一定水平，但学生只有用出来才是属于他们自己的语言。词句积累不是目的，会用才会内化于心。写话是鲜活的，不必等着学生在纸上看图写话。教师应当组织学生及时运用所学词语和句式，给学生一个平台使用所积累的词句。例如，可以使用"先表演，再写作"的方式，既增加了趣味性，又调动了学生兴趣。

以上五种方法是对写话各方面的单项突破方法，教师应将多种方法结合，因材施教，才对学生有最大帮助。

四、小结

低年级学生的看图写话是其语文能力的基础，优秀的看图写话能力将为以后的写作奠基，更是为学生能有过硬的语文素养系好的第一颗"扣子"。

巧辟蹊径,提高三年级学生的计算能力

京山市新市镇第一小学　曾德艳

三年级计算是小学高年级计算的入口,相对二年级所学的计算而言,难度大大增加,但相对四、五年级的学生,三年级学生的数学成绩差别并不大。教过三、四、五、六年级的数学老师都会有同样的感受:低年级的计算好,高年级的数学不敢说就一定能学好,但如果高年级的数学成绩好,那么必然有强大的计算能力作为基础。目前,我执教三年级数学。为提高三年级学生计算的正确率,我从以下几个方面做了一些尝试。

一、帮助学生提高认识,明白计算的重要性

在以往的教学中,学生发现自己的计算错误后,往往以粗心、马虎为由原谅自己,主动为自己开脱,甚至包括有的家长也习惯性地认为错几道计算题没有什么值得大惊小怪的,认为这是大部分孩子都会犯的错,他们只是不认真,粗心大意而已。这种想法已严重地阻碍了学生学习能力的提高。以计算速度为例,同样的一个问题,老师给三分钟作业时间,计算能力好的学生可以很快完成计算并且答案准确,但计算能力差的学生,可能三分钟的时间还不够他完成计算,更别提准确地完成整个题目了。所以计算教学在整个小学数学的教学过程中十分重要,计算能力的高低直接关系着学生对数学基础知识和基本技能的掌握,关系着各种数学能力的培养与发展。

三年级的计算应该注重乘法竖式、除法竖式、巧算加减法、巧算乘除法、分数、小数、大数的计算等,如果在三年级时不把计算基础打好,那么升入四年级后,学生的数学成绩会出现很大的差距。学生在四年级以一个追赶者的身份去追赶基础本就比他好的孩子,又吃力又没有效果,会失去信心,导致成绩一落千丈。所以,"胜也计算,败也计算",要让学生明白计算的重要性。

二、追根溯源找原因,因错而异分类别

首先是学生注意力不集中,稳定性差。三年级的学生,由于注意品质不佳,还不善于合理有效地分配自己的注意力,面对单调乏味的计算容易疲劳,注意的范围也比较狭窄,往往顾此失彼。经常表现在思维与书写不同步,注意力不是集中在笔尖上,而是手中在抄写,注意力却已经转移到下一步的计算上,这种情况下,计算往往会发生错误。其次,丢三落四导致计算错误。犯这类错误的学生偏多,因为三年级学生的年龄特征决定了他们在做事情的时候经常会遗忘或弄丢暂时还没来得及强化的短时记忆。例如,学习乘法计算的时候,经常出现忘记加上进位"几"的情形;在计算多位数连续进位和多位数连续退位的时候,往往进了位忘记加,退了位忘记减,在计算有余数的除法时,前一位的余数往往忘记写下来,得数也不记得写。

三、针对学生计算错误的原因,制定相应的对策

首先,我从攻心入手。大多数学生的错误都是由于对计算不够重视造成的。对于这类学生,我除了帮他们纠正思想外,又根据他们的年龄特点,对他们的计算作业提出要求。例如,对全部做对的学生进行表扬和奖励,对出现低级错误的学生给予相应的惩罚,以此来提高他们对计算的重视程度。

其次,每天循序渐进地进行计算强化训练。计算教学不同于其他教学,它需要学生经常地、反复地练习,才能达到熟练的程度。我给每位学生准备了一个专门用来做计算题的本子,每天20道计算题;还给每个孩子准备了一个纠错本,让他们比一比,看谁的纠错本上的错题最少。一个学期下来,学生的计算速度明显提高了,计算的正确率也提高了。我还组织了丰富多彩、形式各异的计算竞赛。针对计算枯燥无味的特点,我开展了如"开火车""勇士闯关""我是计算小能手"等一系列竞赛活动,我给那些书写认真、计算速度快、计算正确率高的学生发流动红旗。同时我还设立进步奖,奖励那些在计算方面有进步的学生。我还利用班级的墙报和公开栏,每周、每月评选出班级的计算之星。通过这些途径,学生们逐渐乐于接受计算竞赛挑战,从而培养了良好的计算习惯。

总之,现在我班学生在我们师生的共同努力下,养成了良好的计算习惯。从小养成良好的计算习惯,必将影响孩子的一生。

初探如何实施初中英语课堂有效评价

漳河新区漳河中学 卞小璐

英语课堂评价是指教师在课堂教学过程中对学生在学习英语语言、参与语言交际活动时的表现予以点评,并给予必要的纠正性引导的一种反馈性做法,其类型主要有形成性评价与终结性评价两种。这两个概念最早是由斯克里文(Scriven)在1967年所著的《评价方法论》中提出来的。一般来说,形成性评价则是指在教学过程中为了解学生的学习情况,及时发现教学中的问题而进行的评价,终结性评价就是指期末课程考试和水平考试。《义务教育英语课程标准》指出评价应采用形成性评价和终结性评价相结合的方式,既关注过程又关注结果,对学习过程和对学习结果的评价要达到和谐统一。

一、用好形成性评价,让英语课堂添魅力

评价要及时。新课标"评价建议"指出英语课程的评价应对教学的过程加以及时、有效的监控,以起到对教学的积极导向作用。中学生受年龄、心智发展等特点的影响,他们在课堂上的表现,如回答问题、小组合作等,需要教师立即作出评价,以帮助他们不断改进和提高自己,保持对英语学习的持续动力。课堂评价贯穿整个课堂教学过程,相比较其他教学环节,对学生学习效果的影响立竿见影,所以评价的及时性就显得尤为重要。

评价形式要多样。课堂评价首先以语言评价为主,既包括口头语言也包括书面评语。初中英语课堂上的评价用语丰富多彩,教师要根据不同情景灵活运用,不要总是用"Good""Very good""Great"这样简单的评语,久而久之会让学生对教师评语感到厌倦。口语评价用语要科学合理,不可没有原则地一味地说好,滥用赞美之词,要做到适可而止,有的放矢。书面评价用语有时也不必复杂,比如在批阅练习册时使用A^+,A,A^-这样的等级评价,既简单明了,又对学生的作业做出了有效评价。但课堂评价并不仅仅局限于语言评价。教师的面部表情、形体语言等都是课堂上常用的评价方式,如微笑、拥抱、击掌、鼓掌、跷大拇指等。总之课堂评价的方式要灵活多样,要以激发学生为宗旨,恰当的课堂评价往往会收到意想不到的效果。

评价对象要全面。学生不仅是学习的主体,也是评价的主体,课堂评价应面向全体学生,但同时注重差异,因人而异,不可脱离学生实际。首先,评价要考虑学生的年龄差异。对七年级学生应坚持多鼓励、多肯定的原则。刚入初中,学习环境和知识难度都发生改变,学生需要适应过程,这阶段教师评价应以鼓励为主,对学生多一些耐心,增加学生自信,为后面的学习打好基础;八年级仍应以鼓励为主,但对于基础性的错误,教师应如实作出评价,帮助学生及时调整学习方法和学习态度;九年级应坚持实事求是的评价原则,帮助学生更全面地了解自己,从而及时做出调整,为高中学习做好铺垫。其次,评价要考虑学生学习能力的差异,要满足不同层次学生的学习需求。不同的学生英语水平不同,对他们的评价也应有所差异,不可同一标尺。

评价主体要多元。传统评价里,教师是评判员的身份,学生只能被动地接受评判。新课改要求尽可能做到评价主体的多元化,学生、教师、家长都是评价的参与者,师生互评、学生自评、生生互评、家长评价等多种评价方式相结合,学生由被动接受者变成评价的主动参与者,教师由评判员变成评价的组织者和参与者,家长由旁观者变成评价的参与者,最大限度地让与评价主体——学生有关的因素全部参与到评价活动中,全方位支持和激励学生的学习,促进学生全面发展。

二、用活终结性评价,让英语课堂添效率

现阶段在我国,终结性评价多以期中、期末、水平结业考等大型考试为主。这种评价方式固然有其弊端,但也不可以全盘否定。传统评价方式既能在一定程度上反映学生在某一个阶段或时期的学习情况,也是反映教师在这一阶段教学效果的重要指标之一,所以对学生和教师都是具有一定的参考价值的。教师可以活用这些评价,让其更好地服务于自己的教学。比如期中考试后,教师可以引导学生计算各种题型的得分情况,总结得失,为接下来的学习重点及时地作出调整。再比如,在试卷题型设计方面,适当增加主观题,减少客观题,重点检测学生理解和获取信息的能力,避免脱离语境的语法知识题等。

教师在日常教学中要把形成性评价与终结性评价结合起来,形成性评价着眼于学习过程,是面向"未来"的评价,终结性评价立足于学习效果,是面向"过去"的评价。如何把两者有机结合起来更好地为英语课堂教学服务,值得每一位英语教师思考与探索。

浅谈听障生英语生词记忆的教学方法

荆门市特殊教育学校 蔡崇玲

我们都知道,学好英语的关键就是要多记,多背,多写。在传统的教学模式中,英语学习主要靠死记硬背,这恰恰是每个学生最头疼的问题,但是词汇记忆是英语学习中很重要的一部分,所以,掌握记单词的方法就变得尤为重要。我所教授的对象是聋哑学生,他们听不到,说不出,和社会的信息沟通方式有限,在英语学习上尤其困难,那么,教师该运用哪些方法对听障生进行英语教学,帮助学生更好地记单词呢?为此,我在平时的教学实践中摸索出了以下几种教学方法。

一、游戏化教学

英语学习注重听、说、读、写,更多的是强调一种语言的学习。单词记忆对于听障生来说就如一座大山,想要跨越真的很难,更不用说学习兴趣了。为此,我反复实践,不断摸索,发现游戏教学法很适用于听障生。在单词教学中,我通过PPT和自制的一系列的教具,运用游戏教学的方法进行教学。首先创设一定的情境,调动他们的学习积极性,然后结合手语来一步步完成英语教学,让学生有兴趣,以此来增强学生记忆的能力。例如,我在教授《My name's Gina》一课时,我先通过情景再现和对话的形式,把所要教学的内容呈现出来并在黑板上板书,然后引出单词,这样他们就能够很好理解单词是什么意思,接着借助手语和口型来教学,给他们几分钟时间练习,最后通过开展小组竞赛的形式来记忆单词,这样一方面加强了他们的记忆能力,另一方面也激发了他们学习英语的兴趣。

二、重复性教学

听障生生活在无声世界里,学习单词起来十分困难,忘记却是很容易的。根据听障学生的认知和现有的英语基础,我对他们的学习要求也遵循了循序渐进的原则。遗忘是一种自然规律,很多人一教就会,不教就忘,更何况是这群特殊学生。所以,在平时的教学中,每个单元我都会给他们布置任务,要他们自己随意抄写单词,每天固定记忆几个单词。每周,我会利用一节课的时间,专门让他们将学过的单词进行记忆,内容自己定,但必须当场完成,然后我来检查,这样积少成多,时间久了,他们对单词的掌握也有了突破。

三、形象化教学

因为缺乏语言沟通,而单词学习又是比较抽象的,对听不见、也发不了声的听障生来说,记忆单词变得更加困难。所以在教学中,我会采取肢体、面部表情等形象化语言指导学生学习和记忆单词。比如,在教学英语 26 个字母时,字母 G 的书写总是很难通过手语正确表达,这就导致单词书写经常性出错,针对这种现象,结合他们实际,我利用 body-language 的方式展示了字母的书写。又比如,在教学单词"curly"时,我通过身体语言再加上语言表述,让他们很快猜到是什么意思。

四、阅读化教学

养成好的阅读习惯对单词的记忆及理解能起到事半功倍的效果,所以,着重培养听障生的阅读习惯是一件很重要的事。我会经常找一些简短、故事性强、诙谐幽默的小短文给他们,让他们结合语境猜单词的意思。这样不仅锻炼了他们记忆单词的能力,也提高了他们的阅读能力。例如,我会带着他们一起逐字逐句地去疏通文章,遇到关键词和句子,我就要求他们自己动手查字典,训练他们的主动性,培养他们良好的学习习惯,久而久之,他们的词汇量就越来越丰富。

总之,对于从事特殊教育的教师来说,想要让学生学好英语,就必须不断地去摸索出一套适合他们的教学模式。随着社会的不断发展,听障生这个特殊群体同样需要更多的信息和知识让自己融入社会,需要有可以靠自己双手吃饭的工作能力,那就需要我们教师付出更多,缩小他们与健全人的差距。我们不仅要从物质上关爱他们,更要从心灵上去呵护他们,教给他们学习的方法,"授人以渔",让他们接收更多的知识。

帮助"问题学生"家庭树立正确的教育观念

沙洋县曾集镇中心小学　陈中立

一、农村家庭教育的现状

2015年4月某个星期一的早上，六年级住宿生曹某随父亲一同来校，他们直奔学生宿舍，收齐行李准备回家。走到校门口被门卫拦住，刚好遇见来上班的该生班主任陈老师。陈老师问其原因，该生回答很干脆："不想读书了！"其父亲说："他不读就算了。"无论班主任陈老师怎样做解释工作，该生与父亲的态度十分坚决：不读了，回家！陈老师无奈，只好向学校领导进行了汇报。学校领导当即把曹某与其父亲请进了办公室，详问原因，该生说："学不来，太累了，所以不读了。"其父亲说："他不读就算了，反正种地正缺人手。"后经学校领导反复给他们父子俩讲解《中华人民共和国义务教育法》和当前的教育形势，才使得该生打消了弃学的念头。

事后，我对曹同学的家庭进行全面了解。曹同学两年前随父亲从四川某地迁移来到湖北。父母均才四十多岁，生有七个子女，曹同学排行第四，最大的姐姐已出嫁，老二外出打工，老三读初中，老五、老六都在上小学，老七刚满三岁，家境的贫困程度可想而知。问他们的生活状况，他说搬来湖北好，有大米吃。问他们的打算，他说能吃饱就很满足了，还能赚点钱就更好了。

回校后，我对全校学生的基本情况进行了初步地统计，全校在籍生457人，从外地迁入的有88人，占总人数的15%，留守学童153人，占总人数的27%，学习困难生和后进生中从外地迁入的留守学童占92.4%。

二、"问题学生"的心理健康问题

由于家庭环境影响的"问题学生"可能有严重的自卑感，对自己的智力、外貌等方面不自信，另一方面又存在以明显的自我为中心的倾向；在情绪管理方面，他们普遍存在情绪不稳定的现象，容易出现人际关系紧张等问题，且年纪越小问题越突出，女生比男生更突出；在应对压力方面，这些学生在面对挫折时，倾向于归于外因并且采取逃避和退缩等不合理的应对方式；在亲子关系方面，大多数留守儿童有怨恨父母的情绪，并有盲目反抗的心理；在人际关系方面，他们大多比较内向，常常因此受到欺辱；在学业学习方面，这些学生普遍学习态度不端正，并且学习习惯不好，学习成绩容易下滑，会出现严重的厌学、逃学和辍学现象。

三、培养"问题学生"健康心理的措施

基础教育的一项重要任务是保护和促进学生的身心健康,让学生健康幸福成长。作为基础教育的主要场所——学校,在培养学生健康心理中,起到了举足轻重的作用。

1. 帮助家长树立正确的道德观

"家长是孩子的启蒙老师",这句话是千古不变的真理。如果我们将孩子的第一启蒙老师——家长的观点改变了,对孩子的教育自然会有好处。改变家长观点,我认为要扎实地办好家长学校。家长学校不应流于形式,应从教师队伍中抽出年富力强的、有经验的教师担任主讲,每周一期或间周一期。同时将家长进行分层,针对不同层次的家长的情况选择培训的内容。对素质偏低的家长应进行重复培训,让他们了解当前的教育形势、国际国内形势,了解有关的法律法规,彻底帮他们从旧的传统观念中解脱出来,树立现代的道德观、育人观、社会观。让家长知道孩子不完全是父母的私有产物,他们是社会的财富,他们的成长与发展将直接关系到民族的兴旺,历史的前进,社会的进步。

2. 充分利用团队会及班会对学生进行多层面的教育

《三字经》说得好:"人之初,性本善,性相近,习相远。"学生本是天真无邪的,但是家庭环境会让他们染上一些恶习,要想办法帮助他们祛除。团队会及班会应多层面地设计主题,欢迎一些"问题学生"参加,让他们树立信心,增强信念,融入大集体,在大集体中寻找自我,认识自我,从而提高自我控制能力。

3. 给孩子更多的关爱

凡有一定教育经验的教师都知道:学习后进生和有困难的学生才真正是我们的教育对象,他们同样也有一颗纯真的童心,也有强烈的要求上进的心,只不过是受环境或者其他因素的影响才造成了他们暂时落后的情况。我们作为教育工作者,就应该逐个地分析了解,彻底弄清他们每个人落后的原因,对他们加倍地关爱,让他们树立勇气,克服心理负担,走出误区,只有这样,才能让他们弥补自己的不足,彻底解放自我,摆脱暂时落后的状况。

浅谈小学低年级的语文识字教学

钟祥市荆襄东区小学　包泉泉

识字是小学语文教学的重要内容之一。低年级学生有大量的识字任务,识字教学负担很重。我校为了了解低年级学生的识字现状,全面了解老师和学生在识字上的问题和困惑,对全校低年级学生做了一份问卷调查。根据低年级学生识字现状的调查报告,发现我校识字教学存在的问题比较突出。

一、存在的问题

(1)教师还没有完全领悟新课标"认写分开,多认少写"的精神,在教学中指导学生认识要认的字时,总担心学生记不住,不自觉地让学生分析、识记字形。教师在这方面想了很多办法,花了很多时间,结果教学任务完不成,学生识字兴趣不大。

(2)教学形式单一,教学方法落后。课堂上教师往往只用教读、带读、简单讲解、组词造句、学生自读等枯燥乏味的方式进行教学。教师为了让学生取得好的成绩,一味让学生进行抄写、默写,却忽略了对汉字的理解,学生识字兴趣不大。

二、利用多种方式,提高识字效率

在引导学生识字的过程中,教师要灵活地采用多种方式,彻底改变单调乏味的识字教学现状。

1. 奇思妙想法

学生对生字的理解,有时是奇思妙想的,他们常常利用这种方法记忆。比如,在记"雨"时,学生这样介绍自己的记忆方法:这个字中间的四个点就像天空落下的雨点,所以这个字就是"雨";"说"字右上的点、撇就像小兔子的一对耳朵,我在说话,小兔子正竖着耳朵认真听呢,这样很容易就记住了。这样的识字方法学生更乐于接受,也充满了趣味性。

2. 比较识字法

这种方法就是学生在识字时,不仅要找出汉字的相同之处、不同之处,还要找出它们之间的联系。比如:在学习"清、晴、情、睛"时,这4个字的读音都与右边的"青"有关,意思都与左边的偏旁有关,学生用自己的方法记忆:

有日是"晴"天,有水很"清"澈,有目是眼"睛",心里有感"情"。

3. 形象记忆法

在教授汉字时,教师还可以画出汉字相应的简笔画。比如,在识记"流"时,教师几笔画出一条弯弯的河,加上手势告诉孩子们:河里的水(指三点水)在哗哗地流动,有时是直的,有时是斜的,有时还会拐弯(指右下部分),这就是流水的"流"。这种方法既能使学生很快识记生字,又能掌握字义,达到了事半功倍的效果。

4. 表演法

在教授"崇"与"祟"时,"崇"是形声字,与山有关。"祟"是会意字,我们可以做出一个在门外探头探脑的动作,就很容易记住这个字。

5. 游戏识字法

如"邮递员送信"这个游戏,可以把生字拼音打乱顺序写在黑板上,然后让学生扮演小小邮递员,把"信"——手中的卡片送到相应的拼音下面,看看谁的正确率高,谁就是胜利者。

6. 生活中识字

识字教学不能只局限于课堂,我们还要用好"生活"这个大课堂。我们要让学生们主动去认识出现在身边的字,如学校的标语、街上的广告牌、店名、食品的名称等。我们可以在班上开展"讲故事"活动,既可以扩大识字量,又可以培养学生们的口头表达能力。

总之,在小学语文识字教学中,我们要不断地研究和探索新的教学方法,激发学生的识字兴趣,引导学生科学识字,提高识字的效率。

浅谈班主任的管理与教学

荆门市楚天学校　李本俊

我们知道,作为一个班主任,在日常的班级管理中,少不了要批评学生,如此难免会让学生对自己有意见。特别是有些学生根本不知道学习是为了充实自己,是为了给自己的前途多一个选择,当然也就对班主任的管理有意见了,进而对班主任所教的学科也就不愿意去学了。那么,如何在管理好班级的同时能让学生喜欢自己所教授的学科呢?笔者认为需要从以下两个方面多做文章。

一、班级管理

在批评中体现师生感情,在训斥中体现出对学生的关爱。初中的小孩正步入青春期,由于受青春期生理、心理的影响,这个年龄是最容易产生逆反心理的阶段,也是最易冲动且不考虑后果的年龄阶段。所谓"一句话可以把人说笑,一句话也可以把人说跳"。在面对学生出现的各种问题时,作为班主任,我们要尽量考虑周到,动之以情,晓之以理。不要盛气凌人而要以理服人,人都是有感情的,情绪具有一定的传染性,一个人真情实感的流露往往能引起人的共鸣。学生的心地都是善良的,班主任若能在教育学生时以自己的一颗赤诚之心待之,常常能使学生的冰冷之心顷刻融化。即使有些屡教不改的学生确实需要惩戒,也要给他讲清道理,让他明白犯了错就要为自己的错误负责,就应该受到惩戒!当然,在面对这样的学生时,我们更应做好善后工作,不是有这样一句话吗?"打一巴掌给一颗糖吃"。尽量做到"三多三少",即多一点关怀,少一点冷漠;多一点理解,少一点埋怨;多一点引导,少一点训斥。有时在面带笑容中给予批评,也有在嬉笑中给予惩戒。管理好班级的同时又重视师生感情的培养,让他们在毕业后能把那些批评当成美好的回忆。

虽说搞好师生关系是学生喜欢你所教学科的一个必要条件,但是作为一个科任教师,你必须要让自己的课堂通俗易懂,丰富多彩,最好还能妙趣横生。这更是一个非常重要的条件。

二、课堂教学

在传统的授课模式中,学生始终处于"坐"的角色,倾听老师讲课并跟着老师的思维转换角色,但我觉得若要让学生思维广、有创新,就必须让学生从被动变为主动,从怕学变为乐学。在课堂上适当地让师生换换位,让学生在课堂中多思、多动、多讲、多评,而教师只要做好组织、引导,多听听学生的想法并与他们合作讨论,也许会有意想不到的收获呢。

我经常按下面的环节来组织我的教学。

1. 幽默话题引入课题

学习动机是学生自主参与教学活动的基础,兴趣是学生获得知识、探索问题的动力。创设情境可以从学生的生活经验和已有知识体验出发,创设生动有趣的情境;也可以引导学生通过观察、操作实验、猜测等活动,提出问题,创设悬念。

2. 自己学与互相学相结合

"学起于思,思源于疑",质疑和悬念的设置能够激发学生探究欲望,而这又促使学生必须看书,互相讨论,寻找答案。如何设疑?教师设置问题既要突出重点难点,又要有阶梯性,符合"跳一跳,能摘到"的原则,力求在课堂中牢牢吸引住各个层次学生的注意力。

3. 总结与指导结合

经过自学后,学生对本堂课的内容有比较深刻的了解。但通常还是零乱、分散、彼此独立的,这时就需要教师适时引导、点拨、组织,使学生对本堂课的内容有一个全面而深刻的了解。突出本节课的重点,共同商讨难点的突破。

4. 必要的课堂巩固习题

在理解了书本知识后,再借助一定量的习题来巩固所学知识点,看看知识点如何以习题的形式出现。

5. 自己总结一节课的收获

课堂最后,让学生再次对本节课所学知识加以思考总结,掌握重点及相关知识点。在这样的课堂中,学生基本上能动起来,积极地找答案,找方法,都想当对方的老师,把自己的见解讲给对方听。在活跃、民主、积极、主动的气氛中收获取知识。

实际上,班主任在管理班级时若能搞好情感教育,拉近师生距离,再辅以适当的教学方法、幽默风趣的语言,学生会更愿意学"老班"所教的学科的。

如何培养小学生对音乐课的兴趣

漳河新区双喜小学　陈亢亢

学生学习音乐主要是出于自身兴趣,对音乐的兴趣是学习的主要动力,基础教育阶段的音乐教学,重点是对学生音乐兴趣的培养。因此,培养学生学习音乐的兴趣是发展学生主体意识和主体能力的重要条件。

一、以学生为主体的音乐课堂教学与音乐兴趣的培养

培养学生的音乐兴趣本身就是一种目的,是一种反映在情感、态度与价值观层面上的具体目标。应如何培养学生的音乐兴趣呢?主要有以下几个方面。

1. 保护学生对音乐的好奇心

小学生与生俱来就有对音乐的好奇心。保护学生的音乐好奇心,是培养音乐兴趣的前提。音乐教师应了解学生与成人对音乐兴趣的差异,让学生不断地对音乐产生好奇。学生的好奇心得到极大的满足后,会有利于培养他们的音乐兴趣。

2. 尊重学生的音乐感受

小学生有自己认识世界的方式,音乐教学要给学生以用自己的方式感受、表达音乐的机会,还应给予有效的鼓励与引导,将音乐与身体律动尽可能自然地联结起来,将外部动作与内心体验最大限度地联系在一起,形成稳定而持久的音乐兴趣。

3. 让学生体验音乐带来的快乐

从现代教育理念看来,"时间+汗水"的传统学习方式已逐渐被优化学习、有效学习所替代。而对于以美育为特征、具有审美愉悦性的音乐学科来说,枯燥的、机械的苦学方式更是不可取。学生喜爱音乐,是因为音乐能给他们带来快乐,所谓"乐(音乐)"即是"乐(快乐)"。正确的学习音乐的方式只有一个:那就是通过音乐教学让学生充分感受和体验音乐带来的快乐。

二、以教师启发、引导为主的音乐课堂教学与音乐兴趣的培养

只有具备一定能力和专业素质的音乐教师,才能够依据自己所掌握的音乐知识去激发学生学习的积极性,让他们对音乐的内容更感兴趣。

1. 教师要有良好的课堂情绪

教师在教学中的情绪应该是轻松的、快乐的、活跃的。只有做到以情动人、以情育人、以情感人,才能创造一个轻松愉快、具有明确目标的学习气氛,让学生处在快乐的情感状态下进行学习活动。

2. 教师要深刻理解教学内容

音乐教学中,教师要有意识地发掘所教课程的情感因素,唤醒学生的情感共鸣,丰富学生对所学知识的情感体验,以激发学生的学习兴趣、激活学生的认知潜能。中小学音乐教材中使用的每一首音乐作品都含有大量的情感因素。教师要通过对音乐作品的相关知识、文化背景以及音乐的表现要素——作品的体裁、结构、调式、调性等做必要的分析,来达到欣赏艺术作品、感受音乐作品、评价艺术作品的目的。

三、课外音乐活动与中小学生音乐兴趣的培养

多种多样的课外音乐活动是培养学生实践能力、审美能力和创新能力的重要途径,是满足学生对音乐的兴趣和爱好的必要条件。教师应鼓励学生发挥各自特长,积极主动地投入到课外音乐活动中去。

1. 普及性的课外音乐活动

课外音乐活动的开展要有明确的目的。教师要了解本地区学校每学年、学期的音乐教学情况,根据学生实际,拟订切实可行的计划,合理安排课外音乐活动的内容和时间。活动中要注意培养学生的组织能力,鼓励学生互帮互助、团结合作。

2. 专业性的课外音乐活动

专业性课外音乐活动的主要组织形式有音乐兴趣小组、合唱团、各种类型的乐队等。

浅析班主任工作中的情绪问题

荆门市龙泉北校　方小玲

古有"天地君亲师""程门立雪",今有毛泽东、朱德成名后拜访老师,一直以来师生关系都和谐融洽。教师也因为"传道授业解惑"的教育能力而被人们尊敬,拥有较高的社会地位。

但随着社会环境的逐渐变化,师生间的这种和谐关系逐渐开始"冰封"。这两年常有老师抱怨教师是"高危"职业,很多媒体报道老师和学生之间时常发生冲突,学生做出对老师不敬的行为,甚至危及老师性命。是学生的心智不够成熟?还是教育的失败?细想这其中很多事件是因为老师在处理问题时不够冷静理智、太过于情绪化导致的。所谓"情绪化"是指一个人的心理状态,容易因为一些或大或小的因素发生情绪波动。有人曾说过:"要使一份工作获得最大的成就,尊重自己的情绪是很重要的。"这话固然有道理,但老师尤其是班主任在处理学生问题时,如果一味按自己的情绪行事,就会使问题严重化,甚至变得一发不可收拾。诚然"教不严,师之惰",但如果教师过于苛责,良苦用心也未必会被学生及家长理解。从教数年发现身边情绪化的老师不在少数,他们主要表现在以下方面。

一、疾言厉色,不苟言笑

学生是老师服务的对象,班主任每天会面对不同性格的学生。一位优秀的班主任面对问题学生时总是面带微笑,嘴角上扬,言语之间充满关爱之情,给学生如沐春风的感觉。而一位情绪化的班主任从踏进教室的那一刻起便低沉着脸,神情严肃,一副咄咄逼人、高高在上的样子,缺少亲和力,让学生敬畏的同时也感到害怕。试问这样还未开口便如"暴风骤雨"袭来的老师如何拉近和学生的距离,又如何走进学生心里?班上就有这样的例子,一位性格急躁的女老师经常在班上发脾气,学生敢怒不敢言,经常在背后说老师更年期到了,以这种方式发泄对老师的不满。

二、无视学生进步,放大学生缺点

班主任如果总戴着有色眼镜看"问题学生",凭自己主观臆断去推测事情的原委,那么势必会打击学生的自信心。身边有这样一个例子:某位同学学习态度一直不端正,自由散漫,可期中考试英语考了一百多分,就在他惊喜之时,班主任却质问他的成绩怎么来的。学生正准备张口回答,班主任又用极其不耐烦的语气嘲讽道:"平常不好好学,怎么可能考这么高?"言外之意他的成绩是抄来的。学生听了顿时心灰意冷,这位性格急躁的老师用他的冷嘲热讽浇灭了学生学习的热情。情绪化的老师对学生的进步视而不见,以一成不变的眼光看待学生,把学生的错误和缺点无限放大,小题大做。对学生迟到、上课做小动作、不交作业等问题没有耐心去仔细调查原因,也不给学生解释的机会,稍有不满便严厉批评,大加指责,更严重的甚至"破口大骂",令教师崇高的形象严重受损。

"人非圣贤,孰能无过",班主任也会有自己的情感和喜怒哀乐。由于班主任工作压力大,事物繁多,每天早出晚归,披星戴月,从早自习开始,跟操、备课、上课、批改作业、课外活动、班团活动等一系列的工作早已让他们身心疲惫,如果再面对学生的打架闹事,或者自己的家庭琐事,他们当然会承受不住,面对学生时,负面情绪难免会发泄出来。但是因为教师职业的特殊性,社会对教师的期望值高,不允许他们将这种情感带到工作中。所以班主任在工作中切莫情绪化,应努力做到以下几点。

一、安贫乐道,甘守清贫

教师是太阳底下最光辉的职业,他们的社会地位一直较高。教师倘若利欲熏心,汲汲于课后各种物质追求,诸如炒股、有偿家教、办补习班等,一旦被这些利益羁绊便无心教学,势必会影响工作。所以,教师若心无旁骛,一心专研教学,淡泊名利,自然会做到宁静致远,情绪自然也就不易波动。

二、俯下身子,学会倾听

当我们放下教师的身份,蹲下身子和学生对话时,对话便建立在平等的基础上了。当问题出现时,试着倾听学生的解释,将注意力从学生的缺点转移,多寻找学生身上的闪光点,循循善诱,用和风细雨般的教诲滋润学生的心田。曾经班上有一对双胞胎兄弟,哥哥性格外向活泼,成绩优秀,而弟弟性格内敛,不善言谈,成绩较差,所以我刚接班时对弟弟印象一直不太好,只要弟弟犯错误,我便严厉批评一番,甚至拿他和哥哥做比较,但一次偶然的谈话改变了我对他的看法。一次家长会上,他们的妈妈告诉我弟弟虽然成绩略差,但是心地善良,更懂得孝敬父母、尊敬长辈。我才恍然大悟,自己原来一直在用有色眼镜看学生,忽略了学生学习以外的优点。这之后我暗暗观察,原来弟弟身上也有很多闪光点:劳动积极,上课从不迟到,爱打篮球,字迹工整……虽然他依然会犯些错误,但再次批评他时,我会想到他的优点,控制自己的怒气,说话语气会平和些,言语间也多了些鼓励。慢慢地,弟弟的成绩进步了,眼神里多了自信,笑容也更灿烂了。

三、每日三省吾身

曾子"吾日三省吾身",我认为班主任也可以仿古人,每天总结反思一天工作的得失:我今天对学生发火了吗?我今天对学生微笑了吗?我今天找学生谈心了吗?通过这种方式提醒自己,有则改之,无则加勉。同时,在工作过程中始终以"学高为师,身正为范"的高标准严格要求自己,将师德二字铭记于心,这样面对学生时,便不会轻易发脾气了。

曾有人提出"让教师成为让人羡慕的职业",这不仅对教师的社会地位进行了新的诠释定位,而且也对教师的工作提出了更高的要求。那么,和谐师生关系的培养迫在眉睫。班主任是一个班级的核心,他的情绪波动会影响整个班级。"性格决定命运",班主任的性格往往会对班级的"命运"即班风有重要影响。性格开朗的班主任带出的班级朝气蓬勃,团结向上;性格内敛的班主任带出的学生沉稳扎实;而一位性格多变且情绪化的班主任带出的学生多猜忌抱怨且班风散漫。所以,班主任在工作中切莫因一时的情绪变化而做出过激的行为,要学会调整心情,控制情绪,用积极乐观的心态投入到每一天的工作中,化解师生矛盾,迎接师生关系明媚"春天"的到来!

触摸文字的温度

沙洋县汉上实验学校 冯美芹

温儒敏说:"现在语文课的教学,大家不太满意,社会上也不满意。"我认为最基本的、最重要的一个原因就是现在的语文课读书太少了。所以我们要鼓励学生们多读书,读好书,好读书,甚至还要读整本的书。有一定的阅读量,语文素养、语言文字运用的能力才能提高。我从事语文教学工作二十多年,在教学中,我特别重视学生的朗读训练,经常指导学生在初步理解课文内容的基础上进行阅读。对我来说,与学生共读是最快乐的事。

一、美丽的遇见——小桥流水的情怀

我偶然间读到陈忠实的《白鹿原》中的一段话:"世间一切佳果珍馐都经不得牙齿的反复咀嚼,咀嚼到最后就连什么味儿都没有了;只有圣贤的书是最耐得咀嚼的,同样一句话,咀嚼一次就有一回新的体味和新的领悟,不仅不觉得味尝已尽,反而觉得味道深远;好饭耐不得三顿吃,好衣架不住半月穿,好书却经得住一辈子诵读。"我们不仅要自己爱读书,还应该鼓励学生积极阅读。

应该让学生读什么书?当然要读好书。好书是一剂良药。那么,什么样的书才是好书呢?在我看来,应该和学生一起读以下四类好书:第一类,关于青少年健康成长的书籍,如杨红樱的《女生日记》,内容是一个即将小学毕业的女生通过日记的形式记录下自己成长的点点滴滴。第二类,励志类的书籍。不妨和学生一起多阅读一些成功人士的传记,如罗曼·罗兰所写的《名人传》,让学生明白"不经历风雨怎能见彩虹"。第三类,科普类读物,如《十万个为什么》,这类书既贴近我们的生活实际,又有丰富多彩的科学知识。第四类,古今中外的名家名作,如《红楼梦》《爱的教育》,这类书可以让我们更好地了解古今中外各国的风俗、历史。

与学生一起读书,一起在读书中成长,确实是一件快乐的事。在我看来,与学生一起读书是最幸福的事。

二、铭心的约定——触摸文字的温度

在读中感悟,就是把读书与思考结合起来,学生对课文有所领悟,有利于逐步提高阅读和表达的能力。读书要做到"读进去"和"读出来"。"读进

去"就是读中有思考,"读出来"就是读中有感悟。如课文《火烧云》中的一段:"天空的云从西边一直烧到东边,红彤彤的,好像是天空着了火。"在这部分教学中,我引导学生注意阅读的体验,指导学生与文本进行对话,分析哪一个字用得好,有的认为是"火"字,有的认为是"烧"字。学生大胆发表了各自的意见:"烧"字让我们感觉颜色特别美;"烧"字让我们看出火烧云在变化;"烧"字让我们有天空的云在从西到东移动的感觉。这是学生自悟自得的阅读体验。

在读中悟写,在读中练写。阅读还要培养学生勤动笔的习惯。作文难写,怕写作文,是较多学生面临的一个突出的困惑。而"肚中无货,无米可炊"是这一问题的关键。如何帮助学生突破作文中的这一瓶颈,有效的途径之一就是引导学生多读、多积累。从2015年开始,我校开展了诵读国学经典的活动,每周五下午第一节课为全校的读书活动课,我和学生们一起读书,一起分享读书的乐趣,一起做读书笔记,把从书中感悟到的写下来,多积累诗词佳句,帮助学生广积写作的"粮草",这也是解决学生作文"无米可炊",让他们不再为作文而愁的一条有效途径。我班学生所写的作文在各种刊物上发表,如:师雨婷的《爱在身边》发表在《作文点评报》上,李子妍写的《沙洋一日游》、刘伊荞的《游纪山寺》、冯楚雅的《油菜花博物馆之旅》发表在《沙洋文艺》。

三、放歌的舞台——分享阅读的精彩

孔子说:"知之者不如好之者,好之者不如乐之者。"课堂教学要避免单调乏味,有效的策略之一是设计形式多样的读书活动,让孩子们在灵活多变的教学活动中充分享受到读书的乐趣。我在阅读教学中也采用多种形式的朗读方法,如引读、范读、赛读、评读、品读、配乐读、分角色读,并给学生充分的时间读,让他们喜欢读什么就读什么,喜欢怎样读就怎样读,为学生创造多种多样的自读自悟的机会,在形式多样的阅读中培养学生的读感,形成积淀,从而提高语言表达能力。

学校在每周一早晨开展了国旗下朗诵的活动,为了让学生们能充分地展示自己的阅读水平,我特意邀请我校的省级普通话测试员张辉老师亲自到我班指导学生们朗读。在学校的朗读展示活动中,我班学生声情并茂地向全校师生展示了自己的朗读水平,受到了老师们的一致好评。

坚守一方净土　用心关爱学生

钟祥市第二中学　蔡　丽

一、用爱温暖学生

苏霍姆林斯基说过："教育技巧的全部奥妙，就在于如何去爱学生。"教师的爱，尤其是班主任的爱，是照亮学生心灵的烛光。它是纯粹的，不因社会因素、家庭环境、成绩好坏而有所不同。教师的爱是无微不至地关爱学生；是柔情似水地呵护学生；是潜移默化地影响学生！

记得有一段时间，我和几个同事对养生名人很感兴趣，有空就相互交流。一天早上，一个男学生对我说："老师，我落枕了，脖子好痛。"我正好学以致用，就说："我来给你按按脖子。"我让他坐端正，微微低下头，然后慢慢地按揉他脖子两侧的风府穴。这下可热闹了，好多同学都围过来说："老师老师，我的脖子也痛！"这一举动一下子拉近了我和学生的距离。

一个女学生与众不同。她默默地站在我身后，给我按起了肩膀。我说："老师的肩膀不痛啊！"她回答："可是您给他按脖子，时间长了肩膀会酸的。"那一刻，我的心里暖暖的。

班主任工作既有"柳暗花明又一村"的惊喜，也有"山重水复疑无路"的困惑，班里淘气任性、不爱学习的学生时常有之，他们常常使我头疼万分。但内心有一个声音告诉我："不抛弃，不放弃！"每一朵花都有盛开的理由，每一棵草都有泛绿的春天，每一个学生都值得你深情凝望！用爱去感化他们，呵护他们，赋予他们怒放的生命。

二、用示范引导学生

"德高为范，博学为师。"教师必须具备良好的师德。"榜样的力量是无穷的""喊破嗓子不如做出样子"。作为班主任应该以身作则，要求学生不做的自己首先不做，要求学生做到的自己首先做到。大到爱国、尊老、敬长、护幼，小到自己的一言一行、仪表服饰，甚至随手捡起一张纸片等，这些都对学生起着潜移默化的作用。

三、用规范要求学生

俗话说："无规矩不成方圆。"国有国法，家有家规，班级也必须有规章制度。作为班主任，刚接手一个新的班级，要想在学生心中有较高的威信，那只能"以理服人",靠集体的力量来制约个人,做到"有理有据,赏罚分明"。否则等学生违纪后再去一一处理,很容易理不出头绪。所以发动全班学生制定班规,然后逐条列出来学习,张贴在教室。当学生违纪后,就能做到"有法可依"。这样,违纪的学生也减少了逆反心理。

  当然,"人非圣贤,孰能无过"。面对学生的犯错,我们应该正确面对,不要过于苛刻,否则,可能会导致学生口服心不服,或者养成他们胆小怕事的性格。要告诉学生,有些错误可以犯,但不能明知故犯。同一种错误,认识到错处后,不能犯第二次。老师还要尽量引导学生主动承认错误。

  班主任工作真的是极其烦琐、复杂,面对不同的学生,我们总是在不断地发现问题,解决问题。日复一日,年复一年。既然选择了这份职业,那么与之沉淀的还有我们不变的情怀。最后愿每位老师都能做到身于幽谷处,孕育兰花香。

让数学在生活中"high"起来

京山市罗店镇直小学 董 欢

华罗庚说:"宇宙之大,粒子之微,火箭之速,化工之巧,地球之变,日用之繁,无处不用数学。"承担数学学科教育的我们,应充分联系学生的生活经验,让数学从生活中来,到生活中去,最后达到数学高于生活的目的。充分利用身边的素材,结合学生对现实的感知,对学生进行数学思想方法的渗透。怎样做到数学教学生活化呢?我主要从以下几个方面入手。

一、写写记记,我是小小调查员

去商店买东西,又用到了哪些数学知识?

这个月你的家庭有多少收入和开支?跟上个月比有哪些变化?

……

每周布置一个调查主题,让学生把生活中的点滴记录下来,运用语言描述生活,表达出自己的新思想、新发现。让学生写"我和数学"的故事、写"数学日记"、写"调查报告",这样既积累了学习的素材,又培养了学生对数学的感受能力;既让学生探究了生活中的数学,明白了数学知识不仅有用,而且在生活中时时处处都能用,又激起了学生学习数学的兴趣。教师通过阅读学生的"数学日记",可以了解学生有没有较强的"学数学、用数学"的意识,使日后的教学更有针对性。

二、活用素材,我是小小观察员

小学数学只有应用于实际,才会变得有血有肉、富有生气,才能让学生体验到数学的价值和意义,确立用数学解决实际问题的意识和信心。以教学目标为主线,活用教学素材,多利用学生熟知的资源和学生现有的经验,引导学生用数学的眼光去观察、分析、解决生活中的问题。通过在生活中应用数学知识,增强学生对数学价值的体验,强化应用数学的意识。

1. 学会观察生活中的数学

生活是数学的宝库,生活中随处都可以找到数学的原型。经常让学生联系生活学数学,引导学生用数学的眼光观察生活问题,不仅有利于培养学生用数学的眼光认识周围事物的习惯,而且有利于培养学生探索的意识。如,认识"圆"以后,让学生到自己生活的环境中去观察哪些物体是圆的。学习了"立体图形"之后,让学生观察生活中哪些物体是立体图形。学习了"轴对称图形"后,让学生说一说周围哪些物体是轴对称的。又如,在学习了"平移和旋转"后,让学生去找一找生活中哪些现象是平移现象、哪些现象是旋转现象。

2. 学会思考生活中的数学现象

生活中的许多问题包含着数学知识。引导学生运用数学方法研究问题,不仅可以使学生感受自身价值,而且可让学生真正由"读书虫"向社会实用型人才转变。如教学三角形的稳定性后可以让学生解释一下:为什么我们住的房子的屋顶要架成三角形的?木工师傅帮同学修理课桌时,为何要在桌脚对角处钉上一根斜条?教学平行四边形的特性时,请学生说明:为什么拉栅门要做成平行四边形的网格状而不做成三角形?

三、动手动脑,我是小小实验员

要使抽象的内容变得具体、易懂,就得从生活中挖掘素材,在日常生活中发现数学知识,利用数学知识,来提高学生学习的兴趣。例如,《平移和旋转》这一课,"平移"与"旋转"这两个概念的描述非常抽象,不易理解。在教学时,可做如下描述:请一个同学上台沿着直线走,再请一个同学上台绕着讲台走,紧接着告诉学生:"这两个行动中包含着两个数学概念。"这时,学生兴趣正浓,一定会想:"走路怎么会同数学概念连在一起呢?"此时此刻,思维的火花不点自燃。另外,对于教材中一些实践性较强的数学知识,要尽力把课堂教学的主阵地从教室转移到室外,让学生在实际环境中学习新知。比如,学习长度时,可以带学生拿着测量工具到操场上去测量两点之间的距离,并组织学生利用步测方法来测量,让学生亲身体验,形成形象记忆,这样可以起到事半功倍的教学效果。

四、精"打"细"算",我是小小整理员

数学必须架起"学"和"用"之间的桥梁,把练习题设计得更加生活化。这样,既加深了学生对新知识的理解,又可以在解决问题的过程中体会到数学的应用价值,并产生积极的情感体验。例如,对于一些枯燥的计算题,我们赋予它们一定的生活背景,让学生在解决问题的过程中懂得"差之毫厘,失之千里"的道理,养成精"打"细"算"的良好习惯,提高计算的准确性和效率。

谈初中英语教学中的激励策略

漳河新区漳河初级中学　高祚会

教育的责任是引导学生发挥个人的天赋，挖掘个人的潜能。良好的教育不仅仅要教学生知识，还要让学生能够适应生活。反思当今的教育，最大的失误是忽视了学生的自我意识。我们的教育常常不自觉地把学生当作容器任意倾注，忽视了学生的意志和情感。一位优秀的教师要培养学生敏锐知觉自己的情绪、控制自己的情绪的能力；激励自己和关心他人的能力；适应生活和战胜困难的能力。

一、有效化解学生自卑的心结

我们面对的学生千差万别，我们要做的是欣赏、激励我们的学生。

一天，曾同学对我说："高老师，我不是学习的料。"

"为什么这么想？"我问。

"这次期中考试，我有几科没及格，我爸妈说我不是搞学习的料。我上课总听不进去，唉！我很伤心。"

我听了心中为他难过，问："你从小学习成绩就不好吗？"

"不是，我小学时成绩还蛮好的，还拿过几次奖呢！自从上了初中，成绩就一天不如一天，爸妈老说我傻、贪玩。不知怎么回事，现在除了上网，对其他事都没兴趣。"

我沉默了一会儿，给他讲了一个故事："有位心理学家曾做过一个实验，他把一条饿极了的大鱼放进一个水池里，用透明玻璃从中间隔开，另一边放进这条大鱼很爱吃的小鱼。一开始，大鱼拼命地冲过去想吃小鱼，结果碰了壁。但他并没有放弃，多次失败后，大鱼已碰得鼻青脸肿，它再也不尝试了。这时，心理学家悄悄地把玻璃拿开，让小鱼们游到大鱼的嘴边。然而，奇迹发生了，大鱼对送上门的美食竟不敢去吃了。"

我问："从这个故事中，你悟到了什么？"

他很兴奋地说："其实大鱼只要再相信自己一次，就可以美餐一顿。"

我紧接着说："对呀，很显然，多次的失败让大鱼胆怯了。你可能失败了999次，但第1000次可能就是获得成功的时刻，所以千万不要放弃呀！你脑筋灵活，小学还得过那么多奖，也许你还没适应初中的学习，学习方法有待改变。"

我认真帮他分析原因,教给他适应初中学习的方法,后来曾同学一次比一次考得好。每次取得好成绩后,我都会和他聊聊得失,令人欣慰的是,他考上了重点中学。

一个缺乏自信心的学生,在成长的过程中,往往遭受了外界包括家庭太多的批评、打击和挫折,于是,奋发向上的热情被人为地压制,心理上的障碍没有得到及时的疏导与化解,他们对失败惶恐不安,又对失败习以为常;丧失了信心和勇气,渐渐形成了懦弱、自卑、害怕承担责任、不思进取、不敢拼搏的性格。

有效化解学生自卑的心结,关键是要让学生正确认识自己,提高自我评价。这时,老师的爱尤其重要,学生向你倾诉心事,最需要的是理解,理解是从沟通开始的,一个教师要学会善于同学生沟通、同家长沟通,了解他们的思想和言行。

二、深入挖掘学生的发展潜能

教育是一种爱。教育的爱依赖我们去发现,发现学生的可爱之处。当我们拥有了一双善于发现的慧眼,我们就不会再为一点小事去指责我们的学生,取而代之的将是指导、关怀和鼓励。

苏同学生病一周,第三单元的单词未听写。病愈返校后,我问她是否愿意补听写,她很高兴地接受了我的建议。

课后,她主动跑上前来,问:"高老师,今天课外活动时我来找您听写单词,行吗?"

我答应了她。不料,我忘了此事。第二天一下课,她又急忙跑上前来:"我昨天去找您,您不在,我今天课外活动时去找您报听写,行吗?"

我热情地拥抱了她。第二天课堂上,我表扬了她,发给了她一张嘉奖卡。从同学们的表情可以看出,他们的触动也挺大。以此为契机,我告诉他们:"我相信你们每个人都有潜能,相信你们每个人都能成功。"

如何用素质教育激活政治课堂

荆门市第一中学　何兴华

苏联著名教育家苏霍姆林斯基说："任何一位优秀的教师，必须是一个善于激起学生对自己课堂的兴趣、确立自己课程吸引力的教师。"作为教师，不仅要对学生的升学考试负责，更要对学生一生的生命质量负责。如何立足素质教育激发学生对思想政治课的兴趣，笔者从以下几个方面进行了探索。

一、培养学生自主学习的能力

自主学习首先从自主阅读开始。教师要引导学生自学课本，使学生从消极的听课者变为以自学为主的探索者、思考者。在自主阅读教材的过程中，学生的思维会发生相应的变化，对教师的要求也会提高，听课更有针对性，有利于在师生互动时激发学生去思考和探索。在自主阅读中，学生能自主发现问题，分析问题，总结规律。教师根据学生自主阅读的情况因势利导，使不同层次的学生都能掌握知识和提高能力。

自主学习要搞好课前预习。导学案是引导学生课前预习很好的方式。教师深入钻研教材并结合学生的实际，将重难点知识形成学案，并在课前发给学生，由学生自主完成。导学案将知识系统化、条理化、整体化，使学生能很好地掌握知识结构，重难点知识采用问题情境的方式引发学生思考，让枯燥抽象的政治知识变得生动有趣，激发学生的学习兴趣，引发他们的学习热情。学案的使用使学生的课前预习有了方向，极大地提高了自主学习的积极性和效率。

二、培养学生合作学习的能力

合作学习的目的是切磋学问，砥砺思想，将自主学习中的疑惑带到小组合作交流中共同探讨，进一步解决自主学习中的不足。合作学习既要有生生互动，又要有师生互动，学生通过多途径、多渠道交流获取信息，使不同层次的学生之间以优补劣，优势互补，极大地提高了课堂效率。合作学习充分发挥了学生学习的主体地位，活跃了课堂气氛，培养了学生的合作意识和团队精神，激发了他们进一步探究的动力。

在合作学习中要注意的是，教师要设置好合作学习的问题。对学生在自主学习中存在的共同问题进行归纳,设置有代表性的、能突出重点、突破难点,有思考价值的问题。

教师对学生的合作学习要进行指导,防止合作学习流于形式。教师要深入到小组中去引导,对行为习惯不好的学生或不能融入小组的学生,教师要进行关注,积极引导,使不同层次的学生在合作交流中都有所收获。

合作学习要限制时间,每节课安排5～10分钟,既保证每个学生都能充分参与活动,又要限制某些与探究主题不符的交流。合作学习的形式也要得当,一般6人一个小组比较好操作。每组学生在性格、成绩、能力等方面也要合理搭配,这样有利于优势互补,互相带动,共同进步。

三、培养学生探究性学习的能力

探究性学习是指学生基于自身的兴趣,在教师的引导下,从自身的学习生活中主动获取知识,应用知识解决问题的学习活动。在教学中创设研究情景,通过学生自主独立地发现和解决问题,并通过形式多样的调查,信息的收集与处理,表达与交流等探索活动,获取知识,培养探究精神与创新能力。

四、培养学生的创新能力

爱因斯坦说:"思维比知识更重要。"在课堂教学中创设教学情境,激发学生的好奇心,鼓励学生在学习中质疑和探究,有利于培养学生独立分析问题和解决问题的能力;对学生独特、新颖的观点及时给予鼓励和肯定,保护学生创新的积极性;引导学生在实践中运用知识解决问题,通过自身感悟获得新知,并养成独立思考的习惯,不断提高创新能力。

在新高考的背景下,高校和社会对学生的综合素质要求越来越高,怎样在思想政治课教学中贯彻素质教育的理念,培养学生的综合能力,值得教师深思。我认为可以采用自主、合作、探究的学习方式,引导学生在有限的时间内学习知识和技能,创设轻松愉快的学习情境,让教师教课时得心应手,让学生动静相宜,既是学生的呼唤,也是时代的需求。

语文文本细节性研读的有效策略

沙洋县教学研究室　龚金喜

一、深度阅读,是一种高效的深度学习

相对"浅阅读"而言,深度阅读是以提升学识修养和理论思维、学习能力为目的的深层次阅读,是读者与作者之间心与心的交流。

深度学习在课堂教学中有"三让三不",即:学生已经知道的让学生说,教师不说;学生能看懂的让学生看,教师不帮;学生能发现的让学生自己找,教师不替。

语文课堂一直都在热切地期盼有充分而深入的阅读体验。温儒敏先生也曾多次呼吁"多读书,读好书,好读书,读整本的书",以纠正浅显化、碎片化、快餐化的阅读倾向。

二、深度阅读,是语文教学的现实需要

"语文的味道",怎样才能散发出独有的芬芳?著名特级教师王崧舟说:"'语文味'就是守住语文本体的一亩三分地,'语文味'具体表现在能动情地诵读,静心默读的'读味';'品词品句、咬文嚼字'的'品味';'圈点批注、摘抄书作'的'写味'"。具有"语文味"的语文课堂,应该有朗朗的读书声,应该有浓浓的情感体验,应该有扎实的语言文字训练,应该有学习方法的习得和学习习惯的自然渗透,应该有自然和谐的师生互动场景。

程少堂先生创立的"语文味"教学法,其本质特征是表现性教学法。其核心内涵是讲授者与受教者将自己的生命体验融入对文本的独立解读之中,从而构成教学的内容与教学主题。通过"一语三文"教学模式,实现教学目的,即营造教学审美意象与意境,建构教学艺术作品,教师的教学个性和学生的学习个性得到充分的表现与展示,教师的教学激情和学生的学习兴趣得到充分地激发与张扬,教师的教研教学能力与综合素质、学生的文化素养与人格都得到全面发展与提升。

三、深度阅读的三种表达

深度阅读,是以语言为基础,对人物性格和事件性质进行深刻辨析,要深入背景、深入情境、深入人物的内心世界,由表及里、由现象到本质。

深度阅读,是在教学流程的安排上,走一步,再走一步;是在教学环节的

推进中,"深挖一锹,横扫一腿";是在语文思维训练时,"向着青草更青处漫溯"。

四、深度阅读的五种策略

1. 深挖细节,读出心理

张志公先生说过:"阅读教学无非就是要领着学生从文章里走个来回。"要不断穿行于文本语言这个家,在一次次的来回穿行中,对语言文字进行揣摩、品析、涵泳、回味。如朱自清《背影》的第四段中:"不要紧,他们去不好!"对此处文本常见的解读是直接发问:怎样理解父亲这一举动背后的心理活动?对此,不妨尝试在追问中进行变换式朗读。首先,提问父亲所言究竟是想说那个地方"他们去不好",还是"他们去"这种方式不好。待学生肯定后者,便追问:怎样停顿才能突出"茶房去"这种方式不好?原句于是变换下面的句读:"不要紧,他们去,不好!"进而指导学生一张、一驰、一张地朗读,随着语气的抑扬顿挫,父亲宽慰儿子,担心茶房的不妥帖,更担心儿子的安全的种种情感,全体现在深入浅出的品读里,与直接发问的效果是截然不同的。

2. 变形研读,品出精妙

(1)词语顺序的变形。调整语序有时会收到意想不到的效果。比如在教授《口技》一文时,提问:"'满座宾客无不伸颈,侧目,微笑,默叹,以为妙绝',这几个短语的顺序能否颠倒?"学生精读后,生成如下观点:"口技人的表演不仅技术好,更有艺术性,作者的遣词造句也和口技人的表演一样充满了艺术和魅力。"

(2)句子组合的变形。语序上的调整会很好地带动学生进行思考,非常有利于培养学生的思辨能力。比如在教授《小石潭记》的时候,对文中精彩的写景句进行如下变形:"潭中鱼可百许头皆若空游无所依日光下澈影布石上佁然不动俶尔远逝往来翕忽似与游者相乐。"剔除标点,让学生想象自己就是柳宗元,慢慢沉浸其中,感受到物我相融、物我不分的精神境界。

(3)段落增删的变形。对词句和段落进行增删,在情感的体悟和主题的把握上会有所不同。如讲授《木兰诗》时,老师把后半部分关于回家的文字删去,是否能够表现主题?学生深入研读,明白了《木兰诗》的主题在于表现劳动人民最本真、最朴实的愿望。而《木兰诗》的文化意义在于,朴实的劳动人民最本真的追求在千百年的历史长河中很难实现。和平安定的环境,家人的团聚,看似简单,但在动乱不宁的生活环境中又是多么难能可贵。这才是《木兰诗》的文化意义。

3. 了解作者，走进心灵

了解作者的真实思想，引导学生走进作者心灵深处。学习《紫藤萝瀑布》时，如果学生不了解课文特殊的写作背景，就无法理解作者寄托在紫藤萝上的情思。为此，在教学中，教师要适时介入相关背景资料，搭建学习支架，为学生理解文章的主旨句"花和人都会遇到各种各样的不幸，但是生命的长河是无止境的"作铺垫，还可以巧妙借助群文阅读，引导学生在比较、分析与概括中，引发阅读高峰体验。

4. 启发心智，拓展思维

在易老师的《壶口瀑布》磨课活动中，课题组把深度阅读的重点确立在"思维美"的训练上，具体表现在第五段。脚下的石是"钢铁似的顽物"，然而"竟被水凿得窟窟窍窍，如蜂窝杂陈"，还被"旋出一个个光溜溜的大坑"，"硬将铁硬的石一寸寸地剁去"。见此情形，我们常常想到的是"滴水穿石"，而作者想到的却是"柔情似水"，我们想到的是锲而不舍的坚持精神，而作者想到的却是"至柔至和的水一旦被压迫竟会这样怒不可遏"，"柔和之中只有宽厚，绝无软弱，当她忍耐到一定程度时就会以力相较，奋力抗争"……这就是层次、境界和格局。于是，第六段便由景及人，由情入理，这样做水到渠成。更为妙绝的是，这一切的一切，都在这"一壶"之间——"这伟大只在冲过壶口的一刹那才闪现出来被我们看见"，看似不经意的一笔，实则千古绝唱！

5. 含英咀华，提升审美

龚老师执教的《三峡》，将本课的立意确立在"发现（感受）三峡之美——句式之美、画面之美和想象之美"上。这节课的设计理念体现了生成性教学思想。课堂的预设是很精致的，在具体施教的过程中，却出现了很多的"意外"，教师适时捕捉并进行引导，生成了很多的精彩之处，体现了研究性教学思想。最集中的体现就是"三美"，尤其是从语言建构的角度，研习句式之美，实在是一种可贵的探究，体现了以"读"为本的教学思想。教学中有近十遍的"读"，有认读，有析读，有研读，有赏读……循序渐进，读出了语言真味，读出了语文美味。朗读带动了对形象、意象、意境的把握，在朗读中指导学生领悟了作品的内涵。目标定位精准合理，教师建构了单元框架，解析了文本背景，明确了课时目标，以"读"贯之，以"读"串之，既有课堂意识，又有课程意识。

初探高中生英语学习习惯养成的方法

钟祥市实验中学　陈东海

一、应该养成良好的单词、短语记忆方法

高中英语的词汇量很大,很多学生记得很熟,但很快就忘了;还有很多学生背熟了单词,但不知道词性,不知道如何应用。所以,我们在记单词时,不光要背单词,更应该拼读这个单词,读汉语,关注其词性。我认为当我们记一个单词时,应读两遍,拼一遍,读一遍汉语,用心关注一下词性。这样,只要我们长期坚持,就会有收获,有突破。当然,我们也可以根据音标法记单词,用边读边抄写的方法记背单词。但不管怎样,目的就一个,把单词记住、记牢。同时,要做到温故而知新,在要忘记前温习一下。

二、养成课堂听讲,记笔记,课后整理笔记的好习惯

很多学生以为上课听了就可以了,还有的学生以为把老师讲的随便用一张纸记下来,按照老师讲的读一下,记一下,背一下就可以了。可是我们都知道,学习是一个循序渐进的过程,很多的知识需要我们反复背诵记忆,并需要经常练习才能达到一定的效果。所以,在学习的过程中,我们首先要在课堂上认真地听讲,把要点和重点、难点记在书上某个位置,课后仔细整理到自己的笔记本上,以便以后查找。记忆难免有遗忘的时候,这样做可以帮我们节约很多不必要浪费的宝贵时间。在我的学生中,学习成绩好的学生一般都有这样的好习惯。有的同学整理的笔记甚至变成了一本宝贵的学习资料。我的学生小旗,她的英语成绩从刚进高中的九十多分到高考取得135分的好成绩,离不开她的这个好习惯。高考结束后,她把她的笔记本送给我时,我当时很诧异,教了这么多年的书,送笔记本给我的,还是第一次。我到现在还记得她跟我说的一句话:"老师啊,您的方法真管用,我能考到这个分全靠它!"真是这样,其他学科她也采用这个方法,考上了自己向往的大学。

三、要学以致用,养成主动自觉练习的好习惯

作为高中生,我们应该知道熟能生巧这个道理。无论我们学习哪门学科,都离不开练习,英语也一样。知识的巩固落实离不开学生主动自觉地练习,每当老师把一个知识点讲完后,习惯好的学生就已经开始练习,但也还

有很多学生还要等老师布置作业后才开始做,甚至有的布置了也不做。就这样,学生之间在英语学习上的差距就会拉大。老师们也常说要精讲,让学生多练习,什么事情只要他们做多了,见多了,就熟了。这可能就是我们常说的见多识广吧。然而,在实际的学习过程中,也有很多学生想走捷径,认为把老师讲的背一下就可以了,但有部分学生背得很熟,可是在使用时,他就生疏了,不会做了,而且做题的速度也很慢。这样在考试中,他就不能按时完成考题,造成考试成绩的不理想。

四、要养成纠错和积累的好习惯

人们常说:"吃一堑,长一智。"在英语学习的过程中,要有一个纠错本,把易错的记在笔记本上,经常翻出来读读看看,做到心中有数。我相信我们每一次考试都会遇到自己不懂的地方,那怎么去归纳总结这些错题的解题思路?一方面,在课堂上认真听老师讲解,另一方面,要发挥自己的小才智,对这些错题统一整理,改错为正。然而,很多学生不以为然,觉得老师们是在多事,他们根本就不听,我行我素,自己怎么想就怎么做,有的知识点一错再错。

另外,对练习和试卷中出现的知识点,我们要学会积累。这样,时间长了,就会拓展知识的外延,开阔视野,提高阅读能力。古言道:"滴水穿石,积水成河。"说的就是这个道理!

五、制定计划、合理安排学习时间的习惯

我们不管做什么,学什么,首先要制定一个可行的计划,凡事"预则立,不预则废。"后进生的问题都出在计划性不强、让人家推着走的学习习惯上,而优秀学生的长处就在于明白自己想要干什么。

计划定好了,我们该怎样落实呢?这时,我们就要合理地安排学习时间。若有不妥的地方,可以定期与老师进行沟通,请老师帮忙解决这个问题。

最后,英语成绩的提高还需要我们平时养成多听、多练的好习惯。高考是国家选拔人才的考试,它考的是学生的综合应用能力,不单单是某一个方面的知识。所以在英语学习中,我们要加强听、说、读和写的能力训练,巩固所学知识,做到学以致用。

总之,英语学习不能一蹴而就,它是一个长期而辛苦的过程,需要长时间的积累。同时,还需要我们养成自主学习、自主总结、自主查漏补缺的好习惯。

巧"设问"

京山市钱场镇小学 董 婷

培养高素质的人才,不仅是时代对我们的要求,也是我们每个教育工作者义不容辞的职责。如何在小学数学教学中对学生实施素质教育,是摆在我们每一个数学教师面前的重要课题。

一、教育要面向全体学生,使学生得到最大的发展

首先,要相信所有智力正常的儿童都能学好小学数学。教学实践经验表明,数学成绩不佳,都不是由自身的智力因素造成的,而是由他们的非智力因素和教学条件造成的。因此,我们不能把数学成绩不好的原因完全归结为智力上的问题,更不能将差生和"弱智"画等号。对此,在教学中,我们要树立每个学生都能学好数学的信心,这是做好教育面向全体学生的根本保证。

二、培养学生主体性意识,让学生主动学习

实施素质教育的一个十分重要的问题,就是要着眼于21世纪人才素质的要求。在课堂教学中,要创造条件让学生的主体性得到发展,培养有扎实的数学基础和较强的适应能力、又有独立的人格和创造精神的开拓型人才。要重视学生的兴趣和需要,关注学生的主动精神,增强学生的自尊心。

三、注意培养学生的创新精神

变传统的知识传授过程为"解决问题"的探究过程。引导学生不断地提出有价值的问题,引导学生探索解决问题的方法。例如在《年、月、日》这一课的教学中,很多三年级的学生都已经知道了年、月、日的相关知识,但这些已有的认知是否可以作为教学设计的重要元素来考虑?因此,在教学设计中,首先让学生展现已有的认知。以"对于年、月、日,你有哪些认识?"为引导,唤起学生的已有认知,并将学生的认知以知识结构框架的形式板书在黑板上,让学生一目了然。学生对年、月、日的认知大多是从日历、网络或书籍中了解到的,大都是总结性的知识。对于"为什么每年的天数不一样?""为什么会有平年和闰年?""为什么一个月的天数不一样?"之类的问题了解甚少。对于年、月、日,学生更感兴趣的是其相互之间的关系。因此,在了解学生的认知后,接着引发学生提出问题,然后用更规范的语言将学生提的疑

问板书在黑板上,最后再帮助学生逐一解决,这样可以极大地调动学生的学习热情。

在学生探究的过程中,注重"以学定教、顺学而导"的教学理念进行教育。如顺着学生的疑问"为什么每年的天数不一样?"展开探究。学生通过探究分析,会明白"为什么每年的天数不一样"以及平年和闰年的区别。通过探究知识背后的原因,学生不仅兴趣更大,而且学得更扎实。对于"为什么月的天数不一样?"这个问题,可以首先让学生了解"月"的含义,告诉学生古人最早的时候规定一年有12个月,每个月有30天,然后提问:"如果这样设置,一年内的天数会出现什么问题?"让学生思考探究。接着再问:"怎样解决缺5天的问题?"让学生明确探究方向,引导学生感受不同的思维。在上述探究和体验的基础上,教师介绍古人的处理方式,引导学生理解。最后总结大小月的月份和记忆方法。整个探索过程中,学生充满了好奇心和探索欲望,学习兴趣非常强。

四、要热爱学生,真诚关心每一位学生的成长

在教学活动中,只有对小学生热爱、尊重、理解和信任,才能发挥学生的学习主动性、积极性。教师要善于用亲切的眼神、细微的动作、和蔼的态度、热情的赞语等来缩短师生心灵间的距离,使学生获得精神上的满足。尤其是对暂时落后的学生,对他们更要少批评、多鼓励。

五、授人以鱼,不如授人以渔

传统的应试教育关心的是学生的考试成绩(主要是书面考试成绩),所以通常只注重知识的教学。以提高学生素质为根本目的的素质教育,高度重视学生获取知识过程的教学,强调让他们在掌握数学知识的同时,获得掌握数学知识的方法。如在"两位数加一位数的加法"的教学中,让学生先利用已学过的知识点来进行计算,从而让学生主动发现计算方法与20以内进位加法的相同点,做到知识的迁移。

数学课程的特征,面向全体学生就是要使人人学有价值的数学;人人都能获得必需的数学知识;不同的人在数学上得到不同的发展。总之,在小学数学教学中对学生实施素质教育,是一个系统、复杂的工程。小学数学教师要依据教学大纲,依据教育学、心理学原则对学生因材施教,全面提高他们的素质。

论对贫困学生品德素质的培养

荆门职业学院　黄克祥

2018年初,我被教育局派遣,有幸参加了轰轰烈烈的脱贫攻坚行动。扶贫对象是湖北省荆门钟祥市大柴湖鱼池村,一个深度贫困村。这个村有327户,共1235人,在校的学生共118人。该村之所以贫困,有三个原因:一是1968年整村人从河南淅川搬迁到湖北钟祥柴湖,为了丹江口水库的建设,变成了移民,离开了故土。二是部分居民人畜同室,不注重卫生,房屋不透风,病残者众多,直接导致了贫困。全村31户贫困户,共87人,因病因残而导致贫困的达92%。三是柴湖镇是湖北最大的移民安置点,15万移民全部安置在这里,无地无房,白手起家。经历了五十年的发展,受到人多地少的制约,同时受到传统思想的影响,村民至今"等、靠、要"的思想还非常严重,尽管经历了几次改革,鱼池村还是没有跟上时代的步伐,沦为深度贫困村。一年来,经过多方努力,这个村已经变为先进村了。笔者虽然现在是一个扶贫工作者,但首先是一个教育工作者。在这篇文章里,扶贫的工作不必多说,但我对教育的关注、特别是对贫困村中小学生的关注、贫困户小孩的教育培养,一刻也没有放松过。在这里着重谈一谈我对鱼池村义务教育阶段学生品德素质的培养。

一、关爱学生,处处用心,凝心力会更强

中小学阶段学生的思想,绝大多数还是很单纯、洁白无瑕的,就像一张白纸,可以画、写最好的东西。为了引导学生的思想健康发展,让学生的品德素质能够得到很好的提升,我在这个村主要做了两方面的工作。一是对贫困户的子女做到上门走访必问学生的详细情况。通过交谈了解学生的心理活动,从内心深处培养学生的良好品质。如有捐钱、捐物活动的时候,如果有学生在场,我们说的话就要认真想好了再说。因为贫困是学生们父辈的状况,如果不注意有学生在场,有些话会很伤他们的自尊心,无意间增加了学生的心理负担,还容易给学生造成心理障碍。如果有文化用品的捐赠活动,我要求学生本人来认领,进行一个捐赠小仪式,借机对学生进行勉励教育,鼓励学生好好学习,从小要发奋,要做有志学生,让他们理解习主席"幸福都是奋斗出来的"这句话的深刻含义。我跟学生讲村历史,讲父辈的奋斗历史,让学生正确看待父辈的现状,正确认识自己为什么会成为贫困户子女,从而更加坚定学生们奋斗的志气。这种细致的教育引导方式,极大地拉进了与学生的距离,达到了扶智扶志的双重效果。二是共筑社会、学校、家庭立体教育模式,形成良性教育链条。我深入到学生就读的学校,与学校领导、与学生班主任沟通相关问题,如学校减免学费是怎么样操作的?学生是怎样知道自己的学费减免的?学生对自己是贫困户家庭的子女是怎样看的?这些看上去非常平凡的细节,我们如果齐心统一做好,对学生的教育引导就能够起到意想不到的效果,能够让学生正确对待贫困现状,能够摆正自己与其他学生的关系,走出不良心理对学生的影响。

二、品德习惯培养从小事入手,彰显无穷力量

荆门市教育局为鱼池村建了一个"五务"合一的村部,其中有一间大会议室,空调、桌凳俱全。结合村里贫困户学生较多的实际,村两委及工作队开会商定,将大会议室对村里初中以下的学生免费开放。这个做法赢得了学生及家长的好评,既帮忙解决了一些家长双休时间孩子不好管理的问题,也化解了学生双休时时间不好打发的窘境。一些学生到周六周日的时候,不愿意回家里,觉得在城里上网打游戏自在些,但家长非常担心,学生的安全也存在很大的隐患。自从我们开放了大会议室后,每次都有不低于五十个学生来这里,他们由大一点的学生管理,并自行排好集中做作业及活动玩耍的时间。做作业的时候,大会议室很安静,学生自觉性出奇地好。玩耍的时候,学生非常高兴,疯成一片,给村部增添了不少的生气。村部有一间图书室对学生免费开放,学生们自己借书、还书时表现出来的诚信,我没有想到。他们是这样做的:学生自觉借书,在一张纸上写明借的时间、书名、借书人,还书的时候,用橡皮擦擦掉之前的记录,表示已归还了。借书、还书多的学生,一张白纸上登记的地方都快擦烂了。我充分肯定了学生们借、还书的做法及良好的诚信品德,然后引导他们这样做虽然诚信品德不用怀疑了,但学生读了几本书的记录没有了。为了两个方面都兼顾,我们是不是要建立一个借、还书的登记表啊?学生们非常踊跃地想办法、出主意,很快,一张借、还书的登记表就设计出来了。此后,学生们比着赛地借书、读书。

通过这两件事,我深深地感到,现在之所以要扶贫,是因为我们在扶志扶智方面没有及时、有效地做好。所以,对新一代的学生,不管学生是什么样的身份,随时随地对他们进行引导,是我们教育工作者应尽的责任和义务。

对"4P+A"课堂教学模式的初步探索

漳河新区漳河中学 何雅岚

"4P+A"模式是基于包天仁教师的英语"四位一体"4P 教学模式,根据我国课堂教学情况发展并创新的英语课堂教学法,基本适用于英语教学的所有课型。其中 4P 指 Preparation, Presentation, Practice 和 Production, A 指 Assessment, 即评价。"4P+A"教学模式改革传统的重知识、轻能力的教学方法,实行师生角色转换,开展研究性学习;体现了感知、理解、巩固、运用等学生学习的一般认知规律,体现了输入、内化、输出的语言学习过程;贯彻了"循序渐进、阶段侧重、精讲精练和五技并举"的原则;同时也强调了新课程倡导的以教师主导、学生为主体,以人为本等理念,是新课程背景下较为合理的英语课堂教学模式。

以下是本人一年来将"4P+A"教学模式运用于英语课堂教学的感悟与心得。

一、Preparation 课前准备,为新内容的学习做好准备和铺垫

按照传统习惯,一节课的开端要进行复习,然而按照新课程要求,在 preparation 部分只复习以往的知识是不够的,第一个"P"应当承上启下,为新知识的学习创设情境、营造氛围,并激发学生学习新知识的积极性。以人教版八年级上册 Unit5 阅读课为例,本课的主题是卡通人物米奇,在课前播放 5 分钟《米奇妙妙屋》,激发了学生学习的兴趣。在导入本课话题的同时,激发学生对米奇的好奇心,为英语课堂的学习做好情感上的准备。

本课的教学内容贴近学生生活,受到学生喜爱和关注。要求学生课前以小组为单位查找米奇的背景资料,如 Steamboat Willie、Hollywood Walk of Fame、Walt Disney 等。提前了解背景知识有助于新课的学习,不仅能提高学生的阅读兴趣,更能提高学生阅读理解的质量。

复习相关语言知识在 Preparation 环节中十分重要。教师要注重对上节课所学习的知识或掌握的技能进行复习,做好对已学知识和技能的巩固和升华。此外,复习内容的选择也很关键,寻找新旧知识的连接点,做好新旧知识的衔接,让复习更加具有目的性和针对性,以达到温故而知新的目的。例如,在学习八年级上册 Unit4"语法形容词最高级"时,就可以复习上一单元所学的形容词比较级的知识,并将两者进行横向比较,让学生感受新旧知识的联系,更好地掌握新知。

二、Presentation 新知呈现,确保学生准确感知和理解

Presentation 是"4P+A"教学模式中的第二个环节,这是学生完成语言知识输入的环节。教师在呈现新知时要注重创设课堂情境。课堂教学唯有以多种多样的形式展示出来,学生才会以聚精会神的态度参与其中,教学的效果和质量才能获得保证。教师的任务是通过创设最佳的教学情境引导学生积极地参与到教学活动中,使学生能够通过多个渠道、多种角度进行语言的学习和运用。例如,可以利用直观教学来激发学习兴趣。以八年级上册 Unit8 为例,在本课 Presentation 部分,教师课前准备制作三明治的简单食材:bread、onion、butter、turkey、lettuce、tomato,让学生直观感受,激发学生好奇心,这样可以更加高效地掌握新词。同时可以请同学亲自动手制作三明治,并用语言描述制作的过程。在游戏中学习,既掌握了知识,又激发了学习兴趣。

三、Practice 练习,学生实现语言知识的内化

Practice 是"4P+A"课堂教学模式中最为核心的教学环节之一,是学生知识的学习、内化、吸收并转化为技能与能力的核心过程,这一环节的成败直接影响整节课的成败。例如,在教授八年级上 Unit5 阅读课时,要求学生归纳文章中出现的短语、词汇、句型,然后借助 PPT 呈现,通过完成句子、造句等方式,让学生操练新知,使学生尽快掌握语言的应用。

四、Production 拓展运用,拓展语言综合运用能力

Production 是运用语言,是学生在完成新知输入后的输出环节,也是检测学生是否掌握本课内容的关键环节。在设计任务活动时,应贯彻合作学习和探究学习的理念,培养学生的合作意识和探究精神。在教授八年级上 Unit5 阅读课时,我设计了两个开放性问题:

(1)Why did people want to be like Mickey? Do you want to be like Mickey? Why or Why not?

(2) Can you think of another cartoon character that is as famous as Mickey? Why is the character popular?

让学生进行小组合作讨论,并派代表汇报。这样的设计锻炼了学生综合运用语言的能力,话题内容贴近学生生活,完成了情感目标。

五、Assessment 形成性评价，便于学生自我评估

Assessment 形成性评价，在课后让学生对自己的学习状况进行自我评估，教师可以随时了解学生学习的状况，获得教学过程中的反馈，随时调整教学计划，改进教学方法。

如果发现个别学生没有达到教学目标的要求，那么，教师就要对学生进行个别辅导。还是以八年级上 Unit5 阅读课为例，在课后，我单独找学生询问本课掌握的情况，学生反馈在本课中了解了米奇的来历、作者、人物性格特征以及好莱坞的星光大道等，但是对于个别复杂句和专有名词的读音还有疑问。根据反馈，我在接下来的课中，针对这些难点做了详细讲解，解决了学生的困惑。由此可见，通过形成性评价，学生也可以了解自己学习的情况，获得学习上的反馈，借以肯定或改变自己的学习方式。

在这一年中，本人按照"4P+A"教学模式的理念和要求，在教学中通过课前准备、理解新知、操练巩固和综合运用来使学生掌握语言知识，再通过形成性评价，增强学生自信心，最终实现语言知识的内化，提升了学生语言综合运用的能力。学生的学习方式也由被动接受变成了自主学习、合作学习和探究学习。我对"4P+A"课堂教学模式也有了更深的理解，课堂教学效率也有了提高。这证明"4P+A"课堂教学模式是合理且值得提倡的。在这一年中，我主要在阅读课中运用了"4P+A"模式，对它的理解还不够深入，在今后的教学中还要更深入地贯彻"4P+A"模式，将其运用到更多的课型当中去。

浅谈小学语文"书香教室"活动的开展

沙洋县马良镇艾店小学　扈　杨

语文是集工具性和人文性于一体的学科,重在培养技能和素质。小学语文课堂教学时间有限,因而需引导学生将语文学习延伸至课外活动。"书香教室"是以拓展阅读为核心而开展的课外语文学习活动。"书香教室"凸显了课外兴趣活动的趣味性、知识性、自主性等特点,深受学生喜爱,对提升学生语文素养起到了重要的作用。"书香教室"主要由共享图书角、读书交流会、读书小征文等三项具体活动组成。

一、设立共享图书角

"书香教室"的首要任务是设立共享图书角。在教室后面的一角安放一张书橱,提倡学生将自己喜爱的图书放到书橱中,与大家分享。学生在自己的图书上签上姓名,表示是图书的拥有者。学期结束时,学生可将自己的图书带回。在书橱外面挂上一本借阅记录本。借阅记录本上记录着学生借阅的图书的编号、书名、借阅时间、归还时间等信息。学生借阅图书时要认真填写借阅记录本。教师每周对图书借阅记录本上的记录进行统计,公布每名学生借阅图书的数量。这样可让学生感受到读书的成就感。为丰富共享图书角中的图书数量,教师可向学校申请经费,用以购置图书。购置书目采用推荐的方式征集。每月,教师发放购置图书推荐表,学生填写自己希望阅读的图书,教师根据学生的推荐,结合实际情况购置几本高质量的图书放在共享图书角。

采用学生共享和推荐购置的方式不断充实共享图书角,让学生在阅读中有更多的选择。通过自主填写借阅记录本的形式对共享图书角进行管理,保证学生的借阅活动有序进行。通过每周公布每名学生借阅图书的数量,来增加学生阅读的成就感。这些都可在班级中掀起读书热潮。

二、组织读书交流会

阅读是快乐的,分享也是快乐的。读书交流会将阅读和分享的快乐完美地结合起来。读书交流会的主要形式有好书推荐、快乐讲书、心得交流等。学生在阅读一本好书时,心情必定无比激动,此刻他们希望将这本书推荐给身边的同学阅读。读书交流会能给他们提供机会。在读书交流会上,学生讲述自己读过的好书,将这本书有意思的地方讲述出来。"快乐讲书"是将自己所读过的一本书简要地讲述出来。学生阅读一本书后,对这本书所描写的故事、所表达的感情有了深入的理解。学生利用自己的语言将书中的内容讲给其他同学听,实现了深度阅读。在读书的过程中,学生总是有自己的思考和想法,在读书交流会中,学生可将自己的心得讲出来,与大家分享。其他同学也可对这些想法进行点评。通过学生间的思维碰撞来产生新的认识。

"好书推荐"让学生了解到更多高质量图书的信息,为学生的拓展阅读提供了丰富资源。"快乐讲书"活动让学生进入深度阅读状态,学生需对所读图书的内容进行提炼、浓缩,并转化为自己的语言,这可以提升他们的归纳能力和表述能力。"心得交流"活动则让学生将自己的所思所想尽情地展示出来,并与其他学生交流,以获取图书所带来的精神财富。读书交流会让读书习惯深入到学生的精神中,将其塑造成有品位的阅读者。

三、开展读书小征文

读和写是不可分开的。在学生读书的过程中,可组织一些以某本图书为主题的小征文活动。读书小征文活动可每学期开展两次,征文形式可是读后感、仿写、缩写、改写等。学生每读完一本图书,都会产生许多感受,读书小征文活动可让学生将自己的感受转变为文字抒发出来。仿写、缩写、改写是训练写作的三种有效手段。阅读是信息的输入过程,而写作是信息的输出过程,两者都是学生学习语文的必要环节。在读书小征文活动中,教师指定一本图书,要求学生进行仿写、缩写或者改写,这些都可以提升学生的写作能力,同时促进阅读水平的提高。

读书小征文活动将阅读和写作联系起来。虽然小学语文教学对小学生的写作要求不太高,但是读写是一体的。读书小征文活动将学生的读和写真正地挂起钩来,能促进他们语文技能和素养的发展。

总之,"书香教室"活动寓教于乐,既是学生课外娱乐的一种形式,又是学生拓展阅读、提高语文素养的一种方式,系统地开展"书香教室"活动,必然会让学生爱上阅读、爱上语文。

中小学美术教学初探

钟祥市长寿镇第二初级中学 程 君

中小学美术新课程标准打破了传统美术教学的知识框架,从全新的角度,按学习方式把美术课程分为欣赏·评述,造型·表现,设计·应用,综合·探索四大学习领域。从新课标划分的四个学习领域中,我们可以看出,不论是外化能力、内化品质,还是探索未知、体验成功与情感,新课标都赋予了新教材很多体验性学习的方式。新课程强调一切为了学生的发展,从学生出发,教学要向少年儿童的生活世界回归,教学方式由被动接受式转向探究性学习、自主合作学习。

在基础美术教育中,我们常常会发现这样一个规律:低年级小学生学习美术的兴趣和热情较高,也比较有想象力和创作欲望,而随着年级的升高,学生学习美术的兴趣却逐渐消退。学生之所以对美术渐渐地失去兴趣,主要原因是美术教师给学生灌输了一些程式化的技法和规则,扰乱了他们的美术实践和创作自由,导致他们最初的创作冲动渐渐地消失。长此以往,学生对美术课的热情也就渐渐地消退了,这在"造型·表现"与"设计·应用"学习领域的学习中显得尤为明显。有鉴于此,改变教师不当的教学行为,解决学生美术学习兴趣缺失的问题,可以从以下几个方面入手。

一、教师要注重理解学生的特殊性

在基础教育阶段,美术学习与其他学科的学习相比有着很大的区别。学生艺术作品的创作不需要很多的技巧,学生往往会在没有教师指导的情况下就能用自己的双手进行美术创作,而且创作出来的作品是那么的富有个性,结果是那么的令人惊奇。有位艺术家曾说:"儿童与生俱来就热爱艺术,对他们的教育和引导,最好的方法不在于急着传授技能技巧,而在于唤醒和鼓舞。"艺术的独特性在于任何一种表演或者表现并无正确性的规定。所以,也就不需要什么既定的标准。因此,对于基础美术教育来说,无论在什么时候,教师都要培养学生利用自发的、直接的学习冲动取代机械的练习。

二、教师要注重感知的升华,让学生在直观感觉中提高"眼力"

眼力,即观察事物的能力,捕捉审美对象的艺术美能力,也就是"看"作品的本领。

人的智力结构主要是由观察力、记忆力、思维力、想象力、活动力等因素组成,其中观察力是人们全面、深入、正确认识事物的一种能力。观察是人们认识世界、增长知识的重要途径;观察是思维的先导,又是视觉艺术最基本的活动,也是美术教学训练的起点。由于中小学生的知觉处在无意识性、情绪性比较明显的时期,同时还具有好奇心、好胜心强的特点,对他们进行有目的、有计划的感知活动训练,从制定每一单元的教学计划到安排教学内容、范画教具等,都要从便于他们观察记忆入手。从外形的美感到内在结构,由表及里、由简到繁地展开艺术分析,指导他们学会"看"作品的方法,在直观感受中让他们获得艺术美的享受,激发学习美术的兴趣。

当然,对于对美术尚且不知或知之不多的教育对象来说,这种"看"是需要引导的。引导他们直接观察,亲自体验,增强形象的概念。教师应根据教学大纲内容,找一些静物、工艺作品和有审美价值的优秀绘画作品作为教具,让他们从真实的作品里获得对结构、体积、色彩、质感、比例等艺术语汇的感知,在此基础上,使他们进入理性的分析,进而通过心灵的感悟,以获取对象的精神意味。这种教学生"看"的方法的教学过程,是从生动的审美直观到对应的语言表述的过程,是让学生从对象的个别特征到整体形象的把握过程,能提高他们运用形象表达对美的感受的能力。

三、教师要注重各学科的渗透性

美术是一门有特色的艺术学科,它与许多学科都有着密切的联系。比如说许多理念要运用图像来阐明,有时,为了了解事物的本质,只用语言文字符号是难以表达清楚的,但运用图像符号则一目了然,而且图像从视觉上使学生产生美感,渗透了美的教育。因此,在教育改革过程中,积极主动地配合各学科教学,加强与各学科的联系,是拓宽审美教育的一种良好方法。

新课程改革要求教师重新寻找属于自己的教学方法。这里所指的课程,涉及音乐、文学、地理、历史等方面的知识,教师要做到授课时善于进行知识的纵横联系,课堂教学要注重传统教学与科技前沿知识和信息技术的融合与渗透,从而让学生受益更多。

四、教师要注重鼓励学生迎接创作过程中的各种挑战

没有艺术的教育是不完整的教育。但美术课在基础教育阶段不被重视也是不争的事实。由于中小学美术课对学生升学、谋职的影响微乎其微,学生要运用强大的意志力迫使自己努力去学习的可能性也就不大。

因此，教师要积极为学生创造能够激发他们兴趣的教学氛围，巧妙地引导学生用意志克制自己，去努力学习。在创作美术作品时，学生一旦开始了某项作业，只要是他们选择的或者是高兴地接受的，就应当鼓励他们尽一切努力，勇敢地坚持下去。例如，一个顽皮的小孩子能长时间摆弄一件富有挑战性的积木而不会感到厌烦，由此我们可以得出启示：一旦学习具有足够的吸引力，学生的耐心就没有止境。斯坦利·霍尔也认为："教师的职责不是将儿童的思想培养得少年老成，而是推动他们的天性发展。"作为美术教师，从学生入学的那一天起，就必须培养他们开展终身学习所必需的那种持之以恒的精神和必备的素养。基础美术教育需要创造这样的机会，让学生接受挑战。如果学生没有付出努力去迎接各种挑战，就不会有成功的满足感；同样，如果学生没有机会看到自己的失败，也就不会产生更上一层楼的念头。

总之，"新的教学方法的指导思想应该从塑造人的角度来探索，更加注重学生的心理感受和个性发展，挖掘学生潜在的能力，培养开拓精神的创造性思维。"在基础美术教学中，我们应努力去亲近他们、洞察他们、理解他们，在牢牢树立"以学生的发展为本"这一核心理念的前提下，用"高明"的教学方式践行。

浅谈小学数学"空间与图形"的教学方法

京山市京山小学　高君秀

"空间与图形"主要是研究现实生活中物体的几何图形形状、大小、位置关系及其变换的。在小学阶段,其主要目的是培养学生们的观察、操作、想象、交流、推理能力,发展学生的空间想象能力。在教学中,教师应让学生们通过观察物体,认识方向,设计图案,制作模型等活动来增强他们的空间观念。那么,为了达到这些目的和效果,在教学中我们应该如何做呢?

一、让学生从生活中寻找经验,从而呈现现实情境,使学生感受"生活化"的数学

在教学一年级《认识图形》这一课时,我让学生在家里寻找各种长方体、圆柱体、球体。例如,足球、篮球、魔方、茶叶盒、牙膏盒、水杯……上课时,我引导学生出示不同的物体,用手摸一摸,寻找这些物体的不同特征。通过学生们的分组讨论,学生们都能说出这些物体的形状,牙膏盒——长方体;魔方——正方体;水杯——圆柱体;篮球——球体。

与其他数学内容相比,"空间与图形"的教学更能激发学生对数学的情感体验,因为这课教学贴近生活,故在这一教学中,我让学生通过不同的角度去观察,动手操作,从而抽象——描述——分析——推理——发展学生的空间观念。

二、引导学生观察比较,探索出几何图形的特征

几何图形的不同特征生活中处处可见,不同物体从不同的角度去观察,它们的意义有所不同。因此,我在"空间与图形"教学中,不仅培养孩子们的观察力,还让他们通过观察得出结论。

例如,在教学《平移与旋转》这一课时,让学生观察时钟指针的摆动、风车的旋转、秋千的晃动、车杆的移动、云彩的飘动,组织学生讨论"平移与旋转的不同之处",让学生通过观察得出结论:旋转是改变了方向和角度,但大小不变;平移是方向、角度、大小都不变,只是位置移动了。直接让学生观察运动物体的不同特点,提升了他们的理解能力,从而达到了理解知识的效果。

三、图形与几何的教学应该注重学生们的动手能力

空间观念的形成只靠观察是不够的,教师在教学中应适时引导学生们进行实验活动,这可以提升学生们的理解能力,达到对知识的巩固效果。例如,在教学《对称轴》这一课时,我让学生把长方形、正方形、圆形、平行四边形折一折、数一数、剪一剪、画一画,找出这些图形各有几条对称轴。学生发现圆有无数条对称轴,而平行四边形没有对称轴。如果不是通过动手操作,也许孩子们不会相信平行四边形不是轴对称图形。

四、在空间与图形的教学中,还必须进行有效的实验操作

学生亲手操作实验是最有效的,可以让学生在视觉和听觉触动下协调参与,这样,空间几何观念可以真正形成。例如,在教学《圆的面积》时,我们让学生把圆沿着半径剪成16等分或者32等分,然后拼成一个长方形,让学生讨论,再进行提问:"长方形的长是圆的什么?长方形的宽是圆的什么?"学生动手操作后发现长方形的长就是圆周长的一半,宽就是圆的半径,最后推导出圆的面积公式。

五、动态的演示也可以提高孩子的空间想象力

在数学教学中,教师教学更多采用的是画图法、讲述法,而学生通过观察、思考仍有一定难度的教学内容,必须通过实物演示或者课件动态演示的方法来讲授。例如,在教学《长方体、正方体的表面积》时,会遇到两个问题,一是两个正方体拼在一起减少了几个面?二是切两刀又增加了几个面?这课内容仅仅靠讲述与画图是无法达到效果的,只有通过课件动态演示,让学生在脑海中留下深刻印象,才能理解这些物体变换后表面积变化的情况。

《空间与图形》是小学数学教学的重要内容,这些知识都和我们的生活息息相关。在教学中,我们要不断探索,根据学生的认知特点和理解能力,运用适合学生的教学方法,提高学生们的空间想象力。

着墨练笔,让文本鲜活再现

漳河新区楚天学校　李义珍

《语文课程标准》指出:"写作是运用语言文字进行交流和表达的重要方式,是认识世界、认识自我、进行创造性表述的过程。写作能力是语文素养的综合体现。写作教学应贴近学生实际,让学生易于动笔,乐于表达。"因此,在教学中,灵活巧妙地融进"小练笔"训练,可以将读和悟有机地结合起来,深化对教学文本的理解,丰富学生的语言积累,拓展写作的内容,为作文教学提供"有源之水"。

历年来,我们课题组老师有效利用课文这一教学资源,以文本作为媒介,以"小练笔"为抓手,带领学生揣摩作者谋篇布局的文思,体会各种各样表情达意的方式。同时找准读写结合的"契合点",积累了一些有效的小练笔方法。

一、意犹未尽处,由表及里,深化主旨

在结合文本进行读写结合的训练中,对一些意犹未尽的文章,我们通常会安排续写、改写、扩写等方式进行练习,引导学生进一步加深对文章主旨的理解。

如《七颗钻石》这一课的结尾写水罐里涌出了一股巨大的清澈而又新鲜的水流。在学完课文后,学生还意犹未尽,我趁机让学生续写,让他们想象后面会发生什么事。学生大胆改编,有个同学这样写:小姑娘的妈妈喝完水后病就好啦。山上的花草树木都可以喝到水了,村里的人都有水喝了,高兴地载歌载舞,把小姑娘捧起来,小姑娘慢慢地升上天空成了一个小仙女。

再如《钓鱼的启示》一文,讲述了作者回忆童年在钓鱼开放日的前一天晚上钓到了一条罕见的大鲈鱼,却被父亲要求遵守规则而放回湖中的故事。在学习课文后,我引导学生进一步思考:"文中的作者经历了钓还是不钓的抉择,最终明白了做人要遵循道德标准的道理。长大后,你会遇到哪些诱惑?又会怎样去做呢?"学生就这个话题展开了激烈的辩论,并写下了自己的感悟,这种读写结合训练,对提高学生的认知水平有很大的作用。

二、方法迁移处,以点带面,拓展思路

模仿是儿童的天性,又是学习的最初形式。充分利用教材中的文本资源,以范文引路,有机地进行读写结合的训练。从仿写起步学习写作,是提

高学生作文能力的重要途径。根据文本体裁、内容的不同,我认为仿写可以从不同的方面进行,尤其是经典课文和名家名篇,作者在写作的方法及语言的表达上都是独具匠心、各有特色的,用来进行仿写无疑是极好的范例。

1. 仿片段的小练笔

在小学低中年级,特别是三年级的起步作文中,读中学写、以读导写、仿写片段都是顺应儿童模仿这一特点展开教学的。尤其是片段训练,范围较小,笔墨集中,易于操作,属于作文基本功的单项训练。

如《槐乡的孩子》一文中描写槐米的一段,我让学生仿写一种花;又如,此文中的第三段开头写天热的小片段:"八月,天气热。鸡热得耷拉着翅膀,狗热得吐出舌头,蝉热得不知如何是好,在树上不停地叫着'知了,知了'。"于是,在此基础上,我让学生仿写天冷时不同的人或动植物的不同表现。

又如《一面》一文中有一段对鲁迅外貌的描写:"他的面孔黄里带白,瘦得教人担心,好像大病新愈的人,但是精神很好,没有一点颓唐的样子。头发约莫一寸长,显然好久没剪了,却一根一根精神抖擞地直竖着。胡须很打眼,好像浓墨写的隶体'一'字。"寥寥数语,鲁迅的"瘦"和"一字胡"跃然纸上。此时,指导学生用这样的描写方法来介绍身边的一个同学,并开展"猜猜他是谁"的活动,学生们写得兴趣盎然,猜得津津有味,在快乐的氛围中学习了描写人物外貌的方法。

2. 仿结构的小练笔

一篇文章是否有完整而合理的结构,就要看它的布局是否合理,详略是否得当,但小学生还未能形成这样高的理性认识,他们只能仿写。

如在教学《富饶的西沙群岛》一课时,我先引导学生分析文章的第二、六自然段的结构及写法,然后引导学生围绕不同的主题来写一段话,譬如,丰富的课间活动,天上形态万千的云朵,公园里争奇斗艳的花朵,商店里琳琅满目的商品等。

3. 仿技法的小练笔

写作技法的采用使文章更形象生动,更有吸引力。但写作技法多种多样,和小学生讲解技法,学生难以理解和掌握,而仿写就能直接把学生带入技法的运用中,变他人的经验为自己的经验,促使写作技能的迁移。

在教学《秋天的雨》这篇课文时,我指导学生反复读、讲、悟每段中心句。"秋天的雨,是一把钥匙。""秋天的雨,有一盒五彩缤纷的颜料。"引导学生仿写校园运动会的场景:"我们班的同学像有谁在无声地指挥似的大声喊道:'三(2)班,加油!三(2)班,加油……,大家把嗓子都喊哑了。"很快,同学们把激烈的运动场景写出来了。

又如《祖父的园子》一文,运用了大量的排比句写出了在祖父园子中生长得极为自由的植物:"花开了,就像睡醒了似的。鸟飞了,就像在天上逛似的。虫子叫了,就像虫子在说话似的。"这样的表达生动形象,学生也十分喜欢。为此,我在此处启发学生运用排比的修辞手法写自己在上学路上的愉悦心情。

这些练笔形式,都是在阅读的基础上,通过想象、再创造的方式进行的,既能活跃学生的思维,拓宽学生的思路,又能以读促写,以写促读。教师应充分利用教材,以课内文章或课外选文为例,在大量单项仿写基础上,把学到的技巧、积累的素材,进行综合整理运用,最后组成文章。这样对提高学生的读写能力是很有帮助的。

三、空白悬念处,由此及彼,延伸文本

好的文章,作者往往都留有令人回味的空白之处,或是某个情节的缺失,或是心理互动的空缺,或是列举事物的省略等。这些文中的空白点,既是引导学生深入体会文本内容的思考点,又是进行读写结合的极佳训练点。

如上完《狐假虎威》一课,我设置悬念,让学生想象:老虎受骗了,从此,狐狸便到处炫耀自己的聪明、了不起。这件事传到了老虎的耳中。有一天,老虎在一座山上又遇到了这只狐狸,接下来又该发生什么事呢?学生就往下写。学生会为狐狸想出新招骗老虎,展现了他们丰富的想象力。

在语文课堂教学中,每一篇文章有多个层面的教学价值,通过充分利用语文教材资源,引导学生与文本和作者对话,学习写作方法,让学生在一点一滴中得到积累和训练。这样有效的课堂能让语文教学演绎出无限的精彩。

《项脊轩志》赏析

荆门市龙泉中学 姜莉丽

南宋文学家谢枋得在其著作《文章轨范》中曾引用安子顺的言论,对我国古代三篇著名的抒情散文——《出师表》《陈情表》《祭十二郎文》加以评论说:"读《出师表》不哭者不忠,读《陈情表》不哭者不孝,读《祭十二郎文》不哭者不慈。"而在古代文学史上,还有另外一篇让人读之无不落泪的优秀抒情散文——《项脊轩志》。作者归有光"借一阁以记三代之遗迹",以书斋"项脊轩"为线,将对祖母、母亲和妻子的怀念串联起来,睹物思人,悼亡念存,笔意极清淡,而感情极浓烈。情,使此文不事雕饰,自然动人;念,使此文如泣如诉,真实感人。初读全文,作者似乎是信手而书,漫无章法;细读之后会发现作者构思严密,情感悲喜交加。

一、结构严密之美

文章以项脊轩起笔,以项脊轩束文。先写轩的旧、小、破与暗,然后写修葺后轩的美、静、闲与雅。轩中随意种植着兰花、绿竹,白昼小鸟来访,月夜桂影斑驳,而居于此的作者虽过着清贫的生活,但高洁的志趣、怡然的心境,水到渠成地显露出来。"然余居于此,多可喜,亦多可悲",作者情感陡转,越是喜爱项脊轩,越是痛于项脊轩。于是,作者开启了对轩中曾经发生的旧事的回忆。一是回忆大家庭的分崩离析,表现了作者对家庭衰败的哀痛;二是回忆母亲对子女无微不至的关怀,表现了作者对母亲的思念;三是回忆祖母对作者的赞许和期盼,含蓄地表达了功业未成的愧疚之情。最后补记亡妻在轩中的生活片段和项脊轩之后的变化,抒发了作者对妻子的深切怀念。全文自首至尾,紧扣"项脊轩"来行文,把各不相连的生活琐事缀合起来,抒发了一以贯之的深挚情感。

二、细节撩人之美

没有细节就没有艺术,成功的细节描写会让读者印象深刻,提高文章的可读性。作者从日常生活中选取那些感受最深的细节来表现人物的性格。如写修葺后的南阁子,图书满架,小鸟偶来,明月半墙,桂影斑驳,作者偃仰啸歌,这种怡然自得的生活跃然纸上。环境固然撩人,然而作者更为怀念和牵挂的是自己的亲人。作者写祖母、写母亲、写妻子,但只是选取一两件和她们有关联的生活细节来落笔。笔墨很少,事情很小,却能引起读者深深的共鸣,使人读后无不泪目。如写母亲听到大姐"呱呱而泣"时,用手指轻叩南阁子的门扉说:"儿寒乎?欲食乎?"让人读后迅速进入情境,这写的不就是我们的母亲吗?极普通的动作描写,极平常的生活话语,生动地描写出了母亲对孩子的慈爱之情,读来如见其人,如闻其声,倍感真切。再有"语未毕,余泣,妪亦泣",悲戚的感情很自然地流露出来。再如写祖母的一段文字,简洁细腻,绘声传神,"大类女郎""儿之成,则可待乎"都寄托了老人对孩子的关心、赞许和期待之情。写亡妻"时至轩中,从余问古事,或凭几学书。"寥寥数笔,绘出了夫妻之间的恩爱日常。直到结尾那句"庭有枇杷树,吾妻死之年所手植也,今已亭亭如盖矣。"才发觉之前那种看似对妻子平常的怀念原来是在为最后真挚的思念之情喷薄而蓄势。在"亭亭如盖"四个字的前面加上"今已"这个时间词,表明时光在推移,静物也显示着动态。大树犹在,伊人已逝;光阴易逝,真情难忘;作者最后把极深的悲痛寄寓在一棵枇杷树上。不说人在思念,只说树在生长,全文也就此搁笔。这就是"不言情而情无限,言有尽而意无穷"。明人黄宗羲曾评价说:"余读震川文之为女妇者,一往深情,每以一二细事见之,使人欲泣。盖古今来事无巨细,惟此可歌可泣之精神,长留天壤。"

三、文笔清淡之美

王锡爵在《归公墓志铭》中曾这样评价归有光的文字:"所为抒写怀抱之文,温润典丽,如清庙之瑟,一唱三叹。无意于感人,而欢愉惨恻之思,溢于言语之外。"含而不露,以情动人,不去刻意追求,却取得很好的艺术表达效果,这确实是归有光散文的一个显著特色。作者不大张声势,不故作惊人之笔,甚至也不采用色彩强烈的辞藻来恣意地渲染,而只是运用流畅的语言,平平常常地叙事,真真切切地回忆;语言质朴,如诉家常,娓娓道来,十分清新,不事雕琢而自有风味。但通俗自然之中蕴含着丰富的表现力,浅显易懂的文字却能使景物如画,人物毕肖。平淡的文字,道出了人间的亲情。当然不是说简单的文字就没有特色,文章对叠词的运用也是恰到好处。和一般叠词一样,本文的叠词也是为了增加形象美和音乐美。如用"寂寂"来烘托环境之清静,用"默默"来写作者攻读之刻苦。又如写月下树随风摇曳的可爱之状,用"姗姗"二字。用叠词,摹声更为真切,状物更为细致,写景更为生动。这样读起来,音节和谐,更富美感。

初探小学心理班会课教学

沙洋县马良小学　刘玉霞

在人的成长过程中,道德教育固然重要,但过度强调道德问题,忽视了学生的心理需求,还加以无端责备,很可能会引发孩子们更激烈的举动。所以,我们在关注学生学习成绩的同时,更应该尽早地关注学生的心理成长,使学生处于一种比较健康的心理状态中。那么班主任应如何上好心理班会课呢?现浅谈自己的一点做法。

一、班会课的内容选择

心理班会课的主题要有明确的针对性,要从学生目前的生活实际及心理需求为出发点。班主任务必调查研究,掌握班情,清楚学生近期的心理需求是什么,了解学生普遍对什么感兴趣,知道学生的需要、情感等心理特征。选题还要抓住时机,即要善于发现并把握有利的因素,使主题班会内容更切合学生当时心理。例如,如何面对同学的嘲笑与误解?和同学起冲突了怎么办?如果老师批评了你,你会认为老师偏心了吗?对父母,你的理解尊重有多少?与长辈发生冲突怎么办?不喜欢某个老师怎么办?我的好朋友和别人更要好了该怎么办?学会与老师相处、学会换位思考等。

二、班会课的实施过程

1. 准备工作要充足

(1)将本次班会的主题、学生谈话的话题、一些思考性的问题在班会前告诉学生。

(2)将所需的调查问卷、才艺展示、小品、故事等交给学生准备。

(3)准备班会所需的多媒体设备、幻灯片、板书、剪纸片等。

2. 活动过程要清晰

注重学生的心理感受和内心体验是心理活动课的核心。教师要创设适合学生交流的安全、开放的课堂环境,使学生能够在放开自我的宽松环境中敞开心扉,坦诚交流,同时关注其他同学的情感体验,分享彼此的经验。

如在《正确对待挫折》班会课上,我讲了美国总统林肯的故事:"林肯22岁做生意失败;23岁竞选州议员失败;24岁再次做生意失败;27岁精神崩溃;29岁竞选州议长失败;34岁竞选国会议员失败;35岁当选州议员;39岁竞选国会议员再次失败；46岁竞选参议员失败；47岁竞选副总统失败；49岁竞选参议员再次失败；51岁当上美国总统。"利用这个故事让学生从林肯多次的失败中感悟："人生的道路不可能一帆风顺，会有许多沟沟坎坎，遇到困难要勇敢面对，要相信人生没有过不去的坎。"故事情境教学能使学生产生强烈而积极的内心体验，从而把教师的教育要求内化为学生的动机与需要。

三、全员参与共分享

教师要面向全体学生，调动全体学生积极参与课堂活动，运用多种活动形式，增进团体成员之间的互动，尤其要关注自卑、内向的学生。教师要引导学生说出自己的亲身经历和内心的情感体验，并与其他同学共同分享。

如在《爸爸妈妈，我想对你说》班会课上，我班的小红同学因为特殊情况（父亡，母走）一直哭，不愿意参加。我对她说："平时同学们在一起学习、活动，一起笑，一起闹，就像兄弟姐妹一样，老师也给你买蛋糕、手套等，像不像妈妈？虽然你的父母不在你身边，但有这么多的兄弟姐妹和老师（妈妈）关心你，你也很幸福。"同学们也跟着附和，小红终于笑了，并当着全班同学的面说出了感人肺腑的话："爸爸妈妈，虽然你们不在身边，但我得到的爱一点儿也不少。你们放心，我会和兄弟姐妹在老师的教育下一起开心学习，健康成长……"

四、形式多样有兴趣

游戏：将游戏寓于心理活动课之中，通过学生喜闻乐见的游戏形式，让学生在娱乐中领悟道理。

如在《朋友真给力》班会课上，我安排游戏"你我同行"，让学生两两组合，进行游戏，其中一人眼睛被眼罩蒙住，在规定的线路上前行，另一人只能用语言引领他前行，眼睛被蒙住者谁先到达终点，他所在的组就获胜。这个游戏就是让学生体会朋友间应该彼此信任，相互理解。

角色扮演：通过角色扮演，学会换位思考，增进与他人的相互理解与沟通。如在《和同学起冲突了怎么办》的班会上，我根据小学生学习、生活中的一些不愉快的事件，创设了一个矛盾情境，让学生扮演矛盾的双方；然后，让他们互换角色表演。

目的：小学生遇到事情总是本能地从自己的角度去想问题，不会替别人着想，因此常常引起矛盾纠纷。这个游戏旨在培养学生换位思考的意识，认识到矛盾冲突的原因，养成与别人友好相处的良好习惯。

问卷调查：可以加强心理活动课的针对性、实效性，了解学生的真实想法和意见。让学生真实地填写，并回答"你发现了什么？你该怎么办？"让学生们自己意识到问题，并加以改正，这比老师直接说教的效果好多了。

问题讨论是心理活动课中最基本的形式，通过分组讨论，达到相互接纳、相互包容、情感互动、自助助人的目的。如在《做最好的自己》的班会上，我为了让学生发现他们自己的优点，树立自信心，设计了讨论这个环节，让学生6～8人一组，每个人给小组中的其他成员总结三条以上的优点，并写在纸上，大声地念出来，比一比谁发现的优点多。这让学生在发现他人的优点时也了解自己的优点，更有信心做最好的自己。

辩论会：话不说不明，理不辩不清。在辩论中，学生的口才、辩才得以展现，学生的观点看法、选择判断得以明了，学生的爱好、倾向得以表露，通过思想火花的碰撞，明辨了是非，使外在的认知说教转化为自我的认知。

五、自我感悟达目标

通过心理班会课上多种多样的游戏与活动，让学生自己表演、自己观看、自己体悟，让学生有更多与同学、老师和家长交流与分享的机会，让学生获得丰富多彩的实际体验，并为他们应对生活中的心理问题和困惑提供直接经验，帮助学生提高心理素质，形成积极乐观、健康向上的心理品质，为未来的幸福生活奠定基础。

总之，心理班会课是一门活动课程，它的设计与开展是一门学问，需要我们不断地去探索和研究，更需要我们不断地去实践。只要班主任有高度的热情和强烈的责任心，发挥自己的聪明才智，认真精心地准备，就一定能开好心理班会，使心理班会课真正达到教育学生的目的，让心理班会课真正成为吸引学生、充满魅力的课堂之一。

浅谈幼儿园户外活动的开展与实施

钟祥市石牌镇中心幼儿园　范德千

一、幼儿园开展户外活动的意义

《幼儿园教育指导纲要》规定:"幼儿的户外活动时间每天不得少于 2 小时。"户外活动是幼儿园工作的重要环节,是孩子最喜欢的活动,是孩子身心健康发展的重要保障。

1. 户外活动促进幼儿多方面的发展

幼儿的发展是与周围环境相互作用的结果,户外活动给幼儿提供了丰富多彩、设计巧妙、功能各异的玩具,大大激发了幼儿的探索兴趣。在探索过程中,幼儿主动获取有益于身心健康发展的丰富经验,幼儿的好奇心、发散思维以及想象力、创造力得到了很好的发展。

2. 户外活动促进了幼儿间的积极互动与交往

在户外活动中,幼儿会主动去寻找伙伴,在操作、摆放户外器械遇到困难,需要帮助时,同伴间会相互帮助,一起观察、模仿,彼此交流经验、分享感受。这样的活动既锻炼了幼儿身体,又提升了自制力和问题解决的能力。因此,户外活动为幼儿间的各种互动提供了便利的条件。

二、幼儿园户外活动现状

1. 户外活动时间有保证

我园积极响应教育部的要求,严格按照《幼儿园教育指导纲要》和《3~6 岁儿童学习与发展指南》的要求来进行幼儿园的集体教学活动和游戏活动,为保障幼儿户外活动的时间,我园在园务计划、保教计划、班级计划、周计划中明确规定幼儿每天要有 2 小时以上的户外活动时间。

2. 户外场地器材够充分

我园户外活动面积 6000 多平方米,能满足幼儿的运动需求。为使活动多元化,提升活动效果,我们对户外场地进行了分区——野战区、攀爬区、球类区、沙水区、大型组合玩具区、户外涂鸦区等区域。根据场地的位置特点,打造具有本土特色的校园玩、教具,自制的玩、教具有攀爬绳、攀爬梯、攀爬网、倒爬杆、大型滑索等。

3. 户外活动质量有保障

通过长时间的锻炼,孩子们都"一专多能",即每名幼儿都有一个体育特长项目,并能熟练掌握多项体育技能,充分发展了他们在速度、力量、平衡、协调、灵敏等方面的能力,同时也培养了孩子们不怕困难、勇往直前、持之以恒等优良品质。

三、幼儿园户外活动实施的过程

1. 加大宣传,提高全民对幼儿园户外活动的认识

户外活动对幼儿发展的重要性得到了全社会的认同,但在现实中,有一部分家长还是片面地认为幼儿应该在幼儿园好好学习知识,为升小学做准备。在这样一个背景下,我们加大了宣传力度,让家长认识到户外活动对幼儿身心全面发展的重要性,改变了家长对户外活动的态度。

2. 全员参与,充分发挥户外活动场地与设施的功能

利用农村自然资源和废旧材料打造具有本土特色的校园玩、教具。我园的户外活动都是有目的、有计划、有步骤地开展的,每天早上孩子入园后在保教人员的带领下进行晨间锻炼。户外活动时间,各班教师根据教务处的安排,将幼儿带到本班的活动区后,幼儿根据自己的兴趣爱好自主进行游戏。不但节约了成本,也锻炼了孩子们的身体机能,充分发展了他们在速度、力量、平衡、协调、灵敏等方面的能力。

3. 集思广益,不断创新和发展新的游戏活动

挖掘民间游戏,不断创新。我园在滚铁环、踩高跷、跳房子等多种传统民间游戏中挖掘适合不同年龄段幼儿的游戏玩法,发展了幼儿的各项能力,均获得了良好的效果。

如何让课外阅读浸润学生们的心灵

京山市京山小学　黄伦梅

学生阅读的黄金期是6～12岁，我们一定要抓住这个黄金期，积极做好孩子们课外阅读的引路人，让他们养成读书的习惯。下面我结合自己的教学实践，谈谈怎样指导小学生进行课外阅读。

一、为学生的课外阅读领航

作为语文教师，要想提高学生的语文素养就必须提高自身素养。教师要自己爱上阅读，这样才会有良好的语言功底和文学功底，有丰富的积累和宽阔的视野。一个爱阅读的教师也会用行动影响和熏陶学生，学生也会慢慢爱上阅读，体会读书的快乐。

二、指导学生有效地进行课外阅读

一直以来，我主要从以下三个方面指导学生阅读。

1. 指导学生选择合适的阅读内容

读一本好书，犹如交上一个好朋友。小学生在面对身边各种各样的书时，常常不知如何取舍，我会引导学生选择合适的课外读物。

小学生具有好奇心强、好表现的心理特点，比较喜欢神秘、冒险、刺激的事情，仰慕机智、勇敢的人物等。根据这些特点，我向学生精心推荐一些经典儿童读物，如《海底两万里》《木偶奇遇记》《吹牛大王历险记》，以及安徒生、格林兄弟的作品等。其次，可以适当给小学生推荐一些有时代特色的畅销课外读物。比如，郑渊洁的"皮皮鲁"和"鲁西西"系列童话故事书；杨红樱的《淘气包马小跳》《笑猫日记》等书；《哈利·波特》《魔法学校》这样的畅销书。同时我还向学生推荐了"小学生必读100本课外书"，并针对学生的年龄特征帮助他们选择适合自己阅读的课外书。

2. 重视方法指导，培养阅读习惯

朱熹说过："读书之法，在循序渐进，熟读而深思，字得其训，句索其旨。"走马观花式的阅读方法是不可取的，阅读与思考要紧密相连。在阅读中，我会指导学生做读书笔记。我常常采用以下方法指导学生做读书笔记：①让学生摘抄佳词、佳句、警句、精彩片段、重要段落等；②让学生把对自己有用的文章贴在本子上，并注明出处；③鼓励学生自制读书卡片，把文章的要点或精辟句、优美句、精彩段摘录在卡片上。通过做各种形式的读书笔记，激发学生的阅读兴趣，提高学生阅读的质量。

3. 检查阅读效果，推动阅读深入

我会对学生的读书情况进行不同形式的测评，比如进行读书心得交流会、优秀读书笔记展评、读书征文比赛、写读后感等形式。京山小学每学期都会向学生推荐 6～10 本课外必读书。为了检查学生的阅读情况，学期快结束时，我会把学生分成六个小组，每个小组成员就其读的一本书进行交流，然后我再通过整理，设计一些问题，形成一套题目，最后在班上进行读书知识竞赛，并评选出"阅读之星"。这样既能有效地检查阅读情况，巩固阅读成果，又能激发阅读兴趣，推动课外阅读的步步深入。学期末，教导处会对学生阅读及诵读的情况进行考核。这样，学生在小学阶段就能阅读 100 本课外书籍。

三、发挥语文工作室的引领作用

在工作室的工作中，我一直十分重视课外阅读指导，提升师生语文素养这方面的引导。工作室于 2018 年成功申报了市级科研课题"在课外阅读中提高小学生语文素养的实践研究"。开题会上，我对工作室成员在指导学生进行课外阅读方面做了具体要求，要求成员加强课外阅读，指导和引领学生进行课外阅读，提升学生的语文素养，为他们的终身学习奠定基础。京山市教育科学研究所杨所长充分肯定了本课题的重要意义。目前，良好的阅读氛围不仅在我校逐步形成，而且正逐步向乡镇学校辐射。

小学语文课堂小练笔要顺势而为

漳河新区安团实验学校 刘春玲

小学语文课程标准对写作教学提出了如下具体建议："写作能力是语文素养的综合体现。写作教学应贴近学生实际,让学生易于动笔,乐于表达,应引导学生关注现实,热爱生活,积极向上,表达真情实感。"

于永正老师曾经说过:"阅读教学要读写结合,找准读写训练的结合点,为学生提供素材,让学生'有米下锅'。"设计"课堂小练笔"时,教师应深入细致地解读文本,找准读写训练的切入点。

一、于文本空白处补写延伸

留白是绘画中常用的一种艺术表达方法,同样,文章"留白"也是一种艺术,在语文教材中,也会留下一些"无字处皆有意"的空白。在教学中,通过对文章中的"留白"进行个性化补充,让学生阅读文章时更能进行自由的想象。

例如,一个教师执教六年级下册《唯一的听众》一课,当学习到"妹妹告诉我每天早晨我唯一的听众不是聋子,而是音乐学院的首席小提琴手时,我的反应"时,作者用"……"来代替,在此处设计了一个小练笔。此处的小练笔不仅让学生进一步走进主人公的内心,而且很好地培养了学生的想象能力与表达能力。

利用文本的"留白",让学生根据自己的感悟,展开不同的想象来进行填补,这样的填补,不仅加深了学生对课文内容的感悟,而且由于简短、易写,教师指导及时,使学生们在阅读文章的时候能进行独立的思考,理解作者在文章中所表达的意思,从而为孩子们以后的创作打下坚实的基础。

二、于情感迸发处抒发内心

"愤怒出诗人",情感对于文学创作者的作用主要是促"动"。也就是说,情感是文学创作的动力和源泉。

当前学生对语文学科的情感相当浓,所以在学生情感浓厚时,引导他们通过练笔来抒发自己心中的情感,既达到了习作教学的目的,也深化了对文本价值的感悟。教师要找准课文的生发点,多给学生留一些倾诉情感的机会,让他们写出自己的真实感受,从而提高阅读水平。

在教学《老人与海鸥》时,在充分感受老人对海鸥亲人般的关爱后,在学习海鸥为老人送行、守灵片段时,教师再次引导学生回忆:当海鸥吃食时,再也听不到老人亲昵的呼唤;当海鸥受伤时,再也感受不到老人无微不至的照顾……此时,如果你就是其中的一只海鸥,你最想对老人说点什么?请写下来。

此处的小练笔,既让学生深入地理解了文本,又将对学生书面表达能力的培养落到了实处。

三、于精彩典型处仿写运用

朱熹云:"古人作文作诗,多是模仿前人而作之,盖学之既久,自然纯熟。"我们的课文都是经典之作。因此,从课文中学习写作文的方法,正确引导学生阅读范文,加强由读到写的迁移,让学生通过对范文的模仿、借鉴,把范文的写作方式转化为自己会运用的技能,在潜移默化中,学生就自然而然地掌握了基本的遣词造句、谋篇布局之法。

仿写时,首先要找准具有鲜明特征的典型或精彩文段。三年级上册《秋天的雨》这篇文章语言生动优美,文中作者用了很多修辞手法,很受学生喜欢。如:"你看,它把黄色给了银杏树,黄黄的叶子像一把把小扇子,扇哪扇哪,扇走了夏天的炎热……"在学习这一段时,可以让学生在反复朗读的基础上,进行仿写。

四、于关键词语处展开想象

苏霍姆林斯基说:"学习语言,一定要让词语深入到儿童的精神生活里去。"汉字是表意的文字,一个汉字往往就有一个特定的意义。教学时可以词语为基点,激发学生的想象和联想,进行关于词语意象的练笔,那么汉字丰富的内涵就会生动鲜活起来。于永正老师教学的《我的伯父鲁迅先生》,对"饱经风霜"一词设计的练笔让人印象深刻。具体方法如下。

教师:"请大家想一想,那位车夫'饱经风霜'的脸是什么样的脸?想好了,请用几句话写出来。我给大家开个头:'那位车夫才三十多岁……'请同学们接着写。"(学生练写,教师巡视指导)

语言文字只是一种符号,但却能够点燃人们心中想象的火炬,语感强的人往往一读到文字就会在头脑中形成相应的画面,获得情感的体验。在教学中,教师要善于引导和强化这种想象,通过练笔,激发学生的想象和联想。

"五步六学"能真正提高课堂效率

荆门市龙泉中学北校　林金菊

实施"五步六学"的教学方式的主要目的是让学生积极参与学习活动，提高课堂效率，但是，在实际教学过程中，如果只是一味地套用"五步六学"的教学步骤，而没有真正考虑学生学习的特点，那只能适得其反。只有真正符合学生思维特点的"五步六学"才能真正提高课堂效率。

在"导学"过程中，教师需要根据教学内容创设不同的教学情境，而教学情境的设置必须符合学生的思维特点，才能真正调动学生的学习兴趣。例如，在讲"承担对国家和社会的责任"的时候，课本的导入材料是"一位普通市民向环保部门举报化工厂在夜间偷偷排放未经处理的污水"。这段材料虽然能够很好地切合课本内容，但是却不能最大限度地调动学生的学习兴趣。因此，我在准备课件的时候选择了抗日战争胜利70周年阅兵仪式的视频来引导学生体会"承担对国家和社会的责任"重要性。这样可以通过视觉感受来激发学生的学习兴趣，再配以文字解说："母亲教儿打东洋，妻子送郎上战场，端起土枪洋枪，挥动大刀长矛，陷敌人于汪洋……"通过这种方式迅速就把学生带入了学习"承担对国家和社会的责任"的氛围中。

"自学"过程也应该根据学生的学习特点合理安排。例如，七年级的"思想品德"教学就不适合在一开始的时候就安排学生自学课本中的内容，这样会抑制学生的积极性。因为七年级的内容很简单，若是一开始就设置问题由学生自己解答，很快他们就会找到答案，这样在后面的学习过程中就会失去兴趣。所以，在七年级的"思想品德"教学过程中，我们应该更多地设置教学活动，在活动中调动学生自主思考，这也是"自学"的方式。例如，在讲"防患于未然"时，我先讲了一个案例，然后交由学生来思考："犯罪对自己、对家庭、对社会的危害"，在思考犯罪的危害后，再转到"防患于未然"就水到渠成了。

在"互学"过程中，交由学生讨论的问题必须是值得大家共同探讨的问题，一定要避免为了讨论而讨论。例如，在讲九年级"走向共同富裕的道路"的时候，我只设置了两个问题交由学生讨论，一是"我国坚持按劳分配为主体的分配制度的意义"，在讨论的过程中，学生就有可能提到"共同富裕"，即使学生没有提到，教师在"助学"过程中也可以引导学生很快想到"共同富裕"。对这个问题的讨论，有效地带动学生进入了学习的主题，既解决了知识性问题，又能够为下一步的教学作铺垫，真正发挥了"互学"的作用。第二个问题是"怎样才能实现共同富裕？"调动学生从"国家"和"个人"两个方面讨论，在"国家"方面，引导学生侧重讨论国家近几年来采取的措施，在"个人"方面，引导学生结合荆门的事例讨论公民个人的做法。然后教师在"助学"过程中，通过介绍国家为实现共同富裕而采取的措施来引导学生了解国家的惠民政策，了解国家为公民个人致富创设的条件。然后通过介绍荆门"昕泰"和"彭墩"等比较成功的创业事例来激发学生的兴趣。对这个问题的讨论，既帮助学生解决了这节课的重点、难点，又有效地激发了学生的创业兴趣和创业热情，真正落实了"知识与能力、过程与方法、情感态度与价值观"的三维目标。

在"固学"和"思学"过程中，我们也可以创新教学方式，大胆地交由学生自己来总结。在"固学"过程中，主要是引导学生根据本节课的内容分别从"是什么、为什么、怎么办"的角度巩固自己所学的知识。例如，在讲"责任"时，我引导学生从"责任的产生、责任的来源"和"为什么要对自己、对他人、对集体、对国家和社会负责任"以及"怎样承担对集体、对国家和社会的责任"等方面来检查自己所学的知识，有效地帮助学生构建知识网络。在"思学"过程中，主要是引导学生总结、反思自己本节课的学习情况，根据"三维目标"进行总结，即总结自己在情感、能力、知识方面分别有什么收获。情感方面要注意引导学生纠正自己的错误思想或偏激思想，凸显"思想品德"课的德育功能；知识方面要引导学生构建知识网络，落实课本基础知识；能力方面要引导学生学会提炼信息、整合信息、组织答案，提高学生分析问题、解决问题的能力。例如，在讲"承担对国家和社会的责任"的时候，我引导学生总结知识后又设置了一个环节："祝福祖国"。在这个环节中，激发学生的爱国热情，进一步引导学生主动承担对国家和社会的责任，有效地落实了"情感态度与价值观"的目标。

总之，真正结合学生学习特点的教学方式才是有效的教学方式，"五步六学"的教学方式只有在真正尊重学生的主体地位时才能有效地调动学生的学习兴趣，才能真正提高课堂效率。

关于"即席讲话"的教学思考

沙洋县烟垢中学 刘云锋

"即席讲话"是人教版语文八年级下册第五单元口语交际的主题。我们知道,口语交际是语言建构的高端表现形式,而"即席讲话"因其有特定场合要求,事先不能做很充分的准备,故又属于建构难度很大的一类。那么,如何引导学生开展"即席讲话"训练呢？我的建议如下。

一、明确课标要求

《语文课程标准》在第四学段的"课程目标与内容"中是这样要求的："自信、负责地表达自己的观点,做到清楚、连贯、不偏离话题"；"能就适当的话题作即席讲话和有准备的主题演讲,有自己的观点,有一定说服力"。

这段文字告诉我们,即席讲话有三个方面的基本要求：一是要有场景认识。所谓即席,就是面对特定的场合。这是一个怎样的场合？这种场合需要我说什么？场景认识,说白了,就是要弄懂主题,找准方向。二是要有个人观点。认识了场景,自然也就有了个人想法,这个想法不能是凭空臆想的,而是有理有据的想法,只有这样才能站得住脚；三是讲出话来。也就是以言语（主要是口语）的形式,较为得体地表达自己的观点,音量、语气、语速、体态、表情等,要尽可能地合乎时宜。

二、提炼教学目标

有了课标指导,对于即席讲话,我们就心中有数了。学生的观点从何而来？从场景中来,从场景的特定要求中来。因此,第一要务就是要解析场景。然而即席讲话一个很大的特点是"即席",学生不可能提前准备,第二要务就是要快速构思。我要说什么？如何开头？中间从哪几个方面来说？怎样结尾？学生不需要考虑太多,也来不及考虑太多,主要就是三个板块的东西,而且是要点式的。第三就是登台亮相。肚里有食,心里不慌,怀揣讲话要点,大胆地走上台,从容地面对观众,这是十分重要的事情。第四点是即席讲话。面对观众,发出心中的声音。首先,要有基本的表达,敢说能说；其次,要有得体的表达,体态要端庄,声音要清晰,表情要自然,感情要充沛；最好能有语言创新,或引经据典,或双关巧合,或化用借用……

综上所述,就可以这样设定教学目标。

(1)解析场景,快速构思。
(2)稳定气息,建构气场。
(3)从容面对,有条不紊。
(4)打造格局,力求创新。

对于上述目标,第1至第3条属于必须要求,要步步为营地做好;第4条属于较高要求,试着去做,争取有所得,争取出现教学的高潮。四个目标有两个能力层级:一是开口说话,二是说出漂亮话。所以,快速构思和建构气场是教学的重点,而语言创新既是教学的重点,又是教学的难点。

三、设置教学内容

对于即席讲话的教学设计,首先有一个认识上的问题。因为即席讲话属于最为能动的语言建构,其本质为生成性教学,故不必有太多的预设,笔者提倡小预设,大生成,或者粗预设,细生成。

首先,还是要对即席讲话有一个初步的认识。笔者曾观摩一节公开课,授课教师开讲之时即抛出一个场景:"同学们,今天有老师来到了我们的课堂听课,想请一位同学代表我们班级致个欢迎辞。"很快,有学生便走上讲台,开始了"即席讲话"。学生的话音刚落,老师便顺势说道:"刚才×××同学的发言,事先我并没有告知,是我临时给的一个任务,这就是我们今天要集中训练的'即席讲话'……"PPT也同步将即席讲话的定义呈现出来。无疑,这是非常精彩的教学导入。

授课教师并没有立即让学生回位,而是对他进行了现场"盘问":"请你谈一谈,刚才听到老师的任务指令后,你想了些什么?""你上台前紧张吗?知道站哪儿最好吗?站好后,有没有想来回扫视一下台下观众的想法……"就这样,目标1至目标3的教学任务,就在一连串的师生互动中,非常走心地落实了。

前面说过,目标4既是重点,又是难点,也是"即席讲话"的教学看点。如何落实?教材中陶行知、田汉近乎"互文"的即席讲话材料,便是极好的示范。还是前面说到的这节课,老师先引导学生读懂悟透这两则材料,再用两个"即兴场景"进行训练,效果还真是不错:学生有引用名人名言的,有巧借人物职业的,有一语双关的,有说反话的……目标不仅达到了,还远远超出预期,真是精彩之极。

这样的课堂教学,有预设,更有生成,充分彰显出"即席讲话"生成性教学的本质特征。

浅谈如何写好作文

钟祥市客店镇初级中学　冯芸芸

大多数同学写作文时,常感到力不从心,要么语言生硬,要么词不达意,要么言之无物……久而久之,学生对写作失去了信心,也就失去了兴趣,也写不出好文章,让家长、老师感到焦虑。那么怎样才能写出好作文呢?

一、好作文是"读"出来的

阅读是作文的根基。杜甫曾说过:"读书破万卷,下笔如有神。"书读得多了,写起文章来,文思就会敏捷,如有神力相助。首先,阅读是在为写作做积累,既是语言积累,又是素材积累。学生掌握的词汇量是比较少的,缺乏知识经验,通过阅读可以积累大量词汇、优美的文句和精彩片段。学生写作文的素材一方面来自对生活的直接观察和体验,另一个方面就是阅读。我们通过阅读可以了解、领悟作者的生活感受、经历和情感,从而间接体验生活。这种间接的体验越多,写作文的素材积累就越丰富。其次,阅读对于作文来说是一种学习和借鉴。我们通过阅读可以学习作者在文章中使用的语言,领悟作者运用语言表情达意的方法。时间久了,写作文时,就会无意识地借鉴成功"范文"的写作方法,化为自己的写作技巧。我们应将阅读与写作紧密结合,做到读中有写,写中有读,以读带写,以写促读。

二、好作文是"听"出来的

作文课上,老师常强调的是多读、多写、多练,往往忽略了"听"。大文豪伏尔泰说:"耳朵是通向心灵的路。"在学习中,老师点评作文时,会具体讲出学生的作文中哪个词用得好,哪个词用得不恰当,需要如何改,哪个句子写得美,哪个句子写得不通顺……我们在听的过程中,也可以思考,对方或者自己的作文写得巧妙的地方在哪里,存在什么样的问题,今后该如何避免这类问题,做到取长补短。在生活中,我们应耳听八方,处处留心倾听,为自己积累写作素材,听得多了,记得多了,写作时好词好句好素材自然就能信手拈来。

三、好作文是"观察"出来的

巴甫洛夫说:"观察,观察,再观察。"观察是了解客观事物的第一扇窗口。齐白石画的虾是画坛一绝,他画出来的虾灵动活泼,栩栩如生。虾须、虾头、大鳌、虾身、虾尾,每一笔都神韵充盈,可谓是笔笔传神。齐老师笔下的虾活泼、灵敏、机警,有生命力。这不仅仅显示了画家高超的绘画功力,更是因为齐老师长期仔细地观察虾的生活,在作画之时,已对虾的各种形态了如指掌,自然就能挥洒自如了。

写文章也是一样,需要长期仔细地观察,"细节在于观察,成功在于积累"。如果能够留心身边的一切事物,下起笔来自然就能胸有成竹了。

四、好作文是"体验"出来的

写作离不开生活,生活丰富多彩,写出来的作文也会丰富多彩,"读万卷书,不如行万里路"。现在,大部分学生都在校园与家之间来回,缺乏活动的空间,缺乏与自然、社会以及人之间的交往沟通,这样写出来的作文自然不够新颖。

春秋战国时代,名将赵奢的后代赵括自幼熟读兵书,对很多兵法都非常了解,但是在战争中却一战而败。这充分说明仅仅掌握书本中的知识是不够的,只有走进生活,亲身体验,从实践中汲取经验,才能成功。

写文章也是如此,"生活是创作的源泉",只有走进生活,亲身体验生活,才能发现生活,认识生活,了解生活,感悟生活,思考生活。这样,"源泉"才会丰盈起来。

五、好作文是"改"出来的

许多学生在老师布置了作文后,拿起作文本直接写,以至于常常出现写错字、用错词、漏标点符号、语句不通顺、用词不当等问题。古人作诗作文就有"文章不厌百回改"之说。就像考试做完题后需要认真检查一样,作文也需要经过一遍遍修改,才能磨出好文章。

首先,写完一篇文章后念几遍,有语句不通顺或者错字、错符号的情况,在念的过程中往往可以发现,此时应当及时修改,甚至一些语气词都需要反复念,反复推敲,直到读顺为止。其次,我们在写完后可以放下笔来想一想,回顾下自己的作文,思考一下文章的结构安排是否合理,选材是否与主题相符,作文重点是否突出,如发现问题就要立即修改。最后,互相修改作文,很多时候,自己的某些问题是难以发现的,可以同桌或者小组之间互相修改、互相挑毛病,既锻炼了学生的思维能力,又互相帮助对方完善了作文,采用这样一种形式,会间接提高学生的写作兴趣。

诗眼诗情无言语　诗境诗趣满杏园

京山市京山小学　王东波

小学语文教材中精选了40首文质兼美的古诗，其语言凝练含蓄，意境深邃优美，不仅给人以艺术的熏陶，更能启迪人的思想，陶冶人的性情，是小学语文课程的重要内容。新课标的颁布无疑为古诗教学打开了一个新的天地，使古诗的学习回归了本真。

作为一名小学语文教师，带领学生走进古代文学艺术殿堂，去体会古诗的语言美，感受古诗的画面美，领悟古诗的意境美，理解古诗的哲理美，是我们义不容辞的责任。对于如何教好古诗词，我也有一些自己的感受。

一、扣诗眼，悟诗情

人有眼，诗亦有眼。古人常选择含义深刻、富有表现力的词或句子做"诗眼"（诗中眼或句中眼）。能否把握好诗眼是古诗教学成功与否的关键，教师如能巧妙地引导学生把握"诗中眼"，完全可以达到"就其诗眼，视其神光"的境界。故而，在教学《夜宿山寺》时，我这样引导学生："诗人夜宿山寺，看到的山顶上的寺庙是怎样的呀？谁用一个词语说一说？"（生脱口而出："高"）；"你从哪里体会到'高'呢？"继续引导学生体会"高百尺"（描述高）；"手可摘"（强调高）；"恐惊天上人"（夸张高），通过多侧面地描摹刻画，山寺危楼那高耸的形象就树立在脑海中了。不仅如此，我还以此创设情境，激发学生想象："从山寺归来途中，诗人偶遇上山之人会说些什么？神态、动作又是什么样的呢？"通过这种方式训练学生的语言表达能力，使他们的阅读体验进入了一个新的层次。

因此，对于古诗文的教学，教师就应该引导学生扣诗眼，去领悟作者的情感，与作者的情感发生共鸣，充分地感受情感美的熏陶。

二、重诗境，培诗趣

读诗的最高境界是进入诗歌的意境之中。进入诗境就是引导学生真切地体验诗人所创造的情境，并为之动情。怎样让学生进入到这种水乳交融的艺术境界呢？我们不是孤立地指导朗读或单纯地创设情境，而是将创设情境与感情朗读有机地结合起来，把创设情境作为学生感情朗读的基础和铺垫，同时又通过读来引导学生领悟诗情，进入诗境。

《渔歌子》是一篇脍炙人口的词作,词中描绘了这样的意境:青的山、白的鸟,粉红的桃花、清澈的流水,吹面不寒的微风、细如牛毛的雨,多美的画面啊!接着,老师追问:"西塞山前为什么是白鹭飞?燕子不飞吗?"同时出示白鹭飞的课件,让学生体会到白鹭飞得悠闲、自由,从而为下一句"不须归"作铺垫。诗人为何"不归"?他钓到了什么?就这样,学生通过学习去感受,反复诵读,大胆想象,他们就能真正领略到词作独有的意境、韵律之美。

"床前的月光,窗外的雪,高飞的白鹭,浮水的鹅。唐诗里有画,唐诗里有歌……"旋律优美的《读唐诗》这首歌的歌词,贴切地诠释了古诗词优美的意境以及深邃的文化内涵。我们该怎样更好地将自己的文化发扬光大?怎样让学生们更主动地去了解中国的历史,了解自己国家的灿烂文化?愿我们通过对古诗词教学的研究,在让学生更简单、直接地了解中华文化、陶冶情操、丰富想象的同时,在培养学生对语言文字的兴趣和敏感度方面,奉献一点微薄的力量。

小学语文课堂教学中朗读能力的培养

漳河镇中心小学　聂玉红

《语文课程标准》指出,小学各个年级的阅读教学都要重视朗读。要让学生充分地读,在读中整体感知,在读中有所感悟,在读中培养语感,在读中受到情感的熏陶。课标在每个学段的阅读部分都强调:"能用普通话正确、流利、有感情地朗读课文。"可见,朗读是语文课堂教学的重点,也是有必要进行系统训练的重要环节。那么,要在语文教学中提高学生的朗读能力,个人认为在激发学生的朗读兴趣的同时,还应教给学生一定朗读方法。现就平日的研究,做一个梳理。

一、让学生认识到朗读的重要性

朗读注于目,出于口,闻于耳,记于心,是一个复杂的心智过程。要使学生明白,朗读有助于掌握每个汉字的音、形、义;有助于加深对词语的理解和运用;有助于把握文章的层次结构;对语言的形成和发展具有不可替代的作用。众所周知,语文教材的课文都是编委们精心选取的,篇篇内容丰富,文质兼美。通过有感情地朗读这些美文,不仅可以提高学生的欣赏力、想象力,还可以丰富感情,陶冶人格,甚至可能对学生今后的人生也产生一定的影响,因为朗读能力强,表达能力自然就不差,在今后的人际交往中,自然能给人留下好的印象。

二、用教师的范读引起学生朗读的欲望

在语文教学中,教师常常要范读。这就需要老师具有扎实的普通话水平,并在课前花费大量的时间和精力去仔细钻研教材,认真朗读课文,准确把握朗读技巧。范读者要把作者的感情通过朗读表达出来,或激昂,或委婉,或真情,让学生在老师的范读中产生情感的强烈共鸣,从而入情、入境、会心地体会文章的感情。

三、教给学生一定的朗读技巧

要让学生掌握一定的朗读技巧,这就要求我们,不仅要注重课文内容的品读,还要重视朗读方法的传授。经验告诉我们:要让学生掌握朗读方法,仅仅依靠理论上的阐述是不够的,还必须引导学生到具体的朗读环境中去摸索、领悟、实践。

要读好课文,首先要把课文读正确,打好朗读的基本功,要做到"五不":不丢字,不添字,不错字,不重复,不读破句子。养成良好的读书习惯。

其次要教学生理解句子,找到重点字词加以重读,让学生分清轻重缓急,知道什么样的句子该用什么语气来读。比如在教学《一分钟》时,朗读"再睡一分钟吧,就一分钟,不会迟到的"这句时,要让学生体会元元此时的心情,他是不情不愿的,抱有侥幸心理的。那么在读这句话时,你会重读哪个词?孩子们一下子就找到"一分钟""不会"这些词,并加以重读。再比如读"眼看就要跑到车站了"这一句时,我们就要从生活实际出发,找到"眼看"这个词,并且加快语速,使学生明白时间的紧迫性。

最后我们还要教授学生们一些朗读的方法,这些方法不能是理论的东西,因为学生太小,他们不懂那些高深的理论,我们就要从实际出发,教授他们一些简单而实用的方法。比如在教学《我要的是葫芦》这一课时,训练学生读好疑问句和反问句是这一课的重点。首先教师范读,从语调上感受疑问句、反问句和陈述句的区别,让学生知道读疑问句时语调是要上扬的,反问句更强调重点字词的读法,需语调上扬,而陈述句则是平铺直叙的。通过反复地练习,学生不仅掌握了朗读的技巧,更体会到了文中句子的意义。

四、选取多种朗读形式落实朗读训练

对小学生而言,即使能知道朗读的重要性,但也会很快感到疲惫、倦怠,若能灵活运用多种朗读形式,则使朗读不枯燥,变得饶有趣味起来。

在课堂教学中,常常采用的朗读形式主要有:齐读、领读、"开火车"轮读、轻声读、大声读、分角色读、小组读、表演读、比赛读、想象读、配乐读等。可根据不同的课文,灵活选用朗读形式。

春播一粒粟,秋收万颗籽。学生朗读能力的提高不是一朝一夕的事,但只要重视,有恒心,并采用科学的训练方法,学生朗读能力的提高,还是指日可待的。

提高听障生解决几何问题的能力

荆门市特殊教育学校 刘海亭

对于普通的中学生来说,几何知识通常是教学的难点,对于听障生来说更是如此。因为听障生听力残缺,他们大多数都是用手语与外界交流。手语是另外一种语言,它的局限性使得听障生在学习和生活中不能完全地认识各种现象,这影响着他们的认知能力和思维能力。又由于几何的研究对象、研究方法和使用的语言与之前的学习相比都有了很大的变化,使得听障生在开始学习几何时,感到十分困难。作为一名特殊教育学校的数学教师,在教学几何内容时常常会觉得教师教得很累,学生学得很苦,教学往往处在一种低效的状态。笔者认为,注重从以下四个方面进行教学,会让听障生在学习几何知识时,收到比较好的效果。

一、加强语言训练,提高听障生的语言能力

对他们加强语言能力的训练,不只是语文教师的责任,其他学科的老师在教学过程都必须重视。为了提高听障生的语言能力,我认为首先应抓好听障生所学语言的识记工作,反复训练,通过不同形式的读,使听障生把外部语言内化成自己的语言。然后在认识并记住的前提下,抓好听障生对语言的理解,使听障生的记忆由机械记忆转化为理解记忆。其次是培养听障生良好的读书习惯,让他们在阅读中加深对所学汉字、词语和句子的理解,通过阅读来巩固知识。最后,要为听障生营造好的交流环境,老师要做到手语规范、清晰,力争与口语一致,做到嘴上说什么,手上打什么。每个听障生的听力损失程度不同,不一定要每一个听障生都讲得有多清楚,口型有多标准,但一定要要求班级的每个听障生都能积极地说,借着语言来说思维过程和解题方法……

二、培养几何兴趣,调动学习的积极性

首先,创设问题情境。让听障生去发现问题,主动地探索知识进而获得知识。如在"全等三角形的判定"教学中,可以让听障生根据已知条件,分别画出一个三角形,再剪下来进行比较,看是否重合,或与其他同学的比较。当教师把这些具有挑战性的问题一一提出时,听障生的兴趣就会被激发出来,这样能让听障生学到全等三角形的判定方法。其次,理论与生活相联系。由

于现实生活中应用几何图形的例子很多,教学之前,让听障生联想现实生活中应用几何图形的例子。教师还要注意积累平时生活中的见闻,将几何理论与实际生活中的有关趣事联系起来,也可以将数学课本中出现的数学家在数学方面的造诣简单地介绍给学生,使听障生了解相关的数学知识,还可从听障生熟悉的事物出发,重视知识的产生过程,引导听障生自己主动地投入到数学的学习中。

三、重视理解基础知识点,提高解决问题的技能

有些听障生看到几何图形想不起来应该用什么定理,或是想到用什么定理却又讲不出该定理的意义,这都是学生死记硬背定理的后果;还有很多听障生在对几何结果进行证明时,证明过程写得前后颠倒,顺序混乱,这可能是学生没有理解清楚定理和定义。因此,这就要求听障生理解基础知识以及学过的每个定义、定理、公理,要求听障生既能背诵定理又能结合图形写出推理过程。经过推理训练,让听障生明确在什么样的条件下能得到怎样的结果,这样才能更好地体现逻辑思维的过程。如在探究垂径定理时,除了让听障生通过折叠圆得到相关结论,还要求听障生写出推理过程。经过这些训练,听障生可以理解定理和定义所指的内容在图中表示的是什么意思,又可以知道在推理过程中怎样使用这个定理。

四、利用数学模型和电脑技术,提高教学效率

模型可以让听障生直接接触到几何图形,直观而有效。电脑技术可使抽象的数学概念具体化、形象化,给听障生展示各种各样的图形,还可以进行直观演示和展示,特别是它能进行动态演示,弥补了直接在黑板上画图教学的不足,以及师生语言交流的障碍,使听障生更容易接受。如在教学"认识圆柱"时,我直接出示灯管、水杯和竹筒等实物,给听障生以强烈的视觉冲击,圆柱的特点直观而形象地展现在学生眼前。在学习"角(直角、平角)的概念"时,可利用几何画板将一条射线绕着端点旋转,或把整个动态过程用不同的颜色展示出来,一个清晰的直角或平角图形就会显示在屏幕上,这样可以省去很多语言和手语交流,还可使听障生对直角和平角概念的理解更加直观,也可深深地印在他们的脑海中。

关爱留守润无声　德育花开春满园

沙洋县后港镇西湖小学　唐士军

习近平总书记在第一届全国文明家庭表彰大会中强调:"家庭是人生的第一个课堂,父母是孩子的第一任老师。"然而,有这样一群孩子,由于父母长期不在身边,他们成了留守儿童,缺乏家庭恰当的监督和引导,产生了自闭、忧郁、暴躁、懒惰等问题。留守儿童的教育问题日趋突出,归根结底在于德育工作的缺失,因此,解决好留守儿童德育缺失的问题是教育工作的重点。

一、对"留守儿童"和"德育教育"的概念界定

"留守儿童"是指父母双方或单方长期外出务工,将孩子交给长辈抚养、教育的未成年人。

德育教育是对学生进行思想、政治、道德、法律和心理健康的教育。包括民族精神教育、理想信念教育、道德品质教育、文明行为教育、遵纪守法教育、心理健康教育。

二、留守儿童德育问题的现状及原因

家庭环境的特殊性和受教育情况的特殊性,造成了留守儿童家庭温暖、家庭教育的缺失,农村留守儿童所呈现出来的德育缺陷主要分为两方面:一是道德情感缺失。留守儿童群体中的一部分表现出只单向地接受爱、不去表达爱的倾向,不知如何感恩回报,整天得过且过,不思进取,对他人缺乏诚信,片面强调个人利益,依赖性强,对家庭、朋友、邻居、社会十分冷漠,缺乏社会责任感。二是道德品行问题。主要表现为放任自流、不服管教、违反校纪、小偷小摸、看不良录像、同学之间拉帮结派,与社会上的混混搅在一起,抽烟、酗酒、赌博、抢劫等。有些孩子由于缺少父母的监管,甚至走上了违法犯罪之路。

究其原因,主要有以下几种。

1. 亲子教育缺失

亲子教育是影响人一生的至关重要的教育,在影响家庭教育的诸因素中,亲子关系直接决定着孩子的发展水平。良好的亲子教育氛围,有利于培养出身心健康的下一代。然而,在留守家庭中,父母长期在外,平时与子女缺少沟通,疏于管教,造成亲情淡漠、父母与子女的关系相对疏远,亲子关系

发生了消极的变化,亲子教育基本从孩子的成长中淡出,亲情的教育功能几乎丧失,很容易对留守儿童的心理健康成长产生诸多不利影响,导致他们心理异常,性格怪异。

2. 隔代监护的不妥之处

近年来农村隔代监护的规模呈增长趋势。这种监护方式存在较多的弊端。由于隔代监护的主客体之间存在着一种天然的血缘、亲缘关系,使得隔代家庭的祖辈对孙辈的溺爱大于教育,对孩子的心理缺乏了解和认知,习惯用自己陈旧的观念和经验去教育孩子,加之农村的大多数老人受教育程度不高,不懂得学习兴趣的培养、学习方法的指导,并且有时家中农活繁忙,根本没有时间对孩子的学习进行指导。即便是有时间,他们也很难和孩子有学习上的交流,教育观念、教育方式的滞后,使家庭教育的效果大打折扣。

3. 外出打工父母对子女德育教育的重视程度偏低

经调查,"在外打工,最担心孩子什么?"37.2%的被访者担心孩子没人照顾;21.4%的被访者担心孩子身体有病;24.3%的被访者担心孩子学习不好;只有17.1%的被访者担心孩子不学好、干坏事。可见,在外务工的父母对留守儿童的思想道德状况重视不够。他们外出打工,深感知识的重要,但由于自己已人到中年,青春不再,因此把希望寄托在子女身上,尽量在金钱上满足子女的要求。而对子女在校的学习情况、守纪情况一点都不了解,他们认为学习、教育等问题都是学校老师的事情,甚至有部分家长目光短浅,从眼前出发算起了经济账,他们觉得子女上高中、考大学花费太大,找工作又是一大问题,不如早点与自己一起外出打工,攒点钱。

三、留守儿童德育教育势在必行

作为一名教育工作者,面对留守儿童,要正视他们的心理状态和心理诉求,以"关心、理解、尊重、帮助"为主要关爱方式,通过搭建平台,让他们健康成长。

1. 了解现状,有效保障和引导交流促成长

留守儿童在家得不到父爱或母爱,在学校如果再无法得到教师的关爱,很容易成为学习的"边缘人"。教师要关心他们的学习与生活,通过思想引导和学习引导,让学生感受到生活的快乐,并在教师的思想引导下获得生活的信心。在实施过程中,教师可以结合本校学生实际,一是让留守儿童都能接受义务教育;主动为他们的心理健康护航;加强对留守儿童的行为管教;

积极与外出打工的家长沟通，让他们经常关心自己的孩子，与学校一起为学生的成长负起应有的责任。二是积极为留守儿童的生活着想，通过一些渠道为留守儿童的生活和安全提供保障，让他们不受非法侵害；要多关心留守儿童的生活状况，并与他们的家长沟通联系，不断改善留守儿童的生活状况，让他们有快乐的生活空间。三是与留守儿童进行沟通、谈心，解决他们在生活与生理上的烦恼；多鼓励、支持他们参加学校的各项活动，多进行家访，了解他们在家生活和学习的情况。关怀留守儿童是爱心，是责任，也是义务，是美好的情感，更是博大的胸襟。用关爱、亲情为留守儿童营造温馨的家园氛围，给留守儿童以更多的关注、鼓励、帮助。

2. 克己内省，理解、热爱和尊重助学生发展

孔子在人际关系上主张"克己内省"，重在严格要求自己，约束和克制自己的言行，使之合乎道德规范，称为"克己"。留守儿童这一特殊群体，心理状态和生活状态上的问题是客观存在的，班主任作为留守儿童成长路上的重要引路人，如何用自己的爱心去帮助他们，是当前德育工作的一个新问题。留守儿童的心理是比较脆弱和敏感的，简单处理起到的作用并不大，只有用爱去关心、帮助他们，才能让留守儿童快乐成长。怎样用爱去帮助留守儿童？首先，要爱学生，尊重学生。班主任尊重学生，会让学生在心理上接纳教师，并乐意将自己的问题与班主任交流，班主任的引导才能起作用。其次，理解学生。留守儿童作为特殊群体是值得关注的，他们由于与父母交流的机会少，不少人可能会自卑或思念父母，班主任要理解学生，争取让学生产生信任感，进而与学生进行充分的沟通与交流，化解学生心中的苦闷，促使学生以积极的情感认真学习。

3. 恩威并施，量化教育和学会宽容

作为教育工作者，我们应该反思学校的评价体系。在很多学校，学生的好坏通常以分数来衡量，教师以成绩的优劣评价学生，这样的评价方式忽视了学生在其他方面的积极因素。留守儿童可能由于某方面的原因导致学习成绩不理想，但成绩不代表一切。有些教师简单地以成绩评价留守儿童，而忽视了他们在生活上、学习上的积极因素，他们的闪光点没有被放大，成绩不理想却被放大，学生又在生活中遇到不少困难，加上基础不扎实，教师的不客观评价会让他们产生心理负担，学习效果自然不好。学校应创新评价体系，把握好"度"，以多元化的评价体系让留守儿童产生信心，快乐地成长。

浅谈农村中学的英语写作教学

钟祥市柴湖镇第一初级中学　高　洁

英语写作历来是中学英语教学的难点，学生英语写作能力的培养力度在英语教学中也一直不够。特别是对农村中学生来说，写好英语作文更是困难，因为大多数学生都是在上了初中以后才开始真正意义上的英语学习，才开始慢慢接触英语写作。所以，英语基础能力不足是现阶段农村初中生英文写作的首要障碍。

一、现状调查与分析

基于我近二十年的农村英语教学经验分析及总结来看，学生的英语作文多表现为"汉语思维式的英语表达"。主要原因如下：①基础语法比较薄弱，语句表达上有较大问题，如，语句多不符合简单句的主要结构，主谓不一致，词组搭配错误等。②受母语思维影响，再加上缺乏词性概念，写作中很容易出现严重的汉英逐词翻译现象。③词汇拼写易出错。

二、理论对策及实践

我认为，要提高农村中学生的英语写作能力，首先要针对他们在英语写作学习中的种种不足，来改变教学的侧重点。我们应该把注意力从原本的评价、评估学生的作文转向能帮助学生更好地准备和进行写作的过程中来。

1. 在听、说、读中渗透"写"的训练

常言说："能说就能写。"但在实际教学中，因为现阶段英语考试中听力所占的比重较少，而且没有口语考试，听力和口语的训练往往是最易受到忽视的。但口语训练对学生作文能力的提升具有很大的效果。如果学生能在即兴的口语对话中合理地运用所学知识，那么他们同样能在作文中运用这些知识。所以教师要结合教材内容，选择学生熟悉或感兴趣的话题，设计问题、活动，尝试让学生先用英语讨论设计的话题，再按要求进行写作，这样会有效降低写作的难度。"书读百遍，其义自现"，朗读非常有助于培养学生的语感。在英语教学中，我们要做到让学生每天大声地朗读，创造英语朗读的氛围，让他们通过读出声去感受语言的魅力，为今后的英语写作打下坚实的基础。

2. 充分利用阅读材料，提升英语写作水平

正所谓"读书破万卷，下笔如有神"，而对于初中生来说，阅读本身就是学习难点，所以我们应该用有限的阅读材料来培养学生的写作能力。

教师应该在学生全面阅读课文、感知内容后，提供汉语组成的语段，让学生运用从课文中学到的词、短语、句型等语言知识，根据语段内容，用英文进行书面表达，以训练学生的英汉语言转换能力，了解英汉语言结构特征和表达方式，初步形成英语语言思维。

3. 采用多种写作方式并研究写作技巧

好的写作技能都是在循序渐进的训练中提高的，并非一蹴而就的。这就要求教师在平时的教学中注意采用多种形式的练习，调动学生的积极性，引发写作热情。新手入门，多数无头绪。这期间，教师可以精选范文、指导阅读、引导仿写，实现从模仿中起步，在融合中超越，最后走向创新之路的训练思路；又比如扩写，教师可以针对某个故事，让学生展开想象，指导学生从动作、表情、心理活动等角度进行具体描写，还有缩写、续写等形式。这些形式的写作不仅锻炼了学生的写作技能，对开拓学生的思维也极有好处。

写作技巧也是必不可少的。首先，教师要指导学生正确审题、理解要求，这样才能根据要求用正确的时态陈述事实，进行有效写作。其次是列出要点、拟出提纲，让杂乱的材料变得井井有条，提高写作效率。再次，要检查修改。文章写好后，要经过反复修改，才能使措辞准确、句子流畅、布局严谨。最后，书写要规范，卷面要整洁。

4. 学生互评互改，事半功倍

学生独立写完并进行修改后，进行小组互评互改活动：每位学生向小组成员朗读自己的文章，其他成员在听的过程中提出修改意见。然后，小组选出最好的文章，再运用集体的智慧共同修改这篇文章。最后，每个小组各推荐一位学生在班上朗读。每次评出两三篇师生公认的佳作。

5. 教师批改，综合提升

教师的批阅是再多的学生活动也不能取代的。所以，在学生简单地互阅之后，教师一定要针对不同学生的情况再进行重点指导，特别要将注意力放在学生的逻辑表达及英语思维上，这对学生写作能力的提升无疑是很有好处的。

让孩子在阳光下成长

京山市新市镇第一小学　张　洁

我校是一所乡镇小学,有学生一千三百多名,其中留守儿童大约占学校人数的三分之二,已经成了一个庞大、特殊的群体。留守儿童长期与父母聚少离多,缺少父母正确的引导与教育;常年跟着爷爷奶奶生活,由于老人的溺爱和疏于管教,孩子往往出现学习上、心理上的缺陷。孩子是祖国的未来,作为班主任的我要努力让孩子在阳光下成长。

一、留守儿童的现状

1. 学习问题

留守儿童成绩普遍较差。主要原因有如下两方面:一是父母长期不在身边,学习上的事情父母鞭长莫及,爷爷奶奶文化水平不高,对他们在学习中出现的问题无能为力,时间长了,孩子对学习不感兴趣,出现厌学情况;二是父母不在身边,爷爷奶奶年龄太大,农村家务较重,孩子要在家做些力所能及的家务事,主要精力没有放在学习上,所以留守儿童的成绩越来越差。

2. 心理问题

留守儿童在成长教育的重要时期,缺少父母的陪伴和呵护,没有得到父母在价值观念上的正确引导,久而久之,孩子和父母之间产生了距离和陌生感,变得冷漠,形成了孤僻的性格,不愿意与人交流。现在网络发达,网络游戏层出不穷,加上家长管理上的"真空",使有些留守儿童沉迷于网络游戏中无法自拔,更加不愿意与人沟通,出现了心理上的障碍。

3. 安全问题

没有父母的引导,留守儿童缺乏应变和自我保护能力,根据公安部门的网上调查发现,在被拐卖的儿童中,留守儿童占有很大的比例。

4. 社会关爱不足问题

留守儿童缺少家庭的温暖,缺少父母的正确引导,缺少社会各界的关心与帮助,往往会出现行为能力低、学习习惯差和性格扭曲等问题。

二、解决留守儿童问题的方法

1. 建立留守儿童成长档案和家长联系手册

作为班主任,我一开学就对本班学生进行调查摸底,查清本班留守儿童的家庭情况，了解父母工作所在的城市，孩子现阶段的监护人的性格特点、文化程度，以及孩子的性格特点、生活习惯和学习习惯，做到心中有数。

2. 关注留守儿童的心理健康

留守儿童最容易出现心理问题。外地工作的父母无暇顾及孩子，不能陪伴孩子成长，与孩子的沟通交流少，孩子得不到正确的引导和帮助。有些父母心里觉得亏欠孩子，所以尽量满足孩子的物质要求，有的甚至给孩子买了手机，加上老人的溺爱、不正确的教育，导致孩子养成了一些坏习惯，如乱花钱、打架、上网、逃学等，这样的孩子自私自利、狂躁自大、不合群。针对这一特点，学校广泛开展了一些有利于孩子心理健康的活动，如阳光公益义卖、心理咨询讲座、亲子游戏等，在这些活动中，孩子增加了自信，不愿与人交流的情况得到了改善，学会了互相帮助。

3. 对留守儿童定期进行家访

留守儿童的爷爷奶奶年纪比较大，生活上也会出现一些困难，我每过半个月就进行一次家访，去孩子家里看看，看他们是否存在生活上的困难，孩子近段时间行为有没有出现异常，并及时和孩子的爷爷奶奶共同努力，改正孩子的不良习惯和嗜好。老人一般都比较溺爱孙子，要多做老人的思想工作。多与老人和孩子沟通交流，让孩子学会在家多为家长分担家务，做力所能及的事。

4. 给予留守儿童更多的关爱

作为班主任，我努力做到清楚留守儿童的性格特点、兴趣爱好和父母的联系方式，在学习上优先辅导他们，并根据孩子的学习情况制定出明确的帮扶计划，建立完整的档案；在生活上优先照顾他们，对留守儿童多一个笑脸，多一句问候，多一些帮助，多一点沟通。

5. 对留守儿童进行安全教育

针对留守儿童的安全防范意识差的问题，我常常利用网络中的图片和视频对他们进行防火、防电、防拐骗、防溺水、防地震的安全教育，并进行危险演示，加深孩子对危险的印象，让孩子能更直观地感受，并告诉他们遇到这些问题该如何解决，提高防范意识。

浅谈小学生计算出错的原因与对策

漳河新区周集小学　却　华

小学生计算时容易出错,计算能力不强是很多数学老师感到棘手的教学问题,究其原因,不仅有显性的"粗心大意、不检查"等原因,还有隐性的与孩子认知规律相关的心理原因。我们试图对这些原因进行分析,并针对性地提出解决这些问题的对策。

一、知识方面的原因

1. 基础知识不扎实

计算的精准首先取决于口算的熟练度。学生对 20 以内的加减法不熟练,在混合运算中对一些常用数据如 25×4、125×8,分数与小数互化等不熟练,都有可能使计算出错。

2. 概念混淆,法则理解不清

数学知识都是建立在一系列数学概念之上的。概念和算理是学生进行数学学习的重要依据。例如,计算除法,学生如果对"占位"理解不够,就会出现 202÷2=11、360÷3=12 等这一类错误。在学习分数乘法后,计算分数加减法时,学生如果对分数加减法法则理解不准,就会出现分子相加得分子,分母相加得分母的无视法则的现象。乘法分配律的运用是学生高频率出错的地方,对出现的错误仔细分析不难发现,基本上是由于对乘法分配律的运用不清楚,才会出现 25×(40+8)=25×40+8 这样的错误。

3. 不理解算理

学生不理解隐含在计算过程中的基本原理,只会机械列式,不会分析是学生犯错误的主要原因。如 15 加 25 与 20 的积,结果是多少?有的学生按照文字的顺序进行计算,先算 15 加 25,再乘以 20,错误率大大增加。学生的认知停留在简单的列式上而不是对算理的理解上。

二、心理方面的原因

1. 感知不正确

由于计算外显形式简单,这样更容易造成小学生感知粗略、不够具体的问题,再加上学生看题、读题、审题、演算过程中急于求成,因而所感知的表象是模糊的,常常导致把计算式题中的数字、符号抄错。如把"+"误作"-"

或"÷",把"3"写成"8",把"56"写成"65",把"145×23"抄成"154×13",抄数时上下颠倒等。或是在书写与运算过程中将个别文字、数位、小数点,甚至是题目本身遗漏,再就是在写作业的过程中受到之前或之后的一些特殊信息的影响,造成将计算类型弄错、忽略正确的计算顺序、混淆计算法则之类的错误。

2. 注意力不集中

小学生由于自身的年龄特征,面对单调乏味的计算内容极易产生疲劳。学生做计算题时容易出现错误。分析原因,一是当数据少、算式简单时,易生"轻敌"思想,出现进位加法忘进位、退位减法忘退位等现象;二是当数目大、计算复杂时,产生厌烦情绪。

3. 养成思维定式的习惯

思维定式是思维的一种"惯性",它使人以比较固定的方式去进行认知。由于重复练习某一类型的习题的影响,使得学生先入为主,用习惯的方法去解答性质完全不同的习题,从而出错。思维定式的积极作用在于促进知识的迁移,消极作用则在于会干扰新知识的学习。

4. 短时记忆出错

记忆是学习的基础,无论是口算还是笔算或估算都需要短时记忆力做保证。记忆力较差,直接造成计算错误。如退位减法,前一位退1,可忘了减1。同样,做进位加法时,忘了进位,特别是连续进位的加法、连续退位的减法,忘加或漏减的错误较多。

三、对策

1. 培养习惯

要培养学生准确计算的习惯,即培养"一看、二想、三算、四验"的习惯。第一,先看清题目要求,看准题目中的数字和符号;第二,想一想用什么方法计算,或有无简便方法,以及计算时应注意什么,先算什么,再算什么;第三,认真地书写,细心地计算;第四,利用估算、验算等方法对计算结果进行验证,发现问题后及时纠正。

2. 加强口算

口算教学是计算教学的开始阶段,口算是笔算的基础,口算能力是计算能力的重要组成部分。科学地进行口算训练,有助于提高笔算的速度和计算正确率,因此,口算练习要做到天天练,逐步熟能生巧。20以内的加减法和表内乘法及相应的除法等基本口算是其他计算的基础,要求学生做到脱口而出。要提高学生的口算能力,掌握成一定的口算技能,关键是要持之以恒地坚持训练,每天坚持3～5分钟的形式多样的口算训练。计算中的常用数据要让学生在理解的基础上熟记。如乘法中特殊积"5×2、25×4、125×8"等。通过坚持不懈的口算训练,使学生掌握熟练的口算技能,达到正确、迅速、灵活地进行口算的目的。

3. 理解算理

教师要认真分析教材,钻研教材,精心设计教学过程,运用多种方法帮助学生理解算理,正确处理算理和算法的关系,使学生不仅知道计算方法,而且知道驾驭方法的算理。比如当学生口算"20×3"时,可以先算2×3=6,再把"6"后面的"0"添上就得到"60"时,教师不能把教学停留在学生的认知水平上,要及时引导学生分析算理,在算"2×3"时,实际算的是2个10乘3得到6个10,也就是60。这样,把学生原有的计算方法与新的算理相结合,能够更好地促进学生认知结构的建立、认知水平的发展。

素质教育新视野

首创"五免"托起希望

荆门市特殊教育学校　杨志辉

在各级政府的重视关爱下,在社会各界的支持帮助下,荆门市特殊教育学校以"善能"文化为核心,秉承"捧出爱心,托起希望"的办学理念,倡导"育残成才,和谐发展"的办学宗旨,不断打造荆门特校文化品牌,取得了显著成效。尤其是"五免"亮点,即免费自闭症生教育、免费高中教育、免费喝学生奶、免费残障生体检、残障生免费学游泳,在全省首开先河。

免费自闭症生教育。学校于2009年4月在全省公立学校率先开办免费自闭症生教育班。十年间招收自闭症生近30人,采用纯自闭症教学和融合教学两种方式。其中,重度和极重度自闭症学生在独立的自闭症班即启智班就读,有3个教学班,每班4～5人,配有专职教师3人,兼职教师6人;中度自闭症生则融合到培智班就读,有10个教学班,每班7～10人,其中自闭症生1～2人。学校先后筹措上百万教育经费用于自闭症学生的教育。设有专门的自闭症教室3个,个训室3个,自闭症评估训练室1个,感统训练室1个,模拟家庭2个。学校自闭症教育的做法曾先后3次在湖北特殊教育工作会和全国高校特殊教育论坛会及全省特校校长培训班上被讨论,有关成果在全省特殊教育中得到推广。

免费高中教育。学校于2005年9月率先开办了听障生高中班。2008年开始对高中听障生实行免费教育,以解决本地听障生上高中难的问题,当年学校有高中听障生45人,有3个教学班。为加大免费高中教育的力度,满足更多类型的残障学生上高中的需求,学校又在2010年开始了听障生、肢残生、脑瘫生同班上课的"融合教育"。为帮助他们顺利地完成高中学业,学校不仅选派优秀老师承担高中教学,而且任课教师三年不换,以方便残障生熟悉教师们的教法,每年领导干部和班主任亲自组织高考学生奔赴各地参加高考,十年间学校已向全国相关高等院校输送大学生60余人,其中10%的学生考上了重点高校。为减轻各类残障高中生上大学的负担,学校还积极帮助他们获取助学金。

免费喝学生奶。学校于2008年"六一"儿童节前夕开始让残障生免费喝学生奶。当时学校有近200名学生,85%的学生来自比较偏僻的山区,而且还都是住校生，不少学生体质弱，抵抗力差，与同龄普校生相比显得矮小瘦弱。主管教育的市领导在"六一"期间来校慰问，立即拨款6万元用作学校当年残障学生喝学生奶的启动资金，随后又批复资金20多万，保障了学校为残障学生提供学生奶的措施得以长期实行下去。根据季节变化和学生实际，学校不仅探究出免费喝学生奶的具体做法，还在无限的关爱中教育残障学生懂得感恩。最难忘的是2008年为汶川灾区小伙伴捐款的活动中，在捐款仪式上，在《爱的奉献》歌声中，残障生们牵着"我们少喝学生奶，支援灾区小伙伴"的大红条幅，拿出节省下来的喝奶钱，恭恭敬敬地投进捐款箱，为汶川灾区小伙伴送去了11039元的捐款。

免费学生体检。学校于2009年5月开始对残障学生进行免费体检。每两年一次，已进行了四次，都是在全国"助残日"期间进行。每名学生都有《体检记录单》，学校把个人《体检记录单》装订成册保存，如发现问题及时通知家长带孩子去医院就诊。在大型义诊活动中，学校还适时邀请医护人员对各类残障生进行专题卫生知识的讲座，如"爱护牙齿""保护眼睛""勤洗双手""勤换衣服"等。残障学生在亲身体验中懂得了从小讲究卫生、增强体质的重要性。

学生免费学游泳。学校于2014年3月开始组织残障学生学游泳。为让残障学生尤其是聋生尽快掌握游泳技能并在面临水灾时能自我逃生，学校在市残联和爱心企业的大力支持下，开设了游泳课，请来了资深的游泳教练，免费为参训人员配齐物品，首批参训的是65名听障生，随后参训的是8名自闭症学生，最后参训的是15名智障生。三年时间里，学校成功地举办了三次大型"水上运动会"。近五年来，先后有10名聋生在省级两次大型游泳比赛中获得了十枚金牌和十枚银牌的好成绩。

学校多年来以学生为本，因材施教，集"文化教育、体艺教育、康复训练、技能学习"于一体，努力实现育残成才的奋斗目标。学校逐步成为一所让学生满意、让家长放心、让社会称赞的窗口式特殊教育学校，在办学规模、素质教育、特教改革方面已位居全省特校前列，先后获得"十一五"全国教育改革与创新工作先进单位、全国特殊艺术人才培养基地称号，连续五届获得湖北省文明单位、湖北省职工职业道德建设先进单位、湖北省特殊教育先进学校等荣誉。

教师"三问"促进学生深度阅读

沙洋县烟垢中学 田从霞

语文阅读教学是教师引导学生"深度体验"的过程,是指学生在教师的引领下,主动参与语言文字阅读的过程。教师授之以"渔",引导学生从"文本表面"进入到"文本内部",通过对语言文字的深层感悟,在培养语感、发展思维和积累语言的同时,探究文本的精髓,让学生完成创造性的意义建构,使学生在阅读过程中得到精神的享受。

那么,教师该如何引导学生实现深度阅读呢?笔者认为,教师可通过课堂"三问"来促进学生的深度阅读。下面我就以《壶口瀑布》为例,谈谈如何引导学生进行深度阅读。

一、导入充满激情,引发学生自问

好的导入能在课堂初始就激发学生对未知的学习内容的兴趣。导入的设计,不一定要求语言多么优美,而在于能激起学生的阅读兴趣。例如,我在教学《壶口瀑布》时,先直接出示一段壶口瀑布的视频,学生观看后,让学生谈观感,并进行自我提问。学生被壶口瀑布的壮观景象所震撼,自发地提出了许多问题。如,壶口瀑布是怎么形成的?壶口瀑布为什么会这么磅礴?这么令人震撼的瀑布,作者是如何用语言文字表达的?这些问题的提出,恰到好处地符合教师对文本的基本预设,由学生提出,显然比教师提出更能让学生有探究的欲望。

二、适时提问,增长思维长度

课堂提问是语文教学中不可或缺的重要环节,是启发学生思维的过程,是获得课堂反馈的重要手段。一个好的问题犹如一条纽带,会将师生间的感情紧密联系起来,架起师生双向交流的桥梁,而且能活跃课堂气氛,促进课堂上教与学的和谐发展。

学生的思维是很难一下子达到一定的深度的。教师在阅读教学中适时提问,有助于引导学生的认知由肤浅走向深刻。如《壶口瀑布》一课,在引导学生品析梁衡语言的精妙时,这样提问:"有人说,锤炼句子,要做到'多一字则肥,少一字则瘦,不增不减恰如其分,犹如女子婀娜多姿的身段',我认为梁衡的语言做到了这点,你能不能尝试用增减调换的方法对他的文字进行改动呢？"这样一问,学生就有了极高的兴趣,纷纷挖心搜胆,苦思词语句子来挑战名家。这样,学生不用通过老师的分析,就自己领悟到了梁衡语言的精准与精妙。

要注意的是,教师的提问引导要与课堂的主要学习目标相符,对每个问题的理解,教师应当持"仁者见仁,智者见智"的态度,允许学生有自己独特的理解和想法,尽量给予基础知识较差的同学更多的表达机会。

三、巧妙追问,拓宽思维广度

追问是学生基本回答了教师的提问后,教师有针对性地进行"二度提问",可以再次激活学生思维,促进深入探究。教师适时有效的追问可以使课堂锦上添花,更好地提升学生的学科素养。追问是学生在教师引导下的一个"再创造"的过程,可及时地启发和激发学生的思维,拓宽思维的广度,增进思维的深度。教师顺思而问、顺学而问,可以问出别样的精彩。

如在教学《壶口瀑布》时,师生品味了梁衡语言之精妙后,我追问道:"在作者的笔下,壶口瀑布的水刚柔并济,让人回味无穷,那么作者为什么还要写脚下的石呢？"学生思考后说:"写石正是为了突出水的至柔至刚。"我继续追问:"本段写水,前文的人称代词都是'它们',这里为何换成了'她'呢？"这一问,学生沉默了。慢慢地,学生体会到,作者在这里写壶口瀑布,已经不再只是写瀑布了,"她"是女子,是母亲,是中华民族。连续两次追问之后,学生开始领悟到:"本文写石,又不只是写石;本文写水,也不只是写水,这样写最终都是为了表现中华民族的博大宽厚、柔中有刚的品性。"作者的写作意图、文章的主旨在层层追问中显露出来。

教师要注意的是,追问一定要有梯度,要遵循学情,顺学而"追",方能问出质量,问出智慧。对于其他课文,老师可以这样追问:"课文里的情境,你在生活中遇到过吗？如果主人公换成你,你会怎样选择？理由又是什么呢？"这样追问,既加强了文本与学生之间的情感联系,又有利于培养学生正确的情感态度,也有利于学生的思维拓展。

语文课堂中的"三问"是促使学生深入文本、感悟文本的有效的手段。在平时的课堂阅读教学中,教师要相机而"问"。这样课堂才会充满活力,学生的思想才会被点燃,才会实现"深度阅读"。

如何帮助农村幼儿养成良好的行为习惯

钟祥市旧口镇罗集中心幼儿园　胡雪君

幼儿教育作为一项基础性教育,是教学活动的起点和开端,对培养幼儿的行为习惯至关重要。幼儿年龄小,模仿能力强,会有意识地模仿和学习教师、家长的行为举止,长此以往,会潜移默化地影响幼儿的人格和涵养。近年来,随着我国社会经济的迅猛发展,幼儿教育越来越引起人们的关注和重视。而农村幼儿在养成良好行为习惯方面较之城市幼儿,有着较大的差距。由于环境条件的限制,农村家长自身教育程度不够,对幼儿教育的意识淡漠,所以刚入园的农村幼儿无论是卫生习惯还是饮食习惯,乃至于生活各方面的习惯并不是很好。如何培养农村幼儿良好的行为习惯,应引起重视。

结合工作经历,我在不断学习和尝试中总结了以下几方面的经验:

一、创设愉悦氛围,结合教学活动对幼儿进行良好行为习惯的养成教育

我们可以在教学活动中创设情境,培养幼儿良好的行为习惯。通过播放声像、模拟表演、再现生活等方式营造一种氛围,让幼儿更好地理解作品。情境创设易调动感情,点燃激情,培养幼儿的想象力与创造性思维能力。例如讲《小猫钓鱼》时,教师首先播放动画片,再通过提问,让幼儿理解故事内容。师:"猫弟弟第一次钓鱼的时候,谁来了?小蜻蜓是什么样子的?谁来学学它?猫弟弟看见了心里是怎样想的?又是怎样做的?猫弟弟第二次钓鱼的时候又看见了什么?它的心情和第一次是不是一样的?猫弟弟都是怎样回到河边的?它看见猫哥哥钓到大鱼时,心里是怎样想的?后来,猫哥哥是怎样对猫弟弟说话的?"这样,使幼儿知道做事情要一心一意,不能三心二意的道理。然后教师创设情境进行表演,让幼儿头戴小猫、蜻蜓、蝴蝶等头饰,模仿故事里的小动物。教师扮演猫妈妈,带着小猫去钓鱼,并且指导幼儿表演故事内容。最后,教师以猫妈妈的身份告诉小猫:"你们从现在开始,无论做什么事情都要一心一意,绝不能三心二意。"进一步培养幼儿良好的行为习惯。

二、在幼儿良好行为习惯的养成中,特别要注重言传身教的作用

"亲其师,信其道",老师怎么做,幼儿往往也会照样学。所以对于幼儿良好习惯的培养,不仅要在口头上强调,更要从行动上给幼儿树立榜样。如果幼儿教师在平时教育幼儿的时候,说得头头是道,而自己在行动上却完全相反,幼儿可能在内心中会感觉到非常困惑,不知道在遇到同样情景的时候,自己到底该怎么办。因此,这就要求教师在日常生活中要注意自己的言行举止,要求幼儿做到的,自己首先要做到。同时,在与幼儿进行沟通的时候,要特别注意方式方法。如果教师在与幼儿对话时,表现出不尊重的态度,就算他说的道理再对,也很难让幼儿听到心里去;而且教师对幼儿的不尊重态度,也极容易让幼儿受到心理上的伤害,对他们的健康成长是非常不利的。也就是说,不管是在室内还是室外的活动中,教师都要特别注重尊重他人,幼儿会把教师的一举一动都看在眼里,记在心里,并且会在自己以后的行为中表现出来。因此,教师的榜样作用一定要发挥好。

三、利用游戏活动,培养幼儿良好的行为习惯

游戏活动是当前幼儿教育不可或缺的一部分。游戏活动有助于幼儿的健康发展,锻炼幼儿的身体。老师在活动之前要教育幼儿注意安全,不追逐打闹,活动中要遵守规则。

四、家园共育,齐心合力培养幼儿的行为习惯

家园共育是实现家园相互合作,促进教育同步,提升幼儿素质,帮助幼儿养成良好行为习惯的重要途径。家庭、校园是培养幼儿行为习惯的主阵地、主战场,只有家长、教师通力合作,携手共进,才能更好地促进幼儿养成良好的行为习惯,达到教育统一的目的。我们可以创建家园纽带,引入家园联系表,强化家长、教师间的沟通交流。定期召开家长会,提高农村家长对幼儿家庭教育的重视程度。在家长会的举办形式上,我们要尽量抛弃原有的"演讲"模式,应尊重家长的主体地位,让家长积极谈论在幼儿教育中所遇到的困惑,就幼儿教育问题各抒己见和交流互动。

别让多媒体技术设备成摆设

京山市新市镇第一小学　张良生

《教育信息化十年发展规划(2011—2020年)》指出：推进信息技术与教学深度融合，利用信息技术开展启发式、探究式、讨论式、参与式教学，鼓励发展性评价，探索建立以学习者为中心的教学新模式，倡导网络校际协作学习，提高信息化教学水平。培养学生信息化环境下的学习能力，鼓励学生利用信息手段主动学习、自主学习、合作学习；培养学生利用信息技术学习的良好习惯，发展兴趣特长，提高学习质量；增强学生在网络环境下提出问题、分析问题和解决问题的能力。随着新课程的改革，传统的教学模式也应改革，新的教育理念主要倡导以人为本，学生是学习的主体，教师只是学生的引导者。目前，大多数学校都安装了"班班通"，用上了多媒体设备，但大多成了摆设，针对这种状况，本文提出一些建议。

一、目前课堂教学的现状

1. 教学方法传统，仍然以教师讲解为主

本校教师年龄结构偏大，六十年代的教师占多数。笔者统计了当地的一所小学，该校在编教师74人，六十年代至七十年代初出生的教师就有55人，其中女教师有32人。年龄大的教师不愿学，极少数教师甚至不会操作电脑及多媒体设备，使用多媒体教学的能力偏低，仍然采用传统的教学模式，即"讲解＋粉笔＋黑板"，一节课从头到尾以教师讲解为主，不许学生讲话，看起来课堂纪律很好，实际没有与学生的互动，学生反而注意力不集中，学习兴趣不高。即使有的教师使用多媒体设备教学，也只是打开播放器播放资料，进行演示教学，学生没有动手操作，总会忘记一些细节，课后仍不会自行获取知识。

2. 备课走形式

极少数教师备课不精心，备课只是为了应付检查，名义上是电子备课，实则就是从网上下载教案。少数教师没有认识到教案对教学的重要作用，他们不重视备课，因为学校大都订有教案资料，照抄照搬，除了教材和教参，有的教师连一本辅助教学的工具书都没有，有的教师干脆从网上下载打印，加上批注，画几条线，打几条杠，更谈不上教学设计。

3.教师管理学生的能力不够

现在学生大多数是独生子女,家长宠爱过度,学生自控能力差,有的教师根本管不住学生。特别是女教师上课,课堂纪律不好,甚至出现老师在上面讲,学生在下面喝水、吃零食、睡觉的现象,有的学生不停地讲小话,老师把教鞭敲得咚咚响,但学生依然我行我素。

二、运用多媒体设备服务教学,激发学生的学习兴趣

我认为可以从以下几个方面入手。

1.教师要明确应用多媒体教学的目的

我们必须明确,把多媒体技术引入课堂教学的目的是更好地服务课堂教学,要结合学科的特征,让多媒体技术的运用能充分发挥学生在学习中的主动性,从而达到最佳的教学效果。但许多老师并没有明白到这一点,怕麻烦,根本不使用多媒体设备,只是讲示范课时才使用。即使讲示范课,也以为要上好一节课,课件的内容越多越好,课件制作得越精彩越能得到大家的认同。还有些教师因为受本地教学条件的限制和教学资源的不足,再加上教学任务繁重,没有足够的时间和精力自己制作课件,于是就从网上下载,结果学生的注意力都集中在课件的画面和声音上,教师与学生、学生与学生之间的互动被隔断,学生没有了思维的空间。

2.学校要高度重视校本培训

俗话说得好:"要给学生一碗水,老师要有一桶水。"现在光有知识还不够,还要会使用教学新设备。学校要结合学校的实际情况,有针对性地制定使用多媒体技术教学的培训方案、计划,让教师逐步了解和掌握设备的使用方法和处理简单故障的技能。学校可采用新老结合的方法,一对一精准帮扶,在教学经验上用"老"帮"新";在使用多媒体设备上用"新"帮"老",多开设使用多媒体设备的研究课、公开课,课后要及时评课、议课,从中汲取教学经验,让多媒体教学与课程教学融为一体,提高教师教学的水平。

3.利用求知兴趣,正确引导学生

教育家乌申斯基说:"没有任何兴趣,仅靠强迫维持的学习会扼杀学生的学习热情,这种学习是不会维持长久的。"学生的兴趣对他们学习知识具有积极的作用,教师在教学中要充分利用这种兴趣培养学生的学习积极性,当学生有了强烈的求知欲望后,就会产生学习动力。在教学中,可以合理利用多媒体课件,调动学生的多种感官,让学生观看一个个充满神秘色彩的文字、图形、照片、视频，并产生联想。如教学生写"参加一次活动"的起步作文时，用范文引路，先播放某个活动的视频，但不播放声音，让学生根据画面发挥想象力，用自己的语言讲出活动的过程。学生讲述后，再次播放有声的视频，让学生将之与自己的语言文字对比，看叙述是否准确，用词是否恰当。实践证明，利用多媒体课件进行教学，简化了思维过程，减轻了记忆的强度，促进了思维的转移，有利于培养学生的学习兴趣，激起学生的求知欲望。这样，课堂纪律好了，教师的工作强度减轻了，自然而然就会经常使用多媒体设备进行教学。

4.利用微课弥补教学不足

"兴趣是最好的老师。"在教学中，只有激发学生的学习兴趣，创造绝佳的学习环境，学生才能乐于接受，从而自主地参与到学习中来。愉悦的学习氛围，使学生爱学、乐学、易学。微课是以短小、精彩的视频为主要载体，针对某个知识点或教学环节而精心设计的学习资源，可反复利用，适合学生自学。微课内容集中，针对性强，微课体现在"微"字上，内容短小精悍，形式新颖，学生对之有较高的兴趣。

综上所述，我们要明白，在课堂教学过程中，运用多媒体技术有很多好处，并且可以收到意想不到的效果。在教学过程中运用多媒体技术辅助课堂教学是课堂教学改革的必走之路，是课堂改革的需要。要做到能够合理、恰当地运用多媒体技术，处理好多媒体技术在教学中的运用和老师讲解的关系，充分发挥好教师的主导作用和学生的主体地位，把多媒体技术有机地融入课堂教学中，优化教学结构，才能更高效地完成教学任务。

浅谈利用信息技术优化生物实验教学

漳河镇漳河初级中学　苏海璐

随着科学技术的发展,信息技术手段越来越丰富,教育方式也更加多元化,作为一种全新的教学工具,信息技术借助多媒体技术的声音、文本、图像、图形、动画和其他元素的强大的交互功能,为教学提供了生动的教学环境,以实现教学效果和学习效果的最优化。随着国家对农村义务教育投入的增多,学校多媒体仪器也日渐丰富,教师如何用、怎么用就需要我们去探究。下面我就生物实验教学中信息技术的使用,谈谈自己的看法。

一、信息技术在预实验及实验改进方面的应用

对于生物实验来说,有些实验不适宜在课堂上进行,需要进行实验改进,教师可以利用网络、教育云平台、文库等方式查找相关资料,了解别人所进行的实验改进,在此基础上进行实验可以少走一些弯路。例如在进行《酸雨对生物的影响》的探究实验时,课本利用白醋模拟酸雨,探究酸雨对种子发芽率和幼苗生长状况的影响,实验耗时较长且影响实验的环境因素较多,我们考虑进行实验改进。通过利用信息技术查阅资料,发现在化学中也有《模拟酸雨形成》的实验,利用硫燃烧产物溶于水来模拟酸雨,可以在短时间使植物的花瓣褪色,我自然联想到可以用硫酸模拟酸雨,据此进行实验改进,缩短实验时间,效果显著。

二、实验前展示实验基本步骤

学生能否顺利完成一个实验,很大程度上取决于其对这个实验是否了解。对于步骤较为复杂的实验,教师可提前利用信息技术对实验进行讲解,例如在七年级上册课本中有《显微镜的使用》的实验,七年级学生刚刚接触生物学,绝大多数学生没有接触过显微镜,这就需要教师首先利用图片对显微镜的结构进行介绍,再通过视频演示整个实验流程,帮助学生了解实验的基本步骤并构建实验的整体框架。

三、实验过程中呈现实验设计和实验结果

在实验过程中,对实验流程的呈现可以利用信息技术,同时对学生的典型实验设计,教师也可通过seewo授课助手等软件同步上传到屏幕上,对容易出错的地方统一指正。对在实验过程中出现的较典型的实验现象,也可

以通过此方式进行展示,并分享实验结果。在课堂中也可结合《班级优化大师》软件随机选取学生回答问题,增加课堂的趣味性。

四、对于耗时长的或不便操作的实验,可用多媒体信息技术来演示

初中生物学是一门以实验为基础的学科,在课本中多次出现学生实验活动,旨在通过实验增强学生的实验能力和合作能力,帮助其更好地理解课本知识。对于一些无法在课堂上完成的演示实验,可以通过信息技术模拟来实现。例如,米勒实验是学生无法进行的,实验要求较高,危险性较大,教师可通过播放纪录片片段来帮助学生更好地理解米勒的实验过程。此外,通过多媒体展示光合作用、呼吸作用、蒸腾作用的动态过程,可以帮助学生理解光合作用和呼吸作用的区别和联系,了解植物如何参与自然界的水循环。

五、不盲目使用信息技术

采用多媒体技术可以模拟一些实验,例如《模拟保护色的形成》的实验,学生没有亲自动手去进行实验,对教学内容记忆不深刻,无法体验探究实验的一般过程,更无法知道实验中可能出现的问题,因此信息技术不能取代学生的实验活动。同时,有些教师在教学时一味地使用多媒体,大量使用图片和视频,似乎很生动,课件也做得很丰富,但是学生无法很好地构建知识体系,因而就需要我们将传统的教学方法和信息化教学方法结合起来。例如,在使用多媒体的同时,将课上讲到的一些关键的知识点同步进行板书,在突破教学的重难点的同时,构建知识框架,以帮助学生记忆。教师要在教学过程中有目的、有计划地使用信息技术手段,让其有锦上添花的效果,而不是盲目使用。

在农村生物教学中,信息化手段的应用和普及是我们的目标,如何更好地用、有意义地用,也是我们未来探索的方向,希望通过不断努力提升信息技术在生物教学中的运用水平,助力农村义务教育走向新的时代。

"拓展空间"在固学环节中的运用

荆门市龙泉中学北校　田　秀

一、反思型"拓展空间"及相关的教学策略

反思型"拓展空间"指的是学生在教师设置的教学活动中,将本节课所学到的知识用来反思自己在现实生活中的状况,从而提高自己的思维水平。七年级上册中反思型的"拓展空间"有:《中学序曲》《发现更好的自己》《深深浅浅话友谊》《生命可以永恒吗》《守护生命》。现以《做更好的自己》中的拓展空间为典型案例来说明不同教学策略的运用。

1. 拓展空间

请你回想自己成长道路上大大小小的成功,努力发现自己身上的每一个可贵之处。然后,给自己写一封信,表达对自己的欣赏,把对自己的欣赏写在书签上,或者用其他你喜欢的方式欣赏自己。

该"拓展空间"让学生用各种方式表达对自己的欣赏,还让学生给自己写寄语,表达对未来的期望,引导学生体验和分享自我欣赏的喜悦,从而更准确地理解自我接纳、自我欣赏的意义,不断完善自己。对此,我们可以进行如下的教学。

2. 教学策略

环节一:了解他人对自己的评价,帮助学生认识自己。

(1)在上本节课之前,可先布置一项作业给学生们,让学生采访自己的同学、朋友、老师、家人,听听他们对自己的评价,然后整理好这些评语。

(2)把收集到的评价整理成三个部分,一部分为私密部分,一部分为自己不知道、别人却知道的盲点,第三部分为未来区,自己和别人都不知道的信息。

环节二:大胆敞开心扉,学会接纳自己。

设置这一环节的目的主要是鼓励学生公开自己的私密区,私密区的内容很多是学生不能接纳自己的部分,能说出来的同学已经完成接纳自己过程的一半了。

环节三:分享成功,学会欣赏自己。

引导学生回忆自己的成功,分享自己的喜悦。给自己写颁奖词,鼓励学生看到自己的闪光点。接纳并欣赏自己是心理健康的表现,遭遇失败时,不贬低自己的价值,取得成功时,尽情体验成功的喜悦,并与他人分享。在这个拓展空间中,学生们重新复习了本课的知识要点,整个教学设计遵循了从"自我观察""自我反思"到"自我矫正"的策略,达到了在此过程中应用课程知识、反思自身行为、提升思维和规划未来生活的目的。

二、领悟型"拓展空间"的教学策略

学生在知识的理解、领悟方面可能会出现不理解、理解片面的问题,领悟型"拓展空间"就是针对这种不理解或理解片面的现象,采取帮助学生开展情景实践的方法,达到理解课程知识的目的。

七年级上册《道德与法治》中的领悟型"拓展空间"有:《学习伴成长》《和朋友在一起》《让友谊之树常青》《走近老师》《活出生命的精彩》《悄悄变化的我》。《和朋友在一起》就是一个比较好的例子。

1. 拓展空间

有人说:"对众人一视同仁,对少数人推心置腹,对任何人不要亏负。"请和同学一起探讨对此观点的看法。

七年级的学生,在与同伴的交往中,一般面临两个重要问题。一是怎样主动放开自己去建立友谊,二是在与朋友的交往过程中怎样去呵护友谊,处理交友中的冲突和伤害。教材设计该拓展空间,其基本立意是引导学生继续思考"要学会正确对待交友中受到的伤害",引导学生认识到友谊并不总是温暖、甜蜜的,也会有伤害存在。面对朋友的伤害,每个人都可以有自己的选择:可以宽容对方,或者结束这段友谊。我们不可能和所有的人都成为朋友,但是我们要学会和不同的人和谐相处。

教师据此进行教学时,可以先引导学生分析该栏目中的观点,引导学生理解"高品质的友谊也可能在冲突中产生"这一观点,最终让学生回到对教材观点的理解中。

2. 教学策略

环节一:品读观点。

(展示"拓展空间"中的观点)

(1)有人说:"对众人一视同仁,对少数人推心置腹,对任何人不要亏负。"请和同学一起探讨对此观点的看法。

环节二:交流讨论"发生冲突后还可以做朋友吗?"

教师引导学生写出自己的故事,选取两个不同的观点(能继续做朋友的和不愿意做朋友的)进行分享,小组讨论发表自己的观点。

环节三:进行"受到朋友的伤害后还愿意和他／她做朋友吗?"主题的问卷调查。

公布问卷调查的结果,分享《水浒传》中林冲与陆谦的故事。

设计的这三个环节,都有利于学生理解课文中的内容。环节一是教材中的活动,学生只要认真参与,即可形成自己的认识;环节二帮助学生认识到朋友之间产生矛盾和冲突是不可避免的,经历了冲突后还能做朋友,说明解决冲突能够促进两个人的友谊,经受过考验的友谊才是真正的友谊。经历了冲突不想做朋友的观点也是可以接纳的,即使做不了朋友,也不要成为敌人,要学会处理好与他人的关系,加深对"对众人一视同仁"的理解;环节三对情境中的问题进行问卷调查,有助于学生在此过程中获得对相应的知识的理解。整个教学过程帮助学生从一般大众的观点转向课程中的中心观点,引导学生在理解教材知识的过程中提升《道德与法制》学科的核心素养,从而达到理解教材内容的重点和难点的目的。

自我校开展"五步六学,同桌互助"的教学模式以来,"拓展空间"这一环节正好可以帮助学生理解、巩固本栏目的知识点。教师教学时首先应充分重视"空间"在教学活动中的地位和作用,充分重视新教材为学生课程学习所营造的这一"空间",此外,教师在进行"拓展空间"的教学过程中,还应当注重采用有效的教学方法,注重引导学生巩固本课所学的内容,让学生作为学习的主体参与到固学环节中去。

亦师亦友的班主任

沙洋县汉上实验学校 文加丽

班主任是班级管理的组织者、教育者和指导者,是学校对学生进行教育和管理的中坚力量和骨干成员。班主任不仅是联系各任课教师和学生的纽带,而且还是沟通学校、家庭及社会三者之间的桥梁,更是学生成长的领路人和引导者。

一、班主任应是学生的良师益友

"学高为师,身正为范。"班主任是学生的镜子,在其身上可以反映出学生的道德信仰,班主任的一言一行都在潜移默化地影响着学生。学生对班主任有一种特殊的依赖感、信任感。在学生看来,班主任是无所不知、无所不能的,是学生心目中的偶像。他们愿意以之为榜样,听之教导。因此,班主任要具备使学生信赖的人格,要做到品德高尚、心底无私、博学多才,要懂得"打铁还得自身硬""给人一杯水,自己须有一桶水"的道理。利用自己的人格魅力引导学生探索知识的奥秘,并在学习方向、学习兴趣、学习方法等方面给予正确及重要的示范作用,并在日常教育工作中做到"润物细无声"。

二、班主任应对学生用"四心"

1. 班主任对学生要用爱心

爱是教育力量的源泉之一,爱是学生健康成长的原动力。班主任要使全班学生自觉地学习、主动地发展,成功的经验有千万条,但有一条是共同的,也是最基本的,即对学生要有出于诚、言于情的爱。有了爱心,德育工作才不会停留于空泛的说教,才会从学生的实际出发,才会落到实处。有了爱心,班主任的教育才能以理服人、以情感人,才能设身处地为学生着想,才能真心实意地为学生排忧解难,也才能真正体现"以人为本"的管理特色。因此,班主任在对待班内的所有学生时,都应做到一视同仁,熟悉他们的思想和性格,了解他们的心声,关注他们的内心需求,悦纳他们所有不如人意的表现。在日常教育引导的过程中,要不厌其烦,循循善诱,以正确的理由说服他们,以真情实感打动他们,让每一个学生都真切地感受到"老师真的了解我,老师时刻关注着我",从而产生"我不能让老师失望"的上进意识。对班主任而言,热爱学生并不难,难的是不仅要爱好学生,更要爱有缺点、有问题的学生,即使对那些思想行为有偏差的学生,也要采取循循善诱、润物无声的方式,做到公平公正,不轻易伤害他们的自尊心,以免挫伤他们的积极性。只有这样,才能帮助学生从不当的思想观念中摆脱出来,反省并自觉纠正自己不良的行为习惯。

2. 班主任对学生要用凡心

凡心,就是指平凡之心、平常心,客观真实地面对学生,看待学生。班主任在实际工作中往往由于受到固有的职业特点的影响,对自己的学生存有一种美好的期望,即希望他们学业有成、品行端正。因而,容易将自己的美好理想投射到学生身上,并以高、大、全的标准去要求他们。班主任面对一个个个性鲜明的学生时,应该保持一颗平常心。对优生的成绩不能以一当十,以免他们沾沾自喜,对其缺点不能充耳不闻,以免他们放任自流;对后进生的缺点不能一叶障目,以免他们破罐破摔,对其优点不能熟视无睹,以免他们失去信心,丧失斗志。班主任应该明白,学生由于年龄的限制和人生经验的缺乏,他们在学习生活中必然会表现出一些"出格"的言行举止,作为班主任只能以平凡心待之。一切"恨铁不成钢"的教育心理下的教育行为,都可能对学生造成伤害。

3. 班主任对学生要用热心

班主任是学生的良师益友,要有参与学生活动、融入学生集体的热心。现在的学生,受丰富多彩的社会的影响,不再是"两耳不闻窗外事,一心只读圣贤书"。他们喜欢在生动活泼的学习活动中去了解、认识周围的世界,去塑造和展现自我。班主任要走近他们的身边,走进他们的心灵,组织丰富多彩的活动,与学生同欢乐,以活动为载体,实现与学生沟通、交流的目的,营造团结向上的班级氛围。

4. 班主任对学生要有恒心

欧阳修说得好:"善教者以不倦之意须迟久之功。"教育周期的持久性,学生教育的反复性,要求班主任要有恒心,要有任重道远的心理准备。特别是面对后进生的转化工作,班主任更应有持之以恒之心。转化后进生,表面上是改变其学业成绩和思想行为,实质上是改变其心理意识,而心灵的改变绝不可能是一蹴而就、一劳永逸的。这时,最需要班主任的耐心和恒心,对他们进行不断地纠正和引导,使他们步入正轨。

谈学校体育场馆社会化研究

钟祥市职业高级中学　黄　俊

《全民健身计划纲要》中规定："努力实现体育与国民经济和社会事业的协调发展，全面提高中华民族的体质与健康水平，基本建成具有中国特色的全民健身体系"，此为实施全民健身计划的第二期工程目标。据调查，我国现有体育场地85万多个，其中属于学校的占65.6%。有50%的社区居民把影响体育锻炼的因素归结为缺乏场地、设施和无人指导。从中可以看出，学校体育场馆的社会化对解决全民健身过程中存在的问题、促进全民健身是有其可行性和积极意义的。

一、学校体育场馆社会化的现状

学校体育场馆的开放，无疑对解决全民健身过程中出现的体育场馆缺乏的问题具有重大作用。但是，目前学校体育场馆社会化的状况却很不乐观，随着高校的扩招，学校学生本身较多，学校体育场馆满足自身需要都是问题；加上缺乏管理，学校体育场馆基本只能满足课堂教学及重大比赛需要，也并未对学生开放，除上课及重大比赛外，其余大多数时间都处于关闭状态，尽管减少了管理上的困难，却造成了资源的闲置、浪费。在这种状况下，学校体育场馆又怎能面向广大的社会人员开放呢？显然，学校体育场馆社会化是存在着很大难度的。

二、学校体育场馆社会化过程中存在的问题

1. 学校体育场馆面向社会开放对学校管理工作提出了更高的要求

学校也是一个集体单位，人口本来就多而且密集，学校体育场馆面向社会开放，校外人员涌入造成校内活动人员剧增，学生、老师、居民大量涌入，老年人、年轻人、小孩混杂在一起，人员结构复杂，管理工作稍微疏忽，就会干扰学校的正常教学秩序。对馆内活动人员的管理难度加大，且活动人员增多，各种需求量也逐渐增加。

2. 场馆开放过程中必然加大物质损耗，增加场馆投资

随着进馆人员的日益增多、活动的日益频繁、开放时间的延长，场馆的物质损耗必然也在加剧。场馆物质损耗加大，必然需要大量资金进行维修。维修费用从哪里来？学校，政府，社区，还是个人？如果是学校，原本教育资

金就短缺的校园,还得筹措一部分资金来进行场馆维修,这无形中给办学增加了压力。

3.健身运动过程中的安全问题

由于体育活动不同于其他活动,有些体育活动是很剧烈的,也很容易受伤,如篮球运动中经常会出现扭伤、摔伤、撞伤等情况;还有身体与场馆及器材设施的撞击等意外。这个责任谁来负?学校?个人?这又是学校体育场馆社会化过程中需要解决的一个问题。

三、解决学校体育场馆社会化过程中存在的问题的策略

1.国家政府、相关部门的大力支持

尽管学校体育场馆在全国体育场馆资源中占很大的比例,但仍然存在着严重不足,需要国家政府、相关部门给予支持,在学校、社区修建体育场馆。

2.加大校园安保力度

加大校园安保力度,尤其是在场馆对外开放的时段。对校园活动人员进行监督,预防并及时制止校园不良行为的发生。

3.进馆的居民需办理健身卡,即场馆实行象征性的有偿开放

这一方式一方面可以加强居民的责任意识,另一方面也可以增加学校的收入以补充场馆开放过程中所需要的其他费用。校园内部人员(包括学生)可实行低收费,或定时免费开放。

四、学校体育场馆社会化的意义

1.学校体育场馆社会化对学校自身发展的意义

(1)促进学生个体社会化。

体育场馆对外开放后,学生与校外人员的接触机会也会增多,从他们身上,学生可以学到很多在书本上、校园内学不到的东西。学生总有一天也是要进入社会的,提前与社会接触,可以让他们提前规划自己的人生目标,从而明确自己的学习目标,做一个对社会有用的人。

(2)促进学校体育社会化。

学校体育场馆在社会化的过程中,无形中也将学校体育推向了社会。为其引进商家赞助、引进外资、吸引人才提供了更多的机会。

2.学校体育场馆社会化对全民健身的意义

(1)发挥高校的资源优势。

(2)弥补社会公共体育场地的严重不足。

让语文课堂充溢"生态美"

京山市京山小学　张琼芳

课堂生态系统属于微观生态系统,是在一定的教学时空内,以课堂教学为中心的教师、学生和教学环境相互影响、相互作用的,具有信息传递功能的统一体。课堂生态系统是一个开放式的系统,它包括人的因素、物质因素和精神因素,在自然环境、社会环境、心理环境的综合影响下,多种因素同时并存并相互制约,不同程度地作用于课堂教学。

一、对语文生态课堂的认识

生态课堂最本质的特点是生态性,或叫生命性。它的宗旨是:关注每一个学生的生命状态,促进每一个学生的持续发展,致力于提升每一个学生的精神品质,张扬每一个学生的个性风采,还孩子一片清新、明朗的心灵空间,让每一个学生全面、持续、健康地发展。

语文是一门人文学科,它承载着传承文明的重任。因此,我们在小学语文课堂上要用人性化的氛围润泽学生,使学生感受到学习的快乐;要用生活化的气息感染学生,使学生体验到知识和生活的联系;要用实践性的操作来引导学生,使学生感悟到知识的内涵,从而构建一个和谐的课堂,让语文课堂教学充溢着"生态美"。

二、构建语文生态课堂的意义

语文学习的生态环境,不仅包括自然化、人性化的课堂,也包括丰富多彩的生活世界和长期积淀形成的人类独特的精神世界,只有置身于生活情境,语文学习才有价值;只有语文学习生活化,语文才能焕发无穷的魅力。

三、小学语文生态课堂的教学目标

生态课堂教学的根本目标是生态课堂主体——学生学习生态的建立。在课堂教学的过程中,要树立全面依靠学生的观念,学生是有个性和独立性的,要一切从学生的学情出发,把全新的教育价值归结到学生身上。这是现代人本教学的伦理价值的根本体现,也是生态课堂教学模式的根本目标。

四、构建语文生态课堂的方法

教师如何启发和诱导学生积极有效地参与小学语文课堂中的自主学习、合作学习,发展学生的特点和个性,就需要教师多动脑筋,多下功夫,认真备好每一节课。

首先,教师要全面把握整个小学阶段的知识体系,明确各学段的具体要求,深入学习课程标准,浏览通读教材,从整体上把握每个知识点在本册书中所处的地位。

其次,要有完整的目标,要体现知识和能力、过程与方法、情感态度与价值观三维目标,重视培养学生各方面的素质。要关注学生的学习方法、行为方式和价值观的发展;关注学生的情感体验;关注学生的学习态度、思维品质、学习习惯、注意力、意志力等非智力因素的发展,使学生在三个维度的目标上都能获得发展。

再则要依据学情。教师要研究学生、研究学情。教师要了解学生的知识储备、能力水平、学习习惯、学习态度、学习策略等方面的情况,再根据教材制定出适当的学习目标。制定教学目标要从学情出发,根据学生原有的知识状况和学习的需要进行,适应学生的知识基础和能力储备。同时要有挑战性,不能是简单的知识重复,也不能离学生的生活经验过分遥远。

要创造性地设计与修改教学课程,使之适合学生的经历、兴趣、知识水平、理解能力和其他能力。创造性地使用教材,正确理解教材的编写意图,准确把握教材的重点、难点,设计能帮助学生克服困难的教学策略。巧妙设置问题,要能设置矛盾,激发思考。

五、构建生态课堂需要关注的问题

由于学生之间存在客观差异,制定教学目标时,教师要关注每个学生的需要,尊重个体差异,目标设置要体现层次性。对不同程度的学生要有不同的要求,学生不能在一节课上完成的任务允许他们延时完成。目标要让每位学生通过自身努力就能达到,让学生在原有基础上得到发展。基础较差的同学能力有所提高,优等生有时间去钻研与课本有关的开放性练习题和研究性课题。作业难度适度,题量适中。

如何在小学数学教学中有效渗透德育教育

荆门市楚天学校 王 芳

作为从教多年的小学数学教师,我感觉现在的教师、家长、学生都太累了,原因何在?主要是没有跳出应试教育的怪圈,身体力行地做好素质教育。

先来讲讲我看过的一个故事吧。

有个男孩去农村过暑假,见一位老农把牛拴在一根又细又矮的木桩上。男孩着急地说:"爷爷,不行!牛会跑掉的。"老农呵呵一笑,说:"放心吧,不会的。"男孩说:"这么小的木桩怎么能拴住这么大的牛?"老农对男孩说:"这头牛还是小牛犊的时候就被拴在这根小木桩上了。刚开始的时候,它总是不肯老老实实地待着,刨蹄子、打喷鼻、不断撒野,企图把小木桩拔起来。可是,那时候牛的力气小,折腾了一阵子还是在原地打转,不久它就不再折腾了。后来,它长大了,不仅个子高了,力气也大了,可是它已经不想再去拔这小木桩了。"

是什么拴住了这头牛呢,是小小的木桩吗?不!拴住这头牛的不是木桩,而是由木桩形成的心理枷锁。一厢情愿地控制孩子,置他们的主动性而不顾,孩子就会像那头被小木桩拴住的牛一样,小的时候想拔木桩,拔不动,等到长大后,有足够的力气去拔木桩时,已经没有欲望了。

当代教育者的最大困境其实就在于"摁着牛头吃草",这样的结果是牛很累,教育者也很累,教育的效能却极低。过去几十年,教育者长期执着于为孩子设计教育方式,实际上是对孩子主动发展的一种人为控制,缺少了对孩子的人文关怀。这种方式没有遵循生命的发展规律,也违背了回归教育育人的本质的原则。

作为一名小学数学教师,我们有责任、有义务深化教育教学改革工作,在实际工作中贯彻育人的本质。素质教育的首要要求就是做好德育工作。

《小学数学教学大纲》明确规定:"对学生进行思想品德教育,帮助学生树立正确的人生观、价值观,激发爱祖国、爱社会主义、爱科学的热情,培养良好的学习和生活习惯。"这是数学的教学任务之一。数学课不仅要传播基本的数学理论知识,还要培养学生综合分析、概括、判断、推理等解决实际问题的能力,促进学生身心健康成长。数学是小学教学的一门主要学科,当然也义不容辞地承担着德育工作的重任。

(1)结合教学过程,适当渗透。数学是一门与生活联系极为紧密的学科,数学知识来源于生活,应用于生活。在小学数学教学中,教师要善于联系学生的生活实际,结合教学过程,适当渗透。小学数学教师通过渗透点进行思想品德教育,不限于一词一句、一题一例、一图一表,也可以在某个教学环节或教学过程中渗透。例如,教学"质量单位"时,补充"每人节约一粒米,全国13亿人可以节约13亿粒米,质量是3218000克,合多少千克?"的习题。学生算出3218千克的结果后,教师马上告诉学生这些米大约可以供30人吃一个月。以此教育学生要节约每一粒米,养成节俭的良好习惯。教学"年、月、日"时,注意引导学生在日历上找出重大节日,如"国庆节""八一建军节"等,以增加学生的社会常识。在应用题教学中,选用的题材要尽量结合学生的生活实际,如小朋友做好事、美化环境,人们节约用电用水、积极锻炼以及我国改革开放前后人民收入对比等事例,使学生在解题中潜移默化地受到教育。

(2)结合教育过程,培养合作能力。合作能力是现代人应有的能力。作为学生学习的一种重要方式——合作学习,能形成学生的合作精神、团队观念。在小学数学教学中,让学生通过课前共同预习、课中合作操作、同桌讨论等形式开展学习活动,培养学生的合作能力。教师安排的学习内容要注意合作学习的有效性,要鼓励积极参与,让学生学会表达自己的观点、见解,倾听他人的发言,合理评判他人的观点,虚心接受他人的正确意见。在一次次的合作学习中,让学生逐渐养成团结合作的习惯。

例如,在教学"长方体体积"的练习课时,要求学生计算用硬纸剪成的纸盒的容积。由于学生缺少抽象的空间观念,难以解答这道题,我就让学生四人一组进行小组讨论、动手操作,画、剪、折、算。学生在小组合作中能充分发挥自主、合作、探究的精神,取长补短。数学基础较好的学生不但能自己探究、解答,而且能帮助其他同学,指出其操作中的问题,让他们有施展才华的机会,给他们当"小老师"的锻炼空间。数学基础相对较弱的学生,能从对方的操作练习中发现自己的不足与差距,从中受到启发,得到提高。同学们在互帮互学中,既得到了数学思维的训练,又培养了团结协作精神。

小学数学教师,除了做好数学教学工作,也应重视育人工作。"以身作则,德育渗透"是对小学数学教师最基本的要求。

谈培养学生良好的思维品质的方法

荆门市第一中学 魏胜华

心理学研究认为,思维是人脑对客观事物的反映,借助于语言、表象实现,是一种高级心理活动。良好的思维品质主要体现在逻辑性、灵活性、深刻性、广阔性等方面。

高中地理是高中学生的必修课程和高考选考科目,在培养人的思维品质方面有着不可替代的作用。综合思维是新的地理课程标准提出的四大核心素养之一。综合思维指人们运用综合的观点认识地理环境的思维方式与能力,有助于人们从整体的角度全面、系统、动态地分析和认识地理环境,以及它与人类活动的关系。"农业生产"是高中《地理必修2》第三章内容,在课本知识体系、案例分析、活动设计、图像配置等方面,都适于思维品质教学的开展与落实,在实践中具有典型性、代表性和可操作性。

一、把握课本知识体系,培养学生思维的逻辑性

思维的逻辑性是指人们在思维时能有条理地进行推理,具有严密性的特点。农业生产是人们利用动植物的生长繁殖来获得产品的物质生产活动,既要遵循自然规律,又要遵循经济规律。课本首先讲述了影响农业生产的区位因素,包括自然因素与社会经济因素两方面,然后再用案例解析区位因素及其变化对农业生产的影响。这样的知识体系安排,使知识内在逻辑性强,从概念到理论,从理论到实际案例,符合学生的认知规律。理论与实践相结合的教学过程有利于学生的思维从感性认识上升到理性认识,从形象思维上升到抽象思维。理论知识在案例中的应用,有利于对理性知识进行再理解、再加工,有利于逻辑性思维品质的形成。

二、逐一剖析课本案例,培养学生思维的灵活性

思维的灵活性是指人们在思维时能根据客观条件的变化,及时调整和改变原先拟定的计划、方案,寻找新的切入点与新的办法的灵活敏捷的程度。影响农业生产的区位因素虽然很多,但是主要因素还是有一定的模式可循的。具体到不同的案例,由于地理位置的差异、生产对象的差异、主要区位因素要发生变化,主导因素、限制因素也随之发生变化,教学中就要做到具体问题具体分析。课本中的环地中海农业的发展,在不同阶段,农业的优势

条件与不利条件不断发生变化,最终导致农业生产不断升级,农业水平不断提高。第一阶段的不利影响是冬季的暴雨洪涝,第二阶段的问题是交通不便,第三阶段又出现自然灾害和市场竞争的挑战。农业生产的发展是一个不断发现问题、分析问题、解决问题的过程,课堂教学也成了一个以教师为主导、以学生为主体,学生阅读材料、找出问题、分析问题并解决问题的学习过程。每一个案例的学习,都是一个独立分析与判断的过程,只有在具体的案例分析中,才能让学生灵活敏捷的思维品质得到锻炼与提升。

三、设计活动与问题研究,培养学生思维的深刻性

思维的深刻性是指善于透过事物的表面现象,发现事物的本质特征,把握事物的活动规律,预测事物的发展趋势。现代教育学理论要求我们运用先进的教学方法,调动学生积极性,培养学生良好的思维品质。新课程教材中的大量的活动、读图思考、阅读、案例、问题研究等,有利于加大学生的知识容量与知识深度,培养学生思维的深刻性。一是课前要准备,要有材料的收集,从实际生活中找,在网络报刊中找。二是内容的设置要合理,任务的难易度要适中,既要有理论知识支撑,又要有实际生活经验。三是要有形式的呈现。小组建设是班级管理的有效形式,有分组、有合作,全员参与。四是要进行启发式教学,激发学习热情,开阔思路,活跃思维。五是要有配套的评价体系,激励机制能激发人的无限潜能。如在问题研究中,资料分析稻、萍、鱼立体农业模式示范园,设问这种农业生产方式与前面的沼气综合利用有什么相同之处、如何将这种理念应用于你家乡的农业生产。通过比较与归类,抓住事物的本质特征与内在联系,了解因地制宜的农业发展模式,加大地理思维的思考力度,促进深刻思维品质的养成。

四、运用地理图像直观教学,培养学生思维的广阔性

思维的广阔性是指人们思维时善于全面考察问题,从事物多种多样的联系和关系中去认识事物。地图是地理信息的载体,是地理知识的重要组成部分,具有直观、形象、空间关系明确、信息量大、对象突出等特点。尤其是亚洲气候类型分布图,各地区的气候是有差异的,对好暖喜湿的水稻的影响是不一样的,可以在区域认知的基础上让学生的思维进行横向联系与纵向深入。学习章节内容后,引导学生构建学科思维导图,进一步培养学生思维的逻辑性与广阔性,培养学生思维的创新品质。

略谈初中语文深度阅读教学

沙洋县烟垢中学 文黎明

随着语文课程改革的不断深入,深度阅读已经成为初中语文阅读教学一个无法回避的话题。怎样才是有效的深度阅读呢?在教学中引导学生深入一步读懂读透文本,进而读出新意,读出自己的见解,我想,这一点应是语文深度阅读教学应该达到的基本目标。

一、评点批注,发现问题,是深度阅读的基础

评点批注,是古已有之的读书法。现行的部编教材,很多课文都有旁批。我以此为基础,从七年级开始,有意识地让学生采用这种读书方法。刚开始,学生不得要领。我从基本要求讲起,如先从品词赏句入手,表明观点看法,然后注明理由。批注的语言要通顺、精炼、具体,要批出自己的见解。如学习《木兰诗》时,读到"军书十二卷,卷卷有爷名"时,可引领学生分析"有爷名"乃因形势危急,需要军队快速集结。简单提示后,学生批注:"形势危险、征兵急切。"通过这样的批注,学生能够迅速理解文本内涵,做到读懂读透。

但是,在阅读中做到这一点还不够!作为教师,更应该培养学生在阅读过程中发现问题、分析问题、解决问题的能力。如学习《驿路梨花》一文,学生在批注解放军修建小茅屋时对梨花说"……是雷锋同志教我们这样做的……"时,有一学生批注:"此句点明了文章的主旨,雷锋精神之花开遍祖国大地!"小组展示时,有学生提出疑问,认为这句话在此处用得不恰当。因为梨花只是问他们是否要在此长驻,解放军只需回答是为了方便过路人就够了,言有尽而意无穷,这样文章显得更含蓄,更有韵味!后来,经讨论,他们也说服了我,大家一致赞成这个同学的看法,认为删去这一句,完全无损这篇文章的魅力。当然,这个观点究竟对不对,暂不判定。值得肯定的是,这一做法培养了学生发现问题的能力。

二、角色代入,换位体验,是深度阅读的保证

角色代入,换位体验,即引导学生在阅读文本时变换位置、角色,把自己当成作品中的人物,站在他们的角度体验,读出情感,读出自我,读出见解。我在教学《孤独之旅》时,让学生把自己当作杜小康,结合自身生活体验,感受杜小康的"孤独",体会杜小康心灵的蜕变。在阅读评点批注中,有的同学在其中读出了脆弱,读出了自卑与自叹,也读出了生活的空虚与无助……最后,暴风雨激起了他们内心的勇气,他们也和杜小康一样,表现出了坚强与勇气!这段在暴风雨中搏斗、成长的旅程,是两个不同的"自我"思维强烈撞击的过程,从而使学生能更深刻、透彻地理解作品的内涵。类似的作品有很多,《背影》《老王》《我的叔叔于勒》等文章,都可以采用这种方法。教师先不讲相关背景,只是单纯让学生阅读,换位体验,评点批注,然后再介绍相关背景知识,深入解读文本。

三、思维冲突,反思否定,是深度阅读的关键

"一千个读者,就有一千个哈姆雷特。"在引导学生解读文本时,抓住学生思维中与常规思维相异的观点,让学生产生"思维冲突",通过对文本的反思否定,对文本进行扬弃性的评价,对自我理解的内容以及文本的写作技巧、表述语言等进行再思索,实现对文本的深度思考,在否定中创造属于自己的东西。

在教学《五柳先生传》时,"评"的环节中,有一位杨同学大声说:"我不喜欢五柳先生,我喜欢屈原!因为五柳先生在那个污浊的社会里,只想着喝酒消愁,逃避现实。而屈原,在众人皆醉我独醒的时代,发出自己的怒吼,被流放,在最后的时刻,投江自杀,来警醒世人,唤醒世人。屈原是英雄,所以我喜欢他。五柳先生没有担当,我不喜欢。"

我马上意识到,这正是引导学生认真反思的时机,我就此提出了几个问题:"嗜酒是贪喝吗?""家贫是因懒吗?""招之即来是不自尊吗?""既醉而退是没有礼貌吗?"请同学们任选其一,发表看法。经过争论激辩,再到否定反思,学生对陶渊明的形象及其精神有了更深刻的理解:在国家民族生死存亡的关头,我们可以像屈原一样,选择壮烈地死,绝不苟且!今天,我们固然需要保持屈原的那份勇敢,可当无人再去欣赏陶渊明的那份清高,那种淡泊的心境时,这个民族也实在是太可悲了!因此,我们喜欢屈原,更应该喜欢五柳先生!

余秋雨说:"阅读的最大理由是想摆脱平庸。……早一天,就多一份人生的精彩;迟一天,就多一天平庸的困扰。"我们的阅读教学,若能够让学生深刻领悟文本的思想内涵,感受作者的情感世界,悟出别样的天地,我们的课堂才会凸显生命的灵动,充满生命的活力!

浅谈班主任如何接手新班级

钟祥市客店镇初级中学　惠文文

俗话说："良好的开端是成功的一半。"在班主任工作中，初始阶段的工作是班级工作的重头戏。搞好开学工作，对班主任管理好整个班级相当重要。接手新班，我一般不会急于求成，而是分四步，有计划、有目标地培养学生。

一、严于律己，树立规矩意识

初相识，学生总把好的一面展现给老师，同时也在时刻观察、揣摩老师，但随着相处的时间变长，他们顽劣的一面开始展现出来。想要学生一直保持着自己好的一面，老师首先应该做到严于律己，要求学生做到的事，自己首先要做到。

学校规定学生早上6点50到校，我要求同学们在此基础上再提前10分钟（也就是6点40）到校。学校要求教师6点40到校，而我则会在6点30就到校。我们班有个走读生婷婷，家离学校不足一里，却经常迟到。前两次我没有批评她，直到她第三次迟到，我对她说："事不过三。我从家里到学校需要半小时，从来没有迟到，老师希望你也可以做到不迟到。"教师做出了示范，给学生树立了规矩意识。两周后，班里就基本无迟到的现象了。

二、组建班委会，给学生一个龙头

除了教师的示范作用，学生榜样的功能也十分重要。新的班集体成立之初，需要组建新的班干部团体。班干部是班主任的左膀右臂，建立高效务实、开拓进取的班委会，将会使班主任从千头万绪的班务中解放出来。有了得力的班干部，你的眼睛就会明亮，你的头脑就会清晰，你的思路就会明确，你的办法就会变多。刚开始可以根据学生的档案材料，临时指定几个学生或者采取学生毛遂自荐的方式，产生临时管理小组，后期可根据同学们的表现选择更换班委。

三、共同制定班规，让学生各尽其能

俗话说："没有规矩，不成方圆。"新的班级也应该有自己的班规。对于班规的制定，我一般会广泛征求学生的意见，让他们自己来想。一旦制定，则必须督促全体学生认真执行，决不能朝令夕改，或者随意降低要求，也不能半途而废。

每周一次的班级大扫除,总有同学喜欢偷懒。有一次大扫除时,小刚又去偷懒,一会儿就看不到人了。有的同学开始抱怨了:"每次都这样,要么敷衍了事,要么浑水摸鱼,小刚负责的清洁区域我再不帮他做了!"我对同学们说:"按照班规,谁的任务谁负责,这是大家都同意的。你们不用帮小刚做,他的任务他自己完成。"任务具体化、公开化,每个人都觉得很公平,想偷懒的人也没有了偷懒的机会。一段时间后,小刚发现无懒可偷,也就老老实实地按时、按规定做好自己该做的任务了。

四、制定目标,指明奋斗方向

有的学生在家做作业喜欢磨磨蹭蹭的,经常一上午做不完一张试卷。但是如果你告诉他,做完作业就去游乐场玩,那么他就能够很快地完成作业。在学校学习也是同样的道理。如果没有目标,那么一堂课下来,不知道老师在讲什么,一天下来,浑浑噩噩,流水无痕。所以,有明确的奋斗目标是坚持到底的前提,有了目标,才会有动力。

我们班的小荣同学在七年级的时候成绩非常好,但是我发现她的英语基础存在很大的问题,简单的单词也会拼错,讲了三遍的语法还是会弄错。后来在一次谈心中了解到,她不喜欢英语,做英语练习的时候,也总是拖拖拉拉。到了八年级下学期,英语难度增加,由于七年级的基础不够扎实,她已经是一头雾水了。这个时候她终于意识到了学习英语的重要性,但是想要把落下的知识补起来并非易事,她有点灰心了。我告诉她:"学好英语并不难,关键是要坚持。一口吃不成胖子。目标不妨定小一点,今天背几个单词,明天记几个语法点,每次听懂一个知识点就行了。只要一步一个脚印地落实,你一定可以学好英语的。"

指导学生制定短期目标时,要让学生明白坚持的力量的可贵,拥有坚持不懈的精神的重要性,同时告诉他们一些做人做事的道理。没有人的人生是一帆风顺的,坚持不懈、勇往直前,那么胜利就会在不远处等你!

总之,要想当好班主任,无论何时何地都应设身处地为学生着想。教师不仅是良师,引导学生获取知识,学会守规矩;更是益友,会为学生的快乐而快乐,为学生的烦恼而烦恼,在任何情况下都会和他们共同进退,不单关心他们,而且还很爱护他们。如果能做到这些,就能更好地管理好班级,成为出类拔萃的班主任。

信息化手段助力音乐课堂

京山市新市镇第一小学　张　英

音乐教学是学校实施美育、德育的重要途径,有着独特的育人功能。在优美的旋律、动人的歌词、引人入胜的意境中陶冶学生情操,激发学生创新精神。

信息化教学运用现代信息技术,可以优化教育过程,最大限度地激发学生的学习兴趣,提高课堂效率。那么,在音乐教学中可以通过哪些信息化教学手段助力课堂呢?我浅谈几点多年以来在一线教学的心得。

一、让歌词动起来,便于学生直观理解

唱歌教学是音乐课的主要教学手段,它在歌唱中诉说情感,引起共鸣。一首歌曲由歌词和旋律组成,优美的旋律和贴切的歌词两者缺一不可。但教材上的歌词都是以文字的形式呈现,如果能让这些文字动起来,就便于学生理解歌曲内涵。如歌曲《我爱你,中华》,这是一首赞美国家的歌曲。歌词历数世界名胜:埃及古老的金字塔、塞纳河畔迷人的黄昏……由于学生家庭条件的制约,不说没有去过,许多学生甚至没听说过这些地方。苍白地唱这样的歌词怎能引起学生的共鸣呢?在教学中,我利用网络让学生欣赏这些名胜古迹,感受世界各地的风土人情。孩子们大开眼界,兴奋不已,最后再展示中国的大好河山和光辉成就,升华到歌词"我最爱的只有你,可爱的中华",激起了学生对祖国的热爱之情和由衷的自豪感,把"我爱你,中华"的主题推向高潮。此时,苦口婆心的说教是多余的,"祖国"这两个鲜红的大字已经深深地刻进了同学们的心中。

二、让乐曲立体化,提升欣赏体验

乐曲欣赏是音乐教育中必不可少的重要手段之一。学生通过聆听音乐作品,激起感情的波澜,从而获得美的享受。但乐曲没有歌词,全凭学生对音乐的理解形成音乐画面,难免会由于音乐素养不够而出现理解上的误差。如《彼得和狼》,这是苏联作曲家普罗柯菲耶夫为儿童写的一部交响童话,讲述了儿童彼得战胜了凶恶的狼的故事。故事里的少先队员彼得、爷爷、小鸟等角色用西洋乐器弦乐四重奏、大管、长笛等乐器音色代表。但学生对这些乐器音色的辨别能力不足,不能在音乐角色间快速转换,达不到欣赏要求。教学中我将真实的动物形象植入课件，设计动画，当乐曲响起时，所代表的人物形象就出现在屏幕上，同时相对应的乐器也在屏幕旁边展示，再配以简单的故事动画，视觉辅助听觉，创设意境，使乐曲欣赏更简单、直观，提升了学生的欣赏体验。

三、让音乐活动智慧化，激发学生的创新能力

音乐课除了唱歌和欣赏乐曲以外，还有器乐演奏、即兴舞蹈、创作音乐等各种音乐活动，将现代信息技术合理运用到音乐活动中，会使课堂更生动。在教高年级学生时，我将音乐实践课放在学校的计算机教室里上，利用学生熟悉的《全民 k 歌》软件，将学生的演唱录制下来并上传，让学生欣赏自己的演唱，知道自己的优点和不足。看到有人听自己的歌，有人点赞，学生有了成功的喜悦，培养了他们勇于表现、自信乐观的优秀品质。在创编课中，让学生利用音乐软件创作音乐，把"小蝌蚪"放到五线谱上自动生成自己的专属音乐，虽然作品不够完美，水平有待提高，但大大激发了学生对音乐的兴趣，相信有了兴趣这个最好的老师，他们追求音乐的脚步就不会停止。

四、让乐理知识趣味化，提高课堂效率

在音乐课上，学生感觉最难、最枯燥的就是乐理知识了，这也是音乐教师最为头疼的教学难点。利用现代教育技术可以将枯燥无味的乐理知识趣味化，图文并茂地进行乐理教学，提高课堂效率。如在学习五线谱中音的位置关系时，传统的教学是在黑板上画五线谱或是在音乐电子白板上弹奏音阶，让学生从 1 到 7 认知它们的位置与音高关系。我在教学中将音乐电子白板和儿童五线谱软件结合起来，先利用儿童五线谱软件，向学生出示一个 7 级由低到高的白色楼梯，在相邻的全音之间有代表半音的黑色台阶，这模拟的就是钢琴琴键，小兔子跳到 1~7 之间的哪个台阶，就会听到对应的音高，使学生在脑海中形象、直观地建立起音高的概念，再利用音乐电子白板弹奏音阶，加深记忆，巩固教学成果。

综上所述，学校音乐教育应该培养学生的创新思维能力，达到以美启智、以美悦情、以美育德的教育目标。音乐教师作为学校美育的传播者和奠基人，应该主动挖掘教材中可以使用信息化手段进行教学的内容，更全面、立体地使学生感受美、认识美、创造美，充分发挥音乐的美育功能，积极引导学生塑造完美人格。

第二篇　教师话题

浅析如何从文言虚词中抓住人物的情感

漳河新区安团实验学校　薛　梅

一、文言虚词在文言文教学中的重要作用

在《古代汉语》一书中，中国现代语言学奠基人之一的王力先生，提到文言文是以先秦口语为基础而形成的上古汉语书面语言以及后来历代作家仿古的作品中的语言。面对华夏五千年的文明，要让中学生通向这座文化的宝库，就必须解决文言字词这一阅读障碍，而掌握常用文言虚词是读懂文言文的重要前提。代词、副词、介词、连词、助词、语气词、叹词等都属于文言虚词的范畴。这些词虽然不表示具体实在的意义，但它们的语法功能却有着各自的特点。代词、副词可以作为句子的成分，介词、连词、助词可以表示词与词、短语与短语之间的结构关系。由此可知，文言虚词是构成文言文的不可或缺的一部分，不理解虚词的意义，就不能掌握句子的结构，弄不清词语、短语、句子之间的语法关系，就更不能准确地理解文意、把握人物的情感。故古人说："学会之乎者也矣焉哉，可以为文矣。"刘淇在《助词辨略》中说："构文之道，不过实字虚字两端，实字其体骨，而虚字其性情也。"即理解虚词还有助于我们体会文言中难以言传的幽深奥秘的意味。因此，想要学生真正地理解文言文，就必须重视文言虚词的教学。

二、文言虚词教学现状呈低效性

在初中的文言文教学中主要存在以下几点问题。

(1)以灌输为主要方式,学生处于被动位置。要求字字落实、句句过关,学生基本上变成了被动接受字、词、句的工具。在这样的教学中,学生会丧失学习文言文的兴趣,甚至产生畏难情绪。

(2)以机械记忆为中心,忽视了在自主体会中诵读。面对一篇文言文,学生连最起码的读顺、读通都没有做到,教师便开始了"师读—师译—生抄—生背"的教学模式。

(3)有顾此失彼的倾向,背离了新课标要求。现今的教学中普遍存在着两种顾此失彼的倾向:一种是重"言"轻"文",教学中着重于背诵,却没有引导学生领悟文言文的美感;一种是重"文"轻"言",学生需要靠自己解决对字、词、句的理解和翻译。这两种教法都没有落实新课改的精神。

三、从文言虚词抓人物情感的教学方法

(1)注重文言虚词与人物情感的关系。理解文言虚词所表达的语气,从表语气的文言虚词中提炼潜藏着的人物性格。语气词虽然没有实际含义,但这些语气词中潜藏着人物性格、作者的情感及价值观。在教学中可以采用比读的方式,即将原句和去掉或换用语气虚词的句子进行比较阅读,将学生对语句的品评与朗读结合在一起,在思想的碰撞中进行再创造,从而使学生开阔眼界,更加细腻、更加深刻地品味古诗文。例如在《唐雎不辱使命》的教学中,我让学生对比诵读"寡人欲以五百里之地易安陵,安陵君其许寡人!"和"寡人欲以五百里之地易安陵,安陵君许寡人乎?"并让他们结合历史背景加以体会。在反复地诵读中让学生明确"其"字是加强语气的助词,而"乎"是疑问语气词。第一句的感叹语气更强烈,更能展现人物狂妄自大的性格特点。

(2)阐明表语法功能的文言虚词所表达的逻辑关系。例如在《隆中对》"然志犹未已,君谓计将安出?"一句中,"然"是表转折关系的连词,可译为"然而,但是"。学生通过反复诵读这个字眼可以体会出刘备的雄心壮志和远大抱负。细细品味这个字眼,还可以进一步品味出作者对刘备礼贤下士的赞赏。掌握这类表语法功能的文言虚词不仅有利于我们理解文章的内容,若运用得当,还能使学生对文言虚词的学习兴趣倍增。

谈生成性资源在"道德与法治"课中的运用

荆门市龙泉中学北校　吴　艳

中学生的思维正处于快速发展的时期,而且大多数学生还没有形成定向思维,更多地表现为发散性思维。当教师在课堂助学环节中,通过师生互动、生生互动共同思考与探讨时,将会产生超出教师教案设计范围的新问题、新情况。准确、及时地捕捉到这些生成性资源并对其加以合理利用,将使课堂不断涌现出精彩、鲜活的画面。因此,关于生成性资源在课堂中的运用,已成为研究的重要课题。

苏联著名教育家苏霍姆林斯基说过:"教育的技巧并不在于能预见到课堂的所有细节,而是在于根据当时的具体情况,巧妙地在学生不知不觉中做出相应的变动。"如何围绕教学目标,对生成性资源巧妙地加以整合、重建,这就需要教师具有"化腐朽为神奇"的能力,点在需要时,化在关键处。

一、通过"偷换概念",巧妙回避敏感话题,引导学生形成正确的友谊观念

在讲七年级的《友谊之树常青》时,我设置了一个助学环节:"谈谈同学之间的友谊,讲一讲朋友之间让你深有感触的事。"我分别找了几位女生和男生,他们大多数都是谈同性朋友之间的事,但是有个男同学站起来却说几个女同学是自己的好朋友。中学生一般都对男女同学之间的关系比较敏感。当时,班上就有几个同学开始笑了起来。我就借此机会在班上开展了另外一项活动:"男女生互夸,让男生和女生相互说出对方的优点。"通过这项活动,同学们认识到:男女同学各有优点,并自己提出说要向对方学习。这样就化解了先前某些同学的取笑,也消除了之前男女同学之间的对立。在这里,我用男女同学群体之间的交往取代了男女同学之间的个体交往,既回避了男女同学交往的敏感话题,又促使男女同学之间坦然、正常地交往,也让他们形成了正确的友谊观念。

二、通过"正面讨论",巧妙回避师生矛盾,引导学生形成尊师的观念

在讲七年级《走近老师》的时候,我设置了一项助学活动:"夸夸我的老师。"大多数同学站起来后都讲述了老师对自己的关爱,有些同学甚至是满眼泪水,就在气氛正好时,有位同学主动站起来讲了老师严厉惩罚他的事,使课堂氛围一下子发生了变化。这时候,我以此为契机开展了另外一项活动:

"我这样与老师相处。"我在活动中设置了这样几个问题:"当老师批评我们时,我们应该怎么办?""当老师冤枉我们时,我们应该怎么办?"这样,我直接把这几个问题交由全班讨论,因为班上有一些有正义感的学生,他们会带领学生朝着正面回答,即使还有少数学生对老师有负面情绪,小组成员也可以及时劝说他们。这样,通过正面讨论,面对老师的批评,学生们自己说出了"有则改之,无则加勉"的答案;当老师冤枉学生时,学生自己说"要主动与老师沟通"。这两项活动既让学生感受到了老师对他们的爱,也正确认识了老师的批评与处罚,找到了与老师交往的方法。

三、通过"转移注意"来纠正学生的消极思想,引导学生确立积极向上的态度

在讲八年级《合理利用网络》时,我设置了一项辩论赛:"是否应当会见网友。"最初的时候,几位辩手都围绕"能够扩展友谊"和"容易上当受骗"这两个观点在进行辩论,后来有位男生在叙述会见网友的危害时竟然说道:"万一别人把你拐走怎么办?"当时,教室里一片唏嘘声。这时候,我马上转移问题:"男生有没有被骗的可能呢?"学生回答后,我又列举了近期新闻中报道的真实案件,引导学生认识到:不管是女生还是男生,都有可能被骗,我们要谨慎交友。这样,通过转移注意力,我巧妙地回避了这位男生提到的社会问题。下课后,我找这位男生沟通,帮助他正确认识社会现象,纠正自己的消极思想,在课堂上保持积极向上的姿态。

四、通过"时政介绍"帮助学生正确认识国家和社会的发展,引导学生树立正确的社会观

在讲八年级《维护公平正义》的时候,课本中讲到"正义通过制度的调节以避免严重的社会分化",这时候有一个嘴快的学生一下子说出一句话:"哪有,现在两极分化越来越严重!"班级中有一部分学生也表示赞同他的观点。为了引导学生了解我国真实的社会状况,我又设置了一个问题交由学生讨论:"国家为缩小人们的收入差距,采取了哪些措施?"在讨论的过程中,有少数学生说出了"城乡一体化的保险制度""种田补贴"和"城市低保"等措施。在此基础上,我又给学生补充了"提高个人所得税的起征点""取消农业税""对农村义务教育阶段学生的'两免一补'政策""连续十多年提高企业退休人员的养老金"等措施。然后总结:"不管你有多少抱怨,我们要相信社会是不断向前发展的。"

谈隔代家庭教育学生的心理健康问题

沙洋县拾回桥中学　许晓敏

我校是一所寄宿制农村中学,学校中属于隔代家庭教育的学生较多,反映出来的学习、交往,甚至心理问题都比较多。长期以来,这些问题影响了学生的健康成长。由于缺乏亲情的抚慰和关怀,大多数隔代家庭教育的学生出现缺乏安全感、人际交往能力差、遇事容易焦虑紧张的现象。给学校教学、德育工作带来了极大的挑战。作为教育者,如何根据学生的心理状况有效地培养和提高学生的心理素质呢?为此,我对学校隔代家庭教育学生的心理健康问题进行了专门调查研究。

通过调查发现,我校隔代家庭教育学生心理健康存在以下几个方面问题。

1.隔代家庭教育的学生与非隔代家庭教育的学生自我意识比较

大部分非隔代家庭教育的学生认为"很了解自己",只有4.1%的学生不能很好地了解自己,这说明非隔代家庭教育的学生总体上具有清晰的自我认识。但相比之下,隔代家庭教育的学生自我了解的程度不如非隔代家庭教育的学生。同时,近一半教师认为隔代家庭教育中的学生的自信心要比非隔代家庭教育中的学生差一些。同时,19%的隔代家庭教育的学生有自责倾向,喜欢责备自己。这反映了隔代家庭教育的学生有较严重的自责倾向。

2.隔代家庭教育的学生与非隔代家庭教育的学生人际关系比较

在非隔代家庭教育的学生中,约72%的学生有"很多朋友",拥有良好的人际关系;一半以上的学生能在新的环境中很好地与人相处,具备适应社会环境的能力。相比之下,隔代家庭教育的学生的人际关系比非隔代家庭教育的学生稍差。在"有很多朋友"方面,隔代家庭教育的学生少于非隔代家庭教育的学生;在"不信任别人"方面,隔代家庭教育的学生的比例更高。

3.隔代家庭教育的学生与非隔代家庭教育的学生情绪情感比较

30%左右的隔代家庭教育的学生缺乏足够的安全感和幸福感,其中4%左右的孩子没有安全感和幸福感(分别为4.2%和4.7%)。相较而言,隔代家庭教育的学生的安全感和幸福感比非隔代家庭教育的学生要差得多。13.5%的隔代家庭教育的学生具有较强的孤独感;14.0%的隔代家庭教育的学生经常感到恐惧;5.8%的学生有抑郁倾向,觉得做什么都没有意思;23.7%的学生有过敏倾向,对一点小事都很敏感。总之,隔代家庭教育的学生的孤独感、恐惧感和抑郁感都要比非隔代家庭教育的学生高。

4.隔代家庭教育的学生与非隔代家庭教育的学生的行为问题比较

农村隔代家庭教育的学生中,近20%的孩子比较冲动,情绪不稳定,缺乏自我控制力,超过5%的孩子具有敌对性,经常想大喊、打骂人、摔东西。相比之下,隔代家庭教育的学生的自我控制力较低,与父母都在家的学生以及父母有一人外出打工的学生相比,隔代家庭教育的学生在某些行为问题上更为突出,他们的自我控制能力较弱。

因此,在培养和提高隔代家庭教育的学生的心理素质过程中,学校教育很重要。那么,该如何进行呢?具体做法我认为有以下几点。

1.强化家校互通,架设沟通的桥梁

学校建立隔代家庭教育的学生的家长档案,弄清家长务工的详细地址和通信方式,实行动态管理。借助家访和家长会的机会,教给临时监护人科学的教育方法,推广行之有效的育人方法,让他们当好孩子的引路人。

2.建立心理档案,记录成长足迹

为隔代家庭教育的学生建立心理档案。做好隔代家庭教育的学生的摸底工作,将这部分学生的家庭状况、父母亲务工地、临时监护人姓名、年龄、住址及监管学生个数,以及隔代家庭教育学生的心理品质、学习行为、生活习惯、心理测试结果等详尽记载下来,将其在校各方面的表现记入档案,及时向监护人和外出务工家长通报隔代家庭教育的学生的成长情况,促进学校、家庭共同教育。

3."结对子"活动

由父母均在家、家庭和睦、家长素质较高的学生与一名隔代家庭教育的学生结成对子,在生活学习中比、学、赶、帮。让老师充当隔代家庭教育学生的临时家长,像父母一样用爱心关怀他们,让他们感受不是父爱母爱却胜似父爱母爱的师爱,并在师爱的阳光中健康成长、快乐生活。让老师把好每个隔代家庭教育的学生的脉,从学习、生活和心理上给予无微不至的关爱。

家校合作　共促成长

钟祥市柴湖镇初级中学　贾　成

著名教育家苏霍姆林斯基说过："只有学校教育而没有家庭教育，或者只有家庭教育而无学校教育，都不能完成培养人这一极其艰巨而复杂的任务。"家校合作才能促进孩子更健康地成长。

一、学校教育和家庭教育的关系

家庭教育与学校教育都非常重要，学生的绝大部分科学知识与技能、社会规范与道德价值观都是在学校教育中得到的，但传授知识、社会规范与道德价值观也是家庭教育所具有的职能，所以二者的教育目的在根本上是一致的，二者是相辅相成的。只有二者有效地配合，形成有机互动的整体，才能有效地开展好当前的教育工作。所以作为学校教育的执行者的老师与家庭教育的执行者的家长，必须紧密配合，加强沟通，共同探讨学生的教育问题，才能真正把学生的教育工作开展好。

二、家庭教育的误区

俗话说："孩子看自己的。"多数家长只看到孩子的优点，"望子成龙""望女成凤"心切，从而出现了"严而无爱"或者"爱而不教"的现象。家校合作有着诸多的不协调因素，其中家长素质对家校合作的影响较大，主要表现为有的家长感情用事，态度粗暴，过于溺爱、护短；有的家长期望值过高，产生恨铁不成钢的思想，导致学生心理不健康；还有的家长持片面的成才观，认为只要主科成绩好、身体好，就比什么都好，坏的习惯、思想不要紧，树大自然直，于是到处培优，不参加社会实践活动、不关心集体、不关心他人。这些都会影响家校合作制度的建立，甚至容易使学校教育和家庭教育形成冲突。

三、教师与家长的联系

一个老师如果能够正确地处理好与家长之间的关系，那么这个老师在管理班级时就会轻松很多，因为有家长这个坚实的后盾在支持着他。但是假如没有建立一种正确的关系，与家长意见不统一也是老师工作中最头疼的事了。在我们的工作中也时常能听到老师们抱怨有些家长很难沟通的话语，因此教师对待家长同样也要注意"因材施教"。为了让我们的工作更加地顺心，我们应怎样正确地处理与家长之间的关系呢？

1. 与家长的交流要讲究艺术

(1)教师与家长交流时应语气委婉。先肯定孩子再指出其存在的问题,先扬后抑。

记得有一次,班上的一个孩子太调皮,因此我每次给家长打电话时总是先诉说孩子的不好,一下就说了一大堆,孩子的家长虽是很认真地听完了,但是心里又多了一份忧虑。事后我想这样做是不好的,面对十分调皮的孩子时,我的情绪非常激动,把家长当作倾诉的对象,把孩子不好的表现一下全倾吐出来。我想每一个家长都喜欢听老师说好的话,所以,老师要先表扬孩子的优点。

(2)报忧也报喜。我们在每周五都会收到学生家长留言,可是大部分的家长都是写孩子在哪方面不好。再看看我们的留言,我就意识到,肯定是我们对于孩子的在校的表现也只是单单针对孩子的不足去写的,所以家长也受其影响。后来通过各方面的改进,我们的留言全面了,家长的意见也丰富了,孩子们和家长之间也有了更好的沟通。

2. 要理解家长对孩子的关爱之情

我想作为父母,觉得自己的孩子是最棒的是理所当然,认为自己的孩子犯了错误,只是一时糊涂。而孩子在学校碰破一点儿皮,家长就会非常心疼和紧张。这时教师要理解父母的心态,认识其需求以及存在的问题,并正确地评价孩子。教师在与家长沟通时,应多站在家长的角度去关心孩子,理解家长的心情,家长就会更容易接受教师的意见和建议,并与之积极配合。

3. 成为孩子爱戴的好老师是融洽教师与家长关系的灵药

当我们成为孩子们爱戴的好老师时,孩子们就会帮我们回家宣传,家长就会很快认可我们。这对于我们处理与家长的关系来说是灵丹妙药。

与家长的交流是一门艺术,它体现的是一个教师的人品和涵养,更代表着一所学校的形象。所以,为了孩子美好的明天,让我们一起努力让自己的言行举止更富有魅力吧!

"和美"文化环境下和谐师生关系的建立

京山市京山小学　赵丽琼

近年来,我校确立了"建美校、塑美师、育美生"的"三美"目标,形成了"和美"的特色校园文化。在"和美"文化环境下,该如何建立和谐的师生关系呢?我们通过开展师生问卷调查,发现全校师生对目前的师生关系整体还是满意的。同时也发现在和谐的师生关系中存在着不和谐的现象。究其原因,不难发现,教师作为师生关系的主导者,自然是影响和谐师生关系建立的关键因素。我们课题组以"教师"这一关键因素为切入点,深入展开研究,探索总结出了"和美"文化环境下建立和谐师生关系的策略。

一、建美校——"和美"舒适的育人环境,建立和谐师生关系的基础

学校在"建美校"活动中,除了重视校园的绿化建设,餐厅、教室、办公室、走廊等地方的文化建设外,还定期举办富有"和美"文化特色的系列活动。在这些活动中,教师与学生共同参与,"各美其美,美美与共",既拓宽了师生间相互了解的渠道,增进了师生间的情感,又给师生双方留下了深刻的印象,由此产生的好感迁移到教育教学工作中,让师生间关系比以往更融洽了。

二、塑美师——"和美"教师的团队打造,建立和谐师生关系的关键

多举措促进教师职业幸福指数和教师内涵的提升,打造"和美"教师团队,有效消除职业倦怠。通过培训学习,让教师学会用新的教育观、学生观去解决教育教学工作中出现的不和谐现象,使教师在"和谐"师生关系的建立中积极发挥正向的引导作用。

1. 以人为本,让教师在岗位上有幸福感

学校树立"以人为本"的管理理念,坚持制度化与人性化相结合,切实做到"三个确保",提升教师幸福指数。一是确保组织上有保障。让教师全员参与学校管理,真正成为学校的主人。二是确保工作上更体面。经常组织丰富多彩的文体活动,让每位教师在学校的舞台上找到自己的生长点,体会到个人在集体中的归属感和实现人生价值的幸福感。三是确保生活上的关心。学校每年为教师的"安居乐教"做了四条"暖心"举措,即每年的教师节、重阳节、春节等重大节日或法定节假日,学校必给每位教师送上一条温馨的节日祝福;关心慰问退休教师,帮助他们排忧解难;每个教师生日时,学校必会送上鲜花祝福;

学校为全体教职工缴纳大病保险金,教师生病住院,学校领导总是第一时间赶到慰问。除此之外,加强对教师的心理健康教育指导,开展不同形式的爱岗敬业专题活动,让他们形成积极乐观的良好心态,体会做教师的快乐和价值,认同并热爱自己的职业,激发教师从教热情。

2. 促内涵提升,让教师在事业上有成就感

多途径促进教师专业的发展与提升,使其体验事业上的成就感。学校坚持"促成长、出名师、铸品牌"的"三级目标"培养方式,促教师内涵发展,提升教师职业幸福感。一是立足于全体教师,齐修内功。通过坚持实施"周业务学习制""行政听课"、小课题研究等常规教科研活动,促进教师整体专业水平提升。二是坚持"以老带新",促进青年教师茁壮成长。实施"师徒结对"工程,建立"师徒协作"共同体;坚持"例行听课"促钻研;坚持"专家引领"促提升;为青年教师"搭建平台"促发展。三是重视品牌教师的打造工程。积极为已经成长起来的教师争取更多的展示自我的机会,寻找最好的自我发展平台,搭建崭露头角的平台。同时,鼓励教师积累经验,著书立说,形成教育品牌,尽快迈入"教育专家"的轨道。

三、育美生——"和美"少年的成长,建立和谐师生关系的目标

和谐师生关系是学校教育教学工作的有效保证,对学生健康的成长有着重要的作用。教师仅具备"教"学生的能力是远远不够的,还要学习"育"学生的艺术。具体方法如下。

一是评选"和美少年"。教师以"和美少年"为目标引领学生健康成长,以期实现学校"和润其心,玉琢成美"的育人愿景。二是借助爱心义卖、交通协勤、公益劳动、爱心捐赠、手拉手志愿者服务和主题班队会等活动,让学生融入社会、接触生活、奉献爱心,培养他们的爱心、感恩之心和社会责任感。三是处理好与学生家长的关系,多与家长交流良好的家庭教育方法,使家庭教育与学校教育形成合力,为建立和谐师生关系提供有效帮助。四是教师要树立终身学习的理念,与时俱进地不断进行自我提升与修炼。学习了解学生、热爱学生、尊重学生与赏识学生的方法与技巧,不断改进教育教学方法,提升教育教学的水平,适应时代发展对教师的要求。

浅谈一年级学生快速记忆生字的方法

漳河新区楚天学校　张　莉

汉字是世界上最古老的文字之一，具有独特的结构美。一年级学生识字是语文教学重点，部编版小学语文一年级新教材为了让孩子更早地进行课外阅读，丰富知识，使用编写"儿童识别"和"写作"两个栏目的方法。小学一年级学生刚开始接触汉字，学习生字的兴趣还不浓，加上汉字笔画很多，结构复杂，孩子学习是困难的，如果教学方法不合适，孩子可能会使失去学习兴趣。

一年级学生对生字不熟悉，对生字的识记容易混淆，常出现记错部件或部件位置的现象。通常学生可以快速读、熟练读、准确读的生字，换个环境又不认识了。写的时候也常常掉笔画，多笔画，部件摆放错误，由此可知学生对生字的记忆在大脑中还不清晰，学得快，忘得快；前面学，后面忘。

一、游戏导入，激发兴趣

在教学中，我根据一年级学生的年龄特点，充分利用多媒体课件，让他们对认字识字感兴趣。如出示孩子们感兴趣的有趣图片、动画和其他内容，以吸引孩子的注意力。在学习"天"字时，配上精美的天空图片；学习"山"字时，也展示山峰的图片和"山"字的古文字及其演变；学习"鱼"字时，插入甲骨文演变过程的动画。通过画面与讲解文字的演变，使孩子将自己头脑中原有画面与眼前所见画面加以联系，这激发了学生们学习的浓厚兴趣，丰富了孩子们的想象力，有效提高了识字效率。

二、游戏识字，引导观察

课堂中的游戏是孩子们最喜欢参与的。我总是把生字人性化，用儿童化的语言与孩子对话："生字宝宝最喜欢交朋友了，'土'和'也'成了好朋友，他们在一起做游戏，叫作'加一加'，加起来就变成了'地'；'人'和'也'也是一对好朋友，他们也玩这个'加一加'游戏，加起来就变成了'他'。"教导孩子使用"加一加"和"换一换"的识字方法，缩短了孩子和新字之间的距离；然后及时地提醒他们观察："土"和"人"做偏旁的时候发生了什么变化？学生们又学会了从不同角度去观察生字的结构和变化。在教学中，我继续使用快乐的游戏来激发学习热情，例如"加一加""换一换""拔萝卜""摘苹果"……

将这些游戏带入课堂，使课堂成为学生学习的快乐天地。学生们在课堂上深深地感受到了游戏的快乐，识字对他们来说成了一件快乐的事。一下课就有学生来跟我说："老师，我知道了我的姓氏是由'耳'+'火'组成的'耿'。"

三、形声字识字，掌握方法

有很多汉字都是形声字，形声字占中国汉字总数的90%。因此，我在教学时，有意把"青、清、晴、请、睛……"写在一起，把"跑、泡、饱、抱、炮、炮……"写在一起，有学生惊奇地发现第一组生字读音都和"青"相似；第二组生字读音都与"包"相似，学生们知道了汉字虽然多而繁，却是有规律的，这种方法训练了孩子的观察思考能力和归纳分析能力，也知道了识字是要讲究一定的方法的。再遇到形声字时，班上的学生总是非常激动地告诉我说："老师，我发现了它是一个形声字！"我就会及时表扬。

四、表演识记，加速内化

我让学生们根据词语的含义设计了一些动作。如学习"看"字，我让一个学生学做孙悟空在筋斗云上的动作，问其他同学："孙悟空在干什么？"孩子们立刻答："在看很远很远的地方。"我告诉他们，这个字的上半部分是"手"的变化，下面的部分则代表眼睛。学习"踢"时，我会让学生做踢足球的动作，孩子会明白踢用的是脚，所以它的偏旁是足字旁。这不仅让学生记住了字形，而且还理解了新字词的含义，培养了学生丰富的想象力，激发了他们的创造性思维。

五、利用活动，在生活中识字

我在班上举办了"巡逻街道""超市采购员""我的课外书"等识字活动，让学生在活动过程中无意识地识记了生字，学生了解了一种识字方法后，便迫不及待地用在活动中，在他们不知情的情况下，已经学会了很多新字词。比如，班上一个孩子在吃饭时，突然放下碗跑到我面前说："啊，老师，今天吃的'木耳'，这两个字我都会写！"

孩子天生是爱学习的，学习兴趣则是平时培养积累起来的，我们研究的教学方法越多，学生学到的也会更多。

浅谈智障学生问题行为矫正方法

荆门市特殊教育学校 许 霞

在我的特教生涯中,我发现智障生往往会出现这样一些不良行为:有的基本不动笔,连名字都不会写,跟着老师念念有词,大脑却一片空白;有的可以在整个课堂上自说自话,一分钟也不停歇;还有的有明显的暴力倾向,三天两头惹是生非。我试图打开他们的智慧之门,让他们改变,但收效甚微。我常常因为自己无力改变智障孩子的问题行为而感到迷茫和无助,这种状况一直持续到一个叫秦××(以下简称小秦)的中度智障孩子的到来。他不仅患有癫痫,而且还有暴力倾向,甚至还跟别的学生打架。有时午睡时,别的学生弄出点声响,他就恶狠狠地掐他们的脖子。如果不找到一个彻底改变他思想行为的办法,可能他的年龄越大,破坏性就越强。为此,我下定决心要改变他的问题行为。在他的行为矫正中,我发现从以下三个方面入手非常有效。

一、捕捉教育时机,在正向激励中矫正问题行为

智障学生最典型的问题就是规则意识建立困难,但如何让智障学生更好地接受这些规则与要求呢?正向强化是一种方式,但往往又会事倍功半;循循善诱是一种策略,但有时孩子却置若罔闻。智障学生的规则意识不强,并不全是教师教育方式的问题,而是没有把握好教育时机。要使教育成功,时机的把握常常起着关键性的作用。

面对行为问题颇多的小秦,我开始仔细观察,试图寻找突破口,发现他很喜欢得到别人的关注与肯定,于是我抓住教育时机,果断任命他为班长,增强其存在感。这下他可高兴了,逢人就说他是班长,一种从未有过的自豪感、满足感洋溢在他脸上。只是好景不长,只坚持了几天,他又开始打人骂人。我想单纯的外在刺激是不能有效地改掉他的坏毛病的,还必须让他时刻有事情做,不断产生成就感,这样才能从内在改变他。学生某件事做得很成功的时候,往往情绪会比较高涨,如果老师能够把握住时机,及时向孩子提出新的目标和要求,时时肯定和鼓励,将学生一时的热情转变为永久的动力,就能矫正一些问题行为。我就是这样去做的,慢慢地,小秦打人的行为少了。

二、巧设情境氛围，在故事情境中增强学习行为

很多智障儿童由于感知、理解、记忆等能力的欠缺，导致学习主动性差。在课堂学习中，创设有趣的教学情境，可以更加有效地增强智障生的学习效率。记得有篇课文《一只小羊羔》，讲的是一名叫巴特的小学生救一只牧场丢失的小羊羔的故事。我运用多媒体课件绘声绘色地讲课文，还让学生学小羊羔"咩咩"的叫声，看谁学得最像，就用小零食鼓励一下，孩子们都觉得很有趣，学习的积极性也调动起来了。课文学完后，我又让学生分角色朗读。小秦或扮演小羊羔，模仿小羊羔可怜兮兮的样子，或模仿巴特认真负责的形象，他高兴极了。我就这样不断强化小秦的学习行为，把课堂当作改变他的阵地，把每篇课文都当故事讲。一段时间后，小秦学习上的抵触情绪没有了，上课也不怎么调皮了，而且每次写字都很认真，更让我欣慰的是他每次写完作业都积极主动地拿来给我看，并且一脸期待地等着我的评价。慢慢地，小秦爱上了学习，同时打架骂人的坏毛病也不知不觉地改掉了。

三、携手学生家长，在家校良性互动中塑造良好行为

对于正常孩子来说，随着年龄的增长，问题行为在日常生活中、社会交往中便会逐渐消失，而对智障儿童来说，往往需要教师和家长密切配合，刻意地、有针对性地进行训练，以塑造孩子的良好行为。

小秦是爷爷一手带大的，在和爷爷的交谈中，我了解到爷爷喝酒后经常打骂孩子，孩子的暴力倾向就因此而来。我诚恳地告诉爷爷，孩子的这种毛病，光靠学校是无法矫正过来的，需要家长配合。在家校合力下，我对小秦持续进行训练，并指导小秦的爷爷做好孩子的教育工作。通过密切与家长联系，我可以随时了解小秦在家中的行为表现，对其好的表现，及时在班上给予表扬，从正面对其行为进行强化；考虑到小秦特殊的家庭结构，我利用每次班级活动的机会，创造温暖的气氛，让他沐浴在充满爱和关怀的环境中；还组织学生带上学习用品到他家中去慰问，消除他对老师、同学的厌恶感，增进彼此之间的信任。经过多回合、全天候、密集的教育，小秦从以前的懵懂无知、顽劣转变成了明事理、懂规矩、爱学习的好学生。我内心很欣慰，一种成就感油然而生。

以此为例，我相信面对和小秦一样特殊的学生们，只要做好问题行为矫正三部曲，付出足够的爱和耐心，辅之以适当的教育方法，就能打开属于他们的智慧之门。

以爱和奉献当好引路人

沙洋县汉上实验学校 姚艳妮

美国教育家西格莉夫人说过："你希望孩子成为怎样一种人，你就要在自己的言行中争当这种人。"教育学生要有高尚的道德情操，首先教师应具有高尚的道德情操与人格魅力。有人说，教师应当像园丁，用心灵和人格之美浇灌祖国的花朵；也有人说，教师应当像红烛，把温暖和光亮无私地奉献给每一位学生。而我只愿做一颗小小的铺路石，让祖国的新一代在我铺就的平坦而宽阔的道路上奔向远方。

一、因为热爱，所以坚持

石油大王洛克菲勒说："如果你视工作是一种乐趣，人生就是天堂。如果你视工作是一种义务，人生就是地狱。"我想，只有把职业当成事业来对待，热爱自己的工作，才能把工作做到最好。参加工作以来，我严格要求自己，认认真真对待工作。有一次正在上课，我的低血糖病突然发作，我觉得浑身无力，全身冒冷汗，头晕腿软，连站立都很困难。我勉强控制住自己不倒下，坐下休息了一会，症状减轻一点又接着讲课。同学们看出来我身体不适，纷纷说："老师，你没事吧？休息一下再讲吧。"这时我可以选择坐下继续休息，但我没有这么做，而是回答："没事，我们继续上课。"一堂课下来才发现全身已湿透。还有一次因感冒发烧，早晨上班前体温达39度，我还是坚持到校上课，像平时一样精神饱满地走上讲台，微笑着面向学生授课。我相信，世上所有的坚持，都是因为热爱。我热爱讲台，只要站上讲台，我就全神贯注地投入教学，努力使自己的课讲得精彩生动。我对自己说："因为热爱，所以坚持。"

二、以德育人，以心换心

有人说，教育是态度、智慧和情感的综合。这话不无道理。良好的教育一定能够给无助的心灵带来希望和慰藉。作为教师，我深知教育的责任是把每一个学生培养成为一个真正的人，一个人格健全的人，一个不可替代的、立于天地之间的人。所以，我关爱一切学生，关爱学生的一切，并身体力行，引领学生用自己的眼睛去观察，用自己的心灵去感悟，用自己的头脑去判断，用自己的语言去表达，力求使每一个学生的身心都能健康成长。

教育中最为重要的是品德教育。"教育无小事,处处皆教育",为人师表尤显重要。在工作中、生活中,我能严格要求自己,思想积极、不断进取。作为班主任,能准确把握班情、学情,公平公正对待每个学生,不以成绩定优劣,对每一位学生都给予同样的关注,对待差生更是关爱有加。我用公正、公平、真诚、无私与爱心赢得了学生的钦佩、尊重与亲近,许多他人眼中的问题学生在我的面前变得阳光、积极向上。

没有爱就没有教育,没有高尚的师德就无法成为一个优秀的教师。我对学生有一颗真诚的爱心,在学习上尊重学生个性,鼓励学生个性发展,培养学生广泛的兴趣爱好,大力倡导学生积极参加各种类型的活动,在活动中锻炼自己。我鼓励学生拓宽知识面,丰富知识结构。在生活上能用一颗浓浓的爱心关心每一名学生,成为学生的"解惑人、知心人"。我常对学生说:"在课堂上,我是你们的老师;在课外,我希望我们是朋友;在生活上,我愿做你们的妈妈。"因为这份关爱,我受到学生喜爱。

三、奉献无悔,青春无悔

习近平总书记曾说:"现在,青春是用来奋斗的;将来,青春是用来回忆的。"作为一名年轻教师,我深知,唯有努力奋斗才能不负青春。在日常教学工作中,我注重获取新的教育教学信息,掌握教育动态,与时俱进,提升教学水平。我认真备课、认真上课,钻研业务,形成了生动活泼的教学风格。我常把枯燥无味的知识融于无穷的趣味之中,让学生愿学、乐学。这源于我对教材的深入钻研,对学生情况的深入了解,源于平日孜孜不倦的学习与积累。在教学上,我对所教的学科有系统的知识基础,掌握了心理学、教育学等教育教学规律,教学坚持突破重点,突出难点,教学方法灵活;我注重素质教育,教学生把知识变为能力,把"寓教于乐""循序渐进""潜移默化"等教学方法融入教学实践中。这些都源于背后艰辛的努力和积累。

奋斗的青春最美丽,奉献的青春最动人。当我看到身边那些在教育战线上呕心沥血几十年的老教师们仍孜孜不倦,看着他们青丝变白仍两袖清风,作为年轻一代,我们有什么理由不努力?

2016年教师节,习近平总书记来到北京市八一学校,看望当年教过他的老师。总书记说:"广大教师要做学生锤炼品格的引路人,做学生学习知识的引路人,做学生创新思维的引路人,做学生奉献祖国的引路人。"

关注学生心理变化 做好与学生的沟通

钟祥市柴湖镇初级中学 贾红建

现在的中学生,在纷繁复杂的社会环境多元文化的影响下,除了具有青少年共同的心理特征外,也形成了一些各种各样的心理个性,其中有积极向上的心理个性,也有落后的个性缺陷。

积极向上的心理个性包括思维活跃,视野开阔,接受新事物的能力强等。在知识爆炸、大众传媒迅猛发展的今天,有的学生在某些方面的知识比老师丰富,能够挑战老师的"权威",对事物有自己独到的看法,敢于提出自己的意见;能够大胆地与人交往,交际能力强。个性缺陷包括意志薄弱,缺乏耐性、毅力与自信,依赖心理较重,心理承受能力差,遇到学习和生活中的一些问题,不能独立勇敢地面对,一旦受到挫折,便胆怯退缩。具体表现为在同学面前张扬个性、爱面子;违反纪律后,不敢勇于承认错误,对老师的批评有时置若罔闻;是非判断能力差,好奇心又很强,容易受社会不良现象的影响。

在学生心理个性已发生变化的情况下,班主任如果没有及时转变思想观念,积极调整对策,仍以旧思想、旧方法来管理、教育学生,必将影响教育效果。那么,班主任应如何做好与学生的沟通工作呢?

一、用眼沟通——培植学生的自律意识

俗话说:"眼睛是心灵的窗户。""用眼睛来说话"便是一种很好的沟通方式,是一种较高层次的通过"心灵交流"获得师生间情感共鸣,从而获得最佳教育效果的方式。一个成功的班主任,应善于用"目光"与学生进行情感交流、信息传递与行为的暗示,从而给学生以肯定和鼓励,培植他们的自律意识。每当跨进教室,通常我会习惯性地对全班同学"亲切一瞥"。在这一瞥中,我的目光与几十双目光相对,有的目光与我的目光碰撞时熠熠闪光,流露出饱满的精神,我则报以赞许的目光;有的目光飘忽不定、左右顾盼,我的目光则多停留片刻,提醒他集中注意力,否定中更多的是鼓励;有的目光则是躲闪、回避,我的双眉就会稍皱,目光严肃中又有宽容;而有的学生双目无神、似梦似醒,我的目光中则会有"警示"的信息。这仅仅是课前全方位的扫视,而在这扫视当中,我却可以大体了解全班学生的精神面貌。然而,更重要的是教师要善于用敏锐的目光关注一些后进生、特殊生,用心观察,发现他们的缺点,及时指出并加以引导;或发现他们的闪光点,适时表扬、鼓励。

二、用心沟通——架构学生自强的桥梁

苏联教育家苏霍姆林斯基说过:"教育的明智就在于,它能够发现每个学生特有的兴趣、爱好、特长和志趣,大胆地让每一个人的才能得到充分的发展。"故而,作为班主任,首先必须客观、全面地了解学生,才能因人而异、因材施教,才能在教育过程中和学生共同发展、共同成长。例如:有一位女学生,她的学习成绩不好,后来我通过细心观察,发现她上课不专心,回家后作业又没认真做。之后,我几次留心观察,发现她经常在放学后还在学校附近玩耍。根据这个情况,我找她妈妈进一步了解该生的情况。通过交谈,我才知道,由于该女生的父母整天在外做生意,再加上父母文化水平低,因此对她的学习一点也顾不上。针对这些情况,我采取了针对性较强的"个性化"教学方式,循序渐进地帮助她,告诫她一定要刻苦、努力。后来,她的学习劲头足了,生活中日渐活泼,课堂上也能积极举手发言,学习成绩稳步提高,成了一名勤学好问的学生。

三、用笔沟通——激活学生自信的内驱力

在班主任日常的工作中,我还常常用笔与学生进行沟通。每个星期,我班的学生都会交一篇周记,记录他们在一星期中看到、听到、想到的内容。其中,有关于学校和班级、家庭和个人的内容;有写好人好事,有批坏人坏事;有学习、工作和生活上的问题;有提建议、献计策;有对自己过失进行的反省;有对老师讲的悄悄话……每当批阅这一本本周记时,我就像在侧耳倾听他们的谈话。每当读到他们在某方面有进步时,就会和他们一样高兴,分享他们的快乐,并会写上"继续努力,争取更大的进步"等一些鼓励的话;每当读到他们在学习和生活上碰到了困难,受到挫折时,我会为他们担忧,并会写上"从哪里摔倒,就在哪里爬起"之类鼓励的话;每当读到他们因在某方面取得成功而微笑时,我更感到欣慰,又会写上"谁笑到最后,谁就笑得最美",这些简短的"批注",既用笔传达了我对学生的一片希望和鼓励,增进了师生之间的感情,又让学生学习了名言、警句,有效地激发了他们前进的内驱力。

浅析词语教学的方法

京山市新市镇第一小学　郑俊霞

小学语文词语教学在小学语文教学中占据着主要地位,是学生学好语文不可缺少的一部分内容。教学生有感情地朗读词语,读出词的韵味和节奏,有利于学生对词语的理解和运用。

在教部编版小学二年级"语文园地三"中的"读一读"时,我是这样做的。

(1)首先在大屏幕上出示了八个词语。

甜津津、辣乎乎、软绵绵、脆生生、硬邦邦、酸溜溜、香喷喷、油腻腻。

(2)请学生自由读这八个词语,注意读准字音。

(3)点名读,纠正学生读错的音。

朗读让词语教学有情感。常言说:"读书百遍,其义自见。"朗读注于目,出于口,明于耳,记于心,是一个复杂的心理过程。

(4)示范读,融入恰当感情。

"ABB"结构的词,读好了有一定的音律美。小学生模仿能力特别强,让学生借助视觉和听觉来进行模仿,有效地提高了学生的兴趣。学生在有情境、有语调的朗读中,慢慢学会了词语。

(5)配上动作,读出词语的味道。

读词语要读出词语的味道,老师和学生合作读,老师读左边的词语,同学们读右边的词语,学生可以根据对词语的理解,加上适当的表情或者动作。

在我的启发下,师生共同读完了这八个词语。于是,我问学生:"会读了吗?"他们信心十足地说:"会了。"我点名让学生读一读最想读的词,并让他回答:"为什么想读这个词?这个词让你想到了什么?"我的一番提问激起了学生的兴趣。

班上的学习委员首先站起来说:"我最想读'辣乎乎',因为它让我想起了爸爸带我到重庆旅游时吃的辣乎乎的火锅。"她一边说一边做动作,然后做了个很"辣"的表情,她把"辣乎乎"的"辣"读得特别重,让我们也仿佛吃到了这样的火锅。在学习委员的带领下,学生们打开了话匣子,有的说:"我最想读'甜津津',它让我想到了棉花糖。"一边说,一边抿着嘴巴,仿佛他真的吃到了"甜津津"的棉花糖。有的学生说:"我最想读'香喷喷',它让我想到了肯德基中的鸡腿。"这位学生的话语一出,其他学生忍俊不禁,顿时哄堂大笑起来,打破了往日严肃的课堂气氛,学生们都争先恐后地站起来读自己想读的词……这样的读法,让学生遐想无限。听学生读词语,像是在吃美味的大餐,有滋有味。

(6)配上图画,读出词的味道。

一组词语可以组成一个画面,一个词串可以讲述一个故事,那么,我们能不能从画面上读出词语的"味道"呢?

我出示了一组蔬菜的画面,让学生选三种喜欢的蔬菜做以下练习题:今天妈妈到市场上先买了一些西红柿,这些西红柿( ),吃起来一定是( );然后又买了( )的西兰花,这些西兰花炒着吃一定是( );最后还买了( )的黄瓜,这些黄瓜看起来( ),生吃一定是( )。有了前面的基础,这样的训练便难不倒学生们,大家都踊跃发言。接着,我又出示了一组水果图片和一组海鲜图片让学生照样子练习。学生由画面想到词,想要表达的欲望特别强烈。这样不仅让学生从画面中读出了词语的"味道",还训练了学生的说话能力,词语也深深扎根在了学生的心里,这样的方式也加深了学生对词语的理解和运用。

(7)调动各种感官,促进学生对词语的理解。

新修订的《小学语文教学大纲》指出:"要引导学生联系语言环境和生活实际理解词语和句子,重视语言的积累。"词语不能生硬地"塞"给学生,更应该注重培养学生的学习能力。

通过本节课的学习,我总结出词语的教学可以采用以下不同的教学方法。

(1)味觉感受法。这八个词中有几个词与味觉紧密相关:甜津津、辣乎乎、酸溜溜。教师先引导学生找出表示味道的一个字——甜、辣、酸。教师提问:"你们吃什么时会感觉到这三种味道?"学生就会联想到甜甜的糖果、蛋糕,会想到辣乎乎的尖辣椒,酸溜溜的酸菜、李子。

(2)实物触觉感知法。教师提问:"哪些词形容的事物是可以用手触摸到的?"通过实物触摸、动作感知,学生把词语渐渐内化为感觉记忆。教师出示软绵绵的棉花糖、脆生生的黄瓜、硬邦邦的玉米、油腻腻的油条,让学生摸一摸。

(3)嗅觉感知法。教师提问:"刚做好的米饭闻起来是怎样的?"学生回答:"香喷喷的。"教师引导学生说出"香喷喷的米饭"。

如何激发小学低年级学生的识字兴趣

漳河新区漳河镇中心小学　张晓芸

识字是小学低年级语文教学的重点，是提高阅读能力的基础。只有当学生具备了一定的识字量后，才能比较顺利地阅读。在阅读与生活中识字，能不断提高自身的语文综合素养。那么该如何将识字教学进行得有声有色呢？托尔斯泰说过："成功的教学所需要的不是强制，而是激发学生的兴趣。"低年级尤其要注重培养学生识字的兴趣，让学生愿意识字，喜欢识字，逐步形成识字能力。教学实践证明，只有充分调动学生学习汉字的兴趣，才能提高识字效率，而信息技术赋予了语文教学丰富多彩的教学形式：艳丽的色彩、生动的画面、悦耳的音乐使学习内容图文并茂，在学生的认知与教学之间架起了一座桥梁，使他们能愉快地进行识字。

一、低年级学生识字现状分析

《小学语文新课程标准》中明确规定：小学阶段学生要认识3500个汉字，在1～2年级，则要求认识常用汉字1600～1800个。部编新教材低年级每篇课文的识字量大多在12个左右，字形复杂，难记易忘，教师都觉得在规定的课时量中很难完成识字教学任务，而低年级学生年龄小、识字能力差，遇到不会的生字有畏难心理。因而，存在一部分学生识字量偏少、识字量参差不齐的现象。

二、利用信息技术激发学生识字兴趣的策略

1. 识字和游戏相结合

教育家卡罗琳说："孩子们的工作就是游戏，在游戏中激发他们的思维，是他们最愿意接受的。"低年级学生平均每天要认识十几个字，因此教师要根据儿童的心理和年龄特点，运用信息技术创造一定的教学情境，开展各种活动和游戏，让学生在学中玩、在玩中学，从而激发学生的识字兴趣。

如在教学《雪地里的小画家》这一课的生字时，教师一出示"雪地上的动物和脚印"的动画课件，立刻就会把学生的注意力转移到课堂上来。教学"竹"字时，学生通过观察课件就会发现"竹"字跟小鸡的脚印很像，可以很直观地记忆。由于识字量大，教学进度很快，学生容易遗忘，那么生字要反复识记才行。这时，再设计一些以游戏为主的教学课件帮助学生反复识记，效

果会更佳,比如"摘苹果""走迷宫""摸石过河"等好玩的游戏活动。学生一遍一遍地在玩中学、在学中玩,不知不觉地记牢了生字。这样,学习就不再是一种负担,而是一种乐趣。

2. 识字和想象相结合

低年级学生对谜语、儿歌都有着浓厚的兴趣,引导学生将一个个生字编成谜语和儿歌,并在他们的脑海里留下深刻的印象,这比"满堂灌"的识字教学效果好多了。但是低年级学生的思维受局限,这时教师可以利用多媒体课件的图文提示打开学生的思维,再在几个思维活跃的学生的带动下,让其他学生跟着模仿,逐渐打开自己的思维。这样既增强了学生的学习兴趣,也帮助学生提高了识字的能力。如教学"闪"字时,出示动画课件"一个人走进了一扇门里",形象直观的动画提示会让学生马上编出"闪"字的字谜——"人快速走进了门里面",不仅记住了字形,还懂得了字义,真是一举两得。有了这样的提示,学生在无形之中学会了编儿歌、猜字谜的方法,记忆生字就容易多了。像"一口咬掉牛尾巴"就是"告";还有"两个人坐在一堆土上"就是"坐"等这样的奇思妙想,学生可以信手拈来。学生的思维开阔了,就能提高记忆生字的准确性。

3. 识字与生活情境相结合

教育家苏霍姆林斯基说过:"只有当识字对儿童来说变成一种鲜明的生活情景,里面充满了活生生的形象、声音、旋律的时候,读写结合过程才能变得比较轻松。"《语文课程标准》指出:"识字教学要将儿童熟识的语言因素作为主要材料,同时充分利用儿童的生活经验。"的确,把枯燥难懂的汉字运用信息技术制作成色彩艳丽、生动形象、饶有趣味的生活图画或动画形象,能帮助学生更好地识记。例如:教学《日月水火》这一课时,利用课件出示"山"的图画,学生通过观察就可以记住"山"字的字形,中间那一竖就像是"高高的山尖",不需要死记硬背,学生就能把"山"字铭记于心。

4. 识字与写字相结合

《语文课程标准》明确指出:"识字、写字是阅读和写作的基础。"在指导书写时,出示课件,让学生观察每个字的占格,然后对照田字格中的字的笔顺规范进行仿写,学生就能做到"心中有格",既不会写错笔顺,又不会占错格,还记住了生字。久而久之,学生形成了较为规范的写字技能,又能在书写中快乐地识字。

谈特殊学校残疾学生家庭教育问题

荆门市特殊教育学校　严妮伦

残疾学生是弱势群体中的特殊群体,自身存在着生理和心理的障碍,同时家庭背负着沉重的精神负担和经济负担,因此,家庭的培养与教育直接影响着残疾学生的成长。作为从事特殊教育的工作者,在这里对残疾学生家庭的教育问题进行初步探讨。

一、残疾学生家庭教育的现状

荆门市特殊教育学校(以下简称荆门特校)于1990年创办,是一所承担全市盲、聋、智障、孤独症等残疾少年、儿童接受小学、初中、高中教育的特殊学校。这些学生分布在全市不同的家庭,通过与不同类家长的信访、家访、电话交谈,加上班主任对残疾学生家长的心态和行为的了解、分析、研究后发现,当前残疾学生家庭教育有以下五种教育的类型。

1. 家庭教育"蒸发"型

由于残疾学生的家长长期外出打工,家庭教育出现无人教育的局面。例如:荆门特校聋哑学生小雨和小阳,父母长期在外打工,不得不靠祖父和亲戚过日子,每次月休时不是东家串就是西家走,加上语言上的障碍,他们过着没有父母关爱的生活,可怜极了。家庭教育好像无形被"蒸发"似的,良好的家庭教育成了一句空话,无形增加了学校教育的难度。

2. 家庭教育"负疚"型

由于先天或后天的不幸,子女成为盲、聋、智障孩子,而家长们又无法医好他们的残疾,于是家长们都带有内疚的心理,觉得亏欠孩子太多、太多,往往用过分的溺爱来弥补,导致孩子从小娇生惯养。

3. 家庭教育"顺其自然"型

荆门特校大多数家庭对自己孩子的态度是"顺其自然"型。他们认为残疾学生读书无用,健康的学生读到初中,都有学生不愿读书而失学,还有,即使考上了大学,找工作也非常困难,何况残疾人呢?不如就待在家里,上什么学,免得浪费时间和金钱。他们还认为教育孩子是特校的事,是特校老师的责任。他们教育残疾孩子采取的多是"骂一顿""打一顿"或"不了了之"的方式。

4. 家庭教育"知识"型

这类家长只关心残疾孩子的学习,以学生成绩的优劣来衡量自己孩子的好坏。尽管身残,希望孩子智不残,渴望孩子获取知识。例如:荆门特校智障学生小飞,是独生子女,曾在镇上上过五年学,存在智力和语言上的障碍,在普校常年"坐冷板凳",无人问津,家长感到不是滋味。小飞的爸爸听朋友介绍知道荆门有一所特校,不顾孩子的年龄大毅然把孩子送到了特校,并从一年级学起。在普校小飞的学习成绩非常差,由于特殊的教育,他的学习成绩提高很快。但家长只注重孩子的学习成绩,对孩子思想品德的教育关心较少,教育子女也显得束手无策。

5. 家庭教育"包袱"型

这类家长把残疾孩子送到学校就不管了。这类家庭很少,但确实存在。例如:荆门特校男生小俊,聋哑人,经他人介绍入学至今,家长不为孩子准备生活用品和学习用品;每个月接送学生都是请邻近的家长帮忙,小俊稍长大后,家长干脆让孩子自己搭车回去;平时看到可怜的小俊没有车费,班主任和其他老师就轮流给他车费。当班主任向家长问起车费时,家长说:"我家非常困难,学校可以找民政、残联解决,国家也可以帮助解决。"

二、残疾学生家庭教育的对策

针对残疾学生家庭教育的现状,笔者认为:加强残疾学生的家庭教育工作势在必行。因此,残疾学生家庭教育应从以下几个方面来加强。

(1)学校应充分发挥自身优势,通过家长学校等各种形式帮助家长提高参与学生教育的意识和能力,让家长通过学习,接受指导,了解一些特殊教育理论,懂得一些盲、聋、智障教育学与心理学知识,掌握行之有效的教育方法,使家长对子女的教育得心应手,使家庭教育与学校教育相互补充,具体可采取以下做法。

①开办家长学校。以讲授、座谈、经验交流会、报告会等灵活多样的形式,向家长传授盲童、聋童、智障儿童等身心发展知识和教育知识,使家长建立正确的残疾人教育观和发展观,树立信心,提高参与意识和技能。

②召开家长会。各班以班主任为主,每学期开学第一天和学期结束时召开家长会,同时还利用每月月头家长送学生到校和每月月尾家长接学生回家月休的时机与家长交流,了解学生在家学习、生活的状况,帮助家长解决实际生活中遇到的教育难题,及时扭转残疾学生无家长教育的局面。

③典型引路。为残疾学生树立学习的榜样。榜样的力量是无穷的,可以指引人们前进的方向,残疾学生家庭教育也不例外。荆门"无臂英雄"何军权,他的成长倾注了父亲的耐心和教育。他在父亲的鼓励下,刻苦训练,顽强拼搏,用坚强、奋斗和汗水书写了灿烂的人生。他在第12届残奥会上勇夺4枚游泳金牌,打破世界纪录,不仅为湖北和荆门人民争了光,而且为中国争得了荣誉,现任荆门市残疾人联合会副理事长。在人生的道路中,他不断地成长着、进步着。他的成长史,也是父母良好家庭教育的记录史,更是所有残疾学生家庭教育的一面镜子。

(2)加强教师培训,提高教师指导家庭教育的水平,从而更好地提高教师(尤其是班主任)开展家长工作的能力。首先,要对特教教师进行继续教育。其次,组织教师进行系统的心理知识学习和家庭教育理论学习,采用多种形式和途径去帮助和引导家长,以有效的方式融入子女的教育中来,共同做好残疾学生家庭教育工作。

(3)重视家长自身素质的提高,树立正确的教育观念,掌握合理的教育方法。注重营造良好的家庭环境,与子女建立起良好的互动关系,关注子女的内心世界,对孩子的爱要有原则,做到关爱不溺爱,放手不放纵,关爱与严格要求相结合。

综上所述,只有提高残疾学生家长的家庭教育水平,努力使家庭教育与学校教育形成合力,才能促进残疾学生的身心健康。

习端正中国字　扬传统文化魂

沙洋县马良小学　张　敏

《教育部关于中小学开展书法教育的意见》指出：书法是中华民族的文化瑰宝，是人类文明的宝贵财富，是基础教育的重要内容。通过书法教育对中小学生进行书写基本技能的培养和书法艺术欣赏，是传承中华民族优秀文化，培养爱国情怀的重要途径；是提高学生汉字书写能力，培养审美情趣，陶冶情操，提高文化修养，促进全面发展的重要举措。继承和弘扬书法艺术，是我们每一个书法教师的责任和义务。那么，如何对学生进行书写基本技能的培养呢？通过几年的教学尝试，我得出如下经验。

一、激发学习书法的兴趣

俄国教育家乌申斯基指出："没有任何兴趣，被迫进行的学习会扼杀学生掌握知识的意愿。"学生写好字的关键是对书法感兴趣，教师只有将学生的兴趣激发起来了，学生学习时的思维才最活跃、最有效。首先，借助多媒体介绍汉字的演变，在生动的视频中，学生感受到中国汉字的美，感受到汉字的魅力。其次，在平时教学中，我给孩子们讲书法小故事，如古代王羲之洗笔成墨池；张芝临池学书，池水尽墨；智永登楼练字，退笔成家；黄庭坚观看船夫划桨而行笔法等，让学生产生奋发图强的动力，增强练习书法的毅力。最后，教学生学会欣赏书法之美，用美去激发学习兴趣。比如，引导学生欣赏不同字帖，体会各种风格的汉字。

二、强化基本功训练

"万丈高楼平地起"，要想写出令人羡慕的中国字，必须练好基本功。每次新课前必须进行基本功训练：进行五分钟的横、竖、撇、捺、点基本笔画练习。基本功训练二，教会学生正确的练字方法——"三到"，即眼到、手到、心到。眼到要求学会"读"帖，对字帖中的字的用笔、结构、章法要详察细审，既要在静态上把握笔画形态，又要在动态上理解点画间的呼应关系。手到是临帖过程中最基础的环节，学生把眼所看到的字的运笔、结构如实客观地写出来。心到是一种思维的习惯，看到一个字，心里会习惯性地去分析每一个笔画的形状、写法。

书法家苏轼有句名言："退笔如山未足珍，读书万卷始通神。"在学习书法的同时,让学生在字外下功夫,这也是基本功。让学生多读书,积累丰富的知识。有时我会在课堂中,玩"飞花令"和"举一反三"的游戏,拓展学生的知识。比如,在学习"春"字时,我会问:"你还知道哪些诗里有这个'春'字?""看到'春',你能想到哪些字?……"

三、把握讲与练

书法教学以练当先,书法技能需要反复多次练习才能形成,但也要合理安排讲和练的比例。

精讲有代表性的字,讲字的结构、用笔。汉字积淀了中华民族五千年的文化历史,每个文字都有故事、有趣味。譬如:"因""火"成"烟";"人"字立天地;"口"字张大嘴;"哭"多愁苦;一个"男"字有力量;一个"明"字日月辉;心中有你称为"您";心中有鬼称为"愧"……字字有内涵,且意义深远。教学中我让学生观察字的结构,看清笔画的走向,看清起笔、行笔、收笔,利用形象的比喻法进行讲解,以启迪少儿积极的形象思维,扩大形象之间的联想,使他们能迅速地抓住和掌握笔画的主要特征,做到"胸有成竹",在这个过程中,教师要加以示范、演示,学生再开始临摹练习。

多练,就是练习——比较——再练习。通过观察、分析每个字的每个笔画的形状、特点、书写方法来完成字的书写过程,写好后再比对字帖,找到哪里不够好,然后再让学生训练,直到和字帖相似。在这过程中,我有时采用自练与互练、虚练与实练相结合的方法帮助学生掌握书写。

郭沫若先生曾经说过:"要把字写得合乎规格,比较端正、干净、容易认。养成这样的习惯有好处,能够使人细心,容易集中注意力,善于体贴人。草草了事、粗枝大叶、独断专行是容易误事的。练习写字可以逐渐免除这些毛病。"在反复练习中,学生不仅掌握了汉字的书写,更养成了很多好习惯。

四、采用灵活多变的评价

课堂教学评价是促进学生主动学习的有效手段。教师采用多样、灵活、生动、丰富的评价方法,能使学生如沐春风,让课堂充满勃勃生机。书法教学更是如此。由于学生对学习的认识尚处于发展阶段,对书法学习缺乏目的性,不能主动做出种种努力,这就要求老师掌握学生的心理状态,感知规律,增加刺激强度来吸引他们的注意力,激发他们学书法的兴趣。例如:在书写时,我把学生写得好的字,用红笔圈出来,看谁得的圈多;把优秀的练习挂在展示区让同学互相点评,互相学习;每学期进行一次班级书法比赛;学期末还会对每个学生的书法进行一次评价,对班级书法课进行总结,激励学生们学习书法。

我的评价多以鼓励为主,试着发掘每个学生的闪光点,让学生从心理上得到满足,激发他们学习的动力,从而增加学好书法的兴趣。

五、利用多媒体教学

写字是一个动态过程,其间的每一个环节、每一个步骤教师都要给学生做示范,让学生静观每一笔是否到位,细细体味每一笔的运笔。在教学中我利用镜头的定格、放大、慢放、循环播放等形式,突出重点或细节部分,使学生细致地观察、认真地思考。慢放画面使转瞬即逝的动作过程更完整、清晰、具体。利用视频展示台,教师在上面直接范写,将"逆锋起笔、中锋行笔、回锋收笔"的运笔过程以及用墨的多少、书写时的节奏等用笔方法在屏幕上清晰地显现出来,学生对所接受的知识印象会非常深刻。还可以利用视频传递汉字的演变、汉字的不同风格、讲述书法故事等。

俗话说:"只要功夫深,铁杵磨成针。"教会学生写好字并不是一朝一夕的事,书法学习贵在坚持,只要持之以恒,就能培养学生良好的书写习惯,提高学生书写的能力,我们的传统文化才能更好地得以传承和发扬。

加强初中语文德育教学的几个方法

钟祥市荆襄初级中学　江海潮

从素质教育的要求来看，当下的教育必须要注重学生的全面发展，培养他们优秀的道德品质，这与德育的教育目标有较高的契合性。从某种程度上来说，德育本质上就是素质教育的具体体现。初中语文要想在当下的教学改革浪潮中乘风破浪，德育教育也必不可少。这既是时代进步的要求，也是学生健康成长和良性发展的需要。因此，开展初中语文的德育教学研究活动，就显得十分迫切和必要。

一、情境导入，激发爱国情感

从初中语文教材内容上来看，其中有许多表达爱国情感的文章，这主要是因为初中生正处于价值观形成的关键时期，也是最容易受到外界影响的时候，通过对语文阅读文本的学习与解读，不仅可以激发学生的爱国情感，增加他们对祖国的归属感和荣誉感，还可以培养其正确的爱国观念，以此影响他们的行为。对此，笔者在进行教学时，通过情境导入的方式，促进教学目标的实现。

譬如，在学习《新闻两则》时，首先，笔者除了让学生学习课文以外，还让学生思考"为什么要学习这两篇文章"这个问题；然后利用网络信息媒体，让他们观察了《飞夺泸定桥》等视频的精彩片段，借助视频的感染力和演员精彩的演绎，将学生带入到当时的情境当中，让他们仔细体会战况的激烈、先辈牺牲的壮烈与伟大，以此触动他们的内心，使其明白当前美好生活的来之不易；最后让学生谈一谈自己的感受，深入思考"初中生应该怎样表达自己的爱国之情？""面对西方文化的入侵，初中生应该怎样做？"等问题。在此基础上，还让学生观看了新中国成立70年以来取得的成就的相关视频，让他们体会到作为中国人的自豪感。这样的教学不仅可以激发学生的爱国情感，还能树立他们理性爱国的意识。

二、融情于学，常怀感恩之心

初中生正处于较为叛逆的青春期，这个时候的他们对外界的信息相对敏感，性格冲动、易怒；对于父母的某些行为常常会产生一些误解，从而爆发家庭冲突，造成矛盾的出现，这不仅会影响到他们的语文学习，对其成长也较为不利。亲情是初中语文学习历久弥新的主题，教材中也有许多与亲情直接相关的内容，因此，笔者在初中语文课堂上，常常会将亲情教育融入座谈、写作等多种形式的教学活动当中，引导学生常怀感恩之心。

譬如，在初中语文教学过程中，笔者除了让学生阅读《背影》《荷叶·母亲》等讲述亲情的文章，要求他们说一说自己的感受以外，还让其回忆一下"父母做过的最令自己感动的几件事"或者"自己不能理解的父母的一些行为"，将它们分享给大家，并进行集体讨论。通过回忆，增进学生对父母的感恩之情；通过理性分析，加深学生对父母的理解。另外，笔者还会经常让学生给父母写信或者开展亲情主题的写作活动，在日常的教学中，逐渐引导学生学会与父母和谐相处，培养他们对父母的感激之情。

三、生活作业，培养乡土情怀

家乡在每个人的心中都有不同的含义。对许多初中生来说，他们对家乡的印象并不是特别深刻，对它的故事并不是十分了解，但乡情又是初中语文德育教育绕不开的内容，它不仅能丰富学生的精神世界，对其以后的成长与发展也有着较为重要的影响。但常规的乡情教育只是通过单纯地阅读文章、谈一谈感受等方式进行，并没有让学生"跳"出课本，真正认识自己的家乡。对此，笔者在进行有关教学时，就通过生活作业的形式，深化课堂教学目标。譬如，在初中语文教学课堂上，笔者一方面让学生学习《苏州园林》《安塞腰鼓》等文章，让他们说一说家乡的风俗或特色建筑，或家乡发生的大事，在这个过程中，激发了学生的乡土情怀；另一方面，笔者还经常向学生布置诸如"发现家乡美""家乡风味""逆流而上，家乡历史""家乡名人知多少"等主题作业，要求他们利用课余时间，寻找家乡的文化，了解家乡的优势，撰写以家乡为中心的作文。通过知识的累积，逐渐培养了他们的乡土情怀，培育了他们的道德"根性"。

总而言之，开展初中语文的德育教学活动，是贯彻素质教育理念的重要表现，也是语文教学本身谋求突破的要求。教师在进行教学时，要认真研究语文教学内容和德育教学特点，借助情境导入，激发学生的爱国情感；通过融情于学，引导学生常怀感恩之心；布置生活作业，培养学生的乡土情怀。在此基础上，构建高效的德育教学课堂，加强德育教学力度，促使学生形成良好的思想道德品质，促进他们健康成长。

贴近童心　快乐写话

京山市新市镇第一小学　朱　艳

作为一名从教二十四年且一直在低年级任教的语文老师,我深感一年级写话能力培养的重要性。写话不仅可以培养学生的观察力、想象力,更可为中高年级作文奠定坚实的基础。写话教学是一年级教学的重点,也是难点。学生在幼儿园时只学拼音,认几个简单的字,而一年级的写作要求是写一段通顺、连贯、完整的话。这对于刚上一年级的学生来说,难度很大。很多学生都产生了畏难情绪,害怕写话。针对这种情况,我采取了以下方法来培养他们的写话能力,提高他们的写话水平。

一、用拼音写一句完整的话

通过一个月的拼音学习,大部分学生会用拼音拼一个字或一个词。我就尝试让他们把这些字词连成一句通顺的话。每天都要求他们用拼音写一句最想说的话,由于这句话写的是学生内心的真实感受,他们觉得有话可写,难度也不大,都乐于写,这样激发了学生的写话兴趣,增强了他们写话的信心。如开学第一天,有的学生用拼音写道:"我们的新学校真美,我爱我的学校!"也有学生写道:"今天我认识了好多新同学,心里非常高兴。"还有同学写道:"新老师对我们很好,我喜欢我们的老师。"

二、以日记的形式写一段通顺的话

学习了部分生字后,我不给学生规定写话的题目和内容,而是让他们每天晚上把当天印象最深的一件事写下来。由于是写发生在自己身上的事,学生能表达真情实感。在写这件印象最深的事时,有很多字学生还不会写,我告诉他们不会写的字可以用拼音代替,这样降低了写话难度,学生就能很轻松地写出来。开始训练时,可以让学生写两三句话,学习了更多的词汇后,要求学生写一段通顺、连贯、完整的话,同时加上标点符号。如小芳同学以别人帮助她的一件事写了一段话:"今天上学,我忘了带铅笔,老师让我们写作业,我心里非常着急。这时,同桌小明递过来一支笔,借给我用,我非常感谢他,他真是一位热心帮助别人的孩子。我也要向他学习,主动帮助有困难的同学,做一个有爱心的孩子。"

三、引导学生看图写话

根据一年级语文教学的要求,要引导学生看图写话。按照由易到难的原则,先让学生写一幅画,再让学生写多幅画。指导学生看图写话时,可以引导学生先看图说话,如这是什么时间?在什么地方?这幅画上画了谁?他在干什么?让学生连起来说一段话,再用笔写下来,注意语句通顺、完整,不写错别字。写时还可以加上自己的感受,如,这里的景色真美啊!小明真是一个爱劳动的孩子!写多幅画时,要按顺序观察,把第一幅写完后,再看下一幅,每幅都要写,还要恰当地连接在一起。教师要教给学生基本的写话方法,培养学生的写话能力。

掌握了写话的基本方法后,要想提高写话水平,不仅要做到写得通顺、连贯、完整,还要把话写优美,这就需要学生掌握更多的写话技巧了。我主要采用了以下方法。

1. 多看课外书

一年级的学生由于年龄较小,视野和知识面比较窄,仅仅掌握书本上的知识还远远不够,多看课外书,可以开阔他们的视野,增长他们的见识,让他们了解新鲜事物,积累更多的写话素材。特别是多看写话、日记和作文类的书,向同年龄的小作者学习,可以让他们快速了解写话的重难点,学到一些写话的方法和技巧,提高他们的写话水平。因此,我要求学生每天读半小时课外书,可以是童话书,也可以是自然科学类的书,这样既可以培养他们的想象力,又能积累丰富的课外知识。

2. 摘抄优美词句

俗话说:"不动笔墨不读书。"学生在看书的时候,遇到优美的词句,就要把它抄下来,只有积累了丰富的语言,才能把话写得更生动、形象、具体。学生可以选择性地摘录一些好的词语,如形容词、叠词、四字词语等,也可以摘抄一些优美的句子,如比喻句、拟人句、排比句等。积累了好词佳句后,在写话的时候用上,句子会更加丰满。如写妹妹的脸很红,可以用比喻的写法:"妹妹的脸像红红的苹果。"又如写风把手绢吹到地上,可以用拟人的手法来写:"调皮的风娃娃把手绢扔到地上。"经过长期的语言积累,学生写的话一定会充满童趣,会吸引别人去看,并且学生逐渐在人们赞赏的目光中爱上写话。

还留守学生一片心灵的蓝天

荆门市漳河新区谭店小学　赵　敏

留守学生在成长过程中因为缺少父母的关注和呵护，情感会变得敏感、脆弱，情绪波动大，极不受控制。

我班就有这样一个学生，他叫小然，父母常年在外地打工，过年才会回家，一直都是由年迈的爷爷奶奶照顾。他就是一名令所有科任老师头痛不已的学生，只要接触过他的老师，都会连连摇头。课堂上，他不遵守纪律、不听讲、不学习，老师提醒他、教育他，他只是当时听一听，老师的视线一离开，马上又"故态重萌"。课下，他也喜欢招惹其他同学，在背后捣乱，还爱打小报告。一旦老师发现，他总会先"咬"别人一口，明明是他的错，却不愿意承认自己的错误。在他的意识里，只有他是对的，别人都是错的；跟同学发生摩擦时，不会换位思考，不懂得原谅、宽容别人，冲动、易怒，脾气暴躁。老师反复教育他，他"始终如一"。

为什么一个二年级的学生，会有如此多的"问题"？在跟他的父母多次沟通后，我发现这个孩子的家庭教育非常有问题。据其他老师反映，小然在幼儿园就已经表现出来了诸多问题。老师针对他的表现，多次教育他。但是由于没有父母关心和管教，再加上平时他的生活、学习大多都是由爷爷奶奶照管，他被爷爷奶奶宠着，我行我素早已成为习惯，自然而然变得自私自利、冲动易怒、脾气暴躁。他的父母对他的管教方式非常简单粗暴，孩子不听话、不写作业，就用打骂、罚抄写、不给吃饭的方式来惩罚他。打得多了，孩子就变得顽固，也学会了撒谎"求饶"，甚至伤害自己来威胁父母。家庭教育的缺失，父母关爱的缺乏，爷爷奶奶一味的溺爱，导致他变成了现在这个样子。

为了让小然"不掉队"，重新绽放笑颜，还他一片心灵的蓝天，我主要采用了下面几种方法。

一、用爱心融化学生心灵的坚冰

在对学生进行教育的过程中，除了要使用科学的教育方法以外，老师还要给予学生们无微不至的关怀，要走进他们的内心世界，知道他们想什么、需要什么，同时还要让他们感受到老师的关爱。在学校，我密切关注他的行为,一旦发现有不对的地方,立刻劝阻。课下也会多找他谈话,拿出真心、耐心,给予关心、爱心。另外,我也对自己平时的教育进行了反思。老师如果从感情上嫌弃,对像小然这样的学生不耐烦,在平时的教育中斥责多于说教,责怪多于体贴,这样反而会使他形成一种逆反心理,从而加速其向不利的方向发展。留守学生最缺少、最需要的就是温暖和关爱。我相信,只要从"爱"出发,不论在生活上、学习上都对他给予关怀和爱护,平等相待,真心关爱,孩子会逐渐打开心扉,走出阴霾,让我们走进他的内心。

二、加强父母与孩子的情感联系

任何人都代替不了父母的爱,代替不了父母的教育。父母不仅要给孩子物质财富,还要给他们精神财富,要学会陪伴、关爱、教育孩子。我经常与他的家长进行沟通,电话、微信沟通或面谈。同时,我也经常劝告他的家长,不要再采用暴力的方式管教孩子,这只会让孩子变得跟家长一样暴力。只有老师和家长通力合作,我们才能慢慢引导他、启发他、教育他,让他有所改变。

三、重视留守学生心理健康教育工作

学校除了多组织丰富多彩的文体活动外,还要设立心理咨询室,聘请专业的心理教师定期给学生上心理健康课,在思想上、生活上帮助每一个留守学生。

随着时间的推移,在老师、家长和同学的帮助下,小然同学的各种坏习惯逐渐有所改善。他发脾气的次数减少了,下课也愿意加入其他同学玩耍的行列,作业也能够在规定时间完成,开始变得有规矩、懂礼貌。看到他的进步,我们发自内心地高兴。当然,要想彻底改变他,让他成长为一个合格的小学生,还需要持之以恒地付诸努力。但我坚信,假以时日,他一定会健康快乐地坐在教室,用所学的知识改变自己的命运,创造自己的美好未来。

留守学生是一个特殊的群体,他们中有许多人自卑、胆怯、孤僻、任性、自私自利、脾气暴躁、冲动易怒,有强烈的逆反心理,严重缺乏关爱。他们需要学校、家庭、社会去共同关爱和呵护。只有给予他们足够的关爱、耐心、细心、真心,才能让他们小小的心灵充满阳光,才能还他们一片心灵的蓝天,让他们微笑着拥抱明天。

智障生实施国学经典诵读的策略

荆门市特殊教育学校　周　焰

古诗文是中国文化宝库中的瑰宝，精神内涵丰富，是很好的德育素材。作为特殊学校的语文教师，该运用哪些策略和方法，在教学中实施国学经典诵读教学，培养智障生良好的品德，提升他们的人文素养呢？下面笔者结合自己的教学实践谈一谈。

一、在智障生中实施国学经典诵读育人的必要性

让学生学习我国优秀传统文化，是教育者义不容辞的责任。近年来，全国普通中小学极为重视国学经典诵读，开展了很多活动，然而特殊学校在这一方面还比较薄弱。究其原因，一是由于智障生的特殊性。他们智力低下，在认字、理解能力上有很大障碍，实施国学经典诵读极为困难。二是这几年智障生的教育主要倾向于生活化，连语文教学也主要以生活内容为主，传统文化学习较薄弱。在教育教学中，我发现较多智障生缺乏规则感，感情较淡漠，不懂得去关心别人，感恩意识淡薄。我们不能漠视智障生精神生活匮乏的现状，作为教师有责任去培养他们良好的品格，让他们能快乐学习、健康成长。鉴于此，我进行了这方面的教学尝试，选取适合智障生学习的古诗文，创设适应智障生学习传统文化的环境，把国学经典诵读与德育结合起来，激发他们阅读经典的兴趣，增强其良好的道德意识，让智障生逐步养成爱家爱国、敬老孝亲、友善互助的优秀品格。

二、对智障生实施经典诵读、提高人文素养的主要方法与策略

1.精选篇目，整合内容

选取合适的诵读内容，形成校本教材，这是保障智障生进行国学经典诵读学习的前提，也是教师的教学依据。我们从《三字经》《弟子规》《唐诗三百首》等读物中精心筛选，遵循由浅入深、由易而难的原则，联系学生的生活实际，选择适合智障生诵读且蕴含德育精神的学习内容加以整合，最终形成有校本特色的诵读教材。事实证明，自从开展经典诵读以来，学生的学习兴趣变浓厚了，即使在课间、排队时间，也能听到琅琅的诵读声回响在校园里。

2.每日必读，循序渐进

我们依托晨会、语文课，要求学生每天读一读经典，五到十分钟的诵读

时间即可,每次学习的内容不要太多。在实践中我们发现,一周学习4到8句新内容为最佳,学习国学经典以"滚雪球"的方式进行。从实施效果来看,不间断的诵读可增强智障生的识记能力,养成做事持之以恒的好品格。

3. 泛读为主,渗透德育

智障生记忆力、理解力差,所以只要求学生粗浅理解所学内容即可,最重要的是能把国学经典中的德育内容和学生的生活实际结合起来,进行德育教育。如在教学《弟子规》"入则孝"这部分内容时,问学生想不想在外打工的父母,进而让他们讲述父母在外地的艰辛,告诉他们应该如何去对待自己的父母,培养学生对父母的感恩之心。有些在家里很任性、不听指令的学生改变较大,基本做到了"父母呼,应勿缓;父母命,行勿懒",家长们特别高兴,纷纷点赞。很多家长反映孩子回家越来越懂事了,抢着做家务,不再像原来那样对父母漠不关心,懂得心疼父母了。

4. 创设氛围,活动育人

智障生单纯,思维简单,只要自己会的东西,都会有强烈的表现欲,一般不会胆怯,但不能持之以恒。在学校经典诵读比赛活动中,我班排演《锄禾》,由于要反反复复练习,有学生说好累,我及时引导,让他们比较烈日下农民伯伯辛苦劳作和他们在屋子里排练哪个更累,学生马上说农民伯伯更累。我进一步引导学生既要珍惜粮食,又要学习农民不怕苦的精神。活动育人,德育效果更佳。

5. 依托生活,提升素养

在实施经典诵读教学后,智障生在道德行为、文明礼仪方面有了很大的提升。例如读了《三字经》《弟子规》后,一些原来脾气不好的学生,较能控制住自己的情绪了,对人也更有礼貌了。学生们的素养提升还体现在日常生活中,如我校每次的体育活动结束后,收拾器材是一个大问题,刚开始时都是体育老师一个一个慢慢去收,花费很多时间。在学习了《弟子规》一段时间后,我班同学再看到这个情况,个个自发地主动去帮忙收拾。这样做了几天后,其他班的学生受到感染,也主动帮忙收拾,智障生主动帮班级做事的好习惯逐渐养成。

"今朝花开胜往昔",通过国学经典诵读育人活动的开展,智障生的不良行为明显减少,人文素养明显提升。所以,我们要充分利用古人留下来的精神财富,培养智障生的良好品格。

名著导读,始于悦读,走向越读

荆门市沙洋县教研室 周 丹

语文课程标准和统编语文教材将名著阅读纳入了课程体系,课程化的整本书阅读是系统性、持续性的,是有目的、有方法的阅读。但实际教学中却存在阅读浅表化、碎片化等现象,名著阅读并未真正发挥其应有的课程价值。如何引导学生进行整本书的阅读呢?我认为名著导读,应始于悦读,走向越读。

一、消除与经典的隔膜

读名著,就是读"塔尖"上的书。

首先要转变观念。今天我们为什么要读名著?教育改革家朱永新说过:"一个人的精神发育史就是他的阅读史。"在不同的年龄去阅读同一本书,就会看到不同的主题。其次要重读名著。老师们一定要重读名著,单凭学生时代读的模糊记忆是不行的。比如鲁迅先生的《朝花夕拾》,既有夕拾之朝花的美丽与温馨,也有朝花之夕拾的深思与讽喻。朝花的美好是学生阅读时所乐于亲近的,而夕拾的现实与思想的深邃是七年级学生感到陌生的。学生阅读的隔膜与困难我们不能回避,名著的深邃与精髓我们不能无视,否则经典就失去了应有的价值,阅读也便降低了应有的品位。

二、走出导读误区

误区一:以点代面,精读选段代替整书阅读。一次听《朝花夕拾》的导读课,教师只依据《阿长与山海经》分析了长妈妈这个人物,这就暴露了一个问题:单篇阅读与整本阅读之间存在的问题。阅读"长妈妈"并不能窥见《朝花夕拾》整本书的内容。如果我们追问一下:"你在其他章节的哪个细节中,能感受到长妈妈对我的影响?"这样就把一个相对独立的章节,放到了整本书的阅读视野中,就能引导学生的阅读思维朝着更为开阔的方向发展。

误区二:以写代读,避免阅读方法单一枯燥。在阅读整本书的过程中,老师们通常让学生写读后感。"写"只是推动阅读的一个方法而已,我们应该有更丰富多彩的阅读活动,比如:与主人公对话、制作读书小报、话题辩论、对比分析、假设情境等。

误区三:以考代导,应试替代阅读过程。考试可以"倒逼"学生阅读,但真要提升学生的阅读能力,还是要在阅读过程中着力。开学初要求学生读一本书,中途不管不问,学期结束快要考试时,发现他们没好好读,只好把题目涉及的名著内容压缩成"饼干",或者提炼为若干个简答题,让学生背答案,进行"填鸭式"学习。因为阅读过程的缺失,导致背诵的结论成了无源之水,使学生产生了厌倦、恐惧、茫然之感。

三、怎么设计导读课

要阅读整本书,只上一节导读课是不够的,阅读导读要分三个阶段:读前导读、读中促读、读后交流。

1. 激发阅读兴趣

激发阅读兴趣的方法很多:按要求复述故事情节,给主人公写信,写读后感,写好书推荐语,重拟小标题,话题讨论……

2. 指导阅读方法

教材上每本名著阅读的导读部分对读书方法已有很明确的介绍。如精读和跳读(七上)、圈点批注(七下)、快速阅读(七下)、选择性阅读(八下)、摘抄(八下),可以引导学生运用这些方法来指导阅读。

3. 交流展示,内化再造

读书是一个输入和输出的过程,输出就是交流展示、内化再造的过程。经典名著是历经时间检验的精品,是有营养的书籍,而想要更好地吸收这些营养,就需要充分而深入的阅读。

4. 评价撬动阅读过程

阅读整本书需要全过程指导,全过程陪伴。整个过程需要评价拉动,包括过程评价、共生评价、考试评价。整本书的阅读是一个长期的过程。阅读评价要分阶段、分步骤地有序推进。尊重个体的阅读体验和阅读水平,不搞一刀切。

5. 依托课本拓展延伸

现行的部编教材进一步凸显了课外名著阅读的地位,并细化了名著阅读的指导板块:内容简介、读书方法指导、专题探究、精彩选篇、自主阅读推荐。老师们要将这5个板块贯穿在整个导读活动中,依据课本上的名著导读框架,在此基础上再自行设计探究专题,植入读书方法。

浅析如何实施农村小学生素质教育

钟祥市长寿镇朱坡中心小学　金天云

素质教育就是全面发展人的德、智、体、美、劳等几方面的素质,强调培养学生自我学习、自我教育、自我发展的能力。实施素质教育,需要教师用爱心和耐心来对待学生,看到每个学生的优缺点,有针对性地进行教育。下面我将从不同方面来介绍如何实施素质教育。

一、培养学习能力,探索学习方法

学习能力就是学习的方法与技巧,是所有能力的基础。学生可以发挥自己的主观能动性,最大限度地按照素质教育的要求改进自己的学习方式,从而实现"自己的"素质教育。

学习方法听起来很空洞,但其实就包含在每一堂课、每一门学科中。比如:在我教学五年级语文时,发现学生一个生字抄一行都无法记住。于是,我让学生上台轮流进行生字教学,在学生自行讲授生字的过程中,他们学会了如何快速记忆生字的方法。我教学生理解课文、复习和快速记笔记的方法,并且把这些都做了归纳,让他们按照要求去做。我还引导学生探索自己的学习方法,并在他们尝试用自己方法的过程中持续关注并进行指导。

二、关注学生品德,培养健全人格

培养学生健全的人格,有助于学生未来取得事业上的成就、身心的健康发展,更有效地去适应变化的社会环境,能够顺畅地进行人际交往。有句话说"一个健全的人格胜过一百种智慧",而培养学生健全的人格的方法就是劳动教育,于是我带着学生在学校开辟了一个菜园。苏霍姆林斯基认为劳动教育就需要教师"不断地保持学生对劳动的热爱,点燃创造性的火星,设法使它们熊熊地燃烧起来",所以我并不是命令学生劳动,而是带着他们找乐趣,用我对劳动的热情感染学生,调动他们的好奇心,从而参与其中。我和学生们一起锄草、翻地、施肥、栽种、浇水。在辛勤劳动中学生们终于体会到了父母种田的辛苦,明白了"粒粒皆辛苦"的含义,并且做到了珍惜每一颗粮食。

作为一名教师,不能只看到优异、合群的学生,还要能看到班上的"隐形人",给他们爱,让他们走向光明。班上有一名女生,从小不爱与人交流,自卑、不爱笑,也不和同伴玩耍。我多次走访,并与其父母沟通,寻找她问题背后的根源。我关心她的一举一动,观察她的喜怒哀乐,与她聊天,让其体会到温暖。"绳锯木断,滴水穿石",一个人的力量是微弱的,而一群人的力量是强大的。于是,我在班会上让每个学生说出这名女生的优点,让她感受到同伴的善意。爱让她的心门打开,她告诉了我们她内心的真实想法,在爱的氛围中,她点头表示愿意改变。随后我给了她具体的建议,并且和其他同学一起帮助她、鼓励她。"锲而不舍,金石可镂",在我们共同的努力下,如今她已是一个活泼开朗、自信的学生了。

三、培养学生生存的能力

如今家长对孩子的唯一要求就是学习好,导致很多学生没有生存的本领。我深知只有让学生学会生存,拥有生存的能力,才能立足于社会,从而获得成功。因此,我教学生扫地、铺床、叠被子、洗衣服,不厌其烦地给学生示范,让他们模仿,让他们一遍遍地练习直到熟练掌握。同时我常与家长沟通,在家长面前夸奖其孩子的生存本领,号召家长让学生在家多做家务。

除了关注学生的身体发展,还要关注他们的精神世界。因此,我注重培养学生顽强的毅力、强大的内心以及不服输的精神。有些学生由于成绩优秀,受到的批评很少,在生活中遭到的挫折也很少,所以他们在顺境中能应对自如,但一旦遭到挫折,便很容易一蹶不振,对生活失去信心。所以,只要有一点让其接受挫折的机会我都会抓住,以此来培养他们强大的内心,培养学生在任何情况下都要有面对现实的勇气,有在逆境中也能够顺利走出来,并满怀激情地拥抱生活的能力。

四、结语

邓小平同志曾经说过:"素质教育要从娃娃抓起。"因此,作为教师要用爱和发展的眼光对待学生,让学生德、智、体、美和谐发展,提高学生的素质,从而促进学生全面发展。

浅谈低年级学生倾听习惯的培养

京山市实验小学　黎　丽

《小学语文课程标准》明确指出："应培养学生倾听、表达和应对的能力，使学生具有文明和谐地进行人际交流的素养。""倾听是人与人心灵沟通的桥梁，是人们获取知识的主要途径之一。"那么，教师如何根据低年级学生的年龄、心理特点，培养和引导学生养成良好的倾听习惯呢？

一、激发兴趣——让学生乐于倾听

1. 教师示范

身教胜于言传。为了让学生学会倾听，教师在课堂内要特别注意言传身教，要做一个耐心、专心的倾听者。记得一次上课的时候，一个羞涩的女生用很小的声音回答问题，其他学生开始交头接耳起来，根本没认真听。我微笑着走到这个女生身边，故作神秘地说："多精彩的回答呀，我好想再认真地听一次，孩子们，你们也想听吗？""想——""那我们可要认真、仔细地听，做一个尊重他人的人，我们要让发言的同学感受到大家愿意听她发言，有了你们的鼓励，相信她回答的声音一定会比刚才更加响亮。"顿时，教室里安静了下来，大家都静静地倾听着，刚才还很羞涩的女生回答的音量也明显地提高了。教师认真倾听学生说话，给学生树立了榜样。

2. 激励评价

苏霍姆林斯基说："给儿童以劳动的快乐，唤醒隐藏在他们心中的自豪感，这就是教育工作者的一条金科玉律。"对认真倾听的学生，教师不能吝啬自己的语言，要适时地进行评价，让学生能够感受到倾听的乐趣，获得成功的体验。老师还可以对认真倾听的同学进行奖励，如贴小红花、打五角星等。在互相学习、互相竞争的氛围中，学生们倾听的习惯也会逐渐养成。

二、方法指导——让学生善于倾听

1. 明确目标

对于低年级学生来说，各项要求要具体化，做到"四要"：一要专心听，无论是老师在讲课，还是同学在发言，都要认认真真地听，不做其他事，不想其他事；二要耐心听，不随意插嘴，有想法要待同学说完后发表；三要细心听，无论是听老师讲课还是同学发言，都要听完整，遇到问题先自己想，然后认真地倾听别人的发言,辨别别人说的话的正误;四要虚心听,别人的观点与自己的不同时,要虚心向他人学习,修正自己错误的观点。

2. 督促提醒

明确倾听目标后,还要在教学中指导学生逐步学会倾听,时时对照"四要"找不足。如经常让同学说一说同伴的发言有什么好的地方,有什么错误。可采取一些言语的引导,如"注意听,他和你说的一样吗?""你有不同的意见吗?"或是"你听懂他讲话的内容了吗?"还可以让其他学生重复刚才发言的学生的话。在学生发言过程中,有别的学生注意力不集中时,示意发言的学生停下来,说:"等等,还有几个同学没准备好呢?比比谁听得最认真?"通过多次及时的提醒与交流后,学生才能逐渐养成认真倾听的好习惯。

3. 善用技巧

在课堂教学的过程中,低年级学生的集中注意力的时间总是短暂的,教师应采取一些技巧提高他们倾听能力。可以用对口令的形式,老师说"小耳朵",学生答"竖起来";"一二三——坐端正";"小小手——背背后"等。这样既能有效地维护课堂秩序,又能巧妙地引导学生们认真地倾听。

三、内外结合——让学生享受倾听

1. 优化课堂

上课伊始,不少学生还处于课间的休息、放松状态,只有让他们对听到的内容感兴趣,才能吸引他们的注意力,使其愿意倾听,并快速地进入学习状态。为此,教师要想方设法改进教学方法,让课堂教学生动活泼起来。如在教学《荷叶圆圆》一文时,当视频中出现一池在微风吹拂下轻轻摇曳的荷叶的动态画面时,在教师激情的范读和视听刺激下,学生们的思维特别活跃,学习劲头很高。在学习生字时,猜字谜、摘荷叶等游戏活动掀起了一次又一次的学习高潮,涌现出许多有价值的发言,学习目标于不知不觉中便达到了。

2. 开展多彩的活动

教学中,我结合学生的年龄特点和生活实际情况开展了丰富多彩的语文活动,比如:"我是识字小能手""小小诗人我能行""故事王国""家乡美""快乐的六一"等。在活动中,学生能够认真倾听,积极参与,同时使学生的语文素养得到训练和提高。

作为一名语文教师,我们一定要从低年级开始培养学生的倾听习惯,让学生们的小耳朵"竖"起来,真正成为学习的主人。

小学数学课堂练习设计的有效性

荆门市东宝区漳河镇中心小学　周　春

数学课堂练习设计是小学数学教学的基本内容,作为促进课堂教学、提高教学质量的重要手段,应注重层次性、针对性,加强数学学科的思考性。那么,该如何在新教学理念的指导下,有效地设计课堂练习、提高课堂效率呢?

一、练习的生活化

要使课堂练习能够成功地应用数学知识,并将生活中的计算问题转化为数学问题,必须认真设计课堂练习。如学习了《找规律》这一节后,可以让学生摆一摆各种图形,按一定的规律画一画、涂一涂,按规律做摆头活动、拍掌游戏,让学生体会到生活中的许多事物都是可以找到规律的。

二、练习的多样化

小学课堂练习是教学中非常重要的环节,要讲究方法,不能用题海战术来训练学生,要有针对性地安排重点题型,提高学生的兴趣,增强学习的自信心,达到举一反三的效果,可以进行以下三种课堂练习。

1. 准备性练习

在学习新知识之前,为了让学生很快理解新旧知识之间的关系,要准备一些必要的练习。例如在学习"能被3整除的特征"时,可以先让学生写出3的倍数,接着观察每个数的数位上的数字之和有什么特点,再让学生把这些数字交换位置,看能否被3整除。

2. 形成性练习

在学习新知识的时候,要根据知识的逻辑特点和规律,有效地设计形成性练习。例如:在学习计算三角形的面积时,先让学生动脑筋想一想,接着动手拼一拼、摆一摆,在实际操作中明白两个完全一样的三角形才能拼成一个平行四边形,为后面三角形面积公式的推导做了很好的铺垫,从而展现了数学知识形成与应用的过程。

3. 巩固性练习

学生在学习新知识后,需要有针对性地做些题目来巩固所学的知识,所以老师应设计重点题型来让学生练习,题目如下:

(1)说出下面各算式的积分别有几位小数。

$6×0.4$(　)、$2.5×0.04$(　)、$26.3×6.2$(　)。

(2)根据 1056×27=28512,写出下面各题的积。
105.6×2.7=(　　)、10.56×0.27=(　　)、0.1056×27=(　　)、
1.056×0.27=(　　)。

小数乘法的一个难点是小数数位的变化。第一题是推算小数的位数,第二题是直接写出得数,让学生体会积的小数位数与乘数的小数位数之间的关系,加深学生对知识的理解,从而使知识得到巩固。

三、练习的层次化

根据教学内容的不同,应科学设计不同层次的练习,让不同层次的学生都有成功的体验,从而增强学生学习的信心,使知识和能力得到不断提升。例如:在教学"有余数的除法"后,设计三种不同层次的习题,让学生根据自己的实际情况,选择自己喜欢的题目,进行解答。

★星级练习题:50÷6=(　　)……(　　)、39÷4=(　　)……(　　)。

★★星级练习题:(　　)÷5=8……1 、(　　)÷9=8……5。

★★★星级练习题:52÷(　　)=6……(　　) 、74÷(　　)=8……(　　)。

四、练习的兴趣化

俗话说得好:"兴趣是最好的老师。"针对不同的教学内容,要采取不同的练习形式,才能有效地提高练习的效率。例如,在教学租车问题时,可以出这样一道习题:学校组织大家参观博物馆,有 125 人参加,大车可以坐 20 人,小车可以坐 15 人,每种车各用几辆比较合适?租车方案有多少种?问题联系生活实际,提出后学生非常感兴趣,纷纷投入到分析和计算中。

根据教学的实际情况,除了课堂作业,还可以布置课外作业。

1. 实践性作业

比如,在学习了"千克与克"后,让学生调查一些物品的重量——一袋食盐、一袋白糖、一个苹果等。这样的实践性作业不仅可以巩固所学的数学知识,而且还能提高学生解决基本生活问题的能力,激发学习的快乐感。

2. 调查性作业

在学习了"温度"后,让学生调查全国部分地区同一天同一时刻的温度。

3. 研究性作业

这种作业是让学生在现实生活中发现问题、解决问题,形成完整、严谨的科学思维和良好的学习习惯。例如,学习了"平行与垂直"后,让学生找一找,在长方体或者正方体的纸盒中,哪些边是互相平行的?哪些边是垂直的?通过仔细观察,学生初步认识了长方体或正方体的特征。

如何在会计课程中充分运用信息化教学

荆门职业学院　邓艾青

信息化教学是指在教学中运用信息化手段和软件,使教学过程更直观化,使知识让学生更容易理解和接受。当今世界信息技术日新月异,随着信息化发展,教和学都发生了革命性变化。然而传统的"会计"课程教学,教学方式单一,教师手持一本教材苦口婆心地教,学生总觉得过于理论化,讲解得太深奥,比起护理、汽修、烹饪等专业就离实际生活太遥远。随着信息化的发展,教育信息化成为职教教育改革的目标。为深入贯彻《教育信息化"十三五"规划》,教育部制定了《教育部关于进一步推进职业教育信息化发展的指导意见》,在"会计"课堂中充分运用信息化教学,势在必行。

一、课堂上多用微课、动画和小游戏等信息化手段教学

以"借贷记账法"这一课为例,在学习本课之前,学生已基本掌握了借贷记账法的特点及账户结构的内容,但由于接触会计课程时间短,又没有生活实践经验,对部分抽象的会计概念理解不到位。本课教学重点为编制会计分录的步骤和格式以及会计分录的书写规则;难点为学会分析不同经济业务编制会计分录。

课前复习任务就是复习借贷记账法的账户结构。通过课前小游戏,带领学生简单回顾了借贷记账法下账户的结构,为学习本课内容做知识准备。导入环节用一段视频和两个问题来进行,讲授会计分录的编制步骤,通过生动、形象的动画视频,激发学生的学习兴趣。在导入环节后,学生已经基本了解本课要学习的内容,再通过归纳分析进行新课知识的讲授。通过引导学生解决导入环节提出的两个问题,学生根据微课自主分析归纳出本课知识点。

通过微课教学后,学生已经基本掌握了会计分录编制步骤,下面将理论运用到实践中。任务是编制一笔简单的会计分录,选择交互式操作方式,让学生亲身感受会计分录是如何编制的。学生在完成任务后,基本掌握了会计分录编制的步骤和方法。

运用恰当的信息化辅助教学。如在复习环节运用小游戏调动学生学习的积极性,也增添了学习乐趣;对微课进行反复播放,辅助学生牢记本课重要知识点,达到突破教学难点的目的。

二、充分运用会计信息化教学软件

我校在"会计"课程教学中根据教学需要和学校实际情况,已经运用了如下会计信息化教学软件,有明显的教学效果。

1. 电子报税平台

将学习环境与实际工作接轨,进行仿真经营和业务运作,让学生上课等于上班。按真流程、真场景,训练真本事。全面模拟多行业各税种的电子报税过程。电子报税平台的运用让学生对网上报税不再感到那么神秘和遥不可及。

2. 管理信息化实训云平台(基于畅捷通 T3 云平台软件)

(1) 管理信息化实训云平台分为教师端和学生端。教师端操作包括基础信息设置、命题系统、考试管理、平台管理、统计报告和用户管理功能。学生端分为练习和考试。教师通过"命题系统"可以自己制作题目让学生练习。学生自己练习时可以随时查看是否正确,系统有单题评分功能,如果不正确就提示错误在哪里,学生自己马上纠正。每个小题还配有试题解析,试题解析里会将每题的正确操作步骤讲解清楚,学生按照解析可以自学。教师可以集中精力解决较复杂的、学生出错多的难点问题,有的放矢地解决"会计"课堂上的难点。

(2) 管理信息化云平台可以分模块教学。管理信息云平台可以另行加载与教材配套的资源包,紧密结合教材分章节设置练习。比如把"会计信息化实训教程"按教材章节和学生学习步骤分为十二个实验,另加一个综合案例。十二个实验分别为企业建账、基础档案设置……,老师分模块教学,每次上课老师演示一个内容,学生就做相应练习,并且为每个学生的练习打分,可以对学生进行及时的评价和奖励。整本教材学完后,再做一个综合练习。这些练习也可以设置为考试,老师及时掌握学生的学习状况。另外,还可以分章节制作理论题,也设置练习和考试模式,供学生练习。

(3) 管理信息化实训云平台除了可以按章节模拟训练外,还有很多工业、商品企业等各行各业的仿真训练,老师可以增加各行业的仿真账套,让学生在学校就能接触各行各业的财务知识。

班主任之歌

荆门市沙洋县汉上实验学校　朱银梅

高尚的教师形象数不胜数,有魏巍笔下的蔡芸芝老师、鲁迅笔下的藤野先生、海伦·凯勒笔下的安妮·莎莉文……这些教师的形象时时刻刻影响着我、鞭策着我。作为班主任,面对班级大家庭中性格迥异的孩子,要扮演好严师、慈母、朋友、"艺术家"的角色,做一名优秀的人类灵魂工程师,用真挚的爱心谱写一首首"交响乐"。

一、严师出高徒

古人云:"其身正不令而行,其身不正虽令不从。"教师工作有强烈的典范性,必须以身作则、为人师表,一定要为学生做出榜样。要求学生讲文明、讲礼貌,首先要做到尊重每一位学生的人格;要求学生养成良好的卫生习惯,教师要率先垂范,教师带头拾起地上的纸屑,清扫地面上的垃圾;要求学生书写工整,教师在板书时要做到书写规范、认真……只有从严要求、从严管理,才会形成好的班风。"没有规矩不成方圆",我根据学生的年龄特征,制订了课堂、课下纪律,教室和清洁区的卫生责任划分,"两操集会"管理办法,食堂就餐纪律。有了这些规矩的约束和老师潜移默化的影响,孩子们的自控能力强了许多,整个班集体的学风都好起来了。当然"人无完人,金无足赤",学生偶尔也会犯错,这时我采用"恩威并重"的办法来处理。严爱相济,在爱中求严,在严中见爱。针对不同性别、性格的学生,采取不同的教育方式,"胆大脸厚"的可当众批评教育,自尊心强的则要个别谈话。因人而异、因材施教,班主任的能力就在不断地发现问题、解决问题、总结问题中逐步提高。

二、慈母润童心

"春风化雨,润物无声",面对问题学生仅靠简单的批评解决不了问题,我反复探索,总结了一套行之有效的方法:用"放大镜"看学生的优点,用"缩小镜"看学生的缺点。优点也许微不足道,却是一个闪光点,足以让他自豪。古人云:"数君十过,不如赏君一长。"我班的小成是留守离异儿童,缺少母爱,学习不积极,不讲卫生,最让人头疼的是不写作业。每次都找各种理由来搪塞,吓唬的手段对他不起作用,于是找他谈心,相信"爱是打开学生心灵的钥匙"。从交谈中了解到他的家庭环境不好,在家爷爷也管不了他。我抓住他热爱集体这一闪光点,表扬他有集体荣誉感,能安静地看书,平时反应很快,他不好意思地笑了,满以为他会把作业补起来,可是……我再一次找到他,他紧张地马上拿起笔写作业。过了一段时间,他的老毛病又犯了,我也没有当面指责,又一次找到他,用慈母般的爱心、细心焐热他。"精诚所至,金石为开",过了一段时间,他主动跟我讲起妈妈的事情,不交作业的次数也少了,脸上也挂着笑容。在他眼中我不仅是老师,也是妈妈,他对我既"敬"又"畏"。正确的引导,耐心的教诲,细心的呵护,能改变学生。

三、朋友益成长

自古就道"良师益友",老师既是学生的老师,也要成为让学生受益的朋友。为了尽快地融入学生,我充分利用各种机会与他们接触、交流,吃饭时总和他们挤在一张桌子上用餐,有时尝尝他们从家里带的"小灶",此时孩子们都会露出洁白的门牙朝我微笑。在"金色农谷"社会实践活动中,我参与到他们的包饺子、沙画、多骨诺米牌等活动中,并为他们拍照留念。这些举动很快缩短了师生的距离。有些学生愿意把心中的小秘密告诉我,我也愿做他们最忠实的听众。学生眼中的老师不仅是严师,更是无话不说的益友,所以当他们犯错被批评时,他们能理解这是老师对自己的爱护和鼓励。"蹲下来看学生",以学生的眼光看问题,真正尊重、理解学生,师生关系就会更融洽。

四、良师架桥梁

学校教育要与家庭教育密切配合,学校担负着"指挥者"的重任,班主任是学校、家庭沟通的"桥梁",肩负着"语言艺术家"这一重要角色。针对不同素养的学生家长,采取的方法和策略也不同。对于文化水平高的家长,尽可能将学生的表现如实向家长反映,倾听家长的意见,并提出自己的看法,齐心协力做好学生的教育工作。对于那些溺爱型的家长,在沟通时对学生的良好表现予以真挚的赞赏和表扬,肯定家长爱孩子的心情,然后委婉地指出溺爱孩子的危害,耐心、热情地说服家长采取正确的教育方式。还有一些对孩子放任不管的家长,委婉地向他们指出放任不管对孩子的影响,告诉他们关心孩子的学习和生活可以增进家长和孩子的感情,为孩子的成长创造一个良好的环境。实践经验告诉我,班主任在与家长交流时,说话要讲究策略和艺术,如果把老师与家长之间这座"桥梁"架好了,家长会配合你的工作,你的工作也会得心应手。

给青春一个美丽的承诺

钟祥市机关幼儿园　李娟娟

握一支粉笔,传孔孟老庄学问；端一盏清茶,讲忠孝诚信礼义；站三尺讲台,授李杜韩柳诗文；立十年寒暑,育梅兰桃李芳华。如果说我们的教育事业是那壮阔、美丽的大海,而教育工作者就是那无数的涓涓溪流。回想起刚参加工作走上讲台时,简陋的住所、一群流着鼻涕的孩子,差点击碎了一个女孩子追求的美丽梦想。我曾感慨：难道灿烂的花季只能在"三点一线"的枯燥中苍白延续,难道青春的美丽只能化作烛光漂白四壁？

真正成为幼儿教师我才明白,这份工作没有掌声,没有鲜花,更没有此起彼伏的喝彩,所拥有的只是默默无闻的付出。也许我是渺小的,茫茫人海中我只是普通的一个；但同时我又是伟大的,因为我是无私奉献的幼儿教师。既然选择了这个职业,就等于选择了不一样的生活,我要让它散发出独特的芬芳与魅力。

因为我看到了一粒粒幼小的种子,在爱的呵护下,成长为一株株茁壮的小苗,去迎接灿烂的朝阳；因为我看到了一只只小鹰,在我的鼓励下,从嗷嗷待哺到学会飞翔,翱翔在广阔的蓝天；因为我看到了一双双清澈的眼睛,在我的关爱里,从噙满懵懂的泪水到闪动着知识的光芒,用充满自信的微笑,迎接明天。纵然我们的喜悦带着心酸,纵然我们的微笑带着泪水,但是,我依旧想给青春一个美丽的承诺,因为那里留下了太多的美好、温暖和感动。

我是寒性体质,一到冬天手脚都冰凉。有一年的冬天特别冷,一次户外活动前,我特地嘱咐孩子们穿好衣服,系好扣子,外边很冷。早操结束了,才发现一向要给孩子们穿暖和的我,竟然只穿着毛衣就站到了刺骨的寒风中。手脚冰凉的我下意识地呵着气暖手。轩轩突然跑到我的身边握住我的手说："老师,你不穿棉袄冷不冷啊？我的手可热了,给你暖暖手吧！""不用了……"话还没说完,一双双暖融融的小手伸向了我,给了我一股暖流,流向全身的各个部位。多么可爱的孩子啊！这就是为师者最值得骄傲的时候了,这是用满腔的爱换取的一份厚礼——一份世俗的天平无法衡量的爱心之礼,一份别人无法体会和得到的幸福之礼。

我爱这些朝夕相伴的孩子们,他们的一举一动都是那么熟悉,他们的一颦一笑都让我为之牵挂。

　　还有一个下雨的傍晚,孩子们都被父母接走了,只有宁宁还默默地坐在角落里。我轻轻走过去安慰他,告诉他妈妈一会儿就来了,他却瞪着那双噙满泪水的大眼睛哽咽地说:"我没有妈妈了,妈妈不会来了……"在孩子的哭诉中我得知宁宁的妈妈在几天前的车祸中离世了。我的心紧紧地揪在了一起,眼圈顿时发红了,一把抱过宁宁在她耳旁说:"还有老师,还有老师妈妈啊。"从那以后,在宁宁的口中,我又多了一个称呼,那就是妈妈。每一天我都会关注宁宁的一举一动,饭吃得饱不饱,衣穿得暖不暖,情绪好不好,日子就在关注这些细小的事情中一天天过去了。我清楚地记得宁宁在毕业的那一天,哭着不肯离开,她说了一句我这辈子听过最心酸的话:"老师,我不走,我不想离开你。离开你,我又没有妈妈了。"我紧紧地抱着孩子,温柔而坚定地告诉她:"无论在哪里,无论什么时候,老师永远是你的妈妈!"

　　当我看到在毕业典礼上孩子们深情地演唱《再见了,老师》时,我总会心潮澎湃、热泪盈眶。因为我明白这是雏鸟羽翼丰满飞向更高的天空的时候;这是小船即将启航,驶向蔚蓝海洋的时候……虽然离开他们的我会有诸多的不舍,但更多的还是祝福。我要说:"走吧!孩子们!老师愿做你们永远的守巢人!"

　　就这样,日子过去了十八个年头,纵然惊涛骇浪看不见,纵然春花秋月总错过,但如此平淡而温暖的故事却有很多、很多,对青春和美的诠释却有许多、许多……但我的心一次又一次地告诉自己:"师德如兰,久久自芬芳。"我很庆幸用爱和坚守给了青春一个最美丽的承诺!

创设学习环境与激发学生探究

京山市实验小学　黎晓霞

转眼间,"品德与生活"这门小学德育转型课程已经陪着我们走过了十多年的风风雨雨。十多年来,我迷惘过,彷徨过,不知从哪入手,不知如何正确地引导孩子们,更不知如何激发孩子的创造和想象力。在教学实践的过程中,我一边摸索着前行,一边总结经验教训,充分做好教学前的准备工作和教学设计,更有效地提高"品德与生活"课堂的教学质量,促进学生的全面发展。在课外,对学生进行全面了解和分析;从学生出发,优化教学方法;坚持以学生为本的教学理念,给学生营造宽松愉悦的学习环境。让学生在学习"品德与生活"的过程中健康快乐地成长,让学生具备思考和辨别的能力,将来成为一个对社会有用的人。

一、改变教学方法,让学生爱上学习

小学的"品德与生活"的书本知识总体上让人感觉枯燥无味,教师教学难度系数大。教师在小学"品德与生活"课堂上,如果照本宣科,没有充分备教材、备学生,那么,学生学习起来就毫无兴趣。所以,需要教师不断地创新教学观念,也需要给学生创造更宽阔的学习空间,打破学生被动学习的局面。等学生掌握了一定的学习方法之后,一定会提升学习的效率,达到事半功倍的效果。因此,教会学生学习的方法要比传授学生知识更重要。教师必须要打破固有的教学方法,不断创新教学观念,让学生积极主动参与到课堂中;针对学生比较熟悉的问题,提高学生探究的兴趣,做到"教学做合一",这样就做到了尊重学生兴趣,发挥学生的主观能动性,让学生能亲自动手实践,尝试着用简单的科学研究方法去解决问题。这样不仅提升了学生的理解能力,而且使学生的思维更加开阔,能够摆脱懒散思想的束缚;让学生们从被动学习到主动探究,提高他们的思辨能力,让学生的学习更加有效、有意义。

二、激发主动探究,创设学习情境

如何更好地提升小学"品德与生活"课程知识的有效传播的效率呢?我认真分析了学生的实际情况后,不断地创新教学模式,不断地将学习过程优化,以此激发学生的学习兴趣,激发学生探索的欲望。因此,我在教学人教版五年级"品德与社会"上册中的《四大发明》这一课时,首先创设了一个有趣的情境，然后提出问题，激发学生强烈的问题意识和探究动机，启发学生积极思考。接下来进行小组合作。在交流时，不时地用激励的话语来推动孩子们学习。小组活动极大地推动了小组成员们合作学习的开展，扩大了每个学生学习的信息量，有效地提高了教学成效。

学生积极参与能够激发学生更多的探究欲望，不断产生学习的新鲜感，因此，学生在学习过程中进行知识的积累是十分必要的。这就要求教师在教学过程中不断地培养学生学习的能力和实际操作能力。在教学中，给学生留下思维的空间，学生们参与性高，学习兴趣就会高涨。这样，在课堂上，教师就不是一味向学生灌输书本上的内容，而是以学生为主，围绕课题提出他们感兴趣的话题和熟知的事情，激发学生的学习兴趣和探究意识，给学生留下一部分思考的时间，让学生获得更多的探究性认识，提升探究能力，达到学以致用的目的，这也是对传统教学模式的突破。

在教人教版五年级"品德与社会"下册《走进网络时代》这一课时，我首先出示学生上网时经常浏览的一些画面，引起学生的注意，然后提出一些常见的问题激发学生的兴趣，利用一些网络上的信息来激发学生的探究能力，学生参与积极。例如，当我问"在上网的过程中，网页上经常出现恭喜你中了一百万或一些黄色画面时，你会怎么做？"学生各抒己见，答案精彩纷呈，这是我没有预料到的。当我又出示一些信息，让学生辨别信息的真假时，学生回答得头头是道，并且答案非常正确。让学生在思考中充分想象，开发了学生的智力，让教学质量得到大幅度的提升。

三、提高安全意识，增强自我保护意识

教师不是一味地教死书，还要教会学生生活的能力与自我保护的能力。在教学六年级上册《呵护我们的生命》这一课时，学生各抒己见，列举了生活中威胁我们生命安全的事物，并针对这些问题说出了各自的意见，甚至还有所创新，提出了一些新的问题和行之有效的解决方案，充分体现了学生的创造性思维和思辨能力。

谈减少低年级学生写错别字策略

荆门市漳河新区漳河镇中心小学　周德芳

汉字是中华文化的瑰宝，正确使用汉字，不仅能更好地表情达意，也是一个人文化修养的象征。教学中，我发现低年级学生写错别字的现象较多，如何减少这一现象的发生呢？我认为可以采取以下策略。

一、扎实开展识字、写字教学

1.编顺口溜、谜语

教学中，教师可根据字形特点，结合生活经验和学生的心理特点，运用奇特的想象，把音、形、义结合起来，编成顺口溜或谜语。如，美："羊字没尾巴，大字在底下。"哨："肖老师，吹口哨。"买和卖："有十卖，无十买。"拿："合手拿。"渴和喝："口渴需要水，渴是三点水；喝水要用口，喝是口字旁"……顺口溜、编谜语识字法幽默风趣，朗朗上口，学生记得又快又好，能有效减少错别字。

2.形声字纠错法

汉字大多数是形声字，如果教师能在识字教学中把形声字的有关规律教给他们，错别字就会大大减少。如，"木"和"禾"易混，教师就可以这样指导学生：凡与树木有关的字都用"木"字旁，如"树""枝""根"等；凡与庄稼有关的字都用"禾"字旁，如"稻""穗""秧"等。再如"急躁"的"躁"和"干燥"的"燥"的区别："躁"是足字旁，当人脾气急躁时常要顿足跳脚；而"燥"则是火字旁，火烤了当然很干燥。

3.归类识记

根据形声字的构字规律，将具有相同声旁的形声字集中起来，在联想和比较中进行归类识记。例如，以"青"字为声旁时，可以先引导学生联想有关的熟悉的字，采用换偏旁的方式识记字形，再指导学生把以往学过的有关的形声字加以归类，编成儿歌："有水方说清，有言去邀请；有目是眼睛，有心情意浓。丽人留倩影，日出天气晴；有虫是蜻蜓，有米人精神。"

4.加强同音字的辨别与练习

学生写别字的具体表现是在具体的语境中不能正确运用恰当的字，说明他们对字义理解不够，缺乏练习运用。如"篮蓝、完玩、做作、坐座"等，学生极易用错。因此,教学时我便把字组词,把词写句,如:"蓝天下,我们一起打篮球。""做完了作业再玩耍。""小明坐在座位上。"让学生在抄写时不是抄写生字,而是抄写词语、句子。通过结合语言环境来理解这些字,学生就不会用错了。

5. 指导学生掌握偏旁的写法

有的独体字作为偏旁构成合体字时,形体上常会有所改变。教师在指导学生书写时,应加以指导。如"木、米、禾"等字作左偏旁时,字中的捺都变成点;"女、身、舟"等作左偏旁时,其横、撇由原来的出头变为不出头。

6. 开展纠正错别字活动课

我采用活动课的形式进行纠正错别字的相关训练,收到了较好的效果。活动课按照"读儿歌——明内容——找规律——组成字"的方法,进行针对性练习。在找规律的过程中,以学生为主,采用竞赛形式,突出活动特点。学生按照歌诀的提示,积极主动找答案,在愉快的活动中掌握了汉字组合规律,避免书写错误。

二、培养良好的书写习惯

1. 培养自己纠错的习惯

以前在学生作业中发现错别字,我总是圈出来并改正,但收效甚微。于是,我不再帮学生改错,只是在出现错别字的字行末尾打上一个标记,提示这里出现了错别字,要求他们自己找出并加以改正。

2. 不准使用橡皮擦

我要求学生在做作业时,写错的地方不允许用橡皮擦,只能把错别字框起来,并在旁边改三遍。这是因为低年级学生写错别字后,使用橡皮擦修改后,就无法发挥潜在的思维能力。虽然他们知道某个字写错了,但错在哪里以及怎么会错的,却往往因使用橡皮擦抹去了差错,以致这一印记很快在脑海中消失。而采用这一种做法,让学生在因自己粗心大意所致的错处画上方框,会引起他们的重视与警惕,从而减少写错别字的概率。

3. 作业布置少而精

学生错别字复现的情况主要是由于书写态度不认真所造成的。作业过多,学生为了完成数量上的要求,会马虎了事,这样作业的错误率就易增高,错别字也会明显增多。因此,在布置作业时,应力求少而精,能在课堂中完成的作业尽量让学生当堂完成。

关于中职学前教育艺术技能培育的调查

荆门职业学院　陈志玲

一、中职学前教育学生艺术技能现状

1. 学生现有艺术技能掌握情况

本次调研问卷的第一部分主要包含学前教育学生性别、年龄、出生地区、现有艺术技能基础等几个方面。具体情况如下：学校大部分生源来自农村和乡镇，占总比的82.5%，且女生多于男生。为了进一步了解学生现有艺术技能现状，本研究利用Pearson卡方检验，将其与学生的性别与地区做了相关性分析。Pearson 卡方检验得出，Sig.（双侧）=0.001＜0.05，发现学生现有艺术技能与学生的性别和地区存在显著性差异。65.7%的学生表示没有学过任何有关学前教育的技能，只有2.8%的学生表示学过"3年以上"有关学前的弹、唱、跳、画、说等某一项技能。

2. 学生参与艺术技能培养的喜好程度

本次调查问卷的第二部分主要调查学生对艺术类活动的喜爱程度以及对艺术类课程的理解。具体情况如下：近80%的学生都是"一般喜欢"参加一些文艺活动，"不喜欢"和"非常喜欢"文艺活动的学生比例大致一样。大部分人认为艺术对将来生活是没有什么影响的，与学习是没有关系的。同时，学生对学校艺术技能的培养的态度更多集中在"一般喜欢"，因此学生对艺术技能培养的喜爱程度大都处在一个中等状态，对艺术技能培养对自身素养的提高认识不足。学校应该基于这样的现状转变学生的训练方式，从学生认知入手，转变学生的情感态度。

3. 对校内艺术技能课程培养情况的调查

本次调研问卷的第三部分主要调查校内艺术技能课程的开设情况以及学生对其的态度。具体情况如下。在调查中发现，学校的艺术技能课程大都集中在音乐、舞蹈、绘画三门课程，其次依次是手工、书法、雕塑、其他。从学校技能课程的设置情况来看，学校基本设置了有关的学前教育技能（弹、跳、唱、说），但是在手工课上相对较弱一些。从当前幼儿园玩教具制作以及幼儿园的环境来看，开设手工课是十分必要的，这对学生今后的工作有着重要的意义。为了进一步了解学校艺术技能课程设置的比例是否影响学生对艺术技能课程的喜爱,本次研究采用了 Kruskal Wallis 检验,相关系数为 -0.471,P=0.000＜0.01,结果显示二者存在显著性差异。因此,学校在设置学前教育技能课程上一定要遵循一定的教学规律。但一些中职院校,为了在技能大赛中取得成绩,不顾教学规律,偏重某一些技能课程,这样反而会降低学生对艺术技能的学习兴趣。

二、中职学前教育艺术技能培育优化建议

1. 注重课程改革,精选教学内容

学前教育艺术技能课程是落实学前教育艺术技能培育目标的核心环节,为此,学校在艺术技能培育上一定要特别重视课程的改革。中职学校有时为了让学生更快地掌握一些技能,会直接加重某一技能课程设置的比例。由 Kruskal Wallis 检验可知,这样会降低学生对学前艺术技能学习的积极性,因此学校学前技能课程还要增加一些专业理论课程,且在专业技能课程设置上还要关注到当前幼儿园对幼儿教师的专业诉求。如学校手工课的设置,至少要进行为期一个学期的系统学习,达到 36 个课时。

2. 定期举办学前教育教师艺术技能大赛

因学前艺术技能在实践教学中属于实操课程,学生技能的获得需要教师和学生双方合作才能形成 1+1≥2 的效果,而且需要通过一定的平台帮助学生获得及时的反馈。因此,学校可以每两周举办一次技能大赛,大赛前提前将教师分组,每组教师负责学生的某一项技能培训。

3. 形成"项目—课程—基地"为核心的艺术技能培育模式

以湖北信息工程学校学前教育专业课程的设置为例进行分析,发现其现行技能培育模式基本是遵循以下的课程体系。以学前教育技能课程为核心,借助各个实训室进行专项培育,如在数码钢琴和琴房教授艺术技能"弹",包括钢琴基础、幼儿歌曲伴奏;在视唱室与琴房教授艺术技能"唱",包括幼儿歌曲演唱、歌曲伴奏、视唱练耳等课程;在舞蹈房教授艺术技能"跳",包括舞蹈基础和舞蹈创编等课程;在美术室教授艺术技能"画",包括儿童美术教育(简笔画、水彩、素描、油画);在教室和演艺厅教授艺术技能"说",包括幼儿口语、普通话、讲故事等。在课程的落实过程中,学校通过举办一些活动来提升学前教育艺术技能,尤其是每年的学前教育艺术技能大赛。

谈语文课堂教学的感染艺术

钟祥市胡集镇第一初级中学　李晓霞

语文是美的天地,是美的世界,语文教师就是传达美的艺术家。语文学科的工具性、思想性、实践性、文学性、文化性等方面都能体现出美感,语文就是借助美的形象进行美育教育的。美育要动之以情,这动之以情的过程,既是认识过程,又是情感过程。情感是具备感染性的,语文教师要感染学生,首先要进入"角色",通过作品所提供的美的形象,展开联想,把自己代入进去,和作者对话,感受作者的情感;然后在讲台这个特定的环境,通过多种途径使学生受到感染,产生同样的情感,这就是情感的感染性特征。

情感是在认识的基础上产生的心理活动,是师生关系的主要调节器。对学生来说,情感是一种非智力因素,是发展智力的催化剂;对教师来说,情感是课堂教学感染艺术的媒介。"感人者,莫先乎情。"教师对客观事物的认识,如果没有情感,那么,课堂教学的感染则成无源之水、无本之木。情感是可以感染的,是可以培养的,用理性培养的情感对人的意志、道德、思想、志向、毅力起着调节作用。

一、共鸣感染

所谓共鸣感染是指由别人的某种情绪引起的相同的情绪。在课堂教学中,这种共鸣是师生在情感上达到某些相通、类似或基本趋向一致的心理活动。没有情感的契合点,就没有共鸣的源头;没有共鸣的源头,就没有感染。教师有情感,就能感染学生,并且能像磁石一样吸引学生,形成师生在教与学的两个方面彼此呼应的氛围,达到同心、同情、和谐共鸣的境界。如果师生之间是"南辕北辙"的状态,就不能引起共鸣。

比如教学《周总理,你在哪里》这篇课文时,备课时,教师就已抑制不住内心的情感,泪流满面;课堂上,教师被周总理的崇高品质所感染,几度哽咽。这就是教师以自己的感情感染学生的表现。当讲到周总理临终的嘱托时,台上台下,相互呼应,出现悲咽之声不绝的悲壮气氛。师生在理智上的共振、情感上的共鸣,此时达到最高境界。教师在作品分析中,既展示了文章中人物的思想情感,又融入了教师的真挚而丰富的感情,因而引起学生健康的情感体验。这就是所谓"以情会文""以情动人"的效应。

二、目光感染

眼睛是心灵的窗户,通过它我们可以了解人物内心的秘密。因为人的眼光、眼神可以将内心丰富而复杂的思想情感微妙地表现出来。教师的眼睛是沟通师生心灵的桥梁,教师投给学生的一瞥,都是在用"无声胜有声"之法向学生传达着丰富的内容和深厚的感情。学生透过教师深邃的眼神,获得无数的信息,获得思维的力量。

鲁迅是描写眼睛的大师,他的《祝福》写到祥林嫂的眼睛、眼光、眼神的地方有十四处之多。一位特级教师在讲作品通过祥林嫂的眼神的变化,表现祥林嫂的遭遇、命运及性格上的变化这一问题时,用不同的眼神表现出祥林嫂感情变化的不同层次,或善良、或愤怒、或凄苦、或顽强、或恐怖、或木然。教师把对祥林嫂无限同情的情感,全部融入自己的眼神之中,作品的批判力量也在这里得以展现,学生受到深深的感染。

三、语言感染

语文教学是一门综合性很强的艺术。语文教师的语言艺术是教学艺术之首。语言表达能力和语言修养对课堂效率起决定作用。因为教师的主导作用,主要是通过语言来完成的。字有四声:阴阳上去;句有四调:陈述、祈使、感叹、疑问。一音一调都紧系着美:字音的音乐美、字义的情谊美。语文教师要以热情而富于感染力的语言激起学生情感的体验。语言是思想的外衣,是进行思维活动的工具。语文教师应以确切、简明、清晰、具体、生动、优美的语言传情达意。

教师对课文进行声情并茂的示范性朗读、背诵,带动学生进行朗读、背诵和复述。学生通过朗读,加深对课文的词句篇章、要旨的理解,既受到情感的感染,又锻炼了语言表达能力;通过背诵,加深了记忆,巩固了知识,提高了口头和书面表达能力;通过复述,提高了概括能力、想象能力和表达能力。

教文学作品,为师者要受感染在先,要紧扣能表现作品主旨的关键语句,理解作品所描绘的生活情景,感受作品的艺术形象,以达到作者、教师、学生的思路一致的效果。

初探小学一年级计算教学

京山市曹武镇中心小学　黎祉君

一、计算在教学中的重要性

在小学一年级的数学教学中,计算教学占据着非常重要的地位,单从教学内容的安排上就能够看出来。一年级上学期关于计算的内容有5以内的加减法、10以内的加减法、10加几及相应的减法、20以内的不退位减法和不进位加法、20以内的进位加法,下学期的内容有20以内的退位减法、100以内的整十数加一位数以及相应的减法、整十数加减整十数、两位数加一位数和整十数、两位数减一位数和整十数。可以说,整个一年级的教学重点就是计算。一年级计算能力的培养是在为学生以后的计算打基础。比如在学习多位数的加、减、乘、除时,我们所常用的列竖式的方法,其核心就是把看起来复杂的计算,转化为简单的一位数的加减法;再比如小数的加减法中,也是要求学生在数位对齐的前提下,进行一位数的加减法计算。因此,对一年级学生计算能力的培养是尤为重要的。

二、计算能力分阶段达到要求

一年级计算的教学过程是循序渐进的,每个阶段有每个阶段的要求。对一年级学生的要求是:在掌握了计算方法的前提下,能快速说出得数,从而加强学生的数感。

1. 分阶段教学

小学阶段计算内容的衔接是非常紧密的,教材的编写层次分明、意图明确,每个阶段一定要按要求完成。例如,对于5以内的加减法、10以内的加减法、10加几及相应的减法这些内容,应要求学生能够非常熟练地进行计算,最终达到能直接说出得数的水平。接下来的学习内容"20以内的不退位减法和不进位加法"是在个位上进行十以内的加减;20以内的进位加法、20以内的退位减法、100以内的整十数加一位数以及相应的减法、整十数加减整十数、两位数加一位数和整十数、两位数减一位数和整十数,都是在此基础上进行学习的。对20以内的退位减法,100以内的加、减法的计算的分阶段要求如下表所示。

学习内容	单元结束		期 末	
	平均错误率	速 度	平均错误率	速 度
20以内的退位减法	10%以内	绝大多数达到每分钟8题	10%以内	绝大多数达到每分钟10题
100以内的加、减法	120%以内	绝大多数达到每分钟3题	10%以内	绝大多数达到每分钟4题

在遵循学生认知发展规律的前提下,把每个阶段的要求进行落实,然后再学习新知识时,就可以利用之前所学知识、经验进行迁移,帮助学生更好地进行计算的学习。

2.数感的培养

一年级学生的思维以形象思维为主,在计算的学习中,我们会通过小棒等实物,让学生用数一数的方法感知计算的过程。很多学生在中高年级的计算中出错,并不是不会计算方法,而是对数字不敏感。复杂的计算中,思考的步骤越多,出错的概率也越高,因此数感的培养十分有必要。在一年级下册"认识人民币"的内容中,有这样一个题目:下面的哪两样物品的价格正好是13元?一些数感好的学生,看到13后脑海中立马就出现了加起来等于13的数字。数学课程标准中对数感的解释是:"主要是指关于数与数量、数量关系、运算结果估计等方面的感悟。"要培养数感,就要有扎实的计算基础。

三、在计算学习中存在的一些问题及解决措施

1.粗心大意

粗心大意是在一年级学生中很常见的一种问题。注意力不集中,在审题过程中粗心大意,都会导致错误出现,如抄写错误、看错计算符号、书写潦草等。

要解决这个问题,要从养成习惯入手。首先是养成良好的书写习惯,再就是规范学生的书写习惯。良好的书写习惯的养成也是确保计算正确性的一个前提条件。教师要在平时的教学过程中进行正确的指导和示范。对于一些书写不规范、不工整的学生,要进行严格的约束,因为书写认真才能提高正确率。同时,还要规范学生的书写格式,使其达到整体整齐美观效果等。

其次是养成验算的习惯。要求学生对计算结果进行检查和验算,看是否出现错误,然后进行反复查验。在这个过程中需要学生掌握正确的检验方法,以确保答案的准确性。

2. 基础知识掌握不牢固

部分学生无法有效掌握10以内数的减法的计算方法,缺乏数字概念,导致计算错误。在小学数学的教学过程中,多数的计算题都是由浅入深的。数学知识具有一定的递进特征,教师必须要合理地利用这一特征,对知识进行迁移,进而培养学生的综合能力。但是学生在新旧知识的学习过程中,常常无法有效衔接新旧知识,旧知识无法巩固,旧知识对新知识存在一定的干扰,导致计算错误。

要避免这种情况,教师首先要了解学情,了解情况后再结合学生特点对前一段知识点进行重新讲解,同时还要跟学生家长及时沟通,家校互通进行有针对性的训练,尽量避免出现学生越学越不会的情况。

3. 学前教育以及家庭教育的干扰

一些特色幼儿园以及社会幼儿培训机构中学习过的孩子,特别是一些从一线城市读幼儿园后回到家乡上学的孩子,他们学过一些特殊的计算方法,最常见的就是珠心算。珠心算的心理学原理是将数转化为珠或者动作,然后将数和数的相互关系转换成为珠和珠的关系、动作和动作的关系并得出珠的结果或动作的结果,最终将珠和珠、动作和动作的关系的结果转化成最后的得数。简单来说,就是在脑子里打算盘。确实,这种方法可以计算得非常快,但是却与教学大纲背道而驰。两位数的计算学习中,儿童是在了解了个位数和十位数的真实意义和运算规则的基础上进行的,两位数加减两位数的基本规则是:数位要对齐,从个位加起,满十进一,而珠心算是从高位加起。学生在这两种不同的计算原理中,往往不知道该如何是好,相比较其他同学而言,更容易出错。

这种情况在班级里是个别现象,却也是不容忽视的。一定要与家长及时沟通,对学生进行疏导,避免学生出现因为出错而产生厌学的情绪。

总之,一年级的计算教学虽然简单,却是马虎不得的。教师要明白一年级计算的重要性,然后扎实完成每一阶段的教学任务,然后针对教学中出现的问题,要想办法、动脑筋,为学生在小学阶段的计算学习打下一个坚实的基础。

如何提高学生的写字能力

荆门市漳河新区双喜小学　朱运琴

一、树立"写字即做人"的教学观

语文教师应该充分发挥写字的育人功能,通过"规范写字"做到"行为自律",学写字就是学做人。

二、写字教学的实施策略

1. 营造浓郁的写字氛围

可以在学生写字时播放古典音乐烘托气氛,在教室中开辟"小小书法家""优秀作业"等专栏,通过展示学生作品来激励和鞭策所有学生刻苦练字,既让学生受到美的教育,又为他们搭建起交流和展示的平台,进一步增强他们的写字兴趣和信心。

2. 采用丰富多样的写字教学方法

(1)讲解形象化、趣味化。写字课上,我们可以随机画几笔简笔画,或用肢体语言形象演示,抑或编织生动有趣的儿歌来为课堂着上丰富的色彩。如教学"从""比""北"这三个字时,请两名学生上台表演:两人面朝左站立,一个跟随一个,为前后相"从";面向右并肩站立,紧紧挨着,即为"比";两个人背靠背地站着,即为"北(北字本义为背)"……这样的写字课趣味横生,学生们的想象力、创造力也会在老师的点拨中得到发展。

(2)渗透字理知识。汉字具有深厚的文化底蕴,几乎每一个汉字背后都蕴含着丰富有趣的故事。如教学"旦"字时,教师在黑板上勾勒出火红的太阳跳出海面的画面,喻示早晨太阳刚刚出来。在这样内容丰富、妙趣横生的课堂上,汉字充分彰显其独特魅力,学生怎能不萌发对祖国语言文字的无限热爱呢?

(3)口诀诵读。例如在指导学生书写"古"字时,教师根据字体特征、间架结构把整个字的书写过程编成口诀,边范写边领读:"古古古,古今的古,一笔长横左低右高,二笔长竖竖中线,三笔短竖向右斜,四笔横折棱角分明,五笔短横把口封。"写完第一遍,再念诵口诀和范字进行比对检查:"最宽部位是长横,再列短竖上下合,三横之间距离匀称,末笔封口竖横封。"

(4)运用多媒体。小学低年级学生的思维特征是以直观形象思维为主,如,学生易把"莲"字错写为半包围结构走之底;把"落"字错写为左右结构三点水……我们可以采用多媒体课件代替老师枯燥乏味的讲解,通过动态演示将汉字的美感进行生动诠释,还能激发学生探究的兴趣和愿望。

三、切实提高写字能力

1. 训练正确的写字姿势

练字先练姿,提笔即练字。写字姿势是否正确,不仅影响写字质量,而且关系到小学生的身体发育。教师要边示范边指导,要让学生书写时保持正确的坐姿和握笔姿势。要让学生做到写字时"身直、头正、肩平、臂开、足安","写字做到三个一,一尺一寸和一拳"。

2. 教给学生基本的书写技能

(1) 基本笔画。基本笔画是构成汉字的最小单位。要写好字,就要先写好点、横、竖、勾、提、撇、捺等基本笔画。每一个笔画都有其自身特点,因此教学中还应对学生进行严格的笔画指导,让学生规范书写,从小打下扎实的基本功。

(2) 字的偏旁。汉字的偏旁书写有其自身的特点和规律。掌握了某个偏旁的书写,就可以将写法运用到带有这些偏旁的其他字里,触类旁通,举一反三,使字的结构安排更为合理。

(3) 字的结构。汉字的结构变化丰富,左右结构的字数量最多,左右偏旁高低不同、宽窄有别,要注意具体分类,如左窄右宽、左宽右窄、左右相同等。左中右结构的字的各部分长短宽窄也要留心。上下结构、包围结构、特殊结构的字,偏旁的高低、宽窄的变化更为丰富,在教学中要根据情况进行具体指导。

四、创新写字教学评价方式

研究发现,设立星级考核制度是一套行之有效的好办法。具体做法如下:对每一堂课、每个学生的写字作品都制定出详细的星级写字评价标准,从书写正确、姿势正确、结构匀称、字体美观、习惯良好几方面评选"写字小明星"。同时,每学期组织学生开展一次写字等级测试,给不同程度的学生分别颁发三星级、四星级、五星级的写字荣誉证书。这种激励性评价方式有效地激发了学生写字的积极性,认真写字已成为他们自身的一种良好习惯。

汉语拼音、识字与语言训练整合的策略

荆门市东宝区大桥小学 鲍艳玲

语言是一种社会现象,是人类的交往工具,也是一种符号系统。拼音、识字与语言训练的整合就是基于两者的强化,以巩固学生的语言基础,使其语言能力得到长足的发展。寻找小学低段拼音、识字与语言训练整合的契合点,借助评价手段提升整合的达成度,将有效提高学生的语言素养。

一、立足课堂教学实践,在活动中尝试寻找契合点

识字教学是低段语文学习基础中的基础。从汉字本身的规律着眼,了解汉字规律,掌握识字方法,逐步培养学生独立识字的能力。

(1)研究过程中,教师精心设计识字途径,尤其是"班班通"的普及,为我们提供了更直观、更丰富的教学方式。学生识字兴趣愈发浓厚,识字量明显增大。

(2)将识字和阅读相结合,学生的自主识字能力得到提高。

二、多途径探索整合过程,在契合点上寻求融通路径

汉语拼音的作用在学生的日常学习和生活中,既能体现工具性,又富有人际交往意义。在现代汉语教学中,拼音的作用大致可归为两类:给汉字注音、教学普通话。

1. 在识字、口语表达、朗读中融入汉语拼音的训练

口语表达需要学生把用汉字组成的表意话从口里用语音发出来,让别人听见、听懂。这跟书面语不尽相同,它要求表达者发音准确。教师在训练时,要注意学生发音是否标准,不正确的要加以纠正。

2. 在词义理解中融入汉语拼音练习

一个词语只有融入某一具体的语言环境中,它才有固定的含义。但由于我国的文字同音、多义的较多,在不同的语言环境中,字词的意思不同,不正确的发音也会使字词的意思发生变化(如多音字)。如"长"在不同的语言环境中发音不同,读不准就不能理解它在句中的意思。因此,要在纠正读音的同时,使学生进一步掌握音节的特点、声调配合的规律、轻声等汉语拼音知识,同时帮助学生结合音、形、义有效识字。

3. 语言文字训练过程中融入识字练习

汉字是表意文字,是音、形、义的统一体。读出字音,不一定能写出字形;认识字形,也不一定能读准音。掌握字音、字形,还要理解字义。只要我们把它放到语言文字的训练中去,会使训练效果更加显著。

4. 在语言训练的词义理解中识字

在掌握一个字的过程中,音、形相对较为简单,但义就困难得多,特别是一个字有多个意思,所以把字放到词、句中理解更为恰当。这样,加强语言训练的过程同时也是识字的过程。例如,学过"朝"(cháo)的音、形、义后再学习生字"朝"(zhāo)时,学生就容易混淆,如果把其放入特定的语言环境中,学生就能较快较好地理解字义,掌握用法。

三、突出发展性原则,在达成度上借助评价手段

1. 课内识字评价采取学生主评、教师导评的形式进行

拼音和识字教学之后,组织学生对照课后的生字表进行同桌互查、评价。教师检查全班学习状况,并做出客观、激励性的语言评价。教师设计课堂评价表格,突出学生自评、同桌互评和小组评价三个方面。另外,我们尝试运用"趣味识字思维导图"特色评价法。具体操作措施是选择一个词语,让学生把自己从这个词语联想到的写出来或者画出来。同学们纷纷用自己喜爱的方式进行评价。教师给予评价,将评价内容与评价形式进行有机结合,以促进学生的语言能力得到发展。

2. 课外识字评价,突出家长参与评价的形式

充分发挥家长作用,使家长成为评价活动中的一员,成为促进学生发展的动力。课外,学生读课外书、学习报给家长听,家长给予评价,并签字条向老师反馈。家长听完学生念出的字后,写下自己的感想。如,今天又认识了10个字,进步啦!教师把好的作品贴在墙上,既能让其他学生围观赞赏,又能学到新字。

3. 课内外结合,教师、学生、家长三方同时评价

识字教学进行到这里还需进一步延展。难认的汉字都有一个回生的过程,所以我们的测查还要延伸到课外。学生回家有一定量的家庭测评作业,并记录每一课的认字测评等级,家长在了解学生课堂学习情况的同时,对学生难认的字可以实施进一步的强化。学生每天回家读课外书、读报给家长听,家长给予评价,老师根据家长的评价给予学生鼓励与赞赏。

如何改变学生的厌学心理

钟祥市冷水镇雷垱小学　刘定义

随着高效课堂和阳光教育的推进,大部分学生都能体验到学习的乐趣,但也有部分学生产生厌学心理,且随着年级的升高,厌学情绪越重。那么厌学心理是如何产生的呢?笔者通过调查分析,大致将学生厌学的原因分为四大类。

一、兴趣不在学习上

这类学生从行为上看,大多表现为学习成绩不佳,没有学习兴趣;上课不愿进教室,课堂不爱发言,作业不能及时完成;学习被动,缺少自主性和独立性。如五年级的小贤,下课必须要去教室外透口气,等上课铃响了,才极不情愿地进教室;上课时间从不抬头。在家就是玩游戏和玩手机。跟其他任课老师交流,他只学习感兴趣的语文,但仅限于上课听故事,作业还是无法完成。

二、基础差,从学习中找不到成就感

这类学生主要表现为每次考试成绩落在其他学生的后面,在课堂上面对老师的提问,他们都不能正确回答,信心不足,或心情常常烦乱焦躁,不愿和同学交往。如五年级的小凯和六年级的小辉,他们平时看到老师都是低头走过,跟同学也没有多少交流。遇到问题,他们既不求助于老师,也不向同学请教。慢慢地,他们被未完成的任务压得喘不过气来,几次周末,都跟家长表示作业没做完,不想来学校。久而久之,破罐子破摔,对学习产生了恐惧心理,对学校毫无好感,厌学心理也就越来越严重了。

三、目标意识不强

这类学生成绩中等,平时表现平平。老师布置的任务能完成就完成,不能完成就得过且过。老师给他施压时,他便"撂挑子":"还有那么多同学比我差,凭什么要说我!"不能接受老师的批评和高要求,于是就产生了厌学心理。

四、叛逆心理,展示个性

这类学生在学习成绩上并不落后,但在学习习惯上却让老师头疼,通常表现为不听老师话,扰乱课堂秩序,取笑老师,迟到、早退、旷课或顶撞老师,

对老师的要求不理会,目无师长。五年级时的小杨成绩拔尖,是班级的佼佼者,也乖巧听话。可到了六年级,她自我意识有些膨胀,想要彰显自己的个性。同学早饭后参加劳动,她偏偏在一旁偷懒,还说:"我来学校是学习的,又不是搞劳动的。"课上老师要求背诵上次课学的内容,她却预习新课,说自己已经掌握了前一课的内容;老师让她认真学习,她便跟老师对着来。她逐渐与所有试图与她沟通的老师为敌,讨厌所有老师的教学方法,继而讨厌所有的科目。

虽然学生形成厌学心理与社会风气、家长的家庭教育密切相关,可在我们扭转不了社会不良风气、改变不了家长对学生的教育方式时,身为教师的我们必须挺身而出,改变自己,努力担当。

首先,从改变传统教育教学观念着手。教学要以学生为主,适应学生,适应社会。要努力提高自己的业务水平,不能只顾自己教,不管学生学不学,犯了教学上的形式主义。教师要减少学生的课业负担,提高教学质量。要努力践行阳光教育理念,在课堂上用幽默的语言、有趣的故事营造轻松的课堂氛围,改变从前一板一眼、乏善可陈的填鸭式教学,让对课堂厌恶的学生不由自主地参与课堂;组织小组内自主学习,给学生充分表达的空间和形式多样的展示平台。

其次,分层次,提要求。受智力因素和非智力因素影响,一些学生在学习上越来越感受不到成就感,这是教育中的普遍现象。那么,如何提高学生的成就感?我们要进行合理的分层教育,让基础较差的学生踮踮脚就能达到目标,这样既能防止问题太简单使他们产生厌倦情绪,也能让他们经过努力就能达成目标,完成适当的学习任务,从中获得成就感。

再次,轻风细语,以柔克刚。随着学生年龄的增长,他们有时像一个"火药桶",易燃易爆。若老师依旧以硬碰硬,企图用教师的权威压迫学生回到正道上来,便会适得其反。我们应理解学生的心理变化,进行"冷处理",在双方都冷静之后,放下老师的架子,与他们进行平等对话,引导其树立正确的价值观。如此,他们怎么会产生逆反心理,讨厌老师,继而厌恶学习呢?

最后,畅想未来,树立理想。厌学学生大多被社会上的"读书无用论"蛊惑,认为以后有的是出路,何必现在起早贪黑、埋头题海呢?学校的德育工作和班主任组织的班团队活动就是帮学生树立远大理想的良好契机。

浅谈应试教育与素质教育的关系

京山市宋河镇小学　李常波

从事农村基础教育工作近三十年，一直以来都对如何在做好素质教育的同时又能满足社会对高质量教育的需求心存困惑。反思这三十年的教学实践，我认为只有过滤掉应试教育中的落后的观念和方法，进一步优化素质教育，让二者完美契合，才更有利于培养合格的社会主义建设者和接班人。

应试教育并不是一无是处的教育，没必要将其妖魔化。诚然，应试教育作为一种以培养学生应对选拔考试的能力、强调考试成绩、追求升学率为目的的教育，似乎日趋"陈旧""落后"，不符合当今时代潮流。然而，应该尊重这样一个事实：1977年恢复高考后至20世纪80年代，我国进入建设发展期，急需人才，正是应试教育发挥了巨大的作用，为社会主义建设事业填补了人才空缺。

考高分、上名校仍然是每位家长的期望，读清华、上北大仍然是每个学生从小学一年级开始的梦想。

时至今日，仍然是考了高分才能上名校。存在就有它的合理性，本人并不反对通过分数来对学生进行选拔。回顾近四十年我国的教育现实，我们不能否认，有许多优秀学生、成功人士是在应试教育的环境下成长的。上海才女武艺姝，诗词储备量惊人，除了良好的家庭环境、个人浓厚的兴趣爱好，如果不是比常人付出更多的时间、精力，怎么可能成为博闻强识的"才女"？应试强调勤奋、专注、惜时，我们能说这不对吗？

古有"头悬梁、锥刺股""凿壁偷光"等励志故事，今有衡水中学"高考神话"。哪一个故事不是告诉我们付出才有回报，努力才会成功？在很多孩子沉溺于电子产品，流连在网吧时，才女武艺姝肯定沉浸在诗的世界、词的海洋，所以应试教育强调学习、倡导付出的理念是无可厚非的。

作为教育工作者，我们应该正确领会和理解素质教育的真正内涵，以全面提高学生的基本素质为根本目的，尊重学生的主体性，注重开发他们的智慧潜能，注重形成他们的健全人格。

素质教育绝不能等同"体、音、美"教育。

结合工作实际，素质教育实施了几十年，很多教师还没有真正理解素质教育要求我们怎么去"教"。在实施过程中,学过"洋思""杜郎口",于是把课堂还给学生成了主旋律,学生分组了,教室的黑板多了,走廊的习题多了……

但在小组学习的过程中,唱主角的仍然是学习能力较强的学生,学习能力较弱的学生真正参与到分析、板演、讲解的极少,没有出现"你方唱罢我登场"的活跃、积极的课堂效果。相反,一旦老师课堂控制能力不够,学习效率将更加低下。一节课下来,不仅没有顾及大多数学生,而且极少数的尖子生也不知其所以然。

"素质教育从规范课程设置开始"的提法被过度解读,学校被强制性地要求减少文字学科课时,增加体、音、美课和课外活动课。如此一来,学生活动的时间确实多了,但没有充足的师资配备,没有充分了解学生的个性、特长,仅仅是"散教",学生素质真的可以提高吗?类似种种"一刀切"的做法,往往是开局轰轰烈烈,前景美好,结束悄无声息,一片黯淡。

笔者认为,全面提高人的基本素质是一个长期而系统的工程,需要全社会共同努力才可能实现。有人认为学生缺乏创造性能力是"应试教育"束缚了学生创造能力的培养和发展。笔者对这种观点不敢苟同。科学是严谨的,知识也不是"黑白都对",无规范、无标准。学生的创造性更多的应该是在掌握一定知识、具备一定能力后的再发挥。除了学校教育,更重要的是需要家庭、社会给学生提供足够的创造空间和条件。学生自学能力的培养、终生学习的习惯也需要家庭教育。学生文明礼貌的习惯,爱护环境、遵纪守法、助人为乐、诚实守信等好品质的养成需要学校、家庭和社会共同的教育、熏陶。

我们应该继续审视和反思应试教育和素质教育的内涵,结合实际,明确应试教育和素质教育的定位,不断过滤掉应试教育中落后的观念和方法,全面优化素质教育要求的对素质的培养方式,找准二者契合点,优势互补,用符合时代特点的教育模式培养满足我国社会主义事业建设发展需要的人才。

在实践活动中实现生活化语文

荆门市楚天学校 邹艳萍

《语文教学大纲》明确指出：要密切联系社会生活，加强课内外的沟通。《语文新课程标准》强调：应该让学生在广泛的语文实践中学语文、用语文，逐步掌握运用语言文字的规律。语文教学只有从生活中来，到生活中去，不断吸收生活的新鲜血液，才能焕发勃勃生机，为学生的个性发展和终身学习奠定基础。让课堂再现生活，实施生活化教学成了语文教师积极探索的新课题。

生活化语文教学是把生活场景与学习内容有机结合，充分调动学生已有的生活体验，激发学生的学习欲望，将学习目标转化为学生生活的内在需要，促使他们在学习中生活、在生活中学习的一种教学方式。

语文综合实践活动是一门综合性、实践性、开放性和生成性很强的课程。它既包括了研究性学习、社区服务与社会实践等指定性学习内容，也包括了社会教育活动、科学技术活动等非指定性学习内容。通过开展手抄报制作活动、书信交往、设计校园警示语、写日记、小小招聘会等各种形式的实践活动增强学生的探究和创新意识，让他们学习科学研究的方法，提升综合运用知识的能力。

一、运用信息化教学手段，提供强有力的技术支撑

无论是课堂教学，还是综合实践活动，都要充分利用各类图书及现代教育技术，如古今中外的文学名著、科技读物等各类图书，以及教学挂图、录音带、录像带、光盘、网络等，积极营造教学氛围，激发学生学习的兴趣。比如在讲解《琵琶行》时，引入琵琶古曲烘托气氛；教学《古都的秋》时，播放北方的秋景图片、山城的秋景图片和老黄葛在春季换叶的图片等。

信息技术作为一种高效的教学手段，可以创设特定情境，可以播放视频为学生提供丰富的学习资料，可以通过网站进行研究性学习，发挥学生的积极性和主动性，让学生自己探索。视觉、听觉的立体感受，再加上大量的信息资源库，会使语文课堂教学逐步脱离传统的以"教师为中心"的模式，朝着学生互动、师生互动、人机交互的模式演变。

二、开展读书会活动,阅读教材生活化

我们要让学生自由、自主、自信和创造性地阅读,把握语言训练的重点,发现语言训练的难点,使语文学习成为学生开放地探索语言知识、培养语言能力的实践活动。作为"场外教练",我们要指导学生收集和利用学习资源,帮助学生设计学习活动,选择不同的学习方式。如,观察、实践、调查、试验、模仿、体验等,让学生自主探索,从而在教师的指导下,形成良好的行为习惯,获得丰富的语文知识。

正如《红楼梦》中的"香菱学诗",我们除了给学生讲点必备的写作知识以外,还要重视阅读积累,打好底子。我们将教学过程从课堂延伸至课外,紧扣教材特点,为学生设计丰富多彩的拓展性练习。我们可以以教材为主线,激发学生的阅读兴趣,实施一篇带多篇的策略。

在教学沈从文的小说《边城》后,组织阅读《边城》相关文章及评论,举行"带一本书去湘西凤凰"的活动,让学生走进沈从文的湘西世界,制作成专题读书笔记;学习《动物游戏之谜》后,指导学生分小组收集有关动物生活习性的资料,撰写小论文,举行"动物王国信息交流会"等。我们可以挖掘教材中的写作素材,及时为学生提供写作训练的机会,给学生提供五十本必读书目,进行有计划的阅读活动,要求学生以读书随笔的形式完成阅读任务,然后给予一定的评定。

这样,整个教学过程向课前、课中、课后延伸开放,使语文与生活紧密地联系在一起,使学生在生活化的语文环境中学语文、用语文。

三、把时事演讲引入语文课,生活场景课堂化

理想的语文课是生命与生活交互的课堂。教育即生活,让学生在体验中获得知识,学会思考。在课堂中巧妙地创设生活情境,将生活、文本、文化、教师等要素糅合起来,让学生自己去领悟,去生成,去创造。

如果老师在课堂教学时,有意识地注入生活的元素,将时事新闻引入课堂,就能拉近文本与学生的距离,激活学生已有的生活体验,从而为后面的学习打下基础。如讲解《拿来主义》前,利用媒体报道的某官员出国考察,不是学习别人的先进经验,而是在赌场上一掷千金的事例引入,能引起学生对"如何拿""拿什么"的思考,从而产生探究课文的欲望。

语文教学的资源极其丰富。自然风光、文物古迹、风俗民情、国内外的重要事件、学生的家庭生活,以及日常的生活话题等,都可以成为语文教学的资源。教材的外延便是生活的外延。老师要善于将生活场景课堂化,赋予学生一双慧眼,到生活中去学语文。看人来人往,观众生百态,丰富写作的素材;赏名山大川,访名人雅士,抒发今人的豪情。作为学生学习的引导者,老师要善于挖掘生活,把生活中与学生密切相关的、有价值的东西引入课堂,丰富我们的课堂教学,使之生活化。从汶川大地震看人与自然的关系,从日本大地震及福岛核电站爆炸后网友的不同态度思考中日关系,从骇人听闻的药加鑫撞车杀人案中探讨做人的准则和道德的底线。学生也可以在这些课堂活动中学习写新闻稿件,开展演讲辩论,提高口头表达能力。

四、将古诗词吟诵等导入语文课,生活读写化

美国教育家杜威说过:"给孩子一个什么样的教育,就意味着给孩子一个什么样的生活。"陶行知先生也提出了"生活教育"的理论,强调生活即教育、社会即学校让社会和学校实行"教学做合一"。语文的本质就是人的生活。丰富的生活构成了丰富的语文学习资源。然而,现实的语文教学中,教学方式以讲授为主,过于单一,过于注重解题能力的培养,缺少人文的滋养与情感的体悟。长期封闭的教学环境,割断了语文与生活的联系,语文教学成了无本之木、无源之水。

《语文教学大纲》明确提出:要大力倡导自主、合作、探究的学习方式。应重视学生的实践活动,尊重学生的个体差异,引导他们选择适合自己的学习策略。让学生在学习活动中主动参与,使他们相互启发,乐于交流、相互沟通,促使学生积累更多的生活体验。分享彼此的思考、见解,从而体验到生活的乐趣。

学习《赤壁赋》时,可以组织或引导学生进入预设的情境中。老师时而是名山大川的"导游",时而是慷慨激昂的"演说者";学生时而在顺流而下的小舟上,时而在变幻莫测的梦境中。学习《雷雨》《哈姆莱特》时,引导学生自编自演课本剧,通过形象扮演,走进人物的内心世界,体味人物的情感。我们可以通过一系列的实践活动,将月光诗会搬进语文课堂,将古诗词吟诵搬进语文课堂,将戏剧节搬进语文课,重构师生的语文生活,让语文走进生活,实现读写生活化、生活读写化。

运用多媒体发现古诗之美

荆门市东宝区职业教育中心　方　蓉

诗歌以其精练的语言、和谐的韵律、鲜明的节奏、丰富的想象、优美的意境，在文学体裁中占据一席之地。古诗不仅蕴涵着中华民族的优秀传统文化，而且有着潜移默化的教育功能。我校开设了"诗文诵读"这一校本课程，学生每一学期学习20首古诗。挑选的古诗都是脍炙人口的诗，它们朗朗上口，字字珠玑，意境优美，饱含爱国之情。如何利用诗文诵读课，在学习古诗的同时抓住时机对孩子们进行爱国主义教育呢？在经过几年的实践后，我发现在诗文诵读课中采用多媒体并合理地加以运用，不仅可以引导学生读好诗韵、读懂诗意、读出诗境，还能开拓学生的视野，陶冶学生的情操，使学生对祖国广袤、秀丽的山河加深认识，激发他们热爱祖国河山的思想感情，增强学生的民族自豪感，树立民族自尊心和自信心。

一、发现山水美，激发热爱家乡的感情

山水田园哺育着人们，人们热爱山水田园，产生一种深沉的山河之恋、乡土之情。这种山河之恋与乡土之情随着时代、社会的发展而愈益浓烈。品读中华古诗词，有许多诗人在爱国主义精神的激励之下遍游山水、饱览田园，讴歌华夏风光，创作出优美的山水颂歌。这些优秀的古典诗词用语精辟，具有浓郁的诗意，其独特魅力在于"只可意会不可言传"。因此，在教学中巧妙地运用多媒体，可以化静为动，变无声为有声。通过绚丽的画面、鲜艳的色彩、悦耳的音乐，在优美的诗境中发现古诗中的山水美，这样有助于学生较为迅速、深刻地感知诗文的魅力，这时对学生进行爱国主义教学便可水到渠成。

如古诗《望庐山瀑布》中涉及的许多事物是学生未曾见过的，因此，为再现庐山"真面目"，把学生带进庐山瀑布的真实情景中，我运用多媒体，使远景、近景、全景交替出现，为学生提供了丰富多彩的图像。课堂上，学生看到高山上笼罩着紫色的云雾，一道瀑布从山顶喷涌而出，水雾蒸腾；瞬间，瀑布飞速沿陡峭落下，飞珠溅玉，气势壮观。还有那轰隆隆的水声震撼着每个学生的心灵，刺激着他们的视觉、听觉。这样，诗中的情景全展现在学生面前，教学时诗画对照，为学生的想象提供了丰富的信息，学生很轻松地融入诗的意境之中。学生在这些声像的感染下，朗读诗文，逐句体味，感受诗中美的景色、美的语言，赞美之情溢于言表，从而引发情感的共鸣。

二、品味语言美，激发热爱祖国的感情

在我国数千年的古诗长河中，涌现出了数不胜数的名诗佳句，很多诗字斟句酌，用词精妙绝伦。因此，在古诗教学中引导学生品味语言美，对理解古诗的思想内容和写作艺术，提高学生运用语言文字的能力，激发学生热爱祖国的语言文字的感情，都具有十分重要的意义。要想把古诗读出韵味、体会其语言美并非一件易事。教师在教学过程中，应该牢牢把握住古诗的关键语句、重点字词，并通过多媒体的形、声、光、色等形式再现在学生眼前，帮助学生反复推敲、理解、体会语言文字的妙处，品析古诗语言美。音乐渲染也是一种重要手段，音乐与古诗有相通之处，都能反映社会生活，表情达意。教学中把复杂多变的情感与悦耳动听的音律结合起来，将古诗中的"情"化为可听的音律，有利于学生深入情境，感受语言文字的精妙。

理解古诗的语言美，首先是理解语言的韵律美。古诗押韵、节奏明快，诵读起来朗朗上口，铿锵有声，让人感受到悦耳、和谐的美。如贺知章的《咏柳》："碧玉妆成一树高，万条垂下绿丝绦。不知细叶谁裁出，二月春风似剪刀。"这首诗一、二、四句中的"高""绦""刀"押韵，句内平仄交错，句间平仄相对，表现出作者对春天的无限热爱之情。教学时，我利用多媒体播放准备好的乐曲，整个教室里立刻回荡起旋律优美的曲子——《春天》，这首曲子以优美抒情的曲调、轻快舒展的节奏，生动形象地描绘了春天的田野、湖泊、森林，抒发了少年儿童热爱祖国、热爱春天的感情。学生一听乐曲，便如置身于优美的春景之中。教学古诗时，我让学生观看翠绿的柳树，垂下的柳枝犹如万千条丝带的图像，再配上音乐和老师的语言介绍，学生很快进入情境，体味诗人笔下柳树的美丽多姿。学完古诗后，指导学生给这首七言诗划节奏，同时与学过的五言诗比较，使学生明白它们的节奏各具特色，这样古诗的语言就显示出一种疏密相间、缓急交替、整齐匀称的节奏美。学生一边听乐曲想象、一边朗诵，一幅充满诗情画意的春景图便展现在学生面前。曲情交融，使学生沉浸在良好的氛围中，并为祖国语言的丰富内涵所惊叹。

古诗的语言美还包括语言的凝练美，一字一词包含着极丰富的内容。如《静夜思》语言凝练，感情真挚，意义深远，"望"和"低"成功地反映了外出游子的思乡之情。在教学中，我先利用多媒体播放一段悠扬的古筝音乐，使学

生进入了这样的情境：静悄悄的夜晚，深蓝色的天空一轮明月高挂，月光从窗前泻进来。在弄懂诗中的词义、句意的基础上指导学生划出节奏，找出韵脚，反复诵读，抓住"望"和"低"二字，体会诗人的思想感情。诵读要分层次进行，先齐声读、个别读，再听音乐、看课件，边理解边朗读，学完全诗后，最后让学生在音乐中仔细品味，反复吟读。反复吟诵，可以使学生逐步感受到古诗语言的精炼之美，激发学生对祖国语言的赞美和热爱。

三、体会思想美，感悟爱国情怀

诗如果没有正确而深刻的思想，就等于人没有灵魂，诗中蕴含的思想感情，是诗人在对自然、社会、人生的各种景象的感受和体验中提炼出来的。就古诗而言，诗人往往将自己的感情、愿望寄托在所描写的客观事物之中，使事物好像也有了人的感情，从而创造出情景交融的艺术境界。事物的情感是随着人的情感变化而变化的。我充分运用多媒体声音与图像结合、感染力强的特点，展现动态的画面，将抽象、精练的语言与具体的事物联系起来，让诗中的画面和诗人的感情在学生脑海中"活"起来，引导学生真切地去感受诗人的情感，体会作者的爱国情怀。

如果说课堂教学是一朵绽放的花蕾，多媒体教学就是一片锦上添花的绿叶，二者相得益彰。把多媒体运用于古诗教学，使教学手法变得丰富多彩、新颖有趣，教学内容直观形象。这样，一行行诗句鲜活起来，这些诗文的自然美与情感美和谐统一，包蕴着一种诱人奋发的力量，激发学生热爱祖国的壮美河山，加深了学生对祖国美丽的山水、悠久的历史、灿烂的文化的认识，增强了学生的民族自豪感，树立了民族自尊心和自信心。

让小学低年级口语交际教学"活"起来

荆门市高新区·掇刀区名泉小学　成桂花

良好的表达、倾听以及与人交往、沟通的能力,已成为学生迫切需要掌握的一种能力。但在日常的语文教学中,有的老师一上口语交际课就头疼,因为课堂上总是只有少数"活跃分子"参与其中。作为一名小学低年级语文教师,笔者结合自己多年的教学实践,认为可以采取如下对策。

一、创设情境,激发口语交际兴趣

所谓情境,就是能够调动学生的情感体验,并让学生积极主动参与其中的一种意境。

1. 动手实践,创设直观情境

"百闻不如一见",只有亲眼看见、亲身体验,有了最直观的感受,才有可能用清晰的语言表达出来。如在"做手工"口语交际展示课中,课前老师让学生在家独立完成一件手工作品,学生在课上才能胸有成竹、落落大方地说出自己做的是什么,用了哪些材料,是怎么做的,还学会用"先、再、然后、最后"等表示先后顺序的词,课堂成了学生作品展示和口语表达的"大舞台"。

2. 利用多媒体,渲染交际情境

如在《有趣的动物》口语交际课中,教师首先播放了《动物世界》,孩子们被色彩斑斓的鹦鹉、可爱的松鼠和敏捷的猴子深深地吸引,看得目不转睛。接下来因势利导:"你喜欢哪种动物?它有趣在哪儿?"这时,孩子们都迫不及待地想要表达,课堂顿时热闹起来。

3. 巧借表演,设置对话情境

如在教学《请你帮帮我》时,教师先请学生表演剧目"周末和同学约好出去玩,不知道要去的地方怎么走,怎样请路过的叔叔帮帮你?"学生在角色扮演的过程中,无拘无束地参与,个性化的表达与创造性的思维也得到了很好地锻炼。

4. 丰富体验,走入生活情境

如在教《秋天》时,课前就带领孩子们来到校园寻找秋天,并问:"你们看到了什么?听到了什么?"学生们用眼睛去观察,用耳朵去聆听,用自己的内心去体验和感受,加强了对秋天的认识。课堂上,学生们按照参观校园的顺序描绘了自己眼中的秋天,呈现了一堂多姿多彩的口语交际课。

二、紧扣课堂,锻炼口语交际能力

除了口语交际课,语文课堂也是培养学生口语交际能力的重要阵地。

1. 充分解读教材插图

小学低年级语文教材几乎每一课都安排有主题图或是插图,教学中,教师可以带领学生充分解读教材插图。如在学习《找春天》时,课文的插图就充分展示了春天里春暖花开、草长莺飞的美丽景色,老师带着学生们一边欣赏优美的春景,一边大声赞叹,自然而然地锻炼和提高了口头表达能力。

2. 精心设计课堂提问

课堂上一个好的提问就像"一石激起千层浪",同时也可以起到"抛砖引玉"的作用。如在教学《寒号鸟》时,在读完课文后,教师趁机提出问题:"为什么喜鹊能住在温暖的窝里,寒号鸟却冻死了?"再适时引导学生有条理地说,并用"因为……所以"的句式回答。在回答问题的过程中,学生的语言表达能力得到了发展。

3. 有效运用句式引导

利用典型句式引导学生举一反三,也是一种非常好的口语表达的训练方式。例如《葡萄沟》中有这样一段文字:"到了秋季,葡萄一大串一大串地挂在绿叶底下,有红的、白的、紫的、暗红的、淡绿的,五光十色,美丽极了。"教师请学生照样子说一说,并有效地引导学生的思路,可以拓展他们的思维空间。

三、多元互动,营造和谐交际氛围

课堂内外都可以创造各种互动交流的机会,让大家畅所欲言。

1. 师生互动

作为教师,应当俯下身子倾听,带领学生们一起快乐地表达。如在《小兔运南瓜》口语交际课中,学生扮演小兔,老师扮演小兔妈妈,在小兔运回南瓜后,惊奇地问:"乖孩子,你是怎么运回这么大的南瓜的?"亲切的笑容一下子拉近了与学生之间的距离,让学生在轻松、愉悦的氛围中完成了口语交际课的学习。

2. 学生互动

例如,在《看图讲故事》口语交际课中,首先请学生认真看图,了解每幅图的内容,学生们根据自己的所思、所想把故事讲出来,再把这些图画的内容连起来,达到了学生之间的互动。

浅谈如何抓好教育科研管理工作

荆门市屈家岭管理区实验小学 程 莉

荆门市屈家岭管理区实验小学本着科研兴校、爱心育人、以质立校的办学理念,大力开展教育科研工作,以此来推动全校教育改革,使全校师生得到更全面的发展。

一、树立科研兴校观念,增强教师教育科研意识

每学期初,校长会把科研兴校这一观念写进教育工作要点。教科室把教育科研工作纳入日常工作中,做到有计划、有过程、有总结,并组织全校教职工学习,阐述教育科研对教育、对学校、对教师、对学生的重要意义,以此提高每一位教师的教育科研意识,激发他们教育科研工作的热情。

二、抓教育科研机构建设,为教育科研提供保障

学校为确保教育科研工作的开展及落实,专门设了教育科研机构——教科室,并配备了一名具有课题研究经验的市级优秀骨干教师担任专职干部。同时,教科室还加强与教务处、政教处、教研组的合作,形成一个立体的教育科研机构。教科室还专门建立了一套规范的教育科研管理制度,细致而全面地对教育科研的各项工作做了规划,实现对教育科研的有效管理。

三、抓科研队伍建设,提高教师科研素质

1. 抓理论学习,提高科研水平

为了促使广大教师提高科研水平,我们制定了理论学习计划,坚持每周一次集中理论学习,每月一次集中教育科研活动。组织教师学习《中小学教育科研课题管理》《教育科研文体与写作》以及教育科研方面的文章。同时,还实施了教师订阅书刊制度,鼓励教师购买教育理论书籍,学校给予适当报销,并规定每学期每位教师的业务学习笔记不得少于5000字。

2. 抓优秀教科研团队建设,以点带面

每一个科研团队都由学科带头人、骨干教师、科研新秀、主管领导组成,学校把最优秀的人力、最充足的物力都投入其中,形成高质、高效、团结协作的科研队伍,为学校教育科研工作起到了推动的作用。

3. 抓激励机制,调动科研积极性

为了调动教师教育科研的积极性,全面开创教育科研的新局面,学校建立了教师教科工作档案,对教师承担课题情况、论文撰写与发表情况、优秀教案的获奖情况、参加各项教学竞赛的情况以及辅导学生获奖的情况等教科业绩进行详细记载。学校制定了教科工作考评细则和教科工作奖励方案,凡是在教科工作中取得成绩的都给予奖励。

四、抓科研课题管理工作,确保课题研究落到实处

1. 抓"科研网络"管理,为课题研究提供组织保证

为了加强学校对教育科研课题的管理,由学校主管教学的校长分工负责,承担各级课题的组织领导工作,并组建了教科室,配备教科室主任、教科员,制定了《教科工作制度》《课题管理工作制度》、教科室的主要工作目标,提供教育科研信息,推荐教育教学改革成果和方法,负责教育科研课题的立项、申报、操作、鉴定、验收、推广工作。

申报的课题均成立课题领导小组,落实课题负责人,各课题组根据实验研究的需要,将总课题分解成若干子课题,各子课题由专人负责。

2. 抓计划管理,确保课题研究有序进行

制订研究计划是明确研究的范围和目标,具体规划整个研究的程序和进度,保证课题研究有序进行的重要措施,避免实验简单、重复,出现浪费人力、物力的现象。学校明确规定所申报课题必须进行细致的构思,制定出切实可行的研究方案,必须做好课题计划和课题管理。课题计划和管理主要包括总体实验设想、实验设计方案、研究性实验计划。学校依据计划和管理,对近五年来的20个小课题、10个大课题进行全面的管理。

3. 抓课题的过程性管理,确保课题研究收到实效

学校加大课题研究的过程性管理,做到有研究记录、有档案,对一些基础性资料、专题性资料、总结性资料进行归档。如"人本思想和原理在班级管理中的应用""小学生良好学习习惯的培养""小学低年级思品课教学童趣性探究""开展班级读书活动,激发小学生读书兴趣的研究""游戏在快乐体育中的作用研究""信息技术驱动式教学模式研究""小学英语课堂教学模式研究"等课题的每一阶段的计划、活动资料、活动总结,都进行了细致的管理。

如何把握课堂教学的"生态平衡"

钟祥市第二中学　李　丹

所谓课堂的生态平衡是指课堂教学中各要素之间相互构成、相互作用而形成的一种相互依存、相互联系的相对稳定的平衡状态。

一、课堂教学活动的平衡

课堂教学是一个由教师、学生、教材、教法、设施等众多复杂因素构成的"生态系统"。为了保持这个生态系统的平衡,我们必须研究课堂教学中的诸多因素的相互关系,力求优化组合,使诸因素之间"互补",提高课堂教学的效率。

1.畅说与静思的平衡

畅说就是要尽可能地让学生多说、敢说。具体来说,学生质疑需要说,解疑需要说,交流需要说,评价更离不开说。学生在说中提出问题并解决问题,在说中交流思想和感情,更在说中不断碰撞出思想的火花。

当然,畅说并不是要让学生毫无节制地说,而是为了学生的素质训练和课堂教学的需要才说。因为在畅说的同时,还有一种制衡力量——思考。思考本身就是一种学习,在课堂教学中具有重要意义。

2.提问与质疑的平衡

新课程理念强调学生学习的过程与方法,即注重学生自我学习的体验。在课堂教学中,许多教师会不断地用自己事先预设的问题"牵"着学生走,从而扼杀了学生学习的主动性和创造性。因此,教学中要改变这种教师提问与学生质疑失衡的现状。在课堂教学中,教师可以让学生围绕教学主题大胆地提问,让学生在提问和质疑的过程中相互交流、相互启迪,教师适时点拨和引导,从而使学生不断地发现问题和解决问题。

3.合作与独立的平衡

合作是新课程理念所倡导的主要学习方式之一,合作的学习方式是有别于传统教学的一个明显特征。在学校教学过程中,存在着许多形式的合作,如学生之间、师生之间、教师之间,甚至是学校之间、学校与社会之间的合作。但合作不是一种顺从,而是一种相互学习、相互接纳。

4. 预设与生成的平衡

预设是教师紧紧围绕教学目标、任务,预先对课堂环节、教学过程等做出的一系列的设计。预设的同时需要生成,生成是指教师在教学过程中关注学生的学习兴趣、学习状况、课堂教学环境等情况,对预设进行灵活调整,因材施教,以达到最佳的教学效果。

二、课堂教学资源的平衡

传统的课堂教学资源结构单一,教材常被视为课堂教学的唯一资源,严重影响了学生学习兴趣的激发和创造性的发挥。

1. 文本与拓展的平衡

文本即教材,是教师进行教学和学生进行学习的依托,在课堂教学中具有不可替代的作用。但在平衡的生态课堂教学中,文本是一个开放的系统,教师在教学过程中应该创造性地使用教材,把"教教材"变为"用教材教",对教材进行不断地更新、拓展与补充,使教材充满生机和活力。在课前,教师可以让学生查找与文本有关的资料,获取必要的信息,以丰富课堂教学内容;在课中,教师可以针对学生知识的盲点去拓展和补充;在课后,教师可以把课堂中还需探索的学生感兴趣的问题或相关内容让学生继续探究。当然,拓展文本内容必须有一个度,无限地拓展文本内容势必会冲淡对文本的研究,造成喧宾夺主的误区。

2. 课内教学与课外活动的平衡

课内教学通常指课堂教学,它是教学的基本形式,也是学生在教师的指导下建构知识和培养能力的最主要途径。因此,把握好课堂教学的广度和密度,提高课堂上每一分钟的效率,对减轻学生的作业负担具有重要意义。课外活动教学指与课堂教学有关的课后活动,它是课内的合理延伸和有益补充。课内与课外是相辅相成、相互促进的。对学生而言,要使他们能够学有所用,教师要注意把握好课内教学与课外活动的平衡,重视学生课外的实践锻炼,把他们所学的知识转化成为能力。

3. 传统板书与多媒体课件的使用的平衡

传统板书与多媒体教学是当前教师课堂教学中最常用的两种教学手段。这两种手段各有自身的优势和不足,如何充分发挥它们各自的优点,使二者做到有效结合,切实为提高教学质量服务,是每一位教师所关心的问题。多媒体课件的使用确实能够扩大教学信息量,并有助于吸引学生的注意力,使学生形成鲜明的感性认知,还可以启迪学生思维,提高教学效率。但如果失去了传统板书,完全依赖多媒体课件来组织教学,教师就会变成一名机械的程序操作员,课堂教学就会缺少应有的灵动。传统板书的使用,是课堂教学中不可缺少的一种动态生成。它不仅是一种教学手段,更是一门教学艺术,是备课、授课的一个重要环节。只有把握好传统板书与多媒体课件使用的平衡,才能使课堂教学充满魅力和活力。

三、课堂教学对象的平衡

在课堂教学中,学生的学比教师的教更为重要,教只是一种手段,学才是教的目的,这符合当前所提倡的"以生为本"的教育理念。但一个班级的学生人数众多,个性特征、能力水平、思想觉悟等又各不相同,因此,教师把握好教学对象的平衡,在课堂教学中就显得尤为重要。

1. 认知与情感的平衡

认知体现了学习知识的工具性,情感则体现了学习知识的人文性,工具性与人文性的统一是新课程理念的一个重要特点。在课堂教学中,教师应该关注学生认知与情感的统一,这样才能够使学生获得认知与情感的和谐发展。

2. 共性与个性的平衡

个性是共性的基础,普遍的本质必须通过个别存在的事物才能够表现出来,没有个性就没有共性可言,但个性中又都包含共性。教师在对待教学对象时,应坚持共性与个性平衡的原则。但在过去的课堂教学活动中,学生没有被当成教学的主体。在教师的眼里,学生只是知识的接受者,重视的只是学生存在的问题的共性,而忽略了学生各自丰富多彩的个性,从而导致了教师在教育教学方法上过于简单,无法真正进行因材施教,从而扼杀了学生的个性发展。突出和发展学生的个性是新课程理念的一个显著特点。

四、师生关系的平衡

在平衡的生态课堂教学中,师生之间的对话与沟通应是平等、民主、合作的。但在课堂教学中,师生人际关系的和谐与否,教师起着关键的作用。所以,在课堂教学中,教师首先要尊重学生、理解学生,平等地对待每一个学生,要把学生视为教学活动的主体,把自己视为学生学习的伙伴,让每一个学生都能积极、主动、平等地参与课堂学习。

培智学校信息课教学方法探究

钟祥市特殊教育学校 刘 虹

大家都知道培智学校的学生在智力上有着各种各样的缺陷,学习上存在许多的障碍,学生的认知水平也有较大的差异,所以他们学习计算机操作的困难很大,但当今社会是一个信息时代,科技飞速发展,如果对计算机知识一无所知,那很难享受现代化科技成果。我们不能因为培智学校学生的特殊性,就剥夺他们上信息技术课的权利,要通过各方面的努力,促进他们全面发展,让他们更加快乐地去生活学习,从而帮助他们学会生活、融入社会。

一、创设情境,培养兴趣

兴趣是最好的老师,只要有了学习兴趣,就能调动起学生学习的积极性,这一点在培智学生信息技术教学中得到了充分验证。因此,教师在教学中应努力激发学生的兴趣,如联系学生的生活实际进行教学。现实的生活材料不仅能够使学生体会到所学内容与自己的生活息息相关,而且能大大调动学生学习信息技术的兴趣。例如,学习画图软件时,教师可以结合学生熟悉的地方创设情境,引入新课,去激励学生学习。

二、边玩边学,灵活学习

大部分培智学生对形象逼真、色彩艳丽的动态图画、卡片、实物很感兴趣,老师要抓住这个特点,在教学中适时变换教学方式,选择简单、易学、适合教学的小游戏,让他们在玩中学、学中玩,这样学生的思维易被激活,能更好地参与到教学中。通过玩游戏,学生可掌握学习的基本技能。

三、由易到难,掌握知识

在生活中,培智学生常常充当"落后者"的角色,这些角色使他们对自己失去信心。因此,在教学中要培养学生的自信心,使他们由易到难,逐步掌握知识。在教学中可把一项学习任务分成几个环节和步骤,然后再把各环节、步骤综合起来进行训练,形成统一的整体。给他们一个正确的引导,采用小步子、多循环的方法,在训练过程中由帮到扶,最后实现独立操作。

四、互相帮助,一起进步

培智学生的特点是各不相同的,有的兴奋好动,很难控制他们的行为;

有的沉默内向,缺少活动的积极性;有的能够听从教导,做事认真踏实,只是在完成复杂一点的智力活动时,才暴露出某些弱点。所以说培智学生之间的差异很大,对知识、事物的接受能力和记忆能力也不同。在教学中把学生分成三类,A类学生掌握快,学得好;B类学生学得较差,经常会遇到困难;C类学生一般掌握不了较复杂的操作,需要教师指导。在教学中,我经常会鼓励A类学生去帮助B、C类学生,通过互帮互助达到共同提高的目的。

五、分层教学,各有所获

培智学生个体差异大,面对同样的问题,他们的思维是有差异的,教师的讲解与提问往往不能满足学生的需求,有时反而适得其反,导致学生不愿意学习。因此,根据不同学生安排不同的学习任务,将个别指导与整体教学相结合,一节课下来同学们都有各自的收获,学得也很开心。例如,在学习开关机时,A类学生自己能独立完成,而B、C类则需要看教师示范才能完成。根据不同学生的知识结构分层教学,促进他们快速进步。

六、学科结合,提高效率

计算机多媒体的特点是图、文、声、像并茂,能向学生提供形式多样、形象生动的画面,标准逼真的情境朗读,悦耳的音乐背景,有趣的益智游戏,能把学生带入到宽松愉快的学习环境,利用这一优势,与其他学科结合,拓宽学生的思路,培养学生使用信息技术的习惯。例如,在学习打字时,首先与语文教师提前沟通,了解学生学习过哪些字词,并将要在课上练习输入的文字与语文教师协调后在语文课上进行巩固,然后在信息技术课上去练习。这样,在完成本节课任务的同时也巩固了语文知识,同时也促使学生去学习语文生字。还有就是结合音乐课上学习的内容,让学生在网上搜索他们学习的歌曲。通过各学科与信息技术的整合,增强学习兴趣,锻炼学生的综合能力,达到较好的教学效果。

作为特殊教育学校的一名教师,要充分认清信息技术课在培智教育教学中的地位和关系,不断提升自身素养,真正去上好每一节信息技术课。

愿我走出半生　归来仍是少年

荆门市东宝区象山小学　黄木子

2017年4月11日是我的生日。

清早,我沐浴着明媚的阳光,步入校园。

暖暖的阳光下,雷锋花园里各种花朵竞相开放,清新炫目,妩媚可人。校园西侧的两棵高大的梧桐树漏下点点太阳的光影。它们正在恶作剧似的挥洒着絮儿,让乒乓球台上一展雄风的小子们偶尔因飞絮迷了眼、误了球而争吵。而它们似乎认为这不是自己的错,还是有一点、无一点地挥洒着絮儿,以至于一天下来,地上像铺上了一层厚厚的绒毯。最让我着迷的是各种新生的树叶,它们熠熠闪光,那娇嫩的淡绿色真让人觉得每一片绿叶上都有一个新的生命在颤动。香樟树散发出沁人心脾的甜丝丝的香味,香风徐徐,校园的每个角落都沐浴在这香甜之中。看着美丽的校园,心头暖暖的,能在这么美丽的地方工作,我真是幸运啊!

不觉,已临近教室,却异常安静,我心生诧异:孩子们今天有点反常啊,到得比我还晚。就在我正要推门而入时,门猛地被拉开了,我惊呆了:孩子们个个盛装出席,争先恐后地向我拥来,他们高声齐唱着生日歌,端着蛋糕,捧着鲜花和自制的礼物。教室的黑板上画着鲜花和气球,写着温馨的祝福语,整个教室弥漫着甜蜜的爱的味道。望着孩子们真诚的笑脸,我的眼眶不觉湿润了,思绪不禁飘到十八年前……

那时,青涩的我还是个孩子,面对整天小鸟般叽叽喳喳的学生,我一筹莫展,完全不知如何与他们沟通,直到有一天,一件事彻底改变了一切。

那天下午第二节课的预备铃一打,我就急匆匆走向教室。刚拐弯,只见一大群学生焦急地飞奔着向我扑过来,七嘴八舌地争着告状:"老师,小文把小娅打哭了。"哎,小文,这个惹祸大王,每天告状的人让班主任陈老师都应接不暇了。一提起他呀,我们都没了脾气。可陈老师上课去了,我要处理吗?哎哟,我感觉头痛病犯了。

我先把教室的"战火硝烟"扑灭,又安排了学习任务,才扫视了一下教室,咦,小文呢?一询问,才知道,他每次犯错之后怕挨训,总是躲在楼梯处。还算有自知之明嘛,我暗暗地笑着。

我叫学生去叫他,学生很快就回来了。学生说:"他不吭声,拉也拉不动。"我只好亲自出马!来到楼梯处,一看,小文头抵着墙,双手在墙上蹭来蹭去的。是在难过吗?"小文,怎么不进教室?"我故作不知原委,"打架了吗?我看看,伤了没有。"我边说边拉他,他没犟,跟我来到教室门口。"为什么打呀?"我问道。小文没理睬我。我摸摸他的头,又问了一遍,他还是没理我。我耐着性子,捧着他胖嘟嘟的脸,问道:"不喜欢黄老师吗?是想跟陈老师说吧?"小文摇摇头,我又问:"愿意告诉我吗?"小文肯定地点点头。"那你说呀。"但是,他只用头部运动应付我。我有些累了,这个有点内向、有点犟的孩子,我觉得难以沟通,决定放弃了。突然,我发现小文的耳朵眼儿里有些头发,再看看他的小平头,中午肯定剪头了。他忙于生意的父母哪里管这些呢!可能有些痒,他不时用手掏一下。毕竟是孩子!我抱着小文的头,说:"偏一下头,老师帮你吹吹。"

后来小文跟我说了事情的来龙去脉,并向同学道歉了! 回想起那一幕,我心中涌动着暖暖的母爱。爱的力量很多时候比鞭打更有力量!只有真正地把学生当自己的孩子来爱,孩子才会亲近你,才会爱你的课堂,你才能实现自己的教育梦想——成为一个学生喜爱的好老师。

一日午饭后,"假小子"小怡一反常态,羞涩地捂着肚子缓缓凑到我的面前,一边狡黠地眨巴着眼睛,一边把身体恨不得扭成麻花,极其妩媚地操着港台腔一字一句地说:"老西(师),今天,我、要、得意洋洋地、过一天。"我习惯了她的无厘头,怕被她骗入了"圈套",很沉着地冲她挥挥手,说:"好的,我同意。"她似乎有点失望,结结巴巴地说:"老西(师),我说了,你不要吃惊哦!"我看她欲言又止的样子,故意逗她,说:"好,绝不吃惊!"她的脸上马上飞上两朵红云,似乎很难开口,但又觉得不吐不快。在同学们的起哄下,小怡把一直捂得紧紧的毛衣猛地一掀,一张报纸立即映入眼帘,围观的同学立即争相向我报喜:"老师,老师,小怡的文章发表了!"我惊喜万分,忽地站起身,抱着她的双肩,笑着急切地说:"怪不得扭扭捏捏呢!快拿出来给我看看!"此时满脸都写着幸福的小怡立刻拿出被揉得皱皱巴巴的报纸递给我。看完之后,我马上表态:"祝贺你,小怡!我的礼物一天之内送出,快得意洋洋去吧!"小怡高兴得狂跳,尖叫不已!顿时,教室里一片欢腾。

"小调皮"小恒特别黏我。我往教室走,正在走廊玩耍的小恒一看见我,立即停下来,连忙问:"老师,上节课你到哪里玩了?"我习惯了他的"例行询问",只是笑了笑。他见我没有给出答案,也没心思跟同学玩了,就贴着我边走边不停地问:"老师你到哪里去了呀?快告诉我,快告诉我呀!"他常常这样,只要我不在教室里上课或备课,他就会找我,还要我"汇报"行踪。

"假小子"和"小调皮"以前都是老师们眼里的"捣蛋鬼",可难管呢!这些带刺的花朵,在和我相处的三年中,我用放大镜发现他们的长处,鼓励他们施展才华;用显微镜看待他们的缺点,让他们感到在我身边十分轻松自在。慢慢地,他们和我亲如母子,不仅学习成绩在年级名列前茅,性格也变得宽容柔和了。他们让我懂得了:给予那些特殊学生哪怕是点滴的爱,他们回报给我的是成千成万倍的绵长的依恋和信赖,源源不断,暖人心田。

去年的教师节是我从教 18 年来过得最开心的一天,我收获了家长们送的一份沉甸甸的厚礼。教师节那天放学后,好多家长围着我问我看了"荆门社区论坛"没有。我一脸诧异地说:"没有。"他们神秘地说快去看看。回家打开电脑才知道,原来我上一届带过的学生的家长在跟别人反驳"教师节要送礼教师才会对孩子好"的谬论,直言说自己从没有给象山小学的黄老师送过礼,老师对孩子一直都很好。我看了这个不知名的家长的反驳之后,心中似春风拂过,不禁热泪盈眶:这些年来,作为教师,我收获过荣誉和奖章,也收获过鲜花和掌声,但都比不上家长不留名的夸奖更珍贵,更暖人心!

晚上,我还沉浸在学生们为我过生日的幸福漩涡里,把一张张学生们将蛋糕把我糊成了"大花猫"的糗照发在了微信朋友圈里。顿时,一届又一届毕业生们的祝福像潮水般涌来,似乎要挤爆我的微信。其中,最能击中我心房的是我的第一届学生已过而立之年的小万姑娘发的祝福短信:"老师,不忘初心,愿您走出半生,归来仍是少年!"我心头一振,倍感温暖!

信息技术与初中生物教学之我见

荆门市高新区·掇刀区高新学校 戴 淼

21世纪是信息技术飞速发展的时代,我们的生活、学习和工作都进入了一个快时代、一个高效的时代。作为一名80后教师,我深深感受到信息技术给教学带来的震动,在教学中运用信息技术后,既品尝到了甜味,也体会到酸涩。

生物学是培养国家生物科学和工程科学技术人才的基础课程,实验综合性强。在生物学教学过程中有着很多难题,如实验室无法实现观察人体器官工作的动态过程,书本文字知识不够生动,不能很好地激发学生的学习兴趣,繁杂且更新迅速的抽象知识让学生学习时更加吃力等。信息技术的发展就很好地解决了这些问题。

一、信息技术能实现演示实验的动态过程,将抽象知识化难为简

抽象的生物知识通过信息技术的呈现会更加简单易懂,解决了文字描述不清楚实验过程的难题。生动的展示既让学生能轻松地理解,也激发了学生的探究兴趣,老师的教学难度也大大降低。七年级下册生物学第四章《输送血液的泵》——《心脏》这一节的重难点是描述心脏的结构与功能,说出心脏的工作过程。通过课本上观察动物心脏的实验,学生能从外部认识心脏的部分结构,但是对心脏的内部结构和工作过程是无法观察到的,即使通过语言的描述,抽象的知识对七年级的学生来说还是有较大难度的。现代信息技术设备可以通过软件将心脏的工作动态呈现出来,通过操作笔解剖心脏,能让学生清楚地了解心脏及其工作过程,能清楚直观地看到瓣膜在心脏工作中的变化。

二、信息技术可以使课本知识生动化,激发学生的学习兴趣

课本上的知识都以文字、图片呈现,篇幅也有限,仅通过这些方式,学生对不太熟悉的知识点是不容易接受的。对八年级生物学《免疫》这一节的难点知识——"抗体与抗原的作用关系"来说,若通过信息技术,播放抗体作用于抗原的动画视频,将抗原和抗体分别制作成学生熟悉的战士形象,既可激发学习的兴趣,也让学生一下子就弄懂了难点知识。

三、信息技术能同步展示学生和老师的作品,推动学生互促互补

通过信息技术设备,老师可以将优秀学生的作业放大展示给其他同学看,让他们学习他人的长处,积累学习经验。实验中,老师可以将自己观察到的现象展示给学生,例如显微镜下草履虫的样子,一边展示,一边引导学生学习,学生听完后自己操作起来就会简单很多。

虽然信息技术的运用给我的教学工作带来了很多便利,但是也给我带来了一些困惑。随着新型信息技术设备越来越多,我也需要不断地学习怎样使用设备。每种软件都需要有一套对应的课件,要花大量时间去制作和修改,才能发挥出其最好的教学效果,但是,学习新的信息技术和制作课件却占用了我大量的时间和精力;另外,在新设备使用的课堂上,许多学生的注意力更多集中在这个新设备上,而不是教学的知识点,尤其是在老师将知识点和信息技术融合得不紧密的时候。

总而言之,信息技术在初中生物的教学中的作用是不言而喻的,教学效果也是越来越明显,但是不能过度依赖,要有选择地采用能优化教学效果的信息技术,合理地整合信息技术与教学知识点,使其优点最大化。

高中生心理健康教育的现状与对策

屈家岭管理区五三高中　樊　倩

据一些心理调查的资料显示,近三分之一的中学生都存在不同程度的心理疾病或者心理问题。这种不健康心理的发展,导致中学生在日常的学习和生活中出现了明显的失误或者错误,严重的甚至出现犯罪倾向。

一、高中生心理健康现状分析

一直以来,高中生都处在非常大的学习压力之下,他们每天都要面对很多的学习任务,为了使自己可以在高考中取得一个好成绩,很多高中生在高考之前彻夜读书。在繁重的学习负担之下,高中生的心理健康难免会出现一些问题。比如,自我认知的迷失、人际关系敏感、挫折免疫力较低、性困惑等,这些问题都困扰着高中生的心理健康。而学校、家长和他们自己都没有充分重视这些问题,最终导致情况恶化,给高中生的健康成长带来严重危害。

二、导致中学生心理健康问题的原因

1. 家庭对中学生心理健康的影响

家长的受教育程度、思想品德以及教育孩子的方法对学生的心理发展有着最为直接和重要的影响。众多家长"望子成龙",将自己未实现的理想强加在孩子身上。有些家庭因为父母离异、生活贫困等一些情况,使孩子在家庭中缺少温暖和关怀,从而产生自卑、孤僻等心理问题。因此,家庭是影响中学生心理健康发展的一个重要因素。

2. 学校对中学生心理健康的影响

虽然近几年,心理健康教育已越来越引起学校的重视,但在许多地区,心理健康教育受师资等条件的限制普及不够,而且,学校教育存在"重智育轻德育"的问题,学生的心理问题未能引起足够重视。比如,一些学校一味地追求高升学率,强调学生的智力发展而忽视了其品德和心理方面的发展;比较重视学生在课堂上的教育,忽视了其在课余时间以及日常生活中的教育;对成绩比较好的学生较为重视;课堂教学千篇一律,使得学生产生厌学的情绪;在学生犯错误的时候伤害学生的自尊心,打击学生的自信心,使得学生产生自卑和孤独的心理。

3. 社会对中学生心理健康的影响

随着网络、影视等各种传播媒体的不断发展,中学生接触的事物日新月异,而处于青春期的他们又恰恰很容易受到诱惑。生理上的快速发展带来心理上的发展,再受到社会上不断出现的新事物的影响,其行为又具有极大的冲动性,非常容易产生心理健康问题。

三、加强中学生心理健康教育的措施

1. 学校应强化对教师的教育,提高教师的个人素质和水平

在对中学生的日常教学过程中,教师是最为直接的参与者,因此,要加强中学生的心理健康教育,首先要做到的就是对教师进行心理学知识的相关培训,让每一位教师了解并掌握心理健康发展的相关知识,从而正确地引导学生,让学生的心理健康地发展。

2. 加强对家长的心理指导

塑造孩子健康的心灵,家长起着至关重要的作用。家长除了关心孩子的学业成绩外,还应懂得如何走进孩子的内心,和他们做朋友,科学合理地解决家庭中出现的一些问题,创造和谐的家庭氛围。

3. 开设相关课程,指导学生心理健康发展

当前,很多学校都逐步开设了心理健康课程,建立了心理辅导室,让学生学习心理方面的知识,促进其心理健康发展。但是,心理健康课程的开设不应仅是停留在理论方面,还需要进行相关的心理指导和心理训练。

4. 高中生应提高自身认识

作为一名高中生,应具备一定的判断是非的能力,树立正确的人生观、价值观,学会调节情绪,增强自信心,勇敢面对现实。对自己和周围的环境有一个客观全面的评价,建立和谐的人际关系。

学生因生活经历、心理压力等因素的不同,各自的心理素质也呈现出多样性,因此,在面对学生实行公正、公平的集体教育的同时,还应该根据每个学生的不同的心理素质,实施差别教育,对不同心理素质的学生采用不同的教育方式。针对学生的心理问题,学校、社会、家庭应形成合力,共同为高中生创造一个良好的氛围,以保证每一个学生都能时刻保持良好的心理状态,微笑地面对前进路上的风风雨雨。

选择最适合的教育方法

钟祥市第二中学　李燕玲

刚做班主任,感觉每天都有大堆的事等着去处理,这个学生作业没带,那个学生懒散迟到,这块卫生没有做好,学生上课纪律涣散……整日焦头烂额,为什么花了大把的时间在班级管理上,却没有取得预期的教育效果?

孔子在《论语》中说过这样一句话:"中人以上,可以语上也;中人以下,不可以语上也。"班级管理的对象是所有学生,而不是个别学生,面对不同的学生,教师如果千篇一律地说教,学生就会觉得枯燥、厌烦,甚至有抵触心理。如果教师能根据学生不同的接受能力和学识水平,选择最合适的教育方法,让学生感受到老师对他的关注,那班级管理就会变得简单而轻松。

一、严爱相济,让学生在规范中成长

1. 播撒爱心,温暖学生

教育产生的前提是良好关系的建立,"亲其师,信其道",热爱学生的教师更容易得到学生的喜爱和认同。教师对学生的爱应是普遍而广泛的,不应以社会原因、学生的家庭背景及平时的表现而有所偏爱,而是一视同仁。

爱心并不能只挂在嘴上。例如,教师每天早晨先巡视教室,看看学生有没有到齐,观察学生的精神状态和各项作业是否完成,关心同学们衣服穿得是否合适;放学前提醒学生注意安全;放假时安排的事项详细可行。有时伸手摸摸学生的额头,弯腰看看学生的状态,倾耳听听学生的内心,用耐心和细心去投入真情,就能换来学生对你工作的认可、家长对你工作的赞扬。

2. 严爱有度,规范学生

付出爱心与严格要求是不矛盾的。常言道:"无规矩不成方圆。"因此,班主任要严格要求学生,因为一味的慈爱,会使学生感到老师软弱无能、管理不严,以致失去自我约束,甚至行动随便、纪律涣散。爱应该是有条件、有限制的,一定要从严抓起,严格要求。对学生表现出的任何不良习惯,教师都应该及时纠正,加以引导。在进班之初就应该及时成立班委会和监管小组,制定各项班规,安排好各人的工作,让学生在还没有形成恶习前搭建一堵"防御墙"。让学生凝聚在一起,严格跟着教师的"指挥棒"走,只要让每个学生都形成严格要求自己言行的习惯,班级就不会乱成一盘散沙。当然在严格要求之中,一定要包含爱。在具体的实施中,教师要注意调控好自己的心态和行为:变痛恨为痛心,发怒为宽容,责骂为劝慰,训斥为商量,冷漠为热情等。

二、身正为范,让学生在模仿中成长

1. 现身说法,亲身示范

"德高为范,身正为师。"一个教师的言行举止,会对学生产生潜移默化的影响,因此,教师必须具备高尚的师德。俗话说:"喊破嗓子不如做出样子。"作为班主任,要以身作则,要求学生不做的自己首先不做,要求学生做到的自己首先做到。爱国、尊老、护幼、敬长;弯腰捡起一张纸,上课前认真准备,班级卫生亲力亲为,整理干净办公桌……一言一行,一举一动,都是一种潜移默化、水滴石穿的力量。教师以自己的人格魅力感染学生,应注意自己点滴言行的影响。言谈举止应该既处于学生严格的监督之下,又应该时刻处于学生的效仿之中。

2. 教化感恩,学会做人

作为老师,对学生的教育不能只停留在讲大道理上,也不能只停留在传授知识上,而是要帮助学生懂得做人的道理,让他们形成良好的个性和健全的人格。教师的任务首先是培养品德、培养习惯。要通过不断的感恩教育,让他们懂得感念父母之恩,孝敬父母;感念师长之恩,尊重师长;感念社会之恩,为社会服务;感念祖国之恩,报效祖国……利用一切机会表扬学生的先进事例,如主动和所有的老师问好,主动承担额外的劳动任务,帮老师或家长分担力所能及的事情,拾金不昧……及时开导有心结的学生。班会课上用一些广为人知的先进事迹去感染学生,教会学生用感恩之心去面对老师的批评与管理,面对家长的期待和付出,面对社会的包容和教育……

三、把握细节,让学生在点滴中成长

1. 捕捉细节,对症下药

不同情景、不同场合、不同契机下悄然而至的一个好主意、一个巧妙方法,来自教师对细节的深入探究,来自深思熟虑的睿智头脑。教师要扬长避短,对症下药地进行教育。

比如,"学困生"某一次的作业完成情况较好,平时字迹潦草的学生某一次作业很整洁,沉默内向的学生某一次的大胆发言……教师抓住这个细节,用一个笑容、一个眼神、一句鼓励去放大孩子的表现,虽微小,却充满智慧,这个学生肯定会在这一点上做得更好。抓住合适的教育机会,对孩子进行教育,这样的细节或许能改变一个孩子的一生。

2. 表扬与认可,唤醒自信

哲学家詹姆士说过:"人类本质中最殷切的要求就是渴望被肯定,而学生更是如此。"尤其是所谓的"后进生"更有渴望进步的思想火花,教师应该抓住机会让这些进步的火花燃烧起来,发现他们的闪光点,及时给予表扬和鼓励。作为教师,要善于把握不同学生的不同心理,特别是对那些缺乏自信心的学生,要善于挖掘他们身上的某些优点。大胆信任他们,并在学习与生活中给他们热心的帮助和引导,增强他们的信心,让他们感到自己是有希望的。

教育过程是一个知行统一、情意结合的过程。教师要选择合适的教育方法、开发有限的教育资源,演绎出精彩的教育过程。只要我们选择合适的教育方法,敏锐地抓住它,深入地挖掘它,就可能找到教育的突破口,甚至可能形成一股强劲的教育旋风,让学生的心海卷起波澜。

细节无声、无痕、无语,教育却有智、有情、有爱。教师唯有具备一颗爱心,拥有一片真情,付出一些真爱,才能做到严爱相济,身正为范;才能把握一个个细节中蕴含的教育真谛,选择最适合的教育方法,让每个学生演绎出迷人的精彩!

浅谈提升农村教师信息素养的策略

钟祥市冷水镇雷垱小学　刘升宏

随着社会的快速发展,信息时代已经全面到来,教育的信息化离不开教师的参与,然而教师的信息素养并未得到均衡发展,特别是农村教师的信息素养,因此,培养教师的信息素养至关重要。本文从提升教师信息化素养的重要性入手,结合本地农村学校教师信息素养的现状,提出了几点提升农村教师信息素养的对策,旨在提高农村教师信息化教学能力,提升农村教师的整体信息素养。

一、提升教师信息素养的重要性

"素养"这个词如今出现在很多领域,随着教育信息化的快速发展,信息素养成了新时期基础教育的新目标。教师的信息素养是教师信息化的核心内容,可以说信息素养已经成为21世纪教师的必备素养。在21世纪,信息化是发展趋势,信息处理能力是社会成员必备的能力。信息时代下的教师肩负着教育下一代的重任,面对信息的发展,知识的更新,教师特别是农村教师必须具备一定的信息素养。《国家中长期教育改革和发展规划纲要(2010—2020)》明确提出了"加强教育信息化进程"的要求,这给全国偏远地区的教育带来了机遇和挑战。

素养可以看作是一种能力,一种特定环境下需要表现出来的必要的能力。一名学生就应该具备学习的素养,即在学校和家庭环境中学习成长的能力;一位教师就应该具备教师的素养,即在学校环境里教会学生做人处事的方式和方法,教会他们学知识(不是教学生知识)的能力。提升教师的信息素养不仅能使教师在教材使用方面更加主动、灵活,而且能够提高教师驾驭信息、获取信息、批判性评价信息以及创造性表达信息、处理和使用信息的能力。

"核心素养"的提出,对教师自身的素质提出了更高的要求,但只要教师的心中始终装着学生的发展,就不会沦落为传统意义上的"教书匠"。但对于经济条件相对落后的农村地区的教师而言,自己信息化素养的提升面临各种困境,这就拉大了他们与城市学校教师间的差距。因此,要想使农村地区教师在现代教育大环境中有自己的立足之地,加大对农村教师信息素养的培养就显得尤为重要。

二、农村学校教师信息素养的现状及问题分析

由于经济的发展不平衡,我国农村与城市存在较大差距,并且这种差距随着城市化进程的加深而变得越来越大,这些差距主要表现在硬件环境与软件环境建设上。相对城市的教育而言,农村教育所呈现出来的特点就是"教育理念落后,师资力量不足,教学设备不齐全"。大多数农村教师缺乏网络知识,信息技术应用能力较差,这严重制约着农村教育的发展。具体来说,农村教师的信息素养存在以下问题:缺乏学习先进信息理念的机会,信息教学观念落后,不善于运用科学合理的教学软件,查阅教学资料的途径单一;教学内容不能与时俱进;信息技术的应用水平偏低,教师很少能把现代信息技术应用到日常的教学活动中,缺乏信息技术与课程进行整合的理论和实践技能,更谈不上运用这些信息来解决教学当中的实际问题了。究其原因,本人认为主要有以下几方面。

1. 师资匮乏,硬件设备与资源不平衡

长期以来,农村中小学很少有专职的信息课程教师,很多信息技术教师对信息技术只是略知一二。国家与当地政府以及教育行政部门虽然投入了大量资金购买了部分信息化设备和资源,但是农村学校还普遍存在宽带不足、计算机配置较低、设备需要更新等问题,无法维持和满足教师的学习和教学。

2. 教师信息意识淡薄,设备利用率低

农村学校普遍存在教师学历较低、学习意识淡薄、缺乏竞争意识的现象。有些教师家里也有计算机,但信息意识却不够,只用计算机进行简单的文字处理、看看新闻、玩玩游戏,信息技术能力薄弱。目前普遍存在的问题为:农村中小学信息设备数量虽然在逐渐增加,但多数教师的教学仍然停留在演示型的教学模式上,资源与信息设备没有及时地进入课堂,现有资源未能得到充分利用。

3. 信息技术培训不被重视

提到信息技术,经常有教师这样说:"这是年轻人的事。"虽然国家公布了教师教育技术能力标准,但对教师进行的信息技术培训,很多在时间和内容上没有严格按照标准执行,理论学习与教学实践相脱节,培训方式单一,培训考核不严格,教师自身对培训的认识也不够,积极性差,未能达到理想的培训效果,且大多数农村教师不能将信息技术与课程很好地进行整合,发挥信息技术的效用。

三、提升农村学校教师信息素养的策略

既然我们找出了影响农村教师信息素养的原因,我们就应该有针对性地采取一些有效的策略来提升教师们的信息素养,更好地帮助他们在获取信息,分析问题和解决问题以及教育教学等方面得到更快更好的发展。提升农村教师信息素养是一个循序渐进的过程,除了农村教师自身要学习信息技术知识、提高信息技术意识、提升信息技术与课程整合的能力外,国家和地方教育行政部门、高等院校、农村学校也应在提升农村教师信息素养能力方面发挥作用,为农村教师提供平台和机遇,真正提升农村学校教师的信息素养,缩小城乡差距。

1. 加大农村信息化硬件投入力度

国家及地方教育行政部门应加强信息技术基础设施建设,加大对农村学校的投入力度,多购置电脑,建设多媒体教室,完善配套设施。只有硬件跟上了,培养教师信息素养的环境才能得到保障,才能更好地为教育教学服务。同时,还应为农村教师建立科学的信息技术平台,尤其是对农村学校引进教师给予资金支持,专门提供一定数量的信息技术岗位,鼓励一些高校的优秀毕业生到农村学校任教,以缓解农村学校教师老龄化问题。

2. 加大对农村教师信息素养培训的力度

充分利用寒暑假或双休日举办各种有针对性的培训班,或者选聘优秀的信息技术教师赴农村学校进行技术指导,分析所培训的农村教师的信息素质水平,合理制定培训目标与计划,选择适合农村学校软硬件条件的培训内容,并严格、客观地评价每位教师的学习效果。

3. 加强学校领导和教师的信息技术观念

根据现代教育理论,理想是行动的先导,观念是实践的灵魂。大部分学校看重学生分数,认为信息技术对学习没有任何帮助,所以必须加强学校领导的信息技术观念。教师要重视信息技术,树立现代教育的思想和观念,积极运用信息技术辅助教学,改变传统的教学模式。

小学素质教育中感恩教育的实施

荆门市东宝区仙居乡中心小学 孔 杨

一、强化学生认知与情感的同步教育策略

小学感恩教育活动必须要结合学生认知发展、个人情感以及行为发展来进行,使之具备良好的感恩意识,进而才能达到提高感恩教育、素质教育质量的目的。首先,教师应通过讲故事、看视频等小学生喜欢的教学方式来进行感恩教育,使学生能够在各种感恩故事的影响下知晓感恩的道理,使之逐步形成感恩意识。其次,运用情感体验来提高学生的感恩情怀。教师可以借助教材内容或是其他感恩教育资源去挖掘更多的与感恩相关的情感因素,以提高感恩教育内容的感染力,进而达到以情感人的目的,使学生能够在内心深处受到感动,使之逐步形成感恩意识,为以后的感恩教育奠定基础。

二、强化感恩教育中的无形渗透策略

教师在开展感恩教育活动时,应避免采用"灌输式"方式,而是要强化感恩意识与思想的渗透,如应把感恩教育渗透在思想品德教育之中,渗透在社会实践之中或是渗透在校园文化建设与活动之中。如在校园集体活动中,学校应有机地将感恩教育内容融入其中,可以开展以感恩为主题的升旗仪式或是班会等,也可以将感恩教育内容融入语文、数学、思想与品德、科学与技术等学科的教学之中,使学生在校园生活、学习中能够不断地感受到感恩教育内容,并在无形之中不断强化自身的感恩意识,在各种实践活动之中将其上升至感恩行动,使自己在生活中不断地、自主地完成感恩行动。另外,学校也可以组织"感恩日""感恩周"等,教师也要组织学生将自己在"感恩日""感恩周"或是日常活动中的感恩内容、感恩心得写出来,使学生能够在校园浓浓的感恩氛围中,让自己心灵中感恩的种子慢慢地发芽、开花、结果。随着学生感恩意识、践行能力的不断提升,其综合素养也必然随之提高,并为学校的素质教育提供了保障。

三、强化"家校共育"的感恩教育策略

感恩教育不仅要在学校开展,也要通过"家校共育"的模式纳入家庭教育之中,使学生能够在家校共教、共育中完成感恩的践行活动,真正将感恩思想深植在自己的内心深处,进而才能达到感恩教育的真正目的。目前,个

别学生家长在家庭教育中过于关注子女的成绩,过度满足子女的物质需求,这也是造成一些学生产生自私、攀比等不良行为的主要因素,同时也极大地削弱了学校感恩教育的成效。因此,学校、教师应积极与学生家长进行紧密联系与沟通,通过"家校共育"模式在感恩教育上形成协调一致、互补的合力作用,最终提高感恩教育的有效性。如教师可以通过"家校共育"平台(如微信、QQ)指导家长如何进行家庭教育、感恩教育,使学生能够在学校感恩教育的基础上也能够受到家长感恩行为的影响,进而达到巩固学校感恩教育成果的目的。另外,教师也要通过亲子互动、感恩征文、感恩演讲等活动来进一步提高学生的感恩意识与践行能力,最终实现感恩教育的家校合力作用。

四、结语

感恩教育是当前小学素质教育的核心内容之一,更是提升学生综合素养的重要基础。教师在感恩教育过程中,应通过强化学生对感恩的认知与理解来逐步培养其感恩意识,并通过"家校共育"等策略来鼓励、引导学生不断进行感恩行为的践行,进而才能达到提高学校、家庭感恩教育有效性的目的,同时为促进学生的健康发展提供保障。

故事导入与小学低年级音乐教学

荆门市高新区·掇刀区麻城镇雷集小学　邓小霞

俗话说,良好的开端是成功的一半。导入在教学过程中起着举足轻重、承上启下的作用,一个好的导入能快速吸引学生的注意力,激发学生的求知欲。别致的音乐课前导入能在教学开始就牢牢地吸引学生的目光和注意力,使学生高度集中力,跟着老师学习。

导入的方式有很多种,例如谜语导入、设疑导入、情境导入、图画导入、多媒体导入、音乐导入、舞蹈导入、游戏导入、律动导入等。小学低年级学生刚上完幼儿园,在幼儿园都玩过猜谜语,用猜谜语的方式导入新课,不仅提高了他们的兴趣,还能培养他们的思维能力。例如学习歌曲《两只小耳朵》时,就可以用谜语导入。设疑导入就是请学生们带着问题来学习新课,比如学习《谁唱歌》之前先提出问题:"谁唱歌叽叽叽、谁唱歌喳喳喳······"让学生带着疑问来学习歌曲,激发学生的学习积极性和好奇心。情境导入法是通过设置生动有趣的环境,让学生置身于与课程相关的情境中进行学习,如学习《大海的歌》时,让学生感受海洋的情境,会让他们有身临其境的感觉。图画导入的方式可以培养学生的观察力,如歌曲《小鸟,请到我这里来》,通过展示没有绿草树木的家园和无家可归的动物,引导学生看图说话,不仅可以导入即将开始的新课,培养学生学习语文的能力,还能呼吁学生爱护地球、保护环境。

新课导入的方式多种多样,但是小学低年级学生既爱说又爱动,形象思维占主导,逻辑思维不发达,而且好奇心极强,用故事导入新课的方式还是最受低年级学生喜欢的,因为故事对他们有着很强的吸引力。

爱听故事是每一个低年级学生的共同特征。在上课前讲一个有关新课内容的故事,就可以自然地导入新课,不仅可以激起学生的兴趣,还可以把这个故事迁移到新课学习中来,比如在学习小歌舞剧《小放牛》之前,可以先讲一个故事,然后问学生想不想知道故事的具体情节。低年级学生好奇心极强,他们会异口同声地回答:"想。"这样就顺其自然地过渡到这节课。再比如教学《小猫钓鱼》时,可以先讲小猫钓鱼的故事,讲到小猫为什么钓不到鱼的时候,可以提问:"它该如何做才能钓到鱼呢?学生思考并回答后,引出本节课的内容。

　　再如二年级音乐教材中的欣赏课《阿细跳月》，低年级学生对少数民族并不了解，有的甚至没听说过云南和彝族。针对这种情况，就可以利用故事吸引学生，帮助学生理解新课内容：在我们国家的最南边，有一个叫云南的地方，住着一个喜欢唱歌、跳舞的少数民族，这个民族叫作彝族，也被称为"阿细人"。到了节日或者农闲的时候，他们晚上就会在草地上搭起篝火，边唱歌、边跳舞，当地的人民把这种活动叫作"跳月"。这则小故事在帮助学生理解新课的同时，也引起了学生的好奇心。"同学们想知道为什么叫'跳月'吗？"紧接着第二个故事能进一步勾起学生的好奇心和学习的兴趣：很久很久以前，彝族人民居住的村庄里突然烧起了大火，这场大火足足燃烧了四十九天，村子被烧毁了，有一位叫阿细的年轻人带领着乡亲们奋力救火，因为村子里路上的石头被烧得滚烫，救火的人们没有办法立足，在阿细的带领下，他们两只脚轮换着跳跃救火，终于把那场大火扑灭了。人们非常开心，为了庆祝大火被扑灭，村民们就聚集在一起，一边唱歌一边跳舞，有的人还模仿阿细救火时候的样子，后来就有了现在的"阿细跳月"。听了这个故事，再听音乐时，学生就有了好奇心，就能进入到故事情境之中，再来欣赏乐曲时，学生就能想象到音乐中跳舞和唱歌的画面。可以让学生跟着乐曲一起舞动起来，比如学跳阿细救火的动作。通过这样一节欣赏课，学生可以生动地理解乐曲的旋律、乐器所模仿的音乐形象，也能理解音乐的表现力。一段故事导入不仅引入了新课，了解了彝族人民的歌舞形式，还知道了篝火晚会的舞蹈形式。这样就牢牢抓住了学生的注意力。

　　在低年级学生的音乐课堂上，教材中的很多歌曲和乐曲都是带有故事情节的，教师可以充分发挥自己的想象力，编出音乐小故事来帮助创设课堂情境。不仅仅是我们自己来讲故事，新课结束后可以利用创编环节请学生自己编故事，并表演自己的故事。用生动活泼的语言和肢体动作来活跃课堂气氛，激发学生的学习兴趣，体会音乐的美感，理解音乐的内容。抓住低年级学生的特性，利用故事贯穿课堂，可以解决课堂中的教学问题，还能挖掘他们的求知欲，鼓励学生在同学、老师、家长面前展示自己，在课堂中潜移默化地让学生乐于展示，乐于分享。

高中数学教学如何实施分层教学

荆门市屈家岭管理区五三高中　方云妹

虽然班级授课制是最传统的教学组织形式之一,但它很难解决学生的个体差异带来的数学教学困难问题。在实际工作中,一线数学教师都会不断摸索用更好的方式来改善班级教学模式,解决学生差异问题。分层教学应该是最符合学生学习心理和因材施教原则的教学方式,同时也有一定的理论基础。尊重学生的差异来实施分层教学,不仅可以提高教师素质,还可以让学生学会自己学习,养成良好的数学思维习惯。下面,我想谈谈对高中数学分层教学的几点感受。

一、教师必须要提高自身的教育教学水平

分层教学强调了以学生为本,要做到"因材施教,让不同层次的学生,无论是基础扎实的学生,还是基础薄弱的学生都能够学有所得"。如果教师的教学理念得不到更新,不能够做到以学生为根本,因材施教,教师的教学观念很难走向开放。教师要用分层教学的思想来指导日常的课堂教学、布置课后练习。数学教师应依据新课程标准,实施新的数学课堂分层教学,尊重学生个性和人格,激发学生学习数学的兴趣,以期促进学生全面发展。数学进行分层教学并不意味着放弃传统的大班授课形式,这就需要教师去找到契合点,满足层次不同的学生的发展需求,让他们在适合自己的教学中获得成功,感受轻松、愉悦的学习氛围,更重要的是使数学学习不再成为学生的负担。

二、由于师资有限,分层教学在同一班级中进行

分层是对学生目前成绩差异的分层,而不是对学生人格的分层。所以在分层前要先做好学生的思想工作,讲清道理:客观存在的是成绩上的暂时的差异,分层就是要采用不同的方法帮助他们提高学习成绩。分层过程如下:第一,要做到充分尊重学生,制订分层原则,讲清楚分层不是一成不变的,是可以随时灵活调整的。第二,教师要帮助每位学生正确地认识自己,共同协商,选择层次。这样既保证了学生能够被分到合适的层次上,同时又顾及到了他们的自尊心。最重要的是这样能够有效提高各层次学生学习的积极性,使所有学生都处于乐于学习的状态。

三、分层教学设计要点

（1）问题设计要分层。各种原因都可能造成一个班级中的学生的发展层次不同，教师在教学的过程中要根据学生的实际情况设计问题。对那些学习有困难的学生，多设计基础性的问题，帮助其掌握基础知识和基本技能。对"吃不饱"的学生，教师应该设计一些拓展性问题。适当地对学生进行提问，不仅能够帮助教师了解学生，还能有效地帮助学生体验成功的喜悦，培养学习数学的自信心。

（2）作业难度分层。作业能巩固所学知识，也是对知识的再次升华。因此，我们要研究学生数学能力的个体差异，为他们量身定制基础、发展、创造三级目标，设计难度层次不一样的作业，让学生可以根据他们的自身水平自由选择，促使他们的数学能力得到有效提高。

（3）作业要求分层。教师对学生布置内容相同的作业，但是对不同层次的学生要求应该不一样。如对同一道题，学习困难的学生只需要一题一解，成绩较好的学生可以要求他们用多种方法求解。这样，既让每位学生都有作业可写，又给学生提供了进步的空间。

（4）作业时间分层。由于每个人解决数学问题的能力不同，在完成作业的时间上也应该分层要求，比如成绩较好的学生的有些作业要求当天就得完成，学习困难的学生则可以宽限1天甚至2天。这样才能够有效保证学生的作业质量，形成良性循环，学生的学习成绩必然会得到有效提高。

总之，高中数学分层教学不仅能减轻学生的心理压力，而且能够培养学生的自主学习能力，让他们体验到获得的乐趣，并且促进教师对专业理论知识的学习。为了更好地帮助学生掌握知识、提升技能，作为一名数学教师，我们必须不断地探索出更好的教学模式。

浅谈初中生物教学中如何渗透素质教育

京山市实验中学　李亦男

在素质教育日益得到广大教育者及社会认可的今天,教师应因材施教,突出专业素质与能力、技能培养,使学生对生物学科有全面的、系统的认识,具备较强的动手实验或实际操作技能。同时还要引导他们运用所掌握的知识去解决各种实际问题,培养他们分析问题和解决问题的能力。那么,如何在生物教学中培养学生的各种能力就成为教师要积极思考的问题了。本文对初中生物教学中如何实施素质教育的问题谈几点看法。

一、激发学生的学习兴趣,强化兴趣教学

兴趣是学生克服困难、变苦为乐的内驱力,兴趣可以使学生积极主动,甚至废寝忘食地学习。激发学生的求知欲,提高学生的积极性,应贯穿于生物教学的全过程,使他们由被动的"要我学"转变为主动的"我要学",活跃课堂氛围,提高课堂效率。

日常教学时,可选择一些联系实际的小材料,恰当地运用到教学中,既活跃了课堂气氛,又可引发学生浓厚的兴趣和求知欲,使学生主动地探索新知识。例如,讲"禁止近亲结婚的原因"时,给学生补充一则短文《达尔文的遗憾》,短文叙述了达尔文一生中最大的遗憾——和表姐玛丽结婚。近亲结婚,祸及子孙。聪明的达尔文和美丽动人的玛丽生下了十个孩子,个个体弱多病,有三个很小就夭折了,其余的七个子女都患有不同程度的精神病。听后,学生们对近亲结婚的严重后果有了深刻的印象,对所学知识的理解也更加透彻,进而增强了学生对我国《婚姻法》中禁止近亲结婚意义的认识。

二、理论联系实际,增强生物"应用"意识

生物学既研究人自身的构造和生理机制,又研究人和整个生物圈的相互关系,所以教学中要联系人类的生活实际,使学生感到生物学知识是与人类的生活息息相关的,从而让学生认为生物知识有用,激发学生的求知欲。如讲到新陈代谢时,联系人的生长发育知识等;讲到消化吸收时,联系营养学的知识;讲到生殖发育时,联系优生优育知识等;讲到遗传变异时,联系人类遗传病的有关知识,让学生运用遗传学原理去分析色盲、白化病等人类常见的遗传病的病因、遗传特点,了解预防遗传病的措施;讲到生物因素时,联系人体寄生虫的类型,适于寄生的特点,对人体的危害及防治的原则和措施等知识。

三、加强实验课教学,培养学生的创造性思维

生物学是一门自然学科,也是一门实验性学科,实验在生物教学中有着相当重要的地位。教材中广泛地采用了过程模式和情景模式,通过进行实验和创设情境来培养学生的观察能力、实验能力,培养学生对科学的探究能力。实践操作能力的培养主要通过实验及课外实践活动来进行。生物实验课不仅可以吸引学生的注意力和提高学习兴趣,而且有助于理解和掌握知识。

首先,教师可充分发挥实验的直观性、趣味性的特点,利用课堂演示实验、分组实验来激发学生探索生物奥秘的兴趣,从而让学生对未认识或未充分认识的生物过程和现象有直观的了解。比如,在水分和无机盐通过导管向上运输时,可通过演示一段将木本植物枝条下端插入稀释的红墨水里,过了一段时间后,只有导管变红色的实验来引起学生的好奇心,加深学生对知识的理解、记忆。

其次,在进行分组实验时,教师不仅要重视培养学生的协作精神,还要使其掌握观察实验现象的方法,用掌握的理论知识正确分析实验现象,最后总结出实验结果。除了教材中给出的分组实验外,课本上的"动动手"小实验也是培养学生科学素质的好材料。学生可以自己动脑、动手独立完成,既培养了学生对科学的兴趣,又有利于学生掌握科学研究的基本方法和技能。

在实验课中,除必要的实验方法和步骤外,尽量减少束缚性条件,鼓励学生大胆思考和尝试,并对自己的实验结果作出推测和解释。如在"脊蛙反射"实验中,完成规定的实验内容后,教师可进一步引导学生继续试验人并提问:"刺激蛙背部、右侧和左侧,反应有什么不同?刺激一侧时对侧肢体有什么反应?刺激的强弱与反应有什么关系?"让学生亲自动手去做,动脑去想,然后发表自己的认识或看法。最后教师在充分肯定每位学生的实验成绩、探索精神的基础上,对实验结果做出正确的分析与总结。

素质教育是一个复杂、系统的社会工程,它不仅涉及教育思想的转变,教育观念的更新,课程体系、教学内容和教学方法的改革,还涉及第二课堂活动和社会实践活动的开展与实施。

教师如何练"内功"、接"地气"

钟祥市大柴湖经济开发区柴湖镇小学 罗 义

素质教育不只是一句时髦的口号,还是推动教育向前发展的润滑剂、催化剂及动力之源。

传统课堂中的教师是"讲解器"。教师为了完成既定的教学目标与任务,只能把大量时间都用来讲解知识,用很少的时间设计教学活动,更谈不上对学生进行个性化的辅导。翻转课堂打破了这个僵局,让学生在课外主动观看与教学有关的视频资料等,在课堂教学时,学生就有更多的主动权来进行各种学习活动。这样一来,学习的主动权就掌握在学生手中。由于学生对电脑、信息技术等新生事物有高度的敏感性,因此,翻转课堂在教育教学中的应用备受学生的青睐与欢迎。

翻转课堂让学生借助文字、图像、视频等多媒体共享好资源,是对传统语文教学方式的颠覆,能更好地促进学生实际能力与素质的提高。我们以《为中华之崛起而读书》为例,本课涉及周恩来当时所处的时代背景。学生对此相对陌生,需要了解当时的时代背景,但是语文课的学科特质不可能将此课上成历史课。为此,学生在预习课文时,查阅相关的教学视频、文字可以帮助学生了解那段历史。这样,在学生自主学习了解有关资料之后,课堂上无须教师花大量时间来为学生讲解当时的历史背景,就有更多的时间引导学生品读课文,感悟周恩来立志报国的远大志向。

由此看来,多媒体教学让教师在教育教学中的角色定位有了很大变化,即从传统的"一言堂"转变为"多言堂",师生互动、生生互动,让教师成为课堂活动的主持人、裁判员和促进者。课堂活动的主体仍是学生,他们从传统课堂中的听众转变为现代课堂活动的积极参与者、合作者。根据布卢姆的认知过程理论,在传统语文课堂中,学生只处于认知过程的初步阶段,即记忆与理解,但在翻转课堂的教学过程中,学生通过观看视频在课外学习相关新知识,在课堂上只需提出问题进行交流讨论。我们还以《为中华之崛起而读书》为例,有了前期多媒体的介入,学生在课堂上提出了有价值的问题与想法。当师生在课堂上品读、感悟课文时,学生自然而然地就明白了周恩来为什么要立下如此的志向与抱负,同时也激起学生为中华之崛起而读书的欲望,并树立为实现"伟大复兴的中国梦"而奋斗的信心与决心。在此教学过程中,学生也有了与同学、教师更多的沟通与交流的机会。学生积极参加课堂活动,更有助于他们综合素质的提升。

  翻转课堂是现代科学技术的产物,它的重要特征是教师的授课精而短。课堂的大部分时间是师生、生生的互动交流。这就要求教师在授课前必须做大量的准备工作,如准备与授课有关的课件、视频等。教师要做好这些,必须增加自身的知识储备,熟练掌握现代科学技术特别是互联网教育信息技术,才能接"地气"地完成翻转课堂,娴熟地驾驭课堂活动。

  作为一名教师,我们必须与时俱进,让学生坐上翻转课堂这列"高铁",引领学生在现代信息的路上飞速行驶。也就是说,在教学中,教师要深练"内功",多接"地气",只有教师的"内功"练好了,"地气"接牢了,才能更好地引领学生在信息之路的"高铁"上平稳而飞速地前行。

浅谈一年级学生数学读题能力的培养

荆门市东宝区子陵铺镇中心小学　雷清惠

对一年级新入学的学生来说，学会如何自主读题是重中之重。教师们在给学生批改作业时，总会发现许多学生原本会做的题目却做错了，遇到这种情况，只要教师提醒学生认真读题，学生总是能恍然大悟地发现原来题目这么简单。因此，要提高学生解题的正确率，就要从培养学生的读题、审题能力入手，教师要从一年级开始就采取行之有效的措施，帮助学生养成良好的读题、审题习惯。

一、一年级学生读题能力薄弱的原因分析

对此前的调查问卷进行观察、比较及讨论、分析后，我发现一年级学生读题能力薄弱主要有以下几个原因。

1. 盲目答题，未读题先下笔

一部分审题习惯不好的学生总是拿到题目就开始盲目下笔，未能分析题意，这是最普遍的现象。

2. 识字量不足，太过依赖老师读题

由于一年级学生识字量不足，刚开始都是由教师读题并讲解题意后学生再答题，使部分学生养成了过于依赖教师的习惯。当他们独立完成作业或者考试时，不愿意也不会读题，导致不该答错的题却答错了。

3. 读题漏字，缺乏耐心和细心

由于年龄上的特点，一年级学生读题时，总是很难看全题目中的要求，会出现看漏或者看错几个字的情况，顾此失彼，缺乏足够的耐心和细心。

4. 思维局限，不会转弯

学生在做惯一类题型之后，容易形成一种思维定式，碰到稍微有些改动的题型，仍旧会按照以前的解题方法来解题。

二、培养一年级学生数学读题能力的方法

那么，针对一年级学生数学读题中存在的以上问题及其原因，作为一年级数学教师，我们有责任和义务去探究如何培养小学一年级学生的数学读题能力的方法。

1.一字一句大声读题

因为年龄的关系,一年级的学生注意力很难集中,这个时候教师就要指导学生用手指读,一个字一个字地读,避免因漏掉某个关键字或者关键句而解题错误。

2.抓住关键词、句

在引导一年级学生读题时,为了提高学生的注意力,可以要求学生准备一只颜色鲜艳的彩笔,在读题的过程中,先引导学生找出题目中很重要的词和句,如"多""少""长""短""多一些""少一些""多得多""少得多"等,再将这些关键的词、句用醒目的颜色圈出来。

3.对比练习,设置"陷阱"

在数学中,有很多相似的题型,一年级的学生们碰到这些类似的题目,习惯用跟以前相同的方法来进行解答,从而出错。碰到这种情况,教师可以设计一些题目"陷阱"。只有在不断的试错中,才能使学生们认识到细心读题的重要性,不至于掉进出题者设下的"陷阱"。

4.提前熟悉字、词

一年级学生读题的最大障碍就是识字量过少。遇到这样的情况,教师可以在课前统计每单元必须掌握的字、词,请语文老师在课堂上把这些字的读法和写法提前教给学生,这将大大降低学生读题的难度。

5.变抽象为具体

一年级学生的思维具有具体形象性,对于抽象的题目,教师需要以形象认知为中介,帮助学生理解抽象的事物。比如"丽丽有6颗糖,明明有12颗糖,明明需要拿几颗糖给丽丽,两人的糖果就一样多"这样的问题,就需要引导学生进行画图,画图时注意一一对应,再把多的部分圈出来,分一分。

6.细心检查

一年级的学生还没有养成良好的检查习惯,这时候就需要教师来进行引导,利用科学评价的方式来激励学生仔细检查,也可以对认真检查的同学进行奖励,如给计算题全对的学生进行加分奖励等。

纠正学生坏习惯有妙招

荆门市石化中学　董志慧

著名的美国作家杰克·霍吉说过:"我是你的终身伴侣,我是你最好的帮手,我也可能成为你最大的负担。我会推着你前进,也可以拖累你直至失败,我就是习惯。"习惯是一种顽强的力量,它可以主宰人的一生,更可以决定一个人的命运。

下面,我将谈谈我在教育实践中总结的几种纠正学生坏习惯的方法。

一、创设情境,让学生体会坏习惯带来的后果

我班有个名叫小海的男生,他特别喜欢乱翻其他同学的东西。为此,我找他谈过几次,可他不以为然,依然我行我素。这天,又有同学来找我诉苦,于是,我决定联合这个名叫小会的同学,上演一出戏,让小海体会乱翻东西带来的后果。

经过一番部署,小会回到了教室。上课的铃声响了,我走进教室,小会马上举手,说:"老师,我书包里的一百元钱丢了!"我一听,露出诧异的表情,说:"是吗?你确定在包里放了一百元钱吗?"小会说:"是的,老师,不信你问阿芳!"阿芳也站起身,说:"是的,老师,我可以证明!""那谁动过你的书包呢?"我问道。"小海动过!"班里有同学喊出来。小海着急了,一下子从椅子上站起来,正想说话,被我抢住,说:"哦,你再好好找找!小海不会拿你的钱,我相信!还有谁动过小会的书包呢?"我看着小海,坚定地说。班里鸦雀无声,小会涨红了脸,着急地说:"老师,真的没了!"我说:"那这样,咱们就只有报警了!要是有谁动过小会的书包,请主动说出来,不然,警察来了,也还是会首先找动过书包的同学的!""老师,我真的没拿钱!"小海坐不住了,再次站起来,一脸无辜地喊着。我说:"我相信,可是,难道只有小海动过吗?"同学们点头,小海的脸急得通红,却哑巴吃黄连——有苦说不出!

看着小海的样子,小会首先打破紧张的气氛,扑嗤一声笑了出来。全班同学也哈哈大笑。小海突然明白了,紧绷的脸绽放出了笑容,大喊道:"老师,我吓得快尿裤子了!"从那以后,小海再也不随便乱翻其他同学的东西了。

创设情境,让学生自己体会到坏习惯带来的后果,会让学生在"我要改"意识的引导下克制自己,改掉坏习惯。

二、找准突破口,不让坏习惯"情有可原"

为了从一开始就让学生抓紧学业,我规定我班学生每节课要准时到教室,但一段时间下来迟到者屡禁不止,于是我决定在适当时间对学生进行守时教育。

一天,晚自习的第二遍上课铃声已经响过了,我站在讲台上,班上却还有10位学生未到,一种莫名的怒火在我心中产生,我脸上也流露出了不悦的表情。我决定就站在门口等这10位迟到者。直到8分多钟过去了,这10位学生才全部到齐,其中有8位男生,2位女生。男生给出的理由全部是上厕所,女生给出的理由是忘记时间了。我没有说话,让他们回教室上自习。

第一节晚自习下课后,我上网搜索了便秘的危害,列了1张清单。第二节晚自习,我说:"同学们请停一下,我说几句,相信大家也看到了,我们刚才一共有10位同学迟到,其中2位同学给出的理由是忘记了时间,我觉得记忆力不好,这个可以原谅,只要加强记忆就可以了,所以请这2位同学于晚自习结束前把学校的作息时间表默写给我。可是,作为班主任我也很担心部分同学的身体,为什么呢?同学们想想,最晚的几位同学竟然迟到了8分钟啊,待在厕所8分钟肯定是便秘。便秘可不是一件小事,刚才我特地去网上查了一下。便秘能引起口臭,长此以往还会引起高血压,心脏病以及老年痴呆症。"听到这些,学生们都笑得更大声了,而几位以上厕所为借口的学生则羞愧地低着头。这时,一名平时表现不大理想的迟到女生在那儿大声地反驳:"谁说的……"我没等她说完就接着讲:"我刚才讲的是便秘引起的生理影响,还有心理方面的,长此以往,还会造成性格暴躁,做事容易冲动。"这时,那名要反驳的女生马上也停止了说话。等大家的笑声结束后,我说:"其实,同学们都已经是初中生了,时间观念还是有的,我可不希望大家在我们学校读书三年,最后落下个'痴呆'哦。所以,我想给我们班配备一个考勤管理员。有哪位同学愿意担任?"这时,一位平时比较老实,坐在第一排的女生举手说道:"老师,我记。"我马上说:"好,你可要如实记录哦,迟到的同学要问清理由,这可关系到同学们的健康。"她回答:"知道。""谢谢,好了,大家继续自习吧。"

此后,学生就不敢无缘无故迟到,或者找一些无聊的借口了。不让坏习惯"情有可原",可以坚定学生纠正坏习惯的信念,加以适当的监督,学生就能彻底改掉坏习惯。

三、借助朋友的力量，改掉坏习惯

我班的小伟和小杰是好朋友，但小伟最近上课特别爱睡觉。于是，我让小杰坐到小伟旁边，给小杰一个本子，并告诉他："你们是朋友，小伟现在有困难，你必须帮忙。所以小伟上课睡觉的问题，由你来解决，如果我或者班干部发现小伟睡觉，我就找你！"

第一次发现小伟上课睡觉，我没责怪小伟，而是生气地看着小杰，小杰站起来说："老师，我监管不力，罚自己站一节课！"看着罚站的小杰，小伟脸红了。从那以后，我再也没发现小伟上课睡觉了。

朋友之间的信任、理解、关心，如一场春雨，润物细无声。朋友的言语，往往比教师的指令更具力量。

四、为坏习惯列"清单"，家长和教师监督

我班有这样一个孩子，他做什么事都不认真：作业本上又脏又乱、错误百出，甚至有时忘带作业本；在家边吃东西边做作业；上课爱迟到……家长也因此大伤脑筋。于是，我约孩子一起，把他的坏习惯列了"清单"，并请他把清单中的事项分类：哪些是需要家长监督的，哪些是需要教师监督的。然后制订达标标准，只要孩子在家能达标，家长就奖励孩子一个笑脸贴。在学校达标，我也给他一个笑脸贴，每次只要有一点进步就奖励，反之不奖励。其实目的很明确，就是要让他在心理暗示和积极的鼓励下，改变不良习惯。无论教师还是家长都需要帮助他度过最艰难的心理克服期，并让他保持逐渐形成的好习惯，这其实也是一种意志力的磨炼和培养。

当然，要想纠正个别学生的坏习惯，作为班主任，还必须注重班集体的建设，努力创造良好的学习环境。学生良好的行为习惯与优良的班风之间具有密切的联系。当一个班级具有了良好的班风，那些行为习惯差的个别学生由于从众心理的作用自然就会向好的方面发展。如果班级风气不正，习惯好的学生也会在从众心理的影响下向坏的方面发展。因此，培养学生良好的行为习惯，就必须注重班集体的建设，营造良好的学习环境。这不是一个一蹴而就的过程，它需要一个长期的过程和一些良好、有效的方法。

浅谈班级管理艺术

荆门市屈家岭管理区屈家岭中心小学 何文荣

自从改革开放以来,我国的教育事业取得了显著的发展,但是同时也面临着严峻的考验。随着信息技术的高度发达,孩子们听得多,见得多,思维活跃了,同时自我意识也增强了也就越来越不好管理了。作为小学老师该如何管理自己的学生呢?

一、忙中有序,以理服人

要想管理好一个班集体,让不同类型、不同性格的学生喜欢你的教育方式,首先要让学生佩服,让他们要心服口服地配合管理工作。斯大林曾经说过:"教师是人类灵魂的工程师。"教师首先应该热爱教育,把教育事业当作一项伟大事业,而不是谋生的职业,要有自己的理想和奋斗目标,这样教育就会变得顺其自然,教师也会忘我地工作,不求回报。教师是一个高尚的职业,但是同时也是一个需要知识、文化积累的职业。班主任应不断加强自身修养,班主任越出色,学生就会越打心底里佩服和敬重,产生亲近教师的渴望。在班级管理中,还必须要有完善的制度来制约学生。俗话说:"没有规矩,不成方圆。"谁违反了制度,一定就要按照制度来,该惩罚的就惩罚。《没有惩罚的教育是不完整的教育》这篇文章讲了惩罚的三方面的意义。一是惩罚的主调是积极向上的,并不是贬义的,是有其丰富的内涵的。二是任何人,在其行为伤害到别人的时候,都要为之承担一定的责任,这就要学生接受一定的惩罚,也就是说"惩罚的一个基本出发点和目的是让孩子为自己的过失负责"。三是惩罚是在了解的前提下进行的。因学生犯错的背后都有不同的原因,同样的错误要根据实际情况不同对待。意识到自己的问题所在之后,及时做修正。对违犯纪律的学生,要以平和的心态冷静地处理,重点在于让其认识到这样做是错误的,以后该如何去做;而不是在于让其接受惩罚,惩罚只是一个手段,而不是目的。制订了制度,要公布,要实施,还要总结情况,每周总结后再对下周进行安排。这样学生们都知道自己在下周该做什么,不该做什么,做得不好的进行改正,做得好的则继续保持。

二、因人而异,以情感人

认真了解每一位学生,制订个性化的教育方案。一个合格的教育者应该充分了解他的每一个学生,这就要求教师要有敏锐的观察力,多方面地去了解学生。对于学生的家庭状况、个人兴趣爱好、优点、特长、人际关系做到心中有数,根据每个学生的特点制订个性化的教育方案。教师只有热爱学生,用心去教育学生,才能耐心聆听每一位学生的心声。教师要想真正走进学生的心灵世界,唯一的方法就是和学生谈心,通过谈话让学生感受到温暖,并对你敞开心扉,只有这样才能真正了解、认识每一位学生。哪怕是一句亲切的问候,一次轻轻的抚摸,都能在学生的心中激起一阵涟漪。不同性格的学生应该互相搭配成为同桌,让他们在性格上互补,更有利于共同进步。深入学生的内心世界,认真观察每个学生每天的情绪变化,因为学生年龄小,情绪的自我调节能力差,所以教师应该及时发现学生的问题,及时解决,让学生身心健康发展。

三、以心换心,真情待人

要带好一个班级,不怕有后进生,就怕没有得力的班干部,一个好的班干部团队一旦形成,就能使一个松散的班级变成一个团结的集体。班干部的才干不是天生就有的,而是从实践中锻炼出来的。班主任要有意识地培养他们,既要向班干部传授方法,又要给他们提供锻炼的机会,让他们逐渐适应这一角色,更好地辅佐教师管理其他学生。但要注意,让班干部管理班级事务,并不是班主任完全撒手不管,班主任要定期对班干部的工作进行检查,对表现好的班干部及时表扬,对表现不好的及时指正并加以鼓励。只有这样班级才会有和谐的氛围,学生在此环境中才能健康快乐成长。

总之,教育是一门科学,育人成才是一种精雕细琢的艺术,只要你蹲下来,你感受的就是真、善、美,你收获的就是天真无邪,你看到的就是……此时,你会欣喜地发现,那里风景独好!

浅谈小学数学作业设计的有效性

京山市宋河镇小学 龙 梅

随着新课程的改革,课堂教学观念的更新,我们要以新课程标准为依据,设计新颖有效的数学作业,提高学生的学习效率。而现在大部分教师仍停留在传统的教学方法中,布置一些形式单一、枯燥、没有针对性的题目,教师讲得多,学生练得少,学生没有学习的兴趣。因此,如何设计出有效、新颖、开放、有趣的数学作业,提高学生的学习效率和学习兴趣,是我们每个数学老师应该思考的问题。

一、设计趣味性作业,激发学生的求知欲

教师教完计算题后,学生往往会感到枯燥无味,甚至失去了做作业的兴趣和主动性。我在教学中经常设计一些有趣的题目或者数学游戏,比如在教学《10以内的加减法》时,我设计"找朋友,手拉手""小组比赛"的游戏,这样可以调动学生的积极性。又如我在上完《数的整除》这节课后,我给每个学生编好学号,请学生记住自己的学号,一起来做游戏,看哪个同学反应最快、最准!游戏内容如下:①学号是偶数的同学请站起来;②学号是最小的质数的同学请起立;③学号是奇数的同学请举手;④学号是奇数又是质数的同学请到讲台前来;⑤学号是合数的同学请站起来;⑥学号是奇数又是合数的同学请站起来;⑦哪个同学的学号既不是质数也不是合数;⑧哪个同学的学号是最小的合数?这样,全班学生都能参与到游戏中来,把学习气氛推向高潮,学生的学习兴趣高涨,整堂课学生不仅学得轻松,学得愉快,一节课下来还有种意犹未尽的感觉。这样的设计不仅让学生养成积极向上、不甘落后的好品质,还很好地激发了学生做作业的兴趣和学习的欲望。

二、设计生活性作业,联系学生的生活实际

生活中处处有数学,也处处用到数学。因此,我在备课时尽可能地以学生身边的事例来设计练习,让学生感受到数学就在身边。

比如学习完《长度单位》后,我设计练习,要求学生根据实际情况修改这样一篇日记:"早上,我从2分米的床上起来,穿好衣服,来到洗手间,拿起13米的牙刷刷了牙,就急急忙忙地吃完早餐,背上书包走在离家里约有800厘米的路上。"又比如,在教学完《长方体的表面积》后,我根据学生身边的事例,设计了这样的作业："如果要粉刷教室的四周墙壁（窗户除外）和天花板，粉刷每平方米大约需要石灰200千克，同学们有什么办法计算粉刷教室大约需要多少千克石灰？我们需要知道哪些数据？"学生表现非常踊跃，积极举手说出自己的计算方法。于是我拿出卷尺，让学生自己动手测量并且计算。这样设计作业，不仅充分调动了学生做作业的积极性，激发了学生的求知欲望，让学生学得轻松，学得愉快，而且让学生学会用数学知识解决实际生活中的问题，培养了学生的能力，提高了学习效率。

三、设计开放性作业，培养学生的创新意识

数学作业的设计是一种有目的、有指导、有组织的学习活动。我们要有意识地设计一些与学生学习、生活紧密相关，学生感兴趣的作业给学生，要求学生从多种角度去思考问题并解决问题。

比如学习完《认识时间》后，我布置了这样的课外作业："小刚同学早上起床后，穿衣用了2分钟，刷牙用了5分钟，洗脸用了3分钟，梳头用了2分钟，煮鸡蛋用了10分钟，请同学们计算一下：①这个小朋友一共用了几分钟？②有没有同学能够在最短的时间里完成这些事情？"第一个问题很简单，很多同学都算出来了，但是第二个问题就有难度了，不要求所有的学生都会做。这样的作业既激发了学生的学习动机，又培养了学生的想象能力和创新意识，让他们能把数学知识更加灵活地运用到生活中去。

四、设计分层次作业，发展学生的思维能力

新课程标准提出数学作业的设计应有选择性、层次感，有一定的坡度，使学生思维由浅入深，更深层次地激发学生对数学学习的兴趣。所以，我在设计作业的时候，根据各种层次的学生，设计不同层次的作业，学生可以根据自己的实际情况自由选择作业，同时鼓励学生挑战不同层次的作业。比如我在教学"小数乘法简便计算"后，设计了三个不同层次的作业：

A：(1) $3.8 \times 64 + 3.8 \times 36$ (2) $(1.25 + 0.25) \times 8$

B：(1) $3.8 \times 99 + 3.8$ (2) 8.9×10.1

C：(1) $8.6 \times 4.6 + 8.6 \times 6.4 - 8.6$ (2) $4.8 \times 7.3 + 0.48 \times 27$

根据学生之间的差异，教师在设计作业的时候一定要综合考虑，应该从学生的实际情况和认知水平出发，设计不同层次的练习来满足不同层次的学生的需要。

浅谈如何提高学生管理班级的水平

钟祥市大柴湖经济开发区柴湖镇小学　罗　颖

魏老师经常说这样一句话:"凡是学生能干的事,班干部不要干;凡是班干部能干的事,班长不要干;凡是班长能干的事,班主任不要干。"这句话深深体现了学生管理班级的重要性,对班主任管理班级有很多的启发。那么,怎样让学生来管理班级呢?这是需要班主任从实践中进行总结的。

一、教师审视自我

事物的产生、发展和灭亡都是内因和外因共同作用的结果。内因是事物变化发展的根据,外因是事物变化发展的条件,外因通过内因起作用。因此,我们要不断从自身找原因,当然要不断提升自己的专业知识和教育理念。我们可以先审视自己走过的路,看看自己是否有规划,如果一个教师没有自己的规划,那么又怎么要求学生去做规划?曾经的我们可能都凭借职业习惯和对学生的爱来管理,虽然兢兢业业但却不专业。我们不能只是一味地凭经验管理学生而没有自己的思考,必须总结出自己的方法。

曾经看到过这样一段话:"一个孩子打开一扇窗户,窗外秋风萧瑟,天空灰沉沉,院里一位老人正在掩埋一只刚死去的猫,孩子满脸忧郁和悲伤。这时孩子的妈妈走过来帮他关上这扇窗,把他带到另一扇窗前,打开这扇窗户,窗外阳光明媚,鲜花盛开,鸟儿欢唱……看到这样的情景,孩子的心情一下子明媚起来。"可见,教师在教育中起到的作用是至关重要的。教师不仅要教授知识,更重要的是要打开学生心灵的窗户,让学生学会学习,学会生活。

二、教师分析、了解学生的优点

班主任的不存在感越强,学生的存在感就会越强。怎么让学生觉得老师的存在感不强呢?如果班主任都没有存在感了,那么怎么来管理班级呢?因此,要让学生自己管理班级。怎么来让学生管理班级呢?这就需要教师有一定的分析能力和调动能力。首先,教师要对全班学生有一个认真的分析能力和了解,知道每一位学生的优点与缺点,看看可以发展他们的什么能力,慢慢进行培养。让每个学生正确认识自己,在班级里找到属于自己的位置。因此,我们要细心地发现每一个学生的优点,利用一切可以利用的机会适时放大。教师要了解学生,深入到学生的心灵深处。

曾经听一个培训老师说:"为什么有的学生喜欢和你说话交流?因为他信任你。为什么有的学生不愿意和你说话?因为和你有隔阂。"那些本来就不爱说话的学生,我们更加应该多给予信任,先给信任才能让他们信任教师。教师可以根据每个学生不同的特点来鼓励他们,比如有的学生爱护花草,可以在教室种一些花草让他来爱护和观察。有的学生热爱劳动,那么可以进行劳动承包制,来提高他参与班级管理的积极性。

三、让学生管理班级

提高了自身,研究了学生,接下来就是如何让学生管理班级。如何来让学生管理班级,首先应上好第一节班会课。我们每次开学都要先开安全班会。这次班会,让学生自己来说应该注意什么。每个人都说,每个人都参与,然后把自己想到的说一说、写一写,最后教师再总结。第二个班会是制定班规。我们为何不把这个也交给学生?让他们自己说说学生应该怎么做,并制订自己班级的班规。当然制订出来不能只是摆在那里,我们要把班规打印出来并且放到教室最显眼的地方,每天阅读。可以利用上课前的一点点时间或预备铃前的一点点时间一起读。我相信,慢慢地,学生会把班规融入自己的学习生活中。班级目标制订完成后,每个小组也制订自己的目标。班级内也要有竞争。让学生在纪律、学习等各个方面进行比赛,每月一小结,给予适当的奖励与惩罚,调动每位学生的主动性。最后一层是学生自己的目标。学生自己的目标不用太具体,只用找到要超越的对象并为之努力即可。

当我们把内因、外因都调整到位,那么事物的改变也就自然而然了。把班级管理还给学生,让每个学生都能打开心扉;把班级管理还给学生,让每个学生都能得到关注;把班级管理还给学生,让每个学生都有展示的舞台。这一切,凭借的不仅是爱心,更是智慧。

浅析如何在英语课堂上让学生沐浴阳光

荆门市东宝区栗溪镇实验学校　李付华

新课程标准指出,教师要转变教学观念,在课堂上重视引导学生学会学习,学会做人,真正实现学生是课堂主体的教育理念。作为身处一线的英语教师,在英语课堂教学上怎样贯穿阳光教育的理念,怎样真正实现阳光育人,让师生共同沐浴阳光,一直是我们在努力探索的问题。下面是我对这个问题的一些思考。

一、教师要融入自身情感,具有"阳光之心"

1. 用关爱之心感染学生

教育学家指出:高效教学的前提是和谐的师生关系。教师工作的特点决定了我们在教学工作中要与学生和谐相处,用一颗关爱之心去感染学生。如在课堂上,给予没有正确回答问题的学生鼓励的话语,如"I think you try your best, and try harder next time"。在遇到学生求知的目光时,投给他一个赞许的目光;在学生焦虑紧张时,用一个温暖的手势来舒缓他的焦虑之情。这些做法看似微不足道,却能真真切切地让学生感受到老师对他的关爱,在潜移默化中拉近师生间的距离。

2. 用乐观的态度影响学生

教师的一言一行都影响着学生。一个脾气暴躁的教师带出的学生必定乖张跋扈,一个成熟稳重的教师所教的学生也大多都懂规矩、知礼。要真正做到以生为主,阳光育人,教师不能让自己的情绪左右学生,要坚持用乐观向上的态度去影响学生。比如,可以在课前准备时讲一个诙谐幽默的故事,在课堂上用幽默机智的话语点评学生,来打破沉闷的课堂。又如,在学习"动物"这一单元时,当学到"lion"这一单词时,我们可以模仿狮子的叫声和动作,对学生说:"I am a lion. I'm the king."在教师的尽情表演下,学生必然也会模仿和跟读,从而快速掌握生词。久而久之,学生在乐观向上的教师的影响下,也会形成阳光开朗的性格。

二、教师要激发学生热情,调动学生的积极性

1. 创设能动的教学情境

英语教学的最终目的是让学生爱上英语,对学习英语产生兴趣。所以,

英语课堂要围绕这一目的展开。教师要运用能动的教学情境，尽快地把学生带入预设的教学情景中，然后再展开教学。例如，七年级的某个单元的语言目标是确认物品的所属关系，会写一篇失物招领启事，因此，在本节听说课上，教师就创设了一个帮助 Mike 寻找丢失物品的情境，围绕这一情境教会了学生寻物应该怎么问，最终学生帮助 Mike 找到了物品，教师又设计了一个给学生颁发礼物来感谢帮助的环节。整堂课，学生在情境中自主能动地学习，很好地调动了学习的积极性。

2. 营造愉快的课堂氛围

愉悦轻松的课堂气氛对于调动学生的学习热情和积极性也至关重要。在英语课堂上，教师可以采用游戏、歌曲、舞蹈等形式来进行师生互动，创设阳光的课堂氛围。比如，在学习"used to do"这一内容时，教师设计了一个"猜猜猜"的游戏，让学生们通过观看明星小时候的图片来猜测长大后图片里的人物是谁，进而引入用"used to do"结构来进行人物对比，学生们看到自己喜爱的明星的图片自然热情高涨；在学习交通方式这课时，教师将本课重点句型与学生会唱的中文歌《小星星》进行结合，创编了新歌曲《How do you often go to school》，在熟悉的旋律的带动下，学生迅速地掌握了频率副词，课堂气氛达到高潮；又如在学习交通信号灯的时候，教师通过创编歌谣《stop at a green light》来进行韵律教学；通过跳《兔子舞》来学习"turn left"，"turn right"等。这些活动都从学生出发，以学生为主体，寓教于乐，真实地营造出阳光的课堂氛围。

三、教师要灵活运用教法，构建开放课堂

1. 充分利用小组合作学习

为优化英语课堂教学，体现以学生为本的教育理念，英语教师需引导学生有效开展合作学习，发挥小组合作学习的功能，实现优势互补。例如，可以在课堂上进行小组调查和小组汇报，在学习《喜欢的食物》这个单元时，可以让学生在小组内调查组员喜欢的水果和蔬菜，完成调查表，再由一个学生代表进行统计汇报；在进行习题讲解的时候，教师可安排学生在组内合作解决疑难问题，纠正错题难题；同样，在新授课文时，也可以通过小组间竞争、组内共同合作的形式来提高课堂效率。通过小组合作探究，学生做到了人人有事做，事事主动做，在课堂上真正"动起来"。

2. 注重分层教学

人的认知水平是有差异的,对事物的感知程度也不一样,学生尤其如此。教师应尊重每位学生的发展差异,了解每个学生的内心需求,实行分层教学,尽量让每个学生都能感受到学习带来的成功的喜悦之情。如在课堂上,设置难度较高的问题给优等生,而将难度偏低的问题留给基础相对较弱的学生,使他们找到学习的自信。在布置作业"安排学生写一段关于自己家人的英文短文"时可以分层安排,一类学生介绍家庭的全体成员,而另一类学生则只介绍自己和父母即可。在教师的精心设计下,学生学有所得,内心是阳光快乐的,以后也更愿意参与课堂活动。

3. 开展多样的教学活动

在英语课堂上,教师必须不断创新,改变一成不变的教法,灵活设计和开展多样的教学活动。教师可把书本内容加以整合,设计出学生完全想不到的活动。例如,让学生发挥想象力编写故事,举行辩论赛,进行人物访谈,开展脱口秀活动等。如在学习九年级第七单元时,教师将学生分为正反两方开展辩论赛,辩论主题为"学生应不应该被允许选择自己的服装",学生们辩论时给出的理由非常充分,很多观点让教师眼前一亮。在学习了用方位介词"on、in、under"介绍房间内的物品后,设计一个让学生画自己家里房间的活动,接着请学生口头描述自己的房间。学生在活动中学会归类自己的物品,保持房间的整洁。形式多样的教学活动开阔了学生的视野和思维,同时训练了学生的表达能力,使学生在课堂上"沐浴阳光"。

以生为本的阳光英语课堂,既要求教师融入自身情感,具有"阳光之心",也需要教师调动学生的热情、激发学生的积极性,更要求教师采用灵活多样的教学方式去构建开放的英语课堂。在这种阳光的课堂氛围中,学生的行为得到认可,智慧得到彰显,人格受到尊重。时代召唤阳光英语课堂,让我们用阳光之法育人,赋予英语课堂以斑斓的色彩!

信息技术促进教育公平的探讨

荆门市高新区·掇刀区白庙小学　杜亚莉

在我国现行的人才强国战略和教育信息技术广泛运用的背景下，以及我国地域之间、学校之间、学科之间教育发展状况存在较大差异和不平衡的现状下，本文分析了信息技术对教育公平带来的积极作用和影响，提出了对信息技术促进教育公平的几点思考。

一、教育信息技术的内涵及表现

1. 教育信息技术的内涵

教育信息技术指的是在教育领域运用信息技术，实现教育的现代化。教育的改革和发展应当适应时代发展的需要，运用先进的技术手段促进教育的创新性发展。

2. 教育信息技术的表现

教育信息技术的表现在技术层面可以总结为数字化、网络化、智能化以及多媒体化，能够最大程度确保教育信息技术的统一标准，确保在时空上的无障碍传递性和教学的生动性。

在教育层面上可以表现为教育资源的全球化和教材的多形式化。教育信息化在教育领域的应用，能够实现在全球范围内教育资源的传播，也可以使得教材打破传统的纸质版，实现教材虚拟化。

二、教育信息技术对教育均衡发展的作用

信息技术打破了教育资源在空间上和时间上传播的阻碍，实现了资源最大程度的共享。

1. 信息技术能够促使地域间共享教育资源

信息技术对教育而言最大的优势就在于能够打破地理环境的限制，能够实现不同校际、不同地域之间教育资源的共享。利用信息技术和互联网技术，能够利用MOOC、数字课堂等在线公开课的方式，共享优秀教师、发达地区的优秀课程，推动优秀教育资源的共享和交流，能够在很大程度上推动教育资源的均衡发展，促进教育公平。

2. 信息技术能够促进教育模式改革

传统教育模式是教师和学生进行面对面地讲课和学习，具有固定性和不可移动性,而教育信息技术则改变了这一传统模式,将利用互联网技术的远程授课和远程学习纳入教育模式体系中。教育不均衡的重要原因即是教育资源无法实现共享,而教育信息技术则能很好地弥补这一缺陷。

同时,信息技术将更多的自主权和主动权赋予学生,用生动形象的教学手段提高学生的学习兴趣,进而加深学生对知识的理解与掌握。同时,也有利于学生自主选择最适合自己的方式,并提供个性化教学,最大程度保障教学质量,提高教学效率。

3. 信息技术能够推动教育质量提升

信息技术的广泛运用能够提高教师队伍的素质建设。信息技术能够在任何时间、任何地点为任何学科、任何层次的教师提供专业化、具有针对性的培训课程,教师可根据自身需要选择适合自己的课程,提升自己的教学水平。

此外,信息化技术也能够培养师生的创造性思维,不仅能够为教师备课提供更多元的素材来源和思路,也能够培养学生们的创造能力和思维能力,进而强化素质教育。

三、教育信息技术促进教育公平的未来展望

1. 完善教育信息技术的配套设施

教育信息技术是基于信息技术,尤其是互联网技术发展起来的,对于技术有着较高的要求。推进教育信息技术,就必须有配套完善的网络、计算机、多媒体等设备和专业化的人才。在一些偏远城市或不发达地区,软件、硬件条件都会受到一些限制。为了防止本来为促进教育公平而使用的信息技术反而拉大教育差距,需要大力提高信息化基础水平,加大对教育信息技术的推广力度,培养教育信息技术专业化人才,提高信息化技术手段,从而推动教育信息技术的发展。

2. 健全相关法律体系,完善管理

从整体上看,我国教育信息化近些年来稳步发展,但教育信息化的政策和法律支持体系还比较薄弱,在实践中可能会遇到无法可依的尴尬境地。因此,为了确保教育信息化的执行力度,就需要尽快推进教育信息化的法律体系建设,确定法律上的约束力,从而最大限度地加大对教育信息化的支持,保障教育信息化促进教育公平的实现。

浅谈语文作业的有效性

荆门市屈家岭管理区实验小学　胡　莎

一、精心设计作业，提高作业质量

1. 激发兴趣，设计自主作业

实践证明，兴趣是最好的老师，是学生持久学习的动力，所以，教师在布置作业时要能激发学生的兴趣，设计一些可供学生自主选择完成方式的作业。

教师可以通过演讲、表演、布置能激发学生兴趣的作业等方法来激发学生的兴趣，让学生在兴趣中学有所成。比如，预习作业可让学生自主查找相关资料，从而增加兴趣，更有激情地去学习课本知识；也可以让学生自学课文后根据自己的情况提出感兴趣的问题，并尝试解决问题；还可以布置一些延伸作业来激发学生的学习兴趣。如学《大自然的声音》时，我设计了一项作业：大自然里都有哪些声音？你可以说一说，也可以画一画……这样一来，学生都能选择自己擅长的方式来完成作业，在完成作业的过程中既培养了语文能力，也发挥了自己的特长。

2. 尊重差异，设计分层作业

学生的学习能力有差异，有差异的学生做无差异的作业，势必会造成有的学生"吃不饱"，有的学生"吃不了"的现象。这样，学生语文能力的发展就会受到遏制。所以，教师要充分考虑到学生的个体差异，分层布置作业，让不同层次的学生都能得到发展。我的做法是根据学生的学习基础和接受水平，将学生分成A、B、C三组，在布置作业时，根据作业的难度大小，确定基础、发展、创造三级目标，设计A、B、C三类作业。A类为基础题，全班必做，B类和C类难度稍大，学生任选一题或两题来做。如学习《金色的草地》时，我设计了以下作业：

A. 抄写词语，背诵相关段落，摘抄精彩语句。

B. 选精彩语句进行评论。

C. 思考：金色的草地是什么？

这样由易到难，层层递进，既使学生夯实了基础，又给学生一个选择的范围，让所有的学生都能获得成功的喜悦，得到最优的发展。

3. 布置探究性作业

让学生走进大自然进行探究后完成作业。这类作业不仅拓宽了学生的知识面,丰富了他们的生活体验,还能培养其探究精神,提升综合素质。比如学了《花钟》后,可以让学生观察花期,以及各种花开放的时间,并让他们回家做记录,然后写一篇观察作文。亲身实践,更有助于提高他们的写作能力,也能让他们轻松地写出文章。

二、重视作业的检查与评价,培养良好的习惯

当学生对作业产生浓厚的兴趣以后,我们要帮助他们将兴趣转化为习惯,促使学生养成按时、认真完成作业的习惯。习惯的养成离不开必要的约束,而学生缺乏自律和自控,所以一定不能忽视作业的检查与评价。

1. 作业及时反馈

课堂作业要及时批改,并给予激励性的批语,这样才能激发学生完成下次作业的热情。普通的抄写、默写、翻译、阅读等作业,反馈时间为一两天,作文最长为一个星期。

2. 作业反馈要有人文性

(1) 作业反馈要以激励为主。例如评语激励,对于字迹潦草,但正确率较高的作业,我们可以写上:"你的作业很正确,如果书写再工整一点的话,就能拿到优秀作业奖了。"我想任何一个学生,在他的内心深处都有渴望被表扬的欲望。这样长期下去,学生每做一次作业都会产生一种成就感,也就会更加喜欢做作业。

(2) 作业反馈要求分层进行。及时了解不同学生的差异,找出成绩好、中、差三类学生的作业进行汇总,了解各个层次学生的知识掌握的情况,以便进行分层辅导,全面提高教学质量。

①对优等生作业的批改和评分要适当严格些。优秀的学生学习自觉性、主动性较强,在班级里的影响也较大。在改他们的作业时,我们应该更严格些,要求他们正确率高、书写工整、答题富有创意。

②对中、差生作业的批改和评分要适当松些。这两类学生对学习和作业往往缺乏信心。我们一定要对他们加以鼓励,使他们提高学习的热情,增强学习的自信心。所以在批改作业时,我们应尽量做到不用"×",对他们做错的题目在旁边加上"?",或在字的下面加个"?",使中、差生在作业反馈中获得成功的体验,从而进一步增强自信心,去争取更大的进步。

转化思想在小学数学教学中的应用

京山市罗店镇直小学　鲁文歆

小学是学生学习数学知识的启蒙时期，唯有深深铭刻于头脑中的数学思想和方法能随时随地地发生作用，使他们受益终身。因此，在这一阶段给学生渗透基本的数学思想便显得尤为重要。

转化是解决数学问题常用的思想方法，是解决数学问题的基本思路和途径之一，是一种重要的数学思想方法。它是指面对新问题时，在进行细致观察的基础上，展开丰富的联想，以唤起有关旧知识的回忆，开启思维的大门，顺利地借助旧知识、旧经验来处理新的问题。

任何新知识都是原有知识发展和转化的结果。它可以将某些数学问题化难为易，另辟蹊径，通过转化探索出解决问题的新思路。在教学中，教师应结合恰当的教学内容逐步渗透给学生转化的思想，使他们能用转化的思想去学习新知识，分析并解决问题。

在小学的教学内容中，很多知识点的教学都可以渗透转化的思想。遇到一些数量关系复杂、隐蔽而难以解决的问题时，可通过转化，使生疏的问题熟悉化、抽象的问题具体化、复杂的问题简单化，从而顺利解决问题。

认真研读教材，我们不难看出，各个年级的教材都有适合渗透转化思想方法的切入点，如果我们能从一年级开始，就根据教材内容和学生的实际水平，分阶段、分步骤地进行渗透，那么，学生们就会逐步形成比较系统的思考方式，解决问题的能力也会不断地提高，数学素养也在此过程中不断得以提升。因为数学问题解决的过程实际就是问题"转化"的过程，"转化"成功了，问题也就解决了。

我曾经听过刘延革老师讲授《解决问题》这堂课：首先用《曹冲称象》的故事引入课题，通过"为什么不直接称象，而要称石头"这个问题，引出故事中曹冲应用的一个重要的数学思想——转化，继而为学习新知埋下伏笔，将数学思想以故事的形式呈现，极大地调动了学生学习的积极性，使学生感受到数学与生活是密切联系的。

当学生做题遇到困难时，刘老师都会亲切地说："孩子们，不会做是正常的，找找不会做的原因，再想想把什么转化为什么就会做了？"刘老师用语言和行为建立了和谐的师生关系，鼓励学生从不同的角度去感受，去体验，去理解。

在这一节课中，我感受到了转化思想在数学课堂中的渗透，学生们也学会了学习数学的一个重要方法。

下面简单谈谈我是如何把"转化"的数学思想应用在小学数学教学中的。

（1）转化思想在小数乘除法中的应用。在上五年级上册《小数乘整数》时，因在此之前，学生已经掌握了整数乘、除法的知识，学习这部分知识的主要目的就是将小数乘、除法这个新的知识转化成已经学过的整数乘除法。可以让学生通过"把小数乘整数"转化为"整数乘整数"，利用知识的迁移作用帮助学生掌握"小数乘整数"的运算方法，不仅使学生理解了算理，感受了算法，同时也感受了"转化"的策略对于解决新问题的作用。

（2）探索平行四边形、梯形、三角形等图形的面积公式。这些公式均是在学生认识了这些图形、掌握了长方形面积的计算方法之后才学习的，是整个小学阶段平面图形面积计算的一个重点，也是整个小学阶段中能较明显体现转化思想的内容之一。

教学这些内容时，一般是将要学习的图形转化成已经学会的图形，再引导学生比较后得出将要学习图形的面积。

例如，平行四边形的面积推导，当教师通过创设情境使学生迫切想求出平行四边形面积时，可以将"怎样计算平行四边形的面积"这一问题直接抛给学生，让学生独立思考。面对这个完全陌生的问题，学生需调动所有的相关知识及经验储备，寻找可能的方法，解决问题。因为长方形的面积先前已经会计算了，所以，将生疏的知识转化成已经会了的、可以解决的知识，就能解决新问题。在此过程中，转化的思想也就随之潜入学生的心中。其他图形面积的教学亦是如此。

通过上述分析可以看出，转化的思想方法在小学教学实践中的应用有一个基本的原则，就是将复杂的转化为简单的，将陌生的转化为熟悉的，将未知的转化为已知的。

信息技术与聋生数学教学整合

钟祥市特殊教育学校　吕品品

信息技术与聋校数学课程有效整合,能使教学形式更直观化、形象化、视觉化,丰富教学内容,开阔学生的知识视野,提高学习效率,不仅有利于聋生的个性化学习,更能调动学生学习的积极性。聋校因教育对象的特殊性,教学趋向形象直观,多媒体特有的直观性和科学性,恰好符合这一特点。

一、信息技术与数学教学整合,激发聋生语言表达的兴趣

由于数学教学比较枯燥无味,再加上学生听力的缺失,要想让聋生学习数学有积极性,就需要把信息技术融于课堂教学。数学教材中的有些内容,如果按照课本上的示意图进行教学,聋生无法理解,如果利用多媒体教学,大大加强了形象、直观的教学,为学生创设各种情境,可激起学生各种感官的参与,调动学生强烈的学习欲望和兴趣。

从目前的课堂情况可以看到,信息技术的运用的确为数学课堂教学注入了活力。例如,在张老师讲《长方体和正方体的认识》时,学生学完这两种图形的基本特点以后,让他们讲讲两者的相同点和不同点,他们都很害怕举手发言,怕自己说不好,让别人笑话。后来,在多媒体课件里做了一些带动画的长方体和正方体的卡通人物,请每位学生选一个卡通图形做自己的好朋友,并把它介绍给其他的同学。学生们以往害怕上台讲话的状态改变了,纷纷举手,希望选中自己喜欢的卡通图形。当学生们在台上兴奋地介绍自己的图形朋友时,听着他们用稚嫩的声音努力说清图形的名称和基本特征时,我真正感受到了"兴趣是最好的老师"。

二、信息技术与数学教学整合,培养学生自主探究的能力

数学教学课程事实上就是学生在教师的引导下对数学问题的解决方法进行研究。于是,如何设计数学问题、选择数学问题就成为数学教学活动的关键。因此,在教学活动中创设情境就是组织课堂教学的核心。多媒体教学软件的应用为我们提供了强大的资源。例如,周老师在《平均分》教学中设计了一个题目:"怎样把 18 个桃子平均分给两位小朋友?"通过动画演示让聋生们知道题意,让学生自己探究,让学生更生动、更准确地知道 18 个桃子可以怎样分。如果只利用模型让学生观察,达不到好的效果。

三、信息技术与数学教学整合,提高聋生理解数学题意的能力

数学应用意识的培养、提高和发展,需要经历渗透、交叉反复、不断深化的过程,使学生的应用由不自觉、无目的的状态,进而发展成为有意识、有目的的应用。要使聋生在有限的空间、时间里去更好地认识教材中的事物,我们必须充分运用多媒体信息技术提高数学教学质量。多媒体可提供显示生活中的数学的材料,创设接近学生生活实际的情境,还能培养学生从生活中收集数学信息的能力,让他们在生活中发现数学、学习数学、运用数学。

(1)利用信息技术,可将应用题题意分析的线段图、图解直观形象地与文字一一对应地呈现。读题以后,在聋生对题意有了一定理解的基础上,教师不要一次性地把应用题的分析图用信息技术全部展示出来,可以让学生先在脑海中想象出线段图或直观图,并试着用语言描述一下,甚至可以让学生画出来。然后教师用多媒体对照题意一句一句地出示正确的图解,这样会让学生对题目的意思和数量间的关系理解更深刻。

(2)利用信息技术来展示直观图,节约了大量画图的时间,也促进了数学思维的发展。面对多媒体的形象教学,学生能够直观地认识到现实生活中蕴含着大量的数学信息,数学在现实生活中有着广泛的应用。随着多媒体信息技术的飞速发展,我校每班都配备了多媒体计算机,将其应用于教学,一方面通过教学优化为学生提供了新的学习内容;另一方面通过改进师生沟通手段,提高聋生学习的效果,增加了学生接受指导的机会,为因材施教提供了条件。

总之,多媒体信息技术的实践应用,使聋校传统的数学教学成为开放性、综合性的教学形式。在当前我国积极推进教育现代化、信息化的大背景下,聋校教师更要抓住历史发展的机遇,把学科教学与信息技术整合起来。这既是教师教学的一种手段,也是学生学习的一种工具,为促进聋生的全面发展起着不可估量的重要作用。

共谱班级协奏曲

荆门市东宝区红旗小学　李红丽

一、第一乐章"珍爱生命"之乐章

在一个春天的周末,我带孩子们去种紫薯。我们都是第一次看见紫薯的苗,嫩嫩的、绿绿的,是那样的纤细柔弱。"这一根苗,就是一个生命,如果把它弄断了,一个生命就没了。"我再三叮嘱孩子们要小心。

农民伯伯给我们做示范,挖了一个小洞,说大致上这样就行了。这可是紫薯的家啊,它得在里面待上两个季节。孩子们可不敢马虎,他们找到了树枝、尺子进行比画,挖多深、多宽,一量再量。这严谨的态度可比他们平时做题认真多了。

他们小心地把紫薯苗栽到洞里。我们一起期待着秋天的收获。生命就是那样的神奇,那样不起眼的一棵小苗,竟然也能孕育果实。

当农民伯伯通知我们去挖紫薯时,我们惊奇地发现一根苗下面竟长出那么一大窝紫薯,这真是生命的奇迹!学生们劲头十足地挖着紫薯。挖出来后,他们用紫薯比照自己,有的说:"这个大的像我。"有的说:"这个小的是我。"有的说:"这个胖胖的就是我。"春种秋收,我们都感受到了劳动的价值,丰收的喜悦。

在那不久,新闻报道了一个初中孩子跳楼的事情。我们在班上讨论这个事,一个孩子说:"紫薯在地里,看不见阳光,听不见鸟叫,周围那么黑暗。那么多的爬虫、老鼠从它身边经过,它们都没有放弃过长大,我们人为什么要放弃自己的生命呢?"这个想法得到了大家的一致赞同。

孩子们的发言让我意外,我的本意是让他们体会到劳动的快乐,没想到,"珍惜生命、珍爱自己"的观念不知什么时候悄然地钻进了孩子们的心里,他们的发言中流动的"生之乐章"让我欣喜和激动。

二、第二乐章"崇尚和谐"之乐章

把所看的童话或所学的课文改编成课本剧,是孩子们喜欢的活动。有个组的同学准备表演《白雪公主》,他们在放学后共同动手,用皱纹纸给自己做服装。做到一半时,我去开会了。等我开完会才发现有几个女孩子一直在等我。她们一看见我,就围了过来:"老师,小丽今天哭了两次。"

可没想到,小丽却笑着对我说:"李老师,我今天感动极了,我觉得我好幸福呀。"同学们也叽叽喳喳地给我讲起了事情的经过。

原来,小丽扮演的是魔镜。别的角色都可以穿漂亮的衣服,只有魔镜是不需要的,所以当她发现人人都有漂亮的服装,就她没有时,急得哭了。

这时,不知是谁提议,给魔镜也做一件衣服,这个提议得到了大家的赞同。我买的材料用完了,孩子们拿出自己的零花钱凑着买,一起给她设计、制作服装,小丽感动得哭了。她穿着大红的长裙子,在我面前转了几个圈,我拍着手笑着,女孩子们手牵着手,高兴得转了起来。

那件事后,小丽主动地找我,想把成绩赶上来,因为同学们对她这么好,她不能拖班级的后腿。我把她的想法告诉了那天和她一起做服装的几个女孩子,大家都愿意帮助她。慢慢地,我发现她有了明显的变化。

在六年级的基础知识抽考中,她居然考了 87 分。我们班的平均分是 86.6 分。小丽的成绩震惊了我们班的同学。

可是我不意外,因为当每一段小乐曲都想谱出奋进的乐章时,在书香的润泽下,自然就会奏响班级的"和谐"之乐章。

三、第三乐章"勇于竞争"之乐章

这次我们班在年级拔河比赛中使出了吃奶的劲,但因实力不如人,第一轮输了,只能争夺第三、四名。大家都非常沮丧,有的学生觉得,争夺第三、四名没意思,干脆放弃算了。

看到满教室的学生士气低迷,我故意说:"算了,算了,后面的比赛我们弃权。"当真听到我说弃权的时候,学生们也感到很意外。

一个孩子说:"如果我们弃权,学校体育组教师会罚我们的,因为我们没有体现体育的竞争精神。"

另外一个孩子说:"输了就不比,别班的同学会笑话我们的。"

我趁机说:"近段时间我们阅读的历史故事中,有没有失败了以后又成功的人?"这一下,孩子们七嘴八舌地说出了一个个耳熟能详的名字。哪一个名垂青史的人,没有经历过失败呢?

孩子们斗志激昂,在第三名的争夺战中竭尽全力,最后赢得了胜利。他们在操场上奔跑、呐喊、拥抱,我听到了激昂的"勇于竞争"之乐章。

四、第四乐章"完善自我"之乐章

在班级中,总会出现不和谐的小插曲。这时候的我总是耐心地等待,等着它在班级的协奏曲中,自我修复。

我们班周末组织了一次烧烤活动。周一小组结算,大家应把自己该出的那份钱交给采购食物的同学,没想到竟有个男生不肯给,说:"我爸爸说的,要拿发票来看。"学生告到我这里来了。虽然我觉得孩子之间这样不好,但他爸爸说的没错。于是,我召开了班级"断案会",解决这个问题。

这个孩子很崇拜他的爸爸,一个人站在教室最前面,毫无畏惧地"舌战群儒",但"好汉架不住人多",同学们从不同角度跟他分析、讨论,他同意给钱,但只给自己吃的那几串。大家可不干,又帮他换位思考,如果都像你这样,材料有损耗,那买材料的同学怎么办?难道要办事的同学自己赔吗?这个孩子终于觉得自己这样做不好,愿意出自己的那份钱。

犯错、自省、改正、修复,班级协奏曲听了是那样的令人舒畅。

五、第五乐章"倾心关爱"之乐章

当孩子无力谱出和谐的乐曲时,我需要伸出援助之手,陪他一起寻找最适合自己的音符。

班上有一个男孩,才几个月大的时候父亲就因病去世了,他的妈妈疲于应付生活,没有精力管教他,他变得非常孤僻。

有一年寒假,我让学生背诵《小学生必背古诗词80首》,怎样通过这个活动让他找到自信,融入集体呢?我想到了一个点子。

在放寒假的第二天晚上,我和他的妈妈用微信联系,检查他背诗的情况,可他还没背熟。等到晚上10点多,还没收到他背诗的音频。我又发短信过去,他妈妈说,现在都这么迟了,明天白天一定督促他背好,给我发过来。我没同意——今日事,今日毕。我告诉他,今天晚上无论等到几点,我都会等他交作业。可能迫于压力,后来快12点的时候,他的背诵传过来了,虽然不流畅,但是背下来了。我给他竖起了大拇指。他妈妈说孩子知道我的表扬后很高兴。

良好的开端是成功的一半。在这个寒假,他背完了整本书,是我们班唯一一个背完整本书的孩子。

我很喜欢这句话:"从外面打破的是食物,从里面打破的是生命。"如果每一个鲜活的生命都能独奏出最动听的乐章,那班级就能合奏出最欢乐的协奏曲,我们的祖国就能演奏出最恢宏的交响乐。

"和乐"环境培养好习惯的几点思考

荆门市高新区·掇刀区月亮湖小学 方 静

小学阶段是人成长的起步阶段,也是人基本素质形成的初始阶段,我校以"和"文化理念为指导,以"养成教育"为基础,重点开展"和乐氛围下低年级学生良好行为习惯自主养成"的教育,力求培养出身心健康、自主合作的"和美"少年。

一、以"和乐"为主题,增强德育活动的生动性

著名的教育思想家陶行知先生在改造中国教育的实践中提出了"生活教育理论"。在习惯养成教育中,为了避免传统德育工作重知识灌输,轻情、意、行的培养的问题,我们采用了把认知与活动相结合的办法。我校每年结合妇女节、父亲节、母亲节、重阳节等节日,组织学生参与"关爱他人"的亲情体验活动,在活动中体会父母工作的艰辛,学会用实际行动回报父母。为了培养学生"胸怀天下"的远大抱负和责任担当,我们还结合劳动节、国庆节、建队日组织学生进行手抄报、演讲、合唱等丰富多彩的活动,陶冶学生的人文情操。为了孕育"和乐"精神,我们有计划、有目的地组织开展学生喜闻乐见的读书、体育、艺术活动,其中最受学生欢迎且对学生行为习惯影响最深的就是"课间讲故事比赛"活动。该活动让每位学生挑选自己喜欢的小故事,经过一周的训练后在班级内进行初选,由全班学生投票选出一名学生参加校级决赛,学校在每天第一个课间时间安排一名学生在广播室进行现场讲故事,一个年级的选手全部讲完后,其他年级以班为单位对其进行投票。此活动不仅营造了良好的"和乐"氛围,激发了学生课外阅读的兴趣,还充实了学生的课间活动,实实在在地实施了"和风细雨,润育无声"的德育理念。

二、根据学校的总体目标,突出"和乐"德育特色

不同的学校,所处的地理环境、社会环境以及现实存在的主客观条件等都各不相同,所以,我们在抓德育、培养学生良好习惯时,必须结合自己学校的实际情况,充分挖掘和利用各方面的资源,做有自己学校特色的德育,然后利用这个特色德育去带动共性德育。例如,我校努力做好"和乐"德育,培"德高人和,才高和雅"的好教师,育"人品和雅,心智和美"的好少年。为了培养学生的自我管理能力,结合小学生的年龄特点,我校开展了"十佳和美之星"评比活动,其中,"和美才艺星"的评比要求是:德艺兼备,有一定的艺术修养,有较强的是非观念;认真上好学校开设的艺术类课程,积极参加兴趣小组活动,具有一定的唱歌、舞蹈、表演、书法、绘画、手工制作等艺术特长;积极参加艺术比赛、文娱活动,并取得优异成绩,在才艺方面获得过校级或校级以上级别的奖项;热心文娱活动并能带领周围同学积极参加校园文艺活动。"和美礼仪星"要求:遵守学生礼仪规范,注重仪容仪表、行为规范,具有良好的个人素养,无不良行为习惯和嗜好;与人交往时能使用"您好、请、谢谢、对不起、再见"等礼貌用语;尊敬师长,礼貌待人,不与人争吵,为人谦和;掌握谈吐、举止、仪表等方面的礼节,敢于在社交场合表现自己,热情大方,文明礼貌,具有宽广的心胸、自信的品质;积极参加学校的礼仪活动,能在教师的带领下开展礼仪劝导活动。这种具有自身特色的评比活动关注了每一个学生的成长,鼓励全体学生寻找自身亮点,挖掘自身潜力;引导广大教师发掘学生的闪光点,关注学生的点滴进步。通过榜样的带动作用,使同学们学习有标杆、前进有方向。在"和乐"氛围下唤醒学生的自我意识,培养"自我要求"的习惯,从而学会自我约束、自我管理、自我奖励。

三、带动家长一起融入"和乐"德育

每个学生每天有很大一部分时间是在家里度过的,学生的思想、品德、学习、兴趣、性格和健康状况都同家庭教育分不开,因此,教师要了解、教育学生,必须取得家长的积极配合。有时家长不仅能帮助教师找到教育学生的有效方法,而且家长的教育本身也就是对学生进行教育的重要途径之一。作为专业的教育工作者,教师应努力使家长了解学校和班级的教育工作计划及子女在思想品德和各科学习上的表现,向家长介绍先进的教育经验,对家长的教育工作给予必要指导;也要听取家长对学校和班级工作的意见和要求,了解学生在家的表现,如对长辈的态度、家务劳动、完成作业、课外时间的支配等情况。加强教师与家长间的相互联系,有利于共同培养和教育学生。因此,我校会定期召开家长会,并成立家长委员会,建立微信平台及校园网站,家长能通过各种渠道随时了解学校开展的各项教育活动和班级动态,也能及时和任课教师进行交流沟通。

初中生行为规范养成教育策略研究

荆门市屈家岭管理区第一初级中学 胡毅琼

良好的行为习惯,让学生终生受益。教师的教育教学工作,对培养学生良好的学习习惯,促进学生身心全面和谐发展,全面提高学生素质具有重要作用。在行为规范养成教育中,我认真贯彻学校的指导方针,严抓常规管理,从小事做起,从细节抓起,让学生从品行到成绩都有了较大进步。

一、建立健全的班委会

一个组织健全的班委会有利于班级管理。在很大程度上来说,一个班级的班风离不开班干部的引导。

首先,班干部要在班级的组织建设中成为同学们的榜样。教师绝对不能独断专行,随意任命班干部,班干部必须经过民主选举产生。这样,学生才能信任班干部。

其次,教师要当好"总导演",充分发挥班干部的作用,放手让他们去大胆工作、管理。这样,在不知不觉中就树立了他们在学生中的威信,学生就会服从他们的管理,并逐步由学生管理学生向学生自我管理转变。

比如,我班班干部是通过民主投票选拔的。值日工作由班长全面负责,其他干部按照分工各负其责,具体工作包括检查出勤、课堂纪律、出操、教室卫生情况,以及关注同学们的各种动态等。出现问题由班长、团支书及时处理或由老师配合妥善处理,这样既培养了班干部处事、应变的工作能力,又保证了班级良好的教学秩序。

在一次语文课上,小东同学在课堂上和语文老师发生冲突,班长小妮立即处理了这一偶发事件。小倩同学因基础较差,学习信心不足,加上她父亲的去世,对她的打击很大。班长小妮及其他同学多次与她谈心,小倩深受感动,学习热情明显高涨。

在班干部值日的过程中,教师要做有心人,及时发现他们工作中的弱点并给予正确的引导。如学习委员小凯想提高班级同学的数学成绩,又苦于不知如何开展工作,我就及时给他出点子。那段时间我们班学习氛围较浓,班风、班纪也明显好转,这与班干部的工作是分不开的。

数学课代表小乐有一定的工作能力,敢说敢管,但他常常显露出优越感。

批评同学时,他不太注意方法,因此,他和同学的关系有点紧张。针对他的情况,我多次和他谈心,认真地分析了他的优点和不足,告诉他开展班级管理工作光靠热情是远远不够的。工作中既要讲究工作方法,又要以身作则,只有这样才能把工作做好,让同学心服口服。

二、抓"常规"落实

制订科学的规章制度,以《中学生行为守则》《中学生日常行为规范》《课间十不准》为标准,关注学生的基本生活和学习习惯,使常规管理真正落到实处,从而培养他们良好的学习、生活习惯及良好的品德,并形成良好的班风。

(1)利用晨会对日常的"小事",如迟到、早退、旷课、上课讲小话、不认真锻炼、说脏话、不做清洁、乱丢垃圾等决不放过,一旦发现哪个学生违反了班规,就立即找他谈话,让他认识到自己不良行为的危害性,然后按班规处罚。让经常违纪的学生配合班委会同学一起值日,担任纪律委员和劳动委员,不仅能培养他们的责任心,而且还能促使他们改掉不良习惯。

(2)展现良好的班级风貌,完善班级管理制度,集中和发挥班级每位学生的力量,提高班级整体水平。要适当调整班干部的责任,开好每月一次的班干部会议,做好记录,鼓励班干部积极、创造性地处理班级事务,培养班干部的工作能力。

(3)加强学风建设,培养学习兴趣,明确学习的重要性,重视学习方法的指导,提高学习效率。积极开展各项评比活动,形成"比、学、赶、帮"的良好风气。

三、制订班级、个人目标

明确班级的管理目标,加强学生的纪律意识、守法意识,加强对学生的规范教育。利用班会、黑板报、谈话等形式加强宣传,使学生养成良好的习惯。

一个班集体应该有一个集体的奋斗目标,这个目标必须符合班级实际,考虑学生的年龄特点和接受程度,富有鼓动性。例如,学习习惯不太好的同学,作业要按时完成、按时上交,并在质量上力求达到优秀水平。而对习惯较好、成绩较好的学生应提出较高的要求,如要求他们争取做"三好学生""学习标兵"和"优秀班干部",争做"四美学生"等。

在实现目标后,要肯定取得的成绩,具体分析存在的问题,及时提出更高的目标,以激励学生不断进步。

对班集体,要制订学期或学年规划;对学生个人,根据实际情况提出某一阶段里能达到的目标。教师必须引导和帮助学生安排好每一个阶段的学习任务,并组织他们的力量来开展活动。争取达到预期的目的,然后再引导大家奔向新的目标。

四、树立榜样

"榜样的力量是无穷的"。在教育管理中,教师是学生心中最好的榜样。因此,教师应该用知、情、意、行等方面的表现作为吸引学生的"资本";拥有高尚的品德,以身作则;具有深厚的文化底蕴,关心热爱学生,尊重学生人格;在学生中起到潜移默化的作用,做好学生的榜样。

我们还可以课堂上学习积极、主动的学生为典型,将他们的好习惯发扬光大,让他们在各个方面都起示范作用。

此外,还要树立一个典型的"转变标兵"。对"转变标兵",我们应该耐心开导,多从正面教育他,用正面典型感染他,善于发现他的优点,多鼓励、少批评,增强他的自信心和责任心,这样就可以"以一带十",点面结合。

五、开展丰富多彩的活动

开展课内、课外教育活动,加强对学生基本素质的培养,增强学生的公民意识、集体意识和社会责任感。

根据活动内容的特点,制订活动规则,约束管理学生。通过活动的发起、组织、开展、总结,提高学生的思想修养,培养他们的学习习惯、学习兴趣及和谐的人际关系,增进同学之间的友谊。事实上,活动越丰富多彩,班级就越团结,越有活力,每个学生在活动中就会对班级产生越多的自豪感、责任感和集体荣誉感,于是班级的凝聚力产生了。

如果形成了团结、友好、互助的优良作风,当有学生遇到困难时,大家都会来帮助他。如果形成了讲卫生的风气,同学们都能自觉地打扫卫生,保持环境的清洁等。我们经常可以看到,一个不喜欢学习的同学在课堂上或自学时会向其他认真学习的同学学习,自觉改掉一些坏习惯。所以,教师要在了解本班已形成的班风的基础上,要求全班学生自觉地坚持良好的行为。

做好学生行为规范养成教育,还有许多地方值得我们去探索、研究,随着社会的发展,我们将面临更多的新问题,因此,我们还要不断加强学习,不断创新,为促进学生良好行为规范的养成和发展而努力。

第三篇 科研平台

浅谈小学生写字教学

京山市宋河镇小学 邱艳华

正确、规范书写汉字,养成良好的写字习惯,是小学生语文学习的基本任务之一。然而,长期以来,受传统应试教育的影响,小学写字教学常常被忽视。写字教学局限于小学低段语文学科的技能训练,小学生汉字书写情况愈来愈差,主要表现是:书写不规范,不工整,不美观。如此现状实在令人担忧,所以小学阶段抓好写字教学已刻不容缓。

一、提高教师的思想认识及自身水平,重视写字教学

写字教学在小学语文教学中占很重要的位置,是听、说、读、写四大基础训练中的重要组成部分,是极其重要的基本技能之一。小学阶段的写字训练,影响学生一生的学习和工作。小学语文课程标准也对各学段的写字提出了明确的要求。教师应提高对写字教学的认识,充分认识到其重要性,明确写字教学的目的和意义。

二、激发学生写字的兴趣

我根据三年级学生的年龄特点,采用以下方法进行兴趣培养。

(1)生动有趣的故事激励,引发他们对汉字的喜爱。以,如王羲之每天"临池学书",清水池变"墨池"的故事等。在写字教学中,不失时机地把国际

友人对中国书法的赞美,把知名人士对中国书法的论述讲给学生们听,让学生明白书法是我国几千年来灿烂文化的结晶与瑰宝,明白书法是我们民族独有的艺术,继承和发扬民族文化责无旁贷,这样就激发了学生们的民族自豪感。

(2)在识字、写字的过程中发挥想象力。兴趣是最好的老师,在识字、写字过程中,除了运用故事、儿歌以外,比喻也是个好方法,如"撇"像小扫帚,"捺"像桨,"点"像水滴。在教学"人"字时,引导学生了解"人"字笔画很简单,一撇一捺,写起来却十分不易。我引导学生观察电脑画面上的笔画,让学生充分发挥自己的想象,看看"撇"像什么,"捺"像什么。有了生动的视觉感受,"人"这个字就印在了学生心里,激起了学生写字的热情。

(3)在互帮、互比中写字。适时开展"一帮一"的写字活动,同学间互相评价优点及缺点,从生字的笔顺、笔画及结构的大小来评价,使每个学生认识自己的不足,及时改正。

(4)借助字帖临摹。三年级可以开始借助字帖临摹,这样可以更好地学习怎样把字写美观。

(5)开展作业评优活动。学生人人参与,通过多次评比,最后评选出班级的"写字大王"。这样学生写字的积极性很高,能静下心来写字,从写字中得到的收获也颇多。

三、培养学生良好的写字习惯

(1)训练学生正确的写字姿势。培养良好的写字习惯,从保持正确的写字姿势开始。语文教师应从实施素质教育的高度,从培养学生良好的学习习惯和促进学生身心素质全面发展的高度,义不容辞地承担起指导、督促学生始终保持正确读写姿势的任务。要经常提醒、纠正,让学生养成良好的书写习惯。还可以把写字姿势要领编成儿歌,让学生通过诵读儿歌的方式记牢,如:"头摆正,肩放平,身子挺直稍前倾,两腿并拢脚放平。"

(2)指导学生掌握正确的执笔方法。执笔正确与否,直接影响到书写的速度。以往教学中,许多教师对写字姿势的理解只停留在"三个一"上,忽视了最为关键的执笔方法。开始练习时,要让学生摆好写字姿势和执笔姿势再写字,逐个巡视检查,对不合要求的地方,不能轻易放过,要耐心纠正,具体指导。除此之外,还要争取家长的配合,注意矫正学生不正确的姿势,并根据家庭情况,尽可能地给学生创造良好的学习、写字条件。

小学生足球训练中的素质教育

钟祥市柴湖镇马南小学　马先知

足球是一项具有竞争力的运动项目,不仅是一项体能运动,还对技能和心理有一定的要求,是一项需要综合素质的体育运动。目前,小学生足球训练已经融入素质教育中,对未来学生综合素质的发展有着重要意义。

一、培养学生的团队精神

足球比赛是在团队合作下,才能赢得胜利的体育运动项目,如果没有队友之间的配合是不可能取得胜利的。足球训练需要集体的配合,利用团队的全局观念以及团队的协调性,才能完成足球一系列的动作。因此,足球训练贯彻素质教育十分必要,有利于培养学生的团队精神、集体意识,最终取得团队的胜利。

第一,在足球训练中,让学生从带球、运球、传球过程中意识到合作的力量,充分发挥足球训练中的每一个过程,使学生之间增加默契度,提高学生的人际交往能力。通过训练,建立良好的同学关系,为学生营造和谐、健康的学习氛围,提高学生之间的默契程度和信任度。

第二,足球训练中的团队合作是团队能够取得优异成绩的重要环节,教师要运用不同的教育方法,提高学生的足球技能,从而使学生在足球训练的过程中密切配合,这也需要学生之间相互了解,从而建立一个友好、和谐的团队。

加强足球训练中对学生的素质教育,可以使学生的个人行为得到规范,帮助学生提升思想道德品质,养成良好的习惯,同时也能培养学生在今后的生活中面对困难时勇于拼搏的精神,给学生的人生观、价值观和世界观带来一定的影响。

二、培养学生的自信心和意志力

足球训练中注重贯彻对学生的素质教育,教师必须针对教学内容作出合理的规划和设计,让学生通过足球训练,培养学生的自信心和意志力。

众所周知,足球训练和足球比赛是不可分割的,有足球训练就一定会有足球比赛。在足球比赛中,教师要让学生保持良好的心态。竞争是必要的,但竞争会带来心理压力,这时就需要教师调节学生的心理状态,从而使学生在面对竞争时有一个良好的心态，促进学生身心健康的成长。在训练中遇到的问题，教师要及时又耐心地为学生进行讲解分析，避免学生产生学习误区，否则，就会浪费了学生大量的时间和精力。

教师需要经常帮助学生进行总结，通过鼓励学生，给学生树立自信心，让学生有"友谊第一、比赛第二"的意识，做到面对成功不骄傲，面对失败不气馁，这样才能更好地取得足球比赛的胜利。教师应充满热情地去指导学生训练，给学生营造良好的氛围，学生同样也要积极地投入到训练中去，这样在一定程度上提高了学生对足球训练的积极性，也让学生树立勇气和自信心，为今后学生的发展带来积极向上的影响，让学生不畏挫折、有顽强的意志力，能坚强地面对人生。

三、培养学生不断创新的能力

足球运动是一项不断发展的体育运动，随着这项运动的不断普及，我国足球运动的水平也在不断提高。在足球训练中，教师起的是引导作用，学生才是教学中的重要角色。教师要增加与学生之间的交流和沟通，鼓励学生表达自己的想法，让学生拥有不断创新的意识。通过师生之间的有效互动，提高学生的综合素质。

在实践中，培养学生的自主创新能力，让学生把足球训练和自己的创新精神相结合，从而提高学生的创新能力。足球运动是一项需要通过肢体、大脑的灵活配合才能完成的运动，教师在给学生讲解关于足球运动的动作、姿势的转换后，可以让学生自由发挥，创造出新的动作、姿势，这样既有助于提高学生对足球运动技能的掌握，又能培养学生不断创新的能力，从而提高学生足球训练的效率。

四、促进学生综合素质的发展

足球训练可以释放学生的学习压力，增强学生的身心健康。随着学生综合素质能力的发展和自我意识的提高，他们在足球训练中，既能很好地锻炼身体，又能提高自己的心理素质，同时还能提升学生的实践能力，让学生养成良好的运动习惯。在现代化教育中，全面贯彻素质教育，培养综合性人才是重心，通过足球运动，能够给学生带来足球比赛的紧张氛围，激烈的对抗也能使学生在瞬息万变的情况下保持头脑冷静，展现足球技能，体现团队的默契度和团队精神。

浅谈多媒体给语文教学带来的美感

荆门市东宝区子陵中学 李 倩

自二十一世纪互联网普及以来,人们的生活越来越依赖互联网,教育也慢慢与信息技术接轨,各种新出的软件,让教育手段变得越来越多样化。随着现代化教育的不断变革,传统的依赖抽象语言的课堂教学已经逐渐不能适应教育的发展。多媒体这一现代化教学技术的出现,让抽象的课堂逐渐变得生动起来,让语文课堂展现了新的活力。

一、画面呈现,形象之美

多媒体课件集声音、图像、文字等多种信息于一体,极大地满足了学生的视听等感官需求,激发了学生对多媒体课件的极大兴趣,于是很多教师便在课件中用了大量声音、图像信息,并在课堂上充分运用。语文教学的终极目标是多方面提高学生的语文能力,增强他们在各种场合学语文、用语文的意识。因此,讲完一篇课文,教师可以结合教学内容、目的、重点、难点,设计一些主观性、开放性的题目,对课堂知识进行拓展和延伸,培养和提高学生运用语文知识的能力。多媒体因其直观、形象的特点,更具有诱导性和启发性,对于发展学生的能力极为有利。在讲授《孔乙己》课文时,我在大屏幕上投影了这样一幅画面:咸亨酒店的柜台外,树叶随风徐徐飘零,孔乙己在众人眉飞色舞地指点和说笑中,慢慢地走去……然后布置作业:"孔乙己自此一去,后事如何?发挥想象,形成文字。"学生们结合当时的社会环境和孔乙己的性格特点,想象出来的故事结局丰富多彩,他们的理解能力、想象能力、表达能力都得到不同程度的提高。

板书是教师备课时构思的艺术结晶,是学生感知信息的视觉渠道,是发展学生智力和形成良好的思想品质的重要工具。好的板书不仅在内容上简要概括书本内容,而且在形式上各具特色,结构精巧,妙趣横生。好的板书要求教师必须根据教材特点,讲究艺术构思,做到形式多样,让学生有自由支配的时间,达到"此时无声胜有声"的功效。如果仅仅靠手写来板书,就要花费较长的时间,讲一篇课文要花费更多的时间才能完成,而借用多媒体课件,需要板书的内容只需点一下鼠标就可在瞬间展示出来,提出问题时也无须重复多遍,直接显示在大屏幕上了,这样就节约了大量的时间。在完成教学任务的基础上扩展教学内容,比如可以围绕课文内容增加课外阅读时,也可以播放相关视频,这样也就拓宽了学生的知识面。

二、动画插入,灵动之美

多媒体技术综合运用了声、光、电、影等多种高科技手段,能够将静止、抽象的文字内容变成生动、形象的音像载体,将教师难以表达的原理、现象生动地表现出来,便于学生认知和理解,提高了教学效率。

在教学的不同时间段插入动画,也可以获得不一样的效果。例如,教学《丑小鸭》时,我利用互联网下载了"丑小鸭蜕变"的视频,课前播放给学生看,用真实的画面,直观地展示了丑小鸭的蜕变过程。有声有色的动画,给学生一种身临其境的感觉,激发了学生想要迫切了解全文的兴趣,从而更好地引入本课的学习。在学习《安塞腰鼓》时,由于地域的限制,学生并不能真正地理解安塞腰鼓的壮阔、豪放、热烈。我播放了教学资源库里的腰鼓表演视频,以视觉及听觉上的冲击带给学生震撼,在学生脑海中形成画面感及音效的震动。观看了视频后,对于课文中"好一个安塞腰鼓"反复出现的作用就有了更好的理解。学习完《孤独之旅》后,很多学生肯定很想知道杜小康和父亲后来怎么样了,到底是上学了,还是继续辍学?这时不妨建议学生课后去搜寻相关视频资源进行观看,或许能让学生学会杜小康的坚强,学会在现代社会中真正地成长起来。通过视频的插入,让学生更好地理解课文,同时也给枯燥的课堂带来灵动之美。

三、播放录音,情感之美

诗歌是一种很有美感的文学形式,朗读是学习诗歌的一种重要形式。如在教学《关雎》时,进入新课前,我就播放了名家音乐作品《关雎》来渲染气氛,婉转悠扬的音乐让学生一下子就沉浸其中,心中产生了一种美感,带着美感进入本课的学习。讲到诗歌的内容时,要求学生能够朗诵,并带着情感去朗诵,这个时候适时播放配乐,让学生跟随配乐的节奏去朗读诗歌,这首悠扬的旋律在每个学生脑海中留下了深刻的印象,对于诗歌所表现出来的情感也基本能够理解了。讲到最后,再一次播放音乐,让学生跟着音乐去诵读(这时有学生已经能够唱读出来了)。让音乐贯穿整堂课,让学生在律动中领悟诗歌的情感,同时也达到了诗歌情感教学的目标。

我和"熊孩子们"的故事

荆门市高新区·掇刀区名泉小学　方晓丽

接手新班级的时候,就听说了"熊孩子们"的诸多"英勇事迹",A 有爱和老师顶嘴的牛脾气,B 爱钻牛角尖,一遇事爱走极端,C 特别懒,家长拿他没办法……与这帮"熊孩子"斗智斗勇已成为我的日常生活。

一、努力寻找"熊孩子"背后的成因

每个"熊孩子"的出现,背后都会有诸多方面的原因,了解孩子首先得了解孩子的成长环境、家庭氛围等,通过上门家访、同学讲述、微信聊天、个别谈心等方式找到不同孩子产生问题的根源所在。

1. 溺爱型家庭长大的孩子易养成坏习惯

如 A 同学没有按时完成作业,家长会给教师发短信:今天有点事孩子没有完成作业,以后会补起来。事后了解,家里来了客人,孩子不想按时完成作业,父母同意了。B 同学的家长会自动降低对孩子的要求,总说:"我们家的孩子有点特殊,麻烦老师多照顾。"

2. 缺少关爱长大的孩子易有坏脾气

如 C 同学父母在家经常争吵,孩子遇事也好冲动。D 同学小时候由于种种原因跟着爷爷奶奶长大,小学时才接到父母身边,孩子爱耍小性子。

3. 教育方式不得当容易滋生"熊孩子"

调皮好动是孩子们的天性,大家如果戴着有色眼镜看待有些孩子,会让孩子们觉得不公平、不公正,容易破罐子破摔。E 同学说了一句令教师、家长、同学都值得深思的话:"大家都觉得我就这样,不管怎样都是我的不对。"

二、正确处理"熊孩子"发生的事件

1. 当孩子犯错的时候,做积极处理的教师

孩子们闹矛盾了,教师首先要了解的是事情发生的经过和原因,探究孩子出错的原因,再去公正地处理事情。首先请孩子自己说说事情发生的经过,大多时候孩子会站在自己的立场来叙述。这时再请看到的同学说出自己的所见,让"熊孩子"感受教师是在公正地解决问题,然后请其他同学说一说:"如果是我,我会怎么做?"让"熊孩子"明白自己的不足。最后谈"我错在哪里,我该怎么做",分析原因,找到解决问题的方法。

2. 当孩子出现问题的时候,做静待花开的教师

当"熊孩子"出现问题时,教师不能着急,好孩子是夸出来的,做个善于表扬的教师。如在班级总结时经常提到"近段时间某同学某方面进步很大,大家给点鼓励的掌声"或颁发进步奖及奖品让"熊孩子"真实感受到自己的转变,并体会到教师和同学对他的认可和鼓励。

3. 面对"熊孩子"时,做善于管理的教师

建立严格的班级管理制度,将班上的同学 6～8 人分为一组,并执行组长负责制、集体抱团制,纪律、操行、作业、进餐等个人积分与集体积分相结合,每周根据积分情况评选"优秀个人"和"优秀小组",增强孩子们的积极进取意识和集体意识,特别是评选"优秀小组"活动,让孩子们互相监督、互相提醒,有些孩子的不良行为刚刚出现苗头,就有同学及时制止或及时报告教师。

三、加强家校合作,促进"熊孩子"改变

家庭是孩子的第一所学校,父母是孩子的第一任教师。身教大于言教,教好"熊孩子",我们需要做好和家长的沟通交流工作。

1. 及时告知家长孩子的情况

把跟孩子谈心时他们说的话、脸上的表情第一时间转达给家长。当孩子有好的表现时,也及时转达给家长,提醒家长在家也多夸夸他,重视家校同步管理。

2. 建立家校交流的桥梁

利用家长会或班级群,请优秀家长在群里说说自己教育孩子的心得,转载一些关于孩子教育方面的文章供家长学习和参考。家委会适当组织活动,讨论教育孩子的困惑和思考,促进家长共同进步。

3. 转变部分家长的教育观念

个别家长觉得孩子还小,等大一些坏习惯自然就改正了。这就需要教师经常和家长谈心,让他们明白好习惯一定要从小养成。

"熊孩子"更期望得到家长的关注、教师的认可、同学的喜欢,我们只有弄清他们出现问题的原因,正确地处理发生的事情,充分地发挥家校合作的作用,做一个拥有细心、装有爱心、常有耐心、诲人不倦的好教师,静待花开,让每个"熊孩子"健康成长。

谈小学语文作业的有效性

荆门市屈家岭管理区实验小学 华 双

爱因斯坦说过:"教育应当使提供的东西让学生作为一种宝贵的礼物来接受,而不是作为一种艰苦的任务要他去负担。"反思我们的作业布置这一教育活动,大多数的教师只把作业当成是巩固课内知识的手段,致使学生的作业出现了书写量大、耗时长等特点。那么,怎样提高语文作业的有效性呢?怎样通过设计有效作业这一手段激发学生学语文、用语文的兴趣呢?我觉得主要从以下两方面入手。

一、有效性作业的内容应是丰富多彩的

1. 联系学生生活,优化作业内容

新课标教材具有很强的开放性,教材的每一个部分都不是封闭的,而是用各种形式联系到课外,直接通向丰富多彩的社会生活的方方面面。所以,我们可以设计许多向学生生活拓展和延伸的作业。

2. 促进思维发展,优化作业内容

单一、机械的作业束缚人的思维,适当布置一些开放性作业,能激发学生的探究欲望,有利于学生认知结构的重组、优化,提高分析和运用能力,发展创新思维。例如,在教学《快乐的节日》一课后,我让学生也来想一想:"六一"儿童节,我们班要准备庆祝活动,你有什么"金点子"?快写下来和小朋友们一起分享。这样的写话练习,既能把学生的学习积极性调动起来,又有利于发展学生的思维,培养其语言表达能力。

3. 要手脑并用,优化作业内容

陶行知先生曾提出了"教学做合一"的思想,并强调了"做",即动手操作在"教"与"学"中的作用。所以,我们布置的作业应该把"动脑思考"和"动手操作"这两者有机地结合起来,让学生在学习中实践、在实践中创造,进而培养他们独立研究、勇于创新的精神,发展他们的独特个性与创造能力。例如,我们可以设计这样的语文课外作业:根据《乌鸦喝水》《称象》课文中提示的步骤,也来做做类似的实验。

二、有效作业的形式应是多种多样的

新课标要求作业的形式是多种多样的,它倡导多角度的考察,与听、说、读、写、演、画等训练形式全面结合起来,各项并重,激发学生的学习兴趣,全面提高语文素养。

1. 开展活动式作业

活动式作业突破传统作业的形式,消除机械、重复的弊端,由以往的单调、枯燥、乏味变得生动、活泼、有趣。

(1)查一查——引导学生关注社会,参与社会实践,把语文作业与社会生活紧密结合。布置一些与学生生活或社会实践紧密结合的作业,让学生体会"学有所用"的乐趣。

(2)找一找——消除语文作业的封闭性,让学生养成自主学习、自己查资料的好习惯。例如,在教学《一个小村庄的故事》后,我布置了这样的作业:"在生活中,除了乱砍滥伐,你还见过哪些破坏环境的不文明行为或现象呢?你知道这样做的危害吗?请男生组成'蓝天队'、女生组成'绿水队',展开搜索竞赛,也可以用笔写写心中的所思、所想,表达心中的愤慨或发出呼吁。"

(3)写一写——积极鼓励学生勤练笔,抒写自己心中的感受。例如,在教《画杨桃》这篇课文时,可以在最后设计一个小练笔:平日里你一定也听过一些使你受益的话,请你拿起笔写一写你的向上体会、感受和明白的道理。

(4)读一读——鼓励学生阅读他们所喜爱的各种健康向上的读物,让他们轻松、愉快地感受阅读的过程,有效地引导学生积累好词佳句、名家名篇。

2. 设计"自选超市"式作业

作业的有效性必须充分发挥学生主体的积极性、主动性和创造性,所以我们需要考虑每个层面的学生。针对学生的差异,我们将作业设计成A、B、C等组别,为学生提供充满趣味的、形式多样的"自选超市"式作业,让学生根据自己的实际情况选择适合自己的一组作业。

3. 开发合作性作业

新课标已明确指出,学生的合作精神与能力是重要的培养目标之一。传统的"独立完成作业"的观念将受到挑战,而合作性作业将成为学生作业设计的发展方向之一。

在完成合作性作业的过程中,学生通过小组合作,把大家收集到的资料加以整理、归类,共同加工、交流、共享获取的信息,既加深了对信息的理解和认识,又丰富了自己的知识。同时,在轻松愉悦、合作交流的过程中增强了语文素养,塑造了健全的人格。

浅谈数学教学中的方法和措施

荆门市京山市教科所　罗艾军　高　凤

在推进素质教育的今天,教师必须转变观念,把教育教学的重点提高到培养学生的心理素质、文化素质、身体素质及社会素质上来。针对中学生身心特点及教师教学时出现的问题,我们对此作了初步探索,摸索出了一些有效的方法和措施。

一、帮助学生树立正确的学习观

大部分中学生认为所学知识对自己的将来没有什么作用,教师有责任和义务帮学生树立正确的学习观。教师应多与学生进行交流,了解他们的内心世界,告诉他们知识的重要性,也可以带他们去开展一些有利于学习的活动,让学生发现知识存在于社会、存在于生活,和我们的生产、生活等密切相关,从而使学生产生求知欲,把"要我学"改变为"我要学"的正确学习观。

二、激发学生学习的兴趣

1. 热爱学生,增加情感投入

在教学中,教师首先应该热爱自己的学生,拉近师生间的距离,让学生感到老师是他们的朋友。处于青春发育期的孩子,情绪很容易受到感染,若教师对他们不闻不问,或打击他们,就会使他们对教师抱有很大的成见,或者很怕这位教师,上课时也就没有一个良好的心态。久而久之,学习兴趣全无,成绩大幅度下降。

2. 化枯燥为有趣,让学生在快乐中学习

数学知识大多抽象,学生学起来感觉枯燥无味,这会影响学生的学习兴趣。教师在教学中可以将书本上的知识加以研究,尽量使之变得生动、有趣。

3. 利用中学生好奇心强的心理特点,激发他们的学习兴趣

中学生正处于对任何事物都倍感好奇的年龄阶段,教师可抓住这一心理特征,在课堂上大胆创设能引起他们好奇心的问题。

三、培养学生学习数学的方法

1. 教会学生预习的方法

预习是各科学习的有效方法之一,但90%以上的中学生不会用这一方法进行学习。因此,教师有必要教给他们预习的方法。

2.教会学生听课

听课是教学中最为重要的一个环节,多数学生在"听"时不懂方法,学习效果也就不明显。怎样听好课呢?第一,在听课过程中必须专心,不要"身在教室心在外"。第二,抓重点,做笔记。第三,预习中做记号的知识点,应"认真听、多提问",保证做到听懂自己做记号的知识点。第四,积极回答教师上课的提问,做到先思考、后回答,不要不经思考乱回答。第五,认真完成课堂练习,将所学知识当堂巩固,发现自己在这一节中的不足之处,多想、多问。

3.指导学生掌握思维方法

思维方法主要以所掌握的知识为基础,它是初中学习的重要内容之一。在初中阶段,主要教学生掌握以下四种思维方法。

(1)分析与综合。分析,即将某一知识或某一题目分为几部分进行研究和讨论。综合就是将所研究和讨论的问题的各部分组合起来构成一个新的整体。分析和综合是密不可分的两种思维方法。

例如,解求值题:已知$(a+b-5)^2+(a-b+7)^2=0$,求$(a^2-b^2)+(a+b)^2$的值。我们将这个问题分为两个部分:①$(a+b-5)^2+(a-b+7)^2=0$,②$(a^2-b^2)+(a+b)^2$。经过分析后可发现:由①得$a+b=5, a-b=-7$;由②得$(a^2-b^2)+(a+b)^2=(a+b)(a-b)+(a+b)^2$。

综合①②运用整体代入法即可求解,这就是分析与综合的运用。

(2)归纳与演绎。归纳,即将多个有共同点的问题结合在一起,找到它们的共同点,从而得出结论的方法。演绎,就是将归纳出的结论(或是所学知识)运用到解题中来的一种方法。例如,完全平方公式是从一些例题中归纳出来的,当把它们运用到解决具体的问题中来时,也就是演绎。只要学生掌握了这两种方法,并将其有效地结合起来,便能从特殊到一般、由一般到特殊,使思维得到发展。

(3)类比与联想。这是初中较为重要的思维方法,即将多个事物进行比较,找出其异同的思维方法。如在学习分式的性质时可以联想分数的性质,从而使学生进一步了解分式与分数之间的变化关系,使学生的思维从各方面得到发展。

(4)抽象与概括。抽象,即将事物中存在的某种规律(或事物的特性)抽象出来的思维方法。概括,即将所抽象出来的规律(或事物的特性)概括起来的思维方法。

小学语文课内外阅读衔接的教学研究

钟祥市郢中街道办事处莫愁小学　马玉琴

让学生学会阅读,学会理解,进而学会表达,是语文教学的重要目标。究竟怎样进行阅读教学才是较为切实可行的呢?多年的教学不难让我们发现,要想真正实现提高学生的语文素养,完成新语文课程的目标,只有把课内学习和课外阅读有机结合起来,以教材为依托,充分开发和利用各种阅读资源,实现课内教学与课外阅读的有机衔接,才能使学生真正地爱上阅读。

一、立足生活,构建大语文教学观

著名教育家陶行知先生曾经说过,语文教学不应当在封闭的、有限的环境中进行,它是在开放的、无限的时空中实施的。语文教师应当着眼于课堂,放眼于社会,从客观上构建大语文教学观,从实际生活中挖掘语文课的教学资源,让语文课的学习融入生活、服务生活。教学中,我先有意识地让学生在课内学习中打基础、学方法,然后引导学生在课外阅读中赏文学美、品生活趣,从而作生活文,以此提高学生对阅读的兴趣,并将课内外阅读衔接起来,让学生积淀生活底蕴、感悟生命真谛。

二、课内外结合,找准课内外阅读的衔接点

在教学实践中,最关键的就是建立课内外阅读的衔接点,引导学生用课内学习、掌握的阅读方法,去进行课外阅读,从而提高学生的阅读能力,拓宽其知识面。

(1)以教材疑难问题为衔接点选择课外阅读材料,指导学生阅读。在具体的阅读教学中,当学生遇到疑难点时,我们可以适时地出示相关材料,帮助学生对文本进行阅读、比较,引导学生对此进行分析、整合,让学生通过自己的探索从文本到文本,从文本到对情感、态度和价值观有了自我体验,在此基础上,学生可以大胆进行自我塑造,形成自己的认知与理解,全面提升语文素养。

(2)以与教材有一定联系的课外读物为衔接点,进行比较阅读,培养文学鉴赏水平,提高阅读能力。例如,学古诗《送孟浩然之广陵》时,可以同时搜集整理一些有关送别的诗,让学生比较阅读,让学生在体会诗歌写法的同时,也深切体会到虽同为送别诗,但表达的意境却不同:有的是"劝君更尽一杯酒,西出阳关无故人"的悲凉,而有的却是"海内存知己,天涯若比邻"的豁达。

(3)以课文的一个教学内容为衔接点选择课文阅读材料,使学生既可以更深入地理解课文,又可以更广博地阅读名著。例如,学完课文《蟋蟀的住宅》后,鼓励他们阅读法布尔的《昆虫记》;学了《卡罗纳》后,推荐他们去读《爱的教育》……就这样一次一次对学生进行阅读能力的训练。一段时间以后,学生更爱看书了,眼界更宽了,语文阅读不知不觉从课堂走向了生活。

(4)注重感受,以学生的真实感受为衔接点,引导学生结合课内阅读的主观感受进行拓展与创造,让学生在对文本的理解中梳理、明确自己的感想,并鼓励学生及时、大胆地表达自己的想法。在这样的过程中,既让学生加深了对课本知识的理解,又可以培养学生的语文素养,提高学生的创新能力。

三、反复研究实践,努力探索课内外阅读衔接的教学新模式

到底怎样才能把握好这种衔接点,如何才能实施新的教学模式呢?无论是怎样的改革,阅读教学的本位思想是不能放弃的,课堂是阅读教学的主阵地,这一点毋庸置疑。因此,经过一段时间的实践,我探索出以下几种课内外阅读衔接模式。

(1)根据学生的阅读能力和基础,在课堂上用学生易于接受的方式向学生推荐与课文有关的原著、作者的其他作品等读物,或者相同体裁的作品,激发学生的阅读兴趣,从而使学生产生阅读期待。

(2)定期组织学生进行朗读和讲故事比赛,让学生在活动中学会大声诵读。诵读是语感形成的基础,是积累语言、培养语言能力的重要手段,是语文学习的根本。同时在查找资料、积极准备的过程中,在踊跃参与、大胆表现的过程中,学生也全面提高了自己的能力,切实将阅读从课内到课外很好地衔接起来。

(3)定期组织学生进行读书交流活动。在当今这个提倡全民阅读的大背景下,让学生互相交流课外阅读的感受和体会,还可以鼓励学生勇敢走出课堂、走向社会,大胆地和别的读者交流自己的感受,甚至参与到朗读活动中,真正把阅读落实到学生的生活中。

四、"得法于课内,受益于课外",拓宽语文学习知识面,让学生把语文学习中的阅读经验和生活经验结合起来

把课内外阅读结合起来,内引外联,让学生切实体会到生活处处皆语文。

（1）制订阅读计划，推动个性化阅读。鼓励学生在课内学习后，通过教师推荐的读物和自己的理解，为自己制订一段时间里的阅读计划，为自己的成长开好书单，也为自己的发展做好准备。

（2）开展系列活动，促进学生阅读。围绕读书开展丰富多彩、形式多样的活动。比如，开展"好书伴我成长"读书活动、名著知识竞赛、征文比赛、手抄报比赛等，以提高学生的阅读积极性与阅读能力。

（3）提倡亲子共读，营造家庭阅读氛围。家庭是育人的摇篮，家庭教育是整个教育的重要组成部分。家长的言行给孩子潜移默化的影响，亲子共读，不仅可以建立家长和孩子之间沟通的桥梁，也营造了良好的家庭读书氛围，使孩子养成良好的读书习惯。

（4）积极评价，提高学生学习的积极性。教师在培养学生的阅读习惯和兴趣的过程中，对学生的阅读要适时给予激励性评价，要关注其结果，更要关注学生阅读能力的形成的整个过程，把评价贯穿于教学活动的每一个环节，给学生搭建展示成果的平台，增强学生的课外阅读兴趣。

培养学生阅读能力，提升学生语文素质任重道远。但是我相信，只要我们能认真地在课内外阅读的衔接上狠下功夫，牢牢把握阅读教学的本位思想，以生活为本，以学生为本，以文本为本，积极、灵活地开展课内外阅读的引导，学生一定能积极参与到阅读学习中来，真正做到生活中处处皆语文，全面提升学生的语文学习能力与语文素养。

如何培养低年级学生的数学提问能力

荆门市东宝区实验小学　李素琴

培养学生的问题意识是小学数学课堂教学的重要课题。在实际教学中，教师发现很少有学生提问，即便提出问题，也只是询问现有的某个题目，不能或不善于提出高质量的问题。因此，为了在小学数学教学中培养学生的问题意识，提高他们提问的能力，我们在教学实践中做了以下探索。

一、创设情境，使学生提出问题

小学低年级的学生活泼好动，课堂上的注意力不容易集中，创设精彩的问题情境可以使学生积极参与学习。教师可以巧妙地设置悬念，激发学生探索知识的激情，引导学生提问。以下是一年级数学综合实践课"摆一摆，想一想"所创设的问题情境。

老师：同学们，你能用两个圆形摆放出不同的数字吗？如果是三个圆形、四个圆形、五个圆形……又分别能摆出哪些不同的数字？

（学生在纸上画圆，试着摆出不同的数字）

老师：老师不用摆圆形，就能够知道几个圆形可以摆几个数字。

（老师分别说出几个圆形摆出几个数字）

老师：你们觉得老师说的对吗？

学生：老师怎么不摆就知道了？这里有奥秘吗？

通过猜个数引入新课程，激发了学生的好奇心；同时通过设置富有悬念的情境让学生提出问题，能激发学生积极探索知识并寻求其中的奥秘。

二、引导观察，使学生发现问题

在小学初级阶段，我们应该有意识地培养学生的问题意识和发现数学问题的能力。经过实际调查和分析，我们发现擅长观察的学生可以及时发现问题、解决问题。因此，培养学生的观察能力是教会学生学习提问的重要方法。

1. 指导学生从左到右或从右到左进行观察

例如，在一年级上册的"数一数"中，学生观察情境图时，可以引导其从左到右或从右到左观察，然后提出每种事物各有多少个的问题。

2. 指导学生从上到下或从下到上进行观察

例如,在教学二年级上册的"7的乘法口诀"时,指导学生写出口诀后,从上到下观察口诀表,让学生说说有什么发现,进而提出每句口诀之间有什么联系的问题,使学生逐渐从感性认识上升到理性认识,掌握7的乘法口诀。

3. 指导学生从整体到局部观察

例如,"1+2+3+4+5+6+7+8+9=?"这个算式对于一年级学生来说很长,有的学生直接从前往后开始加,但有的学生就会问:"这么长,有什么巧算的办法吗?"这时候可以启发学生从整体到局部观察,看看有没有什么规律。最后,学生观察到可以利用凑十法,得出四个10加5等于45的结果。

通过指导学生进行观察,使学生能够掌握一般观察的方法,养成有序观察的习惯,提高创新思维能力。在分析和比较中,学生通过对表面现象的观察,认识到事物的本质,培养了逻辑推理的能力。学生在观察期间提出问题,在观察时进行创新,能够提高学习兴趣和学习效果。

三、鼓励、吸引,使学生准确提问

1. 增强体验意识,使学生想问

低年级学生活泼好动,对他们来说,实践既是乐趣,也是心理的需求。实践是激起学生进行数学学习兴趣的有效途径之一。在教学中,教师可以利用学生的好奇心理,从学生熟悉的生活场景和学生感兴趣的事物开始,为学生进行观察和操作创造机会。例如,当教学"同样多""多几个""少几个"时,通过让学生多动手摆一摆、多动脑比一比、多开口说一说,来提出数学问题。

2. 掌握读题技巧,使学生会问

学生虽然具备了提问意识,但由于学习经验不足,所提问题经常抓不住重点,不会提出切中知识关键的问题,此时,教师应该帮助学生把握问题的基本内容,引导学生在关键点提问,真正学会提问。为提高学生的数学提问水平,有必要注重培养学生阅读数学题的技巧。当学生拿到数学题时,就要思考:

(1)题目讲述了什么内容?

(2)我知道了什么信息?

(3)题目信息中哪些是有用信息?哪些是干扰信息?

在读题思考的同时,还要教学生养成找出关键词的习惯,通过理解关键词提出数学问题。

浅谈小学英语词汇教学策略

荆门市高新区·掇刀区望兵石学校　付扬帆

一、单词导入

兴趣导入是课堂教学中关键的一步。好的导入方式能让学生迅速集中注意力，以最佳状态投入到学习中，积极参与、积极思考，这对于学生新内容的接受、旧知识的复习起到至关重要的作用。

1. 实物导入

很多英语单词是在现实生活中容易用实物展示的。例如，在介绍颜色类单词时，可以应用不同颜色的蜡笔写出 black、brown、red、blue、yellow、white 等单词；课本中文具类单词如 pencil、eraser、bag、ruler 等，每个学生都有对应的实物。教师可以通过实物进行单词导入。实物较之图片、视频等更加具体、可感，能给学生留下较深刻的印象。

2. 歌曲导入

在课堂中引入英语歌曲和童谣可以寓教于乐。小学生生性活泼，说唱是他们的天性。课前唱一支英语歌曲可以带动整个课堂的气氛，营造一种生气勃勃的氛围。如在教学人教版英语教材五年级上册 Unit 2《My week》时，运用歌曲《Days of my week》导入，既让学生对从 Monday 到 Sunday 的单词有了初步的印象，又活跃了气氛。学生们跟着哼唱，轻松而愉快地进入了新课。

用歌曲导入新课，除了可以用教材中出现的曲目，还可以大胆创新，将学生们熟悉的、喜欢的歌曲旋律与课堂教学内容相关的新词相结合，导入时边唱边做动作，学生们在学唱歌曲时便能在不经意间接受新知识点。比如，在教学三年级上册 Unit 3《Look at me！》时，用歌曲《Teddy bear》导入，边唱边做动作"Teddy bear, Teddy bear, touch your nose. Teddy bear, Teddy bear, turn around. Teddy bear, Teddy bear, touch your face. Teddy bear, Teddy bear, touch your mouth."学生们唱得不亦乐乎，手舞足蹈，学习的激情自是不言而喻的。新课导入水到渠成。

3. 故事导入

小学生好奇心强，将故事与知识相融合，符合学生心理年龄特征以及语言习得一般规律。在教学五年级下册 Unit 4《Let's learn》时,用多媒体呈现故事《The story of the Bible》,用《圣经》的故事将新授单词导入:first、second、third、fourth、fifth、sixth、seventh。上课前,制作一段《圣经》故事的课件,故事内容讲述的是每一天都有不同的事情发生,一共七天。在讲故事之前抛给学生一个问题:每天都发生了什么事情?让学生带着问题听故事,故事讲完后请学生将相应的图片与序数词相匹配。

通过让学生边听故事边思考问题,教师既完成了新授单词的导入又锻炼了学生的思维能力。

二、单词新授

随着时代的发展、教学的深入,词汇教学当然也需要不断地改进或发展。

1. TPR 教学法

TPR 教学法,即全身反应教学法,以"听—做动作"为主要教学组织形式,注重的是语言学习中的互动模式。因为学生在一个比较放松的环境中学习英语效果最佳,而紧张、急躁的情绪对于学习英语来说是不利的。

例如,在教学某些短语如 wash my clothes、play ping-pong、do some kungfu 等时,教师可做指令,学生做动作;还可以将这些动作短语写在卡片上,以书面形式让学生看并做出动作。此外,可请一位学生上台做动作,其余学生说短语。

2. 利用多媒体直观形象地教学词汇

通过多媒体教授词汇深深地吸引着学生。栩栩如生的动画、悠扬动听的情景音乐,迅速引起了学生的兴趣,拉近了学生和书本的距离,使他们有如身临其境,用逼真的体验和快乐的心情去学习词汇,更容易牢固地掌握词汇。

动画片《Word world》对单词教学有很大帮助。该动画片中的所有小动物、物品都是用单词组合而成的,非常有新意。比如在学习有关交通工具的单词时,可以截取其中一个片段:青蛙和小狗进行比赛,看谁能先到达湖中的小岛上;它们在途中遇到各种阻碍,分别乘坐了不同的交通工具,有 bike、car、truck、bus、boat,等等。

3. 利用游戏提高词汇教学的趣味性

在游戏中获取知识是学生喜闻乐见的学习方式。玩游戏,既可以让学生在轻松的气氛中掌握并运用新词汇,又可以培养他们学习英语的兴趣。

例如,在词汇教学和巩固阶段,可让学生玩"magic eyes"游戏。课前做好词汇的PPT,把图片快速地闪过,看学生能否快速地说出单词,说得既快又准的学生获胜。通过一闪而过的图片考查学生对生词音、形的掌握情况。学生参与活动的积极性很高。

三、单词巩固

为了加深学生对新学单词的记忆,可以采取一些单词巩固的方法。

1. 巧编歌谣

把新授词汇放在自编的歌谣中,让学生在有节奏的吟唱过程中、在轻松的气氛中熟悉新词,同时增强词汇教学的趣味性,也能培养学生学习英语词汇的兴趣。

例如,在教学三年级上册Unit 6时,在学完one至ten这十个数字后,我用所学的知识编了如下歌谣:

Jump! jump! jump! One, two, three!
Jump! jump! jump! Three, two, one!
Four, five, six! seven, eight, nine!
Jump! jump! jump! Ten, ten, ten!

学生边唱歌谣,边有节奏地蹦跳,很容易就能记住所学的词汇。在词汇教学中除了关注学生的学习兴趣外,教师还要适当传授记忆的方法和诀窍,如记忆的组织策略、精加工策略等,帮助学生提高记忆词汇的能力。

2. 将thinking map(思考图)与词汇巩固相结合

在学完四年级上册Unit 3有关body的词汇后,我要求学生们回家将所学的单词用一幅身体的图画表达出来,在身体部位旁边用英文标注相应的名称。学生们都很开心地接受了这个任务。第二天我收到了一幅幅非常可爱的图画:有的学生画的是小兔子;有的画的是小女孩,上面还有彩虹;还有的画的是机器人。他们完成得很认真,想象力也很丰富。将所学单词用绘画的形式加以巩固,让孩子们在加深记忆的同时也使有点枯燥的作业变得生动活泼、充满乐趣。

3. 编写故事

在上完五年级上册Unit 6之后,我要求学生用"there be"句型编写故事,要用到刚学会的单词"village、house、bridge、tree、building",不会的地方可以用汉语代替。通过编写故事,学生们对单词的记忆更加深刻了。

农村小学校园文化建设的组织与实施

荆门市屈家岭管理区实验小学　李志英

近年来,农村小学校园的绿化、净化工作做得比较好,良好的校园文化氛围也正逐步形成。优美的校园环境和浓郁的校园文化氛围是一件事关学校长足发展、提高学校办学质量和学生受教育质量的工作,是一所好学校的必备条件,所以加强校园文化建设具有特别的意义,是学校工作的重要内容。

一、改善办学条件,构建优美的学校环境文化

学校环境文化是以静态的物质形态存在的一种文化形式,其中包括具有美育和激励作用的校园布局。苏联教育学家苏霍姆林斯基曾说过:"用环境、用学生创造的周围情景,用丰富的集体精神生活的一切东西进行教育,这是教育过程中最微妙的领域之一。"我们实验小学始建于1953年,目前开设教学班26个。受当地经济发展限制,学校在硬件建设方面还存在着未达标或难达标的实际问题。我们深知,政府和人民群众对教育事业的关心支持虽然必不可少,但学校的自身努力也十分重要。近几年,我们以建设高品位校园文化为目标,以校园建筑营造整体美、绿化景点营造环境美、文化作品营造艺术美、人际和谐营造文明美为建设方向,自力更生,先后重建、修建校舍2358平方米,绿化、美化校园1854平方米,新建、扩建了图书室、档案室、团队活动室、电教室以及体育器材室。在此基础上,还着手筹建"实验精神"文化墙、校园永久性格言警句标志牌、学生自画墙、"小当家"相框等校园硬件文化。通过师生的不懈努力,学校在物质文化与非物质产品文化建设方面有了一定的提升。校园的物质文化建设也正处于蓬勃发展、不断创新的时期。

二、强化学校管理,创建规范的学校管理文化

"不以规矩,不成方圆",一所学校须有一套完整的管理制度。制度文化是校园文化建设的灵魂。没有制度,一切管理都会无章可循。但是在制订制度时,要赋予制度以文化色彩。制度文化,处于表层的物质文化与深层的精神文化之间,不可缺少,不可替代。学校在制订规章制度时,要突出价值观念、素质要求、态度作风等,给制度以灵魂,强调人的理想信念、奋斗方向、做人准则,把精神要求与具体规定有机地结合起来,把"软文化"与"硬制度"

熔于一炉，铸造出刚柔相济、软硬相容的"合金"式的规章制度，使之既能起到强制作用，又能发挥激励规范的作用，也使师生在执行制度、遵守纪律的同时，享有自尊，实现自我价值。比如每年一度的教师表彰大会、优秀学生颁奖仪式，都尽可能营造出浓厚的文化气氛，动情动心、催人奋进。

三、改进课堂教学，创设和谐的学校课堂文化

学校课堂文化是学校文化的一个组成部分。在课程改革的新形势下，课堂是课改的主阵地，教师在课堂教学中要善于发掘课程资源，培养学生勇于探索的精神，教学生学会做学习的主人。要达到这个目标，关键在于改善课堂文化的气氛。教师心中要有学生，使学生在课堂中减轻心理压力，激发学习兴趣，变"要我学"为"我要学"，培养良好的学习习惯和自主合作探究的精神。

课堂教学活动是教育的主阵地，是学生接受各科教育的直接渠道。我校在开展校园文化建设的探索中，深入钻研教材，充分发掘教材中所蕴含的校园文化因素，使校园文化渗透科学化、经常化、系列化。要求教师一学期至少上一节研讨课，促进教师专业化提升和新课程理念、目标在课堂教学中的有效落实，推动新课程有效实施，适应学生的多元化要求，完成教书育人的使命。

四、发挥特色优势，形成丰富的学校活动文化

学生的课外活动是课堂以外的学校活动文化的主要形式，它有利于营造校园文化的生动性，增强校园文化的凝聚力与吸引力，有利于改变校园文化的封闭性、增强开放性，还有利于弘扬校园文化的创造精神，培养创新人才。十多年来，我校依据校园博雅文化，坚持开展了"忠、孝、雅、诚"一系列丰富的课外教育活动。

随着知识经济时代的到来，学校文化对形成学校内部凝聚力和外部竞争力所起的作用越来越大。如同企业文化是企业的核心竞争力一样，学校文化是学校的核心竞争力。学校文化成为激发学校发展活力的源泉，深深地熔铸于学校的生命力、创造力和感召力之中，是一种不可或缺的软实力。用先进的学校文化催生真正的核心竞争力，为学校长远发展提供稳固而持久的动力，是一种明智之举。

浅谈如何做好班主任工作

京山市钱场镇小学　罗翠萍

班主任的工作是千头万绪的,它面对的是几十颗纯真、无瑕的心灵,面对的是几十个复杂多变的内心世界。一个好的集体,离不开教师平时对学生的常抓不懈,以及学习、生活上的悉心指导和关爱,也离不开家校的配合。在班主任岗位上工作的这几年,我积累了如下经验。

一、常规习惯,常抓不懈

学生良好行为习惯的养成不是一节课、一两天说说就行的,它必须贯穿在整个管理过程中。由于低年级学生的自觉性和自控力都比较差,免不了会出现这样或那样的错误,因此就需要班主任做耐心、细致的思想工作,不能操之过急。于是,我经常利用班会、晨会、课前、课后等一切可以利用的时间,对学生中出现的问题晓之以理、动之以情、导之以行地及时教育,给他们讲明道理,做到时时讲、事事讲,从而使学生做到自觉遵守纪律。

二、爱中有严,严中有爱

爱,是教师职业道德的核心。一个班主任要做好本职工作,首先要做到爱学生。"感人心者,莫先乎情。"工作中,我努力做到于细微处见真情,真诚地关心孩子,热心地帮助孩子,扮演"严父慈母"的角色。

1. 慈母的角色

漂亮的孩子人人都喜欢,而爱不漂亮的孩子却不容易,那是更深刻的爱。教师要像母亲容忍孩子一样宽容学生,要善于发现学生的长处,充分肯定学生的点滴进步,对他们的长处要"小题大做、无限夸张",永远不说"你不行",而是毫不吝啬地说:"你真棒!"让学生在充满鼓励与期待的沃土中成长。对于所谓的"差生",更要给一点偏爱,倾注爱心、热情和期望,对他们取得的点滴成绩,及时给予表扬和鼓励。

2. 严父的角色

教师爱学生,不是姑息迁就,不是放任自流,而是严格要求。教师在关心学生的进步与成长,支持他们正当的兴趣和专长的同时,也要严格要求他们。学生犯了错误,该批评的就要批评,该处理的也一定要处理。没有规矩无以成方圆,只有奖惩得当,才能在班级中形成一个良好的积极向上的导向。

三、蹲下身子，悉心指导

首先，要培养与学生的感情。儿童对事物的认知是整体性的，能熟知轮廓，但不注重细节。我在任一年级班主任开始，就常听一些家长说："我家的孩子听不懂大人说的话。"我在工作中也遇到了同样的问题，如果不考虑学生的认知能力，在教师没讲清或学生没听明白的情况下，就让学生去完成某项任务，学生们只能是瞪着眼睛看着你，不知道应该怎样做，或者其行为往往事与愿违。

只有在融洽的师生情感中，学生才会把班主任的批评看作是对自己的爱护，把班主任的表扬看作是对自己的鼓励，从而引起情感的共鸣，自觉把道德要求和行为规范转化为自己的心理定式和良好的习惯，收到"亲其师，信其道，受其术"的效果。

其次，要注重细节教育，把要求学生做的事指导到位。以洗抹布这件小事为例。我通过观察发现，小孩子洗抹布的方法是，把抹布扔到水里，涮一下，一捏就完了，抹布根本没洗干净，因此，用这样的抹布擦过的地方还是那么脏。为什么会这样呢？是因为孩子小，什么也不懂吗？是孩子有意糊弄吗？我认为都不是。这只是儿童心理发展的特点使然。其实他们很想按照老师的要求去做，很想把事情做好，但是，不知道怎样才能做好。针对这种情况，我专门找一个时间，教他们洗抹布。我先打来一盆水，然后教他们怎样搓，怎么拧，告诉他们只有拧出的水清了，抹布才算洗干净。这样的身教非常成功。现在再看看他们洗抹布，一个个可认真了，都洗得特别干净。同样的道理，打扫卫生、物品摆放等工作，只要把要求的细节说到位，学生就能听得懂、做得到。再来说说我怎样使学生学会收作业吧。我让他们把自己的作业放在下面，与同桌的作业摞到一起，从后往前传。每组的作业传上来后，再教他们怎样摆放，一组正、一组反，组组分明，便于批改，便于发放。学生通过观察、模仿，很快就领悟了要领，这样，哪一个孩子还能做错呢？通过对学生日常行为的教育、管理和约束，学生的观察力、生活技能都得到了大幅度的提高，在学校的各项活动中给大家留下了反应迅速、能力出众的印象。现在，班级日常管理的各项工作如晨读、自习课的纪律、中午的自主学习等，都有学生组织，管理效果特别好。

四、及时表扬，延迟批评

德国哲学家黑格尔说："不应该使孩子们的注意力长久地集中在一些过失上，对此，尽可能委婉地提醒一下就够了。最重要的是要在学生身上激发出对自身力量和自身荣誉的信念。"教过低年级的老师都知道,学生小,事儿多,一上课就"告状"。当老师的又不能不公平处理,这样耽误的时间太多,而且学生因为受了批评,注意力长时间集中在自己的过失上,情绪受影响,低落的情绪体验使智力活动水平明显下降,课堂效率变低。针对这一情况,我的处理办法是这样的。

(1) 要求学生下课"告状",课上带着好的情绪听课。这样,课前的小矛盾、小问题没有谁会记到40分钟以后,"告状"的概率就低了,课堂的利用率提高了。

(2) 延迟批评,既培养学生愉快的情绪体验,又给予其改正的机会。我把批评留在每一天快要放学的时候,这时学生往往已经在负疚的情绪中反思了自己的行为,老师只要加以指导,就能很好地解决问题。

说到表扬,那就要及时、准确。因为"好孩子是夸出来的"。例如,学生值日时,当我看到一个表现特别好的学生,就会当众说:"某某同学真能干。"还摸摸该学生的头、拍拍他的背,用肢体语言鼓励学生。如果看哪个同学主动做好事,并且讲究方法,则更要表扬:"瞧,某某同学的观察力多敏锐呀,老师刚把小黑板放在地上,他就看出来需要擦。瞧,擦得多干净,大家都要学习他呀!"这样表扬后,班里课间擦黑板、倒垃圾等活大家都抢着干,谁也不袖手旁观,都积极主动地参与班级管理和为班级服务。结果,班里越来越整洁,学生们也越来越懂事。

(3) 换一种方法与家长联系。每一位家长都希望老师多关注自己的孩子,但学生的个体特征千差万别,层出不穷的问题也让老师常常觉得力有不逮,因此,要管理好学生,就需要家长配合,共同努力。现在是信息化时代,我利用微信把家长聚集到班集体中来,形成一个更大的"班集体"——班级微信群。每天我会利用图片、文字、语音、视频等各种形式向家长汇报孩子一天的学习情况,有表扬、批评、建议,家长通过微信能及时地了解自己孩子的情况,从而督促、帮助孩子。我还将班上好的习作、作品等展示在微信群里,家长通过对比,了解自己孩子的差距在哪里,辅导孩子时也能做到有的放矢;同时,孩子们也能利用这个群相互学习。另外,对于班上的个例,我会采取微信单聊、电话沟通和座谈,及时取得家长的配合。通过一段时间的尝试,确实收到了很大的成效。得到家长的配合,学生有了约束力,学习自觉性也相应增强不少。

高效课堂下的课堂巩固之我见

荆门市龙泉中学　匡　艳

教学过程的环节一般如下：导入新课→课堂讲授→课堂巩固→课堂小结→布置作业。高效课堂的改革多集中在第二环节，将传统的以教师为主导的知识讲授过程转化为以学生为主体的自主合作探究过程。教师由传授者变成了策划者和引领者，学生由接受式被动学习变为探究式学习，从而实现了课堂根本性的变革。

那么，作为教学环节之一的课堂巩固在高效课堂中该处于何地位？课堂巩固还有必要吗？

课堂巩固就是引导学生将所学知识牢牢保持在记忆里的过程。学生只有将所学的基础知识长久地保持在记忆里，才能在需要的时候迅速再现。孔子的"学而时习之""温故而知新"讲的都是这个道理。所以，课堂巩固依然应该是高效课堂中不可或缺的一个环节。

课堂巩固的方式很多，可以说，有多少老师就有多少巩固的方法。以下为个人认为比较行之有效的课堂巩固方式。

一、习题巩固

这里的习题主要指为了巩固一个个的小知识点而设置的当堂练习。因此，"少而精"是最基本的要求："少"，因为课堂时间毕竟有限，系统的大量习题巩固应留在课下自习，既然"少"，就必须要"精"。习题巩固的效果体现还是很直观的：要想解决一个习题，必须从相应的知识点出发，知识点在脑子里的重复再现即记忆的过程。

二、以扩展运用的形式巩固知识

通常情况下是巩固知识后再运用，但是实际教学中不必如此拘泥，很多时候可以将巩固和运用融为一体，在运用中巩固，在巩固后更加熟练地运用。比如在学了基因工程的基本操作程序以后，为了巩固基因工程操作的"四部曲"，我创设情境，让学生理解了干扰素这一药物在临床上的重要性，然后给出问题："假如让你用基因工程的方法，使酵母菌生产出人的干扰素，应如何设计过程？"这样一来，学生在思考过程中就将本节的核心知识内化为自身知识体系的一部分。同时，这种巩固方式重视了科学知识在社会生活中的实际运用,使学生真正懂得知识的实用价值。

三、以系统的知识总结作为课堂巩固的手段

知识总结可以让学生梳理知识框架,构建知识体系。在学习《细胞的多样性和统一性》这一节课时,我的课堂巩固很直接:"用自己的方法整理出本节的知识清单。"多数同学用的是比较常规的列表格来比较真、原核细胞的统一性和差异性,但也有部分同学用了概念图、知识树、思维导图等形式。

这样的巩固结果真是让人惊喜,我们的学生思维在飞翔,在创造。这种构建知识体系的过程不仅巩固了知识点,还大大提高了学生的学科能力。

四、以实际的操作来巩固知识

巩固环节不一定局限于课堂之上,完全可以延伸到课外。在学完《细胞的基本结构》这一节课后,我将教材上"尝试制作真核细胞的三维结构模型"当成一种巩固方式,让学生分组,以小组为单位,利用课外时间共同完成这一模型构建。2天后,再用10分钟课堂时间专门展示和评比各组同学的模型。评比的时候以科学性和美观性为主要依据。这样一来,制作模型和评比的过程均成为一种高效的巩固方式。因为制作和评比的过程是学生自己在理解各细胞结构的基础上,动手,修正,再评价,每一步都是一遍自主巩固的过程。这种巩固方式使学生在动手中学习知识和加强思维,再在思维的基础上归纳概括,两者相得益彰。

当然,在利用种种方法进行课堂巩固的同时,教师一定要溯本求源。巩固知识需要学生具备的最基本能力是记忆,教师一定要注意指导学生进行记忆,发展学生的记忆力。尽可能每节课有明确的记忆任务,培养记忆的兴趣;指导学生养成边阅读、边思考、边记忆的习惯,等等。这样,才能真正在有限的课堂时间里达到高效巩固知识的目的。

体验式学习在小学数学教学中的应用

荆门市东宝区仙居乡许集小学　李雅鑫

将数学课堂还给学生,是新课标对数学教师提出的基本要求。小学数学作为数学学科系统化教学的起始阶段,不仅仅需要打牢学生的数学知识基础,更重要的是需要培养学生良好的数学学习习惯以及端正学生的数学学习态度,让学生的数学核心素养各方面能力得到有效的发展。将体验式学习运用于小学数学课堂,能够让数学课堂教学的效率在学生积极动脑与动手的过程中得到提升。

一、借助多样化的教学情境,调动学生的体验热情

体验式学习是学生进入数学奇趣世界的入口,而多样化的教学情境就是引导学生向入口靠近的"神秘力量"。小学生的心智尚未成熟,对事物的判断通常较为感性。所以教师要利用好学生这一具体思维特征,以此为切入口,利用丰富多元的数学情境,调动学生的数学体验热情,让学生在数学探究学习的过程中更加充满活力与激情。教师在数学课堂中,可以将数学知识与学生的实际生活经验相结合,为学生创设数学知识在生活中运用的情境,让学生能够根据自己的认知经验对数学问题进行思考。例如,在"认识钟表"的教学中,教师可以利用微课制作认识与钟表相关的小动画,在动画中设计一些描述与实际不相符的时间,让学生在观看微课中找错误并更正,并且比一比,看哪个学生找得又快又准。教师巧用数学情境进行激励,让学生主动转动"小脑袋",愿意独立对问题进行思考,使学生的数学体验热情得到积极调动。

二、组织合作式的学习探究,提升学生的体验乐趣

小学学段的学生生性活泼、爱动,生动、灵活的活动总是能很好地吸引学生的注意力。因此,合作式的探究学习方式在提升学生的体验乐趣上会是一个不错的选择。教师可以在数学课堂上将学生根据其学习能力以及数学基础的实际情况来进行合理的分组,让班级所有的学生都能够在合作探究学习的过程中为取得的成绩而获得满足感,提升数学体验乐趣。教师通过合作式探究学习的组织,能够为学生创造更多与同学、老师交流的机会,让学生可以在交流的过程中相互学习。学生在合作学习的过程中,不仅能

够通过分工与配合提升自己的数学能力,同时也可以实现与同学共同进步,这种数学学习的满足感远比学生独自品味数学成果要大得多,学生的数学学习乐趣也会因为满足感的分享而愈发浓厚。例如,在《克和千克》的教学中,教师可以在学生理解了"克"和"千克"的概念以后,请让学生找一找身边重量是1千克的物品,然后让学生请小组内的其他同学共同合作,对物品进行称重,最后来比一比,看哪一位同学找的物品与目标重量最吻合,并请该同学对自己判断重量的依据进行分享。如此一来,学生既能够在合作过程中让动手操作能力得到锻炼,又能够在分享交流中使数学综合素质获得提升。

三、强化课外体验活动力度,丰富学生的体验层次

局限于室内的数学教学活动在学生数学学习体验感受的丰富性上是存在缺陷的。数学课堂教学由于客观上受到时间以及场地的限制,能够呈现在学生面前的数学知识是有限的,数学知识的涉及面也是较为狭小的。所以,教师除了要利用丰富的教学情境和多元的教学手法来增强学生的课内数学学习体验感外,还要将学生在数学课堂内无法涉及的体验层次利用课外活动进行弥补。但是,值得注意的是,学生的课外数学体验是以课内数学体验为基础的,也就是说,教师在强化课外体验活动力度时,要以学生在课堂内已经掌握的数学知识为基础,只有这样,学生才有能力在课外利用数学知识去解决实际的生活问题。例如,在《分数的初步认识》中,教师可以让学生当一次"小管家",在放学后去超市采购打折的物品,并请学生在采购结束后对商品折扣前和折扣后的价格进行对比,让学生能够发现分数在生活中的运用和实际意义,使学生的数学学习体验能够在课外生活体验中得到丰富,以此来让学生明白学习数学的意义。

总而言之,教师应当在数学课堂教学的创新设计上做出更多的思考和实践,要将学生体验式的学习过程重视起来,科学合理地将体验式学习融入数学课堂之中,让体验式学习对学生数学素养提升的实效发挥至最大,使学生的数学思维、数学能力与数学素养能够获得更多提升。

浅谈有效的数学课堂

荆门市石化中学 郭 锐

有效的课堂教学通常是指教师以尽可能少的时间、精力和物力投入,取得尽可能好的教学效果,从而实现指定的教学目标。有效的课堂教学追求社会化、人性化教育,强调有效果、有效率、有效益。下面结合新样态下的教育理念,简单地谈谈新课标下对初中数学有效课堂教学的认识。

一、思教材处理

学习数学的过程是灵活的,教师教学的内容也是灵活的,都在随着教学过程的发展而变化。教师的教学应使学生了解所学内容在教材中的重要性及应用的价值、弄清其与前后知识的联系等,只有熟悉教材、把握标准,才能掌握教学的主动性。例如,在《平行四边形的性质》教学中,首先让学生先通过折纸(给每位学生一张长方形纸,裁剪成一个平行四边形),猜想平行四边形的性质,学生一旦提出猜想,就非常迫切地想知道自己的猜想是否正确,从而激发了他们自主学习和探究的热情。然后让学生开展小组讨论,最后把各组的结论汇总到黑板上。在此基础上,教师指导学生修改、选择、补充结论,并一一加以验证,从而得出平行四边形的性质。通过学生自主研讨、自主分析,学生体验了获取知识的过程,领悟了解决数学问题的方法,这就能真正培养和发展学生的能力。

二、重知识生成

数学的概念、定义、公式、法则、定理等都是数学的基础知识,这些知识的掌握过程容易被忽视。事实上,这一过程正是数学能力的培养过程。一个定理的证明往往是新知识的发现过程,在掌握知识的过程中,就培养了数学能力的发展。因此,要改变重结论、轻过程的教学方法。如在学习"零指数幂与负整指数幂"的内容时,我曾向学生提出这样一个问题:我们原来已经学过了幂的运算法则(在正整数指数范围内),现在指数的范围已经扩大到了全体整数,那么,原来所学的幂的运算法则现在是否还成立呢?教师引导学生进行讨论、辨析,使学生之间、师生之间在知识上相互补充,思维方法上相互启发,情绪上相互感染,达到教学相长的目的。

三、重问题暴露

在数学课堂中，教师一般采用提问和板演方式，有时还有问题讨论等方式，因此可以听到许多或正确或错误的信息，对于那些典型问题、带有普遍性的问题都应该有针对性地进行指导，必须及时解决，不能把问题遗留下来，甚至"沉淀"下来。遗留问题要有针对性地解决，注重实效，让学生明白问题的关键所在，引以为戒，加深印象，注重思考问题的周密性。

四、优课堂训练

数学课的课堂练习时间大约占每节课的 1/4～1/3，有时超过 1/3。课堂练习是对数学知识记忆、理解、掌握的重要手段，既是速度训练，又是时能力的检测。教师所寻找的例题都是经过用心考虑的，如：哪些知识需要补充、巩固、提高、加强应用，哪些知识、能力需要培养。教师上课时应有针对性，要精心设计课堂练习，精讲多练，讲练结合，提高课堂教学效果。

五、抓解题指导

数学中的运算要合理选择简捷运算方式，这不仅是迅速运算的需要，也是运算准确性的需要。运算的步骤越多，难度就越大，出错的可能性就会增大。因而根据问题的条件和要求合理地选择简捷的运算方式不仅是提高运算能力的关键，也是提高其他数学能力的有效途径。我们在课堂教学过程中应该着重抓解题方法的指导，让学生得"渔"，而非得"鱼"。另外，数学课堂一定要有节奏、有速度、有效率。这样久而久之，学生思维的敏捷性和数学能力会逐步提高。

六、培思维方法

数学学科担负着培养学生运算能力、逻辑思维能力、空间想象力以及运用所学知识分析问题、解决问题的重任，它的特点是具有高度的抽象性、逻辑性与广泛的适用性，对学习能力的要求较高。数学能力只有在不断地运用数学思维方法中才能培养和提高，教师可设计各类变式训练供学生练习，变式题的设计应主要依据教材的例题与习题，可设计构成条件变式题、结论变式题、过程变式题。

例如，在讲三角形相似的识别方法时，针对"两边成比例且相应的夹角相等的两三角形相似"这个识别方法，可以让学生思考能否把"夹角"改为"角"，这不仅可以加深学生对三角形相似的识别方法的理解，同时也训练了学生的思维。

浅谈初中英语课堂导入

荆门市屈家岭第一初级中学　罗红燕

学生在课后十分钟休息后，往往表现出或兴奋或慵懒或沉湎于其他的情绪中，很难自觉地把注意力回归到正常的课堂学习中，如此一来，他们也就很难激发起自己的学习欲望。如果教师能在课堂的导入上下功夫，做一些"文章"，就能够吸引学生的注意力，充分调动学生的学习兴趣和积极性，并能为新知识的传授做好铺垫，还能产生良好的课堂效果。现从以下几个方面谈谈英语课堂导入。

一、以教师为主导的导入

1. 复习导入法

人教版新目标英语的特点是新知识呈螺旋形递增，我们要学的新知识可能和以前学过的旧知识有很大的联系，因此老师在课堂导入时要有目的性地挑选一些与新的学习内容有关联的已学过的知识。在复习的基础上，教师可利用对比或提问等方式来调动起学生对已学知识的回顾，达到"温故而知新"的目的。复习导入法也是我们最常用的导入方法之一。

2. 预习导入法

教师需在课前准备几个与新课内容有关的问答题目，在课堂导入时，学生带着教师所给的题目去阅读课文，这样的导入既能帮助学生养成预习课文的良好习惯，又可顺利地引导学生走进新课。我在讲九年级 Unit 2 《Full moon, full feelings》这一课时，针对学生的实际情况，设置了"What festivals do you know in China? What do you often do on Mid-autumn festival? What story is about Mid-autumn festival ?"学生带着问题预习新课，了解将要学习的内容大意。在学生回答问题时，有意地联系新内容并且进行牵引强化，再自然而然地将新内容的重点凸显出来，学生就顺利地将注意力落到所学内容上，并能积极参与到新内容的学习中去。

在新目标英语的课标中虽然注重学生是主体，但教师的作用不能忽视，他们在课堂教学中依然起着主导作用。

二、学生为主体的导入

新的课程理念明确要求，要充分发挥学生们的"动"，要努力把学生的好表演、渴望成功、易于知足等特征发挥出来,从而满足学生"动"的欲望。这个时候,我们不妨用下面这个导入法——自由式谈话导入法。

教师把课前的几分钟交给学生去说、去演。我把这几分钟称为 free talk。谈话、表演、演讲的内容由谈话人根据各自成绩的不同自己来安排。如成绩滞后的学生可以复述课本内容,成绩中等的学生可进行情景对话,而成绩优秀的学生可以即兴演讲,效果会很好。因此,课前教师必须要做好安排,确定说或演的主题,这样在锻炼学生的口语的同时也可作为一堂课的导入。但教师在导入过程中要安排好时间,绝不能时间太长,5分钟左右即可。

三、以教学设施为辅的导入

科技在进步,教育也要与时俱进,各种教学设施如电脑、多媒体一体机、白板、投影仪等陆续走进课堂教学,我们应合理地操纵这些设施进行英语教学的导入。针对英语学科的教学特点,即大量的图片在英语课堂上的广泛运用,我们可以采取以传统教学为主、教学设施为辅的导入法,更直观地导入新的教学内容。

1. 直观导入法

直观导入法是老师利用图片、实物等来进行的导入,它往往能直接引起学生的兴趣。如在上八年级上册Unit4《What's the best movie theater?》中,学习的是比较级和最高级。学生如何去比较几家电影院的环境的好坏呢?教师可以直接展示出几家不同电影院的图片,学生根据图片进行比较,选出最好的那家,并说明理由。这种导入方法既直观又简单,更有利于课堂活动的开展。

2. 音乐欣赏导入法

教师可根据新课的需要,利用多媒体一体机让学生听一段与课文有关的音乐作品或歌曲,引导学生谈一谈音乐的作者、背景及该作品的主题等。如在上初中英语九年级 Unit9 时,我们将学习一篇关于音乐家阿炳悲惨一生的故事,我先播放阿炳的代表作——《二泉映月》,让学生听了之后告诉我他们的感受,有的同学会说sad,有的同学可能会说beautiful,只需要这两个词我们就可以导入到本课的标题"Sad but beautiful(凄美)"。接着我以刚才的音乐为引导,介绍本文的主人公。这样的导入就比直接拿起书就读更能吸引学生的注意力和兴趣。

浅谈在语文教育中如何渗透德育教育

京山市曹武镇初级中学　毛红斌

教师在语文教育中渗透德育教育，方能达到教书育人的目的。如何在语文教育中渗透德育教育呢？我认为充分利用我们的语文课，潜移默化地对学生进行德育教育的渗透，就能达到"随风潜入夜，润物细无声"的效果。

一、德育教育的缺失现状

1. 部分学生缺乏中华民族的传统美德

现在的学生绝大多数是独生子女，由于家庭长辈的溺爱，他们中的许多人养成了以自我为中心、自私自利、不懂感恩、不知回馈的性格。

2. 部分学生缺乏诚信

一些学生往往受到社会风气的影响，不诚实守信。如做作业存在抄袭行为，做卫生存在偷懒行为，做错事编造谎言，骗取家里财物，乱花钱，等等。

3. 部分学生缺乏敬畏心

不少学生对大自然不敬畏，对道德不敬畏，对知识不敬畏，对教师和家长不敬畏。直接的后果是他们无视道德的存在，随地吐痰、破坏自然、对知识亵渎、对老师和家长忤逆。

4. 部分学生缺乏理想

胸无大志、贪图享乐是不少中学生的不良心态。他们的自我激励差，价值观呈现功利性、世俗性，把玩乐作为日常生活的主要追求目标。

5. 部分学生心理素质差，缺乏自控和耐挫能力

这类学生主要有自卑、胆怯心理，焦虑、抑郁心理，对立、破坏心理。有的学生经常对自己的智力、能力、长相等做较低的评价，甚至因某一方面的不足就对自己全盘否定，缺乏自信。

二、在语文教育中渗透德育教育

"德育是教育者根据一定社会和受教育者的需要，遵循品德形成规律，采用言教、身教等有效手段，通过内化和外化，发展受教育者的思想、政治、法制和道德几方面素质的系统活动过程。"德育教育是在学校里进行的，不是单一的教育，各学科与德育教育是互相渗透的，尤其是语文教育与德育教育。现代教育的重要标志在于知识载体角色的重要性，任何知识和技能的

传授总是与某种道德品质教育相联系。语文学科作为一种知识转移载体，教师可以在语文教材讲解中渗透德育教育。

1. 以爱国主义教育为例

《邓稼先》这篇课文将邓稼先的生平、贡献放在广阔的社会文化背景中进行描写、评价，高度赞扬了他深沉的爱国主义精神以及将个人生命献给祖国国防事业的崇高情怀。通过对我国科学家热爱祖国和创造、发明事迹的学习，教师可对学生进行爱国主义教育，引导他们热爱祖国、建设祖国、保卫祖国。

2. 以敬畏教育为例

在《敬畏自然》这篇课文中，作者谈论的是人与自然的关系。教师可引导学生得出结论：人类理应敬畏自然。敬畏，即敬重畏惧。学生要明白，人类在谋求自己的生存和发展时，应该想到爱护自然，以达到人与自然的和谐发展。

3. 以诚实守信教育为例

在《陈太丘与友期行》这篇课文中，陈太丘依照约定行事，但当他发现朋友失约时，决然离去，一点也不姑息。诚信是为人之本，守信用的人才会受到别人的尊重。这个故事给学生的另一个启示是：人要有时间观念，办事不能拖拉，更不能延误时间。

4. 以理想教育为例

在《论语》教学中，教师教育学生"家财万贯不如一技在身"。求学是谋生的基础，但是人生在世，仅仅学会生活的技能是不够的。首先，教育学生做人要立志，远大的志向是博学的前提；其次，学生在学习过程中要善于提出问题；最后，学生还要注重思考，善于追求真理，不被事物的表象所迷惑。

5. 以心理教育为例

在《走一步，再走一步》这篇课文中，作者每次只移动一小步，最后慢慢爬下悬崖。正是作者每次移动这一小步才把大困难一点点分解，最终战胜了困难，这也为作者以后战胜困难提供了信心和方法。正因为那一次爬悬崖的经历，作者从他父亲那里学到了自信，学会了克服困难以及实现远大目标的办法，从此他变得坚强、勇敢、乐观。这篇课文给学生的启示是：当遇到困难时，把困难一点点分解，将困难逐一克服，从而找到战胜困难的办法，树立自信。

此外，教师还可以在作文教学中渗透德育教育。作文教学是语文教学的重要组成部分,也是塑造学生心灵的重要途径。因此在作文教学中,教师可以结合学生的实际生活与思想,引导学生全面地观察社会,更深刻地认识社会,让学生们去赞美生活中的"真善美",抨击现实中的"假恶丑"。在作文教学中,教师培养学生正确的是非观念,有机渗透道德教育。如初中的学习生活开始了,学生一定有很多新的烦恼,我因势利导让学生写一篇《成长的烦恼》。让学生在习作中讲述自己在新的环境中生活的烦恼,教育他们应该以正确的心态去直面烦恼,去克服困难,做生活的强者,做命运的主人。

课外阅读也是语文教育实施德育教育的重要途径。教师应该针对学生的年龄、兴趣和思想,向学生推荐有益于道德教育的读物。在学生阅读的过程中,教师要加强阅读指导,激发学生的课外阅读兴趣,教给他们读书的方法,特别是评价与欣赏的方法,使学生在阅读中有德育教育方面的收获。

教师在课外活动中注意切实开展语文课外活动,推动学生德育教育。教师对课外活动的设计要贴近学生的生活实际,要有层次性和针对性,还要坚持选择正面良好的榜样,以培养学生优良的道德品质、积极进取的精神和爱国主义的情感。我通过开展课外阅读研讨会、诗歌朗诵会、小说中人物分角色朗读及表演等,把语文能力训练与德育教育有机地结合起来,真正做到寓德育于语文课外活动之中。

三、教师的言传身教深化德育效果

教书、育人是一个统一的过程,中学德育工作与语文教育二者之间自然也是密不可分的,它们是相互渗透、相互促进、相辅相成的关系。作为一名中学语文教师,我在语文教学过程中深刻地体会到了语文教育与德育教育相结合的妙处。

我把语文教育与德育教育相结合的重点放在语文课堂教学上。我在上课前认真备课,多角度思考教材。在备语文教材内容的同时,我着力寻找教材内容与德育工作的最佳结合点。在备课的同时备德育教育内容,我尽力将德育教育与语文教育相结合,尽可能触动学生的心灵。

子曰:"其身正,不令而行;其身不正,虽令不从。"在语文课堂教学中,教师是学生的榜样,教师的态度直接影响着学生。教师在课堂上渗透德育教育,在课后也要言行一致、以身作则,在学生心中树立起良好的形象,培养学生良好的学风、坚强的意志和文明的行为,以提高他们的思想道德素质。

浅析初中语文"大阅读"模式教学

钟祥市柴湖镇初级中学　全凌飞

阅读是学生感知世界、增长学识的重要方式。在当下"大语文观"的背景下,对学生的自主阅读习惯进行培养,是提高学生的阅读效率和质量的重要举措。因此,教师要对当下的环境进行有效的分析,制定有针对性的策略,改善语文阅读教学水平,提高学生的综合能力,为语文教学的发展提供有力的支撑。

一、"大语文观"概念分析

"大语文观"实质上来说就是一种教学创新模式,它认为:语文教育,是以人获得更好的身心发展为基点的,因此,语文教育不仅在于让学生更好地进行语言表达,同时在于帮助学生形成良好的思维方式,培养美好、健康的情感与心理认知,完善和提升学生的自身人格与人文修养。这意味着师生之间的教育不应该局限于课本、局限于课堂,应该向更广泛与宽阔的地方去寻找。

"大语文观"要有效地将生活融入阅读教学中,从而提高学生的知识运用能力。语文教师在教学过程中要从教学内容入手,在日常生活中获取教学资源,从而提高学生的学习兴趣,让其真正感受到语文教学的魅力。同时为了满足国家对初中学生阅读量的要求,教师还要有针对性地对部分文学作品进行分析,并授之以"渔",培养学生的阅读分析能力,使其逐渐能够自主阅读、鉴赏。

二、大阅读教学模式策略分析

1. 激发学生阅读兴趣

"兴趣是最好的老师",学生只有对阅读产生兴趣,才会进行更好的学习。这就需要教师在语文阅读教学中合理地培养学生的学习兴趣。但就当下的情况看,初中语文教学由于受到传统观念的影响及应试教育的阻碍,一些教师在语文教学中只注重基础词、句的教学,仍然采用传统的灌输式、填鸭式教学模式,使学生学习兴趣下降,从而阻碍语文教学的发展。因此,在语文阅读教学中,教师要培养学生的阅读兴趣,改变传统教学观念,从而改变教学模式,这样才能激发学生的学习兴趣,提高学生的注意力,进而真正感受到阅读的乐趣。

2.加大学生阅读量

"操千曲而后晓声,观千剑而后识器",唯有见广,方得真谛。新课标就学生阅读能力提出了明确的要求,为此,我首先从加大学生课外阅读量做起,保证学生阅读书籍数量和时间。由于学校地处农村,经济落后,我采用学生相互交换书籍的方式来满足学生对课外阅读书籍的需求。在"感兴趣""应该看"的前提下,要求学生通过阅读报纸,关注时事、关注生活、积累素材;并搜集母爱、坚强、诚信、爱国等系列主题的图书推荐给学生。学生间开展读书交流活动,展现自我风采,以此促使学生阅读,养成阅读习惯。阅读习惯养成后,再根据学生水平的不同,规定其阅读的内容或主题,引导其有目的、有意义地阅读,使得各个层面的学生阅读能力有不同程度的提高。

3.优化学生阅读策略

在初中语文阅读教学过程中,引导学生对阅读材料整体把握,重视学生的阅读体验也是关于语文阅读教学的最基本要求。做到对阅读材料的整体把握,可以通过思路教学或者诵读等方式来进行,重视学生的阅读体验就是要求学生自己努力感悟文章的感情色彩,以自己的理解方式去感受文章中的人文特性,体会文章所表达的意境和情感。

每个学生对问题的看法都会有所不同,他们有着不同的认识和理解的角度。因此,教师不能以统一标准来要求学生,要鼓励学生在自主阅读中展现自己的创意。在阅读中还能够体现出学生的思维活动以及智力水平。例如《愚公移山》一课,可以让学生大胆地展开讨论:"你认为愚公做得正确与否?"使学生的思维在不受拘束的情况下大胆地想象。例如在学习《孙权劝学》这篇文言文时,就可以结合《伤仲永》《乐羊子妻》等具有教育意义的篇章进行讲授,进一步让学生体会持之以恒学习的重要性。这些文章会拓宽学生的阅读范围,增加学生的知识储备。在学生阅读完后,教师要让学生写出自身的感受,加深理解,在接下来的语文阅读课中,对课文的内涵进行讲解,这样学生不仅对基础知识进行了学习,还很好地理解了全文的内涵。

综上所述,在"大语文观"的环境下,教师要加强对学生阅读能力的培养,提高学生的阅读兴趣,培养学生课外阅读习惯及优化学生的阅读策略。只有这样,才能有效强化学生自主阅读能力,增加学生的阅读积累,进而提高学生的综合素质,满足当下教育发展的需求。

浅谈小学素质教育的研究和实践

荆门市东宝区栗溪实验学校　李章丽

伟大的教育专家苏霍姆林斯基提出"培养个性全面、和谐发展的人"。他特别强调要使学生具有丰富的精神生活和精神需要，要求教师和家长尊重儿童的人格，全面关心儿童。的确，现在提倡素质教育，培养个性发展、德才兼备、敢于创新的人才。而以往的应试教育片面追求升学率，实行"题海战术"，学生只会死记硬背，不具备动手能力。

那么如何实施素质教育呢？结合自己的一些体会，下面浅谈新课标背景下农村素质教育的实施途径。

全面推进素质教育，必须充分发挥教师的主力军作用。教师本身素质的高低决定了教育质量的高低。如果教师自身专业知识不扎实，知其然不知其所以然，如何能教出好学生呢？更不用说"青出于蓝而胜于蓝。"了荀子说过："尊严而惮，可以为师；耆艾而信，可以为师；诵说而不陵不犯，可以为师；知微而论，可以为师。"意思是说做教师要具备四种条件：首先，要有尊严和威信；其次，要有丰富的经验和崇高的信仰；再次，要具备有条理地传授知识的能力；最后，要能够了解精微的理论并加以发挥。当然能具备这些条件，对于青年教师来说很难。

一、加强理论学习，提高自身素质

我们正处于知识爆炸的时代，教师唯有努力学习，才能跟上时代前进的大步伐。通过阅读与自身专业相关的书籍，学习先进的教育学、心理学理论，更新陈旧的思想观念，与有经验的教师交流、探讨，以"一桶水"教给学生"一杯水"。

现在网络发达，学生在课外早就通过上网学习了许多知识，如果教师知之甚少，学生不会尊重老师，而且他们的知识素养和能力就无法得到发展。俗话说，名师出高徒，也就是这个道理。

我在偏远的山区教学，深刻体会到先进的教育观念很重要。山区落后，消息闭塞，学生无法到外面的世界看一看，所以教师就要引导学生去感知，去了解外面的世界。我们学校会定期组织教师到城里的学校去学习新课程改革的指导思想、教育观念、改革目标，教师通过网络也能学习各学科课程标准的解读。我们学校还实施激励措施,开展"教学比武"活动,老、中、青三代教师,同台竞技,每位教师都有自己的风格,或幽默风趣,或细致严谨,或生动活泼……各位教师互相观摩学习、切磋。各教研小组针对本组教师上课的内容提出建议和改进措施,这样很好地让教师的教学能力得到提高。浓厚的教学氛围,让教师成为学习型、钻研型教师,这样的教师才能更好地教育学生。

二、落实课程方案和课程标准

(1)学校按照课程方案教学各门课程,如语文、数学、英语、品德、生命安全教育、写字课等。学生在语文课中学到了古典诗词的魅力和做人的道理,在数学课中学到了解决生活中实际问题的方法,从英语课中学到了日常对话交际用语等。从各门课程中学到了不同的知识,体会到了各门学科所带来的乐趣,学生的脸上洋溢着喜悦和满足感,这才是新课标改革下学生应体现出的精神风貌。

(2)建立以活动课为载体,以特长训练活动为主要形式,以培养学生个性特长为重点的渠道。

各类活动课都是教学计划所规定的课程,也是实施素质教育的重要渠道。比如,我们学校配备了许多功能室,有学生可以上网的微机室、录课的录播室、诵读室、音乐室等。每周开设了写字课,教学生学会书写漂亮的钢笔字,并学会写毛笔字。开设劳技课,让学生学会劳动技能,感受劳动的快乐。每周三,学校进行安全活动演练,让学生学会安全逃生。每周五下午,开展少年宫活动,学生在球场上打乒乓球、踢足球、打羽毛球,在舞蹈室跳舞,在美术室画画等。学生们个个精神抖擞,学得很用心,而且内心也很愉悦。为了了解各兴趣小组的学生学习的情况,学校举办了展示活动,很好地锻炼了学生的各项能力。

素质教育的目标,要求学生全面发展,这种生动、活泼的学习环境,让学生主动地将书本知识与生活实践相结合,学生真正成为学习的主体。学生乐学,就达到了素质教育的效果。

三、注重科学探究的教学

在教学过程中应培养学生的独立性和自主性,引导学生质疑、调查、探究,在实践中学习,以改变教学过程中过分依赖教材、过于强调接受学习、死记硬背、机械训练的现状,引导学生主动参与、乐于探究、勤于动手,鼓励学生对书本知识的质疑和对教师的挑战,赞赏学生独特和富有个性化的理解与表达,爱护学生的批判意识和怀疑精神,培养学生搜集和处理问题的能力、获取新知识的能力、分析和解决问题的能力以及交流与合作的能力,大力开展探究性教学。

　　在小学阶段实施素质教育,全社会都应该给予重视,因为它不仅能够提高小学生道德素质,更是通向未来社会终身教育的重要桥梁。教育工作者、政府相关部门、学生家长都应该共同努力,落实党的方针,加快教育改革步伐,让学生在小学阶段打好"德智体美劳"各方面的基础,实现为国家、社会培养具有高素质人才的目标。

初探营造魅力语文课堂

荆门市高新区·掇刀区名泉小学 胡小荣

何为魅力课堂？无非就是吸引学生的课堂、散发魅力的课堂、高效优质的课堂。那怎样营造魅力语文课堂呢？

一、创设和谐氛围是基础

1. 课前不检查作业

一般情况下，上课前我不主张检查学生的作业完成情况。因为检查学生的作业肯定要总结、批评，后面的课堂会严肃、沉闷。所以我直接带领学生进入课堂，等课后或下课前再去检查学生的作业。

2. 课中不批评学生

课堂上，总会遇到不听讲的学生：有的走神、开小差，有的玩文具，有的讲小话……我们可以把它归咎于是我们的教学没有吸引力。这样想来，我们面对学生不听讲时就不会批评学生了，而学生在这样和谐、轻松的氛围里会保持愉悦的心情，听讲会更认真、更投入。当然，课堂上需要批评时，我们可以采用委婉的方式，如走到学生身边轻声提醒他，或用目光注视他，等等。

3. 课后不放弃沟通

作为一名语文老师，有大量的工作需要完成。除了上课、备课、批改作业、辅导学生等，还要多和学生聊聊天，关注学生思想动态，了解学生课堂需求，以便改进自己的教学方法，从而营造出魅力课堂，提升教学质量。

二、创新读书方法是关键

1. 示范朗读促引领

教师通过范读，可以带领学生走入文本。例如教学《山中访友》一课中的和大自然打招呼这一段，我让学生充分读悟后，进行了示范朗读。我亲切地和山泉、溪流、瀑布、悬崖、白云、云雀打招呼，声音时而高、时而低、时而粗、时而细、时而缓、时而急，学生听得沉醉其中。读完后，教室里响起了雷鸣般的掌声，这掌声是学生对我的肯定、对我的鼓励，也反映出他们对课文有了理解和领悟，这难道不是示范的作用吗？

2. 关键词句促理解

一节好的语文阅读课，一定要读得有层次。要想学生读出层次，读出效果,读出情感,我们就要想方设法引导学生读。最重要的就是抓关键词句品读、理解。如《少年闰土》中捕鸟片段,可以分层朗读,层层深入。读第一遍,了解捕鸟所需条件;读第二遍,圈出表示动作的词;读第三遍,读出捕鸟的场景及过程。读捕鸟的动作要真实,读"远远地"时拖长点音,读出距离较远;"只一拉"要读得快而轻;"什么都有"读得重,读出鸟的种类多,读出闰土的得意。这样抓住关键句引导学生朗读,会收到意想不到的效果。

3. 多样朗读促升华

多样的朗读方式有古今对译读、你问我答读、你承我接读、创设情景读、教师示范读等,这些朗读方式注重少译、少讲、少析,多读、多诵、多悟。教师合理地运用朗读方式,可以助推魅力课堂的营造。如教学《老人与海鸥》一文中老人喂海鸥一段时,可以采用创设情境读。教师引读"老人边走边放,海鸥依他的节奏起起落落,这是一幅多美的画啊!"教师采用"一咏三叹"的方法,引导学生反复读这一部分。这种师生承接读,读出了老人对海鸥的爱。

三、注重课堂评价是动力

每一位教师都明白课堂评价的重要性,但真正能做到在课堂上进行恰当的评价、适时的鼓励却是很难的。怎样才能做到科学、合理的评价呢?

1. 评价语言要丰富

课堂上,优秀教师的评价语言一定是丰富多彩,甚至是引人入胜的。如学生朗读时,可以从朗读技巧进行评价:"字音准确,语句通顺流利,注重了抑扬顿挫";也可以从听者的感受进行评价:"从你的朗读声中,老师仿佛看到了……听到了……"

2. 评价内容要恰当

恰当的评价可以鼓励学生,让学生明白自己的优势和不足。也就说,评价时的指向要明确。如学生朗读声音太小,可以评价"如果你能更大声,有自信地朗读,一定会赢得大家的掌声"。这样,学生就明白自己读书声音小了,下次一定会注意改进。

3. 评价时机要适时

评价时,还要把握评价的时机,不能评价得太迟,太迟了学生都已经忘记了,就算你赞美了他,他也只是心情愉悦了点,对于自己当时为什么被赞美可能都弄不清了。

浅谈作文教学策略

荆门市屈家岭管理区屈家岭中心小学 罗 静

"文章不厌百回改",在小学高年级作文教学中,引导学生学会修改作文,乐于修改作文是一个很重要的环节。教师要教给学生修改作文的方法,使学生在修改作文的训练过程中,逐步养成修改作文的习惯,形成能力,提高写作素养。下面我从作文修改方面来探讨小学作文教学的奥妙。

一、说理、知理、明理

1. 说理

古今中外许多著名作家都有修改文章的逸文趣事,如叶圣陶先生对文章精雕细琢的故事、托尔斯泰改稿的故事,等等。老师可以根据小学生爱听故事的心理特点讲给学生听。通过故事说理,把修改作文的重要性和必要性的道理融于这些故事之中。

2. 知理

名人关于修改文章的论述不少,其中不乏精辟的见解,我们不妨发动学生搜集那些浅显易懂的修改作文的名言警句,例如"写得好的本领,就是删掉写得不好的地方的本领——契诃夫""必须永远抛弃那种认为写作可以不必修改的想法,改三遍、四遍,这还不够——托尔斯泰",让学生搜集并学习名人的话,是借名人的"嘴"来说理,这同样可以诱导学生乐于参与修改作文的活动,借助名人名言,做到有理有据。

3. 明理

把杂志和文学作品中修改的部分章节的手稿影印件制成PPT,让学生观看,使其感受作家如何修改文章,在观摩对比中,受到熏陶,明白好文章不是写出来的,而是改出来的。

二、兴趣、激趣、引趣

1. 兴趣

《语文课程标准》指出,语言教育活动应该尊重人,尊重具体的人生价值,尊重具体人的文化和多样性,因此我尽可能地将欣赏和被欣赏的愉悦情感贯穿于整个作文评改过程。在作文评语上字斟句酌,肯定学生的亮点,并说出道理;在指出不足时语言诚恳,并提出建议和方法,并且明确提出期待着他们的进步与提高,为学生创造一个自由和开放的情境,让学生思维更加活跃,让创新的火花重新闪烁在他们作品的字里行间。

2. 激趣

根据小学生喜欢受表扬的特点,我在点评学生作文片段时,不仅点评立意、选材、构思,还抓住学生在读中改动文字的闪光点,及时做出鼓励性的评价:"这句话改得真妙,说明你是个爱动脑筋的好学生。"一个学生曾在评改反思中写道:"……读到您赞扬我作文修改得好的批语,心里比吃了蜜还甜。以后,我会更认真地修改自己的作文。老师,今后的作文我一定会认真修改的!……"

3. 引趣

创设情境让学生"一对一"互评,学生对照、比较,看出修改后的作文有了明显的进步;还让一个小组评一篇作文,被评价学生的作品被不断地完善,学生尝到了成功的乐趣,还引得其他学生跃跃欲试……这样在活动中体验修改作文的魅力,学生在实践活动中可感、可信、可比、可学,我们的作文课也逐渐鲜活起来。

三、改全、多改、新改

1. 改全

俗话说,旁观者清,修改习作亦然。除了可以采取同学间随机修改习作的方法外,还可让同桌结对互改、互批。教师把修改权还给了学生,学生很有新鲜感,他们怀着好奇心,以"主人翁"的态度当"小老师",责任到人,主评、副评,各司其职。审视起同班同学的作文来,格外认真投入。这样,既训练了学生批改作文的能力,又让他们体验了批改作文的艰辛,还培养了认真负责的精神。

2. 多改

任何能力,绝不是一朝一夕能形成的。我要求学生一文要多次修改,反复进行"深加工"。学生随着知识面的拓宽、认识的提高,对自己的习作也会产生不满足感,会不断给自己的习作修改、雕琢、润色。

3. 新改

学生上六年级后,让他们以现在的认知水平去修改各自在三、四、五年级写的作文。学生在修改自己的旧作时,惊喜地发现自己的作文素质提高了。这时,学生已有了一定的积累和修改能力,所以改起旧作来得心应手。

试论陶渊明田园诗的思想内容

京山市永漋镇小学 聂彩霞

陶渊明的田园诗真实地记载了那个时代的农村生活,透露着淳朴的田园气息,散发出浓郁的泥土芬芳,宛如一幅幅农村的图画。这些诗篇通过对美好田园风光的描绘,把污浊的官场生活与宁静的农村生活加以对比,明确地表明了他不与世俗同流合污的态度;通过对艰辛的躬耕生活的回顾和对晚年贫困生活的描写,明显地表现了他的"固穷"节操和对不劳而获的"寄生虫"的批判;通过对某些见闻的记述,隐约地反映出当时农村破败的景象。此外,还借助幻想,通过对"桃源式"乐土的描写,曲折地反映了他对美好理想的追求,流露了广大农民的心声和愿望。

一、躬耕田亩的乡村生活

陶渊明的田园诗中最引人注目的是那些描写诗人躬耕田亩的作品。《归园田居》(五首)是陶渊明在晋安帝义熙二年(公元406年)写的组诗。其中第三首诗写道:

"种豆南山下,草盛豆苗稀。晨兴理荒秽,带月荷锄归。道狭草木长,夕露沾我衣。衣沾不足惜,但使愿无违。"

诗人"种豆南山下",也许是因为缺少耕作的技术,致使"草盛豆苗稀",但他的劳动态度是认真的,清早下地,直至日升东方才归,露水打湿了他的衣衫,诗人也毫不在乎,他只希望秋天能有一个好的收成。诗人用极经济的语言、白描的手法,绘塑了一个封建官员躬耕田亩的动人形象。"衣沾不足惜,但使愿无违",正是在辛苦的劳动中,诗人明白了"人生归有道,衣食固其端"(《庚戌岁九月中于西田获早稻》)的道理。所以尽管"晨出肆微勤,日入负耒还",诗人还是"但愿常如此,躬耕非所叹"。

长期的躬耕田园,生活状况日趋恶化,使他与劳动人民的思想感情进一步接近,与劳动人民的关系越来越融洽。诗人在一些田园诗中描写了他与劳动人民亲切的交往和友谊。

农闲时节,与诗人共相往来的,不是那些起驾马车的达官贵人,而是"披草"的农夫,他们所关心的只是桑麻的长势、收成的好坏。在这里,诗人的心与劳动人民的心同一脉搏。《移居》(二首)也是写他与邻人之间的友好往来、友谊深情。

二、反映破败的农村景象

陶渊明的田园诗主要反映了他归隐后的劳动生活和淡泊的心境,但作为一个正直的诗人,他的一些诗也反映了农村生活的破败和人民生活的痛苦。诗人的家地处江州,曾是桓玄发难之地,军阀之间争夺政权的战争和镇压卢循农民起义的战争都在这里屡次进行。因为战争,农业生产和人民生活都受到极为严重的破坏。陶渊明对这些战争虽未作过正面的记述,但从其诗中确实能见到农村的残破和生产被破坏。

田园荒芜,变成了丘垄,居民已经亡逝,触目之处皆荒凉破败。诗人虽未交代其原因,但从当时的社会背景看,无疑是战争和灾害造成了这触目惊心的景象。然而诗人仍在心中寻觅理想家园。

三、憧憬安定的桃园生活

陶渊明借助幻想,描绘了理想的乐园。如在《桃花源记》中写道:

"土地平旷,屋舍俨然,有良田美池桑竹之属。阡陌交通,鸡犬相闻。其中往来种作,男女衣着,悉如外人。黄发垂髫,并怡然自乐。"

桃源社会是诗人不满现实、理想抱负无以寄托而幻想出来的世界。这个社会中的人们,在"春蚕收长丝,秋熟靡王税"的社会条件下自由地劳动,儿童和老人也得到了很好的生活照顾。这里人与人的关系和睦融洽,民风淳朴,对一个素不相识的外人也"便要还家,设酒、杀鸡作食。"他们还保持着古老风气,"俎豆犹古法,衣裳无新制。"这里人与人之间没有倾轧争夺,以至他们感到"怡然有余乐,于何劳智慧"。这里没有朝代更替,没有战乱,他们"乃不知有汉,无论魏晋。"这里甚至连一本反映自然季节的历书也没有,"草荣识节和,木衰知风厉;虽无纪历志,四时自成岁。"这种人人劳动,自耕自食,没有剥削压迫,没有战乱的社会与东晋的动乱、腐朽、黑暗形成鲜明的对照。生活在水深火热中的东晋农民是多么希望有一个和平、安乐、幸福的桃源社会啊!这一方面表现了诗人对美好理想的追求,另一方面也表露了农民的心声和愿望。

陶渊明从小就是博学能文的人才,对知识的追求坚持不懈。少年时期,是"猛志逸四海",胸怀国家、社会。生于华夷混战的时代,深受离乱的刺激和痛苦,他从小就立下"澄清中原"的大志。但身处乱世,有志不得展,陶渊明只做过几个小官,且时间皆不长。最为人所知的是担任彭泽县令。陶渊明慨叹:"吾不能为五斗米折腰,拳拳事乡里小人。"后来,"灵魂不卖"的陶渊明挂冠解印而回归田园,写了《归去来辞》一文以见其志。

　　陶渊明田园诗的思想内容对后代的影响一方面是积极的,他蔑视富贵,不与统治者同流合污的高尚品德,给后代有崇高理想的诗人做出了榜样。他们在反抗权贵和腐朽政治的斗争中从陶渊明的田园诗中汲取了力量。另一方面,陶渊明乐天知命、安分守己的思想和逃避现实斗争的态度,也给后代诗人以消极的影响。当然,陶渊明毕竟是一个生活在一千多年前封建社会的士大夫,在他的思想和诗文中不可能不存在许多安贫乐道、及时行乐、避世消极的东西。但后世历代的文学评论家和选家出于自己的阶级偏爱,多着重欣赏和赞扬他这方面的特点,认为这才是陶渊明诗文的精华所在。我们在教学时要注意这些方面。

浅谈有效课堂教学之策略

钟祥市第二中学 石玉荣

新课程标准明确提出：学生是学习的主人，语文教学应激发学生的学习兴趣，注重培养学生自主学习的意识和习惯，为学生创设良好的自主学习情境，尊重学生的个体差异，鼓励学生选择适合自己的学习方式。由此，笔者联想到教育家陶行知先生倡导学生的"六大解放"，即解放他的头脑，使他能想；解放他的双手，使他能干；解放他的眼睛，使他能看；解放他的嘴，使他能读；解放他的空间，使他到大自然、大社会里取得更丰富的学问；解放他的时间，让他有一些空闲时间消化所学，学一点他自己渴望要学的学问，干点使自己高兴干的事情。

根据新课程标准，在语文教学中若运用"六大解放"来调动学生的多种感官，充分解放学生，使他们手、眼、脑并用，积极参与到学习中来，相信课堂教学效果一定会有所提高（以人教版七年级下册《木兰诗》一课教学为例）。

一、解放眼睛，激起兴趣

"兴趣是最好的老师。"学生对世界充满了新鲜感、好奇心，他们的思维具体、形象、直观。在教学《木兰诗》一课时，我让学生欣赏了一段豫剧视频《谁说女子不如男》。学生在欣赏的同时也忍不住哼唱了起来，我顺势导入："这段音韵优美、脍炙人口的豫剧演绎的是流传在我国民间的动人故事——《花木兰代父从军》。故事的主人公花木兰出自一千多年前南北朝的乐府民歌《木兰诗》。今天我们一起走进《木兰诗》，去解读这个流传千古的英雄人物。"学生学习的兴趣一下子被调动起来了。

二、解放嘴巴，感情朗读

感情朗读，是朗读的最高要求，是在领会文章思想感情的基础上，以有声的语言再现文章的艺术形象。在教学《木兰诗》一课时，我在这一点上也是煞费苦心才达到了理想的效果。

我让学生在理解课文内容的基础上谈谈自己的阅读体验，有学生说，文章第四段"战地速写"应读出一种"悲壮之情"，读出一种"视死如归"的豪迈，读出"古来征战几人回"的悲凉。有学生说，文章第三段"告别爹娘"应该读出"悲情"和"思念"的味道。一个少女，初次告别父母，而且还是出门远征，生死未卜,怎么可能不哭鼻子?有学生马上补充说,朗读"不闻爷娘唤女声"的"唤"字时一定要有"呼唤"的味道,要让听者有一种心碎的感觉。还有学生说,"磨刀霍霍向猪羊",除了带着喜悦之情外,还可加一个"杀"的动作……学生们各抒己见,各种情感把握和技巧处理在他们的交流中,逐渐清晰和明朗。

最后,我让他们根据交流情况,自由畅读。在朗读的过程中,我发现学生真正融入了课本,苦闷着木兰的苦闷,喜悦着木兰的喜悦,整个语文课堂,"读"占鳌头,"感情朗读"也最为闪亮。

三、解放大脑,引导探求

因为受语言感知能力和文言文知识积累的限制,学生不可能对文言文的语言理解特别准确,所以,我从学情出发,通过设置翻译中的矛盾冲突来突破"互文"这一知识难点,从而加深学生的记忆。

检查预习时,我让学生翻译句子"东市买骏马,西市买鞍鞯,南市买辔头,北市买长鞭"。一个学生站起来颇轻松地译为"到东边的市集买了骏马,到西边的市集买鞍鞯,再到南边买辔头,北市买了长鞭"。我追问:"那木兰为什么不在一处买呢?"学生们愣住了,是呀,为什么不在一处买呢?显然这个问题,是他们从未深究过的。但这个问题还真难不倒这群思维活跃的学生,有学生马上说:"因为她在找哪家的更好一些,货比三家。"有学生说:"因为是专卖店,东市只卖骏马"。学生们的想象太丰富了!我又提问,那照这种方法翻译,"将军百战死,壮士十年归",岂不要译成"将军们都战死了,战士们都凯旋了",学生们都笑了,显然这种逻辑是错误的!我由此总结:今天我们就要学习一种新的修辞——互文,互文的句子翻译的时候需要上下文互相交错补充翻译……

四、解放双手,对比体验

详略得当的写作特点是《木兰诗》的一个教学难点,学生们无法理解:明明是一个英雄,诗文对她征战沙场的描写为何只是一笔带过。我让学生带着这个疑问动笔拟自己的写作思路,然后将自己的思路跟课文的思路对比。学生们才发现,他们重视了"英雄"这个词,却忽视了"女"这个字,木兰是个女英雄,她有男子的义胆,但更多的是女子的柔情,她不仅是我们想象中的"女超人",她还是活脱脱的一位美丽的姑娘!

五、解放时间，消化拓展

课堂的时间必定是有限的，课堂结束的时候，我给学生留了一项书面作业：如果你是木兰的伙伴、邻居、父母，抑或是当朝的天子，你会对木兰说点什么？

学生交上来的作业真是精彩纷呈，有人以天子的身份说："木兰呀，你漂亮又能干，做我的妃子吧！"我给这位学生的旁批是："你认为木兰会答应吗？"学生回答我说："不会，因为从文本中她知道了木兰是个不慕名利的女子。"也有学生以邻家太太的身份劝诫："木兰呀，你这小妮子，别再舞刀弄枪了，找个人嫁了，相夫教子吧。"我旁批："你认为老太太说这话合情合理吗？"过了几天，这学生跑来告诉我说："老师，我查阅了很多资料，受男尊女卑思想影响，有这样的劝诫绝对在情理之中……"

给学生们时间，除了能消化所学的知识外，他们也能有更多、更深的体验，这不就是很好的证明么？

六、解放空间，丰富内涵

语文教学长期以来被束缚在课堂中。如若能兼顾课堂内外，拓展学生空间，便给了学生语文实践的机会。

学习了《木兰诗》一课，我鼓励学生们利用这一课准备几个节目。结果，有学生学会了豫剧《谁说女子不如男》，有学生改编了课本剧，有学生写了小诗……你给了学生空间，他们给了你惊喜。整课教学如行云流水般，学生们积极参与，朗读、畅所欲言、想象、探索等活动中，学生兴趣十足。老师教得轻松，学生学得愉快，且知识丰富了，能力提升了，素养提高了。课堂的教学效果不正是在类似于这样的语文实践中不知不觉提高了吗？

"解放"不等同于放手，而是一种更为积极的调动、更为和谐的参与。让我们在语文教学中充分"解放"学生，努力提高课堂教学效果，真正体现语文"新课程标准"的精神！

思维导图在小学数学教学中的应用

荆门市东宝区许集小学 林文敏

一、思维导图的作用

在数学教学中,思维导图的作用主要是利用文字和图片将抽象的数学知识进行图文的转化,将教学内容的层级关系、隶属关系或者包含关系等用数学符号进行呈现,改变学生的学习方式,使学生的思维更为发散。因此,思维导图在小学数学课堂教学中的应用可以将抽象的问题变得更为直观,将分散的知识点进行整合,避免出现知识点遗漏的现象,进而使学生掌握一定的解题规律,能够举一反三。

二、数学教学中出现的问题

1. 概念性知识教学

在数学实际教学中会发现,当一堂课讲完之后再回过头去询问学生有关概念性知识的问题时,他们往往回答不上来,对于概念相近知识之间的区分也不明确。例如,在学习乘除法的时候我们会先学习"倍的初步认识",了解"倍"的概念,紧接着在后面的学习过程中我们又会学习到"倍数"这一概念。这时在学生的脑海中就产生"倍"和"倍数"到底是不是同一种意思、二者有什么区别等疑问。我们在学习"认识时钟"这部分内容,常常会说到"时"和"小时",那么到底什么时候用到"时",什么时候用到"小时"呢?

概念性知识是学生在审题时常常需要用到的,特别是在判断题的作业当中最能体现。当我们对概念性知识无法完全掌握的时候,我们的知识就开始出现漏洞,整个知识网就无法连接起来。小学数学的教学是螺旋式的,各个模块知识是在逐步加深,前面的内容没有完全掌握,后面的知识就无法完全链接,学生会感觉越学越困难。

2. 期末复习

在常规课堂中,期末复习一般是老师带着学生按照书本上的顺序对每一个单元的知识进行整合。在整个过程当中,都是老师在强调知识点,以及需要去区分的内容。学生扮演聆听者的角色,此时他们的注意力也不会高度集中,很容易走神。

3. 应用题解题

低年级的解决问题相对来说内容比较少，遇到的情况都是类似的，学生进行迁移比较轻松。但是对于高年级学生来说，应用题叙述形式将变得多样化，有顺向、逆向、正叙、倒叙这四种。学生通常按照日常生活的秩序和自己的生活经历来思考，当题目的叙事风格与生活经历不同时，学生就会形成思维的阻塞，仿佛置身于迷宫之中。例如，应用题题目表达方式是"原有—用去—还剩"的顺序时，学生容易解答，但是反过来按照"还剩—用去—原有"的顺序时，学生就会出现混乱，在头脑中理不清思绪，无从下笔。

三、利用思维导图解决教学活动中实际问题

1. 思维导图对概念性知识的应用

针对学生对概念性知识容易混淆这一问题，教师在设计教学方案时就可以将思维导图运用到其中。采用容易混淆的旧知识点去引发新知识，在这个过程中用思维导图的形式去突出两者之间的联系和区别，加深学生对新知识的理解。

2. 思维导图在复习中的应用

在复习时，思维导图的制作可以完全交给学生。学生可以自主选择分类方式对知识点进行整理，根据不同的分类依据去思考和探索知识点的内在联系，从而完成知识的结构框架。在这个过程中学生可以用自身已掌握的知识去和书上的知识点对照，以及和其他的学生交流各自的思维导图，及时更新自己的知识框架；还可以将思维导图填上颜色帮助自己选择复习的重点。比如，在整个思维导图中，已经掌握的知识可以用绿色标记，不熟练的知识可以用黄色标记，还有一部分完全没掌握的可以标记红色。复习的时候就将着重点放在黄色和红色的部分，绿色部分只需要重温就行。

3. 思维导图在解决问题时的应用

学生在解决问题时出现的困难主要来源于两个方面：一是对题目叙述的语言无法理解；二是无法发现条件之间的内在联系。针对这一问题，教师在教学中就要训练学生的思维能力，让学生能够发散思维而不是形成定向思维。例如，我们在讲解数学应用题时，可以先用思维导图的形式把题目中的信息进行整合（将信息之间的关系表明），再让学生独立解决问题，鼓励学生从思维导图里面找到解决问题的关键，以多种不同的方法去解决问题，从而改变学生定向思维的习惯，培养学生从多个不同角度思考问题。

谈班级文化对提升学生能力的作用

荆门市高新区·掇刀区名泉小学 扈小琴

现行倡导的"新样态学校"是立足自我突破而形成的校校有魂魄、校校有特点、校校有追求的宛若丛林生态式的学校发展格局。在这种发展格局下,作为学校组成单位的班级就应该追求"一个班级一个样,班班都要有自己的样"的教育生态。班级文化是班级师生共同参与、形成并认同的班级追求的目标和行为准则,是一个班级的灵魂,是每个班级所特有的。班级文化能够体现独一无二的"样"。对于可塑性极大、正处于成长阶段的低年级的学生来说,良好的充满正能量的班级文化环境是他们健康成长的沃土和摇篮。所以班级文化建设务必以人为本,要能为学生的健康成长和能力提升起到潜移默化的作用,让班级成为学生们温暖的家园、开心的学堂。

"健康而乐群,善学而雅行",是我们学校对学生的培养目标。这个目标体现了教育的本质是培养健康而有素养的"人"。为达成这一目标,我根据低年级学生的年龄特点,在教室布置上分区清晰、简洁,让每一个区域会"说话",让教室里一字一句、一桌一椅都发挥育人的功能,打造一个有活力、有创意、有个性、有魅力的班集体。

一、我爱我班——唤醒学生的自我意识、集体意识和服务意识

"我爱我班"区域布置了我们的"班级家庭树"、集体商定的班规班纪、私人定制的服务岗位、幸福锦囊的服务指南。

我们学校处于城乡接合部,学生家庭情况差异很大,城乡子女都有,其中有一部分独生子女,有一部分留守儿童,还有些单亲家庭的孩子。这些学生或是家长溺爱或是只养不教,进校不久就表现出一些问题,如霸道、自私、独立性差、不合群等。于是,我们就通过"我是谁?我是如何长大的"主题班会让学生意识到"我"不仅仅是"我",在家"我"是父母的儿子(女儿)、爷爷奶奶的孙子(孙女)、外公外婆的外孙(外孙女),在校"我"是某某小学的学生,在班上"我"是某某班这个大家庭的一员,"我"还是某某村或某某社区的小居民,甚至是中国的小公民;让他们明白"我"的成长离不开家人的关爱、学校的教育、良好的社会环境和国家的富强。学生们朦朦胧胧中意识到自己的重要性,也意识到自己的成长凝聚了那么多人默默的关爱。当老师再提出"我该怎么做"这个比较抽象的问题时,学生们居然能够争先恐后地发表自己的观点,虽然只有一两句话,但瞬间感觉他们长大了许多。我们趁着学生的热情把"班级家庭树"建立起来。

低年级的学生的热情并不能持久,而且他们的认知极不稳定,初步建立的观念需要一段时间不断强化并用实践来巩固。此时,班级私人定制的服务岗位轮流负责制的作用显现出来了,学生们自愿上岗,做到"事事有人做,人人有事做,时时有事做,事事有时做"。

通过这个区域,让学生们尽快融入集体,并逐渐有了责任心和担当,主动为班集体、为同学服务,感受到"我为人人,人人为我"的快乐。

二、孝亲敬长——懂得感恩,学会爱

"孝亲敬长"区域每学期或每学年主题都会有变化。比如二年级我们以"传承孝道文化,争做儒雅学子"为主题,这个区域就设计成了"争做孝亲敬长的小天使"。围绕这个主题我们开展一系列活动,有生日会、主题班会、观看经典视频、小品表演、亲子活动、孝星墙等。其中,每月初我们都为本月出生的学生集体过生日,一个生日蛋糕、几句祝福语、小寿星的答谢语,都是很简单的仪式。但是生日会上我们有一个特别的设计,请一位小寿星家长代表来参加生日会,而第一口蛋糕一定由孩子亲自送给家长,并说一句感谢的话,有"感谢爸妈为了家而辛苦地工作",有"感谢妈妈把家布置得温馨漂亮",有"感谢爸妈陪伴",有"感谢爸爸经常来看我"等感谢的话语。通过这一小小的活动,拉近了师生之间、同学之间还有家校之间的距离,让学生感受到班级大家庭的温暖,感恩父母的养育。

我们还请家长参加了"我家的孝亲敬长的故事"活动,学生们七嘴八舌地讲,家长们乐呵呵地听。学生和家长中的榜样形象就在这样的气氛中树立起来。苏霍姆林斯基说过,"把教育的意图隐藏起来,是教育艺术十分重要的因素之一",对低年级的孩子,说教的效果微乎其微,身边的榜样却是活生生的示范。

知孝道——明孝礼——践孝行——做孝星,用学生们喜闻乐见的形式,让每位学生都积极参与并有实实在在的收获,自然而然,他们感受到了爱,也懂得了感恩,这样才会懂得回报,懂得去传递爱。

三、放飞梦想——彰显个性,激发创造力

"放飞梦想"空间就留给那些思维活跃、想法独特或有才艺的学生们。

现代教育重视保护并鼓励学生个性的多样性、自主性和首创精神。但具备这些特性的孩子往往会让教师头疼,因为他们好动、"破坏力"强,觉得教师讲得不精彩马上专注于自己的事情了。对于低年级学生来说,他们更依赖于教师的肯定和表扬。如果教师小心保护了他们的求知欲望,鼓励了他们小小的新奇的想法,说不定就播下了一颗创新的种子。

这个空间根据学校开展的活动或班级教学活动或节日等不定期更换,展示学生的作品或获得的才艺方面的荣誉。比如学生制作的形形色色的时钟、用树叶制成的标本画、创意游学路线图等,充满新意,让你不得不惊叹于他们的想象力。

四、惩罚也是爱——强化学生自制力

"惩罚也是爱"是专设于白板旁边的一处显眼的空间——"惩戒小黑屋",不过门上了锁,让学生们每天都能看到"小黑屋"却不能随便看到黑屋里的"被罚者"。

低年级的学生本身自制力有限,很多行为都需要时时提醒,这样才能慢慢形成好的习惯。学生每四人组成一个"互助小组",进行文明礼仪行为习惯方面的比赛,充分利用小集体的力量相互提醒、相互督促。对于一些偶尔的过失和错误并不以罚代教,但对于屡犯错误的学生,给予一定的合理的惩罚是必要的。我们的惩罚方式很特别——关"小黑屋"。比如弄丢文具或没带文具的学生可以借用班级的备用文具,但必须登记说明原因。如果同样的情况第三次出现就要接受惩罚了——用一张字条写上自己的名字,郑重其事地放进"小黑屋"接受两天的精神关押。"解救行动"为两天之内没有同类过失,并每天在班上给同学们朗读一则名人名言。如果得到大家认可就能"解救"成功,可以郑重地从"小黑屋"里拿出写有自己名字的小字条并将其销毁,并且小组不扣分。如果没有做到,小组要扣分,并延长"关押"时间。下一次再犯同样的错误,就在上一次的基础上进一步延长"关押"时间,同样给予"解救"机会。用集体互助和集体荣誉感以及适度惩罚来让学生们强化自制力,约束自己的行为,养成良好习惯。

在这个过程中,每一位学生都有一本"成长记录册",学生们用自己的言行充实着"成长记录册",留下了成长过程中的点点滴滴。

谈小学英语绘本教学实践

荆门市屈家岭管理区实验小学　马　丽

所谓的英语绘本教学,就是用基础的英语语法和表达方式来设计出吸引小学生的故事世界,并且配有很多小学生喜欢的趣味性插图、卡通人物等,迅速激发学生的阅读兴趣,从而使小学生对英语学科的学习产生浓厚的兴趣,使课程资源得到充分的利用,提高教学质量。

一、使用小学英语绘本教学的意义

1. 符合新课改教学的要求

新课标的要求是让小学生能够在图片的辅助下听懂、读懂相对简单的故事,学习简单的单词和语法。例如,英文歌曲《Eight Little Baby Ducks》是一首简单的英文歌曲,但是对于刚接触英语学习的学生们来说就会有些困难,这时利用英语绘本教学,将歌词用两个卡通人物对话的形式表现出来,让学生对此产生兴趣,学习也就相对容易了许多。

2. 小学英语绘本教学的使用可以培养学生的语感,加深记忆

英语绘本中的语言具有重复性,而且重复的频率也很高,学生在阅读的时候可以反复练习,以此来练习口语能力。英语绘本中美丽的插图能够吸引学生阅读并且坚持下去,帮助其锻炼语感,满足学生的学习需求。在进行英语阅读时,教材的内容如果不能满足学生的需求,教师还可以帮助学生从其他的途径来获取资料,比如,上网收集一些适合学生阅读的文章,利用幻灯片的形式在屏幕上展示,让全班同学共同学习,对阅读好的学生给予相应的奖励,鼓励学生学习,以此来提高学生的英语成绩。

3. 为学生们营造良好的学习氛围

在学习英语的过程中,教师应耐心地为学生讲解所遇到的问题,在学生阅读英语时,要用心去聆听,及时纠正错误,多多鼓励学生,让学生每天都能够开开心心地学习英语绘本。在与学生建立关系的时候,教师应积极地融入学生当中去,例如,教师可以和学生演出一个英语小话剧,这样不仅能够拉近学生与教师的关系,还能增加教师在学生中的信任度。

二、培养小学生对英语绘本的学习兴趣

让小学生更好、更快速地接受英语绘本的学习,就要培养其学习兴趣。

兴趣增加了,学习也就不是一件困难的事情了。小学生的心理还不够成熟,对环境的依赖程度很高,而在英语课程的学习中,学习绘本的行为直接受周边的环境影响,这里的环境包括学习环境和班级中的硬件设备环境。全班同学应该共同努力,营造一个好的学习环境,杜绝上课说话、搞小动作,这里教师要起到监督作用,学习氛围好了,学生们才会全心全意地投入到学习中去,从而增加学习兴趣;硬件设备环境就是班级需要备有多媒体设施,如一体机、投影仪等,书中许多歌曲和小短片需要借助这些设备进行展示。书中的内容以动画等形式展现在学生的面前,更加能够吸引学生的注意力,提高学生的学习兴趣。

三、如何有效地开展小学英语绘本的教学

1. 英语绘本教学的选材

英语绘本选材的好坏,直接影响着学生们的学习成果。应该选择小学生能够接受的单词、句子、文章和歌曲,选取基础、简单的内容,让学生易于接受,并且从中获得成就感。

2. 英语绘本中故事的长短以及情节的合理化

英语绘本中常常会出现一些小故事供学生们阅读,因为小学生的词汇量有限,所以在进行选材时,要选择符合小学生学习能力的故事,并且选择一些情节相对简单的故事,这样有利于学生吸收和消化,在特定的教学时间内接受它们。

3. 英语绘本教学应有利于学生课后复习

在进行英语绘本的学习时,有限的课堂时间是不能够满足学生的学习需求的,所以在选择英语绘本时,应当设有一些简单的课后练习题,这样能够让学生巩固在课堂上学到的知识,有利于学生英语能力的提高。

4. 英语绘本教学的实施应该满足大部分学生的兴趣

在实施英语绘本教学时,我们应尊重学生的意愿,了解他们的兴趣选取学生感兴趣的单词和故事,用新颖、独到的方式为他们进行讲解,增加学生的兴趣,使他们更加热爱英语这门学科。

浅谈多媒体辅助教学的利与弊

京山市宋河镇初级中学 聂义斌

多媒体技术能够把语音处理技术、图像处理技术、视听技术都集成在一起,非常方便地把语音信号、图像信号先通过模数转换变成统一的数字信号,然后进行存储、加工、控制、编辑、变换、查询、检索。多媒体技术改变了人们固有的思维习惯和生活方式,也给语文教学改革带来了勃勃的生机。可以说,多媒体的介入给语文课堂教学注入了新的活力,优化了课堂教学结构,活跃了课堂气氛,激发了学生的学习兴趣,对提高教学效率起到了一定的作用。下面,我略谈几点自己在实践中的体会。

一、多媒体在语文教学中的"利"

运用多媒体可以激发学生的学习兴趣。爱因斯坦说:"兴趣是最好的老师。"激发学生的学习兴趣,学生才乐于接受知识,此所谓"知之者不如好之者,好之者不如乐之者"。语文教学过程中,运用配乐、投影,乃至用多媒体提供有关背景资料、影片、录像等,能创设与教材密切相关的情和景,通过声像并茂、动静结合、情景交融的感官刺激,激发学生的学习兴趣和求知欲,调动他们自主学习的积极性。

运用多媒体可以实施审美教育。语文学科包含着其他学科没有的美育因素,这种性质决定语文必须成为审美教育的主阵地。多媒体计算机教学,声像图文结合,让语言文字所描述的内容变成形、声结合的画面图式,让静态的审美对象活跃起来成为动态,并打破在教室内的四十五分钟的时空限制,纵贯古今,横跨中外,加大"美"的信息含量,创造一个崭新的审美时空。

运用多媒体可以启发学生的想象力,达到理解知识的目的。多媒体教学就是把抽象的文字信息转化为形象的图像、感性的音乐,从而使学生把握教材的内涵,理解其所要表达的思想感情。

运用多媒体教学可以扩大课堂教学的信息传递量,满足各层次学生的需求。运用多媒体,可以把一些分散的基础知识,系统地展示给学生,形成知识的网络,大大扩充了信息的传递量。尤其是不同层次的学生,可以有不同认知需求的满足。有些教材内容丰富,课时较多,知识比较分散,在总结课上,利用电教手段,可以"化零为整",把文章结构、各部分的关系集中在多媒体投影上展示给学生，帮助学生形成整体认知。

利用多媒体帮助学生体会文章的语言。课本中的许多名家名篇，有的语言流畅明快，有的语言生动活泼，有的语言凝练含蓄，有的语言朴实感人，有的语言富有哲理，运用多媒体，可让学生充分体会各种语言的特点。

二、多媒体在语文教学中的"弊"

多媒体课件也存在一定的弊端。多媒体课件都是预先制作好的，很难临时变更。课堂教学时教师往往不能根据学生的课堂表现，及时调整自己的思路，因材施教，而是要根据课件的情况，把学生的思路强行带入课件的模式中。多媒体课件限制课堂，人性化的师生交流被"人机交往"所取代，一定程度上妨碍了师生课堂情感的互动。"水尝无华，相荡乃成涟漪；石本无火，相击而发灵光。"一堂成功的语文课，不仅仅是通过科学的方法让学生接受教师传授的知识，而且还在于引导学生学习语文时能够成功地调控课堂情绪和气氛，激活思辨的火花，形成师生之间、学生之间的情感交流、思想碰撞和灵感的迸发。让学生领悟语言艺术的魅力，激发学生的创新灵感，不能仅依靠教学技巧和现代化的教学设施，更有赖于教师指引学生徜徉于字里行间，流连于音韵书香，这样，学生才会获得真实的阅读体验，获得启迪智慧、滋补精神的营养。

多媒体融入语文教学是现代科技成果对最古老的语言文字的挑战。在传统语言文字的教学中，多媒体技术有明显的优越性，但又无法替代语文教学本身。我们尽可以利用多媒体教学手段来营造气氛，唤起情感，引导想象，但决不能用屏幕、画面来代替文学意境。文字提供的想象空间远远大于直观手段，仅仅采用直观手段来组织教学，对学生思考力、想象力、联想力是一种极大的限制。多媒体在课堂教学中应是辅助位置，它的一切设计都应为教学服务，而不能代替教学。

谈隐性备课的重要性

钟祥市丰乐镇希望小学　孙金保

一、教师的备课观念需要强力"杀毒"

提到备课,有些教师往往将其与"写教案"相混淆,其实二者不是一回事。但是当前很多学校的教师为了应付上级教学检查,书都来不及去读,就照着教案书去抄,教师的备课书写工整,教学目标、教学的重难点、教学过程及教后小记都书写得很"认真",且有一定的超前(有的课未教到,教后小记已写上)。甚至有些教师直接到网上照搬一些名师的教学设计或者现成的教案,完全没有把学生放在首位,备课真是"我的课堂我做主"。教师付出的劳动和学生的学习效果不成正比。这样的备课,从某种意义上说是为了给领导检查的,并不是为搞好课堂教学,提高课堂教学质量的。

二、教师的备课观念需要升级更新

"隐性备课"的最早说法是著名特级教师于永正提出的。他认为显性备课是指写教案,而钻研教材、查阅资料、搜集信息、"备学生"、思考教法则是隐性备课。显然,隐性备课比显性备课重要得多。

关于备课有一个经典的故事,苏霍姆林斯基《给教师的一百条建议》中讲述了这样一个故事。一个在学校工作了 33 年的历史教师,上了一堂非常出色的观摩课,邻校的一位教师问他:"你的每一句话都具有巨大的思想威力。请问,你花了多少时间来准备这堂课?"那位教师说:"这节课我准备了一辈子,而且,一般地说,每堂课我都准备了一辈子。但是,直接针对这个课题的准备,则花了约 15 分钟……"一辈子与 15 分钟,一语道出教师备课之真谛。隐性备课是一个教师的"内功",有时是看不到的,也无法形诸文字。"内功"好的人即文化修养高、悟性好、教学经验丰富的人,花的时间会短得多,效率也会高很多。

三、隐性备课的策略

1. 熟读课文

小学语文课本里的文章大都文质兼美,拿到一篇文章,教师也要像学生一样提前预习,熟读课文,解决生字词,抓住课文的重难点,有时遇到不确定的地方,一定要去查找资料,弄明白了,这样在课堂上才能做到心中有数。

2. 朗读课文

著名特级教师于永正还说过:"讲解是死的,朗读是活的;读赋予作品生命力,一个精彩的朗读,能让学生理解一半的内容……"要求学生去朗读课文,把课文读"活",教师首先自己一定要把课文读"活",读3～5遍,读出"味道"来。

3. 读透课文

读透课文,也就是要充分解读,正确领会文章所展现出的遣词造句的精妙、布局谋篇的用意,细细推敲锤炼文字的独具匠心,细细琢磨文章,找准切入点,以便能够引领学生感悟文本,学习运用其中的方法。因为教师自身对文本的解读有怎样的高度,就会引领学生达到怎样的高度。

4. 读宽课文

作为一名语文教师,要培养学生收集整理信息的能力,自己首先要有这种能力。如课文写作背景、作者的内心世界、作品分析等,相关的资料,教师都要通过各种方式获取,只有做到心中无疑,才能胸有成竹地帮学生释疑,面对课堂上发出的"不同的声音"才不会"责怪"这个学生"多事",有时这种"不同的声音"也会带给课堂不一样的精彩。

5. 选择教法

教学中选择什么样的方法也要"因材施教",要根据学生的实际情况,还要考虑教学内容的需要,是联系生活热点,还是用理论讲述;是用多媒体,还是简单用语言创设情境……教师选择的教法要符合学生和课文特点,这样,学生学得轻松,教师教得顺心。

6. 共享互助

"三个臭皮匠,顶个诸葛亮",单单一个人的智慧是远远不够的,在教学上,我们要学会共享、互助。有时一个教学上的问题,怎么想都想不通,这时候,如果拿出来和大家一起商量、讨论,会让你茅塞顿开。看到一篇《一节失败的好课》的文章,里面就讲到这位老师的公开课没按照预先设定的程序教,却发现了平日很难发现的精彩,学生也有意想不到的收获。所以,多听听别人的课,无论是成功的还是失败的,只要你善于观察,就一定会从中学点什么。

如何提高农村初中生英语写作能力

荆门市东宝区栗溪镇实验学校　刘春燕

农村初中生英语写作能力普遍较差。本文将从农村初中生英语写作的不良习惯的表现着手,深入分析学生不良习惯的成因,最终总结出提高农村初中生英语写作能力的有效方法和策略。

一、农村初中生英语写作不良习惯的表现

1. 分辨不清中英句式差异,习惯运用中式思维

学生爱用中式翻译法一字一句翻译,导致写出来的句子看起来"四不像"。

例如,九年级某单元命题作文:写某城市现在和过去的变化。其中要求写作"现在天更蓝,水更清,树更绿了"一句。一个班大约百分之八十的学生写道:"Now, sky more blue, water more clean, trees more green."从句中不难看出,学生没有英语造句的主谓宾概念,也没注意形容词比较级的变化,有的只是中式思维,仅仅将几个汉字单纯翻译成英文,这种机械式翻译现象普遍存在。

2. 综合运用语言的能力差,滥用句型结构

在英语写作中,学生不能将掌握的句式搭配规则和语法知识正确地运用于文章之中,习惯想当然地用句型。如"想要做某事"——want to do 句型,学生习惯性的省略 to。"期待做某事"——look forward to doing,学生随意改成"look forward to do"。

3. 语言枯燥,句式单一

学生不会变换相似的句式表达同一思想,整篇文章同一句型反复出现,文章语言干涩无味。例如,在写七年级上册第七单元的作文时,题目要求为服装店打广告,而学生整篇文章只用了一个句式"We have...for ...dollars",而不会变换使用" You can buy...for...dollars"或者"...is/are...dollars"。

4. 文章段落的逻辑性差,缺乏衔接

在英语写作中,学生很少使用代词来进行指代,也不习惯用连词来串接各自然段,整篇文章逻辑性不强。因为没有连词衔接前后,学生写

作时就会写出自相矛盾的句子。例如,前文刚说"I don't like vegetables",后文又写一句"I like carrots"。

5. 词汇量匮乏,编造词语

由于部分学生课后词汇掌握不牢,课外词汇扩充也不够多,下笔写作时,找不到恰当的词汇来表达自己的意思,就会随便找一个词来用。

6. 书写潦草,卷面脏乱

农村学生由于从小学习习惯没有培养好,大部分学生都不太讲究书面的干净、整洁,这也影响了英语的书写,只有少部分学生能用漂亮的英语书写体规范、整洁地完成作文。

二、导致农村初中生英语作文不良现象的形成原因

(1)学生自身因素。学生对英语写作的思想认识不够,基础知识不牢,自身压力过大等。

(2)学校教师因素。农村教师教学资源不够丰富,校园写作氛围不浓,英语课程开设过晚,教师教法不当等。

(3)家庭因素。部分家长还有读书无用的落后思想观念,家庭环境变化导致部分学生成为留守学生或单亲学生,家长教育方式不当等。

(4)社会因素。如小升初和中考考试的题型设置等。

三、提高农村初中生英语写作能力的途径和方法

1. 通过学生自身的努力

在课前,布置跟写作主题相关的背景资料收集和摘抄作业,在课上先让学生根据自己的思路列出作文提纲以及有用的句型,再通过小组合作学习模式,将彼此的观点和词汇、句型进行分享,达到让作文思路更清晰,写作词汇、句型更丰富的目的。课后,通过学生互相批改和教师批改相结合的方法,分享优秀作文,以提高学生们的作文兴趣。

2. 通过学校教师的引导

首先,英语教师应提高对英语写作的认识,再将这种认识潜移默化地传递给学生;通过举办校园英语书写大赛、英语作文竞赛等方式,在全校创设浓厚的英语写作氛围。其次,教师通过培训或组内交流等模式加强英语写作训练和指导的能力。

(1)将写作融于"听说课"教学中。让学生随时随地能把听到的和说出的落实到写作上。

（2）注重基础知识的过关和检测。例如，每单元的课后生词必须过关，增加相关练习，检测学生是否将课本知识牢记于心。

（3）变换多种作文体裁，激发学生写作激情。例如，本单元学习演讲稿的写法，下一次就研究邀请函的写法，并且举办班级小型的演讲比赛，让学生们用自己写的演讲稿上台演讲，鼓励学生们在元旦文艺汇演时用邀请函作文方法给教师写邀请函。

（4）侧重对英语写作技巧的训练。如在课堂上进行仿写练习、限时写、列出提纲要点来写等。

（5）积极发现学生作文中的闪光点，做好作文评价。教师多使用激励性语言去评价学生的作文。

（6）培养学生作文纠错习惯。俗话说"失败是成功之母"，只有认真对待每一次失败，下一次才不会重蹈覆辙。

3. 通过家长的配合

家长给孩子的鼓励是学生前进的最大动力，家长对孩子的英语写作要适时给予鼓励。

浅谈教师在创造性思维教学中的主导作用

荆门市石化中学　冀慎祥

创造性思维教学包括两个方面,即教师的创造性思维和学生的创造性思维。这两者中,前者是围绕培养后者展开,需要后者来验证;而后者又受前者主导,没有前者即没有后者。

一、要培养学生的创造性思维,首先教师自己要有创造性思维

我曾做过两堂实验课,事实证明凡是教师对教材善于进行创造性思考,对学生有富于想象力的引导,那么,在教学中,学生的思路就随之活跃,新颖的创造性思考也层出不穷。如果教师本人对教材理解肤浅,只会墨守成规,照本宣科,课堂就会气氛沉闷,学生思维僵化,教学效果必然不好。

在初一下册"铅笔风景写生"教学中,我以美术基础较好的班为实验对象,以知识性、技术性为单一教学模式,结果,学生对写生毫无兴趣,学生的作业也千篇一律,构图、远中近景的处理方法以及写生步骤十分死板。这堂课的教学是失败的,究其原因,显然是教师教学思路守旧,没有打开学生的思维。

在另外一个美术基础一般的班级,同样的课堂内容我用了另外一种方式教学,将培养学生创造性思维放在教学目标首位,强调了"构图和立意",在唤起学生丰富想象力同时讲述写生方法,并事先画出四、五张不同立意的构图,与学生一起探讨。学生们面对教学楼和花园式的校园,看了教师的不同构图,从中了解了构图和立意,大家的思路活跃起来了。有的把教学楼画得高大雄伟,谈了"实现现代化的教学楼"的立意;有的以近景树木花草为描绘重点,谈了"我们生活在幸福的花园里"的立意;还有的同学以交叉路口为描绘重点,谈了"我们青少年正处在人生的十字路口,让人深思"的立意。

实验证明,教师的教学越富于创造性思维因素,越能引起学生共鸣。教师的创造性思维正是培养学生创造性思维的关键。

二、要引导学生的创造性思维,应该注重授课艺术

一堂课是否能使学生的思维充分地调动起来,与以下因素有关:教师的教学是平面展开,还是立体展开;启发式是用明喻还是暗喻;教学授课速度的安排(缓、急、顿、连);采用叙事式、抒情式、提问式,还是悬念式……这一切手段的运用、教学效果的设想,不能说不是教师授课艺术的体现。

教师的授课艺术是学生萌发创造性思维的重要因素。

在初一美术教材下册《亲切的使者———吉祥物设计》的教学中,吉祥物设计要求学生在不失物象基本特征的前提下,对物象有所突破,这就需要学生发挥想象力来设计创造新颖的形象。

在教学中,我仍以两个班的学生作为实验对比对象。一个班级以常规的教学法开展教学,概念、要求、方法以及例图较有条理地进行讲述。当讲课完毕时,要求学生根据猪的具象画设计一张学校运动会吉祥物时,多数学生反映"画不出来",显然,教师的授课并不能促成学生运用创造性思维。

在另一个班级,我则采用另一种形式教学。教师先画出设计好的猪的吉祥物,让学生思考这是什么物象,以悬念引起学生对新课的兴趣。在教师启发下,学生逐步画出了猪的还原图,最后让学生自己归纳出吉祥物设计与创意的基本要求与方法,当要求学生将猪的具象变化为可爱等寓意的设计形象时,他们感觉容易多了。

为什么教学效果不同呢?这是因为第一种教学是顺向思维方式,第二种教学是逆向思维方式。用顺向思维来教设计变化的内容,学生往往将具象变化到何种形式、简化或夸张到何等程度的目标不清,学生依赖教师的指引,缺乏独立创造性,因而一旦学生自己练习时就感觉困难。而运用逆向思维教学时,学生能根据设计变化图像保留物象基本特征,与具象联系起来,所以思路清晰,中间衔接的形象思维容易形成。

以上例子证明教师的授课艺术对于学生创造性思维的培养是多么重要。当然,促成创造性思维教学还有一些其他因素,如教师素质的提高,对教材的融会贯通,在教学中与学生建立平等的关系,不断探索改革以适应创造性思维教学的需要等。所有这些因素综合应用得当,才会在教学中充分发挥教师创造性思维教学的主导作用,才会收到良好的教学效果。

浅谈如何培养学生吟诵经典的兴趣

荆门市屈家岭管理区第一初级中学　聂　青

古典诗文传承着祖国文化和丰富的爱国主义情感。它们包含着民族精神、审美情趣，具有砺志怡情、明理启智等多种多样的作用。学习古诗赏析是开发智力、丰富词汇、掌握知识、提高语言修养的最好途径。吟诵古典诗文则是让经典永流传的最佳方式。那么，如何培养学生吟诵诗词的兴趣呢？

一、培养学生的学习兴趣

（1）培养学生朗读诗文的语感。初一新生的第一节课的教学很重要，因为他们是怀着好奇、兴奋和期待的心情开启初中生活的。因此，教师应努力营造友好、和谐的氛围，消除学生对中学和学习诗歌的恐惧。教师应注意观察学生思想和情感的变化，尽快让学生调整情绪，自信地接受新的学习。

为了激发学生的学习欲望，使他们能够主动地、积极地学习，初一新生的第一堂古诗文课，我给学生进行了课文的范读展示。我课前就已经做足了"功课"，在课堂上，我读出了很多种情绪，每个学生都被感染了津津有味地听着。这对培养学生的学习兴趣有重要的意义，当他们对学科的具体意义有所认识时，相应的情感体验就会发生，学生对这门学科的兴趣也就油然而生了。

（2）使学生能够投入他们可以开展的活动，积累相关知识，完成相关任务，并通过开展活动培养学习兴趣。如给住读班的学生们上晚自习时，我让学生们先在上一周观看一期《经典咏流传》，并且布置一个小任务：在观看的节目中，选择最喜欢的一首诗词背诵，节目在下一周的晚自习时以自己喜欢的方式，向大家进行展示。每个学生都可以根据自己的能力或者喜好，选择难度适宜的作品进行吟诵。这个任务不仅要求学生们认真观看节目，同时还关注了不同层次的学生的学习收获，这样，学生们在学中玩、玩中学，既积累了知识，又培养了兴趣。

二、激发学习兴趣

学习兴趣的激发不等于培养，它产生在学习周期之中，彼此相互依存，相互影响。

（1）保持教学内容和教学方法的新颖。教学内容应生动有趣、丰富多彩，教学方法应多样、新颖。我在组织学生们观看了《经典咏流传》后,用一个晚自习上展示课。学生用自己喜欢的方式进行朗读,这样一个开放式的教学,让学生们的展示变得五花八门,学生们的展示有单人表演的节目,有两两搭档的节目,还有四人小组展示的节目。朗读、背诵这些直观教学,有助于学生对教材的理解,可以激发学生的学习兴趣,特别值得一提的是:有一名学生,语文基础不太好,没想到他利用周六休息时间专门练习,最后选择了一曲李白的《将进酒》,在课堂上进行了声情并茂的朗诵。

教学的艺术重点在于激发学生的学习兴趣。对于初级教学者来说,这是成功教学的关键。在教学方法中,应该实施启发式教学,并且应该注意创造情境。在知识的基础上,提出具有一定难度的问题,使学生不能利用已有的知识直接回答这些问题,从而产生进一步探究这些问题的新需要。如前文所举例的,一次上课时的范读,为学生们创造了教学的情境,因此学习周期中的学习动机总是处于受到刺激的状态。

(2)利用学习反馈,搞好检查评定与评价。学生及时地了解学习的效果,看到自己的进步和所学知识在实际生活中的意义,这种反馈信息对学生进一步激发学习动机有重要的意义。我在每节语文课前五分钟,专门给学生们背诵积累的时间,并且及时进行抽查和评价。在评定中,鼓励而不是批评,以便更好地提高学生的学习热情。

(3)组织比赛和考试。竞争通常是激发学习动机的有效手段。它可以极大地刺激人们的努力,是一种积极的动力。从某种意义上说,考试也是一种竞赛(竞争),它可以激发学习动机,提高学生的学习积极性和克服困难的毅力。特别是对贫困学生,应该鼓励他们,训练更多、练习更多。因为考试成绩将直接影响学生的学习兴趣,这样能使他们感受到教师的关心,激发学习的兴趣。同时,对于他们考试的进步应及时表扬,即使有时考试不及格,但只要和以前相比进步了,也表扬,让他们从考试中检测自己,与其他同学比较,找出自己的问题,这对以后的学习有很大的促进作用。

兴趣的激发进一步加强原有的学习需要。学生由于感到自己胜任了学习任务,并得到了教师、家长的肯定,已有的动机得到进一步巩固和强化。

三、稳定学习兴趣

大部分学生在开始积累诗词时,目的性并不十分明确,只是出于被动,但随着诗词积累变多,内容加深,困难不断增大,很可能失去信心,因此,教师在激发了学生的学习兴趣之后,应尽快将学生由不自觉的状态引导到半自觉、自觉的学习状态,而达到这一步的最好办法,就是让学生感到能学以致用,尝到学习甜头,自信心不断增强,学习效果也将不断提高。在这样一个良性循环中,学生的学习速度加快,学习的兴趣自然会持续很长时间。

(1)精心构思和灵活的设计。在教学活动中,生动有趣的教学内容,丰富多彩、新颖多样的教学方法可以吸引学生的注意力。

(2)克服遗忘,增强记忆。稳定学习兴趣,要不断巩固所学材料,克服遗忘,增强记忆。

首先,我们必须注意理解记忆。一般来说,学生善于背诵记忆,教师应充分发挥他们在这方面的优势。这种记忆功夫固然可贵,但是远远不够。学习语言不只是"鹦鹉学舌"似的背诵记忆,而且要能够在变化的情况下作出灵活的反应。因此,在教学中,教师在教学时必须指导学生加深对学习材料的理解。只有理解才能提高记忆力,教育学生克服遗忘,运用正确的学习方法进行识记。

其次,使学生了解"遗忘规律",掌握正确的复习方法,因为复习是学习中非常重要的一部分,所以它是增强记忆力、克服遗忘和提高记忆力的有效手段。因此,在教学中,不仅要传授知识,还要引导学生复习,通过复习提高记忆效应。

四、保持学习兴趣

持久的学习兴趣来源于学生的学习能力,要使学生获得持久的学习动力,必须在培养学习能力上下功夫。在我们的语文课堂上,教师应该用更多的时间引导新时代的学子,虔诚地吟诵先人的经典,感受他们的心魂、思想、情智。让平平仄仄的韵律从学生的口中出来,点点滴滴的情韵浸润他们的心灵。我们期望,中国传统文化在莘莘学子的心中开出璀璨的情智之花!

浅谈小学德育的重要性

京山市京山小学 潘 丹

  学校教育包括德、智、体、美、劳诸方面的教育,其中,德育是首要的。党中央曾指出要全面贯彻党的教育方针,坚持育人为本、德育为先,实施素质教育,提高教育现代化水平,培养德智体美全面发展的社会主义建设者和接班人,办好人民满意的教育。小学生德育教育,从某种意义上讲比智育更为重要,因为教育是提高人民思想道德素质和科学文化素养的基本途径,是发展科学技术和培养人才的基础。当前,社会在对德育的认知上存在着较为普遍的误区,看重学生在校的学习成绩,忽视德智体美劳全面发展。如果一个学生品德不好,那么他的学识越高可能就反而越危险,可能给社会造成极大的危害。可以说,学生德育不好,学校教育工作也不可能做得好。因此,实施素质教育首要的是充分认识德育工作的重要意义,以对学生、家长、社会高度负责的精神,从小学阶段的德育开始抓起。

  课堂教学既是学校传授文化知识和技能的阵地,也是德育的重要阵地,应该在这个阵地上充分传授知识和技能,积极渗透品德教育,充分发挥每一学科的德育功能。充分发挥课堂教学的主阵地作用,让学校德育教育占领学生教育高地。教师要在上好思想品德课的同时,不断利用好新课程改革的机遇,将思想品德教育渗透到不同学科的教育、教学中,如语文教师要结合教学的思想内涵,挖掘教材的德育因素,激发学生情感,培养学生自信心,教会学生做人;数学教师要通过清晰的逻辑思辨,培养学生热爱科学、崇尚理性、不怕困难、坚忍执着的思想品德;外语教师要通过外来优秀文化的学习,拓宽学生的知识面,开阔学生的视野,不断提高学生的知识品味。还可开设以中国革命史为中心的现代史教育、优秀革命传统教育、时事政策教育等课程,不断培养学生开拓进取、自强自立、艰苦创业的精神。

  教师用自身的爱对学生实施人格培养,让榜样的示范效应得到彰显。教师的言传身教是一种巨大的潜在能量,一言一行直接影响学生的心灵。师生关系是所有教育教学活动的核心问题,关系着教育的成败。师生关系应当建立在平等、友爱的基础上,才能融洽。关爱每一位学生成长,是教师的天职。尊重、关心、理解和相信每个学生,尊重每个学生的人格,理解每个学生的思想和行为,相信每个学生的力量和价值。以学生为本,学生才能自觉地接受教育,主动地提高自己。教师只要对每位学生都有亲子教育之心,从这个角度去培养、发掘、塑造每个学生,教育的成功率就会提高。

与学生实际结合,创设课堂教学情境。立德树人背景下进行小学生德育,实现立德树人的教学目标,我们需要用积极有效的教学策略,与学生的实际情况相结合,创设课堂教学情境,促进课堂教学顺利进行。在小学教育中,对学生进行德育教育的方式和策略是多种多样的。通过课文知识进行培养是最主要的一种方式。我们将课堂教学内容与学生的实际生活相结合,渗透德育教育,形成有效的课堂教学模式,激发学生的学习动机,让学生能够更好地进行德育学习,促进课堂教学中对学生的全面培养。

在丰富的德育活动中培养学生的实践创新能力。实践创新能力的培养也是小学德育中的重要教学目标之一。具体来说,创新教育就是在教学中不断提升学生发现问题、提出问题和解决问题的能力。相对来说,小学生的思维比较活跃,但是传统的"灌溉式"教学模式却将学生的思维限制住,让他们逐渐失去了自己的想法。为了彻底改变这种情况,德育教师必须改变传统教学模式,设计丰富的德育活动,不断提升学生的实践创新能力。

家长与教师通力合作,培养学生的道德品质,全面提升素质教育质量。"养不教、父之过,教不严、师之惰"体现的就是在学生品德教育方面家校合作的重要性。唯有聚合社会和学校力量,完善育人生态,才能有效促进小学生养成良好道德习惯。学生在校期间,教师注重循循善诱,引导学生全面发展,及时纠偏;在家期间,家长从言行举止方面做好孩子的榜样,彰显正能量,注重防微杜渐,督促孩子养成良好的道德品质。双方共同倾注精力,无缝对接,让学生的坏习惯没有生长的空间。

用"趣味"做调料，让美术课更有味道

钟祥市莫愁小学 孙叶琴

我们在小学美术教学中不能过分地注重美术技能的传授，如把某张画画得非常形象，或者把某个手工作业做得出神入化。小学阶段的学生年龄尚小，关注某件事情不会持久，如果过分强调技能，学生会觉得枯燥乏味，时间久了就会失去对学习的新鲜感。因此，在美术课堂中教师一定要用趣味做"调料"，通过各种有趣的、丰富的、新颖的方式构建全新的美术课堂，调动学生学习的主观能动性，使他们激发学习兴趣，找准自身学习的优势，最大限度地去创造一些让人惊叹的作品。

一、弯腰俯身——第一种佐料："亲切"

记得我在教学《古诗配画》这一课时，现场邀请一位学生与我合作，共同完成《望庐山瀑布》这个作品，我绘画，学生题诗，分工完毕，便各司其职。我思索片刻，拿起毛笔便使主人公望庐山瀑布的情景跃然纸上。这位学生也不甘示弱，提起笔便写下了这首诗。我们默契的合作赢得了全班学生的阵阵掌声。可见，教师把握人际关系的水平与学生的学习成绩、学习态度及学习行为等有直接关系。教师的一个眼神、一个动作、一句鼓励的话都非常具有吸引力，它就像平静的湖面上溅起的浪花，激情四射。

教师应该俯下身子，经常置身于学生中间，促使学生的态度和行为表现更积极主动，增加课堂和谐、温暖的气氛。如在《彩蝶飞舞》这一课的展示环节中，我请学生将自己设计的彩蝶图案拿在手里或是挂在胸前，伴随着快节奏的音乐，我与学生们一起登上舞台，学生们笑着、乐着，感觉此刻不是在课堂上，而是在开音乐会。通过新颖的方式展示自我，学生记忆深刻，学习效率自然会得到提高。

二、导入、结课方式多样化——第二种作料："兴趣"

就像写作文一样，开头吸引人，就会让人有继续往下看的欲望。我曾采用过"讲故事、猜谜语、设悬念、表演激趣、扮演卡通形象"等方式导课，让学生产生强烈的求知欲望，使他们不知不觉地进入"乐学"的氛围，使学生学习的主动性、积极性骤然提高。例如，上《鱼儿游游》一课时，我先制造悬念："今天咱们班来了一个小伙伴，想不想知道它是谁？"学生的兴趣一下子被激发起来了，"请你们轻轻地闭上眼睛，从一数到十再睁开眼睛。"然后，学生数数,我戴上"小鱼儿"的头饰,伴随着优美的《海底世界》的韵律,在学生们面前轻盈地舞动,学生们迫不及待地睁开眼睛,发出一片惊叹:"哇,鱼儿好美哦!"我立即揭示课题:"今天咱们和漂亮的鱼儿交朋友!"学生们激情满怀,课堂气氛一下子活跃起来了。

一堂完美的课,不仅开始要引人入胜,而且结尾也要精彩,余味无穷,给学生留下难忘的回忆,激起对下一堂课的强烈欲望。我在上《闪光的名字》时是这样结课的:"每个名字都有父母或亲人赋予的特殊的含义,今天课堂上我们学习了装饰姓名的方法,回家后大家还可以尝试给自己的父母或者长辈的名字设计一个标志,在父母面前露一手。"这样的结语使学生感到"言已尽而意未穷"。

三、氛围和谐,巧用多媒体——第三种佐料:"情境"

心理学研究发现,学生在认识形式上具有形象大于思维的特点,他们常常用感性的形象取代思维过程。按照他们的心理年龄特点,利用生动具体的感性形象(如有趣的电脑课件等),诱发丰富的形象思维,从而激发其学习欲望,使学生全神贯注地主动参与学习。

在上《彩蝶飞舞》一课时,我首先让学生观看一段彩蝶蜕变过程的视频。视频一开始就吸引了学生的注意力,从最开始的卵、幼虫到后期的蛹、成虫,到最后飞出来的一只漂亮的彩蝶,在观看的过程中,学生的思维也得到了扩展。通过多媒体真实再现蝴蝶的蜕变史,激发学生兴趣,活跃了思维,从而也达到了培养学生设计的兴趣和愉悦心理的目的。

又如,在《鸟语花香》教学时,一上课我就神秘地请学生们闭上双眼,接着播放××班得瑞的《寂静山林》中剪辑出的一段鸟鸣之声,然后轻轻挥舞花香味固体香膏,在音乐的渲染下,教室似乎是一片鸟语花香的地方。课堂上这些生动多样的形式,给学生情景交融的感官刺激,达到犹如身临其境的效果。再如在教学《闪光的烟花》中,我挂出自制的烟花作品,先布置"给祖国妈妈献礼"这一作业,然后讲授知识点,请学生欣赏、总结、归纳烟花的造型和制作方法,学生再做作业将"祖国妈妈"装扮得更美丽。这个活动极大地激发了学生的学习热情,小组成员竞争激烈,课堂气氛非常活跃,真正做到了人人参与。

四、吃透教材,妙用游戏——第四种佐料:"活动"

趣味的挖掘也需要教师对文本有着非常深刻的理解。学生在新奇的刺激下容易萌发快乐思维的情趣,在获得知识的同时,感受到美术知识的奥妙和学习的乐趣。游戏性教学符合"趣味化教学"的指导精神。"趣味教学"的实质是变"苦学"为"乐学";变被动的"要我学"为主动的"我要学",使学生在愉快中得到知识、学到技能、巩固知识、熟练技能。

如我在一次简笔画教学中设计了这样的游戏。首先我在黑板上用八笔完成一只鸡的简笔画,然后让学生仔细观察我先画的哪一笔,再画的哪一笔。四个小组,每个小组选派八个同学,教师一声令下,最前面的同学快速画好第一笔,快速传给第二个同学,看哪个组用最快的速度画好这幅简笔画。学生们生怕自己速度画慢了影响全组的速度,一个比一个速度快,大家团结一致,班级气氛高潮迭起。

五、巧妙评价,客观公正——第五种佐料:"自信"

孟子曰:"用人者,取人之长,避人之短;教人者,成人之长,去人之短也。"也就是说,教师要发挥学生的长处并帮助他们克服短处。小学生的抽象思维还很不完善,他们的画充满了梦想与天真的色彩,他们非常渴望教师对自己的作品有一个好的评价。对刚入学的孩子,为了激发他们学画的主动性和积极性,只要是特别认真画了,我就给他们"A",以示鼓励。然后极力肯定他(她)画得好的地方,指出某处如果这么改,或是再加上点什么,去掉哪一部分,就会更好,这样既让他们心里高兴,又让他们知道不足,明确努力的方向。

小学美术教学不是培养小画家而是培养学生的兴趣,激发学生绘画与手工制作的欲望,全面提高学生的美术素质。等级是无声的语言表达,给学生一个较高的等级,或写一两句简单的评语如"有创新""真棒""构图准确""大有进步",都能使学生增加绘画的信心和热情,为下一次作业奠定良好的心理基础。有时遇到哪怕是不合情理的回答或图画,也不"泼冷水"或轻易否定,而是多说些"谁能说得更好""你的画加上什么或减去什么会更好"等征求性、探索性的话;哪怕画面只有那么一点点感觉,都及时给予肯定,鼓励和启发他们自信地去画想画的东西,调动他们的学习兴趣,活跃他们的思维。

在课堂教学中挖掘情趣化的美育内容,用趣味做美术课的调料,能激发学生的学习潜能,让他们对美术的学习兴趣持久,提升学习的效果。

用真情教书　　用真心育人

荆门市东宝区盐池中学　刘　红

在与学生的朝夕相处中,我用爱心种下希望,用细心浇注希望,用耐心守护希望,用真情教书,用真心育人。

一、发挥带头作用,从自身做起

"其身正,不令而行;其身不正,虽令不从。"我非常注重学生的品德教育,时刻牢记这句古训,对学生不只是一味地严格要求,而是更注重以身作则,用自己的行为习惯去引导学生。平时,凡是要求学生做到的,我先做到,让学生心服口服。

刚进入七年级时,学生时间观念不强,常常踩着铃声进教室,甚至迟到。为此我除了对迟到的学生进行批评外,还坚持从自身做起,上课时坚持候堂,早操时坚持第一个到操场;要求学生认真完成作业,我自己也坚持对作业进行全批、全改,并及时反馈;奖惩规定严格执行,一视同仁,不因学生成绩的好坏、教师的好恶有所偏倚。

二、用榜样的力量去激励他们

从七年级开始,我充分利用夕会的15分钟,把从书籍上看到的有正能量的文章在班级分享,再适当引导,比如,我把《不要让未来的你讨厌现在的自己》这篇文章拿到班上,让学生朗诵出来,再提问,并进行适当点拨,那些快坚持不下来的和想要暂时放弃的学生就会重拾学习的动力。

我原来带的一位学生现在就读于龙泉高中,放月假时她就会回到母校找我倾诉她在高中的困惑:在初中数学成绩很好,为什么升入高中数学不拔尖?我就会利用夕会,把她的苦恼换种方式告诉班上学生,那些爱学习的学生,特别是"尖子生"都主动开始超前学习。

三、真心关爱,让鼓励成为激发学生内力的催化剂

每个人都需要表扬,学生更需要鼓励。对学生经常做的就是鼓励,它是我用之弥新的法宝。面对这些纯真、可爱的学生,我表扬他们、鼓励他们,让他们感到无比的自信。

班上有一位学生,数学基础不好,很内向。在八年级时,简单的试卷还能及格,只要稍微灵活点的题目就不会做,也不会主动问同学。我发现之后,

每次她的作业我都及时利用课间时间给她耐心地讲解并鼓励,多次之后,她再有不会的题目会主动来问我了。中考查分数那天她兴奋地对我说:"老师,我数学居然考了80多分!"

教师绝不能有"恨铁不成钢"的思想,需要坚持正面教育,用循循善诱的方法,耐心细致地为他们做思想工作,最大限度地调动他们的积极性。后进生尤其渴望能够得到老师的认同和赞赏,当他们受到老师和同学的鼓励时,会获得精神上的愉悦,促进自信心的建立。教师要善于使用"放大镜"寻找他们身上的闪光点。当他们有了点滴进步,就及时予以鼓励、表扬,让他们产生成功感,培养自信心。

有位学生,数学成绩班上垫底。七年级最基础的知识也不会,其他老师认为这样的学生只要上课不扰乱纪律就可以了,而我通过观察发现他劳动做得很好,很喜欢看课外书籍。我就单独找机会先表扬他,帮他每天定一个目标——默记政治、历史、地理、生物的一些知识点。慢慢地,他从最开始磕磕巴巴的背诵到后来的熟练记忆,取得了很大进步。刚开始我每天去提醒他,后来他却主动来我这里完成他的任务。九年级模拟考试他历史考了班级第三。

四、不放弃任何一个学生,分层教学,分层布置作业

刚带七年级时常常听说,"班上的低分学生不要管了,管了在九年级也还是低分,不要白费力气",但我一直坚持不放弃任何一个学生的原则,我带的班数学中考低分在我的预计范围内。由于班上学生基础各不相同,"尖子生"需要拔高,而其他学生需要抓基础,那就只能分层教学、分层布置作业。

班上学生总共42人,在对他们了解的基础上,我把这些学生分成4组,每个小组里的成员数学学习成绩都不相上下,每次考试都是按各个小组来进行奖励,从而激发他们的上进心。例如,学生自愿买的《中考45套试题》,中考复习时我每两周让他们完成1套。按我给他们分的组周一至周四分批交上来,我会及时批改,利用课间给他们讲解,让他们再修改,交上来再批改,周一交上来的"尖子生"直到试卷全会为止;周二交上来的学生基础较好,我会把较难的最后一题让他们先掌握一小问;周三交上来的学生基础不好,我会根据试卷难易程度给他们减少1道题;周四交上来的学生基础较差,我会让他们做最简单的试题。这样,通过分层教学,学生们均在自己原有的基础上有了不同程度的提高。

引导学生阅读,我这样做

荆门市高新区·掇刀区名泉小学　姜永菊

古人云:"读万卷书,行万里路。"教育家苏霍姆林斯基说:"一个不阅读的孩子,就是学习上潜在的差生。"当学生的童年与阅读相伴,爱上阅读,他的童年生活会更加多彩,精神世界会更加富有。

在学校的"爱书吧长廊"里,常看到这样的画面,一群学生,乐呵呵地捧着手里的书,好奇地翻看着书中的插图,如获至宝一样津津有味地与同伴分享着书中的新发现。那通红的脸蛋上洋溢着兴奋与惊奇,那稚嫩的话语中充满着对书海世界的无限好奇与向往。阳光穿过玻璃洒在每个学生身上,显得生动而美好……而我,正带着这群学生,徜徉在书籍的海洋,共同领略书本中美好、奇异的世界,让书籍慢慢走进他们的生活。

一、环境浸润,感受阅读美好

走进校园,你会在学校的连廊上或楼梯转角处看见大大小小的"爱书吧",书架上摆着整整齐齐的课外书籍:天文地理、科学探讨、历史名著、拼音读物……每个"书吧"里的书籍会根据课间学生们活动区域的不同,偏重也有所不同。比如在一年级区域,拼音读物就会偏多一些。课间时分,"书吧"前站满了学生,有的高年级学生拿着书本在认认真真地翻阅;有的学生因为没有注意而大声说话,就会有同学向他投来劝告的眼神,并做个嘘声的动作示意;还有的低年级学生因为好奇,也学着大哥哥、大姐姐的样子,拿起一本书翻看一下,或许是一张精美的图画吸引了他们,或许是一个精彩的故事让他们忍俊不禁,他们沉醉其中,直到上课铃声响起,才放下书本不舍地离开。就这样,学生们在这里,少了一份吵闹,多了一份安静。

教室外有"书吧",教室里也有"书库",可以更好地方便学生去阅读。学生们从家里带来自己已经读完了的故事书,放到班级"书库"中供其他同学借阅,这样就可以读到更多的免费书籍。每天中午自习课,学生们选上一本自己喜欢的书籍后,安安静静地坐在座位上阅读。起先,只有十几人能主动借阅,后来,越来越多的学生加入了自觉阅读的队伍中。每天中午,学生们在满室的书香中静静地享受这份阅读带来的美好。

二、亲子共读,强化阅读习惯

要想增加学生们读书的时间,让他们养成每日不间断的读书习惯,需要家长们的支持。于是,在开学初的新生家长会上,我向家长们发出了"我们一同读书"的倡议:"所有那些有教养、好求知、品行端正的年轻人,大多来自爱读书的家庭。希望您的孩子能养成每天阅读的好习惯。读书时间一般安排在晚饭后或睡觉前,您的孩子读书的时候,您可以告诉他们:'来,我和你一起读!'将来,您的孩子会自豪地对别人说:'你或许拥有无限的财富,但你永远不会比我富有,因为我有一位读书给我听的妈妈。'我也会高兴地告诉您的孩子:'正因为有父母和你一同读书,才有了你今天的成长,他们是最爱你的人。'读书是一个终身学习的好习惯,贵在坚持。如果您真的很爱您的孩子,如果您希望他将来不落于人后,那么,请采纳我的建议。"

倡议得到了家长们的大力支持。他们每天都认真和孩子一起读书、讲故事、谈感受。有的家长很有心,对故事中不懂的词语在旁边做批注,讲给孩子听;有的家长实在没时间,就向孩子说明情况,孩子觉得自己受到了尊重,也能理解家长,所以能自觉地自己读书,而不需要家长监督了。家长们看到了孩子阅读的进步,节假日就和孩子一起逛书店、选好书。家长们干劲十足,作为教师的我也倍受鼓舞。我每天关注学生在家的阅读情况,不时地向家长们推荐亲子阅读形式、阅读方法,也提供一些优秀书目供家长选择、参考。

三、活动激励,分享阅读体验

想一想,当我们被一本好书所吸引,沉浸其中时,那是怎样的一种感觉?当学生阅读了一本书后,他们也会有很多的话题要与别人分享,不只要分享阅读的快乐,还要分享阅读的困惑,这些分享可以通过活动的激励来完成。比如,定期召开班级读书会,让学生自己介绍一下最近阅读的书籍,谈谈喜欢的原因,或者将不明白的地方与读过的同学进行讨论;举行故事演讲会,挑选一个自己喜欢的故事讲给大家听;还可以定期邀请家长参加"妈妈讲故事"活动,为学生们现场讲故事……学生们参与到这些活动中,变得越来越自信,而且通过阅读,掌握了更丰富的课外知识,能说出课本上没有的精彩的见解。

渐渐地,学生们在不知不觉中遇见了最美好的事物,他们的心灵也在潜心阅读中得到丰盈、成长和滋养。

如何培养小学生口语交际能力

荆门市屈家岭管理区实验小学　欧阳凤云

语文课程标准中明确地提出了培养学生口语交际能力的目标，这个目标的提出，既向教师和学生发出新的挑战，又适应了时代发展的要求。因此，我在平时的教学中以激发学生主动、积极的交往情绪为基础，以促进师生之间的交流为手段，以提高学生的口头表达能力为目标，培养学生的口语交际能力。

一、鼓励学生发表自己的意见

在阅读课中，师生之间的交流、对话是必不可少的一种形式，鼓励学生说话详尽、有条理是阅读课教学的目标。以前在课堂提问时，教师问什么，学生就回答什么，不问就没话可说了。出现这种情况，第一是学生怕说错了，第二是会学生说但不想说。怎样让学生敢于发表自己的见解呢？我经常鼓励学生要大胆说，根据问题想怎么说就怎么说，即使说错了也没关系，在回答问题时也可以结合自己的想法说。久而久之，在我的语文课堂上，总能听到学生们精彩的辩论。

二、提高学生口语表达能力

作文评改是提高学生作文水平很重要的一个环节。"作"靠"评"来完善，评改是学生再认识、再提高的过程。

本着提高学生口语交际能力的宗旨，平时我会有意识地在课堂上交流、评改学生的优秀习作。我认为这样一来可以让学生欣赏别人写得好的作文，二来也可以让学生在"评"的过程中提高自己的口语交际能力。于是，在第一次作文讲评交流课上，我先做示范，经过我的示范与提示，学生对评价作文有了一个大致的概念，开始跃跃欲试了。每星期的优秀作文讲评课，学生们总是情绪高涨，各抒己见。上来交流的学生听着同学们对他的作文的评价，逐渐将它转化为自己的动力，而且很乐意修改自己的作文。我记得评班上的一位同学的作文《我的老师》时，他把我写得很漂亮，刚读完外貌描写时，班上的一名同学说："他没抓住老师的特点写，老师的嘴角有两颗痣……"还有很多学生站起来纷纷评价。此时的我已根本不用再说什么了。学生的感受是敏锐的，他们在写作中提高了自己，在评价中完善了自己，变得乐于参与作文的交流,而且敢于发表自己的意见。

三、促进学生的口语交际能力的提高

每学期第一节班会,我都要组织学生参加班干部的竞选活动,既让学生感到有责任管理班级,又让他们有机会锻炼自己的口语能力。先从班级中民主选举多名班干部代表,再从中以竞选的方式确定班干部。为此每个参加竞选的学生都必须准备一段竞选演说,经过十分钟的准备后发表自己的演讲,表达自己的愿望以及当选后在工作、学习等各方面的计划。此外,在平时的班会活动中,我放手让学生自己主持,并给予必要的指导和点拨,让学生在自己的主持与教师的指点中不断锻炼自己的口语交际能力,不断发现自我、超越自我。

四、在生活中培养学生的口语实践能力

口语交际不能只局限于课堂,还应让它走出课堂、走向社会,成为真正的人与人之间的交往。为了让学生得到充分的锻炼,我采取了以下这些方法。

(1)让学生大胆与他人交往。有的学生生性比较胆小,不善于和教师交流。我就经常让比较内向的学生帮我给教师们发资料、收备课本等。我利用我的课堂教学生们缝纽扣花做月季花。让学生与教师沟通,让学生与学生沟通,从一些小事来锻炼学生们的口语交际能力。

(2)让学生学会与家长沟通。学生在学习、生活中难免会和家长有矛盾,学生们经常找我谈心,我告诉他们:"爸爸、妈妈是我们最亲的人,要经常和父母谈心,要学会和父母交流。"我还在家长会上让学生们写出自己的心里话,让家长首先做到读懂自己的孩子,让孩子愿意和父母交流,让家长也学会在家与孩子多沟通、多交流,帮助孩子健康成长。

(3)在活动中培养学生的能力。我喜欢带学生们开展社会实践活动,如踏青、到校外做卫生等。每次的活动都让学生们得到了各种能力的提升,特别是与他人进行沟通、交流的能力。

加强口语交际能力,是语文课程的主要目标之一。使学生的口语交际能力得到提高的方法是多样的,途径也各不相同,只要我们认真分析学生的现状,充分挖掘教学资源,从平时的教学单元着手,积极鼓励每一位学生,多给他们希望,多开展有意义的活动,多让他们有获得成功喜悦的机会,那么每位学生都会成为"最佳辩手"。

如何培养小学生正确的握笔姿势

京山市实验小学　何泽霞

小学语文课程标准中指出：书写是一项重要的语文基本功，是巩固识字的手段，对于提高学生文化素养起着重要的作用，必须从小打好写字的基础。小学生如果从小养成了良好的书写习惯，把字写好了，可以说会终身受益。所以，家长、教师在小学阶段一定要紧密配合，关注学生的握笔姿势，重视学生书写习惯的培养。

一、小学生错误握笔姿势的类型

正确的握笔姿势是：拇指、食指、中指握住笔，食指在前，拇指在侧后方，手离笔尖一寸，笔杆斜靠虎口，与作业本呈60度角。

但在实际情况中，学生各种握笔姿势都有。错误一：埋头型，食指在前盖住大拇指。错误二：横搭型，拇指搭在食指上，写字费力。错误三：扭曲型，大拇指没有放在侧后方，姿势严重变形。除了这几种最易犯的错误执笔姿势外，还有错位型、扭转型、睡觉型等错误的执笔姿势。

二、学生握笔姿势的现状调查

我们对一年级新生进行了书写姿势的抽样调查，发现学生们的书写姿势各种各样，有拇指紧紧搭在食指上费力书写的，有拇指严重扭曲变形的，有捏成拳头样写字的……经调查，整个年级中有64%的学生握笔姿势不正确。

三、错误握笔姿势的危害

（1）影响学生的书写质量，不利于良好书写习惯的养成。如果采用错误握笔姿势，写起字来较费力，写不多久就感到手臂酸疼，同时也会让学生写字的效率大大降低，写的字也不大美观。长此以往，学生的写字能力难以得到提升。

（2）影响学生身心健康发育。低年级学生手指的肌肉群发育还不够完善，握笔力气太小，常常会把笔握得较低或者用拇指和食指把笔紧紧抱住。这样执笔不仅影响字体美观，更重要的是挡住了学生的视线，严重影响视力。

四、不规范握笔姿势的成因

（1）儿童生理发育尚不完善。儿童的手指关节发育需要一个过程，小学低年级学生要正确握笔,需要一定的力气,他们年纪太小,手部肌肉群发育不完善,如果作业太多,写一会儿就会感觉累,自然就会出现各种各样错误的握笔姿势了。

(2)过早开始练习写字。随着社会的发展,家长们对孩子的期望越来越高,他们担心孩子在幼儿时期输在起跑线上,早早地就把孩子送到各种培训机构学习写字。而幼儿写起字来手没劲,握笔无力,孩子只求能写出字来,就不会管如何正确地握笔了。

五、纠正错误握笔姿势的方法

(1)从思想上引导学生对握笔姿势加以重视。在教学中,经常会看到许多学生握笔姿势不正确,对这种情形,可通过赏析名家作品、用学生书写作品进行对比展示、开展握笔姿势正确率比赛等形式,让学生从思想上对握笔姿势加以重视,培养学生正确握笔的意识。

(2)教师亲自示范指导,教给学生正确的握笔姿势方法。教师要利用写字课,借助多媒体进行直观演示,一步步讲清执笔要领,尤其要随时纠正错误的握笔姿势。

(3)用多种形式激发学生兴趣。低年级学生年纪小,对教师讲解的正确的握笔姿势的要领难以理解透彻,如果把握笔姿势编成儿歌、顺口溜等形式,就能激发学生兴趣,学生就很容易记住。如儿歌"拇指食指要对齐,中间留点儿缝隙,铅笔握在手中间,小指藏在最下边",学生在诵读中就很快记住了正确的握笔姿势。

(4)多科教师协作,齐抓共管。在平时的教学工作中,通常只有语文老师对学生的握笔姿势强调得比较多,其他科任教师不会刻意去强调握笔姿势。长此以往,学生错误的握笔姿势就不能及时得到纠正。因此各科教师要齐抓共管,督促学生养成正确的执笔习惯。

(5)减少作业量,实行减负。学生正确书写姿势的保持和作业量的多少是有很大关系的。教师的课堂作业、家庭作业一定要减少,真正做到施行素质教育,为学生减负。

(6)家校联合,培养学生正确的握笔姿势。学生的在校时间是有限的,教师可与家长加强沟通,让家长监督孩子的握笔姿势,发现错误后及时纠正,促进孩子养成正确的执笔姿势。

第四篇　学科教学

关于高中美术欣赏教学的思考

钟祥市实验中学　唐万红

在国家推行的素质教育方针的指导下,作为推动素质教育的重要方式,美术欣赏课已经被教育部列入高中必修课之中。美术欣赏的本源来自个体的经验与表达,实际教学中,运用美术语言、经验等知识对美术作品进行感受、体验、联想、分析来获得审美感受,进而逐步提高审美能力、想象力、创造力等各种能力以及内在素养。

美术教师在教学中该怎样做才能使该课程不形同虚设,更行之有效呢?下面谈一下关于高中美术欣赏教学理念上的一些想法。

一、以理论知识为引导

著名艺术家豪泽尔指出:"人可以生来成为艺术家,但成为鉴赏家却必须经过教育。"美术欣赏是一种直觉审视力,是对美术语言本身的理解,这种审视力需要理论知识的支撑。作为教师,应熟知这些美术基本概念和原理、形式语言等理论知识,并引导学生运用理论去鉴赏美术作品。

艺术作品包含的形式语言有形式层面、语言层面、技法层面。形式层面:统一、对比、节奏、韵律、条理、反复、比例尺度等。语言层面:构图、造型、色彩、时空、肌理、材料等。技法层面:素描技法、水墨技法、油画技法、综合材料技法等。艺术作品包含的形式观念有再现论、重构论、表现论、文化论等。

比如米勒的《晚钟》，运用横式构图，高高的地平线和两个伫立的人物形成一横（地平线）两竖（人物）结构，令人联想到庄严的十字架，这种构图单纯、明了，有很强的形式美感。人物造型顶天立地，单纯、肃穆，具有雕塑般的永恒感，橄榄绿的色调则朴素、厚重、苦涩，让人感到一种辽阔、苍茫、忧伤、枯败的氛围。

《八十七神仙卷》中，画家运用流畅而富于韵律的铁线描线条，描绘人物稠密而重叠的衣褶，线条组织繁复但不杂乱，流畅灵动、遒劲有力、富于生命力。这些绘画语言的运用使得人物神情各异、神采飞扬。

达·芬奇的《蒙娜丽莎》是运用写实性语言的创作观念模仿自然的一幅画作，作品具有照片式的真实感，形式观念上是一种再现论。毕加索的《镜前少女》则采用了"分解重构"手法，将人体各部位分解、重新组织，形式观念上是一种重构论。这种形式观念充分释放艺术家的创造潜能，发挥艺术家的创造力，使艺术不断推陈出新，使艺术世界更加丰富多彩，满足了公众的多元化审美需求。

理论知识的引导结合相关的文学、历史、哲学等多方面知识，教师的旁征博引，能更好地促使欣赏教学有效进行。

二、恰当运用美术心理学

美术心理学是研究美术创作过程以及美术欣赏过程中创作者或欣赏者心理活动规律的学科。它以人的心理活动为切入点，来研究美术创作者在创作美术作品或欣赏者在欣赏美术作品的过程中产生的认知、情绪以及意志等心理活动规律。欣赏者能否在领会作品的形式美之外还能领悟隐含其中的内在心理因素，诸如作者创作时的时代背景、作者的生平事迹、作者的性格特征等。这要求欣赏者不仅要具有一定的美术史论知识，还要能从美术心理学的角度去追寻创作者的心路历程。这种追寻与探究，对领悟作品的内蕴，提高欣赏者自身的欣赏能力有很大的帮助。它可以使欣赏者深入到创作者创作时的内心世界，把握创作者的情感并与之产生强烈的共鸣，进而感受到作品的内涵与艺术感染力。

比如清代朱耷的《荷花水鸟图》以高度概括、删繁就简、以白当黑、虚实互衬的表现手法，刻画了一支残荷和一只孤立在危石上，缩着身体，翻着白眼的水鸟。结合画家冷漠、孤傲的性格特征以及其生平，画家那种"横涂竖抹千千幅，墨点无多泪点多"的心境就不难理解了。

论如何通过表扬来增强学生集体荣誉感

荆门市东宝区子陵中学　刘晓琴　徐生华

学校生活中,我常常发现有些学生在班级活动中"事不关己,高高挂起",别人在集体中活动时,他们躲在一边漠不关心;同学获得进步时他们冷眼旁观;班级活动需要大家一起努力时,很多学生会说"别找我"……这是因为他们集体荣誉感的缺失。如果学生在学校生活中没有形成集体荣誉感,就不能努力维护集体荣誉,这样不利于建设良好班集体。

缺乏集体荣誉感的班级将会是一盘散沙。刚接手七年级的时候,班会课上大家都说到要为班级添光彩。可是我经常会看到班上倒了的扫帚一直躺在地上;睡在走廊上的铲子孤零零地躺在那里,没有人来扶一把;讲台上的粉笔灰积在桌面上直接可以在上面画画。好多学生也讲到自己要好好学习,天天向上,结果一看到有其他同学在玩就控制不住自己开始走神,学生们就寝的纪律也要天天叮嘱……班上有一位学生,据说在小学从来不做家庭作业,十以内的加减法对他来说也是难如登天,更甭提主动参与班级活动。开学之初,常常有学生过来打小报告"老师,他揪我头发""他又和九年级的学生打架啦,他还拿着扫把毫不示弱呢"……我常常发现有学生从他的座位旁经过时会斜眼看他,眼神中充满了敌意和轻视。

我深知如果长期这样下去,会对这位学生的心理健康产生不利影响,我应该做点什么来帮助他。我把他叫到身边,告诉他:"老师相信你是一个好学生,既然你是我们班的一分子,老师也希望你能够为班级做贡献。"又问他"你最擅长什么呀?"他回答:"学习方面我什么也不会。"我对他说:"每个人都会有自己擅长的事情和不擅长的事情,听说你以前做卫生是一把'好手'。"他一拍脑袋:"老师,我可以擦黑板和倒垃圾。"我非常开心地对他说:"你真棒,能够为班集体献力、献策!好,就这么定了。老师希望看见你的进步!"我拍拍他的背。我相信适时、充分地对学生进行表扬,往往会收到事半功倍的教育、教学效果。

适时表扬,会促进"差生"向"好生"转变。第二天,走进教室,我发现黑板擦除的痕迹还是非常明显,当我想在黑板上写字的时候才发现黑板像被花脸猫抓过一样,一块白一块黑,还有几道道印子。我笑着对大家说:"今天擦黑板的同学做得非常不错,他能想到通过擦黑板来为班集体做贡献,值得表扬。大家掌声鼓励一下。"瞬间,掌声雷动。"我们应该感谢他把班级当成了自己家,把班级的事情当成了自己的事情。我也希望大家向他学习,力所能及地为班级做一些事情。明天要是黑板能和镜子一样亮就更好了。"说完后我瞅瞅这位学生,发现他的脸红红的,低着头,显得非常不好意思。第二天,当我再次来到教室,发现教室的黑板锃亮锃亮的,可以照出人影来,显然有人精心地擦洗过。教室的讲台也非常干净整洁,不再是昨天粉笔灰铺满桌面的模样。我特别开心,问大家:"这是谁做的呀?""某某同学!"大家齐声回答。"非常好!某某同学做事非常认真,看得出来是一位非常有责任心的同学。这是我看过的最干净的黑板,老师在上面写字看起来都更漂亮了。谢谢他。"我再看看这位学生,他的脸还是涨得红红的,嘴角都扬起来了,看得出来他非常高兴。大家一齐看向他,眼神里也充满了羡慕和接纳。有时候对学生们的表扬对于教师是举手之劳,但对于那些受冷落的"后进生",也许是一次心灵的震撼,很可能从此会改变其一生的命运。

慢慢地,这位学生完全把自己融入班集体,倒垃圾的时候常能看见他的身影。我非常欣喜地发现像这样的"后进生"也找到了努力的方向,用自己的力量在班级发光、发热。慢慢地,大家也开始齐心合力向共创良好班集体靠拢了。教室的窗台脏了,会有人把它擦干净;地上有纸屑了,会有人将它捡起来;教室的纯净水桶空了,马上就会有男生来将它换下来……我尽量捕捉着发生在身边的每一件小事,在班会课上提出表扬。

在我的表扬、激励下,热爱集体的学生越来越多了,大家已经拧成一股绳!再后来学校举行跳绳比赛、运动会、庆元旦等活动,我们班始终占据重要位置。在学习上大家也是劲头越来越足了,我会经常表扬不断突破自我的学生,如认真学习的学生,学习进步大的学生,在课堂上最专注的学生,把学习进步当成个人奋斗目标的学生……

在中学教育中,我们必须特别重视学生们集体荣誉感的培养,这是班级建设成败的关键。而教师的表扬对学生的学习和班级荣誉感的建设是一种非常有效的手段,它能使学生的状态向更加积极、正面的方向发展,只要我们运用得当,将会收到非常好的效果。

浅谈小学心理健康教育活动课主题的设定

荆门市高新区·掇刀区白庙小学 李红玲

小学心理健康教育活动课的目标是通过各种与学生实践生活紧密相连的活动来促进小学生心理健康成长,包括完善健全人格、增强抗挫折能力、提高适应能力等。因此,作为一名小学心理辅导教师,在教学时一定要重视活动主题的选择,合适的主题能有效激发学生的兴趣,使他们更乐于参与到课堂活动之中,在活动中愉悦身心,完善人格。教师要根据教材内容精心选择主题,这就要求教师要有很强的辨选能力。那么,如何确定心理健康教育活动课的主题呢?

一、心理健康活动课的主题是专一的、有针对性的

小学心理健康活动课的主题应该是专一而有针对性的,一节课中不能出现多重主题,否则教师在备课时会目标不明确,实践中也会出现课堂乱象。我曾经上过一堂《心中的小秘密》的心理辅导课,对这一活动主题深有感触。我做过多年班主任,经历了学生们在小学各个阶段的变化,也发现了不同阶段学生们所存在的问题,"问题多了,有的问题也就不算问题了",很多班主任们会这样说,特别是一、二年级学生们会闹些小别扭、小矛盾。然而到了五、六年级,学生们之间发生了很大的变化,知识积累,年龄增长,他们便有了很多的对大人而言不是秘密的"秘密",而他们却看得很重。作为教师,我们不得不对他们的"秘密"加以重视,于是在教学时,我首先设计了热身暖心活动——课前调查统计班上学生对"小秘密"的处理方式,让学生尽情表达。在"神奇的树洞"这个环节,我在讲故事的同时呈现PPT,将学生带入情境中,然后分组讨论:你愿意说出你的秘密吗?为什么?在"分享秘密"环节中我充分尊重学生的意愿选择分享对象,即:①分享给教师;②分享给同学;③分享给家长。在秘密分享时,要让学生充分体会到分享秘密的轻松、愉悦之感。活动至此,学生的心弦已被拨动,情感的洪流已达到高潮。汉代刘安说:"逐鹿者不顾兔。"一堂心理健康活动课主题专一,内容逐层推进,一定可达到预设的教学目标,做到专一而有针对性。

二、心理健康活动课的主题是小的,内容是实的

一节心理健康教育活动课要避免主题范围过大。许多心理健康教育教师在确定主题时,没有认真考虑主题的范围和课堂容量。主题范围大了,教师可选择的内容、形式也就多了,这样看似内容丰富,但在实际教学时,容易导致教学的各个环节蜻蜓点水,难以在一节课上完成心理辅导任务。我曾听过一位新教师的课《情绪万花筒——喜怒哀惧》,一堂课四十分钟,常见的"喜、怒、哀、惧"四种情绪都要渗透,教师带着学生们一一分辨,还未深入探究这种情绪及如何化解不良情绪带来的负面影响,就急着去了解另一种情绪,结果在下课铃声响起时辅导任务还未完成。这位新教师本意是想面面俱到,结果适得其反。如果这位教师能缩小主题的范围,如"愤怒来敲门""将快乐进行到底"……一节课了解一种情绪,从"认识情绪"到"合理调控",再到"巩固强化、拥有健康快乐的情绪",一课一辅导任务,那么,学生在每次心理辅导活动过后都能豁然开朗,真正起到"山重水复疑无路,柳暗花明又一村"的作用。

三、心理健康活动课的主题是贴近生活的、有深度的

不同年龄段的学生心理发展水平是不同的,其行为表现也会不同。作为一名心理辅导教师应深入了解每个年龄段学生的心理需求,明晰他们的认知水平、困惑及其共性与个性问题,有针对性地选择密切贴近学生生活、学生最渴望得到解决的问题。激发学生参与活动的兴趣,从而更好地实现教学目标。做课前调查,或阅读学生来信,都是了解学生心理状态的好方法。例如,通过课前调查,我得知我们班的几个学生最近情绪很低落,于是设计了"我的情绪卡片"的主题活动,引导学生讨论"出现不良情绪,我会……"教师耐心地挖掘、引导,让学生把负面情绪装入"情绪垃圾桶";又如"朋友,别让误会使我们分开"是针对"悄悄话"信箱中朋友之间因为误会导致友谊破裂的问题。这时教师就有必要对学生与同伴交往的技巧进行辅导,使学生增强心理承受能力,学会自我反省和与人沟通,以恰当的方式来处理误会。

总而言之,小学心理健康教育活动课是实施心理健康教育的主要形式,心理辅导教师只有潜心研究,积极探索,寻找切合小学生生活实际的"专、小、实、深"的辅导主题,才能将心理健康教育活动课设计得更合理、更科学,从而达到心理健康教育的目的。

浅谈初中数学教学中的素质教育

荆门市屈家岭管理区第一初级中学　潘丽萍

从教多年,结合自己的教学实践,我认为素质教育就是教学生如何独立思考,如何解决问题,从而不断提高自身素质。那么,在初中数学课堂中如何实施素质教育呢？下面从以下几方面谈谈我的想法。

一、教师要不断地更新教育、教学理念,树立正确的教育、教学观

现在的教学已经不是单一的人才选拔,通过一纸试卷实施优胜劣汰,而是面向全体,关注每一个不同的个体,根据他们的不同情况,因材施教,让不同的学生学不同的数学,让不同的学生有不同的收获。例如,在教授《旋转》时,我设计了一份学案,并让学生带着问题自习新课。这份学案中提到的问题由浅入深,逐渐加大难度,有基础概念、性质、性质的证明、性质的应用。对于概念及性质,书中就有答案,基础较差的学生也能轻松完成,通过看书找答案,他们能慢慢养成自主学习的习惯,通过解决问题,他们能很好地树立学习的信心。对于性质的证明就有些难度,我鼓励他们合作完成,培养他们的合作意识,调动他们探索数学的积极性和主动性。

教师要在课堂中充分体现学生的主体性,自觉将素质教育融入教学中去。在我的课堂中,我通过创设问题情境,让不同的学生有不同的收获,让学生通过思考、合作解决问题,这就是一种素质教育。

二、教师要在初中数学课堂中渗透思想品德教育

1. 对学生进行爱国主义教育

在初中数学教材中有我国取得的伟大的数学成就和一些数学家的故事介绍。在教学中,我有意识地挖掘其中的教育因素,在向学生传授知识的同时,也对学生进行了爱国主义教育,激发学生好好学习、报效祖国的热情。例如:在学习《勾股定理》时,我向学生介绍我国古代发现勾股定理的规律及我国在这一领域取得的成绩；在学习无理数时,我讲述了关于圆周率的历史,并讲述祖冲之在追求数学道路上的感人故事；此外,还讲述了我国数学家华罗庚、苏步青的成长故事。这样既可以增加学生的民族自豪感、自信心和自尊心,又可以激发他们为建设祖国而努力学习的责任感和自觉性。学生的思想认识提高了,才能在以后的学习中更加刻苦,更加努力。

2. 培养学生良好的学习态度及习惯

拿破仑曾说:"播下一个行动,你将收获一种习惯;播下一个习惯,你将收获一个性格;播下一个性格,你将收获一种命运。"的确,无数伟人的成功得益于好的习惯。中小学时期是学生习惯形成和发展的关键时期,良好的学习习惯会让学生受益终身。

在学习《角平分线的性质定理》时,我先创设问题情境,让学生大胆猜测角平分线的性质、定理的内容,借此培养他们观察、思考的习惯,接着让他们画图验证猜想,以此培养他们动手实践的习惯,最后再用学过的数学知识证明猜想,从而培养学生严谨的思维品质。

学校开展教学活动的目的不仅仅是让学生掌握知识,从而解决一些数学问题,其最终目的是让学生掌握其中蕴含的一些数学思想、数学方法,并用数学思想武装自己的头脑,能够积极、主动地学习,并成为学习的主人。

三、注重培养学生的思维能力及创新能力

教师要充分发挥自己的主导作用,促进学生思维能力的健康发展,注重培养学生的良好思维品质,要让学生的思维有明确的目的性,还要有创造性。

在我的数学课堂上,我总是会给出充分的时间让学生思考回答同一问题的不同解法,从而让他们的思维变得异常活跃。例如:在学习《平行线》时,许多题目我都会让学生用不同的方法进行证明,完成证明后,我还会对题目进行变式训练,如题设与结论互换,添加条件证明新的结论。总之,力争让例题发挥最大功能,让原例题变化多端,让解法百花齐放。

四、数学课堂中要提高学生的心理素质

教育的目的是育人。通过教学,我们要培养学生细心的心理素质、坚忍不拔的意志、积极进取的乐观精神。

在学校的学习过程本身就是一个全方位学习的过程,在教学中我始终注意学生的解题习惯,不仅要求方法简洁,思路清晰,而且格式要规范,以此培养他们细心的心理素质。面对难题,面对考试失利,我认真引导他们分析,逐步培养挑战难题的信心和勇敢面对学习的信心。

初中数学课堂教育实施素质教育,是一项紧迫而艰巨的任务,在今后的教学中,我将继续实践,将素质教育融入课堂之中,为培养高素质人才作出自己的贡献!

书香盈满校园　阅读照亮童年

京山市新市镇第二小学　祁忠平

阅读使学生扩大视野，增长见识。阅读给学习和识记创造必要的智力背景，阅读对学生的智力提升非常明显。每一个人的生命都是一粒神奇的种子，童年蕴藏着不为人知的秘密，阅读能够唤醒这种潜在的美好与神奇。

每所学校都应该结合本校实际情况，认真实施、大力开展校园读书活动，让阅读成为师生最日常的生活方式，为教师专业化成长搭建舞台，为学生快乐成长创建理想的乐园。

一、拓展阅读途径

（1）阅读课程化，使阅读固化为学校生活的一部分。探索将阅读课程化，让阅读得到基本保证，而不是一种补充、一种口号。"晨诵课"和"午读课"就是一种很好的方式。每天早晨，安排15分钟左右时间作为晨诵课，用琅琅读书声开启新的一天。每天中午（下午课前）安排30分钟作为午读课，教师组织学生默读，畅游书海。

（2）师生同读一本书。每个月，师生共读指定的一本书，共写随笔、反思，共同讨论，从而激发学生阅读兴趣，提升学生阅读能力，让学生更好地汲取书籍营养，同时也增进了师生感情，让师生拥有共同的"精神家园"。

（3）亲子共读。通过《给家长的一封信》，倡导家长一同参与读书活动，通过亲子共读，使家长走进孩子心灵，融洽亲子关系，改观孩子精神面貌，同时推动学习型社会的建设。

（4）教师专业阅读。倡导教师阅读经典教育、教学书籍，提升专业素养，丰富精神世界，为教育提供源头活水。

二、营造书香氛围

（1）让校园弥漫书香。在校园醒目位置张贴营造"书香校园"的宣传口号、宣传画等；在走廊、过道、宣传栏布置师生作品、名人名言、经典古诗等，使学生能移步换景，沉浸在浓郁的书香氛围中；在走廊、楼梯角设立"小书吧"，在大型过道建立"图书广场"，让校园读书成为一道靓丽的风景。

（2）让空中飘荡书香。发挥"红领巾广播站"的作用，开办美文欣赏、好书介绍、读书心得等栏目，引导学生爱上阅读。

(3)让班级充满书香。建立班级图书角,围绕相关阅读主题充实图书角,可采取学生捐书、图书室借书、班级之间定期交流书籍等形式充实图书角。

(4)让墙壁散发书香。精心设计"校园文化长廊",设立各类班级黑板报、墙报,大力宣传阅读方法、好书推荐、读书感言、阅读明星等,为校园增添书香气息。

三、充实阅读内容

(1)晨诵课的内容与来源。晨诵课的目的不是为了背诵,而是师生一起领略母语的优美,感受诗词传达的美好情愫,开启积极、饱满的一天。学校可以为各年级购买《三字经》《千字文》等传统经典,购买古诗、儿童诗、现代诗歌等书籍,供教师选择晨诵篇目。各班制订出"晨诵内容安排表",可要求学生抄写在摘抄本上,各年级可统一指定部分篇目要求背诵,用于期末检查、评比。

(2)午读课内容来源。低年级读、写、绘结合,通过阅读图画书、组织讲故事等活动,指导学生用创作图画的方式表达感受,文字部分可用拼音表达,让低幼儿童的学习能力与创造能力得到发挥,如阅读《蝴蝶·豌豆花——中国经典童诗》《小猪唏哩呼噜》等。中年级可加大文字阅读,增加历史故事与人物传记阅读,结合讲故事,对故事内容与主题进行思考,如阅读《安徒生童话》《叶永烈讲科学家故事》等。高年级注重主题探讨,增加自由阅读量,加入自然科学方面的阅读,尝试进行儿童文学创作,如阅读《西游记》《夏洛的网》等。

阅读书籍来源为班级图书角的书、图书室借书、学生自己购买的书。可以号召学生每人带1~2本书充实班级图书角。充分发挥家长委员会的作用,倡议家长们为孩子买书,积极支持学校读书活动。

开设阅读指导课,对学生进行阅读方法的指导,引导学生如何速读、精读、写读书笔记。指导学生读好书,读有益身心健康的书。引导学生每天在完成作业后,梳理与反省自己一天的学习生活,并且用随笔、日记等形式记录下来,低年级可以用图画表现,或口述由家长代笔。

(3)教师专业阅读的内容与来源。为鼓励教师阅读,可以由学校出资购买书籍,每个学期通过"校长赠书仪式"给每位教师送一本书,作为全校共读书目,然后定期组织读书交流会。在每个办公室设立图书架,内容可丰富多彩,让师者充实自我,健康身心,做一名有书香气质的幸福教师。

谈如何提高农村中学生学数学的兴趣

钟祥市长寿镇第二初级中学 陶 翠

兴趣是学习的最好老师,而农村中学由于多种原因,绝大多数学生对数学学习渐渐失去兴趣,最终导致不爱学,甚至不学的情况。作为农村中学的一名数学教师,我从事教学工作多年,总结出几点经验,与同行共勉。

一、站在学生的角度,和他们谈心、交朋友,让学生认可自己

一般情况下,教师和学生谈心总是以远大理想、今后生活质量为主。但是现在农村的绝大多数学生由于受到家长及生活阅历的影响,对于大道理总是听不进去。教师讲的时候什么都是对的,但是下来后仍然是我行我素。我和他们谈心时,先听听他们的心声,了解他们最需要什么,最喜欢什么,什么时候做自己喜欢的事,会不会受到家长的阻止,为什么阻止,然后再告诉他们,老师也有自己的爱好,也喜欢玩。但是老师有自己的责任,做自己喜欢的事之前,先完成自己必做的,而且要保证质量,得到领导和同学们及家长的认可。我再做自己喜欢的事,当然自己喜欢的必须是符合自己身份的、合法的,那么作为学生的你是不是也一样呀?站在学生的角度和他们谈心,和他们交朋友,让他们先喜欢我这个老师,他们才会喜欢这门课。

二、给学生表现的机会,让他们积极参与,提高他们的自信心

上数学课之前,我总是给足他们预习的时间,并提出此章节预习纲要。预习结束后,根据内容的难易,选取不同的学生做"小老师",站到黑板前把自己预习掌握的知识点讲给学生们听,然后学生们再提出自己的问题,"小老师"帮忙解答,或者"小老师"提出问题请其他学生解答,让学生们在交流中找到成功的乐趣。通过这些活动,让所有学生积极参与进来,给他们表现的机会,提高他们的自信心,让他们知道"我能行"。

三、充分利用晚自习时间,让他们互相出题检测,提高兴趣、落实基础

一小节或者一章结束后,我利用晚自习的时间,让基础差不多的学生结对互相出题考对方,分高者获胜,获胜者可以得到一份小礼品。在这样的活动中,出现了良好的竞争态势,提高了学生的兴趣,落实了学生的基础,而且通过寻找章节知识重难点,有利于提高学生的成绩。

四、讲解题目时故意出错,让学生发现错误,加深对公式法则的记忆及应用,增强自信心

例如,我在讲解去括号的习题时,括号前是负号的去括号时,我只是把第一项变号,或者漏掉一项不变号,让学生去发现问题并提出来,这样既加深了学生对法则的记忆,让他们知道去括号时要注意的问题,同时也让他们认识到只要自己认真,自己也能行。

五、教他们一些学习数学的技巧,让他们学习更轻松,对数学这门课更有兴趣

在学生有了一定的基础后,我们对所学知识就会有一些综合应用,此时我教学生们分析问题,用较简单方法,把知识点融会贯通,尽量用简便方法解决问题。例如,解系数较大的方程时,先利用等式的基本性质把系数化为较小的整数,再解决就容易得多。教他们一些学习数学的技巧,让他们学习更轻松,对数学这门课更有兴趣。

六、充分运用一体机等教学设备,让实际生活与数学知识转化更直观,降低难度,提高兴趣

在教学"藤缠树"的最短问题中,我充分利用一体机动画展示如何将曲面问题转化为平面问题,从而利用"两点之间线段最短"的知识点解决问题,让学生直观地了解了怎么做,为什么这么做,降低难度,让学生真正掌握知识点。

七、发现学生的每一点进步,及时表扬,提高学生积极性

每个人都希望得到别人的认可,作为学生,他们也希望得到教师的表扬。每次活动或作业我总是仔细记载,哪些学生表现得好,哪些学生作业做得好,及时总结、表扬,一个阶段给一些小的奖励,从而提高学生的学习积极性。

小学语文作文教学中的生本教育

荆门市东宝区仙居乡许集小学 钱 珂

将学生基础教育的概念和方法应用于小学语文作文教学中,是素质教育改革深化发展的成果之一。小学生正处在培养健全人格的初期,对知识与能力皆有着巨大的需求,学生在生本教育的语文作文课堂中,习得的不仅仅是语文写作方法,更重要是的能够收获独立构思写作的能力,并在生本教育的包容环境下逐渐形成独具特色的个性化写作风格,在写作中散发出人格魅力。

一、通过广泛的群文阅读,培养学生的写作爱好

爱好是人生活中的调味剂,能够让事物的属性发生转变。教师对于学生写作爱好的培养,能够让学生从内心接纳写作、乐于写作,让写作成为学生情感表达的好帮手,而绝非是学生在语文学习中的"拦路虎"。但是值得注意的是,教师不能将"写作爱好"当做一种观念强加灌输给学生,而是要善于利用与学生学习生活相关的资源,将学生原有的兴趣点进行拓展延伸,巧妙地培养学生的写作兴趣。小学生对阅读的渴望非常强烈,他们富有童真,在好奇心的驱使下渴望阅读到不同题材的书籍,无论是学优生还是"学困生"都对阅读保持极高的兴趣。教师可以利用学生这一特征,为学生找到相同主题不同题材以及特点各异的文章,让学生进行群文阅读,使学生能够更进一步地对同一事物的不同表达方式有更具体的认识。在此过程中,学生通过自我感知能够体会到语言表达的奇妙,并逐步主动将写作作为一种爱好来培养。

二、择优选取范文,让学生在仿写中创新

对优秀文章的仿写是小学生提升写作能力的必经过程之一。小学生适应能力较强,在模仿方面有着特殊的适应性。教师在语文写作教学活动中要给予学生模仿、创造的机会,为学生择优选取适合仿写的文章,让学生的写作方向有具体的参考,降低学生的写作迷茫感。教师通过对优秀范文的解读,能够带动学生对文章的结构以及写作手法展开分析,让学生能够大致列出写作提纲,使心中所想逐步清晰,在面对写作要求时做到心中有数。教师在组织学生对范文进行品读、赏析时,可以让学生将自己觉得好的句子、

词汇以及观察角度进行标注,然后进行分组交流讨论,说一说这些句子、词汇好在哪里,自己在写哪种类型的文章时可以借鉴利用等,教师在学生自我感悟之后对学生的回答进行总结归纳,让文章中好的句子以及写作手法变得更加清晰,更有条理,使范文中的闪光点得到有效的放大,以此达到学生对文章中的精华形成深度记忆的目的,给学生留足自我消化吸收的时间,让学生在稳扎稳打的模仿创作过程中先熟能生巧后创新,形成自己的写作风格。

三、联系生活,加强学生情感在作文中的表达

要想学生真正具备独立写作的能力,仅为学生提供优秀的示范榜样是不够的,教师仍需要加强对学生情感的引导,让学生在与现实生活联系的过程中,有能力将自己的情感与范文所流露的情感产生对话,然后再将所悟迁移到学生自己的创作之中,使文章更加生动、更具灵魂。小学生作文最常见的问题之一就是读之干瘪无味,缺乏情感,使人难以被打动。之所以会出现这种情况,大都是因为教师在习作教学中过分强调了学生对于范文的模仿或是背诵,使学生在写作时只顾生搬硬套,丝毫没有将自己的真情实感融入作文思想意识中,最终导致文章缺少灵魂。教师要想解决这个问题,首先需要让学生明白,作文创作是对生活的再加工,写作离不开生活。教师在作文教学中,要以学生为主体,始终把学生放置在习作活动的中心位置。在习作前,教师可以带领学生走进生活,丰富学生的真实感受,让学生在户外活动中放松写作心情,引导学生从多个角度观察生活中的事物,触发学生利用文字记录表达的激情。学生在更具主观性的写作活动中,会更加乐于表露自己的情感态度,如此一来,作文内容的"量"与"质"都能得到有效的保障。

小学学段是学生树立写作信心、养成良好写作习惯的重要时期,教师在作文教学活动中要将生本教育贯穿全程,让学生的个性得以发挥,为学生写作学习创设熟悉的教学环境,减少作文学习阻碍,使学生在课堂上能够掌握更多的知识,为学生语文素养的综合性提升铺平道路。

激发小学生音乐学习兴趣的策略

荆门市高新区·掇刀区高新学校 刘恒捷

美国著名音乐教育家穆赛尔和格连在《学校音乐教学心理学》中说:"对于音乐学习来说,知识也好,技能也好,整体音乐素养也好,均离不开音乐兴趣这个根本之源。"教师只有重视对小学生音乐学习的培养,才能出色地完成音乐教学任务,才能真正地使学生在音乐学习中感受美、体现美、创造美,所以,提高音乐课的质量和效果,就必须培养和提高学生学习的兴趣。那么,怎样才能培养和激发学生的学习兴趣,使学生乐于学习音乐知识呢?

一、建立和改善新型的师生关系

俗话说,亲其师才能信其道。音乐教师与学生的关系亲密无间,学生对音乐教师的情感认同程度高,就有利于提高学习效果,如果学生对音乐教师的情感认同程度低,在课堂上就很难培养和激发学生的学习兴趣。和谐、友善、亲密的师生关系对提高音乐教学效果至关重要。小学生天真烂漫,音乐教师只有与他们建立起和谐、友善、亲密、融洽的师生关系,学生才愿意接近教师,才会对音乐产生兴趣。一般而言,多数学生往往都会因为喜欢某位教师而喜欢这位教师所教的学科。如果音乐教师具有吸引学生的魅力,那么学生对音乐知识的学习一定是积极的、快乐的、很感兴趣的,因此,作为音乐教师,首先要有较好的音乐专业素养,要有高尚的师德,才能吸引学生,才能在学生中树立很好的形象。音乐教师应做到心理健康,保持良好情绪,把快乐的情绪传递给学生,感染学生,从而激发学生对音乐的兴趣。

二、利用优美的肢体语言激发学生学习音乐的兴趣

音乐教师在课堂教学中,可以通过必要的形体语言与学生进行沟通、交流以及传递信息,以激发学生的学习兴趣。教师优美的肢体语言可以创造幽默的课堂气氛,拉近师生之间的距离,提高课堂教学效果,使学生对音乐学习内容做到融会贯通,加深理解,从而进一步提高小学音乐课堂教学效果。

三、利用提问激发学生学习音乐的兴趣

教育教学的实践证明,恰到好处的提问不仅可以引发探究欲望,还有利于学生主动学习,课堂提问是一门艺术,科学、巧妙的课堂提问,能够开发学生的智力,增强学生对知识的记忆,还能提高学生的学习兴趣。因此,教师

在设计教案时,语言要精练、准确,课堂提问要有针对性、灵活性、启发性,提问既要面向全体,又要针对个体,从而提高学生学习音乐的兴趣。

四、利用多媒体教学激发学生的学习兴趣

科学先进的教学手段,能够丰富、生动、活泼地展现音乐课教学内容,有利于培养和激发学生的学习兴趣。多媒体教学是重要的教学方式,能够把抽象的内容、复杂的变化过程、细微的结构通过动画和图片清晰地表现出来,加深学生对知识的理解。

综上所述,提高学生学习音乐兴趣的方法还有很多,我们要在科学发展观的指导下,解放思想,勇于创新,努力探索,创造愉悦的学习情境,以增加音乐教学中的趣味性、启发性、激励性,从而激发学生的兴趣,切实调动学生学习音乐的积极性,促使学生在学习中全面提升音乐素养。

如何以健康心态善待学生

荆门市屈家岭第一初级中学 秦 涛

当今的初中生，不仅要面对青春期成长的急剧变化，而且要面对新时代的巨大变迁。他们敏感、求知欲强，且善于接受新事物、新观念，他们有开阔的视野、解放的个性，突出的"自我"和灵活的头脑，这些特征使当代初中生有了让上辈人羡慕的优点，但同时也有令教育工作者感到忧虑的隐患。从年龄特征来讲，初中生正处在青春萌动的花季、雨季。人们往往用"过渡期""动荡期""危险期""关键期"等词语来形容这个年龄段。这些特征交织在一起可以看出初中生是最能让人看到成长欣喜的群体，初中生们更需要正确的引导，尤其是我们教师的引导。

想要对学生进行有效的心理健康教育，首先教师自己必须心理健康，有良好的心理素质，才能以健康的心态善待学生。

那么，教师怎样提高自身心理素质，以健康的心态善待学生呢？我认为需从以下几个方面努力。

一、加强自身学习与品德修养，全面提高教师个人的心理健康水平，适应学生心理素质教育的需要

心理教育是教师用自己的心灵去感悟、影响和塑造学生的心灵，要求教师为学生心理素质的发展起表率和示范作用。教师心灵的缺憾，无疑会带来学生的种种心理问题。如果教师情绪不稳，喜怒无常，不易"琢磨"，学生必定缺乏安全感；如果教师不能用成熟的方式去处理与学生的冲突，或体罚学生，或迁怒于众，就可能教会学生用不正确的行为方式去应对挫折，或泛目标报复等。教师的工作性质和自身要求，决定了我们应该是社会中的一个身心健康水平较高的群体。所以，我们要加强自身思想品德修养，每个教师心理都要健康，都要加强修养，努力学习，严格要求自己，努力做好教书、育人工作。要从过去教育工作的失误中吸取教训，与时俱进，用先进的教育思想武装自己，做一位合格的人民教师，以健康的心态善待学生。我们是教师，一进入校门，一上"三尺"讲台，应心中只有自己的"观众"——学生。面对学生、这些渴求知识的孩子，教师就是灵魂的工程师，要彻底进入自己扮演的"角色"，要严格按师德规范约束自己，稳定情绪、调整心态，善待学生。

二、了解学生、研究学生，针对学生的心理，有的放矢地施教

俄国教育家乌斯申基曾说过："如果教育学希望从一切方面去教育人，那么就必须首先从一切方面了解人。"要去了解学生，教师就必须学会做个真正的有心人，不仅要了解学生的行为习惯，更重要的是还要关注学生心理的变化，从关注心灵的角度来分析中小学生的心理，主要有发展性、稚嫩性、自尊性、模仿性这些突出而典型的特征，如果教师能根据学生的年龄特征、个性特征、心理特征，综合各方面来了解学生，那么对学生心灵变化的把握和教育就会更准确一些、及时一些。

我曾有一个学生柳某，学习成绩差、组织纪律差，有厌学情绪，三天两头迟到、逃学，脾气倔强，可以说是一个"小刺头"。我设法亲近他，分析他后进的原因，洞悉他的内心世界。我了解到，他的后进与他的家庭环境有关系，他的父母下岗在家，无经济来源，经常吵架，平时对他不闻不问，可一见他犯错，非打即骂，他非但不服，还产生了逆反心理，一挨打就逃学、离家出走，久而久之，他得不到家庭的温暖，就干脆破罐子破摔。我了解到这些情况后，从心理方面进行分析，发现他学习动机薄弱，注意力散漫，情绪长期自卑与低落，再加上父母管教不当，遂变成现在的"小刺头"。针对这种状况，我首先以温和而具有同情心的态度，多次与他交谈，对他进行抚慰，从而培养良好的师生关系，又几次去他家，做他父母的工作，让家长了解学生的心理，配合学校正面施教，使他们认识到，对这样大的孩子，打是不能解决问题的，家长接受了我的意见，不再动手打骂他了，该生非常感激，于是我鼓励他补课，每天中午留他在校吃饭，给他补习功课，让他无时无刻不感受到老师对他的关爱，该生见我牺牲休息时间专门为他补课，深受感动，在两天内自己默写了八首古诗词。我立即在班上表扬了他这种奋起直追的精神，让他体会到成功的快乐，该生受到了鼓励，开始好好学习了。一个月过去，他一次也没有逃学，学习也有所长进，家长看到了希望，对他也另眼相待了，他开始得到了家庭的温暖，有了明显进步。

三、呵护学生，做学生的良师益友

德育工作要面向全体学生，不要宠爱优生，不准轻视后进生。教师对每一个学生都要"授之以知、动之以情、激之以利、晓之以理、导之以行"，做学生的良师益友。热爱学生是教育的前提，尊重学生是教育的开始。要以良师之爱开始，以益友之爱开始，做学生的"良师益友"。

做学生的"良师",对其倾诉衷肠,动之以情,晓之以理,但决不护短;做学生的"益友",对其讲清错因,激之以利,导之以行,敦促其前进。

总之,初中生头脑中缺少道德警戒线,不像成人那样会用道德、法律以致家规等"规矩"约束自己。我们不应该用成人的眼光去看他们的内心世界,不要"以大人之心度孩子之腹",他们的思想有时比成人简单,有时比成人丰富,我们要多理解、多关爱他们,为他们营造良好的成长环境,做他们的"良师益友"。

在教育实践中,我切实感受到,提高自身心理素质,是对学生有效进行心理教育的前提;针对学生心理有的放矢施教,是对学生有效进行心理教育的关键;呵护学生,做学生的"良师益友",是对学生有效进行心理教育的保证。

初中生厌学心理的原因及对策

京山市三阳镇初级中学　秦瑞毅

一、初中生厌学心理的原因

1. 学校教育导致学生厌学心理的产生

(1)教师年龄普遍较大。

现在乡镇的教学点,教师们普遍年龄偏大,再加上长期处在条件艰苦的乡村义务教育阶段环境工作,没有很好的机会接受课程改革的培训和学习,在教学观念和教学方法上很难做到因势利导,这样会导致乡镇初中生产生厌学心理。

(2)教学课堂气氛沉闷。

相比于城镇教育教学的课堂氛围,乡村的课堂教育较为沉闷,讲授法是乡村教师教育教学的主要方法。特别是初三教师,处于学生中考阶段的关键时期,教师们课程任务的繁重不得不让新课进展十分快速,加之学生成绩两极分化严重,成绩好的学生为迎接中考做准备而奋发图强,而成绩较差的学生对课堂的高强度、快节奏跟不上,最后产生厌学心理。

2. 家庭教育导致学生厌学心理的产生

(1)父母外出导致学生中留守儿童占大多数。

在农村家庭中,由于父母外出打工,留守儿童家庭、单亲家庭、隔代管教家庭大量产生,这样的教育成长环境是不利于孩子的学习的。父母在外务工,对孩子的关爱和教育相应就会缺失,孩子成长上的厌学问题和青春期烦恼家长根本无从得知。

(2)缺乏明确的人生目标。

由于父母没有给孩子设定一个很好的目标,很多孩子对人生目标没有一个确定的规划,至于今后具体想成为什么样的人,孩子心中没有任何概念,随着时间的推移,孩子就会产生厌学心理。

3. 自身原因导致学生厌学心理的产生

(1)学生学习兴趣不高导致消极对待学习。

在现在的农村家庭中,很多学生从小没有一个好的学习环境和氛围,自身学习兴趣缺失,最后产生厌学的心理问题。这样的问题主要表现在上学不积极、上课打瞌睡、注意力不集中、偷偷带手机进校园等。在心理上则表现为对上学产生抵触情绪,对老师产生厌烦心理,对学习失去信心。

(2)青春期逆反心理不断膨胀。

在学生的初中阶段,青春期发育会使学生产生逆反心理。这个时候的他们开始逐渐懂得人格独立,并且慢慢渴望寻求教师的关注与尊重。但学习基础较差的学生会被教师忽视或者教师对其要求非常严格,这样的情况就会让学习基础差的同学产生厌学情绪。

二、对待初中生厌学心理的对策

1. 教师加强对教学方案的创新

现在较多初中学校都将中考成绩作为教学的根本目标,教师的授课方式基本上是围绕中考的内容进行教学,难免枯燥无味,落于俗套。所以教师在这方面一定要创新,调整课堂教学内容与教学方法,让学生能够实实在在地体会到学习的乐趣。

2. 教师要建立留守儿童家庭档案

教师要建立好留守儿童家庭档案,开展留守儿童与家长的交流沟通活动,让家长更好地了解子女在学校的学习情况、生活状况,能及时通过交流沟通鼓励、教育孩子,解决孩子内心对父母的需求。

3. 教导学生树立正确的人生规划与目标

初中阶段的教师在进行教学的情况下要注意帮助学生形成人生规划,确立学习目标。帮助学生树立正确的价值观、人生观和世界观,正确认识读书与成才的关系,明确读书与提高生存能力的紧密关系,使他们学知识、学做人,勤奋学习,立志成才。

4. 激发厌学学生的学习兴趣

教师要根据所教科目的特点和教学内容,在课堂上开展形式多样、内容丰富的教学活动,鼓励厌学的学生参与到学习活动中,这样会使厌学学生对学习感兴趣。也可以进行"一对一"小组帮扶教育活动,让帮扶小组在课下帮助解决厌学学生在学习中遇到的困难,使厌学者不怕困难,克服厌学心理。

初中生厌学心理是学生行为发展阶段较为普遍的现象,要解决这一现象就应该集中家长、学校、教师和社会的力量,教师们转变教育思想,家长们更新教育观念,学校改变评价方式,社会要以教会学生学会知识、学会做人、学会创新为最终教育目标。

走进作文评改的"春天里"

钟祥市第四中学　王安红

"当老师辛苦,当语文老师更辛苦",语文教师负担重,有一部分原因大概就在于作文批改,有的学校还把"精批细改,全批全改"作为衡量语文教师教学工作的尺度。这种作文批改方法效果怎么样呢？尽管教师呕心沥血、朱批满篇,学生却不理解老师的良苦用心,有的学生甚至连看都不看就塞入书包,下次作文错字依旧,病句照常。叶圣陶先生也曾说:"我当过语文教师,改过学生作文不计其数,得到一个深切体会——徒劳无功。"作文评改犹如教师心中的严冬,再努力也看不见春天的曙光。

既然如此,那么,这种高耗低效的批改作文的方法,是否该改一改呢？又该怎样改呢？按照《语文课程标准》提出的"养成修改自己作文的习惯……能与他人交流写作心得,互相评改作文,以分享感受,沟通见解",我结合自己多年的教学实践摸索出一套行之有效的作文评改方法,即"师导—生评"结合法,现表述如下。

所谓"师导—生评"结合法就是把传统的"学生写,教师改"的作文批改法,变为"教师引导、学生评改相结合"的方法。这种做法,早在春秋时期孔子就提倡过:"为命,裨谌草创之,世叔讨论之,行人子羽修饰之,东里子产润色之。"现分两步具体阐述。

一、把批改标准教给学生

一篇作文在手,究竟该从何入手评改,如何评改好,是学生初学评改作文时的一个难题。为避免学生根据主观印象打分,也为了增加学生评改作文的可行性和实效性,教师将作文评改标准教给学生很有必要。评分标准分为两种,一种为基本标准,即从错别字、病句、标点、立意与选材、结构与层次来评判;另一种为高级标准,即从语言、修辞手法、过渡、照应、开头结尾等来评判。

二、把批改方法教给学生

首先,严格各种批改符号的用法及书写格式,如错别字圈出并改正在边框空白处、病句划线并在线末打问号、好词佳句画波浪线等,再如增加符号、删减符号、改换符号等的正确使用等。

其次,教给学生评改的步骤:一是通读全文,了解作者思路,把握文章结构,按基本标准批改;二是逐句逐段,按高级标准,把相关内容标示出来,撰写眉批；三是复阅全文，写上总评语。

学习评改前，教师应从学生习作中精选一篇在标点、词句、审题、立意等方面有较普遍性问题的代表习作，借助电教手段展示出来，让学生参与讨论，反复推敲，提出评改方案。在此基础上，教师现场按标准评改，让学生清楚看到整个评改过程，以便学生在今后的自评和互评环节中模仿、借鉴。

1. 互评

互评是指在教师的指导后，两人交换作文互相评改。互评可以是自选式，即学生自愿组成对子；也可以是指定式，即由教师安排同桌之间互评；还可以是由教师打乱顺序随意发放作文。无论哪一种，教师都应让学生在活动中求思，在思中求辨，在辨中求活，以期达到提高习作能力的目的。评改完后，一定要求学生在文末右端签上自己的名字和日期，以示慎重，也便于增强学生评改作文的责任感。

2. 组评

为防评分偏差，互评后应小组复评。小组应按"强弱"搭配四人一组，便于以"强"带"弱"，互相促进。组长牵头，四名学生均在作文左下角按评分标准打分，并签上自己姓名，由组长在评语区撰写评析。如遇分数悬殊、难以定夺的，交由教师审查指导。

3. 师检

每次评改后，由评改小组推荐佳作，选派代表当众介绍全组成员意见，再请作者朗诵作文，教师当场点评，或肯定小组意见，或就遗漏加以补充，或指其瑕疵。

4. 自改

评改文章的最后一步是把作文交还给作者本人，双方进行直接交流，由作者冷静处理自己被改得零零碎碎的作文，在别人的评改基础上认真修改，并在感悟区写上个人感悟。当然不同学生有不同要求。对水平一般的着重在格式、错别字、病句等方面进行修改，对写作水平好的着重在选材、立意、结构、语言等方面进行修改，直到自己满意为止。

这里，教师强调作者个人要有"精品"意识，要把自己的习作打造成"精品"，教师还应鼓励学生把修改好的文章编成"精品小册子"在班级传阅，或者将好的文章投递给报社等，让学生获得成就感。

至此，一个指导学生批改作文的过程就结束了。它经历了"教师指导—学生互评—自我修改"的过程，符合"认识—实践—提高"的规律。它既加强了学生写好作文的责任心，又深化了学生对写作要求的理解。

谈低年级学生数学语言表达能力的培养

荆门市东宝区栗溪实验学校　钱　江

马克思说过:"语言是思维的直接现实。"可以说语言是思维的工具,是思维的表现方式。培养好学生的数学语言表达能力能够有效促进学生们的数学思维发展。低年级阶段是学生们学习数学语言最敏感、最关键的时期。

作为农村学校的一名数学教师,在长期的教学中我发现低年级学生数学语言表达上存在着几个比较明显的问题:①不愿说。一些学生属于留守儿童,不良的家庭环境造成其性格孤僻、内向。②不敢说。自信心不足,觉得自己不能很好地解决问题,会受到同学嘲笑,老师批评。③不会说。不知道怎么用数学语言表达数学问题或者表达混乱,无条理性。因此对于低年级学生既要解决"不愿说""不敢说",也要解决"不会说"的问题。

在教学实践中,我针对"不愿说""不敢说"做了以下几点尝试。

一、多鼓励、赞赏,常做正面评价

小学生乐于享受赞美。适当的赞美与鼓励,特别是教师的鼓励有助于提高学生的自信心。当学生好不容易讲出自己解决问题的方法时,一定要及时给予肯定。"讲得很有道理""你很勇敢""你完全准确地说出老师想说的"……教师的认同感是对学生莫大的鼓励。

二、给予充足的思考时间

课堂上,有些教师为了让教学过程更流畅和紧凑,容易在教学中压缩留给学生的思考时间。比较突出的现象有:一是一提出问题后,马上急于寻求学生解答;二是学生表达不够流畅时,急于代替或打断学生表达。为了在课堂上留出更多时间,我一般考虑通过有效设计教学流程,反复琢磨,尽量去除一些不必要的提问和环节。同时注意将一些问题作为作业留到课外,让学生们利用课外时间充分准备,避免一些学生因准备不足而面对教师提问产生慌张情绪。

三、为数学表达能力弱的学生提供帮助

一些学生"不会说"多半是因为自己的思考和语言能力不够。除了课上教师的正确示范之外,我还根据学生的能力选拔一批优秀的小组长,发扬小组长在小组内的示范作用。课上讨论后,及时询问小组内成员发言情况;课后,就某个问题要求小组长帮助组员反复练习,学会对某一数学问题的表达。不会的学生学会后再向教师表述。

四、合理施加压力

一些学生胆小,始终迈不出"表达"的第一步——开口。对于低年级学生,教师在学生心中是有极高威信的。因此,布置好"讲题"学习任务后,我一般会再三强调教师检查的内容和时间,并直接将任务固定到小组或个人。在一对一的检查中,也许有些学生可能还是一句话不说,我会静静地等待几分钟。等待的时间既是让他思考,也是让他知道老师十分关注这个学习任务。然后再帮助他分析原因,督促其去向小组长讲解,再在规定时间内对其进行检查。一般这些"不会说"的学生都能马上积极地去向其他同学学习。

五、赋予学生"教师"角色

每个学生内心都希望当一当"小老师"。充分考虑他们的能力后,我会让一些能力较强或准备充分的学生站上讲台,鼓励他们使用黑板和图示,讲一讲自己的解题思路。因为我认为让学生站上讲台更容易培养他们的自信心,激起他们的好胜心。低年级学生都具备较强的模仿能力,又有尝试的欲望,听课也更认真。这种方式我经常在习题课中使用。为了让学生在课堂中有较充分的准备,首先,我一般提前布置讲题任务。不会的学生会提前请教会的学生。其次,建立互助小组。指定小组内的"老师"时,要灵活。不仅要用好"强强联合""强弱联合",更要善用"弱弱联合"。让努力学会的学生去教还不会的学生,既能增强基础较薄弱学生的信心,又能促进还不会的学生的学习。

低年级学生抽象思维差,要让他们准确表达自己的意思,表达更具有逻辑性,必须通过一定的方法进行训练。

1. 教师正确引导和示范

在教学数学概念、算理及解决问题时,我们一定要注意语言的准确与精炼,还有授课思路的清晰。学生通常会模仿教师的语言来表达自己的思路。例如,在授课"几个几"与"几和几"的解决问题中,我从已知条件出发,画图、抓住关键词来解决问题。很多学生在练习中也会模仿教师的语言和方法讲题。还要注意解题的顺序性和逻辑性。数学解题中常常会涉及"先做什么,再做什么,最后做什么",通过建立一定的表达模式,让学生有条理地叙述解决过程。比如解决多步计算的问题时,设计类似"先算( ),列式＿＿＿；再算

( )，列式____"的格式帮助学生表达。教师还要通过不停地追问"为什么这样做""为什么用乘（除）法"等问题，来直指学生思维最深处，引导学生不断思考，促进数学语言的锻炼。

2. 加强语言训练强度

一方面，延长训练时间，立足于学生知识的内化。新授和课后练习课，适当减少一些写的作业，把更多课堂时间留给学生讨论交流。另一方面，家庭作业中添加某些重点题的讲题任务。再者，课上必须多多给予学生表达的机会。教师少讲，设置更多问题给学生回答。

3. 小组合作

构建小组学习的目的，就是让小组资源合理配置和优化，搭建学习交流平台。通过不同层次学生的搭配，让每个学生找到学习对象。一些开放的数学问题，大家畅所欲言；一些语言练习，大家互相模仿。将数学语言训练纳入小组管理。教师通过小组长的评价大致了解小组成员的表达情况，及时在小组内外辅导、检查。

4. 借助直观形式训练表述

低年级学生抽象思维能力弱，可能在表述某些较复杂的问题时存在困难。那么在教学上，要善于用信息技术、图画、动手操作、学具演示等方式来协助学生进行数学表达。例如，一年级中关于"拐点数"的教学，我通过动画演示"9 添 1 成 10，与前面的（ ）个 10 合起来是（ ）"的过程，边演示边表述，学生们能很快地用语言表述 29、39……这类数字是怎么来的。有时我也会让学生画图来辅助自己对数学问题的表达，例如时钟上分针从几走到几的问题。

总之，要有效培养低年级学生的数学语言表达能力，既需要教师帮助他们克服一些表达上的心理障碍，又需要教师在教育教学中钻研教法、学法，有效示范，引导学生规范、完整和有条理地使用数学语言。这一过程并非一朝一夕可以完成，要求教师根据学生年龄特征和数学学科特点，用多种方式训练，努力提高学生的数学语言表达能力，进而发展好他们的数学思维能力，提高数学学习能力。

浅谈小组合作学习的实效性

荆门市高新区·掇刀区双泉小学 罗梦丽

教育和科技是推动社会发展的动力。基础教育肩负着造就适应未来时代需要的创新型人才的重任,课程改革具有跨历史性的意义。让学生通过主动的探究、与他人的合作、发现和感悟,学会对信息的收集、分析和判断,进行分工合作,也就是"小组合作",目的是增进学生的创造力和思考力,让学生学会学习、学会合作、学会利用各种信息,为他们将来进入社会拥有各方面的技能打好基础,是注重于学生可持续发展的关键。

"新课程标准"中强调,"有效的学习活动不能简单地依赖记忆和模仿,动手操作、自主探索与合作交流是学生学习的重要方法"。随着现代教育改革的不断深入,小组合作学习作为一种教学方式在各科教学中已逐渐被广泛运用,我们也纷纷尝试这一新的教学方式。但是目前各个学校课堂上的小组合作探究学习活动大多太过形式主义,课堂气氛表面上积极,却没有真正实质性地对实验和问题进行探究,失去了真正的意义,学生的实践精神、创新能力、合作交流的能力、提出问题解决问题的能力、获取知识的能力都没有得到真正的提高。

解放学生的学习力,真正地还课堂于学生,使学生成为学习的主人、学习的主体,教师起主导作用。寻求有用的小组合作学习探究策略以及培养学生小组合作学习能力的有效措施,为学生提供更好的小组合作探究学习的氛围,这已成为教师们急需解决的问题。

小组合作探究学习是"一种为了促进学生在异质小组中互相合作,完成共同的学习目标"的一种学习方式。通过组织小组合作,发挥群体的积极的功能,提高个体学习的能力和动力,使学生在合作探究中相互补充、相互依赖,从而促进自身的不断进步和提高。小组合作的学习方式不仅有助于打破课堂沉闷的教学氛围,提高学生的学习积极性,还兼备了教学生人际交往的技能,有利于塑造身心健全的人格,以适应未来社会对人才的要求。

合作学习在20世纪70年代兴起于美国,并受各国广泛关注。20世纪90年代以来,我国一些中小学开始参与到小组合作学习的研究、实践中去,并有效地将其运用到各种学科的教学之中。随着新课标的全面实施,各地各校在深入学习领会课程标准的基础上,积极开展"自主、合作、探究"学习方式的探索和研究。加强让学生通过小组合作学习培养探究性品质,让学生的思维更具深刻性、独立性和灵活性。

小组合作探究体现了以学生发展为本而进行的一种教学活动,它涵盖了教师和学生之间的互动、学生与学生之间的互动。小组合作探究是指学生在小组里从事学习活动,通过合作与探究自主建构知识,并获得社交技能的一种学习方式。要求学生主动参与、结果整合、乐于合作、互相帮助、克服依赖心理,积极探索,养成认真完成学习任务的自觉性,培养合作的态度和意识,通过学生之间和师生之间的交流,形成人际沟通的初步能力。

小组合作学习有利于教学的多元化,让每个学生都获得平等参与的机会。让学生学会合作是素质教育的一项非常重要的任务,因为合作意识是现代人必须具备的基本素质,合作将是将来社会的主流,而合作学习是培养学生合作意识的重要方式之一。

合作小组的异质性决定了学生在共同活动中必须做到互相帮助、互相监督,其中的每个成员都要对其他成员的学习负责,体现出乐于奉献的意识。建立起和谐的人际关系,可以使学生在交往中产生心理相容,从而对集体的形成和巩固产生积极的影响。例如,在上交作业时,规定每个小组只需要交一份共同完成的作业。在共同完成这一份作业时,学生需要争辩、讨论、互相请教,取长补短,汇聚小组成员的智慧。由于学习和讨论一起进行,"后进生"可随时提出问题,小组其他优秀的成员可以及时地解决,带动小组成员共同完成作业,从而达到预期的学习目标。通过集体完成作业,培养了学生的集体意识,加强了相互之间"荣辱与共"的集体协作的关系。

传统教学中,教科书和教师的教案成为学生获取信息的主要来源,这种状况使学生知识面十分狭窄,对教材产生依赖心理,不能适应信息社会的发展。因此,通过小组合作形式的学习,引导学生通过各种渠道来获取信息。在小组合作学习中,学生围绕一个主题,查阅书籍,进行咨询,去图书馆、实验室等,拓宽了知识来源,同时也培养了学生对各种信息进行分类、筛查的能力。

优化课堂教学模式,打造高效数学课堂

荆门市屈家岭管理区白龙观中心小学 吴 铭

在新课程改革的深远影响下,农村小学的数学课堂教学发生了翻天覆地的变化。为跟随新课改的步伐,荆门市屈家岭管理区白龙观中心小学掀起了一股"先学后教,当堂训练"的课堂改革热潮。在实践与运用的过程中,我发现了本校数学课堂教学模式中存在的优势与不足,现对其进行详细比较分析,希望能进而优化本校数学课堂教学模式,打造高效数学课堂。

"先学后教,当堂训练"教学模式主要包括四个环节:辅助环节—先学—后教—当堂训练。"先学后教,当堂训练"的教学模式主要以学生自学为主,充分发挥学生的主体作用,使学生在自学的过程中,不断自主探究,合作交流,从而有效提高课堂学习效率。

本校数学课堂教学模式主要分为五个环节:情境创设,激趣导入—新知探究,合作交流—知识反馈,点拨、巩固—感悟收获,反馈小结—作业设计,课外实践。

在本校数学课堂教学模式的基础上,把"先学后教,当堂训练"教学模式融入其中,发现本校数学课堂教学模式存在优势,也有不足,现分析如下。

一、情境创设,激趣导入

在数学课堂教学的导入部分,本校提出"情境创设,激趣导入"环节,旨在通过创设积极而富有趣味性的教学情境,激发学生的数学求知欲,营造活跃而高效的课堂学习氛围。

在"先学后教,当堂训练"的辅助环节中,课程的导入部分往往就是抛出一个简单的问题,开门见山,引出课题并板书课题。同时直接出示学习目标和自学指导,简明扼要,让学生能很快明确学习任务。

此环节值得借鉴,在创设情境导入新课时,应注意时效,不过多地把时间停留在导入环节,避免出现头重脚轻、喧宾夺主的现象。

二、新知探究,合作交流

在数学课堂教学的新知部分,本校提出"新知探究,合作交流"环节,旨在培养学生自主探究、合作交流的能力。

在新知环节,"先学后教,当堂训练"教学模式提出"先学后教"。"先学"

主要以学生自学为主,学生自己看(读)书、看例题、发现问题、归纳重点、自我检测等,充分体现了学生的主体性原则。这与本校提出的"自主探究"学习不谋而合。

"先学后教,当堂训练"教学模式的"后教"环节,则是对学生在"先学"中暴露出来的问题进行小组合作交流讨论,及时发现问题,探讨解决问题的方法,教师只用在必要的时候提供帮助,进行有针对性的精讲。本校教学模式中的"合作交流"环节,也正是倡导这一理念,它不仅可以促进师生互动,还可以培养学生的团队合作互助意识,进而促使学生共同学习,共同提高,有效地提高数学课堂教学效率。

三、知识反馈,点拨巩固

练习是巩固知识、运用知识、训练技能技巧的重要手段,是检查教学效果的有效途径。因此,本校在此部分提出"知识反馈,点拨巩固"环节,旨在通过有针对性的课堂强化练习,有效地巩固课堂教学效果。

四、感悟收获,反馈小结

课堂小结是课堂教学中重要的部分,但它同时又是最容易被忽视的环节。因此,本校特提出"感悟收获,反馈小结"环节,旨在确保数学课堂教学的完整性和有效性。而"先学后教,当堂训练"教学模式的结束部分并没有提及此方面的要求,是一个缺失。虽然只是简短几分钟,但它不仅可以帮助教师回顾整个教学过程和教学环节,了解教学目标是否完成,同时还可以帮助学生从总体上把握和运用知识,培养学生的归纳、总结能力和大局意识。

五、作业设计,课外实践

课外作业是学生对所学数学知识的实际操作与灵活运用。因此,本校提出"作业设计,课外实践"环节。而"先学后教,当堂训练"教学模式提倡"当堂训练",要求课堂知识必须"堂堂清",当堂完成,不能拖到课外完成。这是与本校教学模式很大的不同之处。本校教学模式要求根据课堂所教授的内容,联系学生生活实际,设计形式多样、操作灵活、趣味性强的课外实践作业。这样不仅能充分调动学生的学习积极性和主动性,更能培养学生的实践动手操作能力和创新意识,从根本上提高学生的综合素质。

通过对比分析发现,本校数学教学模式有可取之处,也有需要改进之处。因此,本校教学模式将继续不断打磨,不断优化,为进一步打造高效数学课堂打基础。

合作学习模式在初中数学教学中的运用

京山市宋河中学　秦兆英

随着新课程改革的深入,初中数学教师应该注重"以人为本",创新教学策略,采用多种有效的教学方式,鼓励学生进行合作探究学习,提升学生的数学学习效率,促进学生养成良好的数学学习习惯。

一、创设合作情境,激发学习乐趣

通过在日常教学中创设合作情境,给学生营造轻松愉悦的课堂学习氛围,可以让学生对数学学习产生浓厚的兴趣。比如,讲初中数学"平面直角坐标系"时,因平面直角坐标系是沟通代数和几何的桥梁,是非常重要的数学工具,可通过游戏的方式引入新课。教师带领学生进行"标点"与"报坐标"比赛,任意请两位学生走上讲台,一位报坐标,另一位标出相应点所在的位置;反过来,一位学生指出点的位置,另一位报出相应的坐标,看谁既快又正确。然后,将学生分成学习小组,让每个小组将教室里的学生座位当成平面直角坐标系,让学生说出自己座位与别人的座位的坐标;反之,报坐标,相应座位的学生站起来。通过这样的互动探究学习,使学生找到学习数学的乐趣,上课时注意力不集中的问题也迎刃而解。

二、明确学习目标,指导合作方向

在合作学习中,教师要明确学习目标,用这个目标激发学生学习动机,使学生能够积极、主动地投入到自主探究中。比如,开展"等腰三角形"教学时,教师组织学生合作学习,学习小组合作探究之前,教师可以明确以下学习目标:每人画一个等腰三角形,并将其剪下来。将这个剪下来的图形对折,将折痕设为线段 AD。仔细观察,整理出所观察的信息,总结等腰三角形具有的特征。小组成员按照教师给出的学习目标,开始组织合作学习,学生通过自己的实践操作,进行小组讨论与合作交流,共同探索归纳问题。在独立思考后小组成员交流、讨论、相互补充,再请几个同学代表小组发言,交流结论。学生得出结论可能有以下几个:$\angle B=\angle C$、$\triangle ABC$ 是个轴对称图形、AD 平分 $\angle BAC$、$AD\perp BC$、$BD=CD$。教师在学生总结结论的基础上,进一步讲解和概括,并指出其中一个重要的结论:$\triangle ABC$ 是轴对称图形,对称轴是 AD 所在的直线。只要发现这一特征,其他特征也就随之出现了。教师通过教具演示帮助学生理解"等边对等角"这个特征并指导学生规范几何语言的表达。教师还要通过整理学生结论中的 AD 平分 $\angle BAC$、$AD \perp BC$、$BD=CD$ 来帮助学生得出"三线合一"的结论,并通过动态的提问和引导,逐层突破难点,使学生对新知识有所理解。教师给予学生更多操作、观察、独立思考问题的时间,在学习目标的指引下,学生以小组为单位顺利完成思维训练,各项数学能力得到了培养。

三、竞争学习模式,提高教学效率

在学习过程中,完成每一项任务都要给学生打分,几项累计分数最高的小组为"优胜小组",这样各组之间展开竞赛,不仅比质量而且比速度。在教学中,小组合作学习的形式能确立学生的主体地位,会激发学生的探索欲望。教师抓住机会迅速引导学生进入知识"迷宫",例如,在一节以深入理解一次函数的性质、熟练掌握其应用为教学内容和目的的练习课上,向学生提出有明确要求的任务:"前面我们已经对一次函数的性质和应用有了初步的掌握,每个小组编拟一道有关一次函数的题目;再与其他小组交流,更换题目,分别求解;最后进行总结。"学生知道了要求后,很快就投入到活动当中,在活动中,学生运用所学知识认真求解,谁都不肯示弱,在交流中都找到了对方的一些小毛病,也能够发现其亮点。通过总结,纠正了错误,每个学生在不同程度上都有所收获。

四、联系生活实际,激发合作动机

合作动机是合作学习有效性的前提保障,教师应该结合学生兴趣、爱好、认知规律等,合理运用教学手段,激发学生的合作动机,最大限度发挥学生主观能动性,以保障合作学习的效果。比如,学完"利息计算"一节内容后,教师可以将全班学生进行分组,并且选取小组代表,让各个小组成员通过课后调查计算家庭开支或者水电费情况。再如,当前的学生每年都有压岁钱,教师可以让学生根据学习的利息知识计算如何存款才能获得最大收益。实践证明,这样教学,学生能够获得扎实的数学知识,同时提升了应用数学知识解决实际问题的能力。

在实施合作学习模式的过程中,教师要将课堂交给学生,充分体现学生的主体地位,并且通过学生与学生、教师与学生之间的交流和沟通,帮助学生完成对数学知识的内化和运用,进而培养学生形成竞争意识与合作意识,以全面提高其综合素质。

如何让"问题学生"学会与人交往

钟祥市冷水镇小学　王光秀

孟子说:"人恒过,然后能改。"我认为,对待好学生也好,对待"问题学生"也好,教师都要有一颗平常心,公平地对待每一位学生,为他们的进步而骄傲,为他们的成长而自豪,对他们的过失,则要公平地去对待、化解和消除,尽心尽力地帮助他们逐步纠正。在具体的教育过程中,教师要像真正的朋友一样去细心地发现他们身上的每一处闪光点,哪怕是微如萤火,也要细心呵护,引导他们逐步将之发扬。绝不能把"问题学生"当成时时刻刻都会"犯错误"的人严加看管,或者揪住他们身上的一些毛病"好心"地经常"提醒",使他们动辄得咎,无所适从,这样做只会让他们远离集体、远离友情、远离学校,最终产生厌学情绪,埋下弃学的隐患。

在全面推进素质教育的今天,无论是社会还是教育界都在呼唤公平教育,公平的基本标准应当是让每一个孩子都能平等地接受良好的而不带歧视性的教育,那么对待"问题学生"就更要公平教育,因为他们也是国家的未来。当孩子进入学校成为班级的一员后,他们就进入了人生的第一个组织——班级组织。班级是一个小型的社会体系,在这个体系中,人际交往对孩子们的学习、生活、活动,对于班级管理都有着很大的影响。

一、研究班级社会体系,调整人际关系网络

良好的人际关系是以良好的人际交往为基础的,离开了良好的人际交往,良好的人际关系的建立将成为无本之木、无源之水。一个班集体在刚刚组建的时候,仅仅是一个松散的群体。从一定意义上说,创建班集体的过程,正是班级人际关系网络形成并逐步优化的过程。

交往是班级人际关系形成和发展的手段。班主任应运用各种方法和手段观察学生关系的微观结构,把握班级人际关系的脉搏,测定班内人际关系的现状,弄清每个学生所处的地位及其原因,揭示他们人际关系的水平。笔者认为,交往主体和交往结构决定着人际关系的水平。要改变一个已经形成的人际关系网络系统,必须从形成新的交往结构着手,指导学生们交往,即指导学生积累交往经验,形成自身的交往风格,设计内容丰富、频率高的交往结构,建立充满信任的师生关系。

二、创造交往情境,激发交往热情

班主任很有必要为这些有"交往障碍"的学生创造一个自由、宽松、愉悦的交往情境,鼓励他们去交朋友,使他们拥有一批活泼、热情的同伴。如低年级可开展"夸夸我自己",中年级可开展"认识我自己",高年级可开展"完善我自己"等系列活动,鼓励学生在同伴面前大胆表现,体验靠自己努力参与到同伴之中的成就感。对于班集体中的一些"孤立儿",应适当调整其在集体中的角色,帮助其改变在班组中的地位,改善其人际关系,激发其交往热情,坚定其交往信心。

三、疏通交往渠道,授以交往技能

班主任在给学生提供交往机会的同时,还要提高学生交往的本领。这些交往本领包括:学会调节自己的角色,在不同岗位上与人交往;学会主动与人交谈,增进相互的了解;学会求同存异,尊重别人等。

在交往中,自己与他人出现矛盾的情况下,如果同伴之间不能相互包容,那么交往的关系将会中断,所以,班主任在教给学生以上交往本领的同时,还要注意培养学生的认知能力、自控能力、言语表达能力、交往礼仪与技巧等交往能力。

这些交往的本领和能力需要交往教育的实体性存在,否则这些本领难以掌握,能力也很难培养。因此,我们可以开设专门的交往技能训练课。例如,开设口语交往训练课,创设模拟情境来训练学生的口语交际能力;把交往规范方面的知识渗透在故事、歌曲、课本剧中,让学生乐于接受;开通热线电话、悄悄话信箱,对学生在交往方面的思想加以引导和技术指导;在班集体中采取班干部轮换制,让每个学生有机会锻炼,帮助学生在潜移默化中掌握交往技能,提高交往能力。

四、拓宽交往范围,提倡开展社会性交往活动

当学生掌握了一定的交往技能后,随着年龄的增长、生理的日趋成熟,他们已不满足于小范围的交往。这时,班主任应及时把握其心理,引导他们走出班组、学校,走向街头、社区,走向工矿、企业,开展社会性交往。开展参观、考察、采访等社会实践活动,可使学生在与同伴交往中习得的技能迁移到广泛的社会性交往中去,可使学生在社会交往中体验自己在社会生活中的不同角色,从而使学生之间的同伴交往活动获得新的意义。

让农村小学数学课堂充满智慧和活力

荆门市东宝区仙居乡许集小学　唐艳丽

新课标的核心理念是以生为本,强调"以学生为中心",教学方法由"关注结果"转变为"关注过程"。然而,农村学校教师队伍流动性大,极不稳定,临近退休的教师较多,年轻教师缺乏经验,老教师又很难改变自己的教学理念,课堂教学显得非常沉闷,学生积极性不够,这些都是导致教学效率低下的主要原因。为了彻底改变教学现状,提高教学效率,必须把学习的主动性还给学生,使学生在小组合作和交流中能够自主探索、轻松学习,使数学课堂充满智慧和活力。

一、通过导学案引导学生自主预习

上课前,我会将精心设计的辅导计划分发给学生,安排他们根据辅导计划的要求预习课本、查阅资料、思考问题并完成作业。旨在培养学生的自主学习能力和思考能力,进而激发学习兴趣,使其获得学习上的成就感。

要想充分发挥每个学生的潜力,认真做好预习环节设计是课堂教学的关键。例如,在学习《数字编码》一课中,为了让农村的学生们有充分展示自己的机会,我在课前分小组布置了这样几项预习任务:第一,你们小组调查的是什么编码;第二,它的用途是什么;第三,它是由哪几个部分组成的;第四,每一位上的数字或字母分别表示什么意思;第五,你觉得使用这个编码有什么好处;第六,你从哪儿得到的这些信息。这几项预习任务,涵盖整节课的学习内容,且比较开放,学生可通过查阅资料、询问家人、观察生活等方式完成以上任务。学生拥有自由的探索空间,兴致必然极高。因此,本节课上,学生思维非常活跃,他们运用不同的形式精彩地汇报了本小组内容,并远远超越了课本上的内容。通过这个案例,我们可以得到这个结论:课堂上的所有精彩和美妙都源于学生上课前的充分准备。学生良好的思维能力、互动配合和优异表现,让课堂更加充满活力和吸引力。

二、注重组内交流和分享,把讲台"让"给学生

在数学课堂上,我严格遵守生本理念,逐步引导学生将预习过程中遇到的难题带到课堂,通过先交流再汇报的形式,把讲台"让"给学生,为学生提供展示自我的平台。

课中,每4～6个学生组成一个小组,尽量考虑各层次学生的相互搭配,注重"小老师"的培养,发挥好小组长的作用。全组围绕预习目标的设定进行重点汇报,将讨论、学习的结果由小组代表在全班进行交流展示,其目的是培养学生自信表达见解的能力。而教师置身其中,边倾听、边适当点拨,让小组合作学习落到实处。

例如,我在讲授《确定起跑线》一课时,在"如何验证相邻两条跑道的长度差"这一活动环节,给学生充分展示自我的机会,通过之前的引导、交流,他们以小组合作的方式,由小组长上台为大家作演示汇报。组长们有些用语言表达,有些利用黑板作板演,有些用课件作展示等,用三种不同的方法验证了"相邻两条跑道的长度差",即分别计算每一条跑道的长度再相减;分别计算弯道长度再相减。由此直接推导出公式:相邻跑道起跑线差都是"跑道宽×2π"。三种方法一种比一种简单,学生在提问和辩论中获得思考和知识,学习目标就不知不觉地完成了。

三、注重反思和小结,增强学生的自主性

自我反思是指学生对课堂上的自我表现进行反思和总结,并提炼出自己的优缺点。同时,学生要养成反思的良好习惯,准备好"反思本",每天反思当天所学情况。反思形式一般有以下三种:①我的巧思妙解;②我的总结;③易错题分析。教师要以朋友的身份适时点拨学生如何解决问题和实现高效学习。通过不断反思,不断优化学习方式,增强学生主观意识,充分发挥学习主动性和积极性,逐步掌握科学的学习方法。

总之,课堂教学是一门艺术,更是一门技术。要想彻底改变农村小学数学课堂的现状,广大教师必须以学生为中心,结合学生实际情况,不断实践反思,持续总结提高,也只有这样才能进一步挖掘学生的自主学习与合作探究能力,使农村小学数学课堂充满智慧和活力。

运用点拨艺术，打造魅力课堂

荆门市高新区·掇刀区掇刀石小学 乔爱华

"新课程标准"指出课堂教学必须根据学生身心发展和课程目标的特点，关注学生的个体差异和学习要求，充分激发学生的求知欲和主动意识，倡导自主、合作、探究的学习方式。这就要求教师在课堂上善于启发诱导、随机点拨。所谓"点拨"，即指点或启发。学生在自主学习过程中，贵在得其要领，教师在关键处一"点"，学生对学习要领便会了然于心；在疑难处一"拨"，学生便会自解其难。教师以"点拨"艺术调节课堂教学，既为学生参与学习扫清障碍，又将鼓励学生以更高的热情参与学习活动。

一、点拨的分类

点拨可以分为如下几种。

1. 借例点拨

借例点拨即借某种具有启发作用的事例进行点拨，使学生顿悟。例如，有学生在初次接触到"反串"一词，感到不好理解。这时可以给他举个例子加以点拨：小品演员贾冰这回改行了，瞧，春节晚会上他舞刀弄枪，模仿京剧演员唱了一曲《沙家浜》；还有歌唱家王宏伟这回也不唱歌了，模仿宋丹丹的小品来了，这就是明星大"反串"。有这样借助实例的点拨，学生恍然大悟。

2. 借题点拨

借题点拨就是抓住学生学习中存在的一个问题，借题发挥、启发，达到教育学生的目的。如在进行爱国主义教育时，发现有学生存有一种不正确的观念，认为自己年龄小，只是一名学生，对国家做不了什么贡献，并自称"无名小卒"。教师可抓住"无名小卒"作为话题，对学生说："一盘棋中有将、相、士、车、马、炮，还有众多的小卒。小卒每次只能走一格，这比不上马走日，相走田，车走直线，炮翻山，可是当小卒勇往直前时，却势不可当。小卒过河能吃车、闹士，而且能将军，怎能说'无名小卒'起不了多大作用呢？"接着，还可进一步发挥说："翻阅历史，大人物总是少数，'无名小卒'却是多数。许多名人当初也都是'无名小卒'，大发明家爱迪生曾经是报童，飞机的发明者莱特曾经是自行车修理工，我国著名的数学家华罗庚当初是学徒。这些伟大的人物当初也都是'无名小卒'，但他们都为自己的祖国，乃至全人类作出了杰出的贡献！"教师的这一借题点拨，使那位学生豁然开朗，思想认识上提高了很多。

3. 借势点拨

借势点拨是借助于学生的思维定式或思维动向，及时点拨疏导，给予启发，达到一点即通的目的。在教学中，对于同一问题，教师与学生、学生与学生之间可能存在思考、探索的角度以及定式的差异，教师应敏锐地抓住学生思维的定式，沿着他的思维方向，给予点拨，使其消除各种障碍。借势点拨，要能分辨出其中的"势"有达到正确解答或实现教学目的的可能性，不然借势点拨只会白费力气，徒劳一场。还要善于因势利导，把思维定式、动向引向最终的目标，反之就会打乱学生的思路，帮倒忙。

二、常用的点拨方法

常用的点拨方法有：引向纵深、增设台阶、变换角度等。

1. 引向纵深

由于学生年龄小，在接受知识和理解运用等方面，有时往往只停留在事物的表面，如果这时教师不通过适当方式加以引导、点拨，而是一味地把答案强加于学生，那么虽然教师完成了这个教学任务，而学生却没有真正地掌握，那教学效果可想而知。相反，如果教师这时能通过适当的途径加以点拨，把学生思维引向一个更深的阶段，这时学生就会灵感即发，达到理想的教学效果。如在教学《丰碑》一课，在学生读议军需处长感人的形象一段时，教师可结合军需处长的动作、神态、衣着三个方面加以点拨、启发，学生就会很自然地体会出军需处长把棉衣让给了他人，是把生的希望让给了他人这种舍己为人的精神。但这样的理解还够，教师还可进一步点拨："军需处长是负责管理、发放棉衣的，而他却没有为自己留下一件棉衣，同学们，把你们最想说的话说出来。"很快，就有学生深情地说："军需处长啊，你管理着千千万万的棉衣，唯独没给自己留下一件，你真是一心为公，你是我们学习的楷模。"甚至还有学生说："现在有些干部有了一点职权，首先想到了自己，我觉得他们应该向军需处长学习。"学生发自内心的感受以及深层次的体会，来自教师的巧妙点拨，真正体现了教师的主导作用、学生的主体性。

2. 增设台阶

"主动参与式"课堂教学充分体现学生的主体作用，教师扶着学生去"摘果子"，必须为学生铺设台阶，让学生能拾级而上，深入地探究问题。以教学

《山中访友》一课,理解"树冠"一词为例。

教师:什么是树冠?

(学生疑惑,出现冷场)

教师:"冠"是什么意思?大家查查字典。

学生:帽子。

教师:对,有一个成语"张冠李戴",字面意思就是姓张的帽子戴在姓李的头上。"冠"的意思就是帽子,那么树冠就是……?

学生:树的帽子。

教师:树怎么会有帽子呢?

教师:老师在黑板上画出树的主干。谁来为它加上帽子?

(一名学生兴致勃勃地为树加上了半圆形的帽子)

教师:谁能添上树干、叶子?

(一名学生踊跃地在半圆形的"帽子"里添上了枝叶)

教师:画得不错,你们看树木顶端长满枝叶的部分像什么?

学生:(齐答)帽子。

学生:我明白了,树木主干顶端长枝叶的部分就是树冠。

以上理解"树冠"的教学设计是很有实效的。教师通过查字典、画简图等方法为学生扫除了知识障碍,使学生通过一步步"台阶"摘到了"果子",同时也促进了学生的积极参与。

3. 变换角度

学生在学习过程中出现思维阻塞情况时,教师要引导学生寻求新的思维切入点,"拨一拨"。在指导二年级学生用"喜欢"一词造句时,学生纷纷举手:"我喜欢看电视。""我喜欢喝饮料。"……学生的思维局限在"我"这个狭隘的圈子里走不出来。这时教师可变换角度进行点拨,下面造句,句中不能出现"我"。学生稍一停顿,举起的小手如林,思路比刚才开阔了许多:"爷爷喜欢看报。""爸爸喜欢游泳。""妈妈喜欢……"这时教师可再变换一个角度对学生"点一点":"刚才大家都说的是人喜欢什么,现在我们不说'人'了,你能再用"喜欢"说个句子吗?""小猫喜欢吃鱼。""动物园的小猴喜欢吃别人给它的食物。"……通过更多地变换角度对学生加以点拨,巧妙地改变了学生的思维定式,使学生的思维得以有效拓展,往往能引出新的教学高潮,激发了学生的求异性、创造性。

农村小学英语"学困生"成因与对策

荆门市屈家岭管理区长滩中心小学 闫 琪

一、农村小学英语"学困生"的成因分析

1. 家庭原因

农村小学英语"学困生"大部分是留守儿童,而他们是由爷爷奶奶来监管,首先,这样的老人受教育水平低,不能辅导学生的英语学习,甚至监督学生完成作业对于他们来说都十分困难。其次,这些老人的思想层次不高,他们从来没有尝试过激发学生的英语学习激情,更有个别家长认为学习英语对农村孩子没有什么用处,变相纵容孩子不学习英语。

2. 学生自身原因

首先,爷爷奶奶对孩子过分溺爱,致使他们思想懒惰,总是被动学习,他们对学习英语不感兴趣。其次,学生们学习习惯差,基本没有学习意识,课前不预习,课堂上注意力不集中,课后不巩固复习。学习英语就是一个不断积累的过程,学习单词、短语都需要背诵记忆。由于思想懒惰,这种背诵作业对于他们来说就是没有作业,加之回到家中又没有家长的监督,时间一长,单词不会读,句子听不懂,也就失去了对英语学习的兴趣。

二、小学英语"学困生"的转化策略

1. 教师、家长互相配合

教师和家长联系沟通,学校教育与家庭教育携手合作,共同管理好"学困生"。首先,我利用每年家长会和家访的机会,从思想上对各位家长进行深入、细致的渗透,让他们明白,小学是英语学习的启蒙阶段,学好英语是十分重要的,不能只依靠学校,希望家长能够引起足够的重视,争取通过"家校合作",共同提高学生的成绩。另外,我们班建立了微信群,通过微信群告诉家长孩子们在校的表现、取得的进步;孩子退步了,也通过微信群提醒家长加强监督。这样,就算有的家长在外面打工,也可以随时了解孩子的学习情况,进而和孩子进行学习交流,家长非常认同和支持这种交流。

2. 关心、爱护"学困生"

有一位哲学家说过:"老师的爱是打开学生心灵之门的钥匙。"教师应该平等地对待每一位学生,特别是"学困生"。教师平常要和"学困生"多交流,

关心他们的学习生活、关注他们的心理变化,使他们感受到教师的爱和重视,学生们生活在这样一个充满爱的环境和快乐的气氛中,会慢慢地消除胆怯、自卑的心理,对英语学习产生兴趣。

3. 重视课外辅导

因为"学困生"的基础差,只利用课堂时间是不够的,还应该认真分析他们的薄弱环节,利用课余时间辅导。

(1)预习。

我利用中午和下午的锻炼时间帮助"学困生"预习新课内容,提前教他们读单词。提前了解了将要学习的知识,课堂上他们就能听得懂,注意力就会更加集中,大大提高了课堂效率。

(2)复习。

"学困生"没有好的学习习惯,教师必须督促他们复习,有针对性地补习。就拿我班的一位学生来说,背诵单词对他来说很困难,我就规定他每天只记四个单词,让他利用课间或放学时间来听写。由于任务不重,每天他都能完成,我也及时地给予表扬,这样他的学习劲头更足了,慢慢地单词越背越快,越背越多,自信心越来越强。于是我又给他布置了一项作业——每天背一句话,在每日一句中积累他的基础知识,一点一点地帮助他提高了英语学习成绩。

4. 因材施教,分层次教学

由于"学困生"基础差,课堂上跟不上教师的教学进度,所以教师可根据学生的实际水平和学习接受能力,进行分层次教学。在课堂上,难的问题让优等生回答;简单的问题,比如读单词、对话问答等让"学困生"回答,激发他们学习的兴趣。对于作业,我也分层布置。将全班学生分为A、B两组,A组学生作业全部完成,B组学生是"学困生",只需完成作业中的部分习题,让不同层次的学生在每次练习中都有所收获,从而增强他们学习的信心。

5. 小组合作学习

教学中我采用小组合作探究学习的方式,让学生们都参与进来。在小组合作学习中,每个组员都有任务,由小组长进行分配。为了激励英语"学困生",上课时的积分政策倾向于"学困生"——翻倍加分。这样小组内成员会更多地关注"学困生"的学习,一起讨论,"学困生"愿意展现自己,他们回答了问题加分更多,小组成员更开心,更加愿意帮助"学困生"。

小学阅读教学中的朗读指导

京山市宋河镇小学　邱小艳

乡镇学校的学生大多是留守儿童，多为农村孩子，他们的父母自身的语文水平不高，更不要谈指导孩子的朗读了。学生们从小在这样的语言环境中成长，语言表达能力也很差。语文课程标准指出："各个学段的阅读教学都要重视朗读和默读。"小学是学生学习的基础时期，教师就更应重视朗读教学，更要加强学生朗读的练习。我在教育教学工作中十分注重对学生朗读的训练，在每节课上都有意加强朗读，即使是在课间与学生交谈时也会适当进行朗读指导。

一、明确朗读的目的

每篇课文的知识点、重点、难点都不同，教师要根据不同的学习内容，制订相应明确具体的朗读目的，有方向、有针对性地思考，全面理解一篇文章。例如在教学《陶罐和铁罐》时，在学生对文中角色的性格特点有一定了解后，再让学生分角色朗读。学生分析陶罐、铁罐的角色特点，朗读时再将角色的性格特点和身份通过不同的语言读出来，让其他同学从语调、语气中充分感知角色特点。这种教学方法能帮助学生理解语言表达中蕴含的人物性格、文章的中心思想以及作者的意图。

二、加强教师的范读

小学生的模仿能力都很强，他们有样学样，什么都喜欢模仿，模仿教师更是乐此不疲。提高学生朗读能力最高效的办法就是教师范读。黑格尔曾说过："教师是孩子们心目中最完美的偶像。"教师应多注意给学生以示范，通过示范来激发学生的情感，使书面、死板的文字变得真实，学生自然而然地就会与文中人物产生共鸣。在学习每一篇新课文时，教师都应该给学生进行范读，在范读后，让学生再试着仿读。例如学习《草原》这篇文章时，教师先范读，引导学生产生丰富的联想，将学生带入草原的情境，体会草原的美丽，体会文章作者对草原人民赞美与留恋的情感。教师可根据学生读的情况再进行逐句、逐段的指导，这样就可以使每个学生都能学会朗读。随着年龄的增长，他们的朗读能力逐渐提高，教师的范读可适当减少。如果班里有朗读特别好的学生，也可以让学生来示范。范读得越好，学生的朗读水平就提高得越快。

三、放手让学生自由朗读

自由朗读是在语文教学中使用频率最高的朗读方式，学生在课前预习课文、课中学习课文、课后复习课文时都要读。本人在语文课堂教学时，主要是在学习新课文时安排学生自由朗读。朗读前，先给学生布置简单的朗读任务，让学生在朗读中思考。学生自由朗读时，教师要给予适当的指导，如果学生在朗读时出现错误，要及时纠正，还要让学生在文中标记出自己不懂的地方，最后汇总集中解决。

四、恰当的配乐朗读

美妙的音乐可以陶冶人的情操，在朗读时配上恰当的音乐能使学生在一定氛围中得到情感的熏陶。在教学时，针对不同类型的课文，选择和朗读基调相适的音乐，配乐朗读，能达到非常棒的效果。配乐朗读适合各个学段的学生。在语文教学中，如诗歌、散文这样情感丰富的文章，都可以进行配乐朗读，这样可以强化学生内心的体验，使学生更好地理解感悟文章的含义。在朗读时，让学生尝试融于音乐和课文内容中，在感受音乐美的同时提升对文本的理解，陶冶学生的性情。例如教学《花钟》一课时，在学生朗读时，我给他们配上了《时钟滴答》的旋律，让学生随音乐感受这篇文章的情感和美感。

五、结合生活实际朗读

好的文章都是来源于生活。有时学生在朗读课文后，不能很快地理解文章内容，不能体会作者所要表达的情感。在朗读时，就可以引导学生结合自己的生活实际进行思考，如此一来，学生就容易理解课文了。比如教学《少年闰土》时，学生可以想想和小伙伴在一起的趣事，品味与作者不同的童年往事、相似的童年乐趣，这样学习课文，效果就好多了。

总之，朗读是小学语文课堂教学中不可缺少的教学方式，它能够帮助学生更好地理解课文内容，更好地学习语文。朗读能让学生领略到文学的魅力，提高学生的文学素养，陶冶学生的情操，培养美德。因此，教师在教学中要投入更多的时间和精力，给学生提出具体要求，消除学生的抵触情绪，给予适时、适当的指导，培养学生的朗读兴趣。同时教师也要注重学生的心理特点，根据不同的课文内容，采用多元化的朗读训练方式，全面提升学生的朗读技巧。

让低年级语文课堂"热"起来

钟祥市胡集镇藻湖小学　吴中华

语文是一门基础学科,而低年级语文又是基础中的基础,所以学好语文一定要从低年级抓起。低年级语文教学的重点是识字教学,比较枯燥单一,为了激发和调动低年级学生学习语文的兴趣,提高低年级学生的语文素养,必须让语文课堂从多方面"热"起来。

一、以预设情景"预热"

低年级学生活泼好动,乐于模仿,勇于表现,教师可以根据课题的特点,巧妙创设生动的环境,将课本知识和实际生活紧密联系起来,进行情景教学。

例如人教版一年级下册《姓氏歌》一课中的巩固环节,首先,教师安排全班学生在一张白纸上写出自己的姓氏,并在姓氏上注拼音。每个学生拿着纸上讲台,大声地说出自己的姓,教大家拼读,还告诉大家自己的姓是由哪几部分组成的,怎样记住这几部分。然后,按照姓氏将全班分成若干个小组,每个小组选出一位"领头羊",带领大家模仿课文,一问一答。就这样,在轻松、活泼的环境中学生认识并记住了许多的姓氏,同时,所有的学生都兴奋地参与到一问一答的对话中,丰富了语言。

二、以游戏互动"保热"

爱玩爱动是孩子的天性,在低年级的语文教学中,教师可利用学生的这一特点,将游戏充分融入课堂教学中去。

在学习新课前,教师把拼音卡片或生字卡片发到学生手里,让他们在音乐声中传递卡片,开动"快乐列车"。音乐停止时,手拿卡片的学生就要站起来教大家读卡片上的音节或生字,若不会读就请其他学生来帮助。这样,学生既复习巩固了知识,又找到了学习上互助的伙伴。不知不觉中,学生们都兴奋起来,思维渐渐被激活。

在课前几分钟的"游戏点心"活动中,有一个学生们百玩不厌的游戏,那就是"猜猜看"。比如昨天刚学完"ang、eng、ing、ong",今天就可以利用课前几分钟的时间做游戏。叫几个学生到讲台上来,拿出昨天学的这四个韵母的卡片,放一张在其中一个学生的脑后,让学生猜是这四个韵母中的哪一个。在猜之前,下面的学生把这四个韵母都念一遍作为提示。如果他猜对了,下面的孩子就冲他竖大拇指,他就可以继续留在台上;如果猜错了,他就得回到座位上。这个游戏让学生在玩耍中记忆了先前学过的拼音、字词,心中充满了胜利的喜悦,接下来的学习会更加努力。

在学完生字后,教师即兴在黑板上画满形状不同、颜色各异的苹果或星星,并在每个苹果和星星上都写一个生字,请学生们"摘苹果"或"摘星星"。要求上台摘的学生必须大声领读对应的字,读对了,得到"星星"或"苹果";读错了,就请自己的朋友帮忙。每当做这个游戏时,学生们都争先恐后上台领读,声音是那样的响亮、清楚,神情是那样的幸福和满足。这样不但成功地巩固了知识,而且培养了学生当众说话的能力和审美的意识。

三、以口语交际"加热"

新课标人教版每单元的复习都有口语交际活动,就是为了训练学生敢说、会说、愿意说。比如口语交际中学习打电话这一课,就可以以游戏的方式设置多个不同的场景练习打电话。例如,同桌两人练习打邀请电话,教师把要注意的事项板书在黑板上,学生先和同桌练习,然后请小组代表到讲台上展示,学生和教师对每组进行评价;师生练习打请假电话,假设某某学生发烧需要请假,请帮助她给老师打电话;创设火灾情境,拨打急救电话等。通过多个不同的情境设置,让学生学会使用电话,学会沟通。

四、以文化熏陶"吸热"

语文学习不仅要学习语言文字,更重要的是学习一种文化。在教学中不仅要让学生领略到语言的优美,还要拓宽学生的文化视野,让学生感受中国文化的博大精深,以此来激发学生的求知欲,对学生进行熏陶。

在一年级下册《端午粽》一课的教学中,可利用多媒体向学生展示粽子的来历,讲讲屈原的故事,播放包粽子的动画,让学生了解劳动人民的智慧,还可讲解重要节日的文化习俗,讲讲西方节日和中国节日的不同。在学习古诗《静夜思》时,可利用多媒体介绍李白的生平,引导学生补充李白的其他诗。在课后巩固知识环节,可以让学生表达对外出务工的父母的思念之情,配上音乐,让他们上讲台大声说出对爸爸妈妈想说的话,让学生更深入地体会古诗所要表达的思乡之情。同时还可以利用多媒体出示表达游子思乡之情的现代诗,让学生对中国文化有更进一步的了解。

分层教学在中职计算机教学的应用

荆门市东宝区职业技术教育中心　万　乐

近些年来,随着教育改革的不断深入,中等职业教育越来越受到重视。随着科学技术的飞速发展和社会信息化的加速,社会对人们计算机的掌握能力的要求越发提高,计算机专业成为中职院校学生选择的热门专业。我根据学生的特点,结合最新的教育理论,试将分层教学应用于计算机教学中。

一、理论基础

分层教学是分层管理与分层教学相结合的教学模式。中等职业学校学生的知识基础、智力因素和非智力因素之间存在着明显的差异,不同的学生需要使用不同的教学方法,为了较好地完成教学目的,可以采用分层教学的方法。

二、教学意义

中职学生普遍基础薄弱,学习兴趣和热情不高,学习效率低,缺乏良好的学习方法和学习目标,个体差异较大。根据学生的个体差异,充分利用有针对性的分层教学,激发学生的学习兴趣,增强学生对学习的信心,拓展学生的思维能力,提高学生的想象能力,丰富学生的知识,提高学生的综合素质水平。同时,为达到最好的教学效果,教师必须对教学大纲和教材有透彻的了解,对学情有完全的掌握,才能制订准确的分层教学目标及考核办法,体现分层教学的优势。

三、教学实施

1. 学生分层

为保证对学生最基本的尊重,应进行隐性的学生分层。分层实施的第一步,将所有的计算机专业的学生按照不同的年级进行分层,各年级通过纸质测评了解学生掌握计算机专业基础的情况和学习计算机专业的兴趣,结合通过观察了解到的学生的学习态度对学生进行隐性打分,三项汇总,按照总分将学生分为A、B、C三类,A类为优秀,B类为良好,C类为一般。教师应全面掌握学生的基础、兴趣、态度,为分层教学的实施打好基础。

2. 教学分层

教师要了解学生的个体差异、特点、接受能力,本着对不同的学生有着不同的要求、达到不同的结果的原则,熟读考试大纲,钻研教材,了解计算机专业考试政策方针变化,对教学内容进行"易""中""难"的分层。"易"是所有学生必须掌握的基本内容,要多讲、讲透;"中"为中等难度内容,B类学生必须掌握,为提升模块;"难"为A类学生拔高内容。根据分层确定适合的各层教学目标,掌握每个层次学生的特点,让每个层次的学生都能有收获而进行分层。同时,各层次间相互关联,给学生提升和发展的空间,以保证分层教学能顺利实施。

3. 作业分层

作业是学生对所学内容掌握情况的直接反映,也是学生对自身水平的检测。计算机专业考试为机考,分为选择题和操作题两个部分。选择题为基础内容检测,需背诵知识点才能完成;操作题需大量的上机练习才能熟练掌握。背诵任务难度较大,上机操作学生兴趣较高。基于这种特点,先将上机操作作业分为基础类、提升类、拔高类三类。基础类为"易"题,全体同学必须完成;提升类为"中"题,为B类同学准备;拔高类为"难"题,为A类同学拔高用。

四、效果收获

利用分层将学生的座位进行编排,A类学生在中间,B类学生与C类学生穿插,避免同一类的学生过多聚集,相互影响,也起到互相监督的作用。B类学生与C类学生可以向A类学生请教,A类、B类学生可以指导C类学生。作业的分类给了学生明确的目标,学生有了目标,一步一步前进,在前进的过程中有收获,学习兴趣逐渐浓厚。"提升"和"拔高"这些字眼对学生也是一种刺激,B类学生会想着去挑战"难"题;C类学生学习积极性会提高,可以独立完成基础题目后还想着去完成"中"题,去突破拔高题。班级整体学习氛围越来越好,积极主动地去学习的人越来越多,"低头族"逐渐减少。这种潜移默化的氛围对学生的学习态度、兴趣也产生了影响。在九月对一、二、三年级全体计算机学生第二次分层的时候发现,现二年级在之前一年级的时候经过了半年的分层教学,C类学生消失了,A类学生增加了。现三年级之前的二年级,C类学生减少,B类学生、A类学生增加。同时,学生们的期末考试成绩与往年相比也有了明显的提高。

浅谈小学阅读教学的有效性

荆门市石化第一小学　饶洪莲

小学语文课堂阅读教学的有效性是语文教学的生命,有效的课堂阅读教学是兼顾知识的传授、情感的交流、智慧的培养和个性塑造的过程。我浅谈几点感悟,与大家进行交流。

一、认真解读文本,是提高阅读教学有效性的前提

教学中,教师对文本的解读是阅读教学成功实施的关键。教师对文本深邃而独到的诠释正是引领学生与文本产生共鸣的阶梯。文本解读应着眼于阅读教学目标,着眼于教师的教学设计,着眼于原文,更要着眼于学生。只有这样,文本内容在教师心中才是立体的、鲜活的。例如,教学《那片绿绿的爬山虎》一课时,我仔细地研读了叶圣陶先生修改作者写的《一张画像》的原文,明白了为什么那片爬山虎总是在作者的眼前绿着,是因为叶圣陶先生的人品和作品影响了作者的一生,引领作者奔向神圣的文学殿堂。因而,教学时,我把《一张画像》经叶圣陶先生修改的原文展现在学生面前,请学生进行对比朗读,引导学生边读边悟,从心灵深处体会叶圣陶先生对文字的一丝不苟,对人的平易、真诚,以及其堪称楷模的文品和人品。

教师只有在正确、深入地解读文本的基础上,才能有好的课程设计和好的教学过程,才能为学生搭建良好的平台。

二、激发阅读兴趣,是提高阅读教学有效性的基石

提升兴趣在阅读教学中本是一个毋庸置疑的好方法。俗话说,"知之者不如好之者,好之者不如乐知者",导入新课时,教师激发了学生的兴趣,为整个课堂教学过程开了好头,阅读教学的有效性自然会得到提高。例如,在教学四年级上册《搭石》这篇课文时,教师就可以先带领学生朗读作者刘章的另外两首诗——《北山恋·故乡》和《北山恋·湖光》,从而让学生明白了作者对故乡山山水水和乡亲的眷恋。故乡因搭石而美,搭石因乡亲而美。搭石是家乡小河里的一道风景,而创造这风景的正是家乡人。运用诗歌导入把学生带到作者美丽的故乡,使他们不仅对作者的故乡有初步的认识,也明白了作者的写作意图,对其产生向往,产生兴趣,最后融入文章的情境中。

三、提倡多样阅读,是提高阅读教学有效性的途径

语文教学中要"以读为本""以读代讲",让学生多读、读好。多读是品味语言的最佳方式:有疑问时读,茅塞顿开;有感悟时读,理解深入;品味语言时读,朗读成诵。我认为,有效的阅读教学要准确捕捉可读处,让学生读出感情,要精心选择读的形式和方式,使学生始终处于一种积极、兴奋的读书状态中,变被动听课为主动地参与教学活动。例如,教学《搭石》一课,教师抛出关键问题"从哪些语段可以看出乡亲们认为理所当然的事",一石激起千层浪,学生们找出七个相关语段,进行师生、生生接龙朗读,进一步感悟乡亲那种为他人着想、谦让、尊老的优秀品质。

另外,教师还可将部分原文以小诗的形式呈现,激发学生的朗读兴趣。如将《搭石》的第三段写走搭石的内容改编成小诗"每当/上工/下工/一行人/走搭石的时候/动作/是那么协调有序/前面的/抬起脚来/后面的/紧跟上去/踏踏的声音/像轻快的音乐/清波漾漾/人影绰绰/给人/画一般的美感",再配上音乐,使学生朗朗上口、有感情地读,感悟乡亲走搭石时有序的美。

又如《半截蜡烛》等短小剧本,引导学生读好对话,重点指导学生不同角色用不同的语气,把握角色的思想感情,再分小组进行课本剧表演,引发学生朗读热情,优化朗读练习。这样,让学生有更充分的时间尝试合作,享受阅读的快乐。

四、"读、悟、写"相结合是提高阅读教学有效性的关键

语文课程标准指出:阅读教学应让学生在主动积极的思维和情感中,加深理解和体验,有所感悟和思考,受到情感熏陶,获得思想启迪,享受审美乐趣。因此,重视学生的阅读实践是提高阅读教学有效性的重点,在阅读教学中就必须处理好朗读与感悟、阅读与写作的关系,做到读悟结合、读写结合。

在阅读教学中,教师要注意围绕课文的重点、难点,精心设计课堂训练,让学生真正有感而发,读读写写学语文。如教学《搭石》第二自然段摆搭石的内容时,先引导学生找出摆搭石时的动词和关联词,从而让学生明白作者是如何有序地描写摆搭石的过程的。最后,进行读写联动,学生发挥想象进行补写。这样,不仅在写的过程中充分发挥了学生的聪明才智,同时,在这一训练中还给予学生一个概括、表达的机会,既检测了学生对知识的理解,又给学生创造了学语文、用语文的机会。

渗透礼仪教育,培养学生良好道德品质

荆门市屈家岭管理区实验小学 杨 雪

孔子说:"不学礼无以立,人无礼则不生,事无礼则不成,国无礼则不宁。"继承和弘扬中华民族的传统美德,对小学生进行文明礼仪教育,把学生培养成一个有着良好道德情感的人,乃是教育者义不容辞的责任。因此,把礼仪教育引入课堂、引入家庭、引入社会,是培养学生良好礼仪习惯的重要途径。

一、文明礼仪伴我行——走进校园

(1)结合《小学生日常行为规范》每一条的内容,要求学生用心理解、落实到位。了解、掌握并使用校园常规礼仪,使同学之间能够以礼相待,和睦相处,团结协作,互助互爱。结合班队活动、晨会、思品课等,通过礼仪教育,教学生学会建立良好的人际关系,形成良好的班风,尊重老师、尊重同学,学会请教、学会商量、学会倾听、学会感恩等。

(2)努力发掘并丰富教育资源,将《弟子规》引入课堂,举行"走近《弟子规》大讲堂"系列活动,营造浓厚的氛围,传承优秀礼仪文化,规范学生的文明礼仪行为;结合各学科特点,渗透文明礼仪知识,不失时机地进行文明行为礼仪的引导与教育。如在音乐课中实践体验表演、观看礼仪,在体育课中实践体验游戏、活动礼仪等。

(3)深入开展文明如厕实践活动。号召学生搜集有关文明如厕的资料,在日常的生活中反思自己在如厕的过程中的问题,召开班队会,讨论怎样做才是文明如厕等问题,使学生知道上厕所也应讲究秩序,遵循要求,遵守公德,既方便自己也要方便他人。

(4)开展"游美丽校园,做博雅少年"活动。游览校园,让学生知道学校文化建设是为大家服务的,大家都应当爱护学校校园文化。收集、交流关心学校建设的方法,让学生知道爱护学校文化建设的具体做法。培养学生留心观察生活的能力,合作、收集处理信息的能力和语言表达能力。激发学生热爱校园的责任感,教育学生从点滴小事做起,关爱校园,爱护公物,同心协力共建美好校园。比如爱护公物,从我做起,开门开窗,轻手轻脚;爱护公物,从身边做起,随手关灯,节约每一度电,拧紧水龙头,节约每一滴水等,让大家一起投入到爱护学校公物、珍惜劳动成果的活动中。

二、文明礼仪伴我行——走进家庭

行为养成习惯,习惯形成性格,性格决定命运。家长是学生的第一任教师,家庭礼仪教育不容忽视。在家孝敬父母,学会自理,对人有礼,不给别人添麻烦,懂得感恩,做事情想到与别人合作,学会做客礼仪、迎宾礼仪、待客礼仪、祝贺礼仪、邀请礼仪、服饰礼仪及上下辈之间的礼仪等。

(1)组织"感恩"主题系列活动,结合母亲节、父亲节、中秋节、重阳节、新年等传统节日,把家长请进学校与学生共同开展亲情礼仪教育活动。

(2)创办"文明礼仪"手抄报,向家长宣传礼仪知识,向家长提供交流文明礼仪教育心得平台,展示学生文明礼仪实践活动心得、收获,邀请学生与家长共同完成手抄报。

(3)每月评选"家庭礼仪月冠军",树立文明礼仪典范,让文明礼仪成为师生乃至家长的自觉行为,在校内外蔚然成风。

三、文明礼仪伴我行——走进社会

了解、掌握并使用社会常规礼仪,使自己更好地融入社会生活,让自己处处受欢迎,得到尊重,使自己的社会生活充满快乐,从而培养积极健康的人生态度。促使学生养成在各种场合使用文明礼仪的习惯,使学生自觉参加交际实践,提高学生人际交往能力,培养学生热爱生活、积极健康的人生态度并建立良好的人际关系,促进良好社会风气的形成。

(1)结合"重阳节"活动让学生走进社区,为孤寡老人送去温暖和祝福。

(2)结合"劳动节"活动进社区普及礼仪知识,开展文明礼仪宣传活动,倡导邻里之间相互谦让、相互理解、相互宽容、和睦相处。清除贴在墙壁、电线杆、楼道口等处的各类"牛皮癣"等。

良好的文明礼仪习惯的形成是一个艰难的过程,我们要通过检查督导,使之自我完善,在督导过程中,采取动之以情、晓之以理、以理育情的办法,引发学生的共鸣。将学生培养成为讲文明、懂礼仪、有教养的人,让学生成为精神饱满、情绪愉快、人际关系协调、言谈举止文明得体、受欢迎的人。我们期望探究切合学校实际的礼仪教育新方法,重视从实践中学、从实践中养成习惯,进一步弘扬"礼仪文化美德"。

"创设游戏，快乐作文"的策略探究

京山市实验小学　申琼华

在习作教学中，巧妙结合游戏环境，不仅能激发学生的写作热情，让他们主动爱上作文，还能让教师轻松地完成作文教学。如果我们能将游戏中的一些特征迁移到三年级的起始作文教学中去，为学生创设一些游戏式学习环境，那么学生小学低学段作文教学将不再是难事。

一、创设游戏情境

在小学三年级作文教学中，根据学生的心理特点，巧妙地创设游戏环境，让学生在玩中学，在学中玩，不仅能激发学生的写作热情，让他们主动爱上作文，还能让教师轻松地完成每一次作文教学。

游戏是一种愉快的活动，具有愉悦性，这种愉悦性能激发学生的学习兴趣。俗话说，兴趣是最好的老师，学生的学习兴趣是带有情绪色彩的心理活动。若学习过程本身和知识内容是令人愉悦的，那就能引起学生的直接兴趣，而游戏正是这样一种令人愉悦的过程。游戏式的学习过程势必会促使学生主动积极地学习，最终轻松提高学习效果。如在教学写动物的作文时，教师设置了一个"写特性、猜动物"的游戏。学生用教师教的描写动物习性、动作等方法，观察一种动物，写一段话，请其他同学猜猜它是什么，猜中者得一个作业本。以上每一种"猜猜猜"游戏连续使用一周后变换主题，以防学生失去兴趣。通过该游戏，学生爱上练笔，因为每个学生都有好奇心，特别是很好奇大家能否猜中。加上猜中有奖，会让他们更期待这份作业。这个游戏能激发学生对练笔作业的兴趣。学生在享受游戏带来的快乐的同时，也提高了习作的水平。

二、再现游戏乐趣

游戏是一种自发的行为，具有主动性，这种主动性与学生发展的需要相吻合，是个体行为产生的原动力，是行为动机形成的基础。当学习让学生意识到没有了外部强加的目的，犹如游戏般自由，那学习就成了受内部动机控制的行为，变成了学生的主观需要。如在《溜溜球》的游戏作文教学中，让学生们现场玩起溜溜球比拼游戏，充分调动学生的感官，在游戏一开始就充分地调动起全体学生参与的积极性，把学生的热情点燃，学生个个精神抖擞、跃跃欲试，连平时最不活跃的学生也会兴奋起来。有了好的气氛，这时候还需要教师适当地点拨，要让学生集中注意力，在玩的时候也要去留意游戏中人物的神态、语言、动作，去揣摩人物当时的心理，去捕捉瞬间的细节，为后面写游戏作文夯实基础。

三、巧设游戏规则

游戏是一种有规则的行为，具有有序性这一特点。正确的学习态度的形成其实就是对正确学习规则不断肯定的过程，而游戏的规则性正好符合了训练学习态度的条件。实践证明，在教学流程、学业管理、学业评价等方面，结合学生的心理特点，巧妙地创设游戏规则，让学生在"玩中学"，在"学中玩"，不仅能激发学生正确的学习动机，让他们主动爱上学习，还能让教师轻松地完成每一个教学流程，成为学生喜爱的快乐型好老师。

如在教学《蹦蹦球》这个游戏作文时，教师设定好游戏规则："今天我们将要进行一次紧张激烈的活动，每人有十次机会，以蹦蹦球进入杯中为准，进得最多、用时最少者为胜。记住要留心观察参赛选手和观众的表现，以便捕捉那稍纵即逝的瞬间，这些细节就会成为写作中的一个亮点，为文章增色。"随着我的一声"都准备好了吗"，那一刻，学生们的激情被瞬间点燃，都跃跃欲试，有了强烈的欲望，这些预先设定的规则为写游戏作文打下了基础。作文课中的游戏始终是为写作服务的，再精彩的游戏、再出色的发言，如果没有技巧的渗透，也将是"西瓜芝麻一齐收"，没有一个完整的体系。为了让学生爱上作文课，使写作成为学生自然真实情感的流露，每次习作指导前，我都会精心设置游戏作文的规则，引导学生参与到游戏当中，使他们在玩游戏的过程中观察生活、体验生活，最终形成形象、生动的作文素材。

鲁迅先生曾说："游戏是儿童的天性。"让学生带着游戏去作文，在游戏中作文，在作文中游戏，沉浸在欢乐的海洋里，这宽松、快乐的学习气氛，不但开发了学生们的写作潜能，更激发了他们的创造力，还使他们深切感受到游戏作文的乐趣。

浅谈类比法在初中数学教学中的应用

钟祥市客店镇初级中学 熊 英

数学讲究举一反三、循序渐进、环环相扣等,由于数学本身存在的这些特点,在日常教学中,虽然我们看到数学知识的种类、结构、定理等都是纷繁复杂的,但知识之间都是有必然联系的。类比法是理解概念、锻炼思维、构建知识网络的重要手段。这种方法是我们的中学数学教学中最为常见的推理方法。教学中很多的公式、定理和法则,都是通过类比法得到的。在解题过程中,解题思路也往往是从类比开始入手的,而数学思想也可由类比来体现。下面我根据自己的教学实践,谈几点在初中数学中运用类比法的做法。

一、类比概念,求同存异辨本质

在初中数学学习中有大量的概念,如果学生孤立地去理解与记忆这些概念,会成为学习的一个负担。但从概念的定义形式上看,有一部分概念的定义形式是相似的,通过这些概念之间的类比,可以进一步理解概念的本质。

二、类比性质,求同存异引新知

让学生在熟悉的知识中理解、学会新的知识,让他们能更加牢固地将知识记在心里,并灵活应用在解题中。例如由分数的性质引入分式的性质的类比,由平行四边形的性质引入其他特殊平行四边形的性质的类比等。这样的类比,使学生从最基础的、最熟悉的知识开始进入学习,由易到难,循序渐进,达到"以旧引新"的效果。

三、类比归纳,求同存异破难点

类比归纳法应用到初中数学教学当中,可以让学生对所学的知识有更好的归纳、总结,更有利于学生掌握知识之间的关联。例如解一元一次不等式时,与解一元一次方程类比,类比一元一次方程的解法,归纳出一元一次不等式的解法、步骤。学生只要注意最后一步:系数化为1时,不等式的两边如果都乘以或除以同一个负数时,不等号的方向要改变。通过类比,提出不同部分分析讨论,从而突出了重点解一元一次不等式的方法、步骤,同时突破了难点。

四、类比推理,求同存异有技巧

所谓类比推理是通过对研究对象的比较,根据它们某些方面的相同或相似之处,推出它们在其他方面也可能相同或相类似的一种推理方法。如:若线段 AB 上有 n 个点,则有 $(n+1)+n+(n-1)+\cdots+1=(n+2)(n+1)/2$ 条线段,类似地可以推出在∠AOB 从顶点 O 引 n 条射线共有多少个角,有 n 条直线相交最多有几个交点等。通过类比推理的方法,达到触类旁通的效果。

在我们的解题过程中,类比对于命题本身或者解题思路方法都起到推动作用,新命题的产生都是从原有的基础上猜测并经过验证得来的。如在学习"直线与圆的位置关系"时,让学生在回忆"点与圆的位置关系"的基础上类比猜测,而后加以验证。通过类比,学生能体会到学习的一个重要方法:解决问题前先要有猜想。

五、类比策略,求同存异拓视野

运用整体性解决问题策略类比的思想方法,能使学生轻松地掌握新的数学知识与方法,在探索中培养学生的创新思维,提高数学学习的效率。在教学反比例函数时,采用整体解决问题类比的方法,把正比例函数、一次函数图像性质作为原问题,教师引导学生自主探究、动手操作、合作交流,学习目标问题——反比例函数的图像与性质。这种类比能揭示这些知识之间的内在联系,使知识得到横向拓宽。

六、类比思维,求同存异会创新

数学思维的呈现形式常常是隐蔽的,难以从教材中获取,这就要求教师在数学教学中,有意识地、有目的地进行思维方法的渗透。

生活中的分类方法与标准是学生所熟悉的、了解的,在教学中,由实物分类类比过渡到数学分类,可使学生觉得数学并不是那样的神秘与抽象,离自己的生活是那样近。把日常生活中具体的方法移植到比较抽象的数学中,从而使学生更容易、更切实地理解数学思维,提高了学生学习的兴趣,降低了数学学习的难度,加强了数学与实际生活的联系,提升了学生的思维能力。

七、反思类比,求同存异再提升

利用类比方法可以深刻地理解概念、公式、定理的实质,分清新、旧知识的联系和区别,也可以数题一法,概括出一类问题解法的规律。例如求实际问题的最值,函数图像上的某点坐标等。类比过程中,不能按其对象表面的相似机械地类比,否则容易得出错误的结论。通过解决问题的方法类比,达到综合解决问题的能力再提升。

浅谈"小介入"课堂教学模式探究

荆门市东宝区浏河小学　丁开权

"小介入"课堂教学模式探究是荆门市东宝区浏河小学"十二五"研究课题,我们提出这个课题旨在倡导教师立足当前,转变教学观念,学习借鉴一切有用的方法,真正变更我们的教学模式,培养学生的学习力,通过建构一定的课堂教学模式或模型,实现课堂目标的高效达成。在此,我想就"小介入"课堂教学模式的建构样式、操作特点及评价来谈一谈,以期与大家交流共享。

一、"小介入"课堂教学模式建构样式

"小介入"课堂教学模式充分借鉴和吸收了"全纳"教育的理论思想,遵循"多学少教,先学后教,以学定教"的原则,具有很强的参照性。它给予学生预习时间保障,注重学法指导,倡导自主性学习,且自主学习时间在15～20分钟。课堂教学以五个环节来构建,即启—疑—练—知—结。"启"即倡导学生课前预习,通过预习明白了什么、学到了什么;"疑"即提出疑问,针对疑问梳理一些有价值的问题,并将其呈现、转变为教学目标;"练"即练习,使用什么方法学会并达成目标,注重个别辅导;"知"即贴近教学主要目标、主要任务、重难点,全班交流反馈,针对共性问题教师选点介入;"结"即小结或总结,针对本次课的学习情况,给予恰当的鼓励性评价。这一样式具备较强的实践操作性。

课堂教学的基本样式为"启—疑—练—知—结",但针对不同的学科、不同学段,可进行变化与重建,由此衍生出一系列的新样式,比如"启—疑—练、知—结""启、疑—练—知—结""启—疑—练—知、结""启—疑、练—知—结",这都属于"小介入"的变式,其操作虽然有些差异,但本质大致相同。

二、"小介入"课堂教学模式的操作特点

我们倡导的"小介入",在课堂教学实践中呈现以下几个特点。

1. 介入方式与方法的转变

教师的"小介入"主要在课前、课中、课后进行,课前主要是启发、引导学生进入学习;课中教师角色发生变化,即教师由讲师变为引导者,学生由被动接受者变为主动参与者,且与引导者在"双边"活动中展开竞学;课后主要

是针对学生进行必要的辅导,查漏补缺。

2. 由关注全体介入转向关注个体介入

这以课中介入为主,教师在这个转变中一定要实行因材施教,重点是关照个体并给予辅导。个体辅导主要包含"知识、能力、德行"三大块,其中"知识"包括各学科知识和生活常识;"能力"包括预习、发问、表达、阅读、写作等,这又是重中之重;"德行"包括学生的品德和行为。

3. 由关注知识介入转向关注方法介入

以往教师过多关注学生对知识点的掌握,忽视学生对学习方法的选择,这似已形成定式,"小介入"就是要扭转这一倾向,把课堂教学的重心由关注知识转向关注学生的学习方法。我们主要选用的方法是自主法、合作法、探究法、互学法等。

4. 由关注结果介入转向关注过程介入

以往我们对学生的结果关注倾注太多,而对学生成长发展过程重视不够,"小介入"就是要将关注重心转向学生成长发展的过程。这是课堂教学的全程介入,教师要把握好介入用语、策略、方式等,具体表现为操作好"五环"步骤,即"启"——自主预习,灵活导入;"疑"——结题生疑,呈现目标;"练"——参照常规,自主学习,给足时间,适时介入;"知"——交流反馈,再次介入;"结"——小结内容,激励评价,适度拓展,当堂检测。

三、"小介入"课堂教学模式的评价

任何一种模式有效与否,都是需要通过实践来检验的,我们的"小介入"模式也不例外。为了让我们的"小介入"课堂教学模式探究运转更加流畅有效,我们专门设计制作了"小介入"课例教学设计、观课记录表、议课记录表、课堂教学评价表等,用它们来对教师们的课堂教学进行记录、量化、评价,取得了不错的教学效果。这些表格综合起来构成了我们"小介入"的课堂教学模式探究的评价操作体系。

例如,我们的《"小介入"阳光课堂教学评价表》就制作得很有特色。我们主要从"评价内容""分数权重""标准要求""评价情况"四大方面着眼,每个大的方面具体细化如下。

"评价内容"的"标准要求"对应如下。"启":①安排学生自主预习,课前预习任务明确;②预习效果检测明显;③教师有明显的课前导入环节,方式方法灵活多样;④能充分激发学生的学习动机。"疑":①可解题生疑,也可

随文随时生疑;②疑问尽量来自学生自己的思考,教师少包办;③梳理疑问,整理转化成当堂课时目标,并呈现出来,让学生具体感知;④结合目标呈现清晰、具体的学习任务。"练":①教师要出示学习要求;②教给一定的学习方法,学生自主学习;③各年段参照学习常规执行;④教师适时介入指导和个别辅导;⑤自主学习时间不得少于15分钟。知(主要是交流反馈,如代表交流、分组交流、全班交流等):①学生有适度的兴奋和活跃度;②教师有组织号召力和情感吸引力,课堂管理井然有序;③教师评价及时,有针对性、实效性、发展性,体现一定的教学机智;④小组活动有多样性、趣味性、实效性,体现竞争、质疑等,能充分展示学生的合作、探究;⑤以学生交流反馈为主,教师适时介入,不可作过多讲解和以讲代评。结:①小结本课所学的知识内容和具体有效的学习方法;②评价学生在本节课中的表现,表扬积极者,激励被动学习者;③鼓励学生提出新的疑问或作适度拓展;④当堂测试,检验学生当节课学习情状况。

五项内容,每项权重分数为20分,共计100分;"评价情况"即结果反馈,我们不是简单地将其定性为"好"或者"不好",而是将其细化为"差(11分以下)、一般(12分)、中等(14分)、较好(16分)、好(18分)、很好(20分)",分数评价与等级评价结合贯穿于"五环"之中,鲜明而直观。

几年来,我们边学习、边实践、边研究、边探索,逐渐形成了本校"小介入"课堂教学模式的操作体系,构建了自己的操作模式,基本上实现了提出的研究目标。在本次研究中,我们主要是在小学语文和数学中探索实施"小介入"课堂教学模式的,取得了很好的效果。其实其他学科的教学与语文和数学有相通之处,也应当可以适用"小介入"模式。在今后的教育教学工作中,我们将通过嫁接、移植的方式在其他学科中尝试"小介入",进行新的探索,力争将此模式全面渗透到学科教育的全过程,从而促进学校全学科教育教学质量的整体提升与发展。

激发兴趣　培养策略　内生创新

荆门市石化第二小学　王　艳

义务教育英语课程标准中提出的总目标是：通过学习英语使学生初步形成综合语言运用能力，提高综合人文素养。现阶段，许多英语教师发现学生存在害怕、厌恶阅读，阅读速度慢，理解能力差等问题。因此，语篇阅读的能力训练也成为重要的教学任务之一。

一、改善不良情绪，培养阅读兴趣，提升语篇学习创新力

(1)英语学习对学生来讲本就比较陌生，他们才进入英语学习的大门没多久，便要面对看似简单实则有一定难度的语篇阅读，这对于学生来讲又是一个必须要跨过的"门槛"。教师要在教学中通过巧妙的设计，有效降低或去除这道"门槛"，引领学生进入英语新阶段的学习。面对一段语篇，教师可先将其改编成浅显易懂的小故事，也可将其以简笔画或其他浅显的方式呈现。这样首先降低了语篇的难度，学生较容易接受，能达到改善或消除他们害怕、厌恶的不良情绪的目的。

(2)激发学生阅读兴趣，变被动阅读为主动阅读。教师可以利用小学生好奇心强的特质，设计相应的教学活动，逐步展现语篇的内容，利用新颖的课堂活动激发学生的学习兴趣。例如，语篇故事中引入角色扮演，让学生能够身临其境地感受英语语言的魅力，加深对语篇故事的印象，充分参与到对阅读的分析过程当中，这样的教学活动更能激发学生自主学习的兴趣，同时也能够提高学生的语言技能和水平。

(3)给学生提供展示的舞台，激发学习创新力。对学生而言，经过教师引导、小组讨论、个人自主学习完成的语篇阅读成果得之不易，倘若给他们充分展示的舞台，既能够检验学生的学习成果，又能够有效地完成教学目标，对学生的学习主动性也进行了很好的激发，同时使得学生的学习不受教师思维的限制，促进学生语篇学习创新能力的提高。

二、遵循教学原则，选择教学策略，逐步建立语篇阅读成就感

小学英语语篇阅读教学的三个重要原则：学生主体、教师主导原则，教学趣味性原则以及教学技巧性原则。

(1)学生主体、教师主导原则。在小学英语《教师用书》中有这样一段话：

读懂对话或短文,完成检测学生理解程度的活动。进行这部分教学时,教师不要面面俱到,注意要把这部分和故事课教学区别开,教师要将教学重点放在提高学生阅读能力方面。也就是说阅读教学可不是教师的"灌输课",教师不仅要教授新单词、讲解语法、翻译原文、讲评练习等,还应该利用多媒体等教学手段进行图片呈现,通过语境创设、设置简易问题等方式培养学生的自主学习能力,训练他们通过语篇的阅读画出思维导图,使学生学会阅读的技巧,提高阅读能力,正所谓授之以"渔"而非授之以"鱼"。

(2) 语篇阅读中的趣味性原则。从事过低段到高段英语教学的老师都会有共同的感受,三、四年级的学生上英语课积极性高,举手发言的多,越到高段,学生上课发言越少,甚至知道答案的学生也不举手发言了。除了教师课堂教学的因素,单调乏味而又逐渐加长的语篇阅读会让他们丧失发言的兴趣。因此,阅读材料改编既要改编得符合阅读的趣味性,又要关注学生的接受能力,篇幅不宜过长,生词也不宜过多。此外,随着学生年龄的增长,学生的兴趣点也在发生变化,我们要抓住每一个阶段学生心理的变化,适时地调整语篇阅读的教学策略,吸引学生的注意力,提升他们的学习主动性。

(3) 语篇阅读中的技巧性原则。首先要求教师在教学中,要把握好整体性,即处理好精读与略读的关系。略读指快速阅读文章以了解其内容大意的阅读方法。语篇教学中,略读(skimming reading)有着极强的针对性,而精读(intensive reading)就是逐句、整段或整篇详细地去读,剖析其内容、解其大意,并找出各种隐含的讯息。其次,要把握好纵向的层次性,即针对学生实际,结合语篇内容设计好练习的难易梯度。学生的基础参差不齐,教师应该以大部分学生的英语学习能力为参考设计与语篇内容相关的练习。最后,要把握好横向延展性,即提升学生的理解水平,训练学生想象与创新的思维能力,提升学生语篇阅读的成就感。在阅读教学过程中,学生在教师主导、个人自主的学习过程中,对内容已经有效掌握,教师则需要通过复述课文、续写原文或改写原文等方式对学生进行拓展延伸的训练。这种训练不仅能有效挖掘学生的语言潜力,发展学生综合运用语言的能力,更能增添学生语篇阅读的成就感及自我超越感。

提高九年级学生英语阅读能力的实践

荆门市屈家岭管理区第一初级中学　俞达丽

随着新课程改革的进行，英语课堂教学已将重点放在了培养学生的语言综合能力上，而英语阅读能力的培养是提高学生英语综合水平的关键，在近几年的中考中，阅读理解题在试卷中所占的比重也较大，因此，提高英语阅读能力对九年级学生来说相当重要。

一、改变学生学习态度，培养其英语阅读兴趣

1. 图片导入法

例如，我在讲解人教版《Go for it》九年级上第二单元 reading "The Spirit of Christmas"中，首先通过多媒体向学生展示几张有关圣诞节的图片，如圣诞树、圣诞礼物、圣诞老人、圣诞卡片等，同时引入文章中的相关词汇。这样一来，学生们就会对圣诞节表现出极大的兴趣，也就更想知道本课的"圣诞精神"到底指的是什么。这时再让学生们带着问题去阅读课文，不仅调动了学生的学习主动性，也提高了他们的阅读能力。

2. 谈话导入法

谈话导入法主要适用于说明文、议论文等，在阅读前引导学生从他们现有的知识和生活经验出发，讨论和文章有关的话题，可以让学生适度了解话题内容，同时讲解部分文中的重点词汇。

二、立足课本，对学生进行阅读技巧和方法的指导

仅培养学生的阅读兴趣是不够的，要想提高阅读能力，必须掌握正确的阅读方法与技巧。英语课本是我们训练学生阅读技巧最好的材料。阅读课教学要注意以下几个层次。

1. 略读

略读的目的是了解文章大意，略读时，有选择地阅读内容，不用读每个句子或单词，主要读如文章的标题或副标题等，一般来说，文章的开头和结尾部分也是最重要的。通过略读，我们要对文章的背景有个大概的了解，并且判断一下作者的观点，了解作者想表达什么。

2. 扫读

扫读读细节。在把握了文章大意后，可让学生进行第二遍阅读，目的主要是帮助学生了解文章的细节。为了让学生有目的地阅读，在这一环节，教师可提出一些问题帮助学生去查找，如以 who、what、when、where、why 开头的问句。让学生带着这些问题去文章中找答案，训练学生有针对性地进行阅读，可以培养学生通过阅读获取信息的能力。

3. 精读

精读即详细、逐行地阅读，通过读细节来掌握全部内容并透彻领会文章的主旨等。因此，在这一遍阅读时要注意布置任务（抓细节、找主题句、猜词义）。

三、精心选材，加强课外阅读训练，培养良好的阅读习惯

在掌握了正确的阅读方法与技巧后，进行大量的课外阅读训练是非常有必要的，一来可以拓宽学生视野，让学生将理论应用于实践，二来也可以在课外阅读的过程中让学生养成良好的阅读习惯。

1. 选择课外阅读材料

在选择课外阅读材料的时候，教师要尽量选一些典型性的、符合九年级学生现阶段的认知特点的材料，还要做到题材丰富、广泛。大量的课外阅读训练不仅可以拓宽学生的视野，还可以让学生的词汇量得到增加，而拥有一定的词汇量是阅读能力提高的重要前提之一。

2. 养成良好的阅读习惯

阅读习惯的好坏直接影响着阅读的效率，良好的阅读习惯就像一个好助手，时刻提醒、帮助学生自主学习。然而好的阅读习惯并非一下子就能养成，只有在正确的指导下，在阅读实践过程中逐步培养。

因此，在进行课外阅读训练的时候，要注意跟学生强调以下几点。

（1）养成正确阅读习惯——默读。默读即心读，是通过视觉器官直接感知文字符号的阅读方式，速度要比出声的阅读快得多。提高默读速度，直至练到以意群（语段）为单位进行阅读，减少回视，准确扫视，提高读速。

（2）计时阅读（限时阅读），计时阅读是培养学生阅读速度最有效的方法之一，让学生在规定的时间内读完全文，然后迅速做题。

（3）切记千万不要逐字、逐词地读，而是要以意群或句子为单位来读。逐字、逐词地阅读，容易过多地把注意力放在单词上，不仅影响阅读速度，而且往往不容易抓住文章的中心大意。

计算机技术在微课程开发中的实践

京山市杨集镇初级中学　史贤利

实践伴随信息技术不断发展，教育领域的数字化改革也在加快进程，目前教育领域的个性化建设是教学形式改革的主要方向，微课教学模式的建设也是现代技术发展的必然趋势。微课程是一种新型的教学形式，主要将信息资源呈现的方式主题化、碎片化、微型化，这种呈现方式也受到教育者的认可。微课程将微视频作为传播教学知识的主要载体，将教师在课堂上围绕某一个知识点进行的讲解和演示记录下来，为有需求的使用者提供知识服务。

一、计算机技术在微课程开发中的价值

微课程创设的核心技术就是计算机技术。是否能够熟练、有效地使用计算机技术，能反映出微课程的建设水平，也能够检测出微课程在教育领域的使用效果。微视频作为微课程的核心关键，它的质量自然和微课程的效果有直接关系，而微视频的制作质量是依靠计算机技术的。我们在制作微视频时，要考虑它的容量问题，力求在内容的处理上实现最大的效果和价值，从而能够满足微课程使用对象的各种需求。要实现这种和使用对象良好互动的效果，也需要较好的计算机技术和高性能的计算机设备。

二、计算机技术在微课程开发中的应用实践

1. 微课程设计中对计算机的应用

计算机技术在这一环节中的应用主要有以下两个方面：一是设计微课程实施方案时，利用计算机多媒体技术；二是制作和设计微课程的开发模式时，采用计算机数据技术。在对微课程进行设计和开发时，要结合课程教学的主要内容和教学目标。在这个设计过程中一般要坚持以下几个基本原则：

（1）要重视微课程设计的教育性，课程的内容是一种在线形式的教学信息，主要是帮助学习者解决在课堂上遇到的困惑和不解。

（2）要注重设计上的趣味性，一般学者都对具有趣味性的知识有探索的欲望，所以提高微课程教学的趣味性能够很好地发挥微课程的教学效果。

（3）具有较强的目的性，在微课程的设计中一定要有明确的学习目标，帮助学习者解决实践中遇到的问题。设计微课程教学模式，主要可以分为两个步骤：一是分析微课程建设的需要，根据建设的需要发挥多媒体技术、信息统计技术等方面的作用，二是对微课程的使用对象、使用特点、使用科目做到充分的了解。

2. 微课程制作过程中计算机技术的运用

制作微课程，需要按照基本的制作步骤进行操作，一般包含六个制作环节：选题设计、教案编写、搜索教学材料和设计任务练习、制作课件、实施课堂教学并进行拍摄、对拍摄的视频进行后期处理。在微课程的制作中，计算机技术的应用价值主要体现在选题设计、准备拍摄所需要的工具和录制视频三个步骤。首先看选题设计，在课程的选择上需要利用计算机数据库中的信息资源，建立丰富的教学题目库，方便对课程题目进行选择。对教学题目库中的每项内容进行说明，涉及的知识点必须足够细致，方便微课程制作时使用。其次，在拍摄时，会利用计算机的拍摄软件，在拍摄这个环节中包括了对微课程主题的设计，根据现在所有的教学资源设计本堂课的教学方案，根据教学知识点的需要还要设计出相应的PPT。最后，再利用拍摄工具对整个教学过程进行录制。在录制完之后对视频进行简单处理，筛选出需要的教学内容。

3. 微课程后期制作中对计算机技术的运用

在微课程的录制过程中，要充分地利用多媒体技术和计算机相关软件的重要功能，发挥电脑上录像软件的作用，将PPT、Word和手写输入软件等作为载体，进行课堂教学，并进行录制。教师可以通过多媒体一边演示一边讲解，还可以配合标记工具尽量让教学过程变得具有趣味性。完成以上工作后，就需要对录制好的视频进行后期处理和制作，一般后期制作需要以下几个步骤：

(1) 利用计算机多媒体技术将录制好的视频导入。

(2) 把视频文件添加到时间轴上，进行画中画、画中音等内容上的处理以及进行变焦调整。

(3) 对视频的大小进行调节，在变焦轴上进行调整，防止视频显示出来的区域大小不同。

(4) 对画中画在视频中的位置进行处理。

(5) 根据视频的时间，将时间轴上的滑块拖放到适当的位置，然后进行剪辑，完成视频的后期制作。

谈如何在小学课堂中激发学生的听课兴趣

钟祥市长滩镇游集小学　杨华梅

兴趣是人们追求知识、探求某种事物或从事某种活动的心理倾向。每门学科对学生来说都很枯燥，这就在教学过程中对教学者提出了更高的要求。那么，教学者如何在教学课堂中激发学生的听课兴趣，充分调动学习者的感知、记忆、想象、思维呢？这时在教学中做到让学生主动学习、乐于学习，激发学生在数学课中的听课兴趣就变得至关重要。

一、创设导入情境，激发兴趣

教育是一种创造性的活动，是科学性和艺术性的高度结合。要激发学生的听课兴趣，首先，应从谈话语言入手，拉近师生之间的距离，用语言去打动学生；其次，应该设计悬念导入，把学生吸引到课堂中来；最后，可以运用提问的方式导入新课，激发学生的求知欲望。例如，二年级数学下册《"贝"的故事》课中，首先开始谈话：同学们，你们喜欢贝壳吗？再用课件出示贝壳的不同图片让学生欣赏，并问学生：说说你们喜欢哪种贝壳？为什么？真正做到"启"而能"发"，激发学生探求新知识的欲望。

二、创设教学形式，激发兴趣

人的兴趣是在学习和活动中产生、发展起来的。兴趣是一种具有积极作用的情感，而人的情感总是在一定的环境中产生的。所以，要想在教学中吸引学生的眼球，把学生的注意力都转移到课堂中来，教师就应该在"教学过程"这一环节中采取多种形式，使学生对课堂产生浓厚的兴趣。例如，在教学过程中，可以采用提问题、做游戏、动手操作等形式调动学生强烈的求知欲望，引发学生浓厚的听课兴趣。让学生在轻松、愉快的环境中顺利地学会新知识，让课堂教学收到意想不到的效果。

三、创设课件情境，激发兴趣

具体、直观、形象，是小学生的主要思维特征，而数学思维本来是抽象的，为使学生的认知特点与数学学科和谐统一，在教学中，教师要充分利用多媒体中的文字、图画、声音、动画等内容使学生形成表象，激发学生的求知欲望，吸引学生的注意力，刺激学生的听课兴趣，提高课堂教学效率。例如，在教学圆的面积公式的推导过程中，教师利用课件中的声音、动画把圆分成16等份,然后把圆变成一个近似于方形的图形,运用长方形的面积公式推导出圆的面积公式。学生一目了然,不需教师说教,学生也能将公式掌握得牢固。

四、创设教学技巧,激发兴趣

1. 注重语音变化

(1)注重音量高低。教师在教学中注重音量大小,是驾驭学生听课兴趣的关键。在教学时遇到重要的地方,教师声音要大一点,加强语气,以引起学生的注意。提问时,教师的声音要温柔一点、和蔼一点,拉近师生之间的距离,以免让学生紧张,打乱学生的思维。

(2)注重语速变化。有一定教学经验的教师知道,运用抑扬顿挫的语调讲课,学生都喜欢听。小学生不是成年人,教师在讲课时语速不宜过快,如果教师讲课口若悬河、滔滔不绝,对小学生来说就是一种灾难,教师讲得再多,学生听课的效果也不好。因此,教师的语速要符合小学生的生理、心理活动规律,让学生保持听课兴趣。

2. 注重体态语言

(1)手势语。手势是小学课堂上的常用工具,教师可充分利用这一工具来表达自己的情感,从而让学生喜欢数学。

(2)神态语。在小学课堂中,除了恰当运用手势教学外,教师的神态、表情也特别重要,特别是眼神。俗话说:眼睛是心灵的窗户。教师的一个眼神有时往往比语言、动作更有说服力,更能激起师生之间的共鸣。

3. 注重板书艺术

板书是课堂教学的书面语言,是教师对一堂课的归纳总结,更是一份浓缩了的教案。一个好的板书可以有效地帮助学生了解本堂课的学习重点与难点,也是帮助学生清晰掌握所学知识的一座桥梁。因此,教师要精心设计板书内容,让板书一目了然。这样有助于学生直观地进行观察、猜想、推理与交流,引起学生的再思考。

五、小组合作学习,激发学生数学兴趣

小组合作学习,是目前较为常见、流行的一种学习方式,能把一些旁观者变为参与者。作为讲解者的学生为了能够教得更清楚、透彻,必须对所学的知识进行认真的梳理、分析、理解。而那些倾听的学生没有了师生互动时的胆怯、拘束,也会自觉地加入小组合作学习中来,从而达到了使学生爱学、会学、乐学的目标,激发了学生的学习兴趣,有效地提高了课堂教学质量。

提高二年级学生口算能力方法例举

荆门市东宝区大桥小学 肖荆晶

新课标指出,培养学生的计算能力,要重视口算基础训练,具备扎实的口算能力,这对提高学生的计算水平有着举足轻重的作用。因此,我们必须从小学低年级开始增强口算的训练,提高小学生的口算能力。

在口算教学时,可以针对二年级学生好动、活泼的年龄特征,变口算的单一性为多样、灵活性,激发学生兴趣,调动他们的积极性,使训练形式"活"起来。

一、让学生熟记口诀,打好基础

二年级学生刚接触乘法,对口诀还不熟练,因此只有在熟记乘法口诀的基础上,才能使口算达到"脱口而出"的水平。为此,每次上课前,我会有针对性地安排学生进行表内乘除法背诵或口答训练,做到"三定",即定时间——每天课前5分钟;定内容——前课所学知识;定数量——20道口算。让学生的口算训练常态化。如在学了9的乘法口诀后,我会在课前与学生进行对口令训练。比如,我会说"我出9",学生则说"我出$2\times9=18,9\times2=18$,二九十八"。像这样反复练习数次,帮助学生将乘法口诀与相应的乘法算式牢记于心。只有乘法口诀掌握熟练了,才能更加有效地提高乘除法的计算能力。另外我还把口诀背诵要求和家庭作业相结合,要求学生每天放学回家后,与父母或是小伙伴们进行对口令形式的口算训练,让口算练习达到事半功倍的效果。

二、让学生调动感官,提高听算

每节数学课,我都根据教学内容或前课的学习内容,安排学生听算练习5分钟,这样,可以将学生下课时被分散的注意力集中起来。听算训练初期,有些学生用时5分钟,都没有将10个算式听写完整,有的听写错误,有的漏题、掉题。训练一周后,学生注意力和速度有了明显提升,用时越来越短,不再漏题、掉题,但大多数只能把题目写完,却没法算完。训练一个月以后,全班80%的学生都能完成听算,最快的孩子能在30秒左右完成10个算式。这样进行了一个学期的长期训练,学生的口算能力得到了较好的提高。在训练的过程中,有个男生口算能力较弱,注意力不集中,为此我把他的座位调整到第一排。起初他只能听完并算完5道题,经过几个月的训练后,完成的数量逐步增加，正确率也稳步上升。经过一个学期的训练，他的课堂注意力很快就能集中起来，听讲能力也得到提高，一节课中注意力高度集中的时间能提高到 10 分钟左右，偶尔走神，在得到教师提醒后也能很快把注意力转到课堂上来，计算能力有了明显进步，数学成绩也大幅提升。

三、让学生在游戏中感受快乐

在训练学生乘法口算时，时间一长，学生就会觉得口算训练比较机械和乏味，对口算练习就会产生疲劳感，训练效果就会大打折扣。因此我设计了"拯救小青蛙"的小游戏：在每片荷叶上都设计有一道口算题，规定时间内学生只要口算正确就可以帮助"小青蛙"过河，如果算错，"小青蛙"就会掉进河里的鳄鱼嘴中。这个游戏的训练模式能很快地吸引学生，通过对"小青蛙"的拯救，学生的乘法口算能力得到了提升，参与练习的学生越来越多，整体口算能力也就提高了。我还将电视上的娱乐节目渗透到口算训练中，寓口算训练于游戏之中，课堂上我常用到"口算 100 秒"，即在 100 秒的时间里口算正确率最高的能获得奖励卡。这些新奇的训练方式抓住了他们的好奇心，使一成不变的口算训练变得多彩、有趣，既能活跃课堂气氛，也能增加训练的乐趣，使学生觉得练习与玩游戏一样，感受到口算训练也可以这样快乐。

四、让学生在"赛"中得到激励

二年级的学生非常爱表现自己，他们很希望能得到教师的赞扬和同学的认可。因此我制定了"每月一赛"活动，每月底开展一次口算比赛，评出每月"口算之星"，并进行表彰，学期末再举行总决赛，评选"学期之星"并发放奖状。学生们踊跃参加，你追我赶，口算能力大大提高。运用有效的竞争手段和奖励方法，可以激励学生细心运算，从而提升口算的正确率和速度。另外我还开设了"口算超市"，在平时的口算训练中，全对的学生可获得一枚可爱的图章，每月进行图章的累积核算，到期末再进行总核算，图章积累越多，就能兑换越好的奖品，还能被评为"口算标兵"。这样，学生的竞争意识得到了激发，学生的口算效率也能得到大幅度提升。

学生口算能力的培养不是一蹴而就的，而是要通过长期有目的、有计划、有方法的训练，做到"拳不离手，曲不离口"，才能熟能生巧。作为数学教师，更要有发展与创新的眼光，发挥创造适合低年级学生身心特点的口算方法，让学生从小就感受到口算的快乐，对口算训练产生热情，将口算训练进行到底。

用好"组合拳",打造高新德育新样态

荆门市高新区·掇刀区高新学校 吴国强

一、当前学校德育教育的现状

1. 数字化信息时代对学校德育的冲击

随着数字化信息时代的到来,网络成了学校德育教育的"达摩克利斯之剑"。一方面,网络上面的信息有好有坏,一旦受到不良信息的影响(尤其网络游戏会使虚拟的人机交往代替现实生活中的人际交往),不利于青少年的健康成长;另一方面,由于网络的信息真假难辨,会弱化青少年的伦理道德观,在人际交往中不会承担现实生活中的压力和责任,导致道德人格出现缺失。这些都在不同程度上制约了学校德育教育的发展。

2. 家庭教育对学校德育教育的冲击

每个家庭对教育的期望都很高,但家庭教育往往严重缺失。当前部分家庭的教育,一方面由过去的过分溺爱发展到现在的过分干涉,孩子只能按父母的认知和意愿去活动,不能超越父母的指令,使孩子缺乏思维的批判性,做事没主见,孩子不敢超越父母的认知,局限了孩子的思维;另一方面,由于年轻的父母事业繁忙,缺乏足够的时间来教育孩子,或者他们根本没有掌握科学正确的教育方法,导致家庭教育出现偏差,极大地冲击了学校德育教育。

3. 学校德育手段缺乏人性化,没有温度,不接地气

学校德育工作还浮于形式,在学校教育教学中,德育仍停留在口头阶段,并没有真正贯彻"立德树人"的指导思想。特别是对品行有偏差的学生态度简单、粗暴,一味地训斥,甚至体罚,导致部分学生产生消极对抗情绪,从而激化了矛盾,形成了恶性循环。学校的德育手段缺乏人性化,没有温度,不接地气,对于一些突发情况缺乏应对技巧,错失了对学生进行教育的最佳时机,容易留下隐患。

二、高新区德育教育的新样态

1. 普及网络知识,学生网络道德素养呈现新样态

学校大力普及网络法律知识和有关规定,规范学生的上网行为,使他们养成道德自律的良好习惯,遵守网上文明公约,不浏览不良信息,诚实友好交流,不侮辱欺诈他人,增强自护意识,不随意约见网友,维护网络安全,不

破坏网络秩序,注意身心健康,不沉溺虚拟时空。

学校在信息技术课上帮助学生建立自己的主页,展示自己的才华,推动学生网络道德素养的建设。积极引导学生开展网上祭英烈、网上祭清明活动,举行"网络安全"的专题讲座等,不仅能激发学生的学习兴趣,更重要的是这些活动中已经渗透了信息道德教育,极大提升了学生的信息道德素养。

2. 两只手撑起孩子的未来,家校合育呈现新样态

首先,办好家长会。利用家长会向家长介绍全面实施素质教育的意义,使家长充分认识到实施素质教育与学生健康成长的密切关系。同时也使家长明确学校德育工作的重点,使家长在思想上真正与学校取得共识,积极配合学校开展工作,让家长把对子女的爱融入支持学校的德育工作中。

其次,办好家庭教育专题讲座。学校定期请家长进学校听专家、学者的家庭教育报告,帮助家长从讲座中汲取先进的教育理念和经验,树立正确的人才观,让他们能根据孩子的兴趣、爱好和志向,帮孩子选择切实可行的学习目标,从而更好地引导孩子成长。

3. 创新德育实践形式,百花齐放呈现新样态

首先,整体建构课程体系,用课程育人。荆门市高新区·掇刀区高新学校为了让每个学生得到发展,秉承新样态学校"一事一物皆教育,时时处处有课程"的课程观,在"人人筑梦,人人发展"的办学理念指引下,通过构建"the BESTS"课程体系,打造了"co-create"课堂,满足了学生们的需要。

其次,提倡创意阅读形式,丰富阅读内涵,用书香育人。为了激发学生的阅读兴趣,学校打破封闭式图书室和阅览室的局限,将书籍搬到走廊,建立开放式书吧,让读书随时随地开始,让书籍随手可得;在线上,学校在官方微信公众号上开设"小小朗读者"栏目,每期推出一个新样态文明班级,结合国庆、中秋、重阳等重要节日和纪念活动,朗诵诗歌或文章,抒发学生对这些节日的感受,深受学生和家长喜爱。

最后,开发校本文化课程,用文化育人。营造浓郁的"达人"文化氛围,利用学校宣传栏,向全校师生推介"达人"文化,积极开发了"经典一刻""晋唐书韵""七彩颜色"等校本课程,培养了学生的审美情趣和艺术修养,让经典传统文化在学生中得以传承和发扬。

让学生由"学会"走向"会学"

荆门市屈家岭管理区五三高中 张 辉

作为学生,你想过要为自己选择一个合适的学习方式吗?当我这样向学生发问时,他们总觉得这样提问颇有点荒唐:我们还是学生,我们的学习是在教师的指导和监督之下进行的,认真听讲,严格按照教师的要求完成任务,就不愁没有好成绩,还有什么必要为自己选择学习方式呢?

我的回答更简单:事实上,你已经在无意中选择了一种学习方式,即现代心理学称之为"接受"的学习方式。这种方式只要求你把教师讲过的知识全部听懂、记牢,并用于应付名目繁多、花样迭出的考试和竞赛,为夺取高分而奋力拼搏。"考试是教师的法宝,分数是学生的命根",这是当前应试教育中最为流行的一种学习方式,在校学生往往是耳濡目染,不教自会。

可是,学生毕竟不是只为成绩而读书,只为升学而学习。课本上的知识只是学生走向社会的"敲门砖",只是他们开创人生之路最初的铺路石。如果学生一味盯着教师,死啃课本,忽视了自己对社会、对人生、对课堂、对知识所应有的主体意识和自己理应发挥的主观能动性,他们的学习就会失去生机与活力,在社会、在人生的重要关头,还会丧失应有的独立品格而随波逐流。

在教学改革的洪流中,学习方式的选择已经成为一个社会问题,不只是到了教师的面前,也更为严肃地呈现在每一个学生的面前。例如,由应试教育转变为素质教育的问题,教学目标由让学生从"学会"转向"会学"的问题,各科大纲和教材都要求切实培养学生的自学能力等,都要求学生在学习观念与学习方式上有较大的转变,而要实现这一转变,就要解决学习方式的选择问题。

未来社会,虽不完全排除"应试"教育,却更注重人的素质的全面发展。在素质教育中,虽不排除基础知识与基本技能的传授,却更注重实际应用能力与创造能力的培养,更为倡导发现型的学习。"发现法"为美国心理学家布鲁纳所倡导。他在《发现的行为》一文中说:"发现不限于那种寻求人类尚未知晓的事物,正确地说,发现包括用自己的头脑亲自获得知识的一切形式。"他还发现小学三年级儿童凭借自己的力量所做的发现与科学家在尖端领域所做的发现,其思维过程与方法有着惊人的相似:"按其实质来说,不过是把现象重新组织或转换,使人能超越现象,再进行组合,从而获得新的领悟而已。""发现法"的教学特点是:多让学生根据自己观察到的事实和阅读过的资料,作出独立性的分析与综合,从中发现特点和规律,然后作为个人的认识成果加以储存。教师则注重对学习方法的指导和学习效率的考察,而不把知识作为现成的结论或以"标准答案"的形式灌输给学生。

对于接受知识来说,传统的接受法比较省时、省力,且有利于保证知识的准确性和系统性,但学生往往对教师和教材有较大的依赖性与盲从性。就培养能力和发展智力来说,应多借助于发现型的学习。用"发现法"学习得到的知识,可能不够系统,还可能不够准确,却是学生通过独立探索得来的,有时还是经过十分艰苦的探索才收获的。这种学习过程,不仅可以培养学生自立、自强的主体意识,学会独立获取知识的本领,而且对已经获取的知识,也会理解得更深刻,记忆更牢固,应用能力也会更强。

爱因斯坦在为接受诺贝尔奖而撰写的只有 14 行的简短自传中,曾特别提到他在阿劳中学接受一年教育的巨大收获,在逝世前一个月的回忆录中,再一次强调了阿劳中学的教育方式是何等的优越:"同我在处处使人感到受权威指导的一个德国中学的 6 年学习相比,我深切地感到,自我行为和自我负责的教育,比起那种依赖训练、外界权威和追求名利的教育来,是多么的优越啊!"

显然,"发现法"的学习是能够充分体现自我行为和自我负责精神的良好教育方式之一。当然,其他学习方式也都有自己的特点和优势,但却不可能十全十美。我们要能取其长避其短,就必须学会选择,而选择本身,就是主体意识强烈的具体表现,就是将主观能动性自觉作用于学习过程的生动体现,就是爱因斯坦所赞扬的"自我行为和自我负责的教育"的良好开端,其效果则是任何被动性的学习过程都无法比拟的。

因此,教学生学会选择既适合自己的特点,又能提高学习效率的学习方式,应该是让学生由"学会"走向"会学"的第一步,也是让学生从学习中学会学习的可靠途径。

教学中如何进行针对性的辅导

京山市宋河镇小学　宋明军

一、"学困生"形成的原因

为在教学中真正做到对"后进生"进行针对性辅导,对症下药,达到事半功倍的效果,我将"学困生"大致分为三类。

1. 智障型学生

这类学生比例极少,是由智力因素决定的,其形成原因可能是父母遗传或受其他对智力发育不利的因素影响。

2. 成长缺失型学生

这类学生较为普遍,最为典型的就是隔代监护和教育。这部分学生的父母由于工作或生活的需要而不得不离开他们,也有的学生是由于父母离异而由爷爷奶奶进行隔代抚养教育,从小在溺爱中成长,从小养成不良的习惯,导致进入学校后学习成绩不理想。

3. 学无目标型学生

这类学生的比例也不在少数,主要是部分家长对其子女的行为表现和学习成绩漠不关心,孩子学不学,成绩好不好无所谓,甚至有的家庭把教育子女的责任全部推给学校,而没有尽家庭在孩子成长中的教育责任,对孩子引导不当,认为读书无用,以致部分学生从小失去了学习兴趣,毫无目标,学习成绩差。

二、针对性的辅导策略

通过分析"学困生"形成的原因,结合京山市三年教育振兴计划,因材施教,让人人有不同的发展,培养学生的自尊心和自信心,给学生一个自由发展的空间,这是教师义不容辞的责任。对此,我主要采取了以下做法。

1. 以情动情、以诚相待

教师应紧紧围绕"学困生"的情感展开工作。以真情去打动他们的心灵,让他们感受到你没有放弃或歧视他们,而是真心实意地去帮助、关心和爱护他们。智障型学生在学校生活中由于先天的原因在各方面慢人半拍、落后于人,在集体生活中产生自卑心理;而成长缺失型学生在日常生活中缺乏必要的关心、爱护甚至赞许,他们缺乏学习的动力和激情,当我们用爱去滋润他们时,他们立即有了生活、学习的自信和动力。我所教的三(2)班学生小彭是一个农村孩子,由于先天口吃,加之父母离异,重组家庭又有小孩,他长期在不满、沉默,甚至自卑中生活,不与同班同学交流,学习成绩一直处于下游,我了解情况后,通过找他谈心,分别将他的成绩和状况与他的父亲、生母、继母做了沟通并提出要求,请他们分别到学校和我面对面地交流,提出各自的想法和顾虑,多次交流后,大家在教育孩子的态度上达成了共识。这件事的处理,让小彭感到没有人歧视他、放弃他,相反大家都在关心他、爱护他。

2. 结合实际,因材施教

在全面摸清、认真找准情况的基础上,针对不同的"学困生"结合实际,因材施教。如对智障型学生要降低要求,重学基础;对成长缺失型学生要给予关爱、重在倾情;对学无目标型学生要给他们树立榜样,指引方向;对学习方法不当型学生要注重方法指导、全面转化。实际教学过程中,要经常性完成这项工作,就需要我们不断地坚持和探索。现在我在每一堂数学课上基本上都能做到在完成当堂教学任务的同时,针对班级不同学生设置不同的教学小目标,让不同水平的学生每堂课都有所学、有所获。

在教学一位数除三位数的笔算时,我设置了3道巩固练习题:①括号里最大能填几,如6×( )<38、( )×8<66;②257÷5的商是( )位数,804÷6的商是( )位数;③计算25÷4、256÷4。以上三道题有易有难,既有新知识的学习要求,又有旧知识的铺垫,学生有巩固、有提高,有复习旧知识的轻松,也有掌握新知识的压力。

3. 注重基础、转化提高

夯实基础是促使他们上进的突破口。我在完成当堂教学任务,教授新知识的同时,还会有目的、有准备地给他们安排一些衔接式的练习,在接受和掌握新知识的同时,巩固提高旧知识。在教学两位数乘两位数笔算乘法时,我设置了2道复习题:①口算20×20=、24×10=、40×50=、12×30=;②笔算24×3=、78×8=、124×5=。又设置了2道巩固题:①计算23×13=,这道题可以先想 23×10=____,再想 23×3=____,最后把两个积相加,即23×13=23×10+23×3=____;②计算33×31=,这道题可以先想__×__=__,再想__×__=___,最后把两个积相加,即33×31=__×__+__×__=__。通过以上小目标的设定,让一部分"学困生"比较清晰地掌握新旧知识之间的联系,以旧学新,有事半功倍的效果。

培养注意力　任鸟高飞

钟祥市冷水镇小学　姚　华

一、小学生注意力不够集中的表现

1. 不能长时间地保持注意力

我们在实际教学中发现，大部分儿童连续保持注意力的时间只有十几分钟，有的甚至更短。大部分学生在上课一段时间后，注意力就会分散，尤其是低年级学生。还有少部分"学困生"，只要学习就走神，大脑始终处于懵懵懂懂的状态，对教师上课所讲知识难以理解。

2. 没有良好的学习习惯

要想养成良好的学习习惯，首先要有良好的听讲习惯。在教师授业、解惑时，学生如果注意力分散，关键知识点的理解就会出现问题，更不要说掌握了。其次，在做作业时，教师大都要求学生集中精力，认真、仔细、高质量地完成，然而在现实中，并不是所有的学生都能达到这一要求。

二、注意力不能集中的成因

小学生在课堂上不认真听讲，不认真思考，不认真做作业，非常容易走神、开小差，想与学习无关的事情，这是在课堂上非常普遍的现象。这也是学生成绩不好，教师授课效率差的主要原因。但这种注意力容易分散、不够集中的形式是多种多样的，总结起来主要有以下几种形式。

1. 学生对所学知识的兴趣影响了课堂注意力

俗话说：兴趣是学生学习最好的老师。而在实际教学中，我们往往感到学生注意力分散，与学生学习兴趣的减弱有很大的关系。学生对所学知识没有了兴趣，完全靠外在的压力，学习是难以奏效的。学习兴趣的缺失影响了课堂学习的注意力。

2. 活泼好动，影响学生的注意力

活泼好动是小学生的天性，特别是男孩的天性。在课堂上活泼本是我们提倡的快乐学习的一部分，但少部分学生的活泼好动超出了课堂纪律的范畴。这种情况虽是少数，但这种情况既影响了学生自己的注意力，又影响了他人的注意力。

3. 缺少关爱,不良习惯影响注意力

我们学校主要是乡村儿童。现在的父母大多都外出务工,把他们从小丢在家里,由祖父、祖母隔代抚养,再加上现在离婚家庭偏多,有的孩子或寄养在亲戚家中,家长无暇顾及。还有的家长要么过分溺爱孩子,要么只关心孩子的分数。对孩子的行为习惯方面很少真正关心。

4. 入学年龄偏低,睡眠时间不足,导致学生注意力不集中

现在小学儿童的入学年龄是六岁,但很多家长把不到入学年龄的孩子提前送入小学接受教育。由于年龄小,孩子不能跟上教育节奏,从而影响了注意力的集中。我们学校大多数学生是坐校车上学,很多学生在五点钟左右就被叫醒,睡眠严重不足,也是影响了注意力的因素。

三、培养课堂注意力的措施

小学生课堂注意力是小学生在课堂 40 分钟内产生和发展心理活动的不可缺少的心理状态。学生的注意力能否长久,与他们的注意对象有着密切的关系。所以教师在课堂上就要时刻把握学生学习的动态,注重他们的心理反应,及时调整他们的学习心态,做到以下几点。

1. 规范课堂教学程序,树立典范引领前行

儿童上学后接触最多的是教师。所以教师是学生最直观、最重要、最活生生的榜样。教师的言行举止、性格习惯、品行修养等都对学生起到潜移默化的作用。与其夸夸其谈,生硬说教,不如以身作则,以身示范。在我们要求学生保持课堂注意力的同时,我们自己也要养成良好的习惯。平时教学中,有的教师上课注意力不够集中,讲课时东扯西拉,不着边际,给学生造成了很坏的影响。因此,在上课时,教师也要注意力集中,要尽量做到讲课字正腔圆,让学生感受到知识的无穷魅力,从中享受学习的快乐。

2. 运用现代教学设备,激发学生学习兴趣

兴趣是学习成功的秘诀,是产生求知欲望的基础。小学生在课堂上获取知识,能不能集中注意力学习,往往与其对学习的兴趣有很大的关系。而课本知识是呆板的、枯燥的,如果照本宣科,很难激发小学生的学习兴趣。这就需要我们在实际教学中努力创新,用新方法来激发学生自觉集中注意力,产生兴趣。比如在语文教学中,学习古诗时,给学习的古诗配上惟妙惟肖的活动场景,再配上轻松、愉快的音乐。这种新方法的使用,能够集中学生的注意力,让他们在现代化的教学方法中,感受中华文化的博大精深。

3. 尊重孩子、大胆放手，培养独立学习能力

现在的小学生大多数是独生子女，在家享受着"小皇帝""小公主"的待遇，来到学校学习时，一时也改不了这种依赖别人的不良习惯。再加上部分教师也喜欢"满堂灌"的教学模式，一节课教师不停地讲，不给学生独立思考、解决问题的机会。

前几年在全国推广的山东杜郎口中学，就采用了让学生自己独立思考、独立学习的教学模式，并且效果很好。这说明了只要大胆放手，真正让学生成为学习的主体，真正调动他们的求知欲望，给他们更多的自由活动空间和更多的独立思考的机会，就会取得一定的成效。

4. 执行到龄入学制度，返还学生快乐童年

不同年龄的人应该做不同年龄该做的事情。但现实中的家长们大都认为自己孩子上学越早就越好，越能赢在起跑线上。他们要求自己的孩子过早地上学，既伤害了儿童的身心健康，又抹杀了他们的学习兴趣。因此，我们要严格执行到龄才能入学的制度，还儿童应有的快乐童年。

5. 保障充足睡眠时间，提高课堂学习效率

据研究，小学生的睡眠时间为全天十小时以上为好。充足的睡眠能使学生有一个清醒的头脑，进行繁重的学习，也能使上课时的注意力高度集中。教育部门也规定，学生夏天不得早于七点到校，冬季不得早于八点到校。如今，乡镇学校的走读学生大都在凌晨五点睡意最浓的时候就被叫醒了。大多数学生晚上九点以后上床睡觉，早上五点起床，睡眠不足八个小时，有的更短。睡眠不足的学生上课注意力不高，注意力难以集中。因此，保证小学生充足的睡眠时间，来提高他们的课堂注意力，是非常有必要的。

"培养好注意力，任鸟高飞！"虽然小学生课堂学习注意力不集中的原因是多方面的、复杂的，但在课堂上，我们要通过适当的方式和方法，因人而异地引导学生集中课堂注意力，使学生能深入地、细致地观察和思考，激发其浓厚的学习兴趣，在获取文化知识的过程中，感受健康、快乐的学习，体会满满的成就感、自豪感。

基于微课的"翻转课堂"教学初探

荆门市东宝区子陵铺镇子陵初级中学　赵文丽

信息技术和教育技术的进步,促进了教育教学方式的改变,微课、"翻转课堂"正是在这样的时代背景中应运而生。有些教育者认为这个模式能够提高课堂有效性,但也有学者认为"翻转课堂"会增加学生负担,影响师生交流。笔者带着好奇心和探索欲望对"翻转课堂"模式在语文教学中的实施进行了初步探索和实践。

一、"翻转课堂"和微课

"翻转课堂"式教学模式,是指学生自行完成知识的学习,将课堂变成教师与学生之间和学生与学生之间互动的场所,包括答疑解惑、知识的运用等,从而达到更好的教育效果。我们可以这样理解"翻转课堂",即学生首先在课前利用教师分发的材料(包括音频、视频、教材、学案等)自主地学习课程内容,然后在课堂上与同伴和教师互动(释疑、解惑、探究等),并完成对所学知识的理解和应用练习的一种学习方式和教学形态。

微课是指以视频为主要载体,记录教师围绕某个知识点或教学环节开展的简短、完整的教学活动。

与传统课堂教学相比较,基于微课的"翻转课堂"可以让学生获得更多、更优质的学习资源,而且使整个教与学过程变得更高效,这种教学方式学生也更乐意接受,他们成绩的提高也是显而易见的。

二、基于微课的"翻转课堂"教学的实施

有效的"翻转课堂"能够使学生从被动接受知识变成主动学习,且有利于促进学生的知识建构和内化,有利于实现分层教学。学生的自学是一堂课的起点,也是这种课堂教学模式的最大特色和亮点。课前自主学习知识的选择与学生已有经验和知识存在密切联系,通过教师视频讲解,大部分学生都能够自主掌握。下面就以《最后一次讲演》一课为例,阐述基于微课的语文"翻转课堂"是如何借助信息化环境和信息技术实施教学的。

1. 教师创建微视频和自学任务

自学任务是"翻转课堂"必不可少的,它对学生的自主学习起引导和提示

作用,避免了学习的盲目、无方向,让学生在自学任务的统一调度下进行学习。

2. 学生通过自学课学习观看微视频,完成自学任务

因农村学校条件有限,无法实现学生在家利用互联网学习的模式,因此,笔者在正式课之前,安排了一节自学课,用以观看微视频,完成自学任务。这样既统一了学习进度,也方便师生在这里讨论、交流、共同促进,在这样的氛围里,学习是自由的、放松的、简单的、快乐的,同时也是高效的。

3. 课堂上师生之间、学生之间互动讨论、演练

自学课上,学生通过分组完成了既定学习任务,在课堂活动环节,笔者采取小组汇报的形式为学生提供演练平台,让学生充分展现自己的优点和个性。课堂活动如下。

活动一:感——聚焦文本。小组派代表发言,分享通过自学所感受到的闻一多先生所具有的精神、品质和思想感情。教师在学生回答的基础上进行总结、补充,为下一活动营造氛围。

活动二:演——重温过去。小组派代表还原演讲现场,学生进行点评,教师在学生点评的基础上进行有关演讲的指导,既对文章情感进行加深,又锻炼和提升了学生上台演讲的能力。

活动三:品——研讨语言。通过上面两环节对文章情感的把握和内化,此活动环节引导学生聚焦文字本身,从句式、修辞、词语、人称几个方面进行语言品析,鼓励各个小组成员自由发言,从而更好地把握演讲稿的写作。

活动四:讲——精神传承。根据课前准备,请学生分享以"革命精神照我行"为主题的演讲稿,为课后开展这一主题的演讲比赛进行热身,鼓励学生将情感进一步升华,提高对演讲以及演讲写作的乐趣。

以上几个主体活动构成了基于微课的语文"翻转课堂"整个教学过程,每一个活动的设计,都是信息技术与语文学科教学的整合与重构,信息化环境和信息技术在教学中形成有力的支撑。

三、"翻转课堂"实施中的反思

本单元是活动探究单元,以活动任务为核心,培养学生的思维能力和口头表达能力。因此,本节课设计了"感知文本""讲演重温""研讨语言""精神传承"四个活动,让学生在理解作者情感的基础上更好地进行演讲,并在演讲的回味中体味语言的表达妙处,最后进行情感升华,环环相扣。

农村小学班级文化创建的初探

荆门市高新区·掇刀区麻城镇雷集小学 吴舒婕

过去的教育是应试教育,教师是知识的灌输者,学习成绩的好坏成了衡量一个学生的唯一标准,显然这是不正确的。所以新时代的教育提倡素质教育,提倡将全面发展作为学生的发展方向。学校对学生的教育不能只停留在知识的传递上,也应该注重培养学生的思想道德品质,为他们树立正确的世界观、人生观、价值观,让学生的个性得到全面发展。因此,班级文化的建设变得格外重要。

入校以来,我一直担任六年级学生的班主任。我认为班主任不是班级的主宰者,而是班级的引领者,要把个体精神生命发展的主动权交给学生。同时,由于六年级的学生开始进入青春期,有了自主意识,开始对教师的言语和举措产生怀疑,甚至有反抗行为,因此作为班主任,更多的时候应该以朋友的姿态与学生交谈,摒弃命令式的语言,通过分享、分析让学生能够了解其行为语言正确与否,从而让学生形成一个正确、健康的价值观念。所以,我的班级管理,从倾听学生的声音开始。

一、共立班规,形成合力

每个学期开学之初,我都会让学生自愿竞选班委,然后投票,而不是采用任命制。班委竞选好后,我会首先组织班委一起制订一些适合我们班级的班规,对于那些完全不符合要求的班规,我会建议他们进行修改,然后在班会上集体投票,最后确定五条班规。比如有个同学就提出了"课间休息不吵闹"的班规,他说:"大家总喜欢在教室疯赶打闹,甚至在教室里拍球,这影响了很多写作业的同学,而且有时候太吵以至于都无法听见上课铃声。我建议将这一条设为班规,给同学们创造舒适的休息环境。"很多学生都同意了这一点。这样制订的班规才能让学生记忆更加深刻,而且学生们也更能遵守这些班规。

二、搭建图书角,书香满室

有一天,语文科代表来给我提建议:希望在教室搭建一个图书角。当时我挺诧异,问了一句:"你怎么会有这个想法呢?"她说:"我们班同学的阅读水平不太好,好几个同学在一起讨论了一下,所以来征求您的意见。"我想到最近看到的关于高考改革的新闻"语文高考最后要实现让15%的人做不完",得语文者得高考,得阅读者得语文,我欣然采纳了她的建议。但是有想法是一回事,做起来又是另一回事。于是我特意在班会课上征求了全班学生的意见,学生们都很赞同。这样,全班23名学生每人买1本中外名著,一学期大家就可以阅读23本书。于是小小图书角就搭建了起来。为了鼓励大家阅读,我每两周安排一次交流时间让大家互相分享阅读的收获,阅读同一本书的学生就有了共同的话题,慢慢地大家的阅读能力有了一定的提升。

三、美化环境,愉悦身心

我们学校地处农村,我经常会带学生们外出活动。在一次踏青活动中,我发现有一个女生对植物特别感兴趣,看见漂亮的花,她就会兴奋地冲着我说:"老师,你看这些花好美呀!要是能把春天搬进我们教室就好了。"我想,让学生亲自种植自己喜欢的花草,不仅可以陶冶情操,还能美化环境。于是,在春暖花开的季节,我开始引导学生培育小小的生命,把春天带进教室,和他们一起见证生命的绽放与精彩。那是学生们第一次种花,每个人都小心翼翼的,他们会事先从网上了解自己种植的植物的习性,早上起床后会去给种子浇水,夜晚温差大的时候会把它拿进室内,几个星期过后,看到小小种子破土而出的瞬间,他们惊喜了好久好久,就像发现了生命的秘密。他们一直在等着花开,而我也等着他们的绽放。

四、挥洒汗水,一起拼搏

我的学生们几乎都是留守儿童,家住得比较远,因此都是住校,每天下午都会进行体育锻炼。一次,数学科代表去办公室交作业,看到我在伏案批改作业,他就悄悄跟我说:"老师,您下班了还在改作业啊,太辛苦了!我建议您出去跟我们打下羽毛球,劳逸结合嘛!"我想了想,或许我能通过和学生们一起活动拉近我们之间的距离,于是跟大家一起商量好了羽毛球双打规则,比赛就开始了。大家两两合作,拼尽全力。汗水挥洒在了操场上,笑容也洋溢在了我们的脸上。

班级教育活动不仅是一种认知活动,而且是一种情感交流的活动,情感的交流应该是双向的。一个好的班主任,要尊重每个学生的想法,学会倾听每个学生的心声。倾听,才能了解学生的真实心声,从而给疑惑者以解释,给困难者以帮助,给失落者以鼓励,给徘徊者以心灵的点拨。学生的世界是丰富多彩的,学生的心也是世界上最真、最善、最美的!不信,你听!

浅谈幼儿园户外游戏活动

荆门市屈家岭管理区实验小学幼儿园　郑春艳

《幼儿园工作规程》中指出,幼儿园保育和教育的主要目标之一是"促进幼儿身体正常发育和机能的协调发展,增强体质,培养良好的生活习惯、卫生习惯和参加体育活动的兴趣"。"体能大循环"是通过体能训练发展人体各个器官所具备的能力的活动,在提升身体素质方面包括速度、力量、敏捷、柔韧、协调、耐力等方面,另外还能提升跑、跳、走、投掷等运动技能。如何科学合理地利用园所场地,创设一种幼儿感兴趣的体育锻炼形式,让幼儿通过基本动作的练习有效地锻炼身体,提高身体素质?我们为此对幼儿园户外"体能大循环"户外游戏活动进行了研究和探索。

一、充分利用幼儿园的户外场地,合理规划"体能大循环"的区域

为保证"体能大循环"活动有序、有效地开展,在活动前根据各年级幼儿年龄特点及园所实际情况,对活动场地进行科学的规划。

(1)因地制宜,场地设施与周边环境有效结合。比如利用幼儿园大厅门口的几级台阶设置行走区,训练小班幼儿上下楼梯的行走能力;利用大型滑梯设置攀爬区,训练中班幼儿的攀爬能力;利用水泥地面的游戏跳格设置蹦跳区,训练大班幼儿按规律蹦跳的能力等。

(2)设置"体能大循环"活动区域:奔跑区、跳跃区、平衡区、爬行区、跨越区、钻爬区、投掷区、攀爬区等。

(3)在设置区域时,要考虑幼儿基本动作的发展状况,运动的密度和强度,各区域之间活动的性质等,做到低强度、高密度、急缓结合、动静交替,使幼儿的体力和耐力不断增强,体质得到提高。

二、科学配备"体能大循环"运动器材,发挥各类器材的不同功能

运动器材是诱发、支撑以及发展幼儿自身运动能力的重要媒介,也是其运动水平增长的基础载体,所以在"体能大循环"活动区域中理应配备不同的运动器材,以此满足每名幼儿的运动需求,促使其运动潜能得到有效激发。

(1)在各个不同的活动区域中,根据幼儿个性需求,提供由易到难、由简到繁、不同材质、不同层次的运动器械。

如在奔跑区用多根软棒连接设置彩虹跑道和S形弯道,放置障碍物、标志杆,小班幼儿以直线跑为主,中班幼儿以弯道跑为主,大班幼儿以绕开障碍物为主;在跨跃区放置长绳、高低不同的跨栏、鞍马凳等,小班幼儿用长绳摆设宽窄不等的"小河"练习单双脚跨跃,中班幼儿用高低不等的跨栏练习单双脚跨跃,大班幼儿则用高低不同的鞍马凳进行单双脚跨跃;在平衡区投放平衡木、小翘板、风火轮、梅花桩、高跷、滚筒等,小班幼儿用易于把控的平衡木、小翘板进行平衡练习,中班幼儿加大难度,用梅花桩、风火轮进行平衡练习,大班幼儿则使用高跷、滚筒这样有挑战性的器械进行平衡练习。

(2)要想使幼儿玩得开心、玩得尽兴,在投放器械时需注意以下几个方面。第一,投放的器械需具有游戏性。如在小班组"体能大循环"的投掷区放置的"喂小动物食物"器材,有纸箱制作的大嘴巴老虎、大嘴巴狮子、报纸球、小皮球、沙包,幼儿们走到"动物园",在"动物园"的护栏外向它们投掷"食物",当看到"食物"落入动物的大嘴巴时,幼儿们产生强烈的成就感。第二,投放的器械需具有挑战性。如在大班组"体能大循环"的攀爬区可以投放木梯、木板、木凳、木桌等。幼儿们在教师的帮助下,用这些器械搭建成高低不等、错综交织的立交桥或铁塔。幼儿们可以从平滑的木板搭建的斜面爬上木梯搭建的悬空的"立交桥",再攀上高高的木架"铁塔",下来后再上第二座立交桥——这些富有挑战性的攀爬组合,特别受大班的男生喜爱。第三,投放的器械需具有层次性。如在中班组"体能大循环"的投掷区投放卡通动物靶、沙包、报纸球、小皮球、飞镖、流星球等器材,玩"打猎"的游戏。幼儿可以根据个人的喜好和能力选择大小、轻重不等的投掷物,选择远近不等的站位向"猎物"发起"射杀"行动。第四,投放的器械具有多种玩法。如沙包的多变玩法有在"丢沙包"的游戏中当"炸药包",在"打猎"的游戏中当"射杀武器",在"小羊过河"的游戏中顶在头上当"帽子"等。

幼儿们天性爱玩,但是当前社会游戏种类丰富度越来越高,幼儿们可选择的游戏方式也多种多样。为了能够有效吸引其注意力,教师应当合理应用运动器械,将其本身的层次性价值展现出来,促使幼儿们逐渐转变自身态度,进而对于器械运动产生足够的兴趣。

三、合理安排,有序开展"体能大循环"活动

运动的过程其实在某种意义上可以算作是幼儿和环境以及设施进行全面互动的过程,教师为其提供不同类型的设施,幼儿们便能参与不同的体验活动,并且在活动的具体过程中感受到乐趣。

(1)首先根据幼儿年龄特点及动作体能发展需要制订科学合理的"体能大循环"活动方案,包括活动内容的设计、活动器械的投放、活动场景的布局、活动音乐的选取等。注意一定要根据班级幼儿的年龄特点设置难易合适的内容,器械投放数量充足,场景布局动静结合,音乐活泼、欢快。

(2)"体能大循环"每个星期设置1~3次即可,每次时间40~60分钟。若过于频繁或时间太长,幼儿会体力透支,感觉疲惫;若时间太短,则达不到锻炼的效果。

(3)在"体能大循环"活动前,熟悉各个循环项目的玩法和规则。各班级可以在平时的晨间游戏和户外游戏时段集中学习各个项目的玩法和规则。当每个项目都熟练后,幼儿再进行"体能大循环"活动时就可以从容不迫、大胆自如地迅速完成各个项目了。

(4)教师既是幼儿"体能大循环"活动的组织者、引导者,又是活动的支持者和合作者。教师一定要融入幼儿群体中,做到物质环境和精神环境并重,技术环境与人际环境兼顾,营造愉悦热烈、积极向上的活动氛围。保障幼儿活动的安全,鼓励每位幼儿不断尝试超越自我极限。释放幼儿天性,尊重幼儿个性,让幼儿敢玩、会玩、乐玩。

(5)根据活动情况,适时调整"体能大循环"项目的玩法和规则,鼓励幼儿"一物多玩"。当完成一轮循环游戏,但循环音乐还没结束时,可以鼓励幼儿用同一组器械创造性地进行其他玩法的探究。比如,在爬行区比较窄的软垫上完成了爬的动作后,可以继续利用软垫玩"跳软垫"的游戏,即将双手叉腰,双腿打开,从软垫的起始位置一直跨跳到软垫的终点位置。

幼儿园"体能大循环"的任务主要是培养幼儿对体育活动的兴趣,学习走、跑、跳、爬、钻、高空触摸球类等,其中兴趣培养是重点,发展智力是根本。"体能大循环"的游戏模式活跃,打破了集体式游戏的呆板,改变了幼儿在集体式游戏中的"消极等待"现象,极大地提高了幼儿参与体育锻炼的兴趣。"体能大循环"的游戏内容丰富,可以常玩常新,不仅能培养幼儿参与活动的自主性,也能培养幼儿的集体意识、合作意识、互助意识,有效地促进幼儿的体能发展。

一节音乐公开课应该做的工作

京山市实验中学 唐 会

一节好的公开课是开展教学研究活动的重要形式,也是教师展示自己教学思想、教学艺术的重要舞台,一位优秀教师的成长,离不开公开课的磨砺。因此,如何上好公开课是每一位教师必须面对的问题。作为已经从事初中音乐课教学二十几年的教师,我从大大小小的音乐课竞赛中总结了以下几点自己的心得。

一、确定课程

(1) 所选教材的内容能较全面地反映教师本身对学科基础知识的掌握和理解,较全面地展示教师的教学基本功和教学能力,也就是说音乐教师可选择自己擅长并且非常熟悉、有一定研究的课。比如,擅长声乐的教师可选择唱歌课,擅长舞蹈的教师可选择有舞蹈元素的课,擅长器乐的老师可选择欣赏课和器乐课。选择擅长的课,教师就会得心应手,就会有自信,也就会事半功倍。教师在课堂上的展示也会给听课的学生和其他教师美的享受。

(2) 最好不要选过于热门的课题。由于选讲这些课题的人太多,教学设计容易落入俗套,不易展现授课教师的特点和匠心,很容易使公开课变成常规课,成功和获得好评的机会不大。

(3) 不要选重点、难点多,在一节课中难以解决的课题。知识点多的课容易使教师在课堂上讲得过多,减少了学生活动和师生互动的时间,不能体现出学生的主动性和合作探究能力,很难体现出新课程改革的特点。相反我们要选择的课程内容应能在有限时间内完成,并且还能在拓展与活动中让学习的主体内容能够"锦上添花"。这样,才能让每一位学生通过本课的学习真正做到巩固落实,完成学习任务。

二、课程的设计

(1) 选定课程后,音乐教师首先就要查阅大量有关授课内容的文字、音频、视频,要对教学内容有全面的理解和把握,然后可在网络上寻找其他教师的教学设计、课件和录像课,过滤出自己的教学灵感,设计出自己的教学思路,然后根据思路整理出自己的课堂设计,在反复设计中,根据教学的需要进行取舍,该详则详,该简则简。

（2）教师所设计的每一个教学环节、每一个设问，都要有明确的教学目的，并且要做到每一个环节过渡自然，环环相扣，让学生在一环一环的学习中探究出本课的重点、难点，完成学习任务。

（3）教师在课程设计中要有亮点，这是一节成功的音乐课必须具备的要点，当你的课上完了，那些引人谈论、赞许的地方就是亮点，如果没有，说明这节课准备得不够好，没有亮点。这个亮点不仅仅是形式上的亮点，更重要的是，这个亮点必须为内容服务，它的作用是"锦上添花"而不是"画蛇添足"。

三、课件的制作

在制作课件时，音乐教师可利用图片、音频、视频、动画、文字的加入，调动学生眼、耳、口、手、脑等多种感官来感受，让学生在情感与行为上积极参与进来，促进学生调动想象力和理解能力，让枯燥的学习生动起来、丰富起来，让教学效率能够提高的同时也让学习成为一种美的享受，所以，在公开课中，优秀的课件、精美的制作也是十分重要的。

四、合理的着装

音乐课对学生来说是轻松愉快的，教师既是美的使者也是美的传授者，所以，干净整洁、大方得体的着装在音乐课中十分必要。音乐教师在教学中可以根据自己所选内容着合适的服装。如果教师选择的课程内容是活泼可爱且富有童趣的，那么教师在选择着装上就可选择活泼、舒适、减龄的服装。如果教师教授的是舞蹈课，则可选择与舞蹈类型相关的服装或者饰品。这些元素的加入，会让学生从视觉上直观感受音乐课内容，拉近教师与学生的距离。

五、反复磨课

反复试讲，多次修改。无论教师课前把教案背得多么熟，教学过程准备得多么充分，都不如进课堂给学生们试讲一次所获得的经验来得直接、丰富和有针对性。学生就是授课的一面旗帜，指引着我们讲课的方向，左右我们的课堂。在学校试讲时可先不用请指导教师听，只要自己在学生面前讲一遍，就知道这节课是成功还是失败，看一看学生的反应和自己的情绪，一个有经验的教师就应该知道这节课的内容该如何取舍。授课内容修改好后，再请指导教师听课，对于指导教师提的宝贵意见与建议，要做好记录，慢慢地琢磨，然后能吸收的吸收，能改进的地方改进，将试讲中存在的问题一一改掉。没有最好只有更好，不断试讲、反复磨课,只要你有耐心、有恒心,你的课会变得越来越好。优秀的教师都是这样成长起来的。

1. 放松心情、调整状态

在上公开课前,可先与学生做一个短暂的交流,一是让学生先熟悉自己今天的打扮,以便上课时能较快地集中注意力。二是与学生互动,如聊聊天、开个小玩笑、夸夸他们、让他们评价一下今天老师的着装等,在轻松愉快的聊天中消除学生的紧张心理,同时也可缓解教师课前的紧张情绪。

2. 落落大方的教态、优美动听的语言

在授课过程中教师应使自己的教学语言风趣幽默,富有感染力和激情,还要注重手势等形体语言的运用,这是教师素质、修养和精神内涵的展示。努力为学生创设宽松和谐的课堂环境,使学生能够轻松、自由地表达自己的观点。

3. 恰到好处的设问、循循善诱的引导

教师在授课过程中给予学生的设问要简单、明了,模棱两可的设问会给学生带来困惑,找不到关键词,不能激发学生探究知识的激情和自信。所以,教师在教学过程中目标设置要明确,通过层层铺垫、步步引导让学生通过问题思考,探究出所授知识的重点、难点,这样既体现出了学生自主探究的能力又让学生找到成就感,体会到学习的乐趣。

4. 过硬的专业技术、敏捷的应变能力

对一名音乐教师来说,专业技术非常重要。动听的歌声、优美的舞姿、炉火纯青的乐器演奏会大大地为这节课加分。在课程准备中,意外是没有准备的,如冷场、学生答非所问、一问三不知、学生的调皮捣蛋甚至课件播放的故障等,这些意外在课堂上都是不可预测的,这就考验教师机智、敏捷的应变能力。想要快速又不失尴尬的化解意外,又能回到自己正常的课程轨道上来,这就需要教师有长期教学经验的积累,是对教师的一大考验,好的处理方式不仅会拉近教师与学生的距离,提高学生的学习兴趣,还会成为公开课的一大亮点。

谈谈中考作文的创新

钟祥市第二中学 余俊荣

作文是学生语文综合素质的体现，写好作文是每个学生和老师的共同期待。一篇好的作文不仅要有优美的语言、新颖的选材、深刻的主题，还要从作文的形式上下功夫。近几年的中考作文证明，绝大多数满分佳作都在作文形式上进行了独特的创新，他们通过对作文外部形态的加工，实现了作文内容和形式的全面创新。

创新无处不在。面对一个作文话题，如果按一般的思路选材立意，直接去写记叙文、散文或议论文，作文也许会写得中规中矩，这样的作文在构思时就流于了平淡，很难让读者感受到别出心裁、别具匠心的形式之美。古代戏曲理论家李渔在《闲情偶寄》中这样说过："变则新，不变则腐；变则活，不变则板。"既然目前中考话题作文一般都不限制文体，那么考生完全可以选择一种自己擅长的文体。擅长构思情节、刻画人物的，可以写小说；擅长剖析事理、有思辨能力的，可以写议论文；擅长综合运用多种表达方式，文采飞扬的，可以写散文。可以设想，同样的话题，同样的选材，同样的语言，同样的主题，能让阅卷老师耳目一新的，只能是形式。因此，考生应大胆发挥自己的创造力，给自己文情并茂的作文寻找一个最有利于表达个性的外部形式。

日记体、书信体是抒发情感、刻画内心的最好形式，可以将复杂的情节演化成具体的时间流程，也可以借助第二人称直接表达情感。章节体便于表达自己的多重情感、多层论点，续写复杂的内心世界，使许多复杂的故事和情感变得条理有序。童话、寓言和科学幻想有利于学生发挥自己的想象力，通过对大自然或未来世界的描摹，写出生动、新颖、神奇的故事。小小说、调查报告、实验报告、新闻、演说词、读后感、会议记录等，这些实用性很强的文体都有固定的格式，都可以作为中考作文内容的外部形式，而考生又可以借助这些特色各异的形式，为作文内容服务，使作文更富有创意。

此外，在紧扣题意的前提下，不管写何种文体，不妨让自己写的作文的"外壳"换个花样：可以为文章列几个小标题，每个标题可以是一个具有特殊意义的词，也可以每个标题都是一句名言；可以采用日记形式，把整篇文章的内容按时间先后分为几部分,每部分冠以日期;还可以用书信形式写一篇记叙文或议论文,文章的"外壳"是一封书信。如果所叙、所议内容切题,"外壳"又较新鲜,那作文的得分自然就会高。

　　作文的文体本无好坏之分,但是有的考生的逻辑思维能力本来就比不上形象思维能力,却偏偏选择写议论文,这样无异于弃长取短。考生一定要选择自己擅长的文体,根据自己的特长来选择文体,表情达意。但有一点,要特别引起注意:文体不限并不等于将文体取消,不可以恣意书写,一会儿写议论文,一会儿写记叙文,这样写出来的文章"四不像",也自然无法讲清道理,无法获得高分。在作文人称的转换上也要慎重考虑,看是否有利于主旨和情感的表达。

　　这样看来,中考作文的创新,首先要看作文话题宜用什么文体,然后选择并充分展示自己的文体优势,考虑自己用哪种文体来写,自己拥有的哪种作文素材最充足。从小学到初中,考生已积累了多方面的知识,除语文外,还有历史、地理等知识,考生应尽可能地调动自己的知识储备,想一想学过的有关课文,想一想读过的课外书刊,想一想印象深刻的哲学道理,想一想老师介绍过的作文佳作,想一想自己的某段刻骨铭心的人生经历,想一想身边发生的大事小事……如若能做到这些"想一想",你就不会无事可写、无话可说、无理可讲,只要上述所想的内容能为文章中心服务,就尽可能用到文章当中去。如果缺乏材料,那就"巧妇难为无米之炊",即便是自己擅长的文体,也只能放弃。另外,考生要善于捕捉自己在考场上的灵感,抓住瞬间引发的兴奋点,并由此产生联想,力争写出有深度和新意的考场作文。

　　总而言之,只要我们时刻增强写作的创新意识,提高自己创新的主动性,拥有对生活和写作的热情,做一个生活的有心人,在实践中体悟,丰富我们的积累,就一定能写出让大家眼前一亮的创新佳作来。

学生创新思维的培养

荆门市石化第一小学 向 娟

陶行知先生提出：解放儿童的头脑，使他们能想；解放儿童的双手，使他们能干；解放儿童的眼睛，使他们能看；解放儿童的嘴巴，使他们能说；解放儿童的空间，使他们能到大自然、大社会之中去扩大眼界，各学所需，各教所知，各尽所能。陶行知先生这种开放式教学的思想，应成为我们实施课堂教学，培养创新意识，形成创新思维和创新能力的重要指导思想。

在教学实践中，教师要着力培养学生的创造性思维能力。创造性思维是发现问题和创造性地解决问题的思维，它不仅能揭示客观事物的本质特征和内部规律，而且能产生新颖的、前所未有的思维成果。具体在教学中如何培养学生的创造性思维呢？

一、要创造开放的思维空间

教师要创造开放的思维空间，教会学生能问、敢问、善问。课堂组织教学应以激发学生"问"的兴趣，教给学生"问"的方法，培养学生"问"的意识，发掘学生"问"的潜能为重点，使"问"的主线不再是传统的教师讲和教师问。走出教师满堂讲、学生满堂听，教师满堂问、学生满堂答的模式；开创学生满堂问，师生满堂议、满堂辩的模式。

二、要鼓励学生求异的思维

"求异"蕴藏着创新，蕴藏着灵性。我们的教师往往会对学生"创新的火花"和"灵性"产生误解。在讲解一年级图画应用题时，我出示了一幅图让学生列式计算。

一位女生说"5-2=3"，又有人说"5-3=2"。大家都表示同意。为什么这样列式？全班一致回答"共有5只燕子，飞走了2只，或飞走了3只。"正当我感到满意准备进入下一阶段教学时，一位男生说："老师，我跟他们列式不一样，5-5=0。"我一怔，脱口问到，这样做对吗？全班学生都说不对。看到这个男生红了脸，我马上又说："我们一起来听听他是怎样想的，好吗？"男生鼓起勇气说："原来有5只燕子，向左飞走了3只，向右飞走了2只，一只也没有剩下，所以用5-5=0。"多好的想法呀！虽然和我们的"正常"思维不大一样，但我对这种"怪异"的想法给予了肯定，表扬了这个学生的创新精神。

我们平常在教学中要通过"一图多式""一题多解""一题多变"等训练，鼓励学生创新求异，对学生的新发现、新观点、新见解给予肯定，排除思维定式的影响，促使学生创新思维的纵深发展。

三、要保护学生丰富的想象力

想象作为一种非逻辑的思维形式，是创新思维的核心，在创新过程中起着举足轻重的作用。爱因斯坦说："想象力比知识更重要，因为知识是有限的，而想象力概括着世上一切。"没有想象力就没有创新，丰富的想象力是人们漫游科学天空的强劲翅膀，要特别重视和保护。

例如，在教学"1的认识"时，首先出示主题图引导学生边观察边思考：图上哪些人和物的数量是"1"？当同学们争相说出"一个小朋友""一支铅笔""一个文具盒""一张桌子"时，突然有个学生冒出一句："还有一条凳子！"这个回答引来哄堂大笑。教师问学生们笑什么？他们异口同声地说："图上没有凳子！"多好的思维啊！教师马上表扬那位学生有创新精神，并让全班同学向他学习。打那以后，学生的思维异常活跃，并不时地产生奇思妙想。如果当时教师对那位学生的"异想天开"的想法"一棍子打死"，便会将学生的创新思维扼杀在"摇篮"之中。

"没有最好，只有更好。"问题的答案往往不是唯一的，不受定势的影响，不受传统的束缚，教师在教学中应引导学生思考、解决问题，要多角度、多方位地不断培养学生的创新思维、创新能力。

让学生在操作中学习数学

荆门市屈家岭一中　左卫东

"先学后教,当堂训练"旨在先学,即学生通过对教材内容的自主学习、交流,在教师引导下达到学习新知,掌握新知的教学方法。开展"先学后教,当堂训练"要求教师要对所学知识进行钻研,把握所学材料是否接近学生,学生能否解决问题,从而达到学习目标的要求。下面是我对人教九年级(上)第 20 页《探究 3》的处理。希望能为"先学后教,当堂训练"的教学方法起到抛砖引玉的作用。

人教版九年级(上)"数学"第 20 页《探究 3》提出：如图 21.3-1,要设计一本书的封面,封面长 27cm,宽 21cm,正中央是一个与整个封面长宽比例相同的矩形。如果要使四周的彩色边衬所占面积是整个封面的 1/4,上下边衬等宽,左右边衬等宽,应如何设计四周边衬的宽度？

这是一个面积与一元二次方程应用的探究,课本通过中央矩形的长宽比为 9:7 而得出上下边衬与左右边衬的比也为 9:7,然后设上下边衬、左右边衬的宽度进行解题。我在上课时让学生自主学习和交流,发现学生自主学习很难,一部分学生根本搞不懂题意,解题思路混乱不清,根本不能达到教学目标。下课后,我反复思考总结,得出结论：①学生不懂封面的这种设计；②学生不理解"边衬"；③学生不明白为什么计算课本上下边衬、左右边衬的比；④直接设出上下边衬、左右边衬的宽度,转为中央矩形的面积列方程,跳跃性过大,不直观。因此在反思后,我对教学做出以下处理：采用边操作边学习的方法进行教学。

问题一：你能把一张贴图粘在书的封面中央吗？这个问题是一个开放的问题,不论学生用什么方法,只要他能把图粘在书的封面中央就行。问题二：你如何用数据说明你粘的图在封面的中央?这个问题引导学生用量来分析问题。当学生说出图距离封面上、下、左、右边的距离分别相等时,图就在封面的正中央了。教师给予表扬并指出：图周围空白的部分叫"边衬"。问题三：现有一张宽为 10cm,长为 15cm 的贴图,要将它贴在书的封面正中央,你能画出要贴图的区域吗？问题进一步升级,学生要考虑四周要留多宽,这就涉及测量、计算、划线多方面的问题,可小组讨论进行。当学生得出上、下留的宽度=(封面长度－贴图长度)/2，左、右留的宽度=(封面宽度－贴图宽度)/2时，教师给予肯定。划线时，教师要引导学生用两点确定一条直线，比如，要确定上边留的宽度时要在封面上找两个不同的点，这两点到封面上边的距离等于上、下留的宽度。下边留的宽度和左、右留的宽度采用的方法一样。问题四：给出一张长26cm，宽18cm的矩形纸片，要在这张矩形纸片正中央贴一张长15cm，宽10cm的矩形贴图，要求上、下边衬同宽，左、右边衬同宽，请计算上下、左右边衬的宽分别是多少？由于以上三个问题得到了解决，这个问题也就不难解决了，学生的计算、交流，也就水到渠成了。问题五：书本上的《探究3》解决问题的关键是什么？学生答"贴图的长和宽"。"四周边衬的面积占整个图形的1/4，那么贴图的面积占多少？如何设未知数列方程？"学生很快设贴图长为$9x$，则贴图宽为$7x$，从而列出方程$9x \times 7x = 3/4 \times 27 \times 21$，达到解决问题的目的。这时，我们再让学生自学课本上的解题方法，学生就感到很容易理解了。

"先学后教，当堂训练"，只有教师深钻教材，合理地为学生提供学习的平台，才能让学生轻松高效地学习。

乡贤文化传承推广问题及策略

京山市绀弩中学 陶 军

"互联网+"概念自2012年被提出以来,对各行各业的转型、创新和发展都带来了积极而深远的影响,尤其是提升了传统文化的生命力、创新力,文化资讯的传播变得极为迅捷,人与人之间沟通、交流的方式也发生了根本性转变。王泉根说:"乡贤文化通常是县级基层地区研究本地历代名流时贤的德行贡献,用以弘文励教、建构和谐社会的文化理念与教化策略。"乡贤文化是区域文化的精华,是前人留下的精神财富,是凝固于一乡百姓血脉深处的情感基因,学校充分挖掘最富本土气息的乡贤文化资源,运用信息技术手段,通过新的方式去传承推广乡贤文化,对学校实施文化育人具有重要的战略意义。

一、"互联网+"背景下乡贤文化传承推广的现状及问题

1. 乡贤文化资源尚未得到学校的重视和发掘

校园文化是一个学校的品牌,是一所学校长期历史积淀和文化建设的产物,其外延广泛、内涵丰富。当下学校在大力加强校园文化建设的同时,普遍存在一个显著的问题,即一味追求"高大上"的文化品牌,而忽略了最具本土气息的乡贤文化,乡贤文化资源尚未得到有效发掘,这对我们教育工作者来说,既是责任,也是义务,更是担当。

2. 与当代文化需求和阅读习惯的脱离

受数字媒介迅猛发展的影响,移动阅读成为未来的发展趋势。然而,学校在乡贤文化的转化上,未将乡贤优秀传统文化置于当代文明中进行转化,未赋予乡贤文化以时代精神和适宜的形式,学校没有对乡贤文化进行科学的通俗化阐释,易用性、普及性及辨识度不足。乡贤文化多以纸质媒介为载体,不适应时下发展迅速的数字阅读,制约着乡贤文化的传播速度和覆盖面。

3. 新媒体应用不充分,传承平台不健全

随着新媒体的发展和普及,学校在传承推广乡贤文化时除了展览、讲座、班会等传统的线下推广方式,也应积极利用网站、微信、微博等线上平台进行推广。然而,无论线上、线下都是一种单向推送,这种程度的互联网介入使乡贤文化的传承模式、载体、途径都比较单一,影响及作用很快消散在碎

片化的海量信息中。

二、"互联网+乡贤文化"传承推广的策略

1. 利用网络优势，深入挖掘乡贤文化资源

乡贤文化资源除去地方史料记载的部分，较大程度上依靠民间的口口相传，质量不一在所难免。通过查阅地方史志，走访乡贤故里来搜集区域乡贤文化资源困难较多，而充分使用计算机和现代通信技术来主动搜索、发起和组织区域内的相关活动则可克服信息采集上的诸多限制。信息技术为乡贤文化资源的严谨性和严肃性提供了甄别信息的手段。学校充分发挥师生积极作用，通过网络云平台，上传区域乡贤文化的相关文字、图像、音频、视频等，实行资源共享。

2. 利用网络媒介，全面系统地展示乡贤文化

"互联网+"时代，网络上的各种文化信息、文化观念、文化形式等都会对学生的思想行为产生潜移默化的感染效应，对他们的思想观念与价值取向的形成产生影响。学校尝试通过不同媒介全面、系统地展示区域乡贤文化，为乡贤立德、立功、立言。如成功上线聂绀弩纪念馆网站，网站设置有"著作、生平介绍、图片音像、纪念诗文、作品赏析、相关活动"等栏目，内容翔实，获得了较大的流量。在学校微信公众号特别开设"乡贤文化"栏目，定期推送"乡贤微文"，微信公众平台相比于其他网络平台在传播方面也具有明显的优势，通过手机等终端可以随时随地浏览资讯、传递信息，碎片化的时间得以充分利用。

3. 发起网络活动，开展渗透乡贤文化的实践活动

网络的重要功能是互动，把乡贤文化活动引入到网络互动平台中去，构建乡贤文化的互动平台，使乡贤文化资源转化为当今学生可以直接接受并能亲身参与的教育活动。围绕"乡贤文化"这个核心，学校发起了一系列的网络活动，如学校举办"践行乡贤文化，彰显立德树人"大型德育活动课，学校全体师生参与此次活动，网络现场直播此次活动，聂绀弩、张文秋等乡贤名人跨越历史的时空，来到了我们中间，让大家更深刻地感受到了京山的人杰地灵。此次活动是一次吸引学生主动接受并参与乡贤文化的实践活动，是传统教育改革的新尝试。

小学生语文自主学习能力培养新谈

钟祥市罗汉寺种畜场八里小学　袁　勤

学生是有情感、思维、主观意识、个体差异的学习者,而不是知识的容器、能力的被塑造者,只有在自主学习的前提下,学生的知识、能力、情感、态度、价值观等才会快速、有效发展。因此,培养学生自主学习的兴趣,教会其掌握自主学习方法是教育永恒的主题。

一、让兴趣成为学生自主学习的动力源

"兴趣是最好的老师。"人只有对某一事物有浓厚的兴趣时,才会孜孜不倦、一如既往地坚持下去。《全日制义务教育语文课程标准》(下简称《课程标准》)中的"关注学生的个体差异和不同的学习需求,爱护学生的好奇心、求知欲,充分激发学生的主动意识和进取精神"正体现了兴趣在语文学习过程中的重要作用。

1. 用新的评价方式激发学生自主学习的兴趣

笔者在课题研究中尝试了新的、不同的评价方式,有显著效果。比如,以月为单位,评选自主学习之星、日记观察之星、朗读之星、积累之星、口语交际之星、进步之星,并在学校公示栏、家校群公示,彰显孩子的个性成长;让学生们自主学习的成果上报刊、上网络,到更大的舞台展示,让他们更加自信；让"进步之星"的家长在师生会上宣讲学生自主学习的真实事例;把学生自主学习的视频、音频在家校群中传播……让千姿百态的花朵在肥沃的土壤中绽放。

2. 在活动中激发学生自主学习的兴趣

兴趣培养是要有载体的。我们教师要在具体的活动中顺其自然地激发学生自主学习的兴趣。笔者的探究如下:每课、每单元听写的词语的正确率比一比;每单元的口语交际必须提前组织学生筹划,届时给足时间赛一赛;日积月累方面,规划好、分好类,让学生在日常收集中理解识记古诗词、谚语、歇后语等,举办擂台赛,颁奖状、发奖品;每周对日记从观察、语言、情感、字迹等不同角度给予表扬,以班级手抄报、家校群等形式肯定学生的进步。

二、让"规定动作、自选动作"成为学生自主学习的习惯源

"习惯即成功。"良好的自主学习习惯的形成是学生自主学习的前提和

保证。笔者在农村小学三阶段的自主学习探究中从"规定动作、自选动作"两方面引导学生快乐自主学习。"规定动作"五到位：文本朗读到位、标注到位、生字词语识记到位、语句理解到位、情感体验到位。"自选动作"五不同：质疑内容可不同、便笺内容可不同、情感感悟可不同、朗读语调方式可不同、书写字体可不同。

在日常学习中，教师只要引导学生把"规定动作"做到位、"自选动作"做创新，定能"润物细无声"地提高学生的自主学习能力，定能"风光不与四时同"地达到让学生学得快乐、教师教得轻松的教学境界。

三、让新时代信息传播途径成为学生自主学习的调和剂

从心理学角度看，学生们自主学习是有疲乏、懈怠的阶段的。我们要根据不同阶段的不同特点，引导学生采用不同的自主学习方法来解决自主学习的困顿。笔者充分利用现代信息传播工具和途径，优化自主学习方式，让学生在生活中学习，在学习中融入社会生活。

"生活即教育。"《课程标准》中描述："语文课程应该是开放而富有创新活力的……应当密切关注当代社会信息化的进程，推动语文课程的变革和发展。"笔者的尝试与探究：文言文，引导学生欣赏古诗词视频，自主学习；散文，引导学生聆听朗读音频，自主学习；口语交际，引导学生录音频发至班级家校群共享；日积月累，引导学生家长录亲子活动视频发至班级家校群分享；辅导留守儿童，利用QQ、微信，多方面、多角度开展帮扶活动。

四、让有效观察成为学生自主学习的助推剂

1. 引导学生用心去观察

在一次春季观察家人劳动的课程中，笔者要求学生用心去观察，不要只用眼去看事情的表面，而是要用心去细细体味，用心去感悟眼睛看不到的东西。一学生观察后描述：凌晨四点，我被炒菜的响声惊醒，闻到辣椒味和香肠味，看到厨房和客厅的灯光通亮。我想起来了，今天我们家请人插秧，奶奶应该是在准备早餐。餐桌上已经摆放了许多好吃的：油条、包子、煮鸡蛋、辣椒瘦肉、花生米……"奶奶，您怎么这么早呀？""奶奶睡不着呗，所以起来做饭。"我知道奶奶的心思，因为请的插秧的人五点钟要到我们家吃早餐，奶奶是心里搁着事，担心误事，所以睡不着。奶奶真辛苦！

2. 引导学生用情去观察

在一次观察人物时，笔者引导学生带着情感去观察，不能只为观察而观

察，观察要表达情感。一学生观察后描述道：我爷爷奶奶太爱我们家了，他们什么苦什么累都不怕！我爸爸是开长途大货车的，一年没几天在家。我爸爸经常给爷爷奶奶打电话，爷爷奶奶接电话时常常都说："我们都好，什么事都没有；庄稼都种好了，庄稼都收好了；我们身体好得很，没病；你一个人在外要注意安全，开慢点，礼让三分……"一个春天的晚上，爷爷奶奶说明天要下雨但玉米还没种完，要连夜种玉米，让我去陪他们，为他们打手电筒照明。我心里又好奇又疑惑不解——夜里种玉米？在玉米地里，我随着爷爷奶奶深一脚、浅一脚地一趟去、一趟来，听着爷爷奶奶讲着爸爸和我小时候的事。我抬头望星空，冷风吹过，我心里默默想着，爷爷奶奶，你们好辛苦，好爱这个家，我爱你们！

五、让合作成为学生们自主学习的催化剂

合作才能扬长避短，合作才能共赢。预习时，与同学合作规避错误；朗读时，与朋友合作增强情感；质疑时，与老师合作消除困惑；诗文阅读时，与父母合作录视频，陶冶情怀；社会实践活动时，与人合作拓宽视野；网络交流时，提高自主学习质量；解难答疑时，与学习工具合作，提升自主学习速度。

"学生是语文学习的主人。"当学生们有了自主学习的动力和习惯，有了自主学习的方法和能力，语文学习就会成为内在需求，学生就会成为快乐学习的人。

素质教育在小学数学教学中的实施策略

荆门市高新区·掇刀区团林铺镇黄岭小学　熊文定

受传统"应试教育"的影响,我国的小学数学教学依然存在着"重知识轻能力""重结论轻过程""重智育轻德育""重学会轻会学"的教育模式和教育思想。教学中,忽视思想品德的教育,忽视思维过程和计算过程的训练,这种"应试教育"不仅束缚学生学习主动性的发挥,而且影响学生的个性发展和创新能力的培养。因此,要改变这种不良现状,必须全面推进素质教育,把素质教育理念贯彻落实到教育教学活动之中。下面谈谈本人在数学教学实践中的一点做法和体会。

一、明确小学数学素质教育的培养目标,树立正确的数学教育观

小学数学教育的培养目标是:培养学生浓厚的学习兴趣,使学生养成良好的学习习惯和思维习惯,提高学生运用知识的能力等。因此,我们要把素质教育有机地、合理地融合到数学教学之中。在培养学生学习兴趣和掌握数学知识的前提下,着重培养学生逻辑思维、分析归纳、严密论证的能力,培养学生独立思考、发散思维、团队合作的能力。

二、强化学生的思想教育

良好的思想教育有助于学生养成良好的学习态度和形成积极的学习动力。教师在数学教学中,可以适时地向学生介绍国内外数学发展史和数学家的成长史,讲述数学在我国社会主义经济建设中的应用以及改革开放取得的伟大成就等,从而增强学生的民族自豪感和投身祖国现代化建设的热情,养成爱祖国、爱人民、爱社会主义的良好品质。在强化思想教育的同时,教师更要帮助学生树立坚定的学习决心和恒心。

三、不断改进教学方法

学生学习成绩的好与坏,完全取决于他对所学知识是否感兴趣,学生学习兴趣的培养又完全取决于教师的教学方法是否适合所教的学生。因为小学生不能自己总结出具体的学习方法,而教师的教学方法在很大程度上决定着学生的学习模式,所以,教师在教学中一定要做到两点:一是激发学习兴趣,兴趣是学习的动力,教师要采用多样化的教学手段来激发学生的学习兴趣;二是教给学生学习方法,课堂上教师要引导学生自觉参与学习活动,

积极思考问题,努力发现问题,认真探索、交流,愉快得出结论。

四、建立科学的评价体系

习近平总书记在2018年9月10日召开的全国教育大会上指出,要深化教育体制改革,健全立德树人落实机制,扭转不科学的教育评价导向,坚决克服唯分数、唯升学、唯文凭、唯论文、唯帽子的顽瘴痼疾,从根本上解决教育评价指挥棒问题。以应试为导向的评价方式,常常用考试分数的多少来评判一个学生学习成绩的优良,用升学率的高低来评价一所学校教育教学质量的好坏,带有很大的片面性。要想全面、科学地评价学生,必须建立科学的教育质量观和评价体系。一方面评价内容要全面,不仅有掌握知识的评价,还有思想品德、认知能力、非智力因素等的评价;另一方面评价方式要多样化,除了常用的笔试、口试考查外,还可以采用实际操作方式考查,或者把教师评价与学生自我评价结合起来考查。

五、进行鼓励教育,激发学生主动学习

学生不仅是学习的主体,也是发现知识的主体。小学阶段的学生年龄小,自控能力差,学习自觉性不高。教师在课堂上指导学生学习时,要引导、鼓励他们积极参与教学活动,变教师"一言堂"为学生积极投入的专题讨论、小组学习、辩论会、角色扮演、模拟实验、集体协作、实地调查、个案分析等活动形式的"群言堂",最大限度地发挥学生学习的主动性和积极性,让学生真正"活"起来、动起来。课堂上,教师还要善于发现学生的优点,对他们的每一次努力和进步都要给予鼓励、表扬,使他们愿意积极思考问题,大胆回答问题,从而激发他们主动学习的热情。

六、培养学生应用知识的能力

小学阶段学到的很多数学知识,不仅能在日常生活中经常见到,而且能够得到实际应用。因此,教师要善于挖掘数学知识中的应用实例,鼓励学生把学到的理论知识充分运用到日常生活中去。例如,教师可以鼓励学生在双休日跟着妈妈去超市买水果,用简便的数学算法帮妈妈算买水果的总价钱。学生通过日常生活中数学知识的运用,可以对自己在课堂上学到的数学知识进行一次很好的检验,使他们真正懂得数学知识的用处。这样,他们不仅会更加乐意学习数学知识,而且会更加灵活地运用数学知识。

第五篇 教海扬帆

浅谈素质教育研究与实践

京山市永漋镇曾口小学 万 莹

一、素质教育的概念以及分类

1. 素质性教育的概念

所谓素质性教育,是一种比较先进、合理的教育方式,它旨在培养和提升学生的综合方面的素质。素质性教育比较注重学生的内心素质培养、各方面能力提高、个性化发展、身心健康。素质性教育与应试性教育相辅相成,二者不是对立关系,二者结合能更好地培养出全面型的优秀人才。

2. 素质性教育的分类

按素质性教育的实现范围来进行划分,国内的素质性教育可以分成个人素质性教育、社会素质性教育、国家素质性教育三个类别。

(1)个人素质性教育。

个人素质性教育,就是针对学生单个个体而言,在校生自己处在应试性教育方式下,通过自己改进学习的方法和模式提高个人素质,从而实现对个人的素质性教育,该学习方式就是个人素质性教育的学习方法与方式。

(2)社会素质性教育。

社会素质性教育,这首先是宏观的一个概念,它是在社会的大范围内实现的一种素质性教育。该模式跳出了单个个体的素质教育范围,强调集体性素质性教育的概念。它突破了个人素质性教育的范围,关系到采用何种教学模式的问题。当前,该模式主要表现在学校范围的素质性教育与地区范围的素质性教育。这种教育模式在一些经济和教育比较发达的地区以及政策比较宽松的城市还有一些压力(升学方面),比较小的学校(如个别小学和初中)采用得比较多。

(3)国家素质性教育。

国家素质性教育上升到全国层面,是指在中国的各个地区和城市以符合法律法规的基础上,来推动大范围实行的拥有全民意义的素质性教育。目前,中国的教育正在改革阶段,而改革的最终目标是要实现国家素质性教育。

二、交流沟通、培训与实践

1. 交流沟通与实践

制订规则:熟悉个人简历,介绍流程和技巧,能按照掌握的技巧对众人进行自我阅历介绍。

设定方法,落地执行,开展交流实践培训——"破冰行动"。

(1)可以按照掌握的内容面对陌生人群进行自我介绍。

(2)能运用各种经验与人进行高效沟通。反馈总结,交流第一课:①必须熟练自我介绍整体流程的因人、因时、因地、因事原则;②熟悉沟通要点——听、说、看、问;③熟悉社交方面的"六不谈""四不准"原则。

(3)课堂上划分演练团队:①学员通过抽签确定自己的小队号牌;②使用肢体表演或者语言提示,不通过号牌直接找到自己团队的伙伴;③小队队名的设定,用特色的创新方法进行集体展示;④评比出效率最高、创意最好的团队。

(4)介绍队员:①进一步解说自我介绍;②细分交流"听、说、看、问"和与人沟通的"六不谈""四不准"原则;③按团队上台演练,每队3分钟,演练个人介绍及沟通,个人简介要简单有创意,能吸引人的注意力,具体话题各小队自己定,要求沟通内容有创意,符合在校学生的日常情况。

(5)评判结果:①大大地提升了学生的信心和心理素养;②建立与别人沟通的实力。

2. 交流培训与实践

规则设定:提升良好的沟通素养,确立与人沟通胆怯、害怕的解决方案,彻底增强沟通时的心理素质,创建阳光、乐观的心理修养。

构建方案,落地执行。

(1)心理素养培训一——能战胜社交心理阻碍,保持健康、阳光的心理,与人进行交流。

(2)心理素养训练二——时时保持微笑行动。

组织微笑活动,评估产生的效果及单个个体小组的任务。

一是按照分的组别来抽出各自的交流障碍方面的例题,小组成员研究分析例题内所述问题的原因,并给出相应的解决办法,同时小组成员上台演练情景剧,由小组负责人总结人们在平时的交流中应该保持什么样的心态。

二是小组成员依照"微笑六标准"共同拍摄一张团体照片,同时在学校内部收集若干张微笑的照片,把行动以及过程用现代化的方式记录并展示出来,以此让学生们对微笑活动有更深层次的了解,从而可以更好地开展这一活动。

三、结束语

素质教育在我们国家的教育建设过程中具有重要的意义,本文通过对其内涵和特征的深入分析,探究促进落实素质教育的建议。实践证明,素质教育有助于造就严肃、认真的教育体系。

培智学生教育管理之我见

钟祥市特殊教育学校 袁友梅

本人担任培智班教育教学工作已有多年,在这些年里,我深深地了解到从事培智学生教育管理工作中面临问题的复杂性、特殊性、艰巨性。下面我结合自身的工作经验,谈谈在培智学生教育管理方面的一些做法。

一、全面了解每个特殊孩子的特点,是开展教育的前提

作为特殊群体,智障儿童不仅在身心发展、思想感情、行为习惯等方面有其自身的独特性,而且个体差异性往往也表现得特别明显。在我所带的班级里,学生各方面表现悬殊。可以说,一个学生一个特点:有攻击性行为的、坐卧不安的、不会交流的、想骂人就骂人的……面对这样的学生,要想把他们教育好、管理好,就需要全面了解每个特殊学生的特点。这是我们从事特殊教育的教师应具备的一种基本素质和能力。如何了解他们呢?首先我会通过与家长交流来了解学生的基本情况;然后会在学校日常生活的点滴中留心观察真实的他们,从而记录下他们真实的行为表现、情绪变化等各种基本情况。这样就为以后的教育和训练提供了客观、翔实的资料。

二、关爱是教育、管理好培智学生的基础

智障儿童自理、自制能力差,日常行为表现为"脏、乱、差",显得随便、散漫,极需要持之以恒地进行训练和培养。所以我在教学工作中,会勤观察、多督促、多帮助。我们班胡某某同学,因为先天疾病总是不停地流口水,胸前总是湿漉漉的,时间长了身上会有异味,因此总是受到同学们的排斥。于是每天早、中、晚,我总是会耐心提醒他随身携带纸巾,时间长了他基本上每天都会自觉地把纸巾放在口袋里,他变得越来越干净,同学们也越来越喜欢跟他玩。

给学生们创造一个充满爱的氛围,这样学生就能很快地融入集体当中。我班薛某某患有重度智力障碍,不太会表达自己的情感,脾气非常倔强。在与同学们的相处过程中,稍有委屈,他就默默地站在教室外面,怎么喊也不肯进教室,并且谁去喊他进来,他就大声地骂谁。每次遇到这种情况,即使他不停地骂我,我还是慢慢地靠近他,一边耐心地询问原因,一边安抚他的情绪。虽然前几次失败了,但是后来我发现他开始慢慢地对我放下戒备,不

再骂我了，还愿意跟着我回到教室。所以，当你试图以诚挚、深厚的爱去开启智残学生心扉的时候，实际上这些学生已经慢慢地愿意接受教师的教导。

三、善于发现培智学生的闪光点

每个学生身上或多或少都存在一些闪光点，智障孩子也不例外，只是他们的闪光点更为隐蔽。这就给教师提出了更高的要求。我们不能否定智障学生发挥特长的可能性。比如我班学生许某某患有智力和精神双重残疾，性格内向不愿意与人交流，并且很反感别人碰她，但是我发现她在朗读方面很有优势，于是经常鼓励她到台前带领同学们读书，引发她的表现欲，提高她的自信心。时间长了，我发现她有时候也会和同学们开心地玩耍，对同学们善意的触碰也没那么抗拒了。

又如，我班学生陈某某，纪律性差，学习知识很困难，但是他很热爱劳动。于是，我安排让他当劳动委员，他每次都能把我交给他的任务认真地完成。我们要善于发现每一个智障学生独特的闪光点，因势利导，利用学生自身的优点进行教育和引导。

四、坚持物质奖励和精神奖励相结合

每一个学生都希望得到肯定并获得奖励，智障儿童也不例外，在此方面的需求反而显得更强烈、更迫切。对于大部分智残儿童而言，一小块糖果的奖励就会博得他们阵阵欢喜。而随着他们情感意志的发展，我们也应该适当地结合一些精神奖励。我们班的潘某某同学，患有脑瘫并有轻微的自闭症，他不愿意和别人说话，无论什么时候都沉浸在自己的世界里。为了让他学会与人交流，我经常用他喜欢的书籍奖励他。慢慢地，他学会了与别人进行简单的交流。因此，适时给予物质奖励往往能有效地强化他们这种积极的行为。

五、根据学生自身的特点选择灵活多样的教育方法

由于受自身缺陷的影响，智障儿童存在许多不良行为，且每个学生又存在很大的差异性，因此，作为教师在对他们的这些不良行为进行矫正时就要特别注意方式、方法，要根据不同学生的特点采用灵活多样的教育方法。

小组合作学习在小学数学课堂中的运用

荆门市高新区·掇刀区名泉小学　徐　璇

新课标中强调:"数学教学是数学活动的教学,是师生之间、学生之间交往互动与共同发展的过程;动手实践、自主探索、合作交流是学生学习数学的重要方式;合作交流的学习形式是培养学生积极参与、自主学习的有效途径。"

一、小组合作学习在小学数学课堂中存在的问题

1. 成员分工不明确

大多数小组成员由教师在课堂上随机分配。由教师来任意地分配任务,更好地实现每节课的不同学习任务。教师经常将具有挑战性的任务和重要知识点分配给少数具有数学基础更好的学生。虽然这样对数学教师更好地实现每节课的教学目标有益,但忽略了小组的其他成员,致使其他成员的学习等方面的能力得不到充分的锻炼。许多学生经常在这些学习小组中担任"观众",他们实际上并没有参与讨论,这不利于教学的有效性。

2. 小组合作学习过程中成员学习目标不准确

无论哪种教学方式,教师在教学前,都应当充分准备教学方案以及教学目标,使学生能够在课堂上充分理解教师讲解的内容以及所学知识,只有明确教学目标,才能使学生更有计划地完成学习任务,在小组合作学习的教学过程中,很多教师对教材中的相关内容掌握不够全面,在实施小组合作学习之前并没有对该种教学模式进行深入研究,从而导致学生在合作学习过程中没有方向,缺少学习目标。另外,还有很多学生在这种新型教学模式中滥竽充数,并没有深入研究数学知识,没有明确的学习目标,小组合作学习的作用就不能完完全全地发挥,从而严重影响该种教学模式的运用。

3. 小组合作学习中学生思维存在"隐身"表现

在学生参加小组合作学习的过程之中,个别学生的思维是"隐身"的。在一堂小学数学的课堂之中,这些学生根本就不活跃。虽然他有发言权,但并没有被激励去发言,致使小组成员缺少一致的目标,因此该团队不团结,不会形成协同作用。如果整个活动过程让学生缺乏存在感和认同感,自我满足感、积极向上感和快乐的情绪就没有了,也达不到完成学习任务的目标。

二、解决问题的对策

1. 合理分配小组成员

在进行分组之前,小学数学教师应该根据班级学生的学习能力以及学习特点来进行分组,并且要确保学习小组内成员的学习水平是具有互补性的,这样可以提高学生的学习能力。不仅如此,还应该隔一段时间再重新分工,甚至是将组员也打乱,通过转换不同的任务来促进学生全面发展。明确的分工可以使学生感到自己在学习小组中的价值,并且能够达到学习目标,对提高学习数学的积极性是具有重要意义的。

2. 明确小组学习目标

作为一名小学教师,在组织课堂教学时,首先要划分小组。在划分小组时,教师可以根据学生的不同层次进行搭配。比如:可以按照"优、中、差"的这种模式分配,因为每个学生都是独立的个体,也存在不同的差异,有的学生成绩优异却不擅长表达或动手能力差,而有的学生动手和表达能力强,但成绩却不理想,可以根据这些情况进行有效的搭配、组合,达到互补的理想模式。同时,我们在分配好小组之后,可以对每个小组成员的职责也进行合理有效地分配,值得注意的是,每一个组员的职责不是一成不变的,可以在每次课堂中,对小组成员的职责进行交换,让每个学生都有机会去体验不同的职责,这样在小组合作学习的过程中,小组成员更能发挥相互交流和合作的意识。

3. 制定个性化的考核指标和评价体系

事实证明,小组合作学习中成员的评价指标是由班主任或是班级委员会制定的。弊端是由一个人或几个人处理的材料,内容通常是比较模糊的,并且缺乏对该组中成员的关注。优化策略是将评价指标的评价纳入小组内,通过组长来做个性化的定制,以引发小组合作过程中其他组员的思考,可以充分调动学生在学习过程中的积极性和参与性。

浅谈小学语文阅读教学

京山市曹武镇中心小学　汪丰利

新课标明确指出："阅读是学生个性化行为，不应以教师的分析代替学生的阅读实践。"学生是学习的主人，阅读是学生个性化的行为。小学语文教师要落实新课标的精神，将阅读的主动权还给学生。因此，教师在语文教学中要给学生留足阅读和思考的时间，让学生在阅读的过程中能够专心致志地阅读，形成自己的见解。以下是我对小学阅读教学的几点看法。

一、培养学生的阅读兴趣

无论什么课程的学习，兴趣都是非常重要的，学生只有把阅读当成自己的兴趣，才能快速、有效地提高阅读能力。所以，提高小学语文阅读教学效率，教师可以从培养学生的阅读兴趣入手。例如，在讲授《桂林山水》这一课时，教师可以通过多媒体将桂林的魅力风景展现在学生们面前，激起学生的学习兴趣，这种欣赏画面的方式能够让学生更好地掌握课本中的内容，充分发挥学生的多元化智能，在欣赏画面的同时，还可以通过多媒体将课文的内容朗读出来，让学生在深情的朗读中感受文章的内涵。不仅如此，教师还可以向学生提问："你们是如何理解课文中'桂林山水甲天下'这句话的？"教师应该让学生用自己的语言将有关文章的景色描绘出来，这样不仅丰富了课堂内容，还增加了学生的词汇量。

二、设置合理的阅读目标

在阅读教学中，教师要切实了解学生的学情，根据学生的学习阶段和心理特征，设置合理的阅读目标、阅读要求、阅读任务。要确保目标不高不低，让学生能"跳一跳，就能摘到桃子"。对低年级学生来说，只要能读懂一句话，准确地理解其中的含义，就达到了阅读的目的；而对于中高年级的学生来说，就要读懂一段话、一篇文章，并要对作者表达的情感有一定的理解，能有感情地朗读。例如，在阅读《十六年前的回忆》这篇文章时，要求学生不仅要读懂课文内容，还要感受李大钊同志的革命精神。这样层层深入地阅读训练，使学生能够一步一个脚印、一步一个台阶，踏实、稳定地进步，进而完成阅读任务。

三、加强学生的阅读积累

语言的学习是日积月累的过程。为了丰富学生的语言积累,提高学生的阅读水平,我注重引导学生对好词、佳句进行积累。在课堂的学习中,在学到文质兼美的课文时,对生动形象的词句加强朗读、背诵,并将词句分类摘录下来,变成自己的财富,需要时才能脱口而出或涌流于笔尖。除此之外,还可以进行课外的积累,如公共场所、公共设施的标语或是与人交流的一些名言警句。在阅读课外读物时,见到美文、佳句,也引导学生归类积累。这样,学生的语言丰富了,对阅读就会有很大的帮助。

四、注重学生的个性体验

阅读是以学生为主体对文本进行个性化阅读的过程,也是结合自己的阅读期待,对课文在解读的基础上产生共鸣与质疑的过程。因此,教师在教学中应该充分尊重学生的个性化解读,不应该给学生贴标签式的唯一答案,为学生驰骋想象、张扬个性营造广阔的空间,一千个学生就应该有一千个哈姆雷特。例如,在教学《借生日》这篇课文时,教师让学生思考讨论:妈妈为什么忘记了自己的生日?学生根据自身的生活经历和体验,从不同层面、不同视角解读:①妈妈每天工作很忙,忘记了过生日;②妈妈觉得自己的生日不如孩子的重要,所以专门给孩子过生日,而忘记了自己的生日;③妈妈每天晚上工作回家很晚,还要做家务,所以顾不上过生日;④妈妈用钱买礼物送给孩子,自己舍不得买礼物;⑤妈妈没有忘记自己的生日,只是给孩子一个不过生日的理由。因此,在阅读教学中教师要注意设置开放性的问题,才能引发学生思考,并通过富有个性化的解读,让学生更加深刻地理解文章主旨。

总之,阅读教学既是小学语文教学的重点,也是教学难点,需要教师从学生实际出发,引导学生自主阅读,让学生在阅读中理解、感悟,激发学生的学习信心,让学生在阅读中不断提升语文素养,为今后的学习打下坚实的基础。

语文课堂中的"先学后教"

钟祥市第二中学　周凤珍

新课程改革倡导以人为本,以学生的发展为本,面向全体学生,实施自主、合作、探究的教学方式。在课堂教学中如何做到"先学后教"呢?我在课堂的教学实践中进行了以下的尝试。

一、"先学后教,以学定教",把学生摆在第一位

"先学"中的"先"字,其含义是强调学生的主体意识和积极主动的学习态度,希望学生在学习活动中要先入为主,主动探究。以自主学习、学生合作等方式,为"课堂教学"建构一个前置性平台。

"后教"中的"后"字则更是对传统教学过程中教师绝对权威的弱化,它更多的是强调教师要转变角色,走下讲台,以服务者、促进者的身份积极参与到学生的学习中来,打破以往教师教、学生学,教师主动、学生被动的教学模式。

"以学定教"中的"学"指的是与学生的发展有关的内容,诸如学习内容、学习方式、学习时间、学习效果等。"教"指的是与教师的教学活动有关的内容,诸如教学目标、教学内容、教学方式、教学时间、教学效果等。"教"是建立在学生自主学习新知,自主发现问题、提出问题和解决问题的基础上,教师根据学生在自学中尚未解决的问题,作适时、适当的引导、点拨,以实现课堂教学时间有效运用、高效运用,从而避免教学的低效和无效。

二、"先学后教,教学互导",激发学习潜能

"先学后教,教学互导"的课堂教学模式,主要分为四步。

第一步:课前预习,根据年级的不同,对学生的预习也提出不同的要求。比如,低年级主要读通课文,标划好自然段,尝试自学认识生字;中年级在此基础上,结合课后练习题或根据教师提出的问题,进行阅读,并进行初步的质疑和标注;高年级则在中年级的基础上对课文进行初步的分析,并谈自己的感受。

第二步:检查预习、巩固预习,重在检查学生对生字词等基础知识的掌握情况。同时,引导学生根据预习问题再次进行尝试性自学,看看是否有了新的理解和感受。

第三步：集体研讨，主要引导学生探究问题，突出思考的习惯以及合作意识的培养。在操作中，紧扣预习中的问题引导学生进行集体研讨，教师适当引导，落实以学定教，进行合作释疑，这是重点。在此过程中，有效地将教学内容与学生兴趣点进行有机结合，做到"以学定教"和"三讲三不讲"（讲学生通过自学还未解决的问题，讲规律，讲方法；学生没有充分预习的不讲，学生通过自学能解决的问题不讲，学生通过交流能解决的问题不讲）。以此培养学生的"三学会三养成"（学会自学，学会独立思考，学会交流与思考；养成参与课堂讨论、倾听老师和同学意见、准确表达自己观点的习惯。）

第四步：检测巩固，反馈学生学习情况，巩固本节课所学内容。

三、"以教导学，以学促教"，促进学生互动学习

（1）要建立课堂教学新常规。这是一种有别于旧常规的压抑、严肃、呆板的课堂制度。它以学生精神放松、形体自如、"活"中有序为表征。在自主性、探究性、合作性、创造性学习中，允许学生发言不举手，各抒己见，快速思考，学会补充，表达自己的想法。

（2）引起学生学习意向。创设学生认知冲突情境，引发学生学习欲望，让思维擦出火花，让矛盾碰撞，使学生积极加入有意义的学习行列。尊重学生的选择，让个性自主张扬，焕发思辨活力，从中汲取他人的观点为我所用，激活学生挑战、迎战的能力。

（3）让学生选择学习方式。让学生以自己的方式、方法、手段、角色等表现自我，表达自己的行为，表述自己的认知，表演自己的创作，满足学生的表现欲望，以符合学生的认知需要、情感需要，以"让"为"促"，体现学生主体地位。

（4）提供必要的帮助。当学生思维没有方向时，给予指点迷津，确立航标；当学生思维受阻时，给予铺路架桥，纠正错误；当学生思维外放时，给予正面牵引，把握教材；当学生思维定式时，给予侧向、发散的启发；在学生思维"山穷水尽"时，给个"柳暗花明"的启示。

（5）促进学生多些互动。创设机会，让教师多说一些"我也不懂"，让学生多些互动，多些探究。课堂教学中注重以活动促开放，以开放促发展，通过活动提升学生交往能力。互动可分为师生之间互动、学生之间互动、学生与书本互动，通过互动引导学生自己解决问题。

农村小学英语词汇教学的研究

荆门市高新区·掇刀区掇刀石街道办事处双喜小学　云　贵

一、农村小学的特点

农村小学的教学方法、教学手段落后于城市小学,在农村小学英语教学中还存在"满堂灌、英译汉"的教学方法,课堂气氛沉闷,学生处于被动接受状态。学生每周一般只能上2～3次英语课,用英语交流的环境很少,甚至可以说没有。因此,学生听英语、说英语、练英语的机会很少,缺少一个学习英语的语言环境。

二、词汇教学内容

1. 读音和拼写的教学

读音和拼写形式是英语词汇的基础,是各个方面相互区别的第一要素。音和形的教学历来受到重视,无论小学英语教学采取何种方法和套路,对此都不能忽视。在词汇的音和形的教学中,要注意音和形的统一与结合,通过一定的教学方法,使学生既能见形而知音,又能因音而记形。

2. 意义和用法的教学

教单词除了教读音和拼写之外,还要让学生掌握词的意义和用法。在一些意义具体的单词教学中,要尽量使学生主动、积极地把多方面的感知活动加入词汇学习之中去。对于词的用法教学,则要注意与句型、会话教学紧密结合,在句型中练习词的用法,并强化词与词之间的纵向(一词多用)和横向(一义多词)联系,使学生更准确、更迅速地掌握词汇。

三、小学英语词汇教学中常用的几种教学法

1. 强调词汇的句法功能

词汇教学不只是单词教学,单词只有组成句子和话语之后,才能实现其交际功能。只有在具体的句型训练中词汇的运用才能得到体现,学生也才能深刻地掌握词汇。同时,英语中一词多义的现象比较突出,要确定词义和用法,也必须有具体的情景和语境。

例如"have"这个单词,学生可能只知道它是"有"的意思,但是它有很多意思,"What do you have on Mondays?"指的是"课程有什么"。"What do you have for lunch today?"这里的"have"又是指"吃"。"I have to do my homework."其中的"have"又是跟to联系在一起,组成词组,意思为"必须",所以教师要让学生联系句子的意思对单词进行理解和识记,要注重词汇在句子中的功能以及运用,并为段落和语篇教学做好铺垫。

2. 重视多种感官的综合运用,"音、形、义"结合来记忆单词

我觉得在三年级学字母时就应渗透语音教学。辅音字母在单词中的发音基本上是固定的,利用字母的读音便可知道该字母在单词中的发音。字母f、l、m、n、s、x用掐头法,即去掉字母开头的音,剩下的音便是该字母在单词中的发音。字母b、c、d、j、k、p、t、v、z等,可用去尾法,即去掉字母的尾音,剩下的音便是该字母在单词中的发音。字母g、h、y、w、r在单词中的读音与汉语拼音的读音相似。元音字母a、e、i、o、u在重读开音节中发字母的本来读音。还有常见的字母组合如ea、ee、ay、ght、ough、sh、ch、ck、er、oo等,都有其发音规律,只要经常和学生们一起做"听其音、写其形"练习,潜移默化,学生在拼读单词和记忆单词上就会有信心。

3. 词汇学习不要等同对待

教材后的词汇表对每个单元的单词都做了具体的要求,主要从听、说、读、写四个方面作出不同等级的要求。人教版英语教材末页的词汇表将词汇分为黑体词汇、白体词汇。我们平时上课的时候,就要告诉学生要听写的单词和句子。上学期我带五年级,在上课时第一件事情就是告诉学生,卡片背面上有四线三格的单词、书上粗体部分的句子都是要听写的内容。

报听写我可以和大家分享一个方法,例如,一周有3节课,Part A部分刚好用3课时学完。第一课时学完4个单词,在第二课时先听写其中的2个,第三课时听写已听写的2个,加上未听写的2个。这样有一个重复的过程,可以帮助学生长时记忆,也是给学生减压,比起一次记忆4个单词,学生更愿意分两次进行记忆。

4. 将词汇教学形象化

运用词汇形象性教学手段来促进低段学生英语认读能力的提高。词汇形象性教学应用图画的方式将词形和词义相结合,趣味性和形象性相结合,使学生在大脑兴奋的状态下产生良好的无意识记忆。但词汇形象化教学只适用于一些直观形象的词汇,如动物、五官、有形的物品等。

让学生在课堂上学会倾听

京山市实验小学　　王　碧

课堂倾听是一种有意识的、主动的听,不仅要用耳朵听,更要用心听,用脑子想。对小学生来说,倾听显得非常重要,学生只有认真倾听教师讲课,倾听同学们的发言,才能有效地参与教学活动,获取知识,培养能力,学习活动才能有效进行。作为教师,我们要有效引导,让学生学会倾听、喜爱倾听。

课堂上经常有这样的场景:

(1)教室里,教师很生气地冲着学生大声说:"我已经讲了多少遍了,还学不会,一问三不知?""我不知你上课在听什么,怎么啥都不知道呢?"教师认为学生在课堂上都应该认真听讲,但实际情况是学生还没有学会如何倾听教师讲课,教师就已经开始讲课了。

(2)当教师叫学生回答问题时,这个学生话还没有说完,其他学生就着急着大喊:"老师,我!""我!"甚至举着小手跑到教师跟前……学生不爱倾听别人说话,处处以自我为中心,别人说话时他们迫不及待地插嘴。

这些现状,迫切需要改变,让学生在课堂上懂得倾听、学会倾听。

一、明确要求,使学生懂得倾听

教师讲课或请学生发言时,要求其他学生眼睛看着教师或发言的同学,使学生的注意力尽量集中起来;让倾听的学生重复发言者的话,训练倾听不专注的学生;课堂上随时请倾听的学生重复教师的讲话,看谁听得最认真;学生发言后,请学生对自己的发言及同学们的倾听习惯作出相应的评价。学生明确了这些要求,上课就懂得了要倾听教师讲课和同学们发言。

二、适时表扬,使学生愿意倾听

小学生注意力集中的时间较短,容易分心,因此教师要采用各种激励手段调动学生的积极性,激发他们的兴趣,使他们愿意倾听。教师要让学生品尝到成功的喜悦,获得成功的满足感。可经常这样鼓励他们:"这位同学听讲多认真啊!""你听出了他的错误,可真帮了他的大忙!""大家看,这位同学不仅听懂了别人的发言,还加进了自己的想法,多棒呀!"一个竖起的拇指、一句赞扬、一个微笑,就能收到明显的教育效果。

三、用心指导，使学生学会倾听

教学生学会倾听是教师的重要责任。教师要给学生一个明确、具体的要求，例如，发言之前要先举手，无论是听教师讲课，还是听同学发言，都要听清他们说的每一句话，脑子里不想其他事；当别人的发言有错时，不随便插嘴，要听完别人的话，再发表自己的意见；当别人提出与自己不同的意见时，要能虚心接受，听完后再举手说出自己的观点。

四、有效引导，使学生善于倾听

学生年龄小，注意力不够集中，教师要有效引导，使学生学会细心听、用心听。小学生的特点是好动，表现欲强，绝大部分学生喜欢别人听自己说，而没有耐心去听别人说，所以教师应该告诉他们"听"也是学习，在"听"中能发现更多的问题，可经常对学生说"请其他同学在听的时候，想想他说得怎么样""谁还有补充吗""谁还有更好的意见"，等等。学生只有认真倾听别人的回答后，才会有所启发或收获，产生自己的想法。要学生学会倾听，教师自身也要用心听学生的发言，为学生做好榜样，认真仔细地倾听他们的发言，并作出回应，表扬或者鼓励，让发言的学生体会到教师对他们的关注和尊重。

五、丰富教学内容，使学生乐于倾听

要求学生在课堂上的每一分钟都全神贯注是不可能的。因此教师要想方设法创设情境，调动学生倾听的乐趣。小学生最容易受情感因素的感染。结合学生的身心特点，结合课题引入有趣的故事，激发学生的学习兴趣，才能让学生在身心充分放松的良好状态下自然地倾听。

六、加强倾听训练，使学生提升倾听

让学生养成良好的倾听习惯，要循序渐进，反复训练。采用不同的训练方法，有意识地进行强化训练，使学生的倾听能力得以不断提高和完善。例如，数学课堂可以进行听算训练。这种训练是培养倾听注意力的常用方式之一。教师报题目，学生边听边计算。通过听算，使学生明白，我们不但要会算，更要注意听，只有听清楚了，才能算正确。课堂上可以加强听说训练，听是吸收，说是表达。引导学生熟练地用数学语言进行回答，将有效地提高数学课的课堂效率。听说结合的训练，不仅能提高学生的注意力，同时能培养学生语言的条理性和思维的逻辑性。

信息技术与智障儿童语言发展

钟祥市特殊教育学校 周 龙

语言交流能力是人在社会中生存所必备的基本能力之一,然而对于智力障碍儿童来说,语言交流是他们社会生存的最大障碍,他们的智力水平比同龄儿童低,且发展速度慢。他们中的大多数人存在不同程度的语言缺失,并且大部分不善言谈。为了使他们今后能融入社会,在课堂教学中对智力障碍儿童进行语言训练就显得十分重要。

一、运用多媒体仿说词句

智力障碍儿童的语言交流困难,主要来源于其词汇量的缺乏,他们不知道怎样表达自己的想法。在进行识字教学时,我使用了电子白板,电子白板中有书写软件,点开来教授生字,让学生跟着读一读生字,写一写生字的笔顺等,这种新的教学工具的广泛应用,改变了以往教师只是借助一些图片枯燥进行语言训练的方式。信息技术的应用将学习生字真正做到了事半功倍。通过自己的实践,我越来越感受到现代教育技术彻底改变了以往教学中存在的短板,提高了学生的想象能力,为课堂营造了和谐的氛围,让学生真正成为学习的主体。

二、信息技术融入教学环节

智力障碍儿童与人交流的范围比较有限,面对的交流对象通常是家庭成员、教师、同学等,且自身理解能力较差,在语言交流时往往不理解别人说什么,为了更好地提高学生的理解能力,在教学时,我会选择贴近生活实际的知识。比如,训练内容可以包括在家帮父母做家务时的交流内容,同学之间互相借东西的交流内容,见到老师打招呼的交流内容,在超市买东西时与售货员的交流内容。在训练时我会拍一些与之相关的照片,然后将照片制作成PPT呈现在学生面前,他们看到自己出现在屏幕上时很兴奋,我再借机对图片内容进行拓展,更好地提高学生的语言理解能力。

三、发挥信息技术作用直观演示

根据特殊儿童的思维特点,运用信息技术把声音、图像、文字、动画等有机地结合起来,用形象、生动的画面激发学生的兴趣,激发学生想说的欲望;将枯燥的语言训练变得有情感,促使学生主动地进入教师创设的语言学习情境之中。例如,在进行爱护花草树木的语言训练时播放一段视频,一个小朋友摘花后放在鼻子前闻闻后说"好香啊",接着又伸手去摘另一朵花,这个时候跑来另一个小朋友说:"不能摘,花是给大家看的……"当学生们看到这个情景时,也纷纷摇手跟着一起说"不能摘,花是给大家看的……"教师抓住机会引导学生,可以问他们:动画里有几个人?发生了什么事?语言训练结束后,再由学生分角色表演这个故事,巩固学习的内容。

四、利用信息技术训练反复聆听

在教学过程中针对实际特点设计教学内容,积极贯彻"小步子,多循环,慢慢前进"的训练原则,有针对性地提高学生的阅读和仿说能力,由于儿童本身存在语言思维方面的缺陷,仍需多练习。智力障碍儿童的大脑发育受损,无论语言理解还是语言表达,都比正常儿童晚一些、慢一些,所以多读又是他们说好话的基础,阅读训练是教学的重要环节。

1. 进行句子训练

在电脑上找好课文并播放,引导学生通过听别人读来明白每句话要表达什么,哪些字要重读,哪些字要轻读,在什么地方需要停顿。这就需要提醒他们在听的过程中集中注意力。听完后,让学生跟着播放器读,最后再点读,在读的过程中,让其他学生仔细听,然后给予评价,这样反复练习,让他们确切地感受到语气和感情的变化。

2. 进行分角色朗读

在课外读物中选择一篇故事,首先领读,然后让他们选择自己喜欢的角色来分角色朗读和表演。在听故事《小马过河》时,我选择了小马和其他动物对话的那一部分让他们表演。要求他们记住每个角色说的话,想想每个角色的表情、动作,再选择喜欢的角色进行表演,其他人做旁白。表演过程中,学生们的笑声、掌声一直回荡在教室。通过表演,学生仿佛身临其境,更加深刻地理解了这篇故事的内容,认识了其中的每个角色。这样既培养了学生的朗读能力和表演能力,又激发了学生的积极性、主动性。

语言交流对智力障碍儿童尤为重要,是他们以后在社会上生存的基础,对他们的语言交流训练是一个漫长的过程,运用信息技术能让语言训练的内容更贴近生活,为他们以后的社会生活打下基础。

如何培养学生评改作文的能力

荆门市高新区·掇刀区名泉小学　詹德玉

作文评改能力是作文能力的重要组成部分。常言道："写作文难,评改作文更难。"一个会修改作文的学生,肯定知道作文在哪些方面有待改进,该怎样改,所以教学生评改作文,对提高教师作文教学效果的作用很大,具体表现在三个方面。

一、学生评改作文有助于落实写作目标

根据教学大纲要求,学生每次的习作都要明确作文目标。作文目标是指写作前在审题、立意、选材、构思、表达等方面的具体要求。让学生把写作目标写在作文本上,以备评改作文逐条比照打分。

例如,根据课本六年级上册第一单元习作要求,我给出了一个半命题作文《游×××有感》。为了将本单元课文的写作技巧运用到习作中去,我给出了具体的写作目标：①在真实描绘客观事物的基础上敢于大胆联想；②巧妙地运用多种修辞手法,如比喻、拟人、排比等,表达自己的独特感受；③观察角度一定要多元化,同一事物善于从不同角度写(听觉、视觉、嗅觉)；④关于《山中访友》一文中几组第二人称"你好"的排比句式在习作中要得以体现；⑤首尾呼应；⑥结尾要运用借景抒情的方式来表达自己的喜爱和依依不舍之情。

学生在逐条对照写作目标评改作文时,能够达到"他山之石,可以攻玉"的效果。学生何某某评改李某某的作文,看到结尾这样写："傍晚,火红的夕阳染红了整个天空,也给那片我最喜爱的树林蒙上了一条红色的丝巾,又到了说再见的时候,我带回了满怀的好心情、好记忆,还带回一路的繁星点点。"何某某看完之后,立刻茅塞顿开,明白景和情之间要有衔接点。她把自己作文的原结尾"雨慢慢地停了,我该回家了,我一定要带着满怀的月色和好心情回家"改成了"看着、看着,雨悄悄地停了,风也屏住了呼吸。月亮被雨精灵给推出来了,我该回家了！我带回了满怀的好月色和好心情"。在评改其他同学作文时悟透写作目标,修改自己作文的现象很普遍。长此以往,学生的作文水平会不知不觉上一个台阶。

二、学生评改作文有助于提高赏析能力

针对写作目标,虽然有了评改的方向,但想把真正的修改落到实处,尚需学生对具体的要求作赏析。关于写作目标上的第六点"结尾要用借景抒情的方式",张同学的作文结尾是这样写的:"陶醉于美景的我猛然发觉,要回去了!于是我走下土家楼,环顾着这个充满土家风味的地方,脚步轻快地走出大门,心里满是土司城与我的回忆和快乐!"李同学旁批道:如何猛然发觉的?用景物进行提醒不就水到渠成吗?像你这样的结尾只能叫抒情,没有借景。经李同学这样批改,张同学豁然开朗,立马将结尾改为:"正当夕阳亲吻着西山,火红一般的晚霞催着我回家。于是,我走下土家楼,环顾着这个充满土家风情的地方,脚步轻快地走出大门,心里满是土司城与我的美好记忆。"看来,李同学旁批效果很好。

三、学生评改作文有助于提高表达能力

学生评改作文一般采用的是"一文一改"的书面互改形式,有时也采用"一文多改"的面对面的语言交流形式。学生把自己写好的作文自告奋勇地拿到讲台上大声朗读,请其他的学生根据写作目标当面评改,明确地指出好在哪里,为什么好,有欠缺的地方在哪里,学生们组织好语言准确地表达自己的观点。

有位同学写的是《游西湖有感》,在写西湖"荷花"一段时,他轻描淡写的寥寥几句:一下车,我便急奔西湖,首先映入眼帘的是那满湖的荷花,我终于理解了为什么古人说"毕竟西湖六月中,风光不与四时同,接天莲叶无穷碧,映日荷花别样红"。当该同学把这段读完,有同学就站起来说:"诗与前一句荷花衔接缺少过渡。"语音刚落,就有人举手站起来发表高见:"可以从花色、花香、花态上进行过渡!"同学们思维打开了,各抒己见:"荷花立在波光粼粼的湖面上,随风舞动,有的扭动着腰肢,有的舒展着笑脸。""迎面送来阵阵微风,微风过处,淡淡清香沁人心脾,寻香而走,映入眼帘的是满眼的荷花。""荷花洁白无瑕,像水晶一样纯洁。""荷花千姿百态,有的才只有一个青里泛白的花苞,娇羞欲放。"你一言我一语地补充、改动之后,不仅让文章的语言得到了润色,而且同学们的表达能力在评改他人作文时无形中得以提升。

综上所述,培养学生评改作文的能力,不但能减轻教师的负担,还能有效提高学生的写作能力,从而提高教师作文教学效果。

谈如何创新音乐课堂教学

京山市曹武镇中心小学　王彩蓉

音乐教育的首要任务,应该是引导学生能够主动参加音乐活动,成为积极的、有一定水平的音乐欣赏者,能够从音乐中享受到乐趣。

一、创新、灵活多变的教学方法

学生是教学活动中最重要的因素,教师心里想的,首先应该是学生,其次才是音乐。学生的音乐基础是参差不齐的,为了让他们都能在自身的基础上获得创新发展,我决定采用游戏的方式,为他们营造一种轻松、愉快的学习氛围,使他们不仅能掌握知识又能发挥创新能力和主动性。例如,在学习节奏排列的课上,我先出示五张节奏卡片,以比赛的形式让学生随琴声掌握节奏,接着让学生五人围成一组进行讨论:节奏卡片如何更流畅?话音刚落,全班同学便纷纷讨论起来,有的用手拍节奏,有的安排顺序,有的眉开眼笑,有的双眉紧锁……看着他们一个个认真投入的样子,我也不断地在一旁给予鼓励,最后还让全班同学评价他们在游戏中的表现。大家在游戏或观察的过程中都很投入,发言也很积极。学生在欢快的游戏活动中掌握了节奏的排列要领和方法,从而有效地调动了学习音乐的积极性。

二、充分展现以学生为主体

音乐课的教学过程就是音乐实践的过程,那么,在进行音乐教育时,怎样把学生从座位上解放出来呢?我主张让他们不仅使用听觉,而且通过积极的联想和想象,加上视觉、触觉的活动去感受、去把握、去创造,用一些联想的形象来表达。例如,首先让学生欣赏一段低沉、缓慢的乐曲,让学生们插上思维的翅膀去想象。他们听后,会认为是笨重的大象、顽皮的狗熊、懒洋洋的肥猪及慢吞吞的乌龟等。他们的想象是正确的,这些动物都是笨重而缓慢的。接着,让学生按照自己的想象去做动作,学生们在音乐伴奏下手舞足蹈,表演各自想象的动物。这样,不仅帮助学生进行多种感觉器官的综合运用,也把音乐这一时间艺术和造型、表现等空间艺术结合起来,有利于学生创造性想象能力的训练,发挥他们在音乐欣赏活动中的主体作用和个性特点。

三、从生活中取材,展开创新思维

艺术来源于生活,也扎根于生活。利用学生已有的生活经验为教学服务,将会让创新教育收到事半功倍的效果。学生在家里经常看到爸爸妈妈为他们做饭而忙碌在厨房的情景,我便将它运用到《理发店里》一课的教学中,让学生们也做一回"理发师",以组为单位组成一个个"小理发店",开展"理发大赛",让学生以双手作为理发推剪工具,笔盒作为吹风机。在推剪头发时,则要求学生用"××××咔嚓咔嚓"的节奏,以演唱的形式向别人介绍自己小组的"成果"。在教学中,学生从生活中吸取经验,在教师的指导、鼓励下总结并创造音乐表达方式,最后又回到生活。

四、创新意识应贯穿音乐教学始终

在新理念的指导下,教师在教学中要舍得花费时间开启学生勇于发现和探索的闸门,鼓励学生大胆想象,并允许标新立异。

例如,在教授"爱唱什么歌"这个专题时,我让学生欣赏《青蛙合唱》这首曲子,首先用多媒体向学生展示夏天的池塘,然后对学生说:"夏天到了,池塘里的青蛙爸爸和青蛙宝宝们又开始了唱歌比赛。你听……"我开始模仿青蛙爸爸和青蛙宝宝的歌声,并问学生:"你觉得唱歌的哪个是青蛙爸爸?哪个是小青蛙?它们的声音有什么不一样呢?"接着我给学生播放《青蛙合唱》这首曲子,让学生分小组做游戏,游戏规则为:听到小青蛙的声音迅速站起来,听到大青蛙的声音迅速坐下,反应迅速、整齐的小组获胜。游戏做完后我组织学生学习歌曲第一段。我说:"小青蛙看到小朋友们的表现如此出色,它要为小朋友们唱首歌奖励大家。可是……它把歌名给忘了,请聪明的小朋友们听完后帮它起个歌名。"随后,我学着小青蛙的样子唱第一段歌词。之后我对学生说:"想不想学小青蛙唱歌?"学生们很积极,于是他们用听唱法学唱。学生学完之后我又对他们说:"看着小青蛙唱得那么开心,其他小动物都坐不住了,你还能替它们唱出自己的歌吗?"于是,学生们替小蜜蜂、老虎、小鸟等唱歌,氛围十分活跃。之后,我向学生揭示本次课题为"爱唱什么歌"。

教学中,教师应鼓励学生对所听音乐有独立的感受与见解,并让学生模仿,给学生以开阔的想象空间,体现自主、开放、创新这一教学新理念。

总之,在教学过程中,音乐教师要敢于打破传统的教学方法和教学形式对学生能力的束缚,开发学生的想象力、创造力,培养学生的参与、合作、探究能力,以学生自主学习为主,努力为学生创设条件,充分利用音乐教学这一主渠道,为培养学生的创新能力营造良好的教育环境。

用"三心"创建和谐班级

钟祥市文集镇小学 周 敏

著名教育改革家魏书生曾这样说过:一个班,关起门来就是一个大家庭。如果这个大家庭中的每一个同学都如兄弟姐妹般互相关心帮助,那么它便是和谐的、温馨的。班主任要怎样才能创造一个温馨、和谐的班级呢?我从自己几年的班级管理过程中总结出一个结论,即班主任要有"三心"。

"三心",简言之就是责任心、爱心和童心。责任心是一种敢于负责、主动负责的态度;爱心是一片洒落在旱地上的甘露;童心是一泓清泉,晶莹剔透。

花有结果的责任,云有下雨的责任,太阳有释放光明的责任,班主任有教育学生的责任。责任心要求班主任在日常点点滴滴的小事中做到认真、细致,以绝不敷衍的态度对待学生的每一个行为。每天早上到校后,班主任必须点名,清点学生的实到人数。点名后班主任一定要与未到校学生的家长及时取得联系,了解原因。每天对于家长主动说明学生有特殊情况的,一定要十分注重,比如有学生生病的,班主任一定要多观察。作为班主任,最好准备一本记录册,记录学生每天的情况以及家长交代的事或要求。所谓"好记性不如烂笔头",以此做到不遗忘任何一名学生的任何事。这样把学生的每一件小事都认真对待,也会让学生学会细心、体贴,让学生在潜移默化中学会做事认真、负责。

善于发现每一个学生的闪光点,让每一个学生都有表现的机会,做到不放弃任何一名学生,做到尊重每一位学生。从而让学生学会尊重他人。当然,班主任平时还要多与任课教师交流,互相沟通学生的情况,力求让每个学生都感到被老师重视,从而让每一位学生在精神上都感到愉悦,以更好的面貌面对学习和生活。

班主任要着眼于未来,培养学生良好的人格、品质和行为习惯。班主任不能仅仅是只对自己所教的这一年或是几年负责,而应对学生的成长乃至未来负责。教师的个人素质直接影响学生的学风和素质的培养,而班主任每天在学生面前所展示的言谈举止更会潜移默化地影响学生的成长。班主任在与学生相处中,无论是写字、读书、做事都要以"学高为师,身正为范"的标准来要求自己。班级的班规绝不仅仅只针对学生,更是对班主任的一种警示。所谓身教甚于言教,班主任只有自己做好了才能更好地教育学生。

俗话说:"没有爱就没有教育。"教育是爱的共鸣,是心与心的呼应。班主任必须捧着一颗爱心真诚地与每一位学生做朋友,在学生需要关心、爱护时给予学生细心的体贴和温暖。所谓"感人心者,莫乎于情",班主任一定要做到于细微处见真情,真诚地关心学生,热心地帮助学生。只有给每一位学生真诚的爱,才能教育好学生,才能使教育发挥最大限度的作用。因此,作为一名班主任,必须要热情面对全体学生,仅仅不训斥、不指责、不苛求他们,是不够的。必须重视自己的非语言方面的行为在与学生交往中的作用。班主任要让所有学生感到老师对我很好,老师是喜欢我的。在学生的心中培养一种爱,比培养任何一种能力都要花更多的细心和耐心。爱,可以使学生的知识得到丰富,精神得到充实,情操得到陶冶,性格得到优化,思想得到升华。爱,可以使学生更加充满信心,朝气蓬勃,积极向上,从而产生教育的奇迹,形成和谐的班级氛围。

《孟子·离娄下》中指出"大人者,不失其赤子之心",班主任想要创建和谐班级,就需要做到了解学生。学生还是孩子,孩子有孩子的天性,他们纯真、善良。我们只有融入他们的内心,走入他们的世界,才能更好地了解他们,用他们能理解、能接受的方式去帮助他们、教育他们,所以我们要永远保持一颗童心。

让我们用责任心去教育学生,用爱心去关爱学生,用童心走近学生、了解学生吧!因为这样,学生的心灵才会得到舒展,人格才会更加健全,从而更健康、快乐地学习、成长,整个班级才能更加温馨、和谐。

让"说之花"在每个孩子口中绽开

荆门市石化第一小学 张 俐

随着现代信息社会的不断发展，人们之间的相互交流沟通能力就显得越来越重要。叶圣陶先生曾说过："儿童时期如果不进行说话的训练，真是遗弃了一个最宝贵的钥匙。"在《语文课程标准》中也明确指出："使学生具有口语交际的基本能力，在各种交际活动中，学会倾听、表达与交流，初步学会文明地进行人际沟通和社会交往，发展合作精神。"作为一名语文教师，怎样指导低年级学生真正做到"能说会道"呢？

一、营造良好氛围，消除胆怯心理

民主、和谐的教学氛围，是学生积极发挥主动性的前提。低年级学生多数胆子小、声音轻，怕说错话，怕老师批评，怕别人笑话，少数人虽能积极举手，但想说又说不清。营造一个宽松、愉快的学习氛围尤为重要。由于环境的变化，学习负担的加重，导致大多数学生紧张、羞于表达。如果这时教师神情严肃，会加剧学生心中的畏惧感。因此，教师首先必须消除学生的胆怯心理，鼓励其大胆说话，要把自己当作学生的朋友，态度和蔼可亲，说话热情而富有童趣。比如，第一节课师生见面，我先做自我介绍，然后热情洋溢地说："小朋友们，跟你们在一起，老师心里很高兴。你们愿意向老师介绍自己吗？"短短几句话，使学生缩短了与教师的心理距离，产生了一种与老师交谈的欲望，为学生大胆"说"打下了良好的基础。总之，教师必须从自身做起，牢固树立师生的平等意识，在言行、情感上与学生平等相处，创设宽松、自由、信任的交际氛围，尊重学生的表达方式，多些表扬，少些批评，保护好学生的自尊心和自信心。同时，在教学中注意让学生学会以放松的表情、自信的心态与人交流，还要教育学生尊重他人，学会倾听，不挖苦嘲笑他人等。

二、创设多种情境，激发说话兴趣

兴趣是主动学习的最好老师。根据低年级学生在学习过程中易受情感因素影响的特点，教师要巧妙地创设各种情境，以调动学生学习知识的良好动机，借助兴趣的动力，促使其积极参与、乐于参与。

1. 故事激趣

记得一位教育家说过："故事是儿童的第一大需要。"那么用故事来吸引学生进行说话训练是再好不过了。初入学的学生,他们学习语文时最先接触到的便是汉语拼音,而学习汉语拼音时,与之相伴的有各种插图,我们就可以充分地利用这些插图来对学生进行说话训练。比如,我在教学复韵母时,利用"中秋夜,月儿明,妈妈讲故事,孩儿静静听"这幅插图对学生进行说话训练。我问学生:"你们知道这是什么时候的夜晚吗?"显然学生都能从图中所画的月饼和圆月上看出来是中秋节。那么图片中的妈妈和孩子又在干什么呢?于是,我就让学生开始看图说话。学生都只说了图片上的表象内容,而更能引起学生说话兴趣的内容还没被提到,那就是中秋节的由来和故事。不用说,学生都很感兴趣,但很多学生不知道。我便把这部分的说话练习放到了下节课。我给学生布置作业,让他们回家问长辈或跟爸爸、妈妈一起上网查找资料。第二天,"说话"的内容有了,上台讲的学生因为不认字,就事先让爸爸、妈妈讲一遍给自己听,并把内容记住,再在课上讲给其他学生听。有的从"嫦娥奔月"的传说讲起,有的从"吴刚伐桂"的传说讲起,也有的从中秋为何吃月饼讲起,个个讲得滔滔不绝,不知道的学生听得津津有味。我便布置任务,让他们回家把听到的内容讲给家里人听。这一教学激起了学生说话的兴趣。

2. 表演引趣

好玩、好动是孩子的天性,根据这个特点,把说话训练通过表演的形式表现出来,让妙趣横生的课堂表演成为学生们乐说的动力。如在学《小蝌蚪找妈妈》一课时,我引导学生在有感情地朗读的基础上,根据文中的语言文字加上自己的合理想象,在小组内互相合作,把故事用生动的形式再现出来,学生们戴上头饰,分别扮演各种角色,他们诙谐的语言、夸张的动作、滑稽的表演使课堂气氛变静为动,在轻松愉快、其乐融融的学习氛围中,既丰富了口语,又增长了才干。表演看似是轻松的游戏,其实并不轻松,是一个充满创造性的过程,在这个过程中,学生的各个感官都被调动起来。学生们的语言,并不仅仅局限于课文中的语言,而是自己的语言的再度创作过程。

三、有效利用教材,指导学生说话

由于低年级学生受识字不足、词汇缺乏、抽象思维能力弱的影响,常常出现"心中千言万语,不知从何说起"的情形,那么教师就要做个"引路人",充分利用好教材中的说话资源,联系学生实际,进行有目的、有步骤地指导、训练,使学生能清楚、明确地表达自己的思想。

1. 优化识字教学,进行说话训练

在识字教学中,学生会接触到大量的词汇,然而这些词汇之间又有着内在的联系。例如,第一册语文《识字2》这一课中的词语非常贴近学生的生活,内在的联系也相当紧密,是训练学生说话的好题材。我在学生读熟、了解这些词语后,设计一个环节,让学生从中挑选部分词语,通过自己的语言串联来说一段连贯的话。学生在教师的引导下,精心地挑选着词语,慎重地决定着自己所要讲的内容。于是一段一段精彩的话就出现在了课堂上。"丁零,丁零,闹钟响了,太阳公公升起来了,小鸟在树上叽叽喳喳地叫,好像在叫我快点起床上学去。"用的词语有:闹钟、太阳、小鸟、上学。"闹钟响了,小鸟叫了,小红下床穿衣服。"用的词语有:闹钟、小鸟、下床、穿衣。举手的学生络绎不绝,个个跃跃欲试,争相发言。这个说话的过程,不仅是词语的理解熟悉过程,更是学生锻炼如何说一段完整的话的过程。

2. 仿照课文内容,进行说话训练

在低年级的课文中,有许多课文在形式上非常相近,而且难度不大,学生在细致地学习课文、读课文后,完全有能力按照课文仿说一段话。比如,在学完《春雨》这首诗歌后,我引导学生按照填空的形式仿照课文中的句式说一说。"春雨沙沙,春雨沙沙,飘在＿＿＿＿＿＿＿,＿＿＿＿＿＿＿;洒在＿＿＿＿＿＿＿,＿＿＿＿＿＿＿;落在＿＿＿＿＿＿＿,＿＿＿＿＿＿＿;降在＿＿＿＿＿＿＿,＿＿＿＿＿＿＿。"这样可以训练学生的语言表达能力,文中的句式也更加规范了学生的语言,还能培养了学生的创造思维能力。

又如,在学完《黄山奇石》后,我指导学生根据课文中描写的"仙桃石""猴子观海""仙人指路"等段落向大家模仿"天狗望月""狮子抢球"等奇石,可以让学生发挥想象力,他们兴致高昂,纷纷举手给我留下了许多惊喜。看,这是一个同学向大家介绍的"天狗望月":每当夜幕降临,圆圆的月亮升上了天空,在皎洁的月光下,一座陡峭的山峰上的几块巨石就变成了一只可爱的小狗。看,它正昂着头,目不转睛地望着天上的月亮呢!不用说,这就是有名的"天狗望月"了。应该说,学生在仿照课文说话的基础上,又超越了课文,这段话里充满了自己的想象,我想,久而久之,学生自然能规范又有序地说一段话了。

多媒体在数学教育教学中的应用

京山市曹武镇中心小学　王国旭

传统的课堂教学中，教师组织数学教学很难突破时间和空间的限制，许多教师对数学教学中遇到的一些抽象思维很强的问题感到教起来非常困难，因而使许多知识难以进入课堂。

多媒体计算机能模拟仿真，化抽象为形象。它不仅能展示文字、图片、图像、声音于一体，将学生带进形象、生动、色彩缤纷的教学情景之中，使学生的感官接受刺激，发展思维能力，拓展学生的空间想象，加深对事物的理解，大大减少了学生学习的难度，变难为易。

一、多媒体在数学教学中可提高学生学习数学的兴趣

现代教育技术在促进素质教育、提高教育教学质量中扮演着越来越重要的角色。随着多媒体走进学校、走进课堂，以其鲜明的教学特点，丰富的教学内涵，形象生动的教学情景，促进教育技术的信息化，逐步打破"一块黑板、一支粉笔、一本书、一本教案、一张嘴巴"的灌输式为主的传统教法，构建起新型的教学模式。现代教育技术、多媒体计算机的应用能充分调动学生的主动性，通过情境创设、合作学习，促进学生主动思考、主动探索、发展联想思维，使学生在学习过程中真正成为信息加工的主体。教学中，教师要根据学生的特点，创设情景，抓住最佳时机，激发学生的学习兴趣，充分发挥学生的学习主动性、积极性和创造性。

例如，教"圆的面积公式"的推导时，圆所占平面的大小叫作圆的面积，怎样计算圆的面积呢？如果采用实物演示，偌大的一间教室，要让每个学生都看清楚是有一定难度的。而运用多媒体计算机教学，则可呈现出这样的效果：把圆分成若干等份，剪开后，用这些近似等腰三角形的小纸片拼一拼，就能拼成一个近似的平行四边形，分的份数越多，每一份就会越小，拼成的图形就会越接近于长方形。把一个抽象的圆转化为一个简单图形——长方形，结合圆的周长和半径与长方形的长和宽的关系推导出圆的公式：$s=\pi r^2$。

二、多媒体应用可以突破教学难点，促进学生理解数学知识

能否突破教学难点是一堂课能否成功的关键。应用多媒体教学，可以把抽象的数学理论知识转化为学生能直接看到或者听到的具体形象，可以把一些静止不变的图形或符号转变为与此相关的一些动态实例,为学生提供丰富的感知图像,帮助学生建立清晰、完整的知识体系,使学生的思维实现由具体向抽象的飞跃。如果上课的时候只是利用粉笔和黑板给学生讲解难点,学生就会产生抵触情绪,教师自然也就完不成本节课难点的讲解,更谈不上对本节课的难点有所突破了。但是如果能更好地应用多媒体技术,在讲解本节课的难点的时候加入一些生动的、形象的动画或者图片,这样就会使原本枯燥的课堂变得生动,学生会轻松地掌握本节课的难点,教师也就轻而易举地完成了本节课的教学任务。

例如,教"圆柱体体积公式"的推导时,圆柱体所占空间的大小叫作圆柱的体积,怎样计算圆柱的体积呢?首先我采用了实物演示的方法,收效甚微。怎么办呢?我决定运用多媒体计算机教学——用 flash 动画展示,收到了意想不到的效果。把圆柱的底面分成若干等份扇形,然后把圆柱切开,可拼成一个近似的长方体。分的份数越多,每一份就会越小,拼成的几何体就会越接近于长方体。演示长方体的底面积等于圆柱体的底面积,长方体的高等于圆柱体的高,把一个抽象的圆柱体转化为学生很熟悉的立体图形——长方体,结合圆柱体的底面积和长方体的底面积,长方体的宽和圆柱体高的关系,推导出圆柱体的体积公式:$v=sh$。让重、难点经过文字、图像、声音和动画的处理,实现动态变化,过程直观地演示,把抽象转化为直观,使学生更容易理解、注意力集中,开拓学生的视野,开发学生的思维,化抽象为直观,解决难点。

三、利用多媒体教学,进行练习设计,提高数学课堂教学效果

利用多媒体技术编写的一系列有针对性的练习,其练习效果非常好,与传统练习方法不可比拟。它的最大成功之处在于化学习被动为主动,化抽象为具体,通过带娱乐性的练习,能轻松巩固已学知识,从而切实激发学生发自内心的学习兴趣,真正做到"减负提速"之目的。比如,在练习中编各种形式的选择题、填空题、是非题等,由软件来判断学生解答得正确与否,根据练习的情况,给予必要的表扬、鼓励或要求重复练习等。

四、利用多媒体教学,数学教学活动更为生动

人教版数学教材中,安排了许多关于"信息技术应用"的选学内容。例如,人教版小学"数学"二年级上册第八单元数学广角的教学。

1. 排列

问题：1、2、3 可以排列出几个两位数？

我让学生猜一猜，小声告诉我。（12、13、23……）到底是几个呢？我让学生们用数字卡片摆一摆，提出了以下要求：

（1）同桌合作，一人摆数字卡片，另一人把摆好的数记录下来，摆两位数。先商量一下谁摆数字卡片，谁记数，比一比哪些同学合作得又好又快。

（2）想一想，用什么方法摆才能不重复、不遗漏？

（3）摆一摆，通过巡视留意学生的几种答案。

（4）说一说，按交换顺序法有 12、21、13、31、23、32；按固定十位法有 12、13、21、23、31、32；按固定个位法有 21、31、12、32、13、23。

2. 组合

握手游戏：找 3 位学生到台上来，每两个人握一次手。握手之前，先猜一猜每两人握一次手，3 人一共握几次手？

学生回答：3 次、4 次、5 次……

教师再提问：到底几次呢？请三位学生到台上演示。

（3 人分别握手，台下学生数握手的次数，找出答案。通过模拟得出：3 人一共握了 3 次手，且两人握手只算 1 次。）

数：可把信息摆成自己喜爱的图形，利用两两相连的方法，如三人握手，三人通话，三队比赛。

算：可把信息"一"字摆开，利用计算的方法，如 3 人握手，三人通话，三队比赛。

以前教学时，我们也在黑板上画出几个图，但既费时费劲，又只是静态地进行研究，其效果远远不如动态的演示形象、直观。通过演示，学生很快知道在排列的过程中不能重复、不能遗漏。如果利用"班班通"上课，可以让学生反复尝试，也许学生的发现比我们想象的更精彩。

让语文课堂充满活力

荆门市漳河新区楚天学校　刘　莉

《小学语文新课程标准》指出:"学生是语文学习的主人。语文教学应激发学生的学习兴趣,注重培养学生自主学习的意识和习惯,为学生创设良好的自主学习情境,尊重学生的个体差异,鼓励学生选择适合自己的学习方式。"这些新的理念为我们语文教学提供了正确导向,预示着语文课堂教学将彻底改变过去以"一言堂"为主要形式,以应试为主要目的的枯燥无味的教学现状,代之以激发学生求知欲,开启学生智慧的充满生机活力的现代课堂教学。语文课堂要焕发生命活力,就要让学生在课堂上彰显自己的个性。

一、重训练,促进师生的交流与合作

课堂上,我十分注重对学生进行语文学习的训练。我认为,不管教师采用怎样的教学设计,都要通过学生以各种方式来呈现。注重了学生语文学习的训练,且训练注重实效,能使师生间的交流合作更加默契,达到"一呼百应"的效果,较好地实现一堂课的教学目标。我现在教的二(3)班,学生一进校,我就进行了读书、说话、小组合作等方面的训练。训练学生怎样以正确的姿势看书、读书,训练学生说完整的话,练习用"我认为……""我感觉……""我想……"进行说话,树立学生自我学习的意识,为培养学生自主学习奠定基础;训练学生小组合作学习怎样学,怎样汇报,怎样评价,并且注重每一个细节。每一项训练我都花了不少的时间,将训练目标落到实处,逐步培养学生良好的语文学习习惯,师生间的合作交流轻松、自然,学生也学得轻松、愉快。

二、重积累,丰富学生的语言

丰富的语言来自积累。为了实现这一教学目标,我特别注重对学生进行字词、古诗、名言、谚语、课外阅读等方面的积累。我按照循序渐进的原则,分三步展开这方面的教学。第一步,我首先抓住教材中语文园地的"日积月累",通过记忆比拼、开火车、快速接龙等游戏活动,让学生体验到积累的乐趣和收获。第二步,我送给学生一句话——"日积月累求真知",让学生铭记在心,懂得知识积累的重要性,帮助学生树立"知识积累"的意识。第三步,围绕"日积月累求真知"这个主题,我组织学生开展了一系列语文实践活动,以自建小词库、设计语文小报、古诗配画、开心小练笔等多种形式,激发学生积累的兴趣,培养学生良好的积累习惯。学生在活动中读读、写写、画画,收获不小。学生很喜欢这些活动方式,现在不少学生在家里也会自主创设一些积累库,兴致勃勃地拿给我看。我想,只要我们教师用心引导、帮助学生学会积累,那么学生的语言就会越来越丰富。

三、重朗读,培养学生的语感

语感是指对语言的感悟能力,是学生学好语文的重要因素。培养学生语感是语文教学的重要目标之一。新课程改革大力提倡"读中感悟"。我在教学中积极采用这种教学方式,每篇课文的阅读都是通过各种形式的朗读来引导学生理解,并且注重了朗读的指导。记得教学第三册《假如》这首诗歌的时候,有个学生选择了自己喜欢的一句话,是这样读的——"假如我有一枝马良的神笔,我要给树上的小鸟画许多好吃的谷粒"。在实践中,我深深体会到:语文阅读教学要注重朗读。教师一定要对学生朗读进行深入指导,引导学生把语言中蕴含的感情色彩从朗读中充分表现出来,那么学生的感悟能力才能从中得到培养与提高。我还对学生进行过一次这样的语感训练,出示了一句非常简单的话"这是我的",让学生读出不同的感情来。学生反复读,反复品味。一句简单的话被学生读出了丰富的感情,有自豪的,有骄傲的,有疑问的,有害羞的,有毫不在乎的……就这样,只要我们注重对学生进行朗读的指导与训练,学生对语言的感悟能力就会越来越强。

四、重拓展,活跃学生的思维

培养学生的创新精神和实践能力,只有在学生灵活运用知识的基础上才能实现。教师要善于挖掘教材资源,给学生创造实践锻炼的机会,拓展学生的学习空间,活跃学生的思维。在平时的语文教学中,我时常抓住一些词语来发散学生的思维,如学到"猎人"这个词时,我就会让学生进行口语交际的训练:如果你看到猎人在捕杀动物,你会对他说些什么;学到"庄稼"这个词就激发学生"看到这个词,你会想到什么呢"。另外,我还会利用一些句子来拓宽学生的思路,如第八课《难忘的一天》结尾中有这样一句话:天,格外蓝;阳光,仿佛格外灿烂……

还有一条重要途径就是抓住教材内容特点来拓宽学生的学习空间,激活他们的思维,例如,第三册第一单元就是以"秋"为主题的一组课文,学完这单元后,我组织学生以"秋的树叶"为主题开展了语文实践活动。让学生捡树叶,在班上介绍树叶的样子,发挥想象用树叶贴画,并且给画命名,再次激发想象力,把贴画用文字写下来。

学了《风娃娃》这课以后,我引导学生根据课文内容改编:如果风娃娃轻轻一吹,会怎样呢?学生们的思维立即活跃起来。于是,我又让学生以"风娃娃笑了"为题改编了故事:风娃娃轻轻一吹,吹干了人们晒的衣服,吹醒了路边的小树,吹乐了孩子们放的风筝。风娃娃笑了。广场上的人们都称赞风娃娃说:"你真好!谢谢你带给我们快乐。"风娃娃知道了,帮助人们做事不但要有美好的愿望,也要有好的办法。

这样,在我们教师的激发下,学生的潜力就能得到充分地展示。教材就是最好的学习资源,教师做到灵活地运用,学生就会学得更活、更广。

五、重评价,树立学生的信心

教师的称赞,对学生来说,就是一种兴奋剂,能树立起他们学习的自信心。课堂上,我对学生的发言,从未用"不对、不行、错了"这样否定的词语来评价。因为学生很渴望得到老师的赞扬,很在意老师的评价。我对学生上课的表现一般用这样的语言来评价:谢谢你,给刘老师带来了惊喜。你真像个小老师,你给同学们带了个好头,你的想象好奇特,你的朗读很动听,你真会观察,你的小脑瓜真会想问题。如果学生答案有偏差,我会说,你的想法不一样,没关系,老师很欣赏你积极发言的表现,再静下来想想,一定会找到答案的。我观察到,学生往往在得到这样的评价之后,表现得更加踊跃,更加主动大胆。学生的表现告诉我,教师善于用亲切的语言来评价学生,能带给学生学习的快乐,让他们发现自己的闪光点,敢想敢说,更加充满自信,从而参与学习的积极性更高。

总之,点点滴滴的教学实践让我深刻认识到,小学语文教学的创新,需要教师学会抓住语文的每一个教学因素,将语文教学的每一个目标落到实处,学生才会真正地学有所获,得到发展。

探索家校合作新模式

荆门市高新区·掇刀区名泉小学　张晓龙

随着教育改革不断深入，学校制度逐步完善，教育不单单是学校的事，家庭教育、社会教育的重要性愈发突显。如何打开校门办教育，已成为每所学校在新时期的重要课题。荆门市高新区·掇刀区名泉小学在家校共育的道路上积极探索，以家长委员会（以下简称"家委会"）为依托，努力建构学校、家庭、社会"三位一体"的合作教育模式。

一、监管，让家校合作更有深度

一是全面监督托管工作。家委会正式组织成立了托管领导小组，组织召开专题会议研讨实施方案及管理细则，并对全体托管服务教师进行了集中考核、聘任。领导小组下设办公室，委托学校托管服务中心具体实施托管服务，并接受领导小组监督，经费收支、运行情况定期接受领导小组检查。

二是全面监管教学工作。为保障学校教学质量，落实学生减负工作，家长委员会对作业量、托管教学情况进行了严格监管。家委会定期联合教务处督查各班作业情况，并委托教务处在全校范围内通报。本学期，家委会对各班学生布置作业情况进行了多次摸底访查，根据调查反馈，受访家长对学校教学工作十分满意。

三是全面管理班级工作。一个班级就是一个"小家庭"，情况不同，诉求不同，班级管理工作显得尤为重要。班主任是班级的"掌舵者"，家委会代表是家长的引领者，两者相互配合，共同营造温馨环境。许多家委自发在班级内组织教育研讨活动，就学生的成长教育问题为家长们答疑解惑，分享好的育儿经验。

二、参与，让家校合作更有宽度

一是重点工作组织有力。2018年是荆门市"创建全国文明城市"攻坚之年，全体教师和学生积极助力创建工作，本校在全市第一次学校"创城"指数测评中名列第一。在创建活动中，学校、家长委员会积极发挥引领作用，组织开展中队志愿活动31次，自发开展"小手拉大手""创城"宣讲活动15次。为确保社会主义核心价值观、优秀童谣全面普及，家委会配合开展了"家庭诵读社会主义核心价值观""传唱优秀童谣"微视频活动。活动共收集原创微视频300余个,学校微信平台择优推送12期、共计36个视频,引起社会各界广泛关注,也让全体师生、家长牢记了相关知识。

二是重要岗位履行职责。2018年4月3日,荆门市高新区•掇刀区"新时代人民满意教育年建设动员大会"在本校隆重举行,学校家委会主任汪少林作为全区家长代表发言,网络直播吸引1.3万人次观看。在全体家委会上,汪主任指出,全体家委要保持教育热情,努力践行"雅行超市"风采,将引导全体家长给予孩子正确的教育方向列入工作计划中来。在家委会中,热爱教育的代表还有很多,他们认真履职,齐心协力与学校一起办好让人民满意的教育。

三是重大活动倾情参与。在学校重大活动中,总少不了家委会代表们忙碌的身影,在这些重大活动中,家委们倾情参与,带领全体家长进一步了解学校,进一步增强班级凝聚力,为家校沟通打牢基础。

三、共建,让家校合作更有温度

一是做学校政策的宣讲人。每年招生时,家长对政策解读有误者有之,对招生范围不满者有之……学校邀请家委会代表担任政策宣讲员,与学校教师一起研究招生政策,共同上岗宣讲。招生当天,家委会代表耐心与家长沟通,宣讲招生政策,安抚群众情绪,从家长角度提供解决办法,赢得新生家长一致肯定。

二是做教育工作的热心人。当下,学生家长教育认知度普遍不高,提升家庭教育水平尤为关键。在学校倡导下,家委会代表积极组织班级社会实践活动,通过微信公众号集中推送,扩大活动效果。久而久之,利用节假日开展实践活动已成为各班的一种习惯。在这些活动中,父母和孩子共同找回了温暖时光,孩子们多了一份快乐和幸福,家长们的家庭教育认知也悄然提升。

三是做学校形象的推广人。学校创新开展"家委代表查托管"活动,校长亲自引导、解说,带领全体家委会成员了解托管开展情况,收集关于托管好的意见和建议;开展"百名家长访名小"活动,家长代表全方位参观学校建设,领略"雅行超市"风采。这些活动,让家长们"零距离"了解学校工作,也让他们从心底认可学校的工作,自觉做学校形象的推广人。

谈小学高年级语文课前预习能力培养

京山市曹武镇中心小学 王华雄

预习是指学生在教师讲课之前自主阅读新课的内容,并做好学习新知识的准备工作。新课标提出:"要把培养学生的自主学习能力作为一项重要目标。通过课前预习来提高学生的语文学习能力,是学生自主学习能力的组成部分。"可见,预习是语文学习的一个重要环节,是激发学生求知欲的"前奏曲"。

一、钻研教材,完成预习备课

学生的预习是在教师深入钻研教材,确定教学目标、教学重难点,理清课文的重点,把握感情朗读,将读、说结合后,在完成第一次备课的基础上进行的。教师应对预习的内容、方法的设计等提出具体要求。学生的预习能否起到实质性的作用,关键看教师课前的准备。

二、层层递进,做好预习指导

教师作为教学的主要设计者,一定要做好学生课前预习的指导工作。结合学生实际情况,主要采取以下方法对学生课前预习进行研究。

1."读"(读课文)

古人说:"书读百遍,其义自见。""读",不仅可以帮助学生理解课文内容、体会作者的思想感情、了解作者的写作技巧,更有助于学生自己发现问题,增强听课的目的性。所以,"读"在预习中是最不能忽视的一个重要环节。在这个环节,我分别从字音、停顿、感情色彩等方面指导学生朗读,力求做到读准字音,读通课文语句,这样就大大节省了课堂教学时间。

2."查"(查工具书和资料)

一是查字典,特别是不要放过那些理解模糊的字、词,如文言文和古诗的语句一定要结合注释和古汉语字典、词典来疏通文义。如果还是不理解,预习时可在有疑问的地方做记号,带着问题听讲。二是查资料,通过查资料了解课文作者及相关信息。如教学《再见了,亲人》时,课前我布置学生上网搜集抗美援朝的历史背景及志愿军与朝鲜人民相处的相关信息。课堂上,学生们深刻地体会到了志愿军和朝鲜人民那"比山还要高,比海还要深"的情谊。如在学习《我的伯父鲁迅先生》这一课时,我课前先让学生了解鲁迅对社会的贡献、所处的社会背景及他的名言，让学生更好地体会文中"四周黑洞洞的"的含义和鲁迅的爱憎分明，及为他人着想的伟大品格。这样既有助于学生更好地把握文本，又培养了学生的自学能力与运用能力。

3．"思"（思考课后练习）

"学而不思则罔，思而不学则殆。"这句名言道出了"思""学"之重要。教师应在课前让学生自己去探讨、解决一些问题。如教学朱自清的《荷塘月色》前，先布置学生完成课后练习第二题"找出文中的比喻句，填写表格，并回答问题"。学生通过阅读课文，结合第四、第五、第六自然段，既能抓住课文学习的重点，又能体会作者高超的表达技巧。预习应布置稍简单的问题，随着阅读的深入，提出问题的难度不断加大，这样学生就能通过预习，进而提高自学能力。让他们逐步走向预习习惯之路。

4．"划"（划出重点语句）

古人有"不动笔墨不读书"的说法，实践证明，做笔记对语文预习的作用是非常大的。划出课文的重点词、重点句、重点段，做到重点突出。在理清课文思路之后，可以用"‖"试着给课文分段，并对各段的主要内容进行批注。另外，学生对自己认为精彩的描写、含义深刻的句段及对自己有所触动、有所启发的片段，都可以选用自己喜爱的固定标志画出来，写出批注。还要划出自己不懂、不理解的地方，留下疑问下去问老师。

5．"问"（提出不懂的问题）

俗话说："不会提问的学生就是不会学习的学生，发现一个问题比解决一个问题更重要。"因此，我常鼓励学生在预习课文时，通过默读提出自己在预习中遇到的问题，或分享自己对这篇课文独特的见解。这正是学生主动性和创造性的具体体现，这一步预习完成得好，可为课堂上"问题的探讨"这一双向活动奠定基础。教师再加以鼓励，肯定学生的预习成果，以激励他们质疑的积极性。

三、激发预习兴趣，提高预习效果

著名教育家叶圣陶先生曾说："学习原则很通行，但要收到实效，方法必须切实。"由于小学生的年龄特点，自主学习能力弱，自觉意识不强，所以学生的预习不是单靠教师一句话就会自觉完成。教师要想方设法激发学生对预习的热情，提高预习的效果。我从以下三个方面做了尝试。

1. 课堂上引导和鼓励

课堂教学是体现学生预习成果的主阵地。预习环节的操作、预习任务完成的好坏,直接体现在教学中。因而在课堂教学中,教师要以启发、引导为主。多用交流、讨论的形式,放手让学生自主发现和探索,给予充足的时间,达到让学生自我表现的目的。同时,对预习情况好的学生进行表扬,对有进步的学生进行鼓励。教师及时评价,给他们成功的愉悦感,提高预习的自信心和自豪感。

2. 采用竞赛方式,让预习充满趣味

将丰富多彩的竞赛活动融入预习,使语文预习充满趣味性。教师可利用小学生的好胜心在课堂中采用竞赛机制开展"谁发现的问题最多""谁能提出不同的观点""比一比谁的预习笔记记得最好"等活动,或小组竞赛,或同桌互比,也可全班竞赛,推举"预习标兵""进步之星""预习能手"等。开展预习经验交流活动,能使学生们在竞赛、交流、展示中相互帮助,相互学习,在竞争中求发展、求进步,培养自信、自尊、自强的品质。

3. 创设自主合作预习氛围

针对学生的个性和能力,将学生分成预习小组或自由组合预习小组,逐步引导学生合作、交流、分享。学生从不同的渠道获得相关资料,开拓思维,碰撞火花。

四、检查督促,促进习惯养成

仅布置任务,没有相应检测,对于缺乏自觉性的学生,特别对尚未养成预习习惯的学生来说,只能是徒劳。我从以下两方面入手检查学生预习情况。

(1) 小组长检查预习情况。小组长检查其他同学的预习情况,并给予鼓励,这种方法对于学生个人习惯的养成具有积极意义。

(2) 把预习提纲表收上来进行检查,并撰写批语。教师在课堂上用 5 分钟时间对学生预习情况进行梳理和总结。

值得注意的是无论哪种检查方法,检查者都要对该次预习情况进行讲评。讲评中以鼓励为主,讲评后提出改进意见,以推动下次预习。

总之,预习作为教学环节的第一步,是提高小学语文课堂教学效率的基础,是学生学会学习的重要阶段。在这个过程中,学生经过长期的思考、归纳、揣摩、体会,会形成一种悟性,这不仅对语文,也对其他科目的学习极有帮助。所以,教师抓好语文课前预习的指导工作,课堂教学就成功了一半。

电子白板在高中数学教学中的应用

钟祥市实验中学 朱 明

电子白板,又称电子交互白板,是一种新的高科技电子教学系统。电子白板集传统的黑板、计算机、投影仪等多种功能于一体,使用非常方便。随着电子白板的日益发展,多媒体教学手段在课堂中得到广泛运用,使常规的教学如虎添翼。

一、研究的过程

1. 为什么要使用电子白板

采用交互式智能白板教学能够提升课堂教学气氛,增强师生互动能力,教师可以让不同的学生轮流上台进行操作,还可以在答题的过程中,进行指导、讲解,对学生的错误及时进行纠正,更好地激发学生的学习兴趣,提升课堂气氛,增强师生互动。让学生感受到数学和日常生活是紧密相连的,数学是源于生活的,培养学生关注生活、关注身边的事物,学会总结数学与实际事务的联系,提高学生运用知识的能力。

2. 数学教师教学中使用电子白板的现状

通过对钟祥市实验中学所有数学教师进行问卷调查及谈话交流,我统计了在教学中使用电子白板的情况:年轻教师对计算机操作比较熟练,在使用电子白板教学过程中非常熟练;年纪较大的教师对计算机操作不太熟练,对电子白板的使用也不太熟练,导致很少使用电子白板进行数学教学。

3. 数学教学中使用电子白板的影响

(1)提高了授课效率。

数学课堂上需要经常画各种平面图形和立体图形,使用电子白板进行教学能够有效增加每一堂课的教学容量,可以有效节约课堂时间。教师有充足的时间强化重点、突破难点,提高教学效率,可以使课堂互动性更强,容易激发起学生的学习兴趣,有利于提高学生的学习主动性,便于教师反思、分享,学生巩固、复习等。

(2)提高了学生的学习兴趣。

兴趣是最好的老师。学生对学习有了兴趣,学习就不再是一种负担,而是乐此不疲的奥秘。直观、形象、生动的画面和轻松的音乐所营造的氛围能激起学生的学习兴趣。例如,在教学《二面角》一课,我巧妙运用交互式电子白板来演示二面角的翻转过程,让学生能够很直观地看到二面角是怎么产生的,二面角的范围是多少,怎么样去寻找二面角的平面角,怎么样去计算二面角的大小等。

(3)提高了数学教师的综合教学能力。

利用白板教学可以达到诱发和增强学生审美感悟能力的效果,能够使学生在有益身心健康和积极愉快的求知气氛中,获取到知识的营养,获得美的享受和情感上的共鸣,达到潜移默化的教育效果。学生在享受新知的同时,教师的教学水平、掌控课堂的能力、与学生互动合作的能力都在提高,使用计算机软件的熟练程度也在不断提高。

4. 数学教学中使用电子白板的常用方法

本校数学老师在应用电子白板进行教学的过程中,常用的方法有:①在白板边用电子白板所配备的书写笔在白板上操作电脑,可用笔自由书写,直接使用板擦,随便涂改;②利用电子白板的识别功能将手写体自动转化为标准体;③利用导出功能将书写内容转换成HTML、PPT等文件格式,根据需要运行。

二、总结高中数学教学中使用电子白板的方法

(1)电子白板最突出的功能是它的交互性,电子白板的使用给教学带来的最大变革是从预设到生成。

(2)教师在设计课前,先充分熟悉交互白板的各种功能,这样在设计教学活动时才能有意识地将白板所带有的交互功能融入自己的教学设计理念中。

(3)操作要熟练。教师上课时,对电子白板各种功能键的操作要熟练,熟悉电子笔的使用、各个工具栏的功能,教师还要注意在白板前的站位,这样才有利于课程按照自己预设思路进行。

电子白板以其直观、形象、生动的特点,将电子白板与多媒体辅助教学有机整合,给传统的课堂教学注入了新的生机与活力。如何更好地应用电子白板的优势,创设多样互动方式,调动学生的积极性,发挥白板获取和呈现的功能,突出重点、突破难点,是高中数学教师需要进一步研究的课题。

浅析如何培养英语"学困生"的学习兴趣

荆门市高新区·掇刀区高新学校　赵莉莉

如何培养小学英语"学困生"的学习兴趣是个一直在谈论的话题，学校和教师也都一直在致力于培养学生的学习兴趣。俄罗斯教育家乌申斯基认为"没有任何兴趣，被迫进行的学习会扼杀学生掌握知识的愿望"。英语学习兴趣的培养是学习困难学生最为重要且又突出的问题。如何培养小学英语"学困生"的学习兴趣？作为一名小学一线英语教师，通过一年的探索实践，我总结了小学英语"学困生"学习障碍的原因，并提出了培养小学英语"学困生"学习兴趣的方法与策略。

一、小学英语"学困生"学习障碍的原因

1. 自卑障碍

有一部分英语"学困生"天生胆小、怕羞，有自卑感，不爱讲话，性格内向，以至于师生之间缺乏沟通。而英语学科学习的特点是要求多读、多听、多讲、多模仿。课堂上他们不跟读、不发言，更不敢提问，开了口声音又太小，久而久之他们就会对英语学习丧失信心。

2. 能力障碍

英语这一学科的特点要求学生必须在学习中以旧引新，并且大量练习。如果学生无自学能力而单纯依靠教师，再加上缺乏语言环境，则很有可能成为英语"学困生"。其表现是：贪玩、懒惰；没有养成勤奋、刻苦的学习习惯而是养成了等待、依赖的习惯；不能做到课前预习，课后复习；不主动接触新知识，只等教师讲授；只完成简单的抄写作业，有针对性、难度大的作业则通过抄袭完成。有的学生在课堂上不讲方法，不是积极参与、全身心投入，而是思想开小差，注意力不能坚持长时间集中，游离于教学之外，课堂学习效果很差。许多"学困生"死记硬背单词、句型，对语言的理解不能融会贯通，只能断章取义，照本宣科，不能充分理解听、说、读、写之间的必然联系，结果脑子中只形成一些零碎、孤立的语言信息，缺乏综合运用语言的能力。

二、培养小学英语"学困生"学习兴趣的方法

1. 给机会，坚持不懈地培养自信心

"学困生"往往由于基础差、缺乏教师的关注，在英语课堂上的兴趣不浓

厚,往往把自己当成了旁观者,这是造成他们"沉默"现象的主要原因。因此,作为教师,要看到学生之间的差异,充分考虑到基础差的学生个人的具体情况和水平,遵循因材施教的原则进行教学,让每个学生都觉得一堂课下来有所收获。例如,在课前采用听儿歌、听歌曲、听指令做动作等活动把学生的兴趣与情绪带动起来;在课堂上提问题时,对英语"学困生"会提一些简单的问题;在教学过程中,我会有意识地安排一些小组活动,在这种小组活动的过程中我又非常注意学生座位的安排,基础好的学生和基础较差的学生交错坐在一起,并选出"英语小组长",负责任务的安排,学习的指导。当"学困生"有了进步、获得成功时,最需要得到的是及时认可和赞赏;当"学困生"犯了错误时,最需要得到的是宽容;当"学困生"遇到挫折时,最希望得到的是鼓励。教师的一个赏识的眼神,一个关爱的动作,一句贴心的话语,可能会令学生一辈子也忘不了。因此,常对学生讲"Trust yourself!""Try your best!""Never give up!"等激励话语;在他们平时的学习中,尽量少批评、多表扬,对他们充满信任、满怀期待,这种信任可以鼓舞"学困生",激发他们积极向上的情绪,产生极大的学习兴趣和信心。

2.多样化教学,提高英语学习趣味性

英语教师应当尽可能多地利用现代化教学技术手段,如幻灯、录音、电影、电视等。课堂中增加讲故事、游戏、唱歌比赛、讲英语小笑话、模仿英文影片等环节,鼓励学生大胆地参加朗读、问答、会话、看图学习和语言交流活动,采用多种途径对学生进行强化刺激。教师讲得引人入胜,学生学得兴趣盎然,在这种充满乐趣、轻松愉快的课堂气氛中,教师和学生的思想情感进行自然的、比较充分的交流。为增强"学困生"英语学习兴趣,适时开展丰富多彩的课外活动,给他们更多的英语交流机会。在小学高段中,经常组织学生们办英语手抄报和英语墙报;在中低段年级中,英语教研组经常组织开展朗诵英语小诗歌、猜谜语等趣味活动;同时利用"学困生"英语课外兴趣小组开展演唱英语歌曲、表演英语会话或短剧等趣味活动;学校不定期组织英语竞赛,包括英语单词竞赛、朗诵比赛、单词接龙和趣味英语比赛等。通过参加上述英语教学活动和趣味活动,"学困生"能够将所学知识运用于生活实际,不仅增强了学习英语的自信心,也培养了英语兴趣。

如何提高小学识字教学的有效性

京山市京山小学　王莉娜

语文课标的课程目标中指出,第一学段(一、二年级)课程目标有:①喜欢学习汉字,有主动识字的愿望;②认识常用汉字1600～1800个,其中800～1000个会写。这就意味着平均每课学生要认15个左右的汉字,其中要求会写的汉字多达8、9个。由此不难看出小学低年级语文教学主要是以识字教学为主。如此大的识字量,加之低年级学生年龄小,注意力不容易集中,很多低年级教师反映识字教学是低年级教学的重点、难点,教师教得很辛苦,学生学得很吃力。那么怎样提高识字教学的趣味性和效率呢?随着新课改的深入发展,语文教师应发挥小学生的主体作用,挖掘小学生的识字潜力,激发他们的识字兴趣。同时,教师还要善于运用多种识字教学策略,帮助小学生树立正确的识字意识,培养他们的识字能力。

一、创设情境识字,激发识字兴趣

低年级学生活泼、天真,想象力丰富,我形象地把生字称作"生字宝宝""新朋友""好伙伴"等,把抽象的生字形象化为学生脑中可具体感知的形象。在识字教学中经常采用"猜认生字""开火车""选难认字""邮差送信""走迷宫""摘苹果"等游戏方法进行教学,让学生把枯燥的识字过程转化为认识新伙伴、结交新朋友的过程。教师精心营造情境,使学生带着浓厚的兴趣主动识字。

二、充分运用教材,丰富识字内容

在"新课改"背景下,小学语文教材中也融入了优秀传统文化的精髓,并对识字教学产生了一定的影响。因此,我在日常教学中会利用传统文化的人文性和艺术性等特点,丰富低年级小学生的识字内容,让小学生在识字的过程中能够掌握更多的人生哲理,从而提高综合实力。比如:《百家姓》《三字经》《千字文》《对韵歌》等都是我国古代流传较广的识字教学优秀教材,在当今的语文教学中也同样发挥重要的作用,这些内容朗朗上口,非常符合小学生的阅读兴趣。《百家姓》采用四字一句、隔句押韵的形式,语调优美。我要求低年级小学生在晨读时间朗读《百家姓》来识字。经过尝试,收到了良好的教学效果。再如,小学生非常喜欢《三字经》这种"三字一句"的编排形式,他们不仅学到了更多的汉字,也在朗读中学到了很多做人的道理。

三、归类识字方法,优化识字效果

教育家陶行知说过:"好的先生不是教书,不是教学生,乃是教学生学""教是为了不教"。教学的最终目的是让学生能够自己学习。在识字教学中,我不仅教学生识字,同时教学生运用灵活多变的识字方法自己去识字,让学生在轻松、愉悦的环境中识字,激发学生的学习兴趣,提高识字教学质量,同时也让学生牢记已经学过的生字。

1. 猜谜识字法

猜谜识字法是利用编谜语和猜谜语的形式,帮助学生识字的一种方法。此方法要求字的间架结构相对比较简单,且每个部件之间有一定的联系。通过猜谜语来巩固已学的知识,既能满足学生的好奇心,调动学生的积极性,又能活跃课堂学习气氛,训练学生的逻辑思维能力。因此,它是一种趣味识字法。如学习"森"和"春"时,可以根据字形结构编字谜"三横三竖三撇三捺""三人坐在太阳上",这样学生在愉悦的气氛中既学会了新字,又巩固了旧字。又如学习"告""并"和"美",可以根据字形结构开展联想字谜:"一口咬去牛尾巴""开字头上长两角""羊字没尾巴,大字在底下"。根据字形的特点用谜语帮助识字,能使抽象的文字符号与直观形象的事物结合起来,活跃学生的思维,在"猜"的过程中,很自然地理解和掌握了字形和字义。

2. 部件识字法

部件识字法是利用已学过的熟字部件,通过"加一加、减一减、比一比、换一换"变化偏旁,帮助学生识字的一种方法。此方法主要适用于形声字和部件相同的字。如记忆"清、情、晴、睛、请"等字,用已学过的"青"字加上"氵"就成了"清",再联系"清澈的河水"就知道了"清"与"水"有关,又理解了字义;说"请"时,人要用嘴,所以就有一个言字旁;情,与心情有关,所以加上"忄";"晴"与太阳有关,太阳出来天就"晴",所以加上"日"字旁;而"睛"与双眼有关,所以加上"目"。记忆"辛、幸"两字,可以用"辛苦一点、幸福十分,短辛苦、长幸福"来帮助学生区分两字细微的差别。利用形声字的"声旁"识记字,既利于掌握汉字的声,又利于掌握汉字的形和理解汉字的字义。

3. 图画识字法

图画识字法是指利用图画(简笔画、贴画、动画等)帮助识字的一种方法。用此法识字既有趣又能培养学生的想象力。例如,教师在教"润"时,就出示

"润滑剂""润喉糖"的图片,学生看到图片,很快就记住了这个字。在教"额"这个字时,出示小女孩的头像,告诉学生图片中小女孩的额头在哪里,从而识记此字。我想如果教"日、月、水、火、山、石、田、土"等最简单的象形字时,都用实物的象形,笔画简单,与图画接近,学习这类汉字可以充分发挥学生的想象力。让学生模仿古人"造字":画画大山的"山"是什么样,说说"田"怎样写。学生对"造字"兴趣浓厚,同时从中体会到以"形象"造字的成就感,而且也利于字形识记。

4. 动作识字法

动作识字法是学生自己做动作帮助识字的一种方法。例如,教《小小的船》这课中的"看"字,"看"是把"手"的竖勾变为撇,想象孙悟空是怎么用"火眼金睛"找"妖怪",请学生把手放在额头看远方学动作。教学生做动作,学生就明白了这个字,也就记住了它。学生通过自己亲自模仿,印象深刻,也能很好地识记生字。

四、联系生活实际,提高识字能力

众所周知,汉字与日常生活联系密切。首先,小学语文教师在教学中应选择贴近小学生生活实际的教学内容,回归到现实生活中,鼓励小学生学会观察身边出现的汉字,以提高识字量。当小学生的识字量得到大幅提升时,他们也会尝到成功的喜悦。比如,学了"面"字后,引导学生回忆:"平时生活中在哪里见到过?"学生一下子想起来"这是'方便面'的'面','面粉'的'面'"。这样,学生就牢牢地记住了"面"这个字。又如,在识记"顺"字时,学生说:"'顺丰快递'的'顺'。"其次,要利用学生生活中的有利条件,培养识字的敏感性和浓厚兴趣。我会让小学生注意观察超市里物品的名称、公交站牌上的汉字、餐厅菜单上的菜谱、报纸杂志、食品包装袋、校园内的文化墙、班级的班训牌、课程表、同学姓名等,引导学生在日常生活中做识字的有心人,见到什么字就认什么字,并自觉和同学交流识字成果,经常组织识字比赛。如此一来,不仅提高了学生的识字量,还培养了他们的观察能力,也让他们明白了生活中时时处处都有语文,从而学会在生活中学语文。

总之,小学生识字、学字是一个不断积累的过程,不能操之过急,在入门阶段,保护好学生的识字兴趣,巧用教学方式,让学生享受到识字、写字的乐趣,为以后的语文学习打下坚实的基础。

浅谈班主任工作的体会

钟祥市丰乐镇希望小学　朱小芳

对于一个刚出校门,走上讲台,成为一名班主任的年轻教师来说,管理班级、组织各项活动,我从中有一些自己的体会,下面从两个方面谈谈工作心得。

一、班主任班级管理工作的基本特征

1. 师生沟通有障碍

小学生正处于人生懵懂的时期,尤其是低年级学生,很多事情我们站在成人的角度来讲,他们难以理解。这时教师要用小学生的思维和语言去和他们沟通。还要时刻思考如何和家长沟通,只有得到家长的支持和理解,学校和家长才能互相配合,共同教育学生。

2. 学生多动难管理

这一时期的学生正是贪玩好动的时候,上课的时候左右摆动,互相做各种小动作扰乱课堂秩序;下课就更是打打闹闹,难以有片刻安静。特别是下课打闹极容易发生事故,会造成极大的安全隐患。

3. 班主任工作压力大

班主任要应对学校的各项检查、评比工作,要准备班级教学,这些还只是教师的日常工作。

在班级里,要随时应对学生发生的突发事件,解决同学间的各种争执、矛盾。在面对这一切的时候,可以说十分烦琐而且辛苦。

二、班主任工作体会

1. 建立完善的班级管理制度

俗话说:"没有规矩,不成方圆。"小学班主任面对的是一群单纯的学生,他们活泼又调皮,不听话都是常态,所以建立一套完善的班级管理制度就非常重要。刚开始接手一个班级,选任班干部、打扫清洁区、座位安排等事情让我手足无措,学生们的各种告状让我头脑发昏。例如做卫生,开始时,所有的学生一起干,出现问题都相互推脱责任,此时应该明确分工,这一块地谁扫,那一块窗户谁擦,责任到人。当有问题时就直接找到责任人,一段时间下来,效果显著。

2. 倾听学生的心声

当学生犯错误时,一味地批评、指责学生,不但会激发他们的逆反心理,开始讨厌教师,还会使学生讨厌这位教师的课,从而远离教育的本意。如果多花一点时间,听听他们的解释,帮他们分析错误的地方,给他们讲道理,效果也许出人意料。有一次,班上一名学生动手打人了,我没听解释就指责他,他赌气不吃饭,跑出去玩,我也非常生气地说:"你只要踏出班级一步,我就把你家长叫来。"他一听,说:"你找啊,反正他们不在家。"我想:他是留守儿童,他是否在想他的父母?冷静了一段时间之后我再找他谈心,帮他一点点地分析他所犯的错误,老师为什么生气,错在哪里,当我问到他家里的情况、爸妈的工作情况时,他居然大声哭起来了……之后我也进行了自我批评,教师遇到问题应该冷静地分析原因,尊重学生,多听听学生们的心声,找到合适的方法。

3. 以身作则,做学生的榜样

教师以身作则,给学生树立一个榜样,用行动来教育学生,远远胜于说教和强制的管束。在班里,我经常强调学生见到老师要主动问好,看到垃圾要主动捡起,但是效果很差。有一次上课,我看到校长捡在教室门口的垃圾。我很有感触,连忙喊了班里的几个学生出来看看。进教室后,我让他们告诉班里的学生看到了什么。他们说:"看到校长在捡地上的垃圾。"我问:"他是谁呢?"学生说:"校长。""他不仅仅是校长,他也是我们学习的榜样啊,校长都能看到垃圾主动捡起来,我们为什么不能主动弯腰捡起地上的垃圾,让校园更美丽呢?"教师总要求学生早上进班要读书,不要讲话,总是有学生不读,但是如果教师也和他们一起进教室,和他们一起读书,效果会出人意料。

4. 关爱学生,做他们的"母亲"

"爱"说起来很容易,但做起来很难,爱要面向全体学生,爱要持之以恒。学生与教师相处的时间多于在家与父母相处的时间,所以教师更能发现学生的问题,比如学生写字的姿势、坐姿、学习习惯等。如今,很多学生都成了留守儿童,甚至是单亲儿童,从爷爷奶奶那里得到的爱远远不如父母给的爱。这时教师还要充当父母的角色,他们发烧了,带他们看医生;平时教他们怎样预防拐骗、预防性侵……做一位学生的"母亲"难,做这么多学生的"母亲"更难。

将《弟子规》运用于学生德育教育工作

荆门市高新区·掇刀区麻城镇雷集小学 郑 成

《弟子规》原名《训蒙文》，为清朝康熙年间的秀才李毓秀所作。《弟子规》是我国传统文化中儒家经典启蒙读本，它所包含的"孝""悌""谨信""爱众""亲仁""余力学文"的德育思想及教育理念，对我们今天的教育事业有着借鉴意义。运用《弟子规》可引导学生学会孝敬父母，可加强学生与家长和社会的联系，可促使教师积极做学生的表率。

一、培养学生高尚的道德情操

1. 运用《弟子规》引导学生学会孝敬父母

《弟子规》中"入则孝"可用来引导学生尽孝。学生回家帮父母按摩、捶背、洗脚、刷碗、洗菜等，家长做好"尽孝记录"，然后学生将记录的内容拿到学校与同学分享，同学之间相互学习对父母的尽孝行为，让学生行孝蔚然成风。校园里，学生和睦相处，主动帮助学习上、生活上有困难的同学；主动帮助老师做好班务工作；主动打扫教室卫生；无论在校内还是在校外，遇见老师都能主动敬礼、问好。

2. 培养学生的规则意识

当今的学生多为独生子女，以自我为中心的意识较强，具有鲜明的个性，行为上我行我素，规则意识较弱。

《弟子规》对学生的言语、行为、待人、接物等方面提出了详细、明确的要求，处处能够体现规则意识。《弟子规》里明确要求："尊长前，声要低；低不闻，却非宜。""出必告，反必面；居有常，业无变。""进必趋，退必迟；问起对，视勿移。"……这些都可以用来培养规则意识。我们应该在学生的日常生活中渗透规则意识。例如，上课回答问题应该举手而不是一窝蜂抢答，在食堂吃饭、放学时都应该排队，早上遇到老师应该行礼、问好等，从小事做起、从身边的事做起，培养学生的规则意识。

3. 培养学生的"谨信"意识

古人很注重自己的言语和行为，"朝起早，夜眠迟；老易至，惜此时"。他们的生活很有规律，对待事物也自有分寸。当今的学生生活不规律，昼夜颠倒，沉迷于网络、小说，手机、平板等。对待事情没有耐心，缺乏自制能力。

"凡出言,信为先;诈与妄,奚可焉",诚信是一个人的立足之本,在社会主义核心价值观中我们提倡诚信,但是如今诚信问题在学校层出不穷,如在考试时喜欢作弊等问题。

有很多同学追求外在的物质享受,如喜欢名牌鞋子、衣服、包包等,喜欢漂亮的外表,而忽视内在的修养。"行高者,名自高;人所重,非貌高",古人所注重的是一个人的品行和才能,而不是一个人的相貌。这些都是《弟子规》教导我们在日常生活中需要注意的言行举止,可以促使我们养成谨言慎行、诚实信用的道德品质,提高学生的德育水平。

二、培养学生的良好行为习惯

"持之以恒,知行合一。"学习《弟子规》也要持之以恒,知行合一,才能有所收获。利用"朝读经典"环节,教师带领学生诵读《弟子规》,并进行讲解,使《弟子规》中的道德规则转化为一种内在的自觉需求,并最终成为一种习惯性行为。

诵读、写作只是学生学习《弟子规》的一种手段,最重要的是践行。通过"家校共育"帮学生定好践行计划表,每天做好记录,如"入则孝"的践行表上的内容有:①按摩;②捶背;③洗脚;④说服爸爸戒烟;⑤洗菜、炒菜;⑥洗米、煮饭;⑦盛饭、洗碗;⑧摆收碗筷;⑨扫地、拖地;⑩烧水、端茶倒水。

"出则悌"践行表上的内容有:①回家与兄弟姐妹更友爱,不争食物、书本,不打架;②上车主动给需要帮助的人让座;③主动问候老师和客人等。让学生在践行过程中互相观摩、交流。这样,刚开始学生是"要我做",到了后来,通过不断地潜移默化,养成习惯,变成了"我要做",学生践行《弟子规》蔚然成风。

三、加强沟通,共同成长

家长是学生的第一任老师,更需要规范自己的言行,为孩子时时做出榜样,这就要求家长加强学习,与时俱进,与孩子一起学习、成长。家长和学生共同参与落实"孝"行。家长做孩子们行孝的模范,给孩子行孝的机会。通过将《弟子规》运用于学生德育教育工作,发现学生在待人接物、感恩父母等基本道德意识和行为上发生了明显的变化。

农村初中生消费心理误区及教育对策

京山市杨集镇初级中学　王秀海

我国社会经济持续发展,农村物质生活水平逐步提高。由于各种原因,农村家庭的经济状况也有区别,有的农村家庭收入颇丰,孩子消费水平比较高;有的农村家庭收入一般,孩子的消费水平也一般;有的农村家庭收入还在平均水平以下,孩子消费水平比较低。这些家庭的孩子进入初中,面对丰富多彩的学生生活,各种消费活动接踵而来,我们常感到他们的消费观念缺乏科学性、合理性,教师该如何引导他们树立科学、合理的消费观念呢?笔者就学生消费的误区及教育对策谈谈看法。

一、学生消费误区

1. 注重物质享受,轻视精神追求

近年来,大多数农村初中生家庭条件有所改善,他们手里有了更多的零用钱,但他们的家长要么常年在外务工或创业,不能很好地监管孩子的消费;要么虽在孩子身边,却无暇顾及孩子消费习惯的培养;要么本身不注重孩子"精神领域"的消费。经调研发现,很少有家长指导孩子订阅学习杂志,或购买学习资料,或借阅中外名著,培养孩子在精神上的追求。孩子的零用钱大部分花在买零食、互送礼物、请客娱乐上。双休日,由于父母约束不力,他们用零用钱为游戏充值、看收费小说、为同学购买生日礼物等;在学校,他们避开老师,用零用钱请客,考试成绩优异要请客,运动会项目获名次要请客,文艺汇演获奖要请客。若学习方面需要消费,他们不用零用钱,而是理直气壮地向父母伸手。正是这种消费观念,导致部分农村初中生贪图享乐、不思进取。

2. 盲目攀比,忽视家庭实情

很多农村初中生不是根据自己的主观需要和家庭经济能力来决定自己的消费行为,而是盲目攀比。大部分学生家庭条件并不宽裕,由于受环境的影响,他们不甘"落后",不喜欢的衣服不穿,便宜的手机不用,不是歌星的新专辑不听等,饮食消费"向广告看齐",服装消费"向名牌看齐",娱乐消费"向流行看齐"。完全不考虑家庭经济状况,不顾及父母的感受。

3. 猎奇模仿,忽视身份特点

如今的农村初中生大多有自己的思想和行为,喜欢标新立异,追求与众

不同。他们往往是某些新产品的首批购买者和"消费带头人",同学的观察、议论,使他们在消费流行中尽可能走在前列。有的学生因明星具有闪光点而盲目崇拜,想尽一切办法去模仿他们的言谈举止、发型、服饰,导致过分迷恋偶像,进而荒废学业;有的学生效仿成人,不惜花重金邀同学参加聚会,希望自己的能力得到他人肯定;有的学生效仿父母,戴手镯、项链、耳饰等。他们由于社会经验不足,缺乏分析问题和辨别问题的能力,殊不知这样的穿戴不符合自身的仪表,这样的消费也不符合自身的年龄特点。

二、教育对策

1. 树立初中生正确的人生观、价值观

不同的人生观、价值观决定不同的人生方向、人生道路。学生如果拥有正确的人生观、价值观,就不会用父母给的零用钱贪图物质享受,而是会为崇高的理想去奋斗,以顽强的意志去克服各种困难,实现自己的学习目标。因此,家长要加强自身修养,树立正确的人生观、价值观,让孩子在与父母朝夕相处中潜移默化。教育工作者更要充分利用教育资源,通过专题讲座、征文比赛、黑板报、手抄报、心理健康教育课、班会课等多种形式,指导学生探讨"我的零用钱应该怎样用",帮助学生正确消费,追求物质生活与精神生活协调发展。同时,组织学生积极开展社会实践活动,磨炼意志,培养艰苦奋斗的精神和勤劳俭朴的品质,体会到父母挣钱不易,让他们真正明白"粒粒皆辛苦"的道理,做一名高尚的消费者。

2. 培养初中生合理的理财观、消费观

合理消费的要求是既要优化消费结构,又要量入为出。具体来说,农村初中生家庭生活消费要与收入相符。首先,培养学生科学理财。学生对自己的零用钱,要拟定消费计划,把钱用在刀刃上,并学会攒钱。学生的科学理财离不开教师的指导,更与家庭教育方法紧密相关,家长的观念会潜移默化地影响孩子的行为,家长的示范作用会有意识地改变孩子的不良消费心理及行为。因此,学校要定期召开家长会,与家长一起共同帮助孩子学会理财。其次,引导学生合理消费。盲目攀比是一种不健康的消费心理,攀比的商品并没有给学生本人带来多大实用价值和乐趣,反而给父母增加了一定的经济压力。为消除学生攀比心理,教师要充分发挥心理健康教育课的优势,尽可能用真实的消费案例让学生认识到不良消费心理的危害性,并开展健康积极的校园活动,使学生自觉与攀比心理作斗争,做一名理性的消费者。

3. 建立初中生"绿色"的消费观、环保观

猎奇心理可以激发初中生对学习的兴趣，使他们思维敏捷、思想活跃。猎奇心理可以培养初中生的创新意识，激励他们有意识地探求人生价值和真谛。教师也主张学生彰显个性，但教师和家长如果不正确引导，学生在猎奇消费上很容易走向误区。对孩子提出的消费要求，家长要学会倾听；对学生的消费行为，教师要时刻关注，指导他们哪些方面应该消费，哪些方面不应该消费，让学生意识到他们的消费行为应该符合自身的年龄特点，从而把学生引向正确的消费轨道。同时，当今社会倡导绿色消费，绿色消费是一种以保护消费者健康、节约资源、保护环境等为特征的新型消费行为，是一种高层次的理性消费，它体现着一个人的文明与素养，标志着一个民族的素质。农村初中生是青少年的一部分，是祖国的未来，在正确消费的同时，要保护环境、节约资源和能源，追求健康，做一名"绿色"的消费者。

总之，农村初中生的消费教育，需要我们坚持不懈地深入实践和大胆探索，跟随时代步伐，不断总结经验，培养他们正确的人生观、合理的消费观、绿色的环保观，帮助他们形成良好的消费责任感，提升心理健康水平。

关于幼儿园素质教育的研究与实践

钟祥市客店镇机关幼儿园　邹　扬

近年来,幼教事业的快速发展使得社会对幼儿教育有了新的认识和要求。幼儿期是人一生发展中的关键期,而素质教育是以提高民族素质为宗旨的教育,所以在孩子的幼儿时期就要重视素质教育。我们要根据素质教育的要求,积极探索有利于幼儿身心全面发展的方法,重视幼儿园的素质教育。

一、转变教育观念

素质教育不是面向一个或几个幼儿,而是面向全体幼儿的。因此教师要树立一个面向全体幼儿发展的观念。心理学家皮亚杰指出:"教育的首要目标在于培养有能力创新的人,而不是重复前人所做的事情。"因此,幼儿园的教育目标不应只是单纯地爱幼儿、尊重幼儿,而应在此基础上进一步培养创造性的人才。

首先,教师要做到与幼儿平等对话,要先深入到幼儿中去了解每位幼儿的特点和个性。要以幼儿的视角去看待事物的发展。他们的年龄虽小,但好奇心、模仿力和表现欲都很强,同时想象力也非常丰富。但是也正因为他们年龄小、缺乏生活经验,所以他们对于自己的创造和想象不能很好地表现出来,做出来的动作和表情常常会让老师与不听话、调皮、不遵守规矩等不好的行为表现联系在一起,从而使教师在教育活动或游戏活动中产生错误的认识。这对幼儿创造力和想象力的发展是非常不利的。

例如,在小班上学期的美工涂色的教育活动中,只有一位小朋友涂成了黑色,其他幼儿都将太阳涂成了红色。教师看到后就直接说:"太阳怎么会是黑色的呢?你在乱涂。"这个幼儿听到后低着头非常难过,一直到下午都非常不开心。我问他为什么要将太阳涂成黑色的,他并不告诉我,一直低着头,后来在我的鼓励下,他憋红了脸小声地说道:"我涂的是晚上的太阳。晚上的时候太阳黑了,所以天就黑了。"他没有重复其他幼儿的涂色结果,而是将自己想象中的太阳的颜色涂出来了,这就是幼儿想象力和创造力最好的表现。但是教师的否定和批评直接压制了幼儿的想象力和创造力,时间一长,被扼杀的就不仅仅是那些天马行空的想象和创造力,还会对孩子的性格造成不良的影响,从而使他们变得自卑、胆小,不愿与他人分享和交流自己的想法。教师在教育活动的实施过程中一定要转变原有的教育观念,要时刻将幼儿放在主体地位,努力创设一种轻松和谐的学习氛围,对幼儿提出不同的要求,要保护并鼓励那些"不一样"的想法。

二、重视体育游戏的作用

幼儿基本都是在3岁入园,这个年龄的孩子四肢协调能力和运动能力都有待进一步锻炼和提升。教师可以在体育游戏中让幼儿学会观察、模仿和解决问题,并培养他们遵守规则、爱护同伴、团结合作等优良品质。因此,在幼儿园的教育活动中,教师要根据幼儿本身的特征和已有能力,尽可能多地组织不同类型的体育游戏,让幼儿在玩中学、学中玩,既体验到了游戏带给他们的快乐,又从中得到了良好的教育。

比如,在小班的实际教学中组织幼儿进行"赶小猪"的体育游戏活动。幼儿通过练习持物控球跑,提高了控制能力和保持身体平衡的能力。"赶小猪"的游戏情境,既能让幼儿产生对体育游戏的兴趣,又能培养幼儿耐心、细心、不怕困难的品质,还能发展幼儿动作的协调性。

我班里的幼儿大部分都是独生子女,家里除了爸爸妈妈疼爱,还有四位老人的宠爱。这就导致了大部分的幼儿都非常自私、霸道,以自我为中心。一看到玩具就先把自己喜欢的抢到手,根本不知道与他人分享。这学期我通过在"建构区"投放积木、易拉罐等活动材料,让幼儿进行搭建活动,不但培养了幼儿对空间的感知度、空间想象力和动手操作能力,还培养了幼儿的团队合作意识。

比如,"大花园""城堡"等大型搭建活动,一般由4~5名幼儿来共同完成。有的建大门,有的砌墙,有的盖屋顶,有的建马路,等等。当一座雄伟的建筑完整地呈现在他们的眼前时,他们会感受到成功的喜悦,自然就会一起加倍呵护他们的劳动成果,不允许别人来破坏。这个过程就培养了他们团结协作、互相帮助、与他人友好相处等良好品质。

习近平总书记提出要优先发展教育事业,要全面贯彻党的教育方针,落实立德树人的根本任务,发展素质教育,推进教育公平,培养德、智、体、美全面发展的社会主义建设者和接班人。

眼中有光　心中有爱

荆门市高新区·掇刀区名泉小学　郑心怡

教师每日清晨来到学校，面对着的是一张张天真无邪的笑脸。他们是各个家庭的希冀，教师肩负着塑造未来的重任，依托着社会的信任和尊重，需要像拥抱大自然中的阳光雨露一样去接纳每位学生，做一个眼中有光、心中有爱的教师。

一、眼中有光

每一个受欢迎的教师都有共同之处或相似的特点，比如知识渊博、课堂精彩、富有激情、尊重学生。当然，每个教师都有自己独特的风格和特点。但最重要的还得"眼中有光"，用你真挚的目光去温暖学生，用平等关爱的态度对待他们，善于在他们身上发现闪光点。

学生对教师充分的信任和依赖的前提是教师给予他们足够的尊重。遇上好的教师为他们指引正确的人生方向和道路，即使遇到挫折和阻碍，他们也会始终向上、向善，仰望天空，奋力奔跑！

二、心中有爱

《小王子》里有一句话："星星发亮，是为了有一天能让每一个人都找到属于自己的星星。"

每一个学生都是独一无二的，个体差异决定了他们不同的思维能力、表达方式和成绩水平。爱聪明、懂事的学生，不能算大爱，只有爱所有的学生才算大爱。

高尔基曾说："谁爱孩子，孩子就爱他。"只有爱学生的人才能做好教育。作为教师，充分地尊重、信任自己的学生，把激励、理解、宽容作为教育学生进步的主要方法，用爱的火种去点燃学生的激情，用心灵的雨露去滋润学生的心灵。

在学生成长的道路上不应过分苛责和太多抱怨，应对他们总是充满着无限的期待和包容。要懂得，每一个学生都值得我们去欣赏、去呵护。

苏霍姆林斯基曾说过："亲爱的朋友，请记住，学生的自尊心是一种非常脆弱的东西，对待它要极为小心，要小心得像对待一朵玫瑰花上颤动欲坠的露珠，因为在要摘掉这朵花时，不可抖掉那闪耀着小太阳的透明露珠。"学生是成长的幼苗,它们不仅需要阳光的抚触,还需要雨露的滋润,教师给予学生的爱能使学生茁壮成长。爱是笼罩着教育的空气,它滋养着每一个孩子的心田,离开爱心,一切教育都是空中楼阁。

一句温馨的话语,一次热情的鼓励,一道炽热的目光,一个浅浅的微笑,都能让学生时刻感受到爱。"人非草木,孰能无情。"学生们对于老师的辛勤付出、细心呵护,怎会熟视无睹呢?当老师与学生敞开心扉,当老师与学生真情涌动,才能为教育注入生机。作为一名平凡的教师,我真的很快乐,也让我体会到:用爱心去灌溉幼苗,学生渴望关爱。让我们用"海纳百川"的宽广胸怀去接纳他们,让我们用求同存异的眼光去看待他们,让我们用诚挚无私的爱心去鼓舞他们。

三、不忘初心,温暖绽放

不弛于空想,不骛于虚声。当教育毫无私心杂念时,将变得单纯而美好,快乐而诗意,宽容一切迷茫、沉闷与平凡。教师如同和煦的春风,永不停歇,随时播种,随时开花,将人生长途点缀得芬芳馥郁。正因为每一朵花只绽放一次,它们才会如此谨慎、认真地迎接唯一的春天。每一个学生,每一个生命都值得我们心存敬畏、慎重对待。

一句问候,沁人心脾;一个动作,温暖心田;一份关切,点亮心灵。以教育者优雅的姿态,唤醒、启迪和滋养着生命。

教育是师生之间的相互依恋。教师无论走到哪里,心中总有一份牵挂,牵挂着课堂、学生、校园里的一草一木。无论世事如何变迁,都视教育如初恋的"情人",爱护一辈子、守候一辈子、执手一辈子;一辈子做教师,一辈子学做教师,不忘教育初心,珍惜在教育道路上的点点滴滴,方得教育始终。坚守高尚的教育理想,时时仰望教育的星空,让每个生命都能温暖绽放,做教育事业的奔跑者,追逐着梦想的脚步,永无止境!

怎样为一年级学生讲解解决问题的方法

湖北省网球学校(京山)　夏　容

解决问题一直是数学教学的一个重点和难点,而一年级的学生刚接触解决问题,对于题目理解有很大的难度,该怎样为一年级学生讲解解决问题的方法呢?

一、画龙点睛,会读题

一年级学生由于识字量有限,对于字数较多的题目,总是很容易放弃,所以让学生学会在众多信息中找到有用的数学信息就至关重要了。如:小刚有13个苹果,吃了一些之后还剩下6个,小刚吃了几个苹果?学生就会列算式6加7等于13或是13减7等于6。解决这个问题,首先要找到题目给的数学信息,一共有13个苹果,剩下6个,求吃了几个?分析哪些是已知条件,要解决的问题是什么,发现已知条件和要解决的问题之间的联系,最后解决问题。

找出已知条件和要解决的问题,是读题的重点,找出重要数学信息,是解决各种问题的基础,发现已知条件和要解决的问题之间的联系,各种问题就能迎刃而解。

二、化难为易,读懂题

化难为易看起来很难,实际上很简单。一年级学生由于计算能力和理解能力有限,对于数字较大的题目或者逆向思维的题目,解决起来会有一些困难。如:小明说我给小红3元钱,我们俩的钱就同样多。问小明原来比小红多多少钱?很多学生都填的是3元。这是一道逆向思维题目,要解决这道题就得化难为易,将逆向思维变成顺向思维。

我这样引导学生来解决这个问题:假设我有6元钱,你有2元钱,我比你多几元钱?我给你几元钱我们就是同样多?为什么不是给4元?学生就能理解多的部分要分成两个部分,一部分留给自己一部分给别人,所以多的部分就是两个给别人的钱,而小红给了小明3元,多的就是2个3元,等于6元。

化难为易需要将知识进行转化,将新知识转化为已学知识,把新旧知识进行联系,在脑海中形成新的知识体系。

三、重读重点，理思路

解决问题最好的整理思路的方法是将有用信息整合之后重读题目。一年级学生由于年龄较小，集中注意力的时间比较短，这就需要进行重读来帮助学生理解题意。如：树上有18只鸟，第一次飞走了5只鸟，第二次飞走了7只鸟，一共飞走了多少只鸟？学生在解决这个问题的时候出现了两种错误，一种用18减5，一种用18减5再减7。

由于题目相对较长，所给的信息较多，这就要求学生通读题目，找出其中的数学信息。接着分析找出要解决的问题需要的已知条件，将多余的条件——树上有18只鸟这一信息剔除，重读一遍剩余的已知条件和问题，再次整理思路，得出解决问题的方法。

四、融会贯通，活解题

解决一个数学问题，我们要学会用数学的眼光看问题，学会总结，融会贯通，建立数学模式。如：小林家养了15只兔和9只羊，兔比羊多几只？羊比兔少几只？运用画图的方式来解决这个问题，可以很容易看出多6只，那么该用什么方法来计算呢？借助画图的方式可以简单又直观地分析出兔和羊之间的数量关系，兔有一部分和羊同样多，把同样多的部分减去就是兔比羊多的部分或是羊比兔少的部分，实际上就是用兔的数量减羊的数量。

教师再出几个与这个题目同类型的题目让学生练习，从而发现解决这类问题都是用大数减小数的方法，建立解决这类问题的数学模型。把画图与数量关系融会贯通，由几道例题得出一类问题的解决方法，学会总结、概括，来解决数学问题。

五、实践应用，巧解题

数学来源于生活，服务于生活，将数学与生活实际联系起来，巧妙地解决问题是数学的本质。如买一个木马玩具我付了4张10元，找回的钱比5元少，木马玩具的价钱是多少？在27元、37元、47元中选择一个答案。由于还没有学两位数的退位减法，这对于学生来说有点困难，学生看到数字很大，就觉得没有办法来解决这个问题。

解决这个问题从"我付了40元"这个已知条件就可以将47元排除，还剩27元和37元这两种可能。题目要求找回的钱比5元少，而木马玩具的价钱越贵，找回的钱就越少；木马玩具越便宜找回的钱越多，就有可能比5元多了。因此，可以推断出木马玩具的价钱是37元。

低段小学生数学审题能力的培养

荆门市高新区·掇刀区掇刀石小学　周华玲

审题能力是学生数学学习中的一项重要能力。我们从一、二、三年级学生审题现状入手,分析原因,采取有效策略和措施,关注学生知识与技能的发展,有意识地训练学生的数学思维,让学生在学习中体会到数学的乐趣,养成良好的审题习惯,提升自己的审题能力。

一、指导阅读,促进理解

数学需要阅读,有计划、有目的地对学生进行阅读方法的指导,能有效促进学生对题意的理解,培养学生的审题能力。

1. 逐字逐句读题

一年级学生读题时,要求读出声,做到眼到、手到、口到,不添字、不漏字。二、三年级的学生则逐渐培养他们默读。为了帮助、加深学生理解题目,我们还可以让学生把一些关键的字、词重读。

比如,一年级上册第 23 页第 1 题第 1 小题:"把左边的 4 只小鸟圈起来。"第 2 小题:"从左边数,给第 4 只小鸟涂上颜色。"先让学生自己读题,然后教学生把"左边的 4 只"和"左边的第 4 只"重读,尤其是第 2 小题中的"第"字,两道题做完之后,让学生比较,两道题的区别在哪里。就这样,学生不知不觉在逐字逐句的读题中进行了仔细审题。经过一段时间的练习,学生的读题、审题能力自然会有较大的提高。

2. 圈读重点审题

低段数学题大都以图或图文结合的形式出现,学生如果不仔细读图、审题,答题正确率一定不高。对于看图列式、看图填空、图文问题等,要引导学生先仔细观察,圈出重要的信息,然后思考,弄清题意,再答题。随着解决问题文字逐渐增多,对于能力差、识字量不多的学生来说,是一大难题。实践中发现,把题目中的重点字、词做上记号便是一个理想的审题好办法,可以帮助学生读懂题目要求,正确理解题意。

例如,三年级上册第 33 页"做一做":"小明有 5 元和 2 元面值的人民币各 6 张,如果要买一个 30 元的书包,他可以怎样付钱?"学生读完一遍题之后,我说:"你能把这道题里你认为关键的词圈出来跟大家分享吗?"他们就开始忙碌了。大部分学生圈出了"5元""2元""各6张""30元"。我试着问："最关键的是哪个？"有一个同学举手说是"各6张"，大家表示赞同。我接着问："你们对'他可以怎样付钱'怎么理解？"一个同学说："只要付的钱刚好30元就行。"马上有其他同学举手："付钱的时候5元、2元的钱都不能超过6张。"学生们明白了题目的要求，做起题来既轻松又愉快。

二、策略多样，发展思维

新课程标准指出：小学低段解决问题的目标是让学生了解分析问题和解决问题的一些基本方法，知道同一个问题可以有不同的解决方法。在教学中，运用画图操作、列举排除、对比转化等策略培养学生的审题能力，具有一定的实效。

1. 画图操作

让学生们在纸上画一画，或者利用学具摆一摆，可以启迪他们的思维，激发学习数学的兴趣，有助于学生们找到解决问题的关键。比如一年级上册第100页的思考题："小红的前面有9人，后面有5人，一共有多少人？"学生们当时呈现了两种不同的答案——14人和15人。我没有急着告诉学生们正确答案，而是对他们说："究竟谁的答案对呢？现在请大家用你的学具摆一摆，没有学具的同学就在草稿纸上画一画。"通过摆一摆、画一画的活动，学生们明白了这道题解题的关键是"小红也要算上，不能漏掉"，正确答案是15人。有了这道题的解题经验，学生们在以后的作业中，遇到类似问题都会在草稿纸上画一画，正确地解题或者验证自己的答案是否正确。

2. 列举排除

有时，在解决问题的过程中，无法一下子找到合适的答案，这就需要学生们尝试将所有可能的答案都列举出来，再进行排除。比如三年级上册第33页："蓝色卡车载重量2吨，红色卡车载重量3吨。如果每次每辆车都装满，怎样安排能恰好运完8吨煤？"有的学生想到了派车方案，但不全面。因此，我引导学生按一定的顺序列表来呈现所有的派车方案，然后再从中找出符合题意的派车方案。

这种先列举结果再找到正确答案的方法在数学练习中会经常用到，学生们在运用的过程中自然而然地提升了审题能力。

3. 对比转化

教学中教师要努力创造条件，引导学生从不同的角度去分析问题、解决问题,运用看似类似的题做对比练习,让学生对比审题,找出异同点,提高审题能力。

二年级上册《表内乘法》这个单元的学习中,有这样一道练习:"有4排桌子,每排5张,一共有多少张?有2排桌子,一排5张,另一排4张,一共有多少张?" 我让学生先阅读,然后画一画,对比找出不同之处,最后进行解题归纳"求几和几的和用加法,求几个几的和用乘法"。通过此类训练,让学生的思维逐渐由具体转化为抽象,增强了学生的审题意识和能力。

三、联系生活,实践数学

"数学来源于生活,又应用于生活",教师除了培养学生平时多关注生活中的一些数学知识、数学问题之外,更要充分利用学生现有的知识经验将抽象的数学转化为有趣、生动、形象、通俗易懂的知识,让学生理解数学知识、解决数学问题,进一步提升学生的审题能力。

比如,三年级上册第8页《时、分、秒》这个单元第9题:"一列火车本应9:15到达,现在要晚点25分钟,什么时候能到达?"解这道题的关键在对"晚点25分钟"的理解。学生读完题后,我问:"谁来说说'晚点'是什么意思?"有的同学说"晚点就是迟到",有的同学说"晚点就是时间用得少",有的同学说"晚点是用的时间多一些"。我接着问:"那谁能举个晚点的例子。"有个同学说:"暑假的时候,我跟爸爸坐火车去北京,本来火车应该8点钟就到的,结果我们等啊等啊,火车8点半才来。那趟火车晚点了半个小时。"我笑着问:"同学们,你们明白'晚点'是什么意思了吗?"学生们大声地说"明白了",并对举例的学生报以热烈的掌声。

在平时的教学中,我们还要有意识地安排学生们参加一些数学实践活动,发现生活中的数学知识、解决生活中的数学问题。比如:调查超市里一些物品的价格、重量,然后进行比较,提出问题并解决问题;测量自己"身体上的尺子"的长度,家里、教室里的一些物体的长度、高度、宽度;带学生们测一测跑50米用了多长时间,走1000米用了多长时间……通过这些活动,学生们渐渐对数学产生了浓厚的兴趣,有了生活中的经验积累,做数学题时审题就会容易很多。

数学的核心是发展学生的思维,审题能力的培养是发展学生思维的关键。学生审题能力的培养和提升不是一朝一夕能够达成的,必须通过反复训练,持之以恒,有计划、有意识地运用科学的方法进行长期地渗透。

浅析小学生数学计算能力的培养

京山市宋河镇小学　许　荣

在小学数学学习中,计算是数学学习的重要部分,几乎整个数学学习过程都离不开计算,由此可见计算能力的重要性。但是受兴趣爱好、学习习惯以及学生个性等方面的影响,小学生往往会忽视培养数学计算能力的重要性。学生对计算总是望而生畏,计算能力无论是在正确率还是计算速度上都存在很大问题,尽管教师想尽办法,但仍收效甚微。其实小学生的计算能力存在问题是由于注意力不集中、阅读错误和没有检查造成的。本文从以下几个方面探讨提高小学生计算能力的方法。

一、激发学生计算热情,提高计算能力

有热情、精神足、学习兴趣浓,学习效率也就高,所以,作为教师要在实际教学中采取措施来激发学生的学习热情,采取灵活多变的教学方法,合理组织教学,充分发挥教育水平。

1.重口算,培养学生的口算兴趣

口算属于学生计算能力中的一种,如何培养学生的口算能力呢?首先要让学生在计算过程中养成说算理的习惯,让学生能更好地渗透算理。其次讲究口算训练形式,通过口算游戏、集体抢答、竞赛等多种多样的训练形式激发口算兴趣,让每个学生都参与其中。

2.重视笔算

在笔算过程中,要求学生"一看":看清数和运算符号;"二读":边读边抄题,让多种感官参与其中;"三回头":每算一步,回头检查一遍。

3.注重培训形式

结合日常教学内容,注意培训形式的多样性。例如,通过举行数学计算比赛等活动,带动小学生对数学计算的积极性;利用一些特殊工具,如数字卡片、小黑板等,帮助小学生学习数学计算。这样一来,小学生学习数学计算的热情被激发出来,还能养成正确的数学计算习惯。

二、培养正确的计算习惯,提高计算能力

养成良好的计算习惯非常重要。良好的习惯能让一切活动顺利进行和更加快速地完成。

1. 养成仔细审题的好习惯

仔细审题是计算正确的重要前提。在教学中,要求学生不要提笔就算,要先审题,仔细思考计算方法,看清算式组成部分,是否有简便算法,弄清计算顺序。计算要先求准,再求快。

2. 养成认真计算的好习惯

造成错题的原因有很多,但有很多学生是因为抄题时字迹潦草看不清题目,或者粗心大意抄错题目。所以,教师应加强写字的指导。标准化的写作格式可以帮助学生表达计算思路、方法及步骤,以防止数字和算术符号的错写。还要强调学生学会在计算时打草稿。

3. 养成耐心检查的好习惯

计算完要求学生做自我检查,检查题目是否抄错、计算方法是否合理,并在平时教学中渗透检查的思想。

三、让学生勤反思,提高计算能力

教学中,教师要帮助学生克服害怕算错的恐惧心理,让他们不要害怕算错,而是在算错中寻找原因、分析原因并进行反思,从中获得计算经验,避免再次犯类似的错误。平时,做好错题收集工作,并将其做成错题集,经常翻阅,防止再错。

总之,小学生数学能力的培养是一项长期的任务,不是一蹴而就的。改善和发展学生的计算能力,取决于学生理性的计算理念和他们的计算方法的合理性、灵活性,教师要注重学生良好的学习习惯的形成和认知水平的不断发展。教师除了对计算方法、原理等相关知识了如指掌,还要拥有高超的教育教学能力,面向全体学生,关注个体学生,寻求更适合的计算教学方法,采取灵活有效的训练方式。只有这样,才能切实提高学生的计算能力。

浅谈小学生计算能力的培养

京山市京山小学 闫文杰

计算能力是学生学习数学应该掌握的最基本的能力,考试中80%的题型都包含了计算。通过两年低、中年级的计算教学,我发现学生在计算中出现的错误主要有以下几种情况。

(1) 书写不规范。写的数自己都看不清楚,按错误的数进行计算,导致答案出现了错误。

(2) 读题不认真,计算不仔细。有的把符号看错,有的把个位与十位的数字写反,还有的列竖式计算出了结果,但横式上却没有写上结果。

(3) 口算能力不强,思维不够敏捷。在加减计算时,出现进位不加,退位不减的错误。

(4) 运算定律掌握不好,在实际运用的过程中出现错误。

(5) 混淆了不同计算的算理,如计算整数加减法时,要求末位对齐;计算小数加减法时,要求小数点对齐。

(6) 盲目追求速度,出现计算错误。

小学中年级学生口算能力初步形成,算理思维正在构建中,正是培养计算能力的黄金阶段。怎样培养中年级学生的计算能力呢?我通过研究、分析,得出了以下结论。

一、多训练,加强口算能力的培养

1. 丰富口算形式,适时进行口算训练

计算教学是一种枯燥的教学形式,要想激发学生的兴趣,必须丰富口算的形式。例如:教师可以准备一些口算题,采取"开火车"的形式让学生进行口算。口算正确,"火车"继续前行;口算错误,"火车"停下来休息。学生思考,回答正确后,再前行。也可以在教学中引入"勇夺红旗"的小游戏,让学生在规定的时间内看谁口算得又对又快,最终夺下红旗。还可以在课余进行2、3分钟的口算小测试。多种方法并用,不但可以逐步提高学生的口算能力,也为笔算打下了坚实的基础。

2. 关注"高频率数据",提高口算的速度和正确率

口算是指边心算边说出运算结果。口算的速度和正确率与题目的难易

及对数据的熟悉程度有很大的关系,教师应要求学生对计算中出现的"高频率数据"熟记于心,如 $25×4=100$,$125×8=1000$ 等。

二、严要求,培养良好的学习习惯

良好的学习习惯是认真审题、迅速找出最简便的计算方法、正确计算出结果的前提。因此,面对学生的计算错误,不要简单地认为学生只是"一时马虎",更不能对学生计算方法的错误视而不见,而是应该及时让学生订正,反思自己计算错误的原因,使学生养成严格审题、认真分析、仔细计算的良好学习习惯和不怕吃苦、敢于迎难而上的学习精神。

1. 注重培养审题的习惯

审题在计算中至关重要,题目都没看清楚就动笔计算,90%的学生都会出现计算错误。学生在学习连乘后,出现乘加混合计算时,按习惯当作连乘来计算导致出错。计算时,审题尤为重要。审题不仅要看清楚数字,要看清楚运算符号,更要想清楚运算的顺序及方法,以确保计算结果的准确性。

2. 注重培养书写的习惯

书写不规范、字迹潦草是计算错误的重要因素。比如 0 写成 6,1 写成 7 等,就会导致计算出现错误。

3. 注重检验结果的习惯

检验是计算结果是否正确的最终保证,是学生获取高分的最终法宝。作为教师,应该严格要求学生在计算过程中注重检验,把它作为计算的一个重要环节,认真对待,并结合估算进一步验证计算结果的正确性。

三、重对比,纠正计算中的错误认识

没有对比,对计算中的错误就没有新的认识。比如,在计算 $(70+25)×4$ 时,学生是这样想的:去掉括号,就应该写成 $70+25×4=70+100=170$。针对学生的这种错误,我让学生回顾乘法的分配律,学生明白乘法的分配律是:两个数的和或差乘一个数,等于这两个数分别与这个数相乘后再相加或相减,而不是直接去掉括号。通过对比,学生对错误有了认识,加深了对运算定律的印象。

针对学生经常出现错误的题型,建立一个错题库,随机抽取其中的题目让学生平时多练习,出现错误及时纠正。日积月累,让学生对错误的认识由暂时性记忆转变为永久性记忆,减少计算的错误率。

四、讲技巧,注重计算中的简便算法

在笔算的过程中,我们不能只注重计算的结果,而应该关注计算过程的多样化,培养学生思维的灵活性和敏捷性。例如:在教学 24×25 时,有的学生是直接列竖式进行计算,有的学生进行了简便计算:①24×25=6×(4×25);②24×25=(20+4)×25=20×25+4×25;③24×25=(24÷4)×(25×4)。通过这样的教学,不仅发散了学生的思维,实现了算法的多样化,而且提高了计算的速度和准确率。

总之,学生计算能力的培养是一个长期的过程,小学中年级的数学计算能力在这个过程中起着承上启下的作用。作为教师,应该重视小学中年级的计算教学,让学生在已有的计算能力的基础上进一步认真学习,掌握各种运算技巧和方法,养成良好的学习态度和学习习惯,为今后的数学学习夯实基础。

倡导"六大解放" 提升语文素养

钟祥市第二中学 杨 昶

新课程标准明确提出：学生是学习的主人，语文教学应激发学生的学习兴趣，注重培养学生自主学习的意识和习惯，为学生创设良好的自主学习情境，尊重学生的个体差异，鼓励学生选择适合自己的学习方式。教师是教习活动的组织者和引导者，应创造性地理解和使用教材，灵活运用多种教学策略，引导学生在实践中学会学习。

中国现代教育家陶行知先生倡导学生"六大解放"，即解放他的头脑，使他能想；解放他的双手，使他能干；解放他的眼睛，使他能看；解放他的嘴，使他能读；解放他的空间，使他到大自然、大社会里取得更丰富的学问；解放他的时间，让他有一些空闲时间消化所学，学一点他自己渴望要学的学问，干点使自己高兴干的事情。

一、解放眼睛——激起兴趣

"兴趣是最好的老师"，学生对世界充满了新鲜感、好奇心，他们的思维具体、形象、直观。在教学《木兰诗》一课时，我让学生欣赏了一段豫剧视频《谁说女子不如男》。学生在欣赏的同时也忍不住哼唱了起来，我顺势导入："这段音韵优美，脍炙人口的豫剧演绎的是流传在我国民间的动人故事——《花木兰代父从军》。故事的主人公就是花木兰。今天我们一起走进《木兰诗》，去解读这个流传千古的英雄人物。"学生学习的兴趣一下子被调动起来了。

二、解放嘴巴——有感情地朗读

有感情地朗读，是朗读的最高要求，是在领会文章思想感情的基础上，以有声的语言再现文章的艺术形象的方法。在教学《木兰诗》一课时，我在这一点上也是煞费了苦心才达到了理想的效果。

我让学生在理解课文内容的基础上谈谈自己的阅读体验，有学生说，文章第四段的"战地速写"应读出一种"悲壮之情"，读出一种"视死如归"的豪迈，读出"古来征战几人回"的悲凉；有学生说，文章第三段"告别爹娘"应该读出"悲情"和"思念"的味道。一个少女，初次告别父母，而且还是出门远征，生死未卜，怎么可能不哭鼻子？有学生马上补充说，朗读"不闻爷娘唤女声"的"唤"字时一定要有呼唤的味道，要让听者有一种心碎的感觉；还有学生说，

"磨刀霍霍向猪羊",除了带着喜悦之情外,还可加一个"杀"的动作……学生们各抒己见,各种情感把握和技巧处理在他们的交流中逐渐清晰和明朗。

我让学生根据刚才的交流情况自由朗读。在朗读的过程中,我发现学生真正融入了课本,苦闷着木兰的苦闷,喜悦着木兰的喜悦,整个语文课堂,"读"占鳌头,"情感朗读"也最为闪亮。

三、解放大脑——引导探究

因为受语言感知能力和文言文经验积累的限制,学生不可能对文言文的语言理解特别准确,所以,我从学情出发,通过设置翻译中的矛盾冲突来突破"互文"这一知识难点,从而加深学生的记忆。

检查预习时,我让学生翻译"东市买骏马,西市买鞍鞯,南市买辔头,北市买长鞭"。一个学生站起来轻松地译为"到东边的市集买了骏马,到西边的市集买鞍鞯,到南边买辔头,再到北市买了长鞭"。我追问:"那木兰为什么不在一处买呢?"学生们愣住了,是呀,为什么不在一处买呢?显然这个问题,是他们从未探究过的。但这个问题还真难不倒这群思维活跃的学生,有学生马上说"因为她在找哪家的更好一些,货比三家";有学生说"因为是专卖店,东市只卖骏马"。学生们的想象力太丰富了!我问他们,那照这种译法,"将军百战死,壮士十年归"岂不要译成"将军们都战死了,战士们都胜利归来了",学生们都笑了,显然这种逻辑是错误的。我由此总结:今天我们就要学习一种新的修辞手法——互文,翻译互文的句子的时候需要上下文互相交错补充来翻译……

本课的重点、难点在学生的探索思维中迎刃而解。师生之间、学生之间的多方互动,使学生的真情得以释放,个性得以发展。

四、解放双手——对比体验

详略得当的写作特点是《木兰诗》的一个教学难点,学生们无法理解:明明是一个英雄,诗文对她征战沙场的描写为何只是"一笔带过"。我让学生带着这个疑问梳理自己的写作思路,然后将自己的思路跟课文的思路对比。学生们发现,他们重视了"英雄"这个词,却忽视了"女"这个字,木兰是个女英雄,她有男子的义胆,更多的是女儿的柔情,她不只是我们想象中的"女超人",还是活脱脱的美丽的姑娘!

让学生充分思索,并充分考虑学生的个体差异,把握知识的难易程度,更能激发每位学生参与的积极性。

五、解放时间——消化拓展

课堂的时间必定是有限的,课堂结束的时候,我给学生留了一项书面作业:如果你是木兰的伙伴、邻居、父母,抑或是当朝天子,你会对木兰说点什么?

学生交上来的作业真是精彩纷呈,有人以天子的身份说:"木兰呀,你漂亮又能干,做我的妃子吧!"我给这位同学的旁批是:你认为木兰会答应吗?学生回答我说,不会,因为从文本中她知道了木兰是个不慕名利的女子。也有学生以邻家老太太身份劝诫:"木兰呀,你这小妮子,别再舞刀弄枪了,找个人嫁了,相夫教子吧。"我旁批,"你认为老太太说这话合情合理吗?"过了几天,这个学生跑来告诉我说:"老师,我查阅了很多资料,受男尊女卑思想影响,这样的劝诫绝对在情理之中……"

给学生们时间,除了能让他们消化所学的知识外,也能让他们有更多、更深的体验,这不就是很好的证明么?

六、解放空间——丰富内涵

语文教学长期以来被束缚在课堂。如若能贯穿课堂内外,拓宽学生空间,便给学生提供了学习语文实践的机会。

学习了《木兰诗》一课,我鼓励学生们根据这一课的内容准备几个节目。结果,有学生学会了豫剧《谁说女子不如男》,有学生改编了课本剧,有学生写了小诗:你柔弱的身躯 / 却负起了剑戟刀枪 / 为了一个决定 / 你选择了奔赴战场 / 你默默不张扬 / 你隐忍而坚强 / 你爱武装,更爱红装 / 你是一个传奇 / 是世上最美的姑娘。

教师给了学生空间,学生会给教师惊喜。知识的丰富,能力的提升,素养的提高,不正是靠的类似于这样的语文实践吗?

"解放"不等同于"放手",而是一种更为积极的调动,更为和谐的参与。在语文教学中充分解放学生,让语文教学由表入里、由情达意。让置身课堂的学生、教师自由、充分地发展,课堂上倡导学生"六大解放",学生的语文素养会悄然提升,也会再现课堂上师生的"零距离"。

小学数学"学困生"的转化策略

京山市三阳镇小学 杨思敏

一、小学数学"学困生"的日常表现

小学数学"学困生"日常表现主要有四个方面。第一,在知识技能方面,部分学生计算能力不足。比如,有的学生到了三年级还无法背出完整的乘法口诀;有很多基本的数量关系无法理解;不会解决生活中的一些实际问题等。第二,学习习惯差,大部分表现为字迹不工整,写作业拖拖拉拉,不爱动脑,依赖于抄袭别人的作业,甚至有的不写作业。第三,上课注意力不集中,经常走神。第四,在情感态度方面,"学困生"缺乏学习数学的兴趣,不爱学、不会学,跟不上教师的进度。

二、"学困生"产生的原因

1. 学生个人的原因

有些学生由于先天原因,智力发育与其他孩子不一样,还有些学生患有"多动症"等障碍性疾病,导致在学习上要么注意力不能够集中,要么集中起来的注意力很快就消散了,以至于学习成绩不理想。由于小学生个体身心发展的不平衡性,导致某些学生的心理发展水平与其他学生相比较为落后,他们的自控能力差;注意力不容易集中;专注力不强;且持久性较短;缺乏学习动机和兴趣。这种类型的学生一般都是基础掌握得不好,以前的知识不能理解,也不会主动去学,导致不会的内容越来越多,随着年级的升高,学习上遇到的各种困难就像滚雪球一样越来越大。

2. 来自学生家庭的原因

有的家长不重视学生的学习,对孩子没有学习方面的要求。比如,我们班的一个学生每次考试成绩都在班上倒数,家长说,他们不要求孩子的成绩有多好,孩子的心态最重要。有的家长则是过于溺爱孩子,导致学生独立思考的能力不足,依赖性强。有的孩子写作业时喜欢拖拖拉拉,不愿意做作业,甚至让家长帮忙完成家庭作业,家长都觉得不是什么大问题。

3. 学校教师的原因

一般来说,很多"学困生"因为不专注于学习,上课时经常扰乱课堂秩序,所以被教师当堂批评,有的教师甚至会不喜欢这些学生,原本不爱学习的他们也可能会厌恶教师、厌恶学习。同时，我们学校每个学期都会有转校生，由于其他学校的教学水平和教育资源的不同，导致转校生跟不上进度，不适应新的教育环境与教育方式，慢慢就变成了"学困生"。教师的教育方式可能不适用于每一个学生，每个学生都是不同的，教师要懂得因材施教。一旦教学设计不适合一些学生的学习能力范围，这些学生就无法理解课堂知识，就会成为"学困生"。

三、转化"学困生"的策略

首先，教师要树立一个能把所有学生教好的信心。苏霍姆林斯基说过："教育才能的基础在于深信有可能成功地教育每个儿童，我不相信有不可救药的儿童、少年或男女青年。"传统教学中总以成绩来衡量一个学生是否优秀，甚至认为一些"学困生"无可救药，而放弃对那些学生的教育。事实上，没有"笨学生"，只有用错方法的教师，只要教师施以正确的教育方法，这些学生就能得到更好的发展。

其次，教师要爱学生，没有爱就没有教育。研究表明，教师对学生的爱和关怀，更能激起学生的学习兴趣。只有在教学过程中展现出足够的耐心，学生才会愿意接纳教师，接纳数学这门课程。

再次，教师要在教学过程中激发学生学习数学的兴趣，提高他们学习的积极性。学生有兴趣才会主动去思考、去学习。我们在课堂上可以适当讲一些与数学相关的趣味性强的小故事，或者插入一些数学方面的教学小游戏，来提高学生的学习兴趣。在讲某些内容的时候，可以让学生自己动手来探索，通过自己动手实践找出答案，体会成功的感觉，来增加学生学习数学的兴趣。让学生习惯自己主动去学习而不是被动去接受教学知识内容，让他们感受学习是一种乐趣，而不是一种负担。对学生的学习，教师应该作出积极反馈，去鼓励他们、表扬他们，他们自然就会有更多的信心和兴趣去学习数学。

在激发"学困生"学习兴趣的同时，教师要发挥榜样的作用。小学生大多喜欢竞争，尤其在学习方面。班级里比较优秀的学生会起到榜样的作用，在无声中激励他们主动向其他学生学习。

最后，教师要与家长多联系、多沟通。要让家长知道学生学习的重要性，引起家长的重视。家庭、学校双管齐下，才能更好地促成"学困生"的转化。

素质教育在小学数学教学中的体现

京山市石龙镇中心小学 喻 梅

一、农村小学实施素质教育的必要性

实施素质教育是提高民族素质的重要途径之一,素质教育的根本目标是培养更多适应时代发展与我国社会主义现代化建设所需要的高素质人才。在教学中教师应该从培养学生的综合素质出发,让学生在课堂中充分发挥主体性的作用,让学生燃起对知识的兴趣,引导学生在自我探究中提升自身的综合能力。在数学的教学中,教师要结合学生的实际情况实施素质教育,给予学生充分的探究空间。让学生在生活中会用学到的数学知识解决问题,教师还要不断地进行教学总结与反思,将提升学生的综合素质作为教学的重点目标之一。要让学生在数学学习中树立正确的世界观、人生观、价值观。

二、传统教学模式到素质教育的转变

小学数学素质教育的最终目的是培养学生数学知识的实际应用能力。小学数学教学理念要创新,教师必须要改变传统的教学模式,跳出传统的"填鸭式""灌输式"教学方式,大胆放手让学生去探索和发现,不仅要将课堂作为教学的主阵地,还要逐渐形成以学生为主体,教学生把数学知识应用于实践中,真正发挥知识的价值。这就要求教师实施开放课堂、开放教学,让学生走出课本,并且结合课堂的教学内容,引导学生动手操作,以增强学生对数学知识的利用能力。例如,小学数学教材每册的"数学广角"或"几何图形"教学中,教师可让学生自己动手操作。在此过程中,学生们不仅学到了知识还锻炼了自身的动手能力、想象力和创造力,活跃其思维。

三、数学教学中渗透素质教育

长期以来,传统的课堂教学格外重视知识的掌握,而忽视学生能力的培养。在加强基础知识教学的同时,要将发展智力和培养能力贯穿整个小学教育的始终。教师在课堂上要让学生既"动口""动脑"又"动手"。讲课的过程中,要多给时间让学生思考。小组讨论是很好的方法,让学生互相交流看法,学生会乐于交换意见,学生之间也可以优势互补,有利于培养学生的逻辑思维。教师还要鼓励学生多发言,学生在发言的过程中加深了对知识的印象,并且在大脑里系统地、有条理地将问题分析一遍,锻炼了学生的表达能力和思维能力。"动手"是训练学生感知能力的重要手段,例如,六年级可以让学生制作"圆锥、圆柱",当求"圆柱"的表面积时,学生可以沿着高剪开,侧面得到长方形,动手操作后明白了圆柱表面积＝长方形面积＋圆的面积×2,这样学生亲身体验,视觉效果更好、更直观,更容易加强记忆。再如,让学生把一支粉笔削成圆锥形,沿着高切,表面积减少2个三角形;把粉笔沿着直径切,表面积减少2个长方形等,这样学生就更直观地理解了"圆锥"和"圆柱"。教师要给学生更多实践的机会,实验、练习、制作等都可以让学生亲自去体会。

四、素质教育在课堂中产生的实效

数学教师所上的每一节数学课,其核心是学生数学思维的体现。在数学课堂上,我们要发挥好数学教师的引领作用,准确把握数学课堂与学生交流的过程,激励、培养学生的数学思维能力,全面激发学生自主探索研究能力。

例如,探究乘法运算定律。例题:一共有25个小组,每小组4人负责挖坑、种树,2人负责抬水、浇树。每组要种5棵树,每棵树要浇2桶水。

1.发现问题、提出问题、解决问题的过程

教师:这些学生在干什么呀?

教师:同学们,每年的3月12日是植树节。(对学生进行保护环境、绿化环境教育)你们从图中得到哪些信息?

教师:根据这些信息,你能提出什么问题?

学生:一共种多少棵树?列式为25×5。

教师:还能提出什么问题?

学生:一共有多少名学生参加植树活动?

教师:请根据这些信息,解决问题,并说出解决问题的方法。

学生:列式为$(4+2)×25=6×25=150$。

教师:请说说你们是怎样想的?

学生:先用加法算出每组几人,再乘以25,求出一共有多少人。

教师:除了这种方法,还有其他方法吗?

学生:列式为$4×25+2×25=100+50=150$。

教师:请这位同学说说你解决问题的步骤?

学生:先算出负责挖坑、种树的人数,再求出负责抬水、浇树的人数,最后把所有人数加起来,就是一共的人数。

2. 探讨的过程

教师:同学们用不同的方法解决了这个问题,那么两种解决方法有什么不同和联系?[贴出(4+2)×25 和 4×25+2×25 两个算式]

学生:两个算式相等,可以用"="连接。

学生:解题方法不同(思路不同),但是求出的总数相同。

教师:谁能用自己的语言来描述这个等式?学生的回答精彩纷呈。

学生:4加2的和乘以25,等于4乘以25加2乘以25。

学生:4加2的和乘以25,等于先把4和2相加再乘以25。

学生:4加2的和乘以25,等于括号里面的数4和2都与25相乘。

学生:4加2的和乘以25,等于把4和2分别与25相乘,再相加。

教师:同桌互相说说(4+2)×25可以怎样算。

3. 交流总结的过程

教师:谁向大家说说自己的发现?

学生:我发现两个数的和乘以一个数,可以先把这两个数分别与这个数相乘,再把乘得的积相加。

让学生亲身经历数学活动中的各种问题,通过思考、探索、发现、掌握解决数学问题的方法,使得他们能够积极、主动、充满自信、自由、平等地进行数学交流,让他们在课堂上"动口""动脑",既锻炼了他们的归纳能力,又促进了他们思维能力的发展。

小学数学情感教学的探索

京山市钱场镇小学　张丽丽

情感,是人们对某事物是否符合自身需要而产生的一种心理感受,是人的需要和客观事物之间关系的反映。它是主体对与其有意义的客体满足与否所产生的心理体验。情感教育是与认知教育相对的概念,是完整教育过程必不可少的一部分。长期以来,我们比较注重数学学科教育的科学性和基础性,缺少通过数学的学习对学生的情感教育。数学教学枯燥无味,导致大部分学生在学习中缺少学习的主动性和积极性。"以情感人,以情动人",只有学生对教师产生良好的情感,才会把这种良好的情感迁移到数学学科的学习中,激发他们的求知欲和探索精神。

从学生的心理活动分析,学习包括两个过程:一是感觉—思维—创造,这是认知过程;二是兴趣—情感—意志,这是意向过程。一方面,认知决定着意向的强弱,当认知活动深入进行时,意向过程会得到相应的加强;另一方面,意向又决定着认知水平,当学生对所学知识不感兴趣,情感不强烈,意志薄弱时,就难以激发他们智慧的火花。

如何在数学学科教学中渗透情感教学呢?我认为应做到以下几点。

一、确定情感教学目标

传统的数学教学,教师更多地重视传授基础知识及培养解题能力,往往忽视了以培养高尚的情操及个性和谐发展为目标的情感领域。然而,认知领域和情感领域两者却是相互渗透、相互作用、相辅相成的,构成一个有机的统一体,鉴于这种重知轻情的现状,我们就应该在注重认识目标的基础上科学地将情感教学融入学科教学中。

二、提高教师自身素质修养

数学教师不仅要具有专业的数学素养,更要对数学教学具有真实的情感,用情感将课堂丰富起来,以此来循序渐进地影响学生对数学学习的情感。教师只有热爱自己所教学的学科,用严谨的态度对待教学,认真上好每一堂数学课,把教学当成一种享受,才能激发学生去爱数学,也才能让学生把学习数学当成一种享受。反之,教师对教学敷衍塞责,那么学生对待学习的态度也不会好。作为教师在热爱学生、尊重学生的同时,也应该严格要求学生、正确引导学生,不放任自流。长此以往,学生也会感受到教师的爱,从而实现教与学的"双赢"。

三、创设轻松愉快的教学氛围

爱因斯坦说过:"教育应该使提供的东西,让学生作为一种宝贵的礼物来享受,而不是作为一种艰苦的任务要他负担。"教育家乌申斯基说:"没有丝毫兴趣的强制性学习,将会扼杀学生探索真理的欲望。"创设愉快、乐学的心理情感,教师就要以现代教育科学理论为指导,充分发挥教师在教学中的主导作用和学生学习的主体地位。

教师是数学课堂教学的引导者、组织者与参与者,对于学生的学习态度和课堂学习气氛起着非常重要的作用。在教学中,教师应注意挖掘教学内容的情感因素,如数学史、人物传记、故事、趣事等的引用,可激发学生对数学学习的兴趣。在教学中注意言传身教,把某些不含情感因素的数学内容添上情感色彩,加上适当的渲染,感化学生形成良好的学习情绪。

小学生比较好动,对新奇事物充满好奇,好表现自己,教师在课堂上可以充分利用他们的这些特点,通过游戏、音乐、图画、形体,让他们多种感官并用,丰富感性认识,提高观察、思维和动手能力。抓好课堂讨论和学习竞赛活动,给学生自我表现的机会。

四、注重发展性评价

数学学习评价不只是看学生学习的结果,而是全面考察学生的学习状况。我们应该关注他们学习的过程和他们在数学活动中所表现出来的情感与态度,帮助学生认识自我,建立信心,促进他们全面发展。评价方式是多元性的,比如课堂观察、口述法、书面测试、调查报告、"一帮一"情况反馈、学生自评和互评、作业批改评语等方式。但不管用什么方式,都应该做到真实、及时,以对比、激励、表扬为主,使每个学生都充满自信,形成情感交融、互利合作的学习局面。

教师要转变教育观念,按照数学新课标的要求,积极探索教学方法的改革,重视培养学生的情感,让数学教育与情感教育在教学中相互交融、相互渗透、相互影响、相互促进。培养学生对数学学习的浓厚情感,更加积极、健康地学习。

如何开展小学语文作文教学

京山市雁门口镇小学　张玲玲

一、培养学生的写作兴趣

学生头痛于作文,是因为作文提不起他们的兴趣。兴趣是写好作文的起点,作文教学要取得一定成绩,教师必须千方百计培养学生的写作兴趣,让学生从被动写变成为主动写,最后乐于写。由于小学阶段的学生由于他们的年龄特点,在接触新鲜事物或自己感到有趣的事情时,总会情不自禁地想写出来。教师要利用学生的这些特点因势利导,例如,在进行放风筝活动后,教师及时组织学生交流,只要内容与放风筝有关即可。有的学生说出放风筝时的心情,有的学生说出是怎样把风筝放起来的,有的学生分析了风筝无法放飞的原因,还有的学生说出了和同学比赛放风筝时的紧张气氛。他们无拘无束,各抒己见。教师根据学生交流的内容理清思路,为他们完成《放风筝》这篇作文做好充分的准备,使学生能顺利完成这篇作文。

二、培养学生的创新能力

加强思维模式训练,培养学生作文创新能力。学生作文的过程是他们形象思维和抽象思维的综合训练过程。叶圣陶先生曾指出:"心有所思、情有所感,而后才有撰作。"可见"思"是作文的最初阶段。作文是学生思维的产物,也是作文能力表现的前提。教给学生思维方法,训练学生思维,需要教师的引导。在引导过程中,让学生探索以小见大、由此及彼、由表及里、由浅入深的思维方式。为加强思维方法的训练,结合课文、结合范文、结合学生生活实例,让学生触景生情、触类旁通、联想思考。长期注重思维训练,学生认知水平明显提高,并学会了运用逆向思维、多向思维、外向思维等多种方法作文。例如,在执教《小真的长头发》和《我变成了一棵树》时,我有意识地给学生讲解了想象作文的基本方法,如故事要写得扣人心弦就要有一波三折的故事情节,就要有遇到不同的麻烦以及解决麻烦的过程,最后表达自己的美好愿望。如此训练之后,学生们习作别出心裁、耳目一新。又如《小土豆历险记》《西瓜弟弟减肥记》《假如我可以飞》等作文,既充满童趣,又散发出理性思维的光芒。

利用活动培养学生的思维能力和写作能力,作文教学应当把训练学生的创新思维放在首位。训练学生创新思维，可以渗透到活动中去。例如，欣赏哑剧写作文，首先播放一段哑剧让学生欣赏和分析，体味剧中的情感和意境，产生共鸣；接着形成形象思维，在头脑中构建出符合本主题的情景模式，最后引导学生用生动、形象的语言表达出来。

三、加强阅读，丰富知识

作文教学中，教师应运用好每篇课文的写作方法，指导学生学会仿写和扩写，从而帮助学生打开写作思路。在对学生进行范文指导的过程中，教师应教育学生避免照搬、照抄。仿写是指仿其文中的部分警言、警句；仿其格式中的布局、结构、写作思路；仿其方法中的观察方法、思考方法。学生经过多次仿写练习，掌握了一定的基本方法后，要鼓励他们采取不同的表现手法反映同一题材，发展求异思维。例如，一个学生在一篇写春天的文章中写道："我们这里的春天没有书本上所说的莺歌燕舞，柳绿花红，也没有成群的燕子从南方飞回来。我们暂时还不能脱下身上的棉袄，大概我们这里的春天来得迟一些吧……"事实证明，"先扶后放，从仿到创"是一个行之有效的提高学生作文能力的方法。

能力的培养和训练是作文成功的最近通道。阅读能力是学生涉猎书海，接受文化熏陶，提升审美情趣，为作文大量储备知识的一种能力。一个学生缺乏阅读能力或者阅读能力不佳，知识心理就发育不全，很难激发写作兴趣。杜甫曾深有体会地说："读书破万卷，下笔如有神。"一个人缺乏生活经验，书本知识匮乏，写作时必然腹空笔涩。茅盾先生曾说："一个作家阅读古今中外的名著而能深刻领会其构思、剪裁、塑造形象的好处，并且每读一遍会有新的心得，这就意味着他的欣赏力在一步步提高；而欣赏力的步步提高反过来会提高表现能力。"事实证明，大量阅读古今中外文学名著，阅读其他相关书籍，不但可以拓展学生的生活视野，拓宽知识面，而且可以引发学生的写作欲望，提高鉴赏能力，还可以逐步丰富他们的语言、词汇、写作素材，领会和掌握一些基本的写作规律。"积学以储宝，酌理以富才。"小学生阅读能力的培养与提高，是一项时间长、见效慢的工作，需要师生双方的长期共同合作、积极参与，教师要有耐心和毅力来培养学生这些能力。

设计好音乐课的"开场白"

京山市实验小学 张 玥

随着时代进步,学生接触的音乐类型越来越广,看到的艺术形式越来越新颖,对音乐课堂的要求也越来越高,因而学校音乐教育也要跟上时代的步伐、了解学生学习的心理状态,选择与时俱进的教学方法和教学模式,充分挖掘教与学的过程中的想象、创新和感知能力,提高学生的鉴赏能力。"良好的开端是成功的一半",授新课前五分钟,是抓住学生注意力的有利时机,精心设计好音乐课的"开场白",开启学生思维,使其在第一时间融入音乐意境中,激发联想、激励探究,为上好整堂课奠定基础。关于课前开场,我有如下几种常用形式。

一、丰富的课件开场

图像和声音的呈现是最直观的表现方式,丰富的开场课件能充分调动学生的视听感官,引导学生进入教学主题,获得准确、生动的艺术形象,从而融入其情感与思维。在《美丽的夏牧场》教学课堂上,开课伊始,我神秘地说:"同学们,想不想去看看美丽的大草原!"这时教室里静了下来,每个学生充满好奇,拭目以待。接着,我以课件呈现草原的美景,映入学生们眼帘的是水草丰茂的草原上成群的牛羊在悠闲漫步,蒙古包里人们喝着酥油茶,少数民族人民穿着鲜艳的服饰载歌载舞,背景音乐是欢快、俏皮的冬不拉演奏的乐曲……学生们看得入神,似乎已遨游在辽阔的草原上。在教唱环节,学生根据课件在脑海里营造出强烈的画面感,与歌曲构成一个有效的整体,无论是熟悉歌词,还是情感体验,都会游刃有余了。

二、生动的情景模拟开场

音乐是一门极富创造性的艺术,在教学中处处都有学生发挥创造力的机会,情景模拟可以最快地让学生投入到乐曲的意境中,产生情感与认知共鸣,增强学生在音乐实践中的可塑性。如欣赏歌曲《森林的歌声》时,我准备了很多动物头饰,音乐响起,就让学生选自己喜欢的头饰,随着音乐模拟森林里各种动物的样子,没有头饰的学生让他们模拟演奏音乐里的乐器,学生们一边做动作,一边仔细分辨音乐里出现的动物和乐器,这样的开场能促进学生自主学习,调动学生参与的热情,尊重了学生的主体地位,让学生自主、自愿地融入音乐里,吸收音乐知识。

三、巧妙的创设问题开场

一个有趣或富有争议的问题,可以激发学生主动联想、思考,引起情感反应,顺利抓住学生的注意力,调动学生主动参与的热情,有助于学生发挥想象力和创造力。如欣赏歌曲《口哨与小狗》时,一年级的学生年龄小,注意力不太集中。如何让学生不仅听,还能理解音乐所表达的内容和情感?上课伊始,我便提了三个问题:今天老师带你们去散散步,路上会碰到些什么呢?他们都在干什么?你们觉得他们心情怎样?让学生带着问题进入音乐中。首先初听音乐,学生七嘴八舌议论开了:有人、有小狗,他们也在散步,他们很开心……我没有立刻肯定他们的说法,这样做也是设问的关键,过早揭开谜底,好奇感降低,注意力便会断开。我继续提问:为什么说他们很开心呢?然后开始复听音乐。这时候有的学生开始随着音乐模仿小男孩吹口哨,有的学生学小狗汪汪叫,还有的学生随着活泼而富于弹跳性附点音符和三连音摇头晃脑,展示他们在音乐里感受到的轻松、愉悦,这样便从浅显的听升级到了深入的情感体验。

四、引人入胜的故事开场

小学生年龄小,对许多事物缺乏理解、分析和概括能力,而音乐不如语言表达直白,课前精选一段与课题相关的故事题材作为开场,能使学生对艺术作品,尤其是接触不多的艺术形式有一个全面、系统的了解,且可以作为情感上的铺垫和顺利教学的过渡。学习《甘洒热血写春秋》这段戏曲时,小学生觉得索然无趣,于是在教唱前,我便讲了一段《杨子荣智取威虎山》的故事,把杨子荣胆大心细、足智多谋、不畏艰险勇于献身的英雄形象跃然于课堂之上,激发学生民族自豪感,学生们都听得情绪激昂。故事结尾我告诉他们这一段就是在为杨子荣庆功的时候,杨子荣所唱的一段。学生们兴致盎然,迫不及待想通过演唱来表达自己对民族英雄的崇敬之情。

音乐课可以有很多种形式的"开场白",也可将几种形式组合起来,穿插进行,教师可根据自身实际情况灵活运用。如教师语言表现力强,可以用一段动情的配乐诗朗诵开场;如教师舞蹈功底好,可以跳一段优美的舞蹈开场……只要紧扣课堂内容,契合音乐情感,都能取得良好的效果。好的"开场白"就似一块强大的磁铁,能牢牢抓住学生的注意力,激起学生的求知欲,提升学生的参与感,将学生引入神圣的艺术殿堂。

运用信息技术，提高课堂效率

京山市永隆镇永隆小学　张运红

《语文课程标准》中指出：语文课程应植根现实、面向世界、面向未来，应拓宽语文学习和运用的领域，注重跨学科的学习和现代科技手段的运用，使学生在不同内容和方法的相互交叉、渗透和整合中开阔视野，提高学习效率，初步获得现代社会所需要的语文实践能力。所以，教学中通过网络获得相关信息来辅助语文教学显得尤为重要。在信息时代，把现代信息技术融入学科教学中，也是教师义不容辞的责任。下面我结合这几年的教学，谈谈信息技术运用于语文学科的强大优势。

一、激发学生的学习兴趣

多媒体信息技术课件具有图文、声音并茂的特点。形象生动的画面、悦耳的音乐、有趣的视频、游戏都能激起学生的兴趣，让他们在课堂教学中愿学、乐学。

例如，苏教版小学语文第十册课文《音乐之都维也纳》用大量笔墨描述了音乐殿堂的宏伟建筑和金碧辉煌的装饰，如果让学生单凭想象或者是文章中的寥寥数张照片，很难让他们感受到"音乐之都"的魅力。笔者准备了一些关于维也纳城市的照片，上课伊始，播放了三分钟有关维也纳的视频加配乐，这样的设计一下子吸引了学生。笔者趁热打铁："这样的维也纳带给你什么感觉？"学生小手林立，各抒己见，课堂气氛活跃。巧妙地运用信息技术优化导入，激发了学生在课堂中的学习兴趣，活跃了课堂。

二、营造良好的课堂氛围

每位教师都希望学生在自己的课堂上兴致勃勃、热情、专注。然而，传统的教学方式限制了教师的思维，有人认为运用多媒体只不过是花样繁多，看似热闹，其实学生并没有学到什么真的本领，所以在课堂上仍然存在"教师讲，学生听"的灌输式教学方式。充分利用现代信息技术，创设情境，化静为动、化虚为实、变无声为有声，让学生可听可看、可思可想，有了兴趣会更愿意思考、表达。比如，教学《桂林山水》一课时，教师展示桂林山水的图片，学生就一下子被这美丽的景色所陶醉，有了美的感受，他们才会更愿意表达；课堂在《醉美天下》这首天籁之音下结束，学生的思维仍然驰骋在那片蓝天碧水之上,自由徜徉。在这种良好的氛围之中,教师教得轻松,学生也学得轻松,寓教于乐,其乐无穷。

三、突破教学重点、难点

由于受年龄、生活经验等多方面因素的制约,小学生的认知能力较弱,较抽象的语言文字和比喻对他们来说有一定难度,多媒体信息技术为学生提供学习的"媒介",及时、合理利用不失为一个有效、有趣的办法。

例如,苏教版小学语文第六册《望庐山瀑布》,如何让学生体会到古诗语言之凝练,古诗之神韵呢?教学中有学生质疑:"为什么是'遥看瀑布挂前川'?"这个情景让学生自己想,的确很难体会。

学生"启而不发,思维受阻"时,运用多媒体信息技术帮助其充分的感知体验。此时,运用有声有色的视频是帮助其理解的最好方法,随着视频的播放,学生茅塞顿开:"快速落下的瀑布,远看就像一条垂直的河水挂在悬崖上。太美了,李白的想象太神奇了!"直观的视频不仅帮助学生理解了"挂",也让学生体会到古诗用字之精妙。

四、展现自然风光,培养学生审美能力

在小学语文教材中有许多课文是赞美祖国山河、自然风光的。对没有亲眼目睹过的学生来说不失为一种遗憾。通过多媒体播放优美的风景录像,再现课文中的景物,让学生感到美景即在眼前。

如讲授《黄河魂》一文,仅凭教师口头说教,学生很难领会到黄河惊心动魄的磅礴气势,播放有关《黄河魂》一文的录像资料,学生可以清楚地看到许多游人在黄河岸边走着,听到远处传来一阵阵"哗……哗……""轰……轰……"的巨响,好似浪涛声,又好似松涛声,未见其形,先闻其声。黄河之壮美立现眼前。

五、激发学生写作欲望

每一科的学习,最终的目的都是为了应用,信息技术可为语文的"听、说、读、写"提供大量的帮助。强大的视听效果,激发了学生的情感,海量的资料,也为课内外阅读提供了大量素材,为习作训练提供了很大的帮助。我在任教五年级的语文课程时,从网上搜集了许多感恩故事,读完后,师生共写感受,学生们的心弦被触动了,他们的思维能力和思维方式有了很大的飞跃,为作文教学改革插上了腾飞的翅膀。

浅论初中生厌学心理及矫正对策

京山市三阳镇初级中学 赵 静

初中学生厌学是中学生诸多心理障碍中较普遍而极具危害性的问题,受到全社会的关注。我曾对自己任教的两个班级共100多名学生进行过问卷调查,结果显示他们中有30%左右的学生厌学,那么这种厌学心理是怎样产生的呢?

一、厌学的心理分析

1. 自卑心理,缺乏自信心

这类学生考试成绩屡次落后,在课堂上不能或不愿回答教师的提问,心情常常烦乱、焦躁,不愿和同学交往。他们认为自己学习不好,好像周围的人都看不起他们。

2. 逆反心理,对教师不信任

这类学生在行为上通常表现为目无师长,常和教师闹矛盾,扰乱课堂秩序,迟到、早退、旷课。他们讨厌所学学科,讨厌教师的教法。每位学生都有自己的个性,对于教师教学接受的程度也不同,部分教师教育观念落后,教学水平低,抱着传统的教育方式不放,"我教你听,我说你背,一天一小考,一月一大考",各种资料堆积如山。作业量大,学生做了这个还有那个,无理解、消化时间,不知何时到头。学习缺乏自主性、合作性,加速了两极分化,使一部分学生难以适应,导致厌学。

3. 家庭教育落后,个别家长只图眼前利益

受"读书无用论"的影响,有些家长和学生认为读书对以后工作没有用处,功利性太强,便很难热爱学习。同时,网络带来五花八门的低俗信息、学生之间使用高档手机的攀比等因素也容易导致学生对学习无兴趣。

家长的不良习惯与教育方式不当,会给孩子造成很大影响。最近,一些厌学的学生中不少带着手机来上课,说是和父母协议好某段时间表现好给的奖励。而有了手机,学生上课就更没心思了。家长对教师的不尊重,对知识的不重视,也很难让孩子热爱学习。

二、厌学的矫正对策

依据以上对厌学心理根源的分析,笔者把厌学的矫正对策归纳为两个

方面。

1. 家庭方面

(1) 父母要以身作则。父母是孩子的第一任老师，父母的一言一行直接影响孩子的人生。因此，父母以良好的言行去影响孩子，让他们学做人，做好人。

(2) 摆正孩子的位置，孩子不感兴趣、不爱做的事不要硬逼着他们去做，自己的孩子自己最清楚，站在孩子的角度，理解他们。

(3) 家长要经常与老师、子女沟通。沟通才能了解子女的心理，了解他们的思想、学习状况，通过沟通才能及时化解孩子、老师、家长之间的误解和矛盾，消除不利于孩子成长的因素。

2. 学校方面

(1) 面向全体学生实施素质教育。学校是学生学习的场所，学校应该为学生创设一个良好的学习环境。不应该把眼光都集中在少数学生身上，实施素质教育，更新教育观念，改变传统的教育模式，让学生由被动变主动，通过自主探究，激发学生的学习兴趣，使厌学的学生由厌学变爱学、乐学，让他们体会其存在的价值。

(2) 树立正确的人生观。寓德育于各科教学之中，培养学生正确的人生观、道德观、价值观和社会主义荣辱观，帮助他们树立自信心、学会做人、学会学习、学会生存。

(3) 分层次教学，因人而异。当代中学生有理想、有见解、有自主能力，要根据他们的能力帮助他们确立理想和奋斗的目标，让他们自主选择人生，教师根据不同的需要采用不同的教学方法，使每个学生都有所得。区别对待每个学生，实施分层教学，让他们爱上学习。

(4) 学校应多开展一些适合青少年身心发展的文体活动和心理咨询活动。初中生正值青春期，他们活泼好动、喜欢交往、喜欢表现自己，学校应多开展文体活动。如体育节、艺术节、歌咏比赛等，利用这些平台展示他们的才华。同时，多开展一些心理咨询活动，解开他们的心结，让他们能够愉快地学习。

浅谈指导幼儿起点阅读的策略

京山市曹武镇幼儿园　赵利亚

近年来,幼教专家们十分关注起点阅读,将我国传统民间故事和优秀童话故事融入绘本,教育幼儿养成热爱生活、与人为善、明礼诚信、爱国爱家的品质。起点阅读遵循3～6岁幼儿年龄特点及理解水平,以图文并茂的形式对社会主义核心价值观进行了深入浅出的解读。华东师范大学教授朱家雄说:"社会主义核心价值观教育要从娃娃抓起。幼儿期不仅是智力开发的重要阶段,同时也是塑造良好品德习惯的黄金时期。中华优秀传统文化中的经典故事、童谣是对幼儿进行社会主义核心价值观教育的最好载体。"幼儿们牙牙学语,正是培养良好的生活习惯和思维意识的关键时刻,从小在他们心中洒下传统美德的种子,会为他们今后成人、成才打下良好的根基。

一、深情导读,激发幼儿起点阅读的兴趣

心理学家认为,人的兴趣可以直接化为动机,成为激发人们进行某种活动的推动力。幼儿有了阅读兴趣,就会积极主动地参与活动,从而促进早期阅读能力的培养。美国教育心理学家杰洛姆·布鲁纳这样阐述阅读指导:一开始,教师得先为儿童读故事,慢慢地,用比较戏剧化的方式,来呈现整个作品。在儿童还没有能力完全自我阅读之前,教师利用"最近发展区",协助儿童了解故事,帮助他们逐渐成为一位真正的读者。在起点阅读教学中,身为教师,就应该投入感情读故事,用动作、神态辅助语言来"演"故事,用生动、夸张的手法来呈现故事,用预告精彩片段来吸引幼儿进行课外阅读,激发幼儿的阅读兴趣。如在《城里老鼠和乡下老鼠》的阅读中,我运用夸张的语言,演绎城里老鼠和乡下老鼠偷吃到东西时得意的神情,乡下老鼠被大猫逮住和被一群人追赶时惊慌失措的样子,同时在轻松、愉快的气氛中感悟主题——靠自己的劳动才是最幸福的事情。

二、有机整合,为幼儿阅读创设有利环境

幼儿阅读的能力主要是在语言领域中逐步培养起来的,而起点阅读能力的培养还交叉、融合于其他领域的活动中。如在艺术领域中,每一次的绘画作品都是幼儿的心灵写真,作品中都孕育着各种各样的故事情节。利用这一点,鼓励幼儿大胆用语言表达自己所创作的作品,给幼儿充分的时间讲

出自己的想法与创意,通过"画"与"话"相结合,幼儿阅读的空间便扩大了。如在社会领域中,鼓励幼儿给小伙伴或爸爸妈妈送自己的画作为礼物,引导幼儿采用图画的形式,表达自己对同伴或亲人的情感。这些操作活动能让幼儿自始至终、饶有兴趣地投入活动中,幼儿阅读的能力也在活动中得到提高。

此外,起点阅读能力的培养还渗透在一日生活的各个环节中。如散步、参观、游玩时,好看的风景、有趣的事件都可变成定格的画面,成为幼儿讲述的材料,教师每天可利用三、五分钟的时间,开展"看到什么就讲"的游戏,培养幼儿的阅读能力。

三、发挥家长力量,家、园同步指导幼儿起点阅读活动

家庭环境在早期阅读中占有极为重要的作用。许多研究表明:父母越早开始经常和幼儿一起读书,幼儿对文字的理解能力、写作能力、解决问题的能力就越强,知识面就越广。

亲子共读是幼儿起点阅读在家庭中的常见形式,积极有效的亲子共读活动是非常必要的,可以成为幼儿园起点阅读活动的有益补充。家长应重视亲子共读活动,每天抽出一定的时间,与孩子共同阅读各种有趣的读物,可以采取朗读、复述、讲述、谈话、讨论、问答、表演等多种方式进行阅读。在这样的阅读活动中不但可以提高儿童的阅读能力,还能有效增进亲子情感,对儿童认知及情绪的健康发展十分有效。

四、联系生活,培养幼儿社会主义核心价值观

图文并茂的绘本吸引着幼儿,绘本的价值和魅力在于:没有一句教条,却能满足幼儿的成长需要;没有一丝说理,却能启发幼儿的深入思考;没有一点儿喧闹,却能激起幼儿的会心大笑。通过阅读绘本,幼儿不断进行着情感的体验,凭借着阅读,他们的情感得到了提高和升华。在幼儿的世界里,在轻松、愉快的阅读中,也会埋下道德教育的种子。例如,在《虎门销烟》《精忠报国》的阅读中,培养幼儿爱国、爱家的情感;在《梨子提琴》的阅读中,让幼儿明白和谐社会的美好;在《小熊三三》的阅读中,让幼儿懂得孝敬长辈;在《孔融让梨》的故事中懂得相互谦让……这样,当阅读把快乐带给幼儿时,就把无可估量的巨大精神财富带给了他们,就为他们建造起了自由的精神空间与心灵家园。

浅谈小学语文课堂教学中的素质教育

京山市孙桥镇小学　郑千刚

实施素质教育是在新的历史条件下,落实以人为本的科学发展观、贯彻执行党的教育方针的集中体现,是提高教育现代化水平的核心内容。作为一名小学语文教师,要把课堂教学作为全面发展学生素质的主阵地,把素质教育融入教学的各个环节。我们不但要注意研究学生的共性,也要研究他们的个性,因材施教,使他们各有所得,为每一个学生的"终身学习"乃至"终身发展"奠定基础。

一、课堂教学生活化

课堂教学中要想更好地实施素质教育,必须与课外、校外活动进行结合。将语文课堂有效地延伸至生活,重短时效、重生活体验、重实践积累。从成语推介、歇后语解析、谚语收集、名言故事,到话说新闻、评论时事、美文推荐、佳作点评,还有学生们特别感兴趣的班级博客圈、班级日记联播、自写小说联播、当地文化介绍等,通过多彩的活动形式充分调动学生的生活体验,激发学生的语言感悟和生活感悟。

课堂教学生活化,要本着生活的需要、课中能练的原则,以课堂为基点,向外辐射,这样课堂教学既充实又高效。另外,要求学生在课后主动参与活动。语文活动形式多样,如经典美文诵读、钢笔字比赛、"做新时期的好少年"演讲活动、课本剧表演大赛、"错别字大搜捕"活动、想象作文大赛、"亲近母语"阅读大赛、古诗文诵读等。通过这些语文学习活动的开展,逐步优化课堂教学生活化。

二、提高课堂教学效率

课堂教学是学校教育工作最主要的形式,是教师"传道、授业、解惑"的主阵地。因此,优化课堂教学结构,提高课堂教学效率,也是全面实施素质教育的关键所在。

1. 教学内容要精选

一堂课的教学时间有限,如果想教学内容面面俱到,会使学生不得要领,浪费教学时间,也无法适应素质教育的要求。因此,教师必须在备课上"狠"下功夫,紧扣年级及单元训练重点、教材特点、学生实际情况等内容,从一个章节蕴含的诸多教学要求中,舍弃零碎的、片面的、非重点的教学要求,紧紧围绕中心要求进行备课。

2. 教学环节要紧凑

一般的课堂教学至少有这样几个环节:复习旧课、讲授新课、巩固练习、形成技能等,但这些教学程序不是千篇一律的,也可优化组合,及时调整。在实际教学中,经常发现不少的教师有拖堂现象,这主要是他们在组织教学过程中没能好好衔接每个环节,浪费教学时间造成的。如提问时,有些教师设计的问题太深,学生一时无法答出,教师又缺乏点拨的艺术,往往最后由教师解答自己提出的问题,白白浪费了时间。因此,教师在备课时要精心推敲每个教学步骤,认真预估每个步骤所需的教学时间,做到突出重点,环环相扣,步步紧随,在授课时做到能"一针见血"的绝不"绕圈子"。

总之,提高课堂教学效率并不是一件轻而易举的事。要想课内省时,功夫必须花在课外,在钻研教材、了解学生、查阅资料、制定教案、组织教学等环节上花力气,在提高自身文化素质、口语表达等方面下功夫,在优化教学目标、结构、手段上做文章。

三、重视语文教学中的隐性过程

素质教育是爱的教育,是知识的教育,是美的教育,是辩证唯物主义及人生观的教育,是行为习惯的教育,又是习惯养成及成才的教育。而在小学语文教学中,教师更应重视素质教育在小学生语文学习中的隐性过程,以人为本,切忌生搬硬套、穿靴戴帽。

例如,在教学托尔斯泰的《穷人》一课时,教师如果仅告诉学生:"本文揭示了资本主义制度的黑暗和沙俄统治的腐败。"这样就太机械了,忽视了本文散发的"真、善、美"的人性光辉和现实主义特征。因此,学生在续写此文时,往往脱离现实,要么写成"人间地狱",要么编成"美丽童话"。"在地主渔霸和资本家的残酷压迫下,一家人就这样悲惨地死去了……"在世界日益开放融合的今天,这种"排外仇资"的情绪合适吗?"渔夫的孩子娶了美丽的公主,从此过上了幸福快乐的生活……"教育学生要有一颗善良的心,可以永远善良,但不能永远天真。

在小学语文教学中,培养小学生独立思考、克服困难的思维非常重要。要使学生从幼年开始就明白生活和学习中会有困难,有许多事要付出极大的体力和脑力。教育者要帮助学生在遭遇困难时有一种能力——一种具有深刻道德性的能力,即珍惜年长一代所给予他们的物质财富和精神财富的能力。我们学习语文就是要解决一个又一个的困难,解答一个又一个的难题,学生独立思考,克服困难的能力比较弱,教师要运用语文学习的过程,训练他们这方面的思维。当然,在训练的过程中,要教授学生独立思考的方法,使他们经过努力能达到目的。这是长期的渗透,欲速则不达。

《小学语文新课程标准》中把"培养学生良好的学习习惯"作为素质教育的一个重要方面。那么如何培养小学生的学习习惯呢?①培养学生认真阅读课本的习惯,使学生在语文课上把"看、读、思、练"结合起来;②培养学生认真审题的习惯,使他们从小就有严谨的态度;③培养学生分析思考的习惯,增强他们解决问题的能力;④培养学生认真完成作业和检查的习惯。小学生几乎天天做作业,学生的作业不但反映教学效果,反映学生的知识、技能和水平,也反映学生的学习态度和学习习惯,是思想品德教育的结果。良好的作业习惯包括:态度认真、独立完成、富有创见、思路清晰、先复习后作业、及时检查、书写工整等。培养小学生认真完成作业的习惯,是长期、艰巨、细致的综合性教育过程。

总之,对于小学语文教师来说,在课堂教学中实施素质教育任重而道远。我时时提醒自己:教育要给学生一双慧眼,让他们把这个世界看得清清楚楚、明明白白、真真切切;要让学生有一个完整独立的人格,让他们身心健康,为他们将来成为有用之才做好准备;要给他们一种终身学习、终身成长的能力和习惯。因此,必须切实改革并扎扎实实搞好课堂教学,进而超越课堂的空间,让学生的生活、情感活动和心理活动等都有学习的过程。只有这样,学生才能感受自然、了解社会、体悟人生。只有这样,学生的身心才能得到健康的发展,才能为他们的终身学习奠定坚实的基础。

小学作文教学中课外阅读的作用分析

京山市绿林镇墩岭希望小学　周贤举

一、小学语文作文教学中存在的一些问题

1. 写作素材的不足

小学生不重视写作素材的积累，导致他们写的文章非常空洞，没有可读性。为什么会产生这些不良的现状？主要在于小学生阅读的书籍比较少，并缺少实际生活体验。比如，教学题为"令我感动的事情"这篇作文的时候，很多学生的例子都比较雷同，主要有以下几例：第一，雷锋的故事；第二，去养老院做公益活动；第三，帮助盲人过马路。

2. 缺乏创新

对于小学生来说，他们的生活和学习经验比较少，再加上思维方式不够完善，如果单纯地依靠自己去创作，效果肯定不会十分理想。基于这种情况，教师要指导学生模仿优秀的范文，通过积累，再去运用。如果学生在仿写的过程中没有融入自己的想法，缺乏创新，那么习作水平仍会进步不前。

3. 不重视课堂实践，文章缺乏生动性

通过调查，我们发现很多学校没有注重写作和实际生活的联系，尤其是城市的学生。由于部分学生不能通过生活实际进行联想，空洞的描述实难打动人心。另外，实践经验的缺乏导致小学生的作文缺乏真实性，作文中常常都是一些相似度极高的例子和语言。

二、课外阅读对于小学作文教学的作用

1. 在课外阅读中积累写作素材，为日后写作奠定坚实的基础

阅读与作文训练可以简单地理解为知识输入、知识输出。如果学生平时的知识输入比较少，那么在知识输出，也就是写作的过程中会面临很多难题。就实际教学情况来看，学生在课外阅读中可以积累写作素材，特别是较新颖的事例。学生把在课外阅读中获得的知识充分运用到写作中，将大大提升学生的写作水平。在课外阅读过程中，还可以培养学生的情感表达，教会他们如何借助不同的人和事来表达作者内心丰富的情感。

2. 在课外阅读中模仿写作特色，不断强化学生的写作技能

在小学生学习写作的过程中，仿写是一个非常重要的方式，也是写作学

习的一个重要开始。小学阶段是打好写作基础的重要阶段,在这个阶段中,小学生要在阅读中模仿写作特色,将一些相关的特点和表达的方式充分应用到自己的文章中。学生在课外阅读时,教师要推荐相关书籍,指引学生更好地理解相关的写作特色,掌握写作技巧,以此为切入点不断深入,帮助学生更好地提升写作水平。

3.在课外阅读中激发内心情感,丰富学生的写作情感

阅读与写作都需要文字积累。在学生阅读的过程中,教师要注重引起学生对文章的情感产生共鸣,激发学生课外阅读的兴趣,帮助学生解读课外阅读书籍的难点、分析作者的表达方式和写作方式、概括课外阅读材料要表达的中心思想。课外阅读还要注重让学生与作者产生共鸣,带动学生表达情感,引导学生探究、体会语言的魅力,更好地提升学生的写作水平。

4.课外阅读与写作相结合,提高学生的写作能力

众所周知,课外阅读是一个知识积累的过程,而写作训练则是活跃学生思维、提高学生写作技巧的过程。课外阅读可以很好地解决学生知识量不足的问题,还可以让学生将在平时学习中学到的学习方法进行应用,巩固理解阅读的内容。

三、总结

总的来说,课外阅读与作文教学的整合,可以很好地解决学生在写作过程中选材难、积累难的问题。对于教师而言,要充分引导学生更好地阅读一些相关的书籍,丰富学生的情感,提升学生的人文素养,提高学生的写作水平。同时,还能更好地契合素质教育的相关要求,实现学生的全面发展。教师还要注重自身素养的提升,充分阅读一些能提升自身专业水平和能力的书籍,在教学的过程中不断提升自我,通过言传身教达到教育学生的目的,实现学生和教师的共同成长。

浅谈小学语文素质教育与实践

京山市孙桥镇陈集中心小学 朱梦瑶

一、小学语文素质教育的目的

《小学语文教学大纲》中明确指出,小学语文是义务教育中的一门重要的基础学科,不仅具有工具性,而且有很强的思想性。这就要求教师在语文教学中不能单纯地向学生传授文化知识,更要注重情景教学,关注学生的感悟,结合教材内容适时对学生进行思想政治教育,在教学过程中渗透思想教育。比如,教学《月光曲》这篇课文时,可以通过故事情节引导学生体会贝多芬的情感,激发学生关心、热爱劳动人民的情感,从而培养学生珍惜劳动成果的意识;在教学《学会合作》这一课时,可以引导学生联想生活中的合作,在不知不觉中受到熏陶,使学生的思想道德品质和素养在潜移默化中不断得到完善。

二、明确小学语文教学在素质教育的实施中起到的作用

小学阶段,教师在教学过程中以启发、提示、引导、鼓励为主创新教学,让小学语文教学在全面实施素质教育中发挥相应的作用。

1. 通过小学语文教学促进个性发展,完善人格

学生的每一次发言都是一次自我展示,课堂为学生的个性发展提供舞台,促进学生成长。教师应鼓励学生立足于自身实际,鼓励学生将自己独有的内心世界展露出来,让语文贴近生活,激发学生的共鸣,从自己的表达中了解自我、实现自我,这样学生的人格才能真正健康发展。

2. 以加强小学语文"双基"为手段,提高学生能力

小学语文课的"双基"即工具性和人文性,素质教育正是通过"双基"训练展现出来。学校通过合作探究、口语交际以及动手实践的活动形式,帮学生打好全面发展和终身发展的基础。一个受到良好的小学语文教育熏陶的学生在品德修养和审美情趣上,在对好恶的判断上,在对客观世界的理解上,在与外界交往时的分辨能力上就会高人一筹。

3. 培养学习兴趣和对客观事物的整体感受,促进学生掌握正确的学习方法

教师要利用课堂上的点滴时间,多与学生进行思想交流,激发学生的学

习兴趣,让学生的思维活动处在最佳状态,吸收和融合新的知识,敢于表达自己的想法和见解。语文课上,引导学生说话条理清晰、句式完整、意思清楚,学生在说话能力得到提高的同时,语文知识也飞速增长,使语文教学真正达到素质教育的要求。

三、素质教育在小学语文课堂教学中要落到实处

素质教育在语文教学中要落到实处,它的实现关键在课堂中体现,我们必须紧抓课堂环节。

1.以学生为主体,教师为主导展开教学,让学生在乐趣中学习

教师应根据教材内容为学生创设良好的自主学习情境,尊重学生的个体差异,鼓励学生选择适合自己的学习方式,由"我教你学"变为学生主动的"我要学"。比如,在教学《群鸟学艺》时,教师精心设计、制作了各种鸟的图片,教学采用了故事导入法,课堂氛围热闹,学生一下子就被吸引住了。这样的教学,能使学生容易入情、入境,展开想象,学生在充满生机、活力的课堂中,更能彰显自己的个性。

2.以加强"双基"为手段提高学生素质,进行各种能力的培养

小学语文课内容是以工具性和人文性为主体,通过让学生在自主、开放、合作的探究式学习过程中,让学生感受到语文学习如"内心旅途",是生命的体验、感悟的历程,陶冶学生高尚的情操。语文教师在讲课时,应将生活中的一些小例子、小场景巧妙地融入课堂教学中。比如,可以问学生:"天天和奶奶去菜场买了土豆,但回家才发现土豆发芽了,如果你是奶奶,你会怎样做?"让他们在熟悉的生活情境中发挥自己的想象,这样能更好地培养学生的创新能力和语言运用能力。又如,组织学生讲述一部自己喜欢的动画片等,教师顺势渗透情感教育,无形中帮助学生形成正确的道德素养。

3.关注每一位学生,尊重学生内心感受

教师要处处从学生的角度考虑问题,注重学生的感悟,多多鼓励和称赞学生,做到充分信任他们。幽默风趣的课堂教学能缩短师生间的距离,增加师生之间、学生之间的互动,让学生内心活跃、思维自由、兴趣浓烈,再加上和谐愉快的课堂氛围,能让学生在德、智、体诸方面全面发展。

总之,素质教育在语文课堂教学中是非常必要的,能够逐渐培养学生的语文素养,提升审美素质、思想道德素质等。学生拥有健全的人格,能更好地学习、成长,从而促进他们全面发展。

幼儿早期阅读习惯培养的研究

京山市曹武镇幼儿园 祝 蓉

幼儿时期是孩子认识世界、感知世界的最好时期,也是孩子一生中语言发展的关键期。在这一时期,教师和家长一定要对幼儿的语言教育加以重视。培养幼儿的早期阅读习惯对丰富幼儿想象力和提升他们的语言表达能力具有积极的意义,同时也能让幼儿在阅读中更好地进行知识的探索和发现,为他们的未来发展创造更好的条件。

一、幼儿早期阅读情况调查

在2017年全国国民阅读调查中,0~8周岁儿童图书阅读率为75.8%,与2016年的76.0%基本持平。调查中发现,相当一部分家长认为孩子喜欢听故事,但不喜欢讲故事,语言表达能力欠缺,对阅读兴趣不浓。大多数幼儿喜欢在家看电视、玩游戏、玩手机等,只有20%的孩子喜欢看书,每周阅读5次以上的幼儿仅占10%,能仔细观察图书中的情节,并用语言讲述自己看到的内容的孩子不到5%。由此可见,家长们普遍愿意让孩子提高阅读兴趣与能力,就是不知道如何提高孩子阅读兴趣和指导孩子进行阅读。

二、幼儿早期阅读习惯养成的好处

莎士比亚说过:"书籍是全世界的营养品。"许多有成就的科学家、文学家、早慧儿童,都有早期阅读的经历。教育专家提出,3~6周岁是语言发展和书面语言学习的关键期,在这一时期进行语言学习就能收到事半功倍的效果。

三、幼儿早期阅读习惯的培养研究

有关研究表明,幼儿园中有计划、有目的地开展集体早期阅读活动,会产生不同于幼儿在家或个体阅读的效果。

1.家园共育,创设良好的阅读环境

良好的阅读环境有利于激发幼儿的阅读兴趣。幼儿园在图书角摆放毛绒玩具和桌椅,营造温馨、有趣的阅读环境,为幼儿订购图书,能很好地促进班级良好阅读氛围的形成。家庭是孩子的第一课堂,除了在幼儿园的时间,幼儿大部分时间在家里,所以,家庭的教育也起着至关重要的作用。幼儿天生爱模仿,家长做什么,他们学什么,爱阅读的家长必定能培养出爱阅读的幼儿。

2. 让幼儿自由选择图书

不同的幼儿对图书的喜好也是不同的。从故事内容上讲，有的喜欢中国的神话故事，有的喜欢外国的童话故事，有的喜欢科幻类；从类型上说，有的喜欢大开本图书，有的喜欢小开本图书，还有的喜欢布图书……因此我们应该遵从幼儿的喜好，允许幼儿自主选择图书，鼓励他们按自己的需要选择图书进行阅读。

3. 启发幼儿边看边讲述

幼儿可以在边看边讲述中学会运用优美的词汇和语句来讲述故事内容，不仅能表达自己的想法，还能提升语言表达能力和交往能力。在户外活动时，教师要多带幼儿走出教室，去观察教室外的事物，去感受大自然，认识大自然中的一切事物，让幼儿讲述自己看到的一切。

4. 培养幼儿良好的阅读习惯

在引导幼儿阅读前，首先帮助幼儿了解书的组成部分，让幼儿细心观察书本中的每一个小细节；其次，耐心指导幼儿养成正确的阅读习惯。在小班中，有个别幼儿有爱撕书的习惯，因此，要教育幼儿爱护图书，看完后要把图书收拾整齐，放在原来的位置；看书时要专心、安静，教师还要带领幼儿经常检查图书，发现破损的书，应及时指导幼儿修补图书，逐步培养幼儿爱书、珍惜书的情感和习惯。

四、重视阅读方法的指导

幼儿园的每个老师都是阅读指导者。幼儿园的每一个活动都蕴含着阅读教育，幼儿园的阅读教育要将听、说、读、写、画结合起来，让幼儿掌握正确的阅读技巧，需要通过科学有效的途径，强化幼儿养成良好的习惯。

1. 提问阅读法

在阅读活动中，教师的提问非常重要，我们要围绕"提什么，怎么提"来展开。在阅读过程中，教师应不断地向幼儿提出一些问题，启发幼儿去仔细观察、理解，改变幼儿自己阅读的无明确目的性，使幼儿通过自主思考去理解故事发生、发展、结束的过程。

2. 互动阅读法

在幼儿阅读的过程中，教师可以与幼儿一起选择合适的图书，共同阅读幼儿感兴趣的图书，就故事的内容适当提出有利于他们反思和质疑的问题，帮助他们理解故事内容，对教师来说，参与幼儿的阅读过程既是指导幼儿阅读能力的过程，也是分享幼儿快乐阅读的过程。

在活动中增趣　在增趣中长智

京山市石龙镇王集小学　王　坤

《新课程标准(2011版)》在总目标中提出:通过义务教育阶段的数学学习,学生能在参与观察、实验、猜想、证明、综合实践等数学活动中,发展合情推理和初步演绎推理能力,清晰表达自己的想法。可见,数学知识的获得是在数学活动中实现的。数学教学是数学活动的教学,是师生间、学生间互动的过程。因此,设计好的教学活动能真正激发学生的数学智慧,有趣的数学活动能真正创造出一个充满智趣的数学课堂。现以人教版五年级数学《可能性》和《旋转》这两章节的教学为例谈几点心得体会。

一、借用魔术活动,激发学生的学习兴趣

著名特级教师于漪曾说过"课的第一锤要敲在学生的心灵上,激发起他们思维的火花,或像磁石一样把学生牢牢地吸引住。"有时候课堂上的一个小魔术就好比是这样的"第一锤",能很好地激发学生的学习兴趣。

以《可能性》教学片段为例进行激发学生学习的探讨。

1.教师演示魔术,让学生猜一猜为什么会这样

学生1:老师将蓝精灵放在脖子里。

学生2:老师身上有2个蓝精灵。

学生3:老师是通过将蓝精灵握在手心完成的。

2.提问

教师:蓝精灵确实在老师的手里握着,你猜它在我的哪只手里呢?谁来猜?同意蓝精灵在我左手的举左手,同意蓝精灵在我右手的举右手。

3.进一步探讨

(1)感受可能。

教师:咦!意见不一致了,这是怎么回事呢?

教师:看来不确定的就不好猜,是吗?

(2)感受一定。

教师:老师给点提示(快速地张开没有蓝精灵的左手),快说蓝精灵在哪里?

学生齐说:右手。

教师：现在确定吗？

教师：一定在我的右手吗？（慢慢张开右手，呈现蓝精灵）

4.得出结论

教师：果真在我的右手啊！刚才你们猜蓝精灵的时候，你们猜它可能在我的左手里，也可能在我的右手里，当老师提示你们之后，你们说它一定在我的右手里，这些就是我们今天要研究的新的数学问题——可能性。（板书课题：可能性）

这个魔术活动激起了学生参与的积极性，调动了学生的学习热情，吸引学生参与到数学学习中来。列夫·托尔斯泰说："成功的教学需要的不是强制，而是激发学生的学习兴趣。"再通过"猜一猜"的魔术让学生初步感受"确定事件"和"不确定事件"，并尝试用"可能""不可能""一定"进行描述，打通了生活经验与数学的联系。

二、设计游戏活动，突破教学难点

数学的学习是一个漫长而枯燥的过程，如何将枯燥的数学知识变得有趣？好的游戏情境设计就可以给我们打开"智趣数学"的一扇窗。

以《旋转》教学片段为例进行突破教学难点的探讨。

1.提问

教师：同学们玩过"植物大战僵尸"吗？如何才能打中僵尸呢？（引导学生思考）

学生1：旋转30度。

学生2：顺时针旋转。

……

2.学生描述，集体讨论

教师：按照你们的说法，这样能打中吗？同学之间相互讨论一下。

学生：以点O为中心，绕点O顺时针旋转$90°$才能打中僵尸。

3.发挥想象，课件演示

教师：同学们，现在如何才能打中僵尸呢？我们在描述一个物体的旋转时，你觉得需要说清楚什么？

根据学生的回答进行板书。（板书：旋转的三要素，旋转的中心、方向及角度）

通过设计游戏情境，学生可自行感悟描述物体的旋转所需要的条件。借助游戏活动，将抽象的现象具体化、形象化，将枯燥乏味的数学表述转化为简单的、吸引人的游戏活动。此环节中，学生通过观察、思考、讨论、辨析等活动总结出了如何描述一个物体旋转的过程，发现了旋转的三要素，突破了这节课的教学难点。学生经历了从原本不会描述物体的旋转到能完整描述旋转过程，构建了正确的图形运动的认知，将旋转三要素内化，促进了学生理解能力和空间观念的发展。

三、应用动手操作活动，调动学生学习积极性

通过让学生自主设计作品，既培养学生学习数学的兴趣，又让学生在动手操作、交流、观察、对比的过程中培养合作与探究能力。例如，利用课件动画让学生猜测是哪个球，由于好奇心的驱使，学生很想知道最后一个到底是什么球，学习欲望再次被激起。通过这样猜测、验证、交流的活动，既丰富了学生对"确定事件"和"不确定事件"的体验，又让学生体会到"确定事件"与"不确定事件"之间的转化。

四、巧设练习活动，感受数学魅力

我曾听说"最好的学习动机莫过于学生对所学材料本身具有内在的兴趣"。习题的设计要贴合学生的生活实际、身心特点，要新颖、有趣。教师在教学设计时可以巧妙地利用练习激发学生的学习兴趣，增长学生智慧，让他们在兴致盎然中积极参与。

以《旋转》教学片段为例进行巧设练习活动的探讨。

1. 提问

教师：老师的钟表快了十分钟，老师应该怎么调整呢？慢了十分钟，又该怎么调整呢？先让学生讲一讲快了十分钟应该怎么办？再描述怎样旋转。

教师：多少千克物品可以使指针顺时针方向旋转90°？4000克物品可以使指针按什么方向旋转多少度？

教师：这时候还能有两个答案吗？

2. 得出结论

学生通过"辩一辩"，了解到数学要联系生活实际。

我在练习活动设计时紧扣这节课的教学目标，让学生感悟数学思想，积累思维经验，感受数学魅力，激发学生的学习兴趣。利用生活中常见事物引导学生认识图形的运动在生活中有很多地方可见，并使学生感受到数学的价值与魅力。

素质教育之我见

京山市永漋镇曾口小学　张云涛

教师要能够灵活地运用各种教学方法,来促进农村小学的教学质量和水平的提升,使学生在发展的过程中能够更多地感受到学习的乐趣,这样才能将农村小学素质教育提升到新的高度。

一、农村小学素质教育提升的重要教学原则分析

1. 以培养学生的学习兴趣为基本原则

学习兴趣关系着学习的质量,教师在实际教育教学的过程之中应以培养学生良好的学习兴趣为原则,使学习能够在丰富多彩的课堂中完成,不断地让学生有一种积极的态度学习,这样对于学生学习兴趣的培养具有重要的意义。兴趣是一切学习行为的导师,真正地对某一学科的学习产生良好的兴趣,才能够使学生的学习效率得以提升,不断地促进学生对知识的理解。

2. 以培养学生的自我学习能力为原则

学生的自我学习能力是学生长远发展的重要保证。在农村小学教学中,充分地实施素质教育,必须要以真正的培养学生的自我学习能力为原则,让学生能够敢于自我学习、自我求知,这对于学生的综合能力和素质能力的发展,具有重要的推动意义。学生很多时候不是知识的被动接收者,而是知识的主动学习者,对于学生来说,自我学习能力的提升充分地体现在其对知识的自我探索之上,能够让学生在今后长远的发展过程之中感受到学习的乐趣。对学生来说,更好地培养起自己的这种自我学习能力,才能够切实保障在今后成长的过程之中能够更好地以一种积极性和主体性的姿态进行学习。学生综合素质的发展,离不开这种综合能力的培养过程,教师在实际教育教学的过程中,应当充分地注重学生的这种自我学习能力的培养。

二、农村小学体育教学中素质教育教学方法分析

1. 任务型的教学方法

教师要善于为学生布置相应的学习任务,使学生在完成相应的学习任务时感受到学习的乐趣。从一定程度上来说,学生学习的过程,应当是完成教师科学的学习任务的过程,所以在农村小学体育教学中,为了锻炼学生的综合能力和素质,教师必须为学生布置相应的学习任务,这对于学生来说才能够真正地实现自我价值,学习任务的布置一定要适应学生当前的学习状态,教师必须善于将学习任务转化为学生的自我学习动力。这样才能够培养学生的学习兴趣,更好地促进学生的综合能力和素质的提升,对于农村小学体育教学来讲,具有重要的推动意义,学生学习的过程应当是不断地完成学习任务。

2.自主探究型的教学方法

在农村小学体育教学的过程中,教师要特别注重自主探究型的教学方法的运用。在自主探究的过程之中,学生的学习状态才能够真正得以保证。学生在整个学习的过程中,才能够更好地实现自我价值,特别是在自主探究某一个问题的时候,才能够使学生的学习更具有素质教育的内涵和意义。自主探究的过程就是学生的知识不断发展的过程,在这个过程之中学生对于问题的理解才能够真正达到一个更深的程度。学生在学习的过程中才能够更好地实现自我价值和意义,在这个过程中进行学习,必须真实地体现出素质教育的内涵,这样才能够达到教学的目标,使学生的综合能力得到全面发展。

在农村小学体育教学中,素质教育的开展和实践必须依据相应的教育教学的规律来进行,教师在实际教育教学的过程之中,应当特别注重培养学生的综合能力和素质,开展多种多样的教学形式,应用多种多样的教学方法,这样才能够为学生素质能力的提升奠定良好的基础,实现小学生真正的素质教育。

"自然笔记伴我成长"校本课程研究报告

京山市永兴中学课题组 周 吉

一、课题的提出

作为《生物多样性公约》的签署国,我国的全体公民都有自觉保护野生动植物物种,保护自然生态环境的义务。经过不断摸索,我校决定开展"自然笔记伴我成长"活动,通过画校园植物、动物(鸟),了解其生活习性,抒发感悟,敬畏自然。此外,学校专门安排观鸟辅导员,组织学生在校内外观鸟,开展春燕调查,共同了解鸟类与环境的生态关系,构筑"画鸟、爱鸟、护鸟"的良好氛围。

二、课题研究的阶段及任务

第一阶段:准备阶段(2015年9月—2016年7月)。

具体任务:调查学校校园生物环境资源。组织编写《校园植物图志》《校园鸟志》,促进生物多样性保护教育,形成"我与自然共同成长"的环保理念。

第二阶段:研究阶段(2016年9月—2018年7月)。

(1)开展"自然笔记伴我成长"活动。校园化的联动教学促进了本校实现"生态教育"的重要转型,进一步为实现学校"生态教育—教育生态"的转型。最终创建"全国生态道德示范学校"。

(2)构建绿色生态校本课程。"自然笔记"课程是桥梁,或能打通学科间的隔阂,让课程回归自然。初步构建"学科课程整合联动—校本课程实施强化—综合实践活动课程体验升华"三者相结合的绿色生态校本课程体系。

第三阶段:总结阶段(2018年9月—2019年7月)。

具体任务:整合研究成果。把相关研究成果进行归纳总结,形成体系,上升到理论。

三、研究方法

1. 调查分析法

对校园生物进行调查分析,掌握其种类及数量,写出调查报告。

2. 观察法

对调查取得的动植物种类、数量等材料进行分类观察,用写生的方法对动植物进行写生记录,写出自然笔记,让学生在快乐的观鸟活动中对生态道德理念从被动接受转化为主动接触,并将其融入日常生活。

3. 经验总结法

我们在该课题研究的过程中,如确定研究课题与对象、调查分析有关数据及掌握的资料、制定研究步骤与计划、进行分析与综合、组织论证、总结研究成果等环节,均用该法。

四、我们的做法

用记自然笔记的方法开展生物调查、观鸟、春燕调查,促进生物多样性保护教育,营造浓厚的绿色生态校园文化氛围,构建绿色生态校本课程,让自然笔记伴随学生成长。

1. 用自然笔记记录植物种类,感悟自然的美丽,表达对大自然的热爱之情

我校在七、八年级中开展认识校园植物活动。学生在教师的指导下用手机、相机等拍摄各种植物,然后在学校的图书室、微机室查找资料,最后在教师的统一要求下,以图文的形式翔实地记录、整理,制作了校园《植物图志》。学生通过画(写)校园植物,了解其生活状态,抒发自己的感悟。

2. 用自然笔记呈现鸟类迷踪,感悟生物多样性,促进绿色环保理念

我校积极开展校内外观鸟活动。我校绿化率高,植被茂盛,引来不少鸟儿筑巢栖身,我们积极引导学生对校园中的留鸟、候鸟、过境鸟、迷鸟等进行四时不间断地观察记录。这样,既提高了学生的观鸟水平,又培养了学生科学严谨的精神,同时也整理了翔实的调查资料,并编撰了校园《鸟志》。同学们记录了自己成长的所观、所思、所想、所感、所悟,促进了绿色环保理念。

3. 用自然笔记展示春燕英姿,感悟生命的顽强与精彩,表达对大自然的敬畏之情

近几年,我校坚持开展春燕调查。我校以分散调查和集中调查的形式,将永兴大道作为样线,对永兴大道两旁民居的春燕筑巢情况进行调查分析,了解并记录燕子筑巢、求偶、孵化、出巢、集群等现象。大家记录好各个时期春燕行为的原始数据,并为各个燕巢建立编号档案,然后进行对比分析。教师帮助学生牢固树立尊重自然、顺应自然、保护自然的生态文明理念,并以此实现"我们的乡村,我们的环境由我们来保护"的活动愿景。

五、活动成效

(1)京山市电视台来我校拍摄电视宣传专题片《自然笔记伴我成长》,并在亚洲赏鸟节期间在京山市一台、京山市二台滚动播出。

(2)参加省、市、县自然笔记大赛,57人次获奖,其中,2018年1月我校李雨婷获全国大赛二等奖。

(3)制作了校园《植物图志》和校园《鸟志》。

(4)形成了较为完善的植物图志、鸟志、春燕调查等自然笔记校本教材,形成了具有本校特色的校本教育体系。

(5)获得全国"未成年人生态道德教育示范学校"荣誉称号。

六、探讨

不同的学校可充分依托本地区的自然资源,大力开展素质教育。在确保学生安全的情况下,积极开展素质教育。在激发学生学习兴趣的前提下,丰富学生的学习、生活,引导学生自主探索。我校已取得一些有益启发,但还需进一步探索。

在体验中感悟数学

湖北省网球学校　郑秀芳

为了帮助孩子们解决分率与量带来的困惑，我请教了几位老师，他们告诉我，直接告诉学生分数的含义有两种，一种表示分率，一种表示量。当分数表示量时，后面带有单位，根据以前学的除法意义求出即可；当分数表示分率时，后面不带单位，只跟平均分的总份数和取的份数有关，跟单位"1"没有什么关系。感觉老师们说的挺有道理，我就采纳了他们的建议。但结果并不乐观，除了成绩好的两位同学听懂外，别的同学越听越糊涂，在练习时居然出现了如下的错误：

把68米长的绳子平均剪成4段，每段长（ $\frac{4}{68}$ ）米，每段占全长的（ $\frac{1}{68}$ ）

在这之前，他们还会用分数来表示量，在我的"帮助"之下，居然连用分数来表示量都不会了。我反思：为什么学生会出现如上的问题呢？后来经过跟学生聊天，发现我的设计只是站在老师的角度考虑问题，虽然思路很清晰，老师是懂了，但学生却不懂，他们根本不明白分率和量分别表示什么。

后来，听了特级教师俞正强老师讲授的《分数的初步认识》，我突然领悟，原来抽象、复杂的数学也可以讲得那么通俗易懂，学生在老师的引导下，聊着聊着就学会了。在场听课的家长说："简单就是经典。"俞正强老师的课注重让学生体验，通过聊天、操作来体验，学生玩着玩着就领悟到了其中的数学秘密。

有了俞正强老师的课作为引导，我尝试着让学生在体验中感悟分数表示分率和量的区别。在课堂上我做了如下尝试：

教师：孩子们，今天我们来一起分圆。

（教师拿出一个圆形纸片在黑板上展示）

教师：请拿起手中的学具——一个圆，将它平均分成4份。

（学生动手操作平均分圆）

教师：请思考，每一份是多少个圆？

（为了方便研究，教师把学生的作品剪下一份，在黑板上展示）

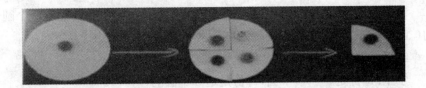

教师:请用这样的语言说一说分的结果:每份是(　　)个圆,每份是这个圆的(　　)。

学生:每份是(　　)个圆,每份是这个圆的(　　)。

教师:接着我们来把 2 个圆平均分成 4 份,你会分吗?(学生动手操作)

(教师把学生的作品剪下一份,在黑板上展示)

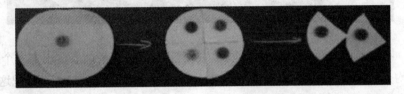

教师:你还会用这样的语言说一说吗:每份是(　　)个圆,每份是这 2 个圆的(　　)。

(为了让学生更形象体会,教师把平均分好的圆拿掉一份)

学生:每份是(　　)个圆,每份是这 2 个圆的(　　)。

(接着点几个学生起来说说)

教师:你会把 3 个圆平均分成 4 份吗?

(有了除法与分数的关系作为基础,学生们很快想到把两个圆叠起来再平均分)

(教师展示学生的作品)

教师：谁会用这样的语言说一说：每份是（　　）个圆,每份是这3个圆的（　　）。

继续说说。

学生：每份是（　　）个圆,每份是这3个圆的（　　）。

（学生开火车式说一说）

接着让学生继续动手平均分4个圆、5个圆,教师在黑板上展示学生的作品。

有了前面1至3个圆的体验,学生看着图形,很快就能表达出把4个圆平均分成4份：每份是（　　）个圆,每份是这4个圆的（　　）。当我把这4个扇形还原时,他们很快就说出了：每份是1个圆。把5个圆平均分4份时,孩子们也能说出：每份是（　　）个圆,每份是这5个圆的（　　）。

（接着老师引导学生回顾）

教师：你会用这样的语言,把五组图形一起说一说吗：把（　　）个圆平均分成4份,每份是（　　）个圆,每份是这（　　）个圆的（　　）。

学生们一边说,教师一边板书：

把1个圆平均分成4份,每份是（　　）个圆,每份是这1个圆的（　　）。

把2个圆平均分成4份,每份是（　　）个圆,每份是这2个圆的（　　）。

把3个圆平均分成4份,每份是（　　）个圆,每份是这3个圆的（　　）。

把4个圆平均分成4份,每份是（　　）个圆,每份是这4个圆的（　　）。

把5个圆平均分成4份,每份是（　　）个圆,每份是这5个圆的（　　）。

教师：根据你们刚才说的,你们有什么发现？

学生：前面括号求的是每份数,可以根据除法算式计算出结果,后面那个只跟平均分的份数和取的份数有关,跟单位"1"是几个圆没有关系。

教师：前面括号的分数表示一个量,后面括号的分数表示部分与整体的关系,叫作分率。

让学生在体验中感悟数学,学生会更容易明白其中的道理,体会其中的数学素养。